Schriftenreihe der
Neuen Juristischen Wochenschrift

Im Einvernehmen mit den Herausgebern der NJW
herausgegeben von
Rechtsanwalt Prof. Dr. Konrad Redeker
Rechtsanwalt Felix Busse

Heft 50

D1731622

Anwaltshaftungsrecht

von

Dr. Max Vollkommer

o. Professor an der Universität
Erlangen-Nürnberg

C.H.BECK'SCHE VERLAGSBUCHHANDLUNG
MÜNCHEN 1989

Zitierweise: Vollkommer, NJW-Schriften 50

ISBN 3 406 33899 2

Druck der C.H.Beck'schen Buchdruckerei, Nördlingen

No attorney is bound to know all the law, God forbid that it should be imagined that an attorney, or a counsel, or even a Judge is bound to know all the law, or that an attorney is to lose his fair recompense on account of an error, being such an error as a cautious man might fall into.

Montriou v. Jefferys (1825) 2 Car. and P. 113, 116.

Vorwort

Fragen der Anwaltshaftung spielen in der täglichen Haftpflichtpraxis eine nicht unbedeutende Rolle. Kenner der Materie geben die Zahl der Anwaltshaftpflichtprozesse mit ca. 800 im Jahr an. Bei den derzeit über 54000 in der Bundesrepublik zugelassenen Rechtsanwälten dürfte die Zahl der außergerichtlich regulierten Haftpflichtfälle ein Vielfaches betragen.

Das Anwaltshaftungsrecht ist weitgehend das Werk der Rechtspraxis. Fehlt es schon an einer näheren gesetzlichen Ausgestaltung des Anwaltsvertrages als besonderem Vertragstyp, so gibt es auch keine besondere gesetzliche Regelung einer Anwaltshaftung. Der geltende Rechtszustand ist das Ergebnis einer im Laufe der Jahrzehnte immer stärker ausdifferenzierten und verfeinerten Rechtsprechung, die in den Kommentaren bei einigen wenigen Gesetzzesbestimmungen – vor allem §§ 276, 611, 675 BGB; §§ 85 Abs. 2, 233 ZPO – meist unkritisch zusammengetragen ist. Auch im Schrifttum ist die „Haftung des Rechtsanwalts" im Grunde eine Domäne der Praxis; die Rechtswissenschaft hat das „Anwaltshaftungsrecht" bisher noch nicht als solches „entdeckt".

Die Rechtsprechung zur Anwaltshaftung ist seit Jahrzehnten Gegenstand heftiger Kritik, nicht nur aus den Reihen der Anwaltschaft, sondern auch von Richtern. Hier sollen stellvertretend nur zwei Namen genannt werden: Rechtsanwalt Dr. *Fritz Ostler* und Senatspräsident Dr. *Friedrich Scheffler*. Der Grundtenor der Kritik geht dahin, daß die Rechtsprechung durch eine z. T. extreme Überspannung der Anwaltspflichten bei der Anwaltshaftung den Boden des Verschuldensprinzips verlassen hat und in Wahrheit eine verschuldensunabhängige Gefährdungs- oder Erfolgshaftung praktiziert. Eine solche Entwicklung wäre bedenklich. Der Prozeß ist ein risikoträchtiges Unternehmen. Träger des Prozeßrisikos sind die Parteien, die den Rechtsschutz in Anspruch nehmen und denen gegenüber er in Anspruch genommen wird. Ein Schutz der Partei vor dem Prozeßrisiko durch eine Ausweitung der Haftpflicht ihres anwaltlichen Vertreters – und damit letztlich die Verlagerung des Prozeßrisikos auf den Anwalt – erscheint als der falsche Weg; richtigerweise muß es darum gehen, durch eine sachgemäße Bestimmung der prozessualen Sorgfalt und der Anforderungen an das prozessuale Handeln das Prozeßrisiko infolge von Form- und Fristversehen möglichst zu beschränken. Vor dem Regreß steht die sachadäquate Handhabung der prozessualen Form- und Fristordnung: Das gute Recht soll sich möglichst schon im Prozeß durchsetzen und nicht erst im Regreß!

Die vorgelegte Schrift versteht sich als eine Bestandsaufnahme der Rechtsgrundlagen der Anwaltshaftung. Entsprechend der Zielsetzung dieser Reihe muß die Hauptaufgabe darin bestehen, den sich aus der herrschenden Rechtsprechung und der anerkannten Lehre ergebenden geltenden Rechtszustand zuverlässig zu erfassen, ihn in einem überschaubaren Umfang systematisch geordnet darzustellen und insbes. bei Streitfragen über den jeweiligen Meinungsstand in Rechtsprechung und Literatur möglichst genau zu unterrichten. Zu den zahlreichen Zweifelsfragen bei der Anwaltshaftung, aber auch zu den Grundfragen will die Schrift eine fundierte Antwort geben.

Die Herausgeber der Schriftenreihe und der Verlag haben mit der Darstellung des Rechts der Anwaltshaftung einen Nichtanwalt betraut; dieses Buch ist daher nicht aus der Sicht des Anwalts geschrieben, aber auch nicht aus der des Richters oder des Praktikers der Berufshaftpflichtversicherung; demgegenüber wird hier versucht, das „Anwaltshaftungsrecht" als *Teil* des *allgemeinen* Haftungsrechts zu begreifen und die Verbindungslinien zu den allgemeinen Grundsätzen unseres Haftungs- und Schadensersatzrechts soweit als möglich herzustellen. Ich hoffe, daß mir dabei die Nichtzugehörigkeit zu einem der an der Anwaltshaftung beteiligten „Lager" ein Höchstmaß an Objektivität ermöglicht hat, nicht nur bei der Überprüfung der an der Rechtsprechung geübten Grundsatzkritik, sondern auch bei der Behandlung von Grundfragen der Anwaltshaftung, wie z.B. der Konkretisierung des objektiven Verschuldensmaßstabs, der Haftung für richterliche Fehlentscheidungen oder dem „normativen" Schadensbegriff im hypothetischen Inzidentprozeß.

Bei der Vorbereitung dieser Schrift haben mich meine Mitarbeiterin, Frau Assessorin *Ulrike Compensis* sowie Herr Notar Dr. *Wolfram Waldner*, Stadtsteinach, tatkräftig und engagiert unterstützt; ihnen gilt mein aufrichtiger Dank.

Erlangen, im Mai 1989   *Max Vollkommer*

Inhaltsübersicht

Inhaltsverzeichnis

§ 2 Anwaltspflichten

Abkürzungsverzeichnis

BetrVG	Betriebsverfassungsgesetz
BeurkG	Beurkundungsgesetz
BGB	Bürgerliches Gesetzbuch
BGBl I	Bundesgesetzblatt Teil I
BGH	Bundesgerichtshof
BGHSt	Entscheidungen des Bundesgerichtshofs in Strafsachen (Band, Seite)
BGHZ	Entscheidungen des Bundesgerichtshofs in Zivilsachen (Band, Seite)
Bl.	Blatt
BNotO	Bundesnotarordnung
BRAGO	Bundesgebührenordnung für Rechtsanwälte
BRAO	Bundesrechtsanwaltsordnung
BSG	Bundessozialgericht (mit Ziffern: Entscheidungen des Bundessozialgerichts, Band und Seite)
BT-Drs	Bundestagsdrucksache
Buchst.	Buchstabe
BVerfG	Bundesverfassungsgericht (mit Ziffern: Entscheidungen des Bundesverfassungsgerichts, Band und Seite)
BVerwG	Bundesverwaltungsgericht (mit Ziffern: Entscheidungen des Bundesverwaltungsgerichts, Band und Seite)
bzw.	beziehungsweise
c.i.c.	culpa in contrahendo
CMR	Übereinkommen über den Beförderungsvertrag im internationalen Straßengüterverkehr v. 19. 5. 1956
DB	Der Betrieb (Jahr, Seite)
d.h.	das heißt
Diss.	Dissertation
DNotZ	Deutsche Notar-Zeitschrift (Jahr, Seite)
DR	Deutsches Recht (Jahr, Seite)
DRiZ	Deutsche Richterzeitung (Jahr, Seite)
DVBl	Deutsches Verwaltungsblatt (Jahr, Seite)
EG	Einführungsgesetz
EGH	Ehrengerichtshof für Rechtsanwälte
1. EheRG	Erstes Gesetz zur Reform des Ehe- und Familienrechts v. 14. 6. 1976
Einf.	Einführung
Einl.	Einleitung
einschr.	einschränkend
entspr.	entsprechend
Entw.	Entwurf
EWiR	Entscheidungen zum Wirtschaftsrecht (Gesetzesangabe, Nr./Jahrgang, Seite)
EzA	Entscheidungssammlung zum Arbeitsrecht (Gesetzesangabe, Nr.)
EzFamR	Entscheidungen zum Familienrecht (Gesetzesangabe, Nr.)
f.	folgend(e)
FamRZ	Zeitschrift für das gesamte Familienrecht (Jahr, Seite)
ff.	folgende
FGG	Gesetz über die Angelegenheiten der freiwilligen Gerichtsbarkeit
FS	Festschrift
Fußn.	Fußnote
gem.	gemäß

GG	Grundgesetz für die Bundesrepublik Deutschland
GKG	Gerichtskostengesetz
GmbH	Gesellschaft mit beschränkter Haftung
GmbHG	Gesetz betreffend die Gesellschaften mit beschränkter Haftung
GoA	Geschäftsführung ohne Auftrag
GRUR	Gewerblicher Rechtsschutz und Urheberrecht (Jahr, Seite)
GS	in Verbindung mit RG, BGH oder BAG: Großer Senat; in Verbindung mit nachfolgendem Eigennamen: Gedächtnisschrift; sonst: Gesammelte Schriften
GVG	Gerichtsverfassungsgesetz
GZS	Großer Zivilsenat
HGB	Handelsgesetzbuch
HinterlO	Hinterlegungsordnung
h. L.	herrschende Lehre
h. M.	herrschende Meinung
HRR	Höchstrichterliche Rechtsprechung (Jahr, Nummer)
Halbs.	Halbsatz
i. d. F.	in der Fassung
i. d. R.	in der Regel
i. e.	im einzelnen
i. e. S.	im engeren Sinne
im Erg.	im Ergebnis
insbes.	insbesondere
i. S.	im Sinne
i. ü.	im übrigen
in Verb.	in Verbindung
i. w. S.	im weiteren Sinne
JA	Juristische Arbeitsblätter (Jahr, Seite)
JR	Juristische Rundschau (Jahr, Seite)
JuS	Juristische Schulung (Jahr, Seite)
JW	Juristische Wochenschrift (Jahr, Seite)
JZ	Juristenzeitung (Jahr, Seite)
KF	Karlsruher Forum, Beihefte zu VersR (Jahr, Seite)
Kfz	Kraftfahrzeug
KG	Kammergericht; Kommanditgesellschaft
KO	Konkursordnung
krit.	kritisch
KSchG	Kündigungsschutzgesetz
KTS	Konkurs-, Treuhand- und Schiedsgerichtswesen (Jahr, Seite)
LAG	Landesarbeitsgericht
LG	Landgericht
Lit.	Literatur
LM	Nachschlagewerk des Bundesgerichtshofs, begründet von Fritz Lindenmaier und Philipp Möhring (Gesetzesangabe, Nummer der Entscheidung)
LS	Leitsatz
LZ	Leipziger Zeitschrift für Deutsches Recht (Jahr, Spalte)
m. a. W.	mit anderen Worten
MDR	Monatsschrift für deutsches Recht (Jahr, Seite)
m. N.	mit Nachweisen
Mot.	Motive der 1. Kommission zu dem Entwurfe eines bürgerlichen Gesetzbuches für das Deutsche Reich
m. R.	mit Recht

m. w. N.	mit weiteren Nachweisen
Nachw.	Nachweis(e)
NEhelG	Gesetz über die rechtliche Stellung der nichtehelichen Kinder
n. F.	neue Fassung
NJW	Neue Juristische Wochenschrift (Jahr, Seite)
NJW-RR	NJW-Rechtsprechungs-Report Zivilrecht (Jahr, Seite)
Nr.	Nummer
NTS	Nato-Truppenstatut
NTS AG	Gesetz zum Nato-Truppenstatut und zu den Zusatzvereinbarungen
NZA	Neue Zeitschrift für Arbeits- und Sozialrecht (Jahr, Seite)
OGH	Oberster Gerichtshof für die Britische Zone
OGHZ	Entscheidungen des Obersten Gerichtshofs für die britische Zone in Zivilsachen (Band, Seite)
OHG	Offene Handelsgesellschaft
OLG	Oberlandesgericht
OLGZ	Entscheidungen der Oberlandesgerichte in Zivilsachen (Jahr, Seite)
OR	(schweizerisches) Bundesgesetz über das Obligationenrecht
pFV	positive Forderungsverletzung
PKH	Prozeßkostenhilfe
Prot.	Protokolle der Kommission für die zweite Lesung des Entwurfs des Bürgerlichen Gesetzbuchs
pVV	positive Vertragsverletzung
RBerG	Rechtsberatungsgesetz
Rdnr.	Randnummer
Recht	Das Recht (Jahr, Nummer)
RG	Reichsgericht
RGZ	Entscheidungen des Reichsgerichts in Zivilsachen (Band, Seite)
RichtlRA	Richtlinien für die Berufsausübung der Rechtsanwälte (Grundsätze des anwaltlichen Standesrechts)
Rpfleger	Der Deutsche Rechtspfleger (Jahr, Seite)
Rspr.	Rechtsprechung
S.	Satz; bei Literaturangaben: Seite
s.	siehe
ScheckG	Scheckgesetz
SchwZGB	Schweizerisches Zivilgesetzbuch
SGB	Sozialgesetzbuch
sog.	sogenannt
StBerG	Steuerberatungsgesetz
StGB	Strafgesetzbuch
StPO	Strafprozeßordnung
str.	streitig
StrEG	Gesetz über die Entschädigung für Strafverfolgungsmaßnahmen
stRspr.	ständige Rechtsprechung
StVG	Straßenverkehrsgesetz
TVG	Tarifvertragsgesetz
u. a.	je nach Zusammenhang: unter anderem(n); und andere
u. ä.	und ähnlich(e/es)
UÄndG	Gesetz zur Änderung unterhaltsrechtlicher, verfahrensrechtlicher und anderer Vorschriften v. 20. 2. 1986

unstr.	unstreitig
usw.	und so weiter
u. U.	unter Umständen
UWG	Gesetz gegen den unlauteren Wettbewerb
VerglO	Vergleichsordnung
VerhDJT	Verhandlungen des Deutschen Juristentages
VersR	Versicherungsrecht (Jahr, Seite)
vgl.	vergleiche
VO	Verordnung
VOB	Verdingungsordnung für Bauleistungen
VOB/B	Verdingungsordnung für Bauleistungen Teil B: Allgemeine Vertragsbedingungen für die Ausführung von Bauleistungen DIN 1961
Vorbem.	Vorbemerkung
VVG	Gesetz über den Versicherungsvertrag
VwGO	Verwaltungsgerichtsordnung
VwZG	Verwaltungszustellungsgesetz
VZS	Vereinigte Zivilsenate
WarnRspr	Warneyer, Die Rechtsprechung des Reichsgerichts (Jahr, Nr.)
WG	Wechselgesetz
WM	Zeitschrift für Wirtschafts- und Bankrecht, Wertpapier-Mitteilungen Teil IV (Jahr, Seite)
WPO	Gesetz über eine Berufsordnung der Wirtschaftsprüfer (Wirtschaftsprüferordnung)
WRP	Wettbewerb in Recht und Praxis (Jahr, Seite)
WuB	Wirtschafts- und Bankrecht
z. B.	zum Beispiel
ZGB	Zivilgesetzbuch
Ziff.	Ziffer
ZIP	Zeitschrift für Wirtschaftsrecht (Jahr, Seite)
ZPO	Zivilprozeßordnung
ZRP	Zeitschrift für Rechtspolitik (Jahr, Seite)
ZS	Zivilsenat
z. T.	zum Teil
zust.	zustimmend
zutr.	zutreffend
ZVG	Gesetz über die Zwangsversteigerung und die Zwangsverwaltung
z. Z.	zur Zeit
ZZP	Zeitschrift für Zivilprozeß (Band, Seite)

Schrifttumsverzeichnis

AK-ZPO/(Bearbeiter): Kommentar zur Zivilprozeßordnung, Reihe Alternativkommentare, Gesamtherausgeber Rudolf Wassermann, 1987
Albrecht, Carl: Die Inkassovollmacht des Bureauvorstehers, JW 1908, 729
Arndt, Herbert: Schadensersatzpflicht verbundener Rechtsanwälte, NJW 1969, 1200

Bär, Klaus: Die Schweigepflicht des Rechtsanwalts im Rahmen der Verteidigung eines von mehreren Beschuldigten aus straf- und standesrechtlicher Sicht, Dissertation, Göttingen 1988
v. Bar, Christian: Verkehrspflichten, 1980
Baumbach/Lauterbach/Albers/Hartmann: Zivilprozeßordnung, 47. Aufl. 1989
Baumgärtel/(Bearbeiter): Handbuch der Beweislast im Privatrecht, Band 1, Allgemeiner Teil und Schuldrecht BGB, 1981
Baur, Fritz: Die Eigenhaftung des Konkursverwalters bei Fortführung des gemeinschuldnerischen Betriebs, Gedächtnisschrift für Rudolf Bruns, 1980, S. 241
ders.: Hypothetische Inzidentprozesse, Festschrift für Karl Larenz, 1973, S. 1063
Beck'sches Rechtsanwalts-Handbuch, hrsg. von Hans-Ulrich *Büchting* und Benno *Heussen*, 1989
Bendix, Ludwig: Die Haftung des Rechtsanwalts für richterliche Fehlsprüche, LZ 1915, 952
Berg, Hans: Drittschadensliquidation und Vertrag mit Schutzwirkung für Dritte, MDR 1969, 613
Bergerfurth, Bruno: Der Anwaltszwang und seine Ausnahmen, 2. Aufl. 1988
Berghahn, Donata: Der Rechtsanwalt als freier Mitarbeiter, 1989
Bergmann, Friedrich: Rechtsbeziehungen zwischen Rechtsanwalt, Mandanten und Rechtsschutzversicherung, VersR 1981, 512
BGB-RGRK/(Bearbeiter): Das Bürgerliche Gesetzbuch, Kommentar, herausgegeben von Mitgliedern des Bundesgerichtshofs, 12. Aufl. ab 1974
Blomeyer, Arwed: Zivilprozeßrecht – Erkenntnisverfahren, 2. Aufl. 1985
Blomeyer, Jürgen: Schadensersatzansprüche des im Prozeß Unterlegenen wegen Fehlverhaltens Dritter, 1972
Böhmer, Emil: Schutzwirkung eines Vertrages zwischen Rechtsanwalt und Erblasser zugunsten der benachteiligten Erben, MDR 1966, 468
Boergen, Rüdiger: Die vertragliche Haftung des Rechtsanwalts, 1968
Borgmann, Brigitte: Korrespondierende Pflichten aus dem Anwaltsvertrag: Die Informationspflicht des Mandanten und die Aufklärungspflicht des Anwalts, Festschrift für Fritz Ostler, 1983, S. 1
dies.: Haftpflichtfragen – I. Wiedereinsetzung in den vorigen Stand, AnwBl 1985, 30
dies.: Haftpflichtfragen – Der zu ersetzende Schaden, AnwBl 1986, 99
dies.: Haftpflichtfragen – Anwaltliche Pflicht zur Aufklärung und Beratung im Zivilprozeß, AnwBl 1987, 231
dies.: Haftpflichtfragen – Kausalität und Beweislast im Regreßprozeß, AnwBl 1988, 167
dies.: Haftpflichtfragen – Die Haftung mehrerer für ein Mandat tätiger Anwälte, AnwBl 1988, 477
Borgmann/Haug: Anwaltshaftung, 2. Aufl. 1986
Brandner, Hans Erich: Berufshaftung und Vertragsgestaltung der Wirtschaftsprüfer, ZIP 1984, 1186
Brangsch: Anmerkung zum Beschluß des LG Koblenz vom 27. 10. 1964, AnwBl 1965, 64

Braun, Johann: Zur schadensersatzrechtlichen Problematik des hypothetischen Inzidentprozesses bei Regreßklagen gegen den Anwalt, ZZP 96 [1983], 89
Bülow, Arthur: Bundesrechtsanwaltsordnung, 1959
Bunte, Hermann-Josef: Handbuch der Allgemeinen Geschäftsbedingungen, 1982
ders.: Mandatsbedingungen der Rechtsanwälte und das AGB-Gesetz, NJW 1981, 2657
ders.: Zehn Jahre AGB-Gesetz – Rückblick und Ausblick, NJW 1987, 921

v. Caemmerer, Ernst: Gesammelte Schriften, Band I: Rechtsvergleichung und Schuldrecht, 1968
ders.: Verträge zugunsten Dritter, Festschrift für Wieacker, 1978, S. 311
ders.: Haftung des Mandanten für seinen Anwalt, Festgabe für Hermann Weitnauer, 1980, S. 261
Canaris, Claus-Wilhelm: Schutzgesetz – Verkehrspflichten – Schutzpflichten, Festschrift für Karl Larenz, 1983, S. 27
Cohn, Ernst J.: Das Reich des Anwalts – Anwaltsberuf und Anwaltsstand in England –, 1949
Coing, Helmut: Haftung aus Prospektwerbung für Kapitalanlagen in der neueren Rechtsprechung des Bundesgerichtshofes, WM 1980, 206
Commichau, Gerhard: Die anwaltliche Praxis in Zivilsachen, 2. Aufl. 1985
Crezelius, Georg: Grauer Kapitalmarkt und Rechtsordnung, BB 1985, 209

Dahs: Anmerkung zum BGH-Urteil vom 29. 5. 1958, NJW 1959, 35
Derleder, Peter: Rechtsformen anwaltlicher Beratungshilfe, MDR 1981, 448
Deutsch, Erwin: Fahrlässigkeit und erforderliche Sorgfalt, 1963
ders.: Haftungsrecht, I. Band: Allgemeine Lehren, 1976
ders.: Freizeichnung von der Berufshaftung, VersR 1974, 301
ders.: Mutwillige Strafanzeige gegen den Arzt: Ersatzpflicht des Anwalts oder Patienten? NJW 1982, 680
Dingfelder, Wolfgang und Walter J. *Friedrich:* Parteiverrat und Standesrecht, 1987
Dreyer, Klaus: Beschränkung der anwaltlichen Berufshaftung in Mandatsbedingungen, AnwBl 1985, 78

Eckert, Jörn: Die Verjährung vertraglicher Schadensersatzansprüche gegen Rechtsanwälte und Steuerberater, NJW 1989, 2081
Enneccerus/Nipperdey: Allgemeiner Teil des Bürgerlichen Rechts, 15. Aufl., 2. Halbband 1960
Erman/(Bearbeiter): Handkommentar zum Bürgerlichen Gesetzbuch, herausgegeben von H. P. Westermann, 7. Aufl. 1981
Esser, Josef: Schuldrecht, 2. Aufl. 1960
ders.: Schuldrecht, Band I, Allgemeiner Teil, 4. Aufl. 1970
Esser/Schmidt: Schuldrecht, Band I, Allgemeiner Teil, 6. Aufl. 1984
Eucken, Heinrich: Grundriß der Anwalts- und Notars-Haftpflicht, 1927

Feuerich, Wilhelm E.: Bundesrechtsanwaltsordnung, Kommentar, 1987
Finger, Richard: Die Kunst des Rechtanwalts, 3. Aufl. 1926
Förster, Karsten: Anwaltsverschulden, Büroversehen und Wiedereinsetzung, NJW 1980, 432
Friedländer, Adolf und Max *Friedländer:* Kommentar zur Rechtsanwaltsordnung, 1. Aufl. 1908; 3. Aufl. 1930

Geigel, Robert: Begrenzung der vertraglichen Haftung des Rechtsanwalts, AnwBl 1971, 29
Gernhuber, Joachim: Drittwirkungen im Schuldverhältnis kraft Leistungsnähe, Festschrift für Nikisch, 1958, S. 249

v. Gierke, Klaus: Die Dritthaftung des Rechtanwalts, 1984

Götz, Klaus-Jürgen: Zivilrechtliche Ersatzansprüche bei schädigender Rechtsverfolgung, 1989

Gottwald, Peter: Schadenszurechnung und Schadensschätzung, 1979

Greißinger, Georg: Beratungshilfe, Prozeßkostenhilfe und anwaltliche Aufklärungspflicht, AnwBl 1982, 288

Grunewald, Barbara: Zur Haftung von Fachleuten im Zivilrechtsverkehr, JZ 1982, 627

Guardiera Windheim, Karin: Die Haftung des Rechtsanwalts für gerichtliche Fehlleistungen im Zivilprozeß, Dissertation, Konstanz 1986

Häsemeyer, Ludwig: Schadenshaftung im Zivilrechtsstreit, 1979

Hanna, Jörg: Anwaltliches Standesrecht im Konflikt mit zivilrechtlichen Ansprüchen des Mandanten, 1988

Hartstang, Gerhard: Zulässigkeit und Grenzen einer Haftungsbeschränkung für Rechtsanwälte, AnwBl 1982, 509

Haug, Karl H.: Fälle der Konkursverwalterhaftung, ZIP 1984, 773

Heinemann, Klaus: Die Beweislastverteilung bei positiven Forderungsverletzungen, 1988

Herrmann, Harald: Die Sachwalterhaftung vermögenssorgender Berufe, JZ 1983, 422

Hess/Kropshofer: Kommentar zur Konkursordnung, 2. Aufl. 1985

Hohloch, Gerhard: Ersatz von Vermögensschäden Dritter aus Vertrag, FamRZ 1977, 530

Holste, Heinrich: Zum Gegenstandswert bei Teilklagen und zur Frage der Beweisgebühr bei späterer Erweiterung des Klageantrags, AnwBl 1961, 54

Hopt, Klaus: Schadensersatz aus unberechtigter Verfahrenseinleitung, 1968

ders.: Nichtvertragliche Haftung außerhalb von Schadens- und Bereicherungsausgleich, AcP 183 [1983], 608

Huber, Konrad: Verkehrspflichten zum Schutz fremden Vermögens, Festschrift für Ernst v. Caemmerer, 1978, S. 359

Huber, Ulrich: Zivilrechtliche Fahrlässigkeit, Festschrift für Ernst Rudolf Huber, 1973, 253

Hübner, Ulrich: Die Berufshaftung – ein zumutbares Berufsrisiko? NJW 1989, 5

Isele, Walter: Bundesrechtsanwaltsordnung, Kommentar, 1976

Jaeger/Weber: Konkursordnung, Band II, 1. Halbband, 8. Aufl. 1973

Jauernig/(Bearbeiter): Bürgerliches Gesetzbuch, 4. Aufl. 1987

Jessnitzer, Kurt: Bundesrechtsanwaltsordnung, Kommentar, 4. Aufl. 1987

Kalsbach, Werner: Bundesrechtsanwaltsordnung, Kommentar, 1960

Kegel, Gerhard: Die lachenden Doppelerben: Erbfolge beim Versagen der Urkundspersonen, Festschrift für Werner Flume, 1978, S. 545

Knebel, Eberhard: Probleme bei der Zusammenarbeit eines Rechtsanwalts mit Unfallhelfern, VersR 1972, 409

Knief, Hannelore: Der Rechtsanwalt als Angestellter und freier Mitarbeiter, AnwBl 1985, 58

Koch/Stübing: Allgemeine Geschäftsbedingungen. Kommentar zum Gesetz zur Regelung des Rechts der Allgemeinen Geschäftsbedingungen, 1977

Kötz, Hein: Zur Funktionsteilung zwischen Richter und Anwalt im deutschen und englischen Zivilprozeß, Festschrift für Imre Zajtay, 1982, S. 277

Kornblum, Udo: Probleme der Haftung assoziierter Anwälte, AnwBl 1973, 153

ders.: Die Haftung assoziierter Rechtsanwälte, BB 1973, 218

ders.: Anmerkung zum BGH-Urteil vom 25. 6. 1974, AnwBl 1975, 92

Krauel, Otto: Die Sicherheitsleistung auf dem Konto des Anwalts zugunsten der Gegenpartei, MDR 1986, 994

Kuhn/Uhlenbruck: Konkursordnung, 10. Aufl. 1986

Lammel, Siegbert: Zur Auskunftshaftung, AcP 179 [1979], 337

Lang, Arno: Die Rechtsprechung des Bundesgerichtshofes zur Dritthaftung der Wirtschaftsprüfer und anderer Sachverständiger, WM 1988, 1001

Lange, Hermann: Schadensersatz, 1979

Larenz, Karl: Lehrbuch des Schuldrechts, Band I, Allgemeiner Teil, 14. Aufl. 1987

ders.: Methodenlehre der Rechtswissenschaft, 5. Aufl. 1983

Levis, Madeline-Claire: Zivilrechtliche Anwaltshaftpflicht im schweizerischen und US-amerikanischen Recht, Zürich 1981

Lindemann/Trenk-Hinterberger: Beratungshilfegesetz, 1987

Lingenberg/Hummel/Zuck/Eich: Kommentar zu den Grundsätzen des anwaltlichen Standesrechts, 2. Aufl. 1988

Locher, Horst: Die Haftung für Expertisen, NJW 1969, 1567

Lorenz, Werner: Das Problem der Haftung für primäre Vermögensschäden bei der Erteilung einer unrichtigen Auskunft, Festschrift für Karl Larenz, 1973, S. 575

ders.: Anmerkung zum BGH-Urteil vom 6. 7. 1965, JZ 1966, 143

Löwe/Rosenberg/(Bearbeiter): Strafprozeßordnung und Gerichtsverfassungsgesetz, Band 2, 24. Aufl. 1986

Löwisch, Manfred: Rechtswidrigkeit und Rechtfertigung von Forderungsverletzungen, AcP 165 [1965], 421

Lüke, Wolfgang: Anmerkung zum BGH-Urteil vom 17. 1. 1985, NJW 1985, 1164

Maassen, Hermann: Die Freiheit des Bürgers in einer Zeit ausufernder Gesetzgebung, AnwBl 1979, 299

Mayer, Edmund: Die Erstattung von Kosten im Zivil- und Strafprozeß bei Bestehen einer Rechtsschutzversicherung, JZ 1962, 339

Medicus, Dieter: Bürgerliches Recht, 13. Aufl. 1987

ders.: Schuldrecht I, Allgemeiner Teil, 4. Aufl. 1988

Megow: Kann ein freiberuflicher Rechtswahrer die Haftung für Fahrlässigkeit ausschließen? DR 1944, 103

Mertens, Hans-Joachim: Berufshaftung – Haftungsprobleme alter Professionen, VersR 1974, 509

Mittelstein, Kurt: Grenzen der Verantwortlichkeit des Rechtanwalts, MDR 1958, 743

Möring, Fritz: Sind die vom Rechtsschutzversicherer oder vom KV-Haftpflichtversicherer aufgewendeten Anwaltskosten ersatzfähig? MDR 1962, 256

Müller, Klaus: Schadensersatzpflicht verbundener Anwälte, NJW 1969, 903

ders.: Die Pflichten des Anwalts im Zusammenhang mit der Führung des Prozesses, JR 1969, 161

ders.: Zur Haftung des Anwalts aus fehlerhafter Prozeßführung, MDR 1969, 797, 896 und 965

Münch. Komm./(Bearbeiter): Münchener Kommentar zum BGB, 2. Aufl. ab 1984

Musielak, Hans-Joachim: Die Grundlagen der Beweislast im Zivilprozeß, 1975

ders.: Die Haftung der Banken für falsche Kreditauskünfte, VersR 1977, 973

Noack, Erwin: Kommentar zur Reichs-Rechtsanwaltsordnung, 2. Aufl. 1937

Odersky, Walter: Die Berufshaftung – ein zumutbares Berufsrisiko? NJW 1989, 1

Olzen, Dirk: Die Rechtswirkungen geänderter höchstrichterlicher Rechtsprechung in Zivilsachen, JZ 1985, 155

Ostler, Fritz: Fristenkontrolle in der Anwaltskanzlei und Rechtsprechung des Bundesgerichtshofes, NJW 1958, 405

ders.: Prozessuales Verschulden des Rechtsanwalts, NJW 1962, 896
ders.: Anwaltspflichten und Anwaltshaftpflicht im Prozeß, NJW 1965, 1785 und 2081
ders.: Stellung und Haftungsrisiko des Rechtsanwalts in Zivilsachen, JA 1983, 109

Palandt/(Bearbeiter): Bürgerliches Gesetzbuch, 48. Aufl. 1989
Pleyer, Klemens und Thomas *Hegel:* Zur Grundlage der Prospekthaftung bei der Publikums-KG in der Literatur, ZIP 1986, 681
Prinz, Matthias: Der juristische Supermann als Maßstab, VersR 1986, 317
Prütting, Hanns: Gegenwartsprobleme der Beweislast, 1983
ders.: Verjährungsprobleme bei falscher rechtlicher Beratung, insbesondere in Steuersachen, WM 1978, 130

Raacke, Günter: Zur Bedeutung der höchstrichterlichen Rechtsprechung, DRiZ 1985, 391
Rehbinder, Eckard: Richterlicher Aktivismus im Personengesellschaftsrecht und Kautelarjurisprudenz: Ist eine Koexistenz möglich? Festschrift für Walter Stimpel, 1985, S. 47
RGRK: s. BGB-RGRK
Rinsche, Franz-Josef: Die Haftung des Rechtsanwalts und des Notars, 3. Aufl.1989
ders.: Anwaltliche Haftung wegen Versäumung materiell-rechtlicher Fristen, AnwBl 1985, 618
Robbers, Gerhard: Rückwirkende Rechtsprechungsänderung, JZ 1988, 481
Roesen, Anton: Zur Frage der Haftungsbeschränkung, AnwBl 1962, 25
Rosenberg, Leo: Die Beweislast, 5. Aufl. 1965
Rosenberg/Gaul/Schilken: Zwangsvollstreckungsrecht, 10. Aufl. 1987
Rosenberg/Schwab: Zivilprozeßrecht, 14. Aufl. 1986

Schaub, Günter: Arbeitsrechts-Handbuch, 6. Aufl. 1987
Scheffler, Friedrich: Haftpflichtgefahr, 1958
ders.: Grenzfragen der Verantwortung bei Arzt, Anwalt und Notar, Karlsruher Forum 1959, 43
ders.: Darf man vom Anwalt mehr verlangen, als das Kollegialgericht leistet? NJW 1960, 265
ders.: Anwaltspflichten – Anwaltsverschulden, NJW 1961, 577
ders.: Erleichterung der Wiedereinsetzung? NJW 1964, 993
Schellenberger, Hans M.: Die Haftung des Anwalts in England – zugleich ein Beitrag zur Reform der Anwaltshaftung in Deutschland –, Dissertation, Bonn, 1970
Schilling, Joseph H.: Die allgemeinen Bestimmungen der allgemeinen Bedingungen für die Rechtsschutzversicherung (ARB) und das AGB-Gesetz, Dissertation Köln, 1987
Schlee, Heinz: Haftpflichtfragen – I. Haftung des Rechtsanwalts gegenüber Nichtmandanten aus Garantievertrag, AnwBl 1986, 450
ders.: Haftpflichtfragen – Die Vermeidung unnötiger Verfahrenskosten, AnwBl 1988, 407
Schliebner, Rudolf: Die Haftung des Rechtanwalts aus dem Vertragsverhältnis zu seinen Klienten, Dissertation Halle, 1935
Schlosser/Coester-Waltjen/Graba: Kommentar zum Gesetz zur Regelung des Rechts der Allgemeinen Geschäftsbedingungen, 1977
Schmellenkamp, Egon: Der Prozeßbevollmächtigte als Zustellungsempfänger – Die Bedeutung des § 87 ZPO, AnwBl 1985, 14
Schmidt, Gerhard: Gegen den Haftungsausschluß, VersR 1960, 682
Schmidt, Karsten: „Amtshaftung" und „interne Verantwortlichkeit" des Konkursverwalters – Eine Analyse des § 82 KO –, KTS 1976, 191
Schmidt-Leichner: Haftbefehl und Regreß, NJW 1959, 841
Schmidt-Salzer, Joachim: Allgemeine Geschäftsbedingungen, 2. Aufl. 1977

Schneider, Egon: Der freie Anwalt und die Präjudizien, MDR 1972, 745

ders.: Zweierlei Maß, AnwBl 1987, 269

ders.: Problemfälle aus der Prozeßpraxis – Anwaltliche Belehrung Hilfsbedürftiger, MDR 1988, 282

ders.: Die Verlagerung richterlicher Pflichten auf die Prozeßbevollmächtigten, AnwBl 1988, 259

Schönke/Schröder/(Bearbeiter): Strafgesetzbuch, Kommentar, 22. Aufl. 1985

Schroeder, Dirk: Die Einbeziehung Allgemeiner Geschäftsbedingungen nach dem AGB-Gesetz und die Rechtsgeschäftslehre, 1983

ders.: Die Berufshaftung des Anwalts – Ausschluß, Beschränkung oder Versicherung? AnwBl 1984, 522

Schultz, Günther: Blick in die Zeit, MDR 1965, 264

Seltmann, Holm G.: Die Beteiligung mehrerer Anwälte an einem Haftpflichtfall, VersR 1974, 97

Siedler, Johannes: Haftungsbegrenzung nach der Adäquanztheorie und der Normzwecklehre, Dissertation, Würzburg 1987

Soergel/(Bearbeiter): Bürgerliches Gesetzbuch, 11. Aufl. 1978/1986; 12. Aufl. Band 1, Allgemeiner Teil, 1987

Sourlas, Paul: Adäquanztheorie und Normzwecklehre bei der Begründung der Haftung nach § 823 Abs. 1 BGB, 1974

Staudinger/(Bearbeiter): Kommentar zum Bürgerlichen Gesetzbuch, 12. Aufl. ab 1978

Steindorff, Ernst: Die Anwaltssozietät, Festschrift für Robert Fischer, 1979, S. 747

Stein/Jonas/(Bearbeiter): Kommentar zur Zivilprozeßordnung, 20. Aufl. ab 1977

Stoll, Hans: Die Beweislastverteilung bei positiven Vertragsverletzungen, Festschrift für Fritz v. Hippel, 1967, S. 517

Stuhr, Dorothee und Hans-Jürgen *Stuhr:* Risiko einer Strafanzeige gegen einen Arzt? NJW 1983, 317

Sziegoleit, Dieter: Aufgabenteilung zwischen Anwalt und Kanzlei im Recht der Wiedereinsetzung, Dissertation, Erlangen, 1985

Taeger, Albert: Haftpflichtbeschränkung und Haftpflichtversicherung, AnwBl 1962, 133

v. Teuffel, Nikolai: Zur Zulässigkeit der Prospekthaftung als eigenständiges Rechtsinstitut, DB 1985, 373

Thiele, Wolfgang: Gedanken zur Vorteilsausgleichung, AcP 167 [1967], 193

Thomas/Putzo: Zivilprozeßordnung mit Gerichtsverfassungsgesetz, 15. Aufl. 1987

von der Trenck: Zur Frage der Haftungsbeschränkung des Anwalts, DR 1944, 649

Trinkner, Reinhold: Anmerkung zum BGH-Urteil vom 20. 10. 1976, BB 1977, 60

Ulmer/Brandner/Hensen: AGB-Gesetz, 5. Aufl. 1987

Vogel, Hans-Jochen: Zur Diskussion um die Normenflut, JZ 1979, 321

Vollkommer, Max: Formenstrenge und prozessuale Billigkeit, 1973

ders.: Die Erleichterung der Wiedereinsetzung im Zivilprozeß, Festschrift für Fritz Ostler, 1983, S. 97

ders.: Die Stellung des Anwalts im Zivilprozeß, 1984

Wahrendorf, Volker: Die Prinzipien der Beweislast im Haftungsrecht, 1976

Waldner, Wolfram: Der Rechtsschutz im Entmündigungsverfahren, NJW 1982, 316

Weisweiler, W.: Anmerkung zum RG-Urteil vom 14. 1. 1927, JW 1927, 1145

Weitnauer, Hermann: Schadensersatz aus unberechtigter Verfahrenseinleitung, AcP 170 (1970), 437

Wendt, Michael: Gegenstände, Bedingungen und Sorgfaltsanforderungen bei der privatrechtlichen Tätigkeit des Rechtsanwalts, Dissertation, Bremen 1984 *v. Westphalen*, Friedrich Graf: AGB für Rechtsanwälte, Steuerberater und Wirtschaftsprüfer, RWS-Skript 147, Köln 1984

Wieczorek/(Bearbeiter): Zivilprozeßordnung und Nebengesetze, 2. Aufl. ab 1975

Wolf/Horn/Lindacher: AGB-Gesetz, 2. Aufl. 1989

Zeuner, Albrecht: Nicht-säumnisursächliches Parteiverhalten als Wiedereinsetzungshindernis, JZ 1957, 158

ders.: Gedanken über die Bedeutung und Stellung des Verschuldens im Zivilrecht, JZ 1966, 1

Zimmermann, Reinhard: Lachende Doppelerben? – Erbfolge und Schadensersatz bei Anwaltsverschulden, FamRZ 1980, 99

ders.: „Sekundäre" und „tertiäre" Schadensersatzansprüche gegen den Rechtsanwalt, NJW 1985, 720

Zirnbauer, Ulrich: Anwaltliche Kunstfehler im Arbeitsrecht, NZA Beil. 3/1989, 34

Zöller/(Bearbeiter): Zivilprozeßordnung mit Gerichtsverfassungsgesetz usw., 15. Aufl. 1987

§ 1 Anwaltsvertrag

I. Rechtsnatur und Inhalt des Anwaltsvertrages

Die vertragliche Haftung des Rechtsanwalts beruht im Grundsatz darauf, daß der Anwalt „seine Pflichten der Treue gegenüber dem Mandanten und des Dienstes für den Mandanten rechtswidrig und schuldhaft verletzt und kausal dadurch dem Mandanten Schaden entsteht".[1] Im Mittelpunkt der anwaltlichen Haftung steht daher die Verletzung von Pflichten[2] innerhalb eines bestehenden Mandatsverhältnisses.[3] Eine außervertragliche Haftung des Rechtsanwalts kommt bei verschiedenen Formen nicht berufstypischer Tätigkeiten in Frage, im Rahmen der Tätigkeit als Rechtsanwalt immer dann, wenn sie zu Eingriffen in den Rechtskreis Dritter (von Nichtmandanten) führt.[4]

1. Rechtsnatur

Der Rechtsanwalt wird in der Regel aufgrund eines mit seinem Mandanten geschlossenen *Anwaltsvertrages* tätig.[5] Der frühere Meinungsstreit über die rechtliche Einordnung dieses weder im Bürgerlichen Gesetzbuch noch in der Bundesrechtsanwaltsordnung ausdrücklich geregelten besonderen Vertragstyps[6] ist mittlerweile wohl einem einheitlichen Standpunkt gewichen. Wenngleich jeweils auf den Einzelfall abzustellen ist, so hat der Anwaltsvertrag in der Regel eine *entgeltliche Geschäftsbesorgung* (§ 675 BGB) zum Gegenstand, der grundsätzlich ein Dienstvertrag (§ 611 BGB) zugrundeliegt.[7] Denn der Rechtsanwalt leistet jeweils durch den konkreten Auftrag im einzelnen spezifizierte Dienste[8] für seinen Mandanten (Prozeßführung oder Besorgung

---

[1] *Ostler*, JA 1983, 109 [112].
[2] Zu den Einzelheiten, insbesondere Inhalt und Umfang anwaltlicher Pflichten s. § 2.
[3] *Rinsche*, Rdnr. I 25.
[4] Vgl. hierzu näher unten II 3; § 3 I.
[5] Zur anwaltlichen Tätigkeit aus Gefälligkeit siehe unten II 2.
[6] Zum früheren Meinungsstand vgl. *Schliebner*, S. 1 f.; zuletzt näher zur Einordnung – einseitig – *Wendt*, S. 32 ff.
[7] RGZ 88, 223 [226]; 158, 130 [134]; RG JW 1914, 642; BGHZ 18, 340 [345 f.]; 71, 380 [381]; NJW 1965, 106; NJW 1978, 1808; NJW 1985, 2642; *Soergel/Kraft*, Vor § 611 Rdnr. 35, 82; Münch.Komm./*Seiler*, § 675 Rdnr. 6; BGB-RGRK § 675 Rdnr. 57; *Staudinger/Wittmann*, § 675 Rdnr. 32; *Borgmann/Haug*, S. 41, 46; *Boergen*, S. 13; *Hartstang*, S. 134; *Hanna*, S. 3, 5, 84; *Wendt*, S. 35; *Rosenberg/Schwab*, § 29 IX 1; *K. Müller*, JR 1969, 161.
[8] Für den *Erfolg* einer von ihm erhobenen Klage hat der Rechtsanwalt nicht einzustehen; zutr. OLG Düsseldorf VersR 1973, 424.

sonstiger Rechtsangelegenheiten) und schuldet dabei grundsätzlich das *bloße Tätigwerden*[9] (dazu unten 2). Hingegen ist ihm das Versprechen eines Erfolges, insbesondere des Prozeßgewinns, nicht nur standesrechtlich verboten,[10] sondern birgt auch zugleich eine zusätzliche Haftpflichtgefahr, die in einer von den üblichen Haftungsvoraussetzungen der Pflichtwidrigkeit und des Verschuldens unabhängigen *Erfolgshaftung* münden kann.[11] Nur im Einzelfall, wenn sich die anwaltliche Tätigkeit auf eine spezifische, erfolgsorientierte Einzelleistung (z.B. Erstellung von Gutachten und Vertragsentwürfen) beschränkt, ist der Anwaltsvertrag ausnahmsweise ein Werkvertrag.[12] Indes ist auch hier von einem Dienstvertrag auszugehen, wenn neben diese erfolgsorientierte Anwaltstätigkeit als *wesentlicher* Bestandteil eine Dienstleistung, insbesondere in Form der Rechtsberatung, tritt.[13]

3   Diese Abgrenzung zwischen Dienst- und Werkvertrag hat nicht nur rechtsdogmatische, sondern entgegen *Rinsche*[14] auch praktische Bedeutung für die Frage der Anwaltshaftung; diese hängt gerade vom Umfang der übernommenen Verpflichtungen[15] und von der Ausgestaltung der anwendbaren Verjährungsvorschriften ab; während nämlich die Verjährung von Ersatzansprüchen des Mandanten gegenüber dem Anwalt im Grundsatz beim Werkvertrag gem. § 638 BGB nur sechs Monate beträgt, verjähren solche aus dem Geschäftsbesorgungsdienstvertrag gemäß § 51 BRAO erst nach drei Jahren.[16]

---

[9] Dies läßt sich im übrigen auch aus der anwaltlichen Gebührenregelung ableiten: vgl. *Guardiera Windheim*, S. 7. Anwaltsgebühren werden mit dem bloßen Tätigwerden des Rechtsanwalts fällig; die Vereinbarung von Erfolgshonoraren ist gemäß § 52 I der RichtlRA (Grundsätze des anwaltlichen Standesrechts) nicht nur standesrechtlich verboten, sondern auch sittenwidrig und damit nichtig (BGHZ 34, 64 [71]; 39, 142; BGH NJW 1981, 998).

[10] Dieses Verbot läßt sich sowohl aus § 43 S. 1 BRAO als auch aus § 1 I S. 2 der RichtlRA ableiten, woraus sich die allgemeine Pflicht des Rechtsanwalts zur gewissenhaften Berufsausübung und zur *sachlichen* Interessenvertretung ergibt.

[11] *Borgmann/Haug*, S. 47.

[12] RGZ 88, 223 [226f.]; 162, 171 [173]; RG JW 1914, 642; BGH NJW 1965, 106; *Wendt*, S. 37f., 44ff.

[13] So im Ergebnis RGZ 88, 223 [227]; ebenso *Borgmann/Haug*, S. 50f. – Eine Sonderstellung nehmen insgesamt die *Dauerberatungsverträge* ein; hier liegt in der Regel ein selbständiger Dienstvertrag vor, vgl. *Palandt/Putzo*, Einf. 2a ee vor § 611; *Jauernig/Schlechtriem*, Anm. I 7b vor § 611. Krit. zur hM – nicht überzeugend – *Wendt*, S. 47ff., 200f.

[14] Rdnr. I 8.

[15] Vgl. dazu oben Fußn. 12.

[16] Diese Differenzierung der Verjährung von Ersatzansprüchen aus dem Anwaltsvertrag gilt indes wegen der im Werkvertragsrecht vorzunehmenden Abgrenzung zwischen Mangelschaden und Mangelfolgeschaden nur sehr eingeschränkt; zu den Einzelheiten dieses Problemkreises s. § 4 III 1b; vgl. auch *Boergen*, S. 14; *Borgmann/Haug*, S. 51 und 260f.

2. Inhalt und Ausgestaltung des Anwaltsvertrages

Die abstrakte Rechtsnatur des Anwaltsvertrages als Geschäftsbesorgungs- 4
dienst- oder -werkvertrag besagt nur wenig über den eigentlichen Inhalt des
Mandatsverhältnisses und die daraus resultierenden anwaltlichen Pflichten;[17]
diese werden durch die anwendbaren bürgerlich-rechtlichen Rechtsgrundlagen (§§ 611 ff. – ausnahmsweise §§ 631 ff. – in Verb. mit § 675 BGB und den
dort genannten Vorschriften des Auftragsrechts) nur ganz allgemein umris-
sen. Sein typisches Gepräge als „Anwaltsvertrag" erhält der mit dem Anwalt
geschlossene Geschäftsbesorgungsdienst-(-werk-)vertrag dadurch, daß Gegenstand der „Geschäftsbesorgung" i.S. des § 675 BGB die berufliche Leistung des Verpflichteten als „Rechtsanwalt" ist. Gem. § 3 BRAO ist der
Rechtsanwalt „der berufene unabhängige Berater und Vertreter in allen
Rechtsangelegenheiten"; die berufliche Leistung des Rechtsanwalts besteht
darin, seinen Auftraggeber „in Rechtsangelegenheiten aller Art" zu „beraten"
und „vor Gerichten, Schiedsgerichten oder Behörden (zu) vertreten" (§ 3
Abs. 3 BRAO). Gegenstand der „Geschäftsbesorgung" i.S. des § 675 BGB ist
daher beim Anwaltsvertrag, sei er nun Geschäftsbesorgungsdienst- oder
-werkvertrag, die Besorgung einer „*Rechtsangelegenheit*" für den Auftraggeber. Dies bedeutet, daß der Anwalt – im außerprozessualen und prozessualen
Bereich – die Wahrung und Durchsetzung von Rechten und rechtlichen Interessen seines Auftraggebers übernimmt, m.a.W. dem Anwalt obliegt die
rechtliche Interessenwahrung seines Mandanten durch (außergerichtliche)
Beratung oder (außergerichtliche und gerichtliche) Vertretung (vgl. § 3
BRAO). Der Inhalt des Anwaltsvertrages wird damit weiter präzisiert und
ergänzt durch die (berufsrechtlichen) Regeln der Bundesrechtsanwaltsordnung (BRAO), der Bundesrechtsanwaltsgebührenordnung (BRAGO) sowie
die Rechtsgrundsätze des anwaltlichen Standesrechts.[18]

Neben einigen konkret geregelten berufsrechtlichen Pflichten[19] hat in die- 5
sem Zusammenhang vor allem die *Generalklausel* des § 43 BRAO Bedeutung
auch für den Anwaltsvertrag.[20] Danach hat der Rechtsanwalt die Pflicht zur
gewissenhaften Ausübung seines Berufes; er hat sich der Achtung und des
Vertrauens, welche die Stellung des Rechtsanwalts erfordert, würdig zu er-
weisen. Bei der Konkretisierung der anwaltlichen Berufspflichten ist bisher

---

[17] Vgl. im einzelnen dazu näher unten § 2.

[18] Nicht zu verwechseln mit den gem. § 177 II Nr. 2 festgestellten Standesrichtlinien;
diese stellen weder Gewohnheits- noch Satzungsrecht dar; vgl. dazu näher *Lingenberg/
Hummel/Zuck/Eich*, Kommentar zu den Grundsätzen des anwaltlichen Standesrechts,
2. Aufl. 1988, Einl. Rz 27, 28; *Hanna*, S. 12 ff.; hierzu sogleich näher.

[19] Insbesondere §§ 44, 45, 48, 49, 49a BRAO. Dazu insgesamt näher unten III 2 und
3.

[20] Vgl. *Rosenberg/Schwab*, § 29 VI 2; tendenziell aA – nicht überzeugend – *Hanna*,
S. 22 f.

den gem. § 177 Abs. 2 Nr. 2 BRAO festgestellten „Grundsätzen des anwaltlichen Standesrechts – Richtlinien für die Berufsausübung der Rechtsanwälte –"[21] eine wichtige Rolle beigemessen worden. Diese Richtlinien haben zwar keinen normativen Charakter.[22] Man hat sie jedoch als eine wesentliche „Erkenntnisquelle" dafür angesehen, was im Einzelfall nach der Auffassung angesehener und erfahrener Standesgenossen der Meinung aller anständig und gerecht denkenden Anwälte und der Würde des Anwaltsstandes entspricht;[23] insbesondere sollten sie als Hilfsmittel dienen, wenn § 43 BRAO anzuwenden und durch Auslegung zu konkretisieren war.[24] Seit der grundlegenden Entscheidung des BVerfG vom 14. 7. 1987, mit der es seine bisherige Rechtsprechung aufgegeben hat, können die Richtlinien des anwaltlichen Standesrechts nicht mehr als Hilfsmittel zur Auslegung und Konkretisierung der Generalklausel über die anwaltlichen Berufspflichten (§ 43 BRAO) herangezogen werden.[25] Für das Vertragsrecht folgt daraus, daß den Richtlinien als solchen – soweit sich nicht ein inhaltsgleicher Satz des Gewohnheitsrechts gebildet hat[26] – keinerlei rechtserhebliche Bedeutung mehr für die Pflichtenbegründung zukommt. Die Verletzung von Standespflichten kann keine zivilrechtliche Haftung des Rechtsanwalts nach sich ziehen.[27]

 6   Maßgebend für Inhalt und Ausgestaltung des konkreten Anwaltsvertrages und damit für den Pflichtenkreis des Rechtsanwalts im Einzelfall ist der vom Auftraggeber festgelegte und bestimmte oder sich aus den Umständen (§§ 157, 242 BGB) ergebende *Auftragsgegenstand und -umfang*.[28] So kann der Auftrag zur Durchsetzung von Ansprüchen gegen einen bestimmten Schuldner auch die Prüfung von Ansprüchen gegen Dritte erforderlich machen (vgl. dazu näher § 2 IV 2a und 3d).

---

[21] Vgl. dazu die in Fußn. 18 genannte Kommentierung von *Lingenberg/Hummel/Zuck/Eich.*

[22] *Lingenberg/Hummel/Zuck/Eich*, aaO (Fußn. 18); BVerfG 76, 171 [185] = NJW 1988, 191 [192].

[23] BGH NJW 1963, 167; *Lingenberg/Hummel/Zuck/Eich*, Einl. Rz 11 und 29 m.w.N.

[24] *Feuerich*, BRAO 1987, § 43 Rn 6; § 177 Rn 22 m.w.N.; früher auch das BVerfG, vgl. BVerfG NJW 1988, 191 [192 m.w.N.].

[25] BVerfG 76, 176 = NJW 1988, 191; eine Würdigung dieser Entscheidung für das anwaltliche Berufsrecht gibt Zuck in *Lingenberg/Hummel/Zuck/Eich*, Sonderteil „N", Rz 5ff.; vgl. ferner etwa BGH NJW 1988, 1099; *Kleine/Cosack*, NJW 1988, 164; *Zuck*, NJW 1988, 175; *Pietzcker*, NJW 1988, 513.

[26] Vgl. z.B. das Beispiel oben Fußn. 9.

[27] Ebenso bereits *Borgmann/Haug*, S. 14; eingehend zum „Konflikt" von „anwaltlichem Standesrecht mit zivilrechtlichen Ansprüchen des Mandanten" *Hanna* in seiner gleichnamigen Schrift.

[28] BGHZ 7, 280 [285]; 38, 376 [379]; BGH NJW 1967, 1567 [1568]; AnwBl 1977, 162 [163]; *Borgmann/Haug*, S. 64.

3. Allgemeine Geschäftsbedingungen als Vertragsbestandteil des Anwaltsvertrages

Während der Inhalt des Anwaltsvertrages seitens des Mandanten im we- 7 sentlichen durch den konkreten Auftrag bestimmt wird, erfolgt eine Ausgestaltung durch den Rechtsanwalt nicht selten mittels für eine Vielzahl solcher Verträge vorformulierten Vertragsbedingungen. Neben den vorgedruckten Vollmachtsformularen[29] werden als Grundlage des Anwaltsvertrages häufig vorformulierte Honorarscheine, Vereinbarungen über einen Kostenvorschuß, die Einlegung von Rechtsmitteln, die Aufbewahrung von Handakten, vor allem über den Ausschluß bzw. die Beschränkung der Haftung des Rechtsanwaltes[30] verwendet. Regelmäßig sind solche vorformulierten Mandatsbedingungen Allgemeine Geschäftsbedingungen i.S. des § 1 Abs. 1 AGB-Gesetz.[31] Indes kann der Anwaltsvertrag auch bei der Verwendung von solchen Vertragsformularen in seiner Gesamtheit oder aber bezüglich einzelnen Mandatsbedingungen „im einzelnen ausgehandelt" (§ 1 Abs. 2 AGB-Gesetz) sein.[32] Ausgehend vom gesetzgeberischen Verständnis dieses Begriffes[33] sind dabei im wesentlichen zwei Kriterien entscheidend: Die für den Mandanten erkennbare *Abänderungsbereitschaft* des Rechtsanwalts[34] sowie die reale *Möglichkeit zur inhaltlichen Ausgestaltung* der Vertragsbedingungen auch durch den Mandanten.[35] Während aber die Abänderungsbereitschaft für sich allein die Annahme einer Individualvereinbarung nicht rechtfertigt,[36] kommt gerade dem zweiten Kriterium für die Abgrenzung Formularvereinbarung/Individualvereinbarung entscheidende Bedeutung zu. Besteht das Wesen der Verwendung von Allgemeinen Geschäftsbedingungen in der Reduzierung der dem Vertragspartner bei Individualverträgen grundsätzlich zustehenden

---

[29] Die Vollmacht ist indes streng vom Anwaltsvertrag selbst zu unterscheiden. Während letzterer das Innenverhältnis Rechtsanwalt/Mandant und damit die internen Pflichten untereinander betrifft, regelt die Vollmacht lediglich die Vertretungsbefugnis des Anwalts nach außen; zu den Einzelheiten s. unten VI 3 b.

[30] Dabei soll an dieser Stelle nicht näher auf solche formularmäßigen *Haftungsvereinbarungen* eingegangen werden; dazu eingehend § 4 II.

[31] *v. Westphalen,* S. 36; *Hanna,* S. 29; *Wolf/Horn/Lindacher,* § 9 Rdnr. R 2.

[32] Vgl. allg. BGH NJW 1988, 410 m. w. N.

[33] Vgl. BT-Drucks. VII/3919, S. 17: Danach ist eine „selbstverantwortliche Prüfung, Abwägung und mögliche Einflußnahme beider Vertragsseiten" erforderlich.

[34] BGH NJW 1977, 624 [625]; NJW 1988, 410.

[35] BGHZ 85, 305 [308]; BGH NJW 1988, 410; NJW-RR 1986, 54; *Wolf/Horn/Lindacher,* § 1 Rdnr. 32; *Ulmer/Brandner/Hensen,* § 1 Rdnr. 51; *Palandt/Heinrichs,* Anm. 4 c zu § 1 AGB-Gesetz; *v. Westphalen,* S. 38 ff.

[36] OLG Celle, WM 1977, 1389 [1391]; *Wolf/Horn/Lindacher,* § 1 Rdnr. 33; *v. Westphalen,* S. 39. Sie wird wohl auch nur dort eine entscheidende Rolle spielen, wo im Ergebnis die vorformulierte Vertragsbedingung mit unverändertem Inhalt übernommen wurde, Münch.Komm./*Kötz,* § 1 AGB-Gesetz Rdnr. 19; *v. Westphalen,* S. 39; im Erg. wohl auch BGH NJW 1977, 624 [625].

Abschluß- *und* Gestaltungsfreiheit auf die erstere,[37] kann eine Individualvereinbarung auch nur bei Wiederaufleben der beiderseitigen Gestaltungsfreiheit
angenommen werden.[38] Voraussetzung für eine solche gestalterische Einflußnahme auf den Anwaltsvertrag ist regelmäßig, daß der Anwalt die Formular-
bedingung inhaltlich ernstlich zur Disposition stellt, so daß sein Mandant
eine gleichberechtigte, echte Verhandlungschance erhält. Dafür ist das bloße
Vorlesen von Formularklauseln ebenso wenig ausreichend wie ein einfacher
Hinweis auf ihre Bedeutung.[39]

8   Liegen die Voraussetzungen einer Individualvereinbarung nicht vor,[40]
bleibt es bei der Anwendung des AGB-Gesetzes. Die vorformulierten Mandatsbedingungen unterliegen deshalb gem. § 8 AGB-Gesetz der Inhaltskontrolle, soweit sie von Gesetzesnormen und diese ausfüllenden Rechtsvorschriften abweichen. Eine solche Überprüfung anhand der §§ 9–11 AGB-
Gesetz findet insbesondere statt, wenn eine Divergenz zwischen Mandatsbedingungen und den Regeln der BRAO und der BRAGO festzustellen ist.
Dagegen sind die Standesrichtlinien, weil sie keinen Rechtsnormcharakter
besitzen,[41] nicht geeignet, eine Inhaltskontrolle von Mandatsbedingungen
auszulösen.[42] Unterliegen die Mandatsbedingungen allerdings ohnehin der
Inhaltskontrolle, so ist eine Abweichung von den Standesrichtlinien zum
Nachteil des Mandanten regelmäßig als ein Indiz für eine unangemessene
Benachteiligung (vgl. § 9 Abs. 1 AGB-Gesetz) zu werten.[43]

9   Neben den – an dieser Stelle ausgesparten – formularmäßig vereinbarten
Haftungsbeschränkungen[44] haben vor allem formularmäßige Honorarvereinbarungen große praktische Bedeutung. Hier ist zwischen der eigentlichen
Honorarvereinbarung im Sinne einer reinen Preis-/Vergütungsregelung einerseits und den damit in Zusammenhang stehenden sonstigen Nebenabreden andererseits zu unterscheiden. Erstere unterliegt überhaupt nicht der
Inhaltskontrolle gem. den §§ 9 ff. AGB-Gesetz.[45] Obgleich die Nichtan-

---

[37] Daraus rechtfertigt sich gerade der besondere Schutzzweck des AGB-Gesetzes,
vgl. dazu *Ulmer/Brandner/Hensen*, Einl. Rdnr. 22 ff.

[38] Ebenso BGHZ 85, 305 [308]; BGH NJW 1977, 624 [625]; NJW 1983, 385 [386];
NJW 1988, 410.

[39] BGHZ 74, 204 [209 ff.]; WM 1982, 820 [821]; *Trinkner*, Anm. zu BGH BB 1977,
59 [61]; Münch.Komm./*Kötz*, § 1 AGB-Gesetz zu Rdnr. 19.

[40] Die Darlegungs- und Beweislast hierfür trägt der Rechtsanwalt, der sich als AGB-
Verwender auf eine Individualvereinbarung beruft, BGHZ 83, 56 [58]; BGH NJW
1977, 624 [625]; NJW 1982, 1035; *Ulmer/Brandner/Hensen*, § 1 Rdnr. 62; *Wolf/Horn/
Lindacher*, § 1 Rdnr. 42; *Palandt/Heinrichs*, Anm. 5 zu § 1 AGB-Gesetz.

[41] Vgl. oben Fußn. 22.

[42] *Hartstang*, AnwBl 1982, 509 [511].

[43] OLG Hamburg, NJW 1968, 302 [303] (betreffend Standesrichtlinien für Steuerbe-
vollmächtigte); *Ulmer/Brandner/Hensen*, § 9 Rdnr. 88 und Anh. §§ 9–11 Rdnr. 563;
Palandt/Heinrichs, Anm. 2 f zu § 9 AGB-Gesetz; *Bunte*, NJW 1981, 2658 f.; *Hartstang*, aaO (Fußn. 42); einschr. *Hanna*, S. 42 ff. (zu § 138 BGB).

[44] Hierzu näher unten § 4 II 2.

[45] *Ulmer/Brandner/Hensen*, § 8 Rdnr. 8; *Schlosser/Coester-Waltjen/Graba*, § 8

wendbarkeit der §§ 9 ff. AGB-Gesetz auf leistungsbestimmende Klauseln nicht unbedingt dem Wortlaut des § 8 AGB-Gesetz zu entnehmen ist, rechtfertigt sich diese insbesondere aus dem Willen des Gesetzgebers:[46] Eine gerichtliche Kontrolle von Preisen und Leistungsangeboten soll durch das AGB-Gesetz nicht ermöglicht werden und wäre wohl auch verfassungsrechtlich bedenklich.[47] Hinzu kommt, daß für gem. § 3 Abs. 1 S. 1 BRAGO grundsätzlich zulässige[48] formularmäßige Honorarvereinbarungen mit § 3 Abs. 3 BRAGO ein Verfahren zur Festsetzung einer angemessenen Vergütung vorgesehen ist. Es besteht daher auch kein Bedürfnis für eine (zusätzliche) Inhaltskontrolle nach dem AGB-Gesetz.[49]

Anderes gilt indes für die mit vorformulierten Honorarvereinbarungen verbundenen Nebenabreden.[50] Abreden über die Entstehung und Fälligkeit des Anwaltshonorars, wie auch Klauseln über den Ausschluß oder die Einschränkung der Aufrechnung[51] des Mandanten gegenüber der Honorarforderung unterliegen der Inhaltskontrolle nach dem AGB-Gesetz. Führt eine solche im Ergebnis zur Unzulässigkeit der formularmäßigen Mandatsbedingung, ist diese nach dem „Verbot der geltungserhaltenden Reduktion" unzulässiger Allgemeiner Geschäftsbedingungen insgesamt unwirksam.[52] Die Rechtsfolge ist daher, daß zwar gem. § 6 Abs. 1 AGB-Gesetz der Anwaltsvertrag wirksam bleibt,[53] die unwirksame Vertragsklausel wird aber, da auch für eine ergänzende Vertragsauslegung grundsätzlich kein Raum

---

AGB-Gesetz Rdnr. 12, 18; *Palandt/Heinrichs,* Anm. 2b zu § 8 AGB-Gesetz; *Bunte,* NJW 1981, 2657 [2658]; offenlassend BGH BB 1978, 636 [637].

[46] Vgl. Begründung des RegEntw. BT-Drucks. VII/3919 S. 22 (zu § 6).

[47] *Palandt/Heinrichs,* Anm. 1 zu § 8 AGB-Gesetz; Grund ist der fehlende rechtliche Kontrollmaßstab und die Wahrung marktwirtschaftlicher Prinzipien.

[48] § 8 AGB-Gesetz verlangt für eine Inhaltskontrolle aber ohnehin eine Abweichung von einer gesetzlichen Vorschrift.

[49] Ebenso *Bunte,* NJW 1981, 2657 [2658].

[50] BGH BB 1978, 636 [637f.]; NJW 1985, 3013 [3014]; *Ulmer/Brandner/Hensen,* § 8 AGB-Gesetz Rdnr. 14, 15.

[51] Insbesondere ist eine Klausel, die *jede* Aufrechnung gegenüber dem Honoraranspruch ausschließt im nicht-kaufmännischen Bereich gem. § 11 Nr. 3 AGB-Gesetz, im kaufmännischen Bereich gem. § 9 AGB-Gesetz unwirksam, BGH NJW-RR 1986, 1281 [1283] = WM 1986, 199 [203].

[52] Die Unzulässigkeit einer Reduzierung der überzogenen Klausel auf ihren rechtlich zulässigen Gehalt wird im wesentlichen aus dem *Präventionszweck* des AGB-Gesetzes – der Verwender unzulässiger Allgemeiner Geschäftsbedingungen werde nicht abgeschreckt, wenn er im Streitfall schlechtestenfalls eine Einschränkung auf das zulässige Maß befürchten müsse – wie aus dem *Verbraucherschutzgedanken* – erst im Prozeß werde der Verbraucher den Umfang seiner Rechte und Pflichten erfahren – begründet; stRspr, grundlegend BGHZ 84, 109 [114ff.] mit umfangreichen weiteren Nachweisen; *Ulmer/Brandner/Hensen,* § 6 Rdnr. 20 mit weiteren Nachweisen zur hM in Fußn. 58/ 59 sowie zur Gegenansicht in Fußn. 61; aA z. B. *Schmidt-Salzer,* Rdnr. 55 ff.; krit. auch *Bunte,* NJW 1987, 921 [927], insbes. unter Hinweis auf die Materialien des AGB-Gesetzes, vgl. dort Fußn. 47.

[53] Ausnahme bei unzumutbarer Härte vgl. § 6 Abs. 3 AGB-Gesetz.

bleibt,[54] durch die jeweils bestehende gesetzliche Regelung ersetzt (§ 6 Abs. 2 AGB-Gesetz).

II. Abgrenzung zu nicht berufstypischer vertraglicher und außervertraglicher Tätigkeit

10 Die berufstypische Geschäftsbesorgungstätigkeit (§ 675 BGB) des Rechtsanwalts aufgrund eines *Anwaltsvertrages* besteht in einer „Rechtsbesorgung" i. w. S., d. h. dem Rechtsanwalt obliegt vertraglich die Wahrung der *rechtlichen* Interessen seines Mandanten (oben I). Dies schließt nicht aus, daß der Anwalt aufgrund Vertrages zugleich mit der Geschäfts-(Rechts-)besorgung in einem mehr oder weniger engen Zusammenhang stehende nicht berufstypische Leistungen erbringt. Nach allgemeinen Grundsätzen kommt es bei derartigen „Mischformen" auf den *Schwerpunkt* der vertraglichen Leistungen an.[55] Nicht „als Rechtsanwalt" wird der Anwalt im außervertraglichen Bereich tätig; abgesehen von Gefälligkeitshandlungen ist hier die Wahrnehmung von Aufgaben als privater Amtswalter zu nennnen. Im Geltungsbereich des Systems des Anwaltsnotariats kommt auch eine Tätigkeit als Amtsträger – Notar – in Frage.

1. Maklertätigkeit

11 Wird der Anwalt – zugleich – als *Makler* tätig, gleichgültig ob als Finanzmakler oder als Immobilienmakler, nimmt die Rechtsprechung auch dann einen (die typische Anwaltshaftung auslösenden) *Anwaltsvertrag* an, sofern der Mandant zugleich Rechtsberatung begehrt und diese gegenüber der Maklertätigkeit nicht völlig unbedeutender Natur ist.[56] Dabei spielt insbesondere eine Rolle, daß die Rechtsprechung regelmäßig auch bei Aufträgen zur Maklertätigkeit von einem Bedürfnis des Mandanten für einen rechtlichen Beistand ausgeht,[57] weil die Wahl eines Anwalts anstelle eines Maklers darauf

---

[54] Dazu eingehend *Ulmer*, NJW 1981, 2025, aber mit aA bei Teilbarkeit der betreffenden Klausel.

[55] Vgl. Münch.Komm./*Söllner*, § 305 Rdnr. 45; *Palandt/Heinrichs*, Einf. 5 c vor § 305; *Jauernig/Vollkommer*, § 305 Anm. IV 3 d; *Larenz*, Schuldrecht II, 12. Aufl. 1981, § 62 II a; zum Zusammentreffen von Tätigkeit als Rechtsanwalt/Steuerberater/Wirtschaftsprüfer etwa BGHZ 83, 328 [332]; BGH VersR 1987, 718 [719]; BGH WM 1988, 54 [55].
Berufsuntypisch ist die Tätigkeit von Anwälten als alleinverantwortliches Organ einer Kapitalgesellschaft; vgl. dazu näher *Ziegler*, Rpfleger 1988, 350.

[56] BGHZ 18, 340 [346]; 57, 53 [56]; BGH WM 1976, 1135 [1136]; WM 1977, 551 [552]; NJW 1985, 2642.

[57] RGZ 121, 200 [201]; BGH NJW 1985, 2642 m. w. N.

schließen ließe, daß der Auftraggeber auch rechtliche Betreuung erwarte.[58] Ist aber nach diesen Kriterien von einem Anwaltsvertrag auszugehen und gehört die konkrete Maklertätigkeit zu dem aus dem Gesamtauftrag folgenden *anwaltlichen* Pflichtenkreis, kann an dieser Auslegung auch eine abweichende Parteivereinbarung nichts ändern. Denn die – wirkliche – Rechtsnatur des anwaltlichen Vertragsverhältnisses ist unabhängig von den Vorstellungen der Parteien hierüber.[59]

2. Gefälligkeit

Eine anwaltsvertragliche Tätigkeit liegt auch dann nicht vor, wenn der 12 Rechtsanwalt lediglich aus *Gefälligkeit* tätig wird.[60] Mangels Rechtsbindungswillens erzeugen solche anwaltlichen Auskünfte oder Empfehlungen gem. § 676 BGB keine Haftung des Rechtsanwalts. Dabei sind die Grenzen zwischen Gefälligkeitsäußerungen und anwaltsvertraglicher Tätigkeit fließend. Indiz für eine bloße Gefälligkeit ist i.d.R. die Unentgeltlichkeit der anwaltlichen Tätigkeit.[61]

Gleichwohl verbietet sich ein notwendiger Schluß von der Unentgeltlich 13 keit auf eine unverbindliche Gefälligkeit, weil erstere ihre Grundlage in den besonderen Beziehungen zwischen dem Anfragenden und dem Rechtsanwalt haben kann.[62] Ebensowenig können äußere Umstände verläßliche Kriterien für eine unverbindliche Tätigkeit sein.[63] Maßgeblich für die Abgrenzung der unverbindlichen Gefälligkeit vom Auskunftsvertrag[64] ist vielmehr, ob die Unverbindlichkeit der Auskunft für den Ratsuchenden erkennbar und auch von ihm gewollt war.[65] Legt er aber – auf für den Anwalt erkennbare Weise – Wert auf die Verläßlichkeit des anwaltlichen Rates, um sich in seinen Dispo-

---

[58] BGH aaO (Fußn. 57). Davon zu unterscheiden ist allerdings die Frage, nach welchen Kriterien der Rechtsanwalt die jeweilige Tätigkeit abrechnen kann; zur Gebührenfrage vgl. *Borgmann/Haug*, S. 22 ff.

[59] BGH NJW 1987, 2451; krit. zur hM *Wendt*, S. 59 f. – Bei Einordnung als Anwaltsvertrag scheidet die Vereinbarung eines Erfolgshonorars (vgl. § 652 BGB) aus (§ 52 RichtlRA und bereits oben Fußn. 9); zur Gebührenfrage näher *Borgmann/Haug*, S. 22 f.; *Lingenberg/Hummel/Zuck/Eich*, Vorspruch Rz. 25 m.w.N.

[60] Das wird regelmäßig nur bei einer ad hoc erteilten kurzen Rechtsberatung der Fall sein. Umfangreichere Tätigkeiten lassen in der Regel auf eine vertragliche und damit entgeltliche Berufsausübung schließen.

[61] *Borgmann/Haug*, S. 46.

[62] *Boergen*, S. 15 m.N.; so kann z.B. der Anwalt seine eigene unentgeltliche Tätigkeit als Ausgleich für seinerseits kostenlos empfangene Leistungen des Mandanten verstehen.

[63] *Boergen*, aaO (Fußn. 62) – z.B. Auskunfts- oder Ratserteilung außerhalb der Kanzlei (Spaziergang, Stammtisch, gesellschaftliche Ereignisse); a.A. wohl *Borgmann/ Haug*, S. 46.

[64] Zur Auskunftsvertrag s. auch unten III 1 c; V 4 und ferner § 3 I 2 c.

[65] *Boergen*, S. 16; wohl auch *Borgmann/Haug*, S. 46.

sitionen danach richten zu können, ist auch bei (stillschweigend) vereinbarter Unentgeltlichkeit sein Antrag auf *anwaltsvertragliche* Tätigkeit gerichtet.[66]

3. Ausübung amtlicher oder amtsähnlicher Funktionen

a) Vormund, Pfleger

14 Wird ein Rechtsanwalt gem. § 1789 in Verb. mit § 1915 BGB zum *Vormund*[67] oder *Pfleger* bestellt, beruht seine grundsätzlich unentgeltlich (§ 1836 Abs. 1 BGB), wenn auch nicht entschädigungslos (vgl. § 1835 Abs. 2 und 3 BGB) zu leistende Tätigkeit[68] ausschließlich auf der Bestellung durch das Vormundschaftsgericht. Seine Haftung ergibt sich unmittelbar aus dem Gesetz. § 1833 Abs. 1 S. 1 BGB bestimmt insoweit, daß der Vormund dem Mündel für den aus einer schuldhaften (§ 276 BGB) Pflichtverletzung entstehenden Schaden verantwortlich ist. Weil aber Inhalt und Umfang der Sorgfaltspflichten als Maßstab für eine fahrlässige Pflichtverletzung durch den Lebenskreis mitbestimmt werden, dem der Vormund angehört,[69] ist der zum Vormund bestellte Anwalt bei der rechtlichen Betreuung seines Mündels vergleichsweise zur selben Sorgfalt gehalten, wie sie ihm bei der Betreuung eines Mandanten aufgrund Anwaltsvertrags obliegt. Der zum Vormund bestellte Rechtsanwalt haftet daher ebenso für die Kosten eines für sein Mündel geführten Prozesses, dessen Erfolglosigkeit ihm bei Kenntnis der Rechtsprechung zur streitentscheidenden Frage erkennbar war oder sein mußte,[70] wie er seinem Mündel den durch eine verspätete Klageerhebung verursachten Schaden zu ersetzen hat.[71] Die Haftung wegen Verletzung der ihm gegenüber den Mündelinteressen obliegenden Sorgfaltspflicht wird grundsätzlich auch durch vormundschaftsgerichtliche Genehmigung der betreffenden Rechtshandlungen nicht beseitigt.[72]

---

[66] RG JW 1933, 510; BGHZ 12, 105 [108]; *Boergen*, S. 16.

[67] Davon machen die Vormundschaftsgerichte mangels geeigneter anderer Staatsbürger in zunehmenden Maße Gebrauch, vgl. BVerfG NJW 1980, 2179 [2180]. Wie hoch der Anteil der Rechtsanwälte bei Einzelvormundschaften/-pflegschaften ist, ist statistisch nicht erfaßt (*Oberloskamp*, FamRZ 1988, 1 [9 f.]); das Gros der gewonnenen Einzelpersonen sind Professionelle (aaO S. 19).

[68] Zur verfassungskonformen Auslegung des § 1835 Abs. 2 BGB beim mit mehreren Vormundschaften und Pflegschaften betrauten Rechtsanwalt vgl. BVerfG Fußn. 67; danach kann der Anwaltsvormund u. U. Zeitaufwand und anteilige Bürokosten erstattet verlangen.

[69] RG JW 1911, 1016; BGH FamRZ 1964, 199 [200]; *Palandt/Diederichsen*, Anm. 2 zu § 1833 BGB; Münch.Komm./*Zagst*, § 1833 Rdnr. 5.

[70] RG WarnRspr 32, Nr. 76 [S. 156 ff.].

[71] BGH VersR 1968, 1165.

[72] BGH FamRZ 1964, 199; *Borgmann/Haug*, S. 25.

b) Testamentsvollstrecker, Nachlaßverwalter

Der Rechtsanwalt als *Testamentsvollstrecker* ist weder Vertreter des Erb- 15
lassers noch Vertreter der Erben, sondern hat die Stellung eines Treuhänders.
Er ist Inhaber eines auf Realisierung des Erblasserwillens gerichteten *privaten
Amtes*.[73] Seine Haftung gegenüber Erben bzw. Vermächtnisnehmern wegen
schuldhafter (§ 276 BGB) Pflichtverletzung folgt unmittelbar – ohne die
Möglichkeit einer Haftungsbefreiung durch den Erblasser, vgl. § 2220 BGB –
aus § 2219 BGB. Dritten gegenüber, insbesondere den Nachlaßgläubigern,
haftet der Testamentsvollstrecker für ein Verschulden bei der Erfüllung von
(Nachlaß-)Verbindlichkeiten grundsätzlich nicht; hier haften vielmehr die
Erben, da der Testamentsvollstrecker (nach der weiten Auslegung dieses Begriffs) „gesetzlicher Vertreter" i.S. des § 278 BGB ist.[74] Erfüllt indes die
Pflichtverletzung des Testamentsvollstreckers den Tatbestand einer unerlaubten Handlung, haftet er persönlich,[75] während die Haftung der Erben bei
(deliktischen) Verwaltungsmaßnahmen des Testamentsvollstreckers *außerhalb* bestehender *Verbindlichkeiten* entfällt.[76]

Anders gestaltet sich die Haftung, wenn der Rechtsanwalt als *Nachlaßver-* 16
walter tätig wird. Auch dieser ist nicht gesetzlicher Vertreter der Erben,[77]
auch nicht der Gläubiger oder gar des Nachlasses, sondern führt ein *Amt* zur
Verwaltung fremden Vermögens[78] und zur Wahrung der Belange von Erben
und Gläubiger (vgl. § 1985 Abs. 2 BGB). Er haftet daher für Pflichtverletzungen[79] bei der Verwaltung des Nachlasses nicht nur den Erben, sondern gleichermaßen den Nachlaßgläubigern (§ 1985 Abs. 2 BGB).

c) Konkursverwalter

Der Rechtsanwalt, der zum *Konkursverwalter* bestellt ist, ist gem. § 82 KO 17
„allen Beteiligten" „für die Erfüllung der ihm obliegenden Pflichten" persönlich verantwortlich; soweit der Konkursverwalter für die Masse am rechtsgeschäftlichen Verkehr teilnimmt, kann ihn auch eine Eigenhaftung nach allgemeinen Grundsätzen treffen.[80] Die Eigenhaftung gem. § 82 KO kommt nur
in Betracht, wenn der Konkursverwalter *konkursspezifische Pflichten* verletzt

---

[73] BGHZ 25, 275 [279]; BGH NJW 1983, 40.
[74] RGZ 144, 399 [401 f.]; BGH LM Nr. 1 zu § 823 (Ad) BGB.
[75] BGH aaO.
[76] BGH aaO.
[77] BayObLGZ 1976, 165 [171].
[78] RGZ 135, 305 [307]; BayObLGZ Fußn. 77; vgl. auch § 1984 BGB.
[79] Zu den Einzelheiten der Pflichten als Nachlaßverwalter vgl. *Borgmann/Haug*, S. 29f. m.N.
[80] Einen Überblick über die – neuerdings stark einschränkende – Rspr. des BGH zur Eigenhaftung des Konkursverwalters gibt *Borgmann*, AnwBl 1987, 328; grundlegend zum Problem *K. Schmidt*, KTS 1976, 191.

hat.[81] Zum Beteiligtenkreis i. S. des § 82 KO gehören insbes. der Gemein-
schuldner, die Konkursgläubiger, die Aus- und Absonderungsberechtigten
sowie die Massegläubiger.[82] Hat die Pflichtverletzung zu einer Schmälerung
der Masse (sog. Gemeinschaftsschaden im Gegensatz zum Einzelschaden)
geführt, kann der der Masse zustehende Schadensersatzanspruch während
des laufenden Konkursverfahrens nur von einem neu bestellten Konkursverwalter geltend gemacht werden.[83] Unabhängig von der Schadensart (Einzel-/
Gemeinschaftsschaden) unterliegt der Schadensersatzanspruch gegen den
Verwalter – insoweit übereinstimmend mit § 51 BRAO, § 68 StBerG – der
dreijährigen Verjährung entspr. § 852 BGB.[84]

18   Verletzt der Konkursverwalter Pflichten, die ihm als Verhandlungs- und
Vertragspartner eines mit der Masse in Geschäftskontakt tretenden Dritten
obliegen, so haftet i. d. R. nur die Masse; eine persönliche Haftung des Konkursverwalters kommt nur in Frage, wenn er eigene Pflichten übernimmt,
gegenüber dem Verhandlungs-(Geschäfts-)partner einen besonderen Vertrauenstatbestand schafft (c. i. c.-Fallgruppe der „Sachwalterhaftung") oder
eine unerlaubte Handlung begeht.[85]

19   Der Haftung des Rechtsanwalts als Konkursverwalter entspricht die Haftung als *Mitglied des Gläubigerausschusses* im Konkursverfahren (§ 89 KO),
indes begrenzt auf die durch § 88 KO umrissenen Aufgaben.[86] Auf die Verjährung von Schadensersatzansprüchen wird entsprechend der Rechtslage
beim Konkursverwalter § 852 BGB (entsprechend) anzuwenden sein.[87]

d) Vergleichs- und Zwangsverwalter

20   Vergleichbare amtliche Funktionen nimmt der Rechtsanwalt als *Vergleichs-
und Zwangsverwalter* wahr. Auch hier ist die jeweils gegenüber den Beteiligten bestehende Haftung gesetzlich geregelt: Für den Vergleichsverwalter in
§ 42 VerglO, für den Zwangsverwalter in § 154 ZVG. Der Vergleichsverwalter haftet *persönlich* bei Verletzung vergleichsspezifischer Pflichten (BGHZ
103, 310 [313 f.]); entsprechendes gilt für den Sachwalter i. S. der §§ 91, 92
VerglO (BGHZ 103, 310 [315]).

---

[81] BGHZ 100, 346 [350]; dazu *K. Schmidt*, ZIP 1988, 7 ff.; fortführend BGH NJW
1989, 303 [304 m. w. N.].

[82] BGHZ 99, 151 [156]; dazu *K. Schmidt*, NJW 1987, 812.

[83] *Hess/Kropshofer*, § 82 Rdnr. 13; *Jaeger/Weber*, § 82 Rdnr. 11; *K. Schmidt*, KTS
1976, 191 [211].

[84] BGHZ 93, 278; dazu *W. Lüke*, NJW 1985, 1164; teilw. a. A. *K. Schmidt*, KTS
1976, 204; der zwischen Einzel- und Gemeinschaftsschaden differenzieren will; abl.
dazu BGH 93, 283 ff.

[85] BGHZ 100, 346 [352]; dazu *K. Schmidt*, ZIP 1988, 7 [9 ff.]; BGH NJW 1988, 209
[210].

[86] *Kuhn/Uhlenbruck*, § 89 Rdnr. 1; zu den Einzelheiten des Aufgabenbereichs vgl.
dort die Kommentierung zu § 88 KO.

[87] Ebenso *Kuhn/Uhlenbruck*, § 89 Rdnr. 7.

e) Amtstätigkeit als Notar

Der Notar ist nach § 1 BNotO Träger eines öffentlichen Amtes; er steht zu 21
den Beteiligten nicht in einem privatrechtlichen Vertragsverhältnis und haftet
bei Amtspflichtverletzungen nach Amtshaftungsgrundsätzen (§ 19 BNotO).
Soweit der Anwalt zugleich Notar sein kann (vgl. § 3 Abs. 2, 3 BNotO), übt
er als *Anwaltsnotar* zwei getrennte, berufsrechtlich unterschiedlich geregelte
Berufe aus.[88] Für die im Einzelfall schwierige Abgrenzung zwischen An-
walts- und notarieller Tätigkeit[89] gilt: Zur notariellen Tätigkeit gehört die
Beratung und Vertretung von Beteiligten, soweit durch sie ein notarielles
Amtsgeschäft vorbereitet oder ausgeführt wird (§ 24 Abs. 2 S. 1 BNotO); im
übrigen wird der Anwaltsnotar im Zweifel als Rechtsanwalt tätig (§ 24 Abs. 2
S. 2 BNotO). Von der Notartätigkeit ist ein Anwaltsnotar ausgeschlossen,
der in derselben Angelegenheit bereits als Anwalt bevollmächtigt war (§ 3
Abs. 1 Nr. 5 und Abs. 2 BeurkG); von der Anwaltstätigkeit ausgeschlossen
ist ein Anwaltsnotar bei Streit über eine von ihm selbst oder einem verbundenen Rechtsanwalt als Notar aufgenommene Urkunde (§ 45 Nr. 4 BRAO).

III. Zustandekommen des Anwaltsvertrages

1. Vertragsschluß

a) Allgemeines

Für das Zustandekommen des Vertrages zwischen Rechtsanwalt und Man- 22
dant gelten im wesentlichen die allgemeinen Grundsätze des Bürgerlichen
Rechts (§§ 145 ff. BGB). Der Anwaltsvertrag wird – da dem Rechtsanwalt
standesrechtlich das unaufgeforderte Anbieten der eigenen Dienste verboten
ist[90] – in der Regel durch die Auftragserteilung seitens des Mandanten und die
Annahme dieses Auftrags durch den Rechtsanwalt geschlossen. Dabei bedarf
weder der Antrag auf Mandatsübernahme noch dessen Annahme durch den
Rechtsanwalt einer ausdrücklichen Erklärung. Der Vertragsschluß kann vielmehr durch konkludentes Handeln erfolgen.[91] Solche Fälle *stillschweigenden*

---

[88] *Lingenberg/Hummel/Zuck/Eich,* Vorspruch Rz. 27 m. w. N.

[89] Beispiel: BGH NJW 1988, 563; zum ganzen näher *Borgmann/Haug,* S. 32 ff.

[90] Formulierung im Text im Anschluß an die Fassung des Werbeverbots in § 8
StBerG. Das einschränkungslose Werbeverbot gem. § 2 RichtlRA entspricht nach den
Entscheidungen des BVerfG vom 14. 7. 1987 (BVerfG 76, 171 und 196 = NJW 1988,
191 und 194) nicht mehr dem geltenden Standesrecht; i. e. zur – in Grenzen zulässigen –
Anwaltswerbung *Zuck,* NJW 1988, 525; zur Problematik der „RichtlRA“ bereits allge-
mein oben I, Fußn. 22 ff.

[91] Gerade dies wird in der anwaltlichen Praxis nicht selten vorkommen, vgl. *Boergen,* S. 17: Der Mandant trägt dem Anwalt seine Sache ohne konkrete Beauftragung

Vertragsschlusses bereiten dort keine Schwierigkeiten, wo der beiderseitige Vertragswille eindeutig und klar erkennbar ist. Gerade insoweit sind aber an den stillschweigenden Antrag des Mandanten – auch in dessen (Kosten-)Interesse – erhöhte Anforderungen zu stellen. Insbesondere bedarf es hier der Abgrenzung von unverbindlichen Anfragen, bei denen dem Mandanten der Rechtsbindungswille fehlt.[92] Solche werden regelmäßig bei gelegentlichen Anfragen oder Bitten um rechtliche Stellungnahme (u.U. auch um geringfügiges Tätigwerden) im Freundes- und Bekanntenkreis des Rechtsanwalts anzunehmen sein.[93] Indes ist auch hier für die Abgrenzung und Auslegung – wie auch sonst bei der Willenserklärung – nicht der innere Wille des Anfragenden entscheidend; es kommt vielmehr darauf an, wie sich sein Verhalten für den Rechtsanwalt nach objektiven Kriterien bei Würdigung aller Umstände darstellt.[94] Daher liegt auch dann kein verbindliches Vertragsangebot durch schlüssiges Verhalten, sondern nur eine unverbindliche Anfrage vor, wenn das Verhalten des Anfragenden, sowie die Gesamtumstände für den Rechtsanwalt den Eindruck der Unverbindlichkeit erwecken.[95]

23   Hingegen sind geringere Anforderungen an eine konkludente Mandatsannahme durch den Rechtsanwalt zu stellen. Hier wird regelmäßig jedes anwaltliche Verhalten, das für den Mandanten auf eine Bereitschaft zur Übernahme des Auftrags schließen läßt,[96] unabhängig vom inneren Willen des Anwalts, als Vertragsübernahme zu werten sein. Diese Folgerung ergibt sich indirekt aus der Regelung des § 44 BRAO. Ist danach der Rechtsanwalt, will er den Auftrag *nicht* annehmen, zur unverzüglich erklärten Ablehnung verpflichtet, besteht eine entsprechende Verlautbarungspflicht für die *Annahme* des Auftrags jedenfalls nicht; die Nichtablehnung nach außen wird daher

---

vor, und die Annahme dieses schlüssigen Angebots zur Mandatsübernahme erfolgt seitens des Anwalts durch tätige Übernahme des Auftrags (z.B. Fertigung eines Schriftsatzes). Beispiel aus der Rspr: BGH NJW 1988, 2880 [2881: Partei übersendet Unterlagen, Rechtsanwalt erstattet Exposé über die Rechtslage].

[92] Vgl. dazu auch die Ausführungen zur unverbindlichen Gefälligkeit des Anwalts, oben II 2.

[93] *Borgmann/Haug*, S. 57, 59f.

[94] BGHZ 21, 102 [106f.]; 91, 324 [330]; *Palandt/Heinrichs*, Einf. vor § 116 Anm. 1b und Einl. vor § 241 Anm. 2; *Jauernig/Vollkommer*, § 241 Anm. 8.

[95] *Borgmann/Haug*, S. 57, 59f.

[96] Dafür reicht selbstverständlich das bloße Schweigen auf den Mandatsantrag nicht (§ 362 Abs. 1 HGB gilt nicht), z.B. wenn der Rechtsanwalt auf ein schriftliches Mandatsangebot überhaupt nicht reagiert. Hier wird vielmehr die Frage Annahme oder Ablehnung solange offen bleiben, bis eine ausdrückliche Erklärung erfolgt (*Isele*, § 44 VI A 1), wenn nicht bereits früher mit Ablauf einer angemessenen Frist zur Prüfung (vgl. *Feuerich*, § 44 Rn 13) die Bindung an das Angebot entfallen ist, §§ 145, 148 BGB. – Demgegenüber kommt zweifellos ein Anwaltsvertrag durch schlüssiges Verhalten zustande, wenn der Rechtsanwalt ohne ausdrücklich erklärte Mandatsannahme für den Mandanten und dessen rechtliche Interessen tätig wird, z.B. durch Schriftwechsel mit dem Gegner oder Terminswahrnehmung für den Mandanten (BGH VersR 1981, 460 [461]).

regelmäßig als ein Indiz für eine Mandatsannahme durch konkludente Handlung verstanden werden dürfen.[97]

Da für den Abschluß des Anwaltsvertrages *Formfreiheit* besteht, bedarf es 24 keiner schriftlichen Fixierung des Mandatsverhältnisses. Der Anwaltsvertrag regelt indes nur die internen Pflichten der Partner untereinander und ermächtigt aber den Anwalt noch nicht, im Außenverhältnis namens des Mandanten zu handeln. Diese Vertretungsbefugnis erlangt der Rechtsanwalt nur durch die zusätzliche Erteilung einer *Vollmacht* durch den Mandanten.[98] Obgleich auch die Vollmacht *formlos wirksam* ist,[99] wird sie in der Regel zur Führung des erforderlichen Nachweises schriftlich erteilt. Hat der Auftrag des Mandanten eine Prozeßvertretung zum Gegenstand, muß der Rechtsanwalt auf Rüge des Gegners seine Bevollmächtigung nachweisen (§ 88 Abs. 1 ZPO). Weitaus größere Bedeutung hat aber der Nachweis der Vertretungsmacht im rein privatrechtlichen Bereich. Denn hier sind gem. § 174 S. 1 BGB *einseitige Rechtsgeschäfte,*[100] die der Rechtsanwalt in Vertretung seines Mandanten vornimmt, dann unwirksam, wenn keine Vollmachtsurkunde des Mandanten vorgelegt wird und der andere Teil das Rechtsgeschäft deshalb unverzüglich zurückweist.

b) Verwendung vorformulierter Vertragsbedingungen

Die Grundsätze der §§ 145 ff. BGB werden ergänzt durch die Regeln des 25 AGB-Gesetzes, sofern der Rechtsanwalt dem Anwaltsvertrag allgemeine Mandatsbedingungen[101] zugrunde legen will. Für den Vertragsschluß im *nichtkaufmännischen Verkehr,* bedarf es daher ihrer Einbeziehung gem. § 2 AGB-Gesetz. Voraussetzung hierfür ist ein ausdrücklicher Hinweis[102] des

---

[97] A.A. *Borgmann/Haug,* S. 60; dort wird § 44 BRAO – indes ohne weitere Begründung – als Beleg *gegen* den stillschweigenden Abschluß eines Anwaltsvertrages angeführt. Liegen aber die Voraussetzungen für einen schlüssigen Mandatsantrag vor, kommt der Anwaltsvertrag stillschweigend durch seinerseits konkludentes Annahmeverhalten des Rechtsanwaltes zustande. Zwar läßt sich grundsätzlich der Regelung des § 44 BRAO keine Vermutung für das Zustandekommen eines Anwaltsvertrages bei unterbliebener oder verspäteter Ablehnung entnehmen (*Isele,* § 44 VII B 1). Das kann aber dann nicht gelten, wenn der Rechtsanwalt über das bloße, unbeachtliche Schweigen (Fußn. 96) hinaus durch sein Verhalten nach außen einen Tatbestand gesetzt hat, der auf eine Übernahme des Auftrags schließen läßt. Jedenfalls ist daran festzuhalten, daß kein Widerspruch zwischen stillschweigendem Vertragsabschluß und § 44 BRAO besteht; im Erg. ebenso *Schliebner,* S. 6; wohl auch *Lingenberg/Hummel/Zuck/Eich,* § 34 Rz. 14, allerdings unter unzutr. Hinweis auf *Borgmann/Haug.*
[98] Zum Verhältnis von Anwaltsvertrag und Vollmacht vgl. insbesondere auch unten VI 3 b und § 3 I 2 a.
[99] Vgl. § 167 BGB; für die Prozeßvollmacht folgt dies aus § 89 Abs. 2 ZPO.
[100] Z.B. Anfechtung, Rücktritt und Kündigung von Verträgen des Mandanten; § 174 BGB ist aber auch auf *geschäftsähnliche Handlungen* anzuwenden (*Palandt/Heinrichs,* § 174 Anm. 1 a), wie z.B. Mahnungen und Fristsetzungen gegenüber dem Gegner.
[101] Siehe auch oben I 3.
[102] Die durch § 2 Abs. 1 Nr. 1 2. Alt. AGB-Gesetz eröffnete Ausnahme vom Grund-

Rechtsanwalts für diese formularmäßigen Mandatsbedingungen bei Vertragsschluß mit dem Mandanten (§ 2 Nr. 1 AGB-Gesetz). Ferner muß dem Mandanten die Möglichkeit zur Kenntnisnahme von den Vertragsbedingungen verschafft werden (§ 2 Nr. 2 AGB-Gesetz). Ein Anwaltsvertrag mit Inhalt dieser Mandatsbedingungen kommt indes nur bei Einverständnis des Mandanten hiermit zustande (vgl. § 2 Abs. 1 letzter Halbs. AGB-Gesetz). Soweit das Vertragsangebot vom Mandanten ausgeht,[103] bereitet die wirksame vertragliche Vereinbarung von Allgemeinen Geschäftsbedingungen dort Schwierigkeiten, wo der Vertragsschluß mündlich erfolgt.[104] Nimmt der Anwalt den Auftrag des Mandanten unter Hinweis auf seine formularmäßigen Mandatsbedingungen durch eine *Auftragsbestätigung* an,[105] ist diese „Annahme" als modifiziertes Vertragsangebot i.S. des § 150 Abs. 2 BGB zu werten,[106] das wiederum seinerseits durch den Mandanten angenommen werden muß. Für den *nichtkaufmännischen Verkehr* ist dabei festzuhalten, daß grundsätzlich weder das *Schweigen* des Mandanten,[107] noch die spätere Entgegennahme anwaltlicher Leistungen[108] ein rechtsgeschäftliches Einverständnis des Mandanten mit den in der Auftragsbestätigung enthaltenen Mandatsbedingungen darstellt und damit auch keine, nach Maßgabe des § 151 BGB erfolgte Annahme des modifizierten Vertragsangebotes.

26   Daher stellt auch die regelmäßige Entgegennahme vertraglicher Leistungen im Rahmen eines *Dauermandats* kein Einverständnis des Mandanten mit der

---

satz des ausdrücklichen Hinweises kommt beim Anwaltsvertrag nicht in Betracht, weil diese in erster Linie für konkludent geschlossene Massenverträge ohne persönlichen Kontakt der Vertragspartner konzipiert ist, vgl. *Schlosser,* in: *Schlosser/Coester-Waltjen/Graba,* § 2 Rdnr. 43; *Palandt/Heinrichs,* § 2 AGB-Gesetz, Anm. 2 b.

[103] Das ist nach *Rinsche,* Rdnr. I 2, der Regelfall; vgl. auch oben zu Fußn. 90.

[104] Anders indes insgesamt schriftlich geschlossene Anwaltsvertrag: Erfolgt im Vertragstext ein den Erfordernissen des § 2 Abs. 1 Nr. 1 AGB-Gesetz genügender Hinweis auf die Geltung von Formularklauseln und hatte der Mandant auch eine ausreichende Möglichkeit zu ihrer Kenntnisnahme, sind diese Klauseln auch mit Willen des Mandanten Vertragsbestandteil. Die rechtliche Konstruktion des Vertragsschlusses ist dabei ohne Bedeutung.

[105] Erfolgt dieser Hinweis hingegen erst nach Abschluß des (mündlichen) Vertrages, ist er unbeachtlich. Der Rechtsanwalt kann nicht einseitig den bereits geschlossenen Vertrag abändern (vgl. *Schroeder,* C II 4 [S. 95] m.w.N.); für den Abschluß eines *Abänderungsvertrages* bedarf es stets des ausdrücklichen Einverständnisses des Mandanten (Münch.Komm./*Kötz,* § 2 AGB-Gesetz Rdnr. 18).

[106] *Schmidt-Salzer,* Rdnr. D 59; *Ulmer,* in: *Ulmer/Brandner/Hensen,* § 2 Rdnr. 31 jeweils m.w.N.; *v. Westphalen,* S. 44.

[107] BGHZ 18, 212 [216]; 61, 282 [284 ff.]; BGH BB 1974, 1136 [jeweils m.w.N. und auch den kaufmännischen Verkehr betreffend]; *Palandt/Heinrichs,* § 2 AGB-Gesetz Anm. 4; Münch. Komm./*Kötz,* § 2 AGB-Gesetz Rdnr. 16; *Schmidt-Salzer,* aaO (Fußn. 106).

[108] *Palandt/Heinrichs,* aaO (Fußn. 107); *Erman/Hefermehl,* § 2 AGB-Gesetz Rdnr. 20; *v. Westphalen,* aaO (Fußn. 106); *Schmidt-Salzer,* Rdnr. D 66–67 [aber mit Einschränkung in Rdnr. D 68]; einschr. Münch.Komm./*Kötz,* aaO (Fußn. 107); a.A. für die widerspruchslose Leistungsannahme *Staudinger/Schlosser,* § 2 AGB-Gesetz Rdnr. 77 unter Hinweis auf die Rspr vor Erlaß des AGB-Gesetzes.

Geltung von Allgemeinen Geschäftsbedingungen dar. Solche sind vielmehr nur dann Bestandteil des Anwaltsvertrages, wenn sie bereits bei Begründung des Vertragsverhältnisses wirksam einbezogen worden sind.[109]

Ist der Mandant *Kaufmann* und betrifft der Auftrag eine zum Betrieb 27 seines Handelsgewerbes gehörende Angelegenheit, richtet sich die wirksame Einbeziehung allgemeiner Mandatsbedingungen in dem Anwaltsvertrag nicht nach § 2 AGB-Gesetz, sondern nach den allgemeinen Vorschriften der §§ 145 ff. BGB.[110] Hier ist eine wirksame Einbeziehung durch schlüssiges Verhalten möglich, sofern der Rechtsanwalt erkennbar auf seine Formularbedingungen verweist[111] und das Verhalten des Mandanten bei Würdigung der Gesamtumstände als Einverständnis gewertet werden kann.[112]

Keine Besonderheiten gelten dagegen im kaufmännischen Verkehr, wenn 28 der Anwalt seine Formularbedingungen einer Auftragsbestätigung beilegt. Auch hier erlangen diese nur dann Geltung, wenn der Mandant den modifizierten Auftrag annimmt.[113]

c) Anwaltsvertrag und Auskunft

Innerhalb eines bestehenden Mandatsverhältnisses ist die Erteilung korrek- 29 ter Rechtsauskünfte *Nebenpflicht* aus dem Anwaltsvertrag. Die anwaltsvertragliche Tätigkeit kann sich aber auf die bloße Erteilung einer Rechtsauskunft beschränken. Dann ist die Auskunft *Hauptpflicht* im Rahmen eines als *Auskunftvertrag* konzipierten Anwaltsvertrages. Indes ist ein solcher Auskunftsvertrag nicht selbstverständliche Grundlage einer durch den Anwalt erteilten Rechtsauskunft. Für die Frage des *Vertragsschlusses* bedarf es vielmehr der Abgrenzung von der unverbindlichen Gefälligkeit.[114] Regelmäßig spielen in diesem Zusammenhang auch die Grundsätze des Vertragsschlusses durch schlüssiges Verhalten[115] eine Rolle. Soweit danach aber ein Anwalts-(Auskunfts-)vertrag besteht, bereitet die Begründung der Haftung des Rechtsanwalts gegenüber dem Mandanten wegen fehlerhafter Auskunft keine Schwierigkeiten,[116] denn in beiden Fällen beruht sie auf der Verletzung vertraglicher Haupt- bzw. Nebenpflichten.

---

[109] BGH ZIP 1983, 81 [89]; *v. Westphalen,* S. 45.

[110] Vgl. § 24 S. 1 Nr. 1 AGB-Gesetz.

[111] Dafür kann seinerseits ein stillschweigender Hinweis ausreichen, sofern dieser nach den allgemeinen Auslegungsregeln der §§ 133, 157 BGB als Einbeziehungserklärung auszulegen ist, vgl. *Ulmer,* in: *Ulmer/Brandner/Hensen,* § 2 AGB-Gesetz Rdnr. 80.

[112] *Palandt/Heinrichs,* § 2 AGB-Gesetz Anm. 6b; zu den Einzelheiten vgl. dort.

[113] BGH aaO (Fußn. 107); *Ulmer,* in: *Ulmer/Brandner/Hensen,* § 2 Rdnr. 81.

[114] Siehe oben II 2; dies ist vor allem im Hinblick auf die Haftung wegen Falschauskunft bedeutsam; da Auskunft ein Minus gegenüber Rat und Empfehlung ist (*Borgmann/Haug,* S. 193), hat der Rechtsanwalt bei fehlerhafter Gefälligkeitsäußerung gem. § 676 BGB keine Einstandspflicht.

[115] Siehe oben III 1a.

[116] Vgl. *Borgmann/Haug,* S. 193; anders indes, wenn der Anwalt im Rahmen eines

2. Einschränkungen der Vertragsfreiheit

a) Grundsatz der Abschlußfreiheit

30   Der Rechtsanwalt ist grundsätzlich in der Annahme und Ablehnung eines Auftrages frei, es besteht für ihn im Grundsatz also *kein Kontrahierungszwang*,[117] will er aber ein Mandat nicht annehmen, muß er die Ablehnung dem Auftraggeber unverzüglich[118] erklären (§ 44 S. 1 BRAO); andernfalls ist er dem Mandanten zum Ersatz desjenigen Schadens verpflichtet, der aus einer schuldhaften Verzögerung der Auftragsablehnung entsteht (§ 44 S. 2 BRAO). Bei dieser Ablehnungspflicht handelt es sich um eine außervertragliche Nebenpflicht aufgrund eines gesetzlichen Schuldverhältnisses. Die Haftung aus § 44 BRAO ist daher ein gesetzlich geregelter Fall der *culpa in contrahendo*, die ihre Entsprechung in der gemäß § 675 BGB auch auf den Anwaltsvertrag anwendbaren Regelung des § 663 BGB hat.[119]

Die grundsätzliche Abschlußfreiheit ist für den Rechtsanwalt durch eine Reihe gesetzlicher Regelungen eingeschränkt.

b) Verbot der Mandatsannahme

31   Insbesondere besteht für ihn in den Fällen des § 45 BRAO ein *Abschlußverbot*. Zur Vermeidung von *Interessenkonflikten* ist dem Rechtsanwalt danach die Pflicht auferlegt, eine Berufstätigkeit zu unterlassen, wenn er in derselben Rechtssache bereits eine andere Partei im entgegengesetzten Interesse beraten oder vertreten hat oder als Richter, Schiedsrichter, Staatsanwalt oder Beamter tätig geworden ist; ebenso, wenn es sich um den Rechtsbestand oder um die Auslegung einer Urkunde handelt, die er selbst oder sein Sozius als Notar aufgenommen hat (§ 45 Nr. 2–4 BRAO). Würde der Rechtsanwalt durch ein berufliches Tätigwerden seine Berufpflichten – insbesondere im Sinne der Generalklausel des § 43 BRAO[120] – verletzen, trifft ihn gleicherma-

---

Mandatsverhältnisses fehlerhafte Auskünfte oder Empfehlungen gegenüber Dritten, insbesondere gegenüber dem Gegner des Mandanten erteilt. Zur Haftung des Anwalts gegenüber Dritten vgl. unten V 3; zum Strafbarkeitsrisiko des Rechtsanwalts bei Falschauskünften vgl. näher *Volk*, BB 1987, 139; *Roxin*, Beck'sches Rechtsanwalts-Handbuch, 1989, E III Rdnr. 59.

[117] Vgl. § 34 Abs. 1 RichtlRA.

[118] Dies bedeutet entsprechend der Regelung des § 121 BGB „ohne schuldhaftes Zögern", vgl. *Isele*, § 44 VI B 1. – Maßgeblich für eine *schuldhafte* Verzögerung ist dabei im wesentlichen die Dringlichkeit des Auftrags; daher ist an Fristsachen ein wesentlich strengerer Maßstab anzulegen, als an Mandatsangebote, die keinen – offensichtlich erkennbaren – Eilcharakter haben. Bei letzterem ist daher eine Mandatsablehnung innerhalb einer Woche noch unverzüglich (*Borgmann/Haug*, S. 62; ähnlich *Schliebner*, S. 5).

[119] *Jessnitzer*, § 44 Rdnr. 2; *Feuerich*, § 44 Rdnr. 16; *Palandt/Thomas*, § 663 Anm. 1; *Borgmann/Haug*, S. 62; *Schliebner*, S. 4.

[120] Vgl. dazu bereits oben I 2, insbesondere aber unten § 2 VII 1.

ßen eine Unterlassungspflicht (§ 45 Nr. 1 BRAO).[121] Danach hat der Anwalt einen Auftrag immer dann abzulehnen, wenn von ihm die „Mitwirkung bei Handlungen verlangt wird, mit denen erkennbar unerlaubte oder unredliche Zwecke verfolgt werden".[122]

Zweifelhaft ist, ob ein entgegen dem Unterlassungsgebot des § 45 BRAO 32 zustandegekommener Anwaltsvertrag stets zivilrechtlich unwirksam ist.[123] Gegen die Annahme eines „gesetzlichen Verbots" i.S. des § 134 BGB spricht bereits, daß die Unterlassungspflicht nur *einseitig* den vertragsschließenden Anwalt trifft,[124] vor allem aber die generalklauselartige Weite des Tatbestands (insbes. im Fall von § 45 Nr. 1 BRAO). Für eine Nichtigkeit gem. § 138 BGB ist zunächst ein *schwerer* Verstoß gegen anwaltliches Standesrecht erforderlich,[125] der nicht bei *jeder* Verletzung von § 45 BRAO vorzuliegen braucht. Jedenfalls in Fällen, denen das Abschlußverbot gerade den Schutz des (redlichen) Auftraggebers bezweckt, wird der Vertrag – u.U. gem. § 242 BGB – zugunsten des Auftraggebers als wirksam zu behandeln sein.[126]

c) Kontrahierungszwang

Umgekehrt hat der Rechtsanwalt im Einzelfall die *Pflicht zur Übernahme* 33 einer ihm auferlegten oder angebotenen Tätigkeit. So muß er die Vertretung einer Partei oder die Beistandschaft übernehmen, wenn er der Partei im Rahmen des *Prozeßkostenhilfeverfahrens als Anwalt* (§§ 121 ZPO; 11a ArbGG), aufgrund der §§ 78b, 78c ZPO als *Notanwalt, gemäß § 625 ZPO als Beistand in einer Scheidungssache* oder aufgrund der §§ 668, 679 Abs. 3, 686 Abs. 2 S. 2 ZPO als *Vertreter im Entmündigungsverfahren* beigeordnet wurde (§ 48 Abs. 1 BRAO). Die Aufhebung der Beiordnung kann auf Antrag des Rechtsanwalts nur aus wichtigem Grund erfolgen (§ 48 Abs. 2 BRAO). Gleiches gilt für den Strafprozeß bei Bestellung des Rechtsanwalts zum *Pflichtverteidiger* bzw. Beistand im Verfahren betreffend Ordnungswidrigkeiten (§ 49 BRAO),

---

[121] Vgl. dazu *Borgmann/Haug*, S. 56f.

[122] So die Formulierung in § 14 Abs. 2 BNotO, der allgemein zur Präzisierung von § 45 Nr. 1 BRAO herangezogen wird; vgl. *Borgmann/Haug*, S. 56; *Lingenberg/Hummel/Zuck/Eich*, § 34 Rz. 2.

[123] So *Lingenberg/Hummel/Zuck/Eich*, § 34 Rz. 6.

[124] Vgl. BGHZ 89, 369 [373 m.w.N.]; BGH NJW 1986, 1104; *Jauernig*, § 134 Anm. 3d cc; *Palandt/Heinrichs*, § 134 Anm. 2c. Zum Problem näher *Hanna*, S. 33ff.

[125] Vgl. BGH NJW 1963, 1147 [1148]; NJW 1963, 1301 [1303]; Münch.Komm./ *Mayer-Maly*, § 138 Rdnr. 40; *Palandt/Heinrichs*, § 138 Anm. 5r; einschr. *Hanna*, S. 42ff.

[126] Im Ergebnis ähnlich *Borgmann/Haug*, S. 57, die regelmäßig bei Vertragsunwirksamkeit Haftung des Anwalts aus *c.i.c.* annehmen; allgemein zum Schadensersatz für sittenwidrigen Vertrag zuletzt BGHZ 99, 101 [106 m.w.N.]. Zur „relativen" Aufrechterhaltung eines verbotswidrig geschlossenen und daher „an sich" unwirksamen Vertrags gem. § 242 BGB vgl. näher BGHZ 85, 39 [47ff.]. U.U., z.B. bei Parteiverrat, kann auch eine deliktische Haftung des Anwalts gem. §§ 823 Abs. 2, 826 BGB in Verb. mit § 356 StGB in Frage kommen; s. dazu unten § 3 I 4b.

sowie für die Übernahme der in dem Beratungshilfegesetz vorgesehenen *Beratungshilfe*. Der Rechtsanwalt kann die Beratungshilfe nur im Einzelfall aus wichtigem Grund[126a] ablehnen (§ 49a BRAO).

34   Zum wirksamen Tätigwerden des „beigeordneten" Anwalts für die Partei ist auch in diesen Fällen i.d.R. zusätzlich erforderlich, daß zwischen ihnen ein Anwaltsvertrag geschlossen wird und die Partei dem Anwalt Vollmacht erteilt (vgl. §§ 164, 167 BGB; §§ 81, 85 ZPO). Im einzelnen gestaltet sich das Rechtsverhältnis zwischen dem beigeordneten Rechtsanwalt und der Partei in den verschiedenen Beiordnungsfällen unterschiedlich (unten 3).

3. Vertragsschluß mit dem beigeordneten Rechtsanwalt

a) Beiordnung im Prozeßkostenhilfeverfahren und als Notanwalt

35   Durch die gerichtliche Beiordnung im *Prozeßkostenhilfeverfahren* bzw. als *Notanwalt* wird unmittelbar kein privatrechtliches Mandatsverhältnis zwischen Anwalt und Partei als Voraussetzung für eine wirksame Prozeßvertretung begründet. Erforderlich ist vielmehr auch hier eine zusätzliche Beauftragung und Vollmachtserteilung,[127] der sich der Anwalt – im Unterschied zum freien Mandat – aufgrund der öffentlich-rechtlichen Verpflichtung nicht entziehen darf. Denn die Beiordnung begründet lediglich ein öffentlich-rechtliches Verhältnis; hingegen ist die Partei erst durch das privatrechtliche Mandatsverhältnis zur Konkretisierung ihres Auftrags entsprechend ihren Wünschen und zur Erteilung von Weisungen gegenüber dem Anwalt befugt.[128] Umgekehrt wird der beigeordnete Anwalt nicht etwa ab Zustellung des Beiordnungsbeschlusses Vertreter der Partei i.S. des § 85 Abs. 2 ZPO, sondern erst, wenn er den mit der Vollmacht verbundenen Antrag annimmt.[129]

36   Während aber ab Begründung des Mandatsverhältnisses für den Pflichtenkreis und die damit verbundene Anwaltshaftung im Verhältnis zum freien Mandat keine Besonderheiten gelten, ist der Rechtsanwalt bis dahin vom Zeitpunkt der Beiordnung an zu einer besonderen, *„außervertraglichen"* Fürsorge verpflichtet. Ihm obliegen insbesondere *Belehrungs- und Betreuungs-*

[126a] Allgemeine Überlastung des Anwalts ist kein wichtiger Grund, sondern nur die unverhältnismäßige Belastung mit Beratungshilfesachen, vgl. *Derleder*, MDR 1981, 448 [Fußn. 8]; *Grunsky*, NJW 1980, 2041 [2048].

[127] BGHZ 30, 226 [230]; 60, 255 [258]; *Stein-Jonas/Leipold*, § 115 Rdnr. 15; *Zöller/Schneider*, § 121 Rdnr. 30; *Baumbach/Lauterbach/Hartmann*, § 121 Anm. 1 Cb; *Soergel/Kraft*, Vor § 611 Rdnr. 87; *Borgmann/Haug*, S. 52; *Boergen*, S. 21; *Schliebner*, S. 13; für den Notanwalt: *Zöller/Vollkommer*, § 78c Rdnr. 11; *Baumbach/Lauterbach/Hartmann*, § 78c Anm. 3 A; a.A. *Kalsbach*, § 48 Rdnr. 1; *Wieczorek*, § 115 Anm. B III b 4.

[128] *Boergen*, S. 21; *Bergerfurth*, Rdnr. 162.

[129] BGHZ 47, 320 [322]; 50, 82 [83]; BGH MDR 1987, 315; diese Frage kann insbesondere im Wiedereinsetzungsverfahren Bedeutung erlangen; vgl. dazu näher *Zöller/Vollkommer/Stephan*, § 85 Rdnr. 20; § 233 Rdnr. 16, 18.

pflichten,[130] deren fahrlässige Verletzung den Rechtsanwalt schadensersatzpflichtig machen kann.[131] Weil sich aber der Rechtsanwalt bei einem Tätigwerden vor Vertragsschluß in die Gefahr der Haftung des vollmachtlosen Vertreters begibt und unter Umständen erhebliche finanzielle Risiken eingeht, dürfen die Anforderungen an diese Fürsorgepflichten gegenüber der Partei nicht überspannt werden. Maßstab für ihren Umfang ist daher allein die *Belehrungsbedürftigkeit* der Partei.[132] Nur mit dem Ziel, von der mittellosen Partei durch Erfüllung anwaltlicher Belehrungspflichten solche Schäden abzuwenden, die in Folge ihrer Rechtsunkenntnis entstehen würden, rechtfertigt sich daher die vorverlagerte Haftung des Pflichtanwalts.

b) Beiordnung im Entmündigungsverfahren

Umstritten hingegen ist die Rechtsstellung des Anwalts als beigeordneter 37
Vertreter im Entmündigungsverfahren. Zum Teil wird die Ansicht vertreten, der Pflichtanwalt sei *gesetzlicher Vertreter* des Entmündigten,[133] während nach der Gegenansicht der beigeordnete Anwalt dem Entmündigten generell als *Prozeßvertreter* beisteht.[134]

Welche Ansicht zutrifft, hängt im wesentlichen von der eigenen Rechtsstel- 38
lung des Entmündigten in diesen von der Beiordnung betroffenen Verfahren[135] ab. Ist der Entmündigte insoweit selbst prozeßfähig bzw. wird seine *Prozeßfähigkeit fingiert,* kann die Stellung des ihm beigeordneten Rechtsan-

---

[130] RG JW 1932, 2144; BGHZ 30, 226 [230]; 60, 255 [258 f.]; dazu gehören insbesondere Hinweise auf erforderliche Maßnahmen und die zu wahrenden Fristen, vgl. *Borgmann/Haug,* S. 53; *Bergerfurth,* Rdnr. 162.

[131] So bereits RGZ 115, 60 [63], das indes die Haftungsgrundlage offen läßt; ebenso *Zöller/Schneider,* § 121 Rdnr. 33; *Baumbach/Lauterbach/Hartmann,* § 121 Anm. 1 C c; *Borgmann/Haug,* aaO; insgesamt ablehnend *Schliebner,* S. 14 f.; wohl auch *Friedländer,* Exkurs zu § 39 Anm. 6. – Auch unter den Befürwortern einer „vorverlagerten" Haftung des Pflichtanwalts besteht indes keine Einigkeit über die Haftungsgrundlage. *Borgmann/Haug,* aaO sehen in den vorvertraglichen Obliegenheiten eine Analogie zur Mitteilungspflicht des § 44 BRAO und nehmen daher eine Haftung aus vorvertraglichen Schuldverhältnis (culpa in contrahendo) an, während *Stein-Jonas/Leipold,* § 115 Rdnr. 15, den Vergleich zur Haftung des Vormunds gemäß § 1833 BGB zieht.

[132] BGHZ 30, 226 [230]; *Borgmann/Haug,* S. 53.

[133] RGZ 35, 351 [357]; 21, 369 [370]; *Stein-Jonas/Schlosser,* § 679 Rdnr. 3; *Baumbach/Lauterbach/Albers,* § 679 Anm. 1 C (indes jeweils beschränkt auf die *Wiederaufhebungsklagen* gemäß §§ 679, 686 ZPO; für die Anfechtungsklage vgl. aber Fußn. 136). Die Haftung des beigeordneten Rechtsanwalts wird konsequenterweise – in Analogie zum Vormund – auf eine entsprechende Anwendung des § 1833 BGB gestützt, vgl. *Borgmann/Haug,* S. 54.

[134] *Zöller/Philippi,* § 664 Rdnr. 5 und § 679 Rdnr. 3, 6; *Thomas/Putzo,* § 664 Anm. 3 und § 679 Anm. 2 a; *Rosenberg/Schwab,* § 171 I 3 c und II 2 c und 3 b; *Bergerfurth,* Rdnr. 176; *Borgmann/Haug,* S. 54; *Waldner,* NJW 1982, 316 [317].

[135] Gemeint sind die Anfechtungsklage gemäß § 664 ZPO sowie die Wiederaufhebungsklagen gemäß § 679 und § 686 ZPO.

walts auch nicht die des gesetzlichen Vertreters (vgl. insoweit § 51 ZPO), sondern muß die des *Prozeß*vertreters sein. Für die Anfechtungsklage ergibt sich die Beantwortung dieser Frage unmittelbar aus § 664 Abs. 2 ZPO. Weil der Entmündigte zur Erhebung der Anfechtungsklage selbst klagebefugt ist, gilt er – unabhängig von der ihm fehlenden materiell-rechtlichen Geschäftsfähigkeit – insoweit als prozeßfähig.[136] An einer vergleichsweise eindeutigen Regelung fehlt es indes für die Wiederaufhebungsklage gemäß § 679 ZPO.[137] Hier ließe sich aus der fehlenden Klagebefugnis des Entmündigten (vgl. § 679 Abs. 2 ZPO) durchaus auf seine mangelnde Prozeßfähigkeit für dieses Verfahren schließen.[138] Nach richtiger Ansicht[139] ist der Entmündigte aber entgegen dem Gesetzeswortlaut zur Erhebung der Aufhebungsklage dann klageberechtigt, wenn sein gesetzlicher Vertreter die Klageerhebung verweigert. Denn es kann keinen Unterschied machen, ob der Entmündigte gegen den Entmündigungsbeschluß im Wege der Anfechtungsklage oder aber mittels Wiederaufhebungsklage vorgeht, weil er in beiden Fällen bereits entmündigt ist,[140] also nicht mehr die volle Geschäftsfähigkeit hat. Der Umweg der Beiordnung eines Vertreters auf Antrag des Entmündigten und die anschließende Klageerhebung durch den Pflichtanwalt bietet hingegen für den Entmündigten nicht den gleichen Rechtsschutz wie im Falle der Anfechtungsklage, weil die Beiordnung im Ermessen des Vorsitzenden steht.[141] Darüber hinaus widerspricht das Ergebnis der Gegenansicht[142] dem aus Art. 1 I GG folgenden Grundsatz, wonach Entmündigte für Verfahren, in denen über die wegen ihres Geisteszustandes zu treffenden Maßnahmen entschieden wird, zur Wahrung ihrer Rechte als prozeßfähig gelten.[143]

39 Betrachtet man aber den Entmündigten in diesen Verfahren insgesamt als prozeßfähig und damit den Pflichtanwalt als seinen Prozeßvertreter, muß folgerichtig die Fiktion der Prozeßfähigkeit auf den hiervon betroffenen außerprozessualen Bereich, d. h. auf die Geschäftsfähigkeit fortwirken. Der Entmündigte muß in der Lage sein, mit dem Rechtsanwalt einen – auf das

---

[136] Allgemeine Meinung vgl. Fußn. 134 jeweils zu § 664 BGB; aber insoweit ebenso *Stein-Jonas/Schlosser*, § 664 Rdnr. 4; *Baumbach/Lauterbach/Albers*, § 664 Anm. 3 a.

[137] Gleiches gilt für die Wiederaufhebungsklage gemäß § 686 ZPO, da deren Bestimmungen im wesentlichen denen der Klage gemäß § 679 ZPO entsprechen, vgl. *Stein-Jonas/Schlosser*, § 686 Anm.

[138] So die eine Ansicht, die dem Entmündigten nur für den *Antrag* auf Beiordnung des Vertreters gemäß § 679 Abs. 3 ZPO die Prozeßfähigkeit zuspricht, vgl. *Stein-Jonas/Schlosser*, § 679 Rdnr. 2; *Baumbach/Lauterbach/Albers*, § 679 Anm. 1 B.

[139] *Zöller/Philippi*, § 679 Rdnr. 3; *Rosenberg/Schwab*, § 171 II 3 b.

[140] Für den Rechtsschutz des Entmündigten kann es dabei keinen Unterschied machen, daß die Entmündigung im Falle der Anfechtungsklage noch nicht rechtskräftig ist, während im Falle der Wiederaufhebungsklage bereits ein rechtskräftiger Entmündigungsbeschluß vorliegt.

[141] *Rosenberg/Schwab*, aaO (Fußn. 139).

[142] Vgl. Fußn. 140.

[143] BVerfGE 10, 302 [306]; BGHZ 35, 1 [6]; 52, 1 [2]; BayObLG FamRZ 84, 1151 [1152].

Entmündigungsverfahren beschränkten – Anwaltsvertrag zu schließen und diesem wirksam Vollmacht zu erteilen.[144] Für die Frage der Anwaltshaftung gelten so gegenüber den vorgenannten Beiordnungsfällen im Grundsatz keine Besonderheiten.[145]

c) Beiordnung im Scheidungsverfahren

Wird der Rechtsanwalt im *Scheidungsverfahren* dem Antragsgegner auf- 40 grund § 625 ZPO beigeordnet, erwirbt er unmittelbar aufgrund der gerichtlichen Verfügung die Stellung eines *Beistandes* (§ 625 Abs. 2 in Verb. mit § 90 ZPO). Als solcher ist er – solange die Partei ihm keine Prozeßvollmacht erteilt, was ihr indes völlig frei steht – nicht Prozeßvertreter. Er kann daher keine wirksamen Prozeßhandlungen namens der Partei vornehmen und sein schriftliches oder mündliches Vorbringen gilt nur dann als Vortrag der Partei, wenn diese nicht sofort widerruft oder berichtigt (§ 90 Abs. 2 ZPO). Diese Sonderstellung des Rechtsanwalts gegenüber dem typischen Prozeßbevollmächtigten[146] findet ihre Rechtfertigung in der Tatsache, daß das Gericht der Partei die Beistandschaft zu ihrem eigenen Rechtsschutz und gar gegen ihren Willen aufzwingt.[147] Der im Scheidungsverfahren beigeordnete Rechtsanwalt steht somit als solcher in keinen vertraglichen Beziehungen zur Partei, wohl aber besteht ein *gesetzliches Schuldverhältnis*, welches auf die Wahrnehmung der Parteiinteressen im Scheidungsverfahren gerichtet ist. Dieses bildet die Haftungsgrundlage für die Verletzung von gegenüber der Partei obliegenden Pflichten, die sich für den als Beistand beigeordneten Rechtsanwalt allgemein aus seiner Stellung als Organ der Rechtspflege ableiten.[148]

d) Bestellung eines Pflichtverteidigers

Ähnlich gestalten sich die rechtlichen Beziehungen zwischen dem Ange- 41 klagten und seinem *Pflichtverteidiger*. Weil die Bestellung zum Pflichtverteidiger konstitutive Wirkung hat, erwirbt der Rechtsanwalt unmittelbar durch die Verfügung des Vorsitzenden (§ 141 Abs. 4 StPO) die Stellung eines Bei-

---

[144] LG Bielefeld NJW 1972, 476 ff.; *Zöller/Philippi*, § 679 Rdnr. 3 mit § 664 Rdnr. 5; *Thomas/Putzo*, vor § 645 Anm. 1, § 664 Anm. 3; *Rosenberg/Schwab*, § 44 II 3 c (mit Nachweisen auch zur Gegenansicht); beschränkt auf die Anfechtungsklage: RGZ 34, 386 f.; HansOLG Hamburg MDR 1971, 140; *Stein-Jonas/Schlosser*, § 664 Rdnr. 4; *Baumbach/Lauterbach/Albers*, § 664 Anm. 3 a.

[145] Im Ergebnis ebenso *Borgmann/Haug*, S. 54.

[146] Gebührenrechtlich hat sie hingegen keine Auswirkungen, da der Anwalt dieselbe Vergütung wie ein Prozeßbevollmächtigter fordern kann (§ 36 a Abs. 1 BRAGO); der Rechtsanwalt hat deshalb im Rahmen seiner allgemeinen Beratungspflicht die Partei darauf aufmerksam zu machen, daß durch die Erteilung einer Prozeßvollmacht keine zusätzlichen Anwaltskosten entstehen (*Stein-Jonas/Schlosser*, § 625 Rdnr. 2; *Zöller/Philippi*, § 625 Rdnr. 7).

[147] Ähnlich *Borgmann/Haug*, S. 55 m. w. N.

[148] *Borgmann/Haug*, aaO.

standes des Angeklagten. Der Unterschied zum Wahlverteidiger (vgl. § 137 Abs. 1 S. 1 StPO) besteht darin, daß der Pflichtverteidiger die Geschäfte des Beschuldigten nicht kraft Vertrages besorgt, sondern in einem *öffentlich-rechtlichen Pflichtverhältnis* zum Staat steht.[149] Des Abschlusses eines Anwaltsvertrages oder einer Vollmachtserteilung bedarf es daneben nicht. Da die Bestellung eines Pflichtverteidigers dem staatlichen Interesse an einem prozeßordnungsgemäßen Verfahren dient,[150] erfolgt sie, wie auch die Auswahl des Pflichtverteidigers (vgl. § 142 Abs. 1 StPO), unabhängig vom Willen des Beschuldigten.[151]

42 Das aufgrund der Bestellung zwischen den Beteiligten bestehende gesetzliche Schuldverhältnis entspricht im Hinblick auf die Verantwortlichkeit des bestellten Verteidigers und seiner Stellung als Organ der Rechtspflege in den Grundzügen dem Rechtsverhältnis bei der Vormundschaft. Der Pflichtverteidiger haftet daher dem Beschuldigten wegen schuldhafter Pflichtverletzung analog § 1833 BGB.[152]

e) Gewährung von Beratungshilfe durch Rechtsanwälte

43 Kontrahierungszwang besteht für den Anwalt schließlich auch für die im Beratungshilfegesetz vorgesehene *Beratungshilfe* (vgl. § 49a BRAO). Gegenüber dem freien Mandat ergeben sich indes – abgesehen von gebührenrechtlichen Fragen[153] – für die Rechtsbeziehungen zwischen Anwalt und Mandant keine Besonderheiten. Zu dem Beratungshilfemandanten besteht das gleiche Vertragsverhältnis[154] wie zum selbstzahlenden Mandanten. Insbesondere muß der Anwalt Beratungshilfesachen mit der gleichen Sorgfalt bearbeiten, die er auch bei der Erledigung sonstiger Aufträge anwendet.[155] Da mithin der anwaltliche Pflichtenkreis identisch ist, gelten auch für Voraussetzungen und Umfang anwaltlicher Haftung in Beratungshilfesachen keine Besonderheiten.[156]

---

[149] *Löwe/Rosenberg/Dünnebier*, § 142 StPO Rdnr. 7.

[150] BVerfG NJW 1975, 1015 [1016]; *Löwe/Rosenberg/Dünnebier*, § 142 Rdnr. 8.

[151] Besteht aber zwischen einem Anwalt und dem Angeklagten bereits ein besonderes Vertrauensverhältnis, so ist dies bei der Auswahl zu berücksichtigen (*Borgmann/Haug*, S. 55 unter Hinweis auf OLG Karlsruhe NJW 1978, 1064 und AnwBl 1980, 199).

[152] *Friedländer*, Exkurs zu § 39, Anm. 13; *Borgmann/Haug*, aaO m. w. N.

[153] Der Beratungshilfemandant schuldet dem Anwalt unmittelbar nur eine Gebühr von 20 DM (§ 8 BerHG). Seine „eigentlichen" Gebühren gemäß §§ 132, 133 BRAGO erhält der Rechtsanwalt von der Landeskasse (§ 131 BRAGO). – Zu den Einzelheiten vgl. z. B. die Kommentierung von *Lindemann/Trenk-Hinterberger*, zu § 10 BerHG.

[154] Und zwar sowohl bezüglich des Vertragsinhalts als auch bezüglich der Abschlußvoraussetzungen, vgl. *Derleder*, MDR 1981, 448 [449]. – Zu den bestehenden Belehrungspflichten über die Auftragserteilung nach dem BerHG vgl. *E. Schneider*, MDR 1988, 282 und näher unten § 2 IV 3 b.

[155] *Lindemann/Trenk-Hinterberger*, § 3 BerHG, Rdnr. 7; vgl. auch §§ 57, 63 Richtl-RA.

[156] *Lindemann/Trenck-Hinterberger*, aaO.

4. Vertragsschluß durch Hilfskräfte?

Der Rechtsanwalt muß bei jedem Vertragsangebot nicht nur gesondert 44 überprüfen, ob er es überhaupt annehmen oder gegebenenfalls (unverzüglich) zurückweisen will, sondern u. a. auch, ob ein Abschlußverbot i. S. des § 45 BRAO besteht. Deshalb darf er die zum Vertragsschluß notwendigen Handlungen nicht an sein Büropersonal *als Vertreter* delegieren, weil dieses zu den erforderlichen Beurteilungen gar nicht in der Lage ist.[157]

Nimmt der Bürovorsteher Mandate entgegen, handelt er daher regelmäßig 45 nicht als Vertreter des Rechtsanwalts, sondern nur als übermittelnder Bote; ein Anwaltsvertrag kommt hierdurch nicht zustande.[158] Ob dann, wenn der Rechtsanwalt sich regelmäßig pflichtwidrig seiner Bürohilfskräfte bei Abschluß von Verträgen bedient, gleichwohl ein Anwaltsvertrag geschlossen wird[159] oder nicht,[160] kann für die Frage der Haftung im Ergebnis dahingestellt bleiben. Der Einsatz von Büropersonal stellt einen Verstoß gegen die allgemeine Pflicht des § 43 BRAO dar und zieht – bei Schädigung des Mandanten – nach beiden Auffassungen eine Haftung wegen Verschuldens, ggf. bei Vertragsschluß, nach sich.[161]

IV. Parteien des Anwaltsvertrages

1. Mandant

Vertragspartner des Anwalts und damit Mandant ist regelmäßig der Auf- 46 traggeber. Anders indes, wenn die Auftragserteilung – ob ausdrücklich oder erkennbar aufgrund der Umstände – im Namen eines Dritten erfolgt. Da insoweit die allgemeinen zivilrechtlichen Regeln gelten, wird der Dritte (Vertretene) unmittelbar Partei des Anwaltsvertrages, sofern er wirksam Vollmacht erteilt hat (§ 164 Abs. 1 S. 1 BGB) oder aber – bei nur behaupteter Bevollmächtigung durch den Auftraggeber (Vertreter) – den Vertragsschluß genehmigt (§ 177 Abs. 1 BGB). Hat der Auftraggeber hingegen seinen Vertreterwillen nicht ausreichend zu erkennen gegeben,[162] ist er selbst Mandant (§ 164 Abs. 2 BGB).

---

[157] *Friedländer*, Exkurs vor § 30, Anm. 37; *Schliebner*, S. 10; *Borgmann/Haug*, S. 58; aA *Boergen*, S. 26 f., der sich indes auf eine (nicht veröffentlichte) Entscheidung des KG stützt, wonach gar die Übertragung der Mandatsbearbeitung auf den Bürovorsteher zulässig sein soll.

[158] *Friedländer, Schliebner, Borgmann/Haug*, jeweils aaO (Fußn. 157).

[159] So jedenfalls *Schliebner*, aaO (Fußn. 157), der hier eine (stillschweigende) Bevollmächtigung des Bürovorstehers annimmt, ebenso *Boergen*, aaO (Fußn. 157).

[160] *Friedländer, Borgmann/Haug*, jeweils aaO (Fußn. 157).

[161] *Friedländer, Schliebner, Borgmann/Haug, Boergen*, jeweils aaO (Fußn. 157).

[162] Ein Handeln in fremden Namen wird aber regelmäßig aufgrund der Umstände, insbesondere des Auftragsinhalts erkennbar sein (vgl. § 164 Abs. 1 S. 2 BGB).

47   Auf der Auftraggeberseite können mehrere Personen stehen; dies ist unproblematisch bei völliger Interessengleichheit,[163] wie sie in den Fällen der
Streitgenossenschaft (§§ 59, 60 ZPO) vielfach gegeben sein wird. Bei Interessenkonflikten zwischen den mehreren (potentiellen) Auftraggebern im Innenverhältnis – z. B. Vermieter, Eheleute, Gesellschafter – kann der Anwalt
nur für *einen* von ihnen tätig werden (vgl. § 45 Nr. 2 BRAO; § 46 RichtlRA)
und muß ein weitergehendes Mandat ablehnen.[164] Wird der Anwalt in derselben Angelegenheit von mehreren Auftraggebern, insbes. Streitgenossen, beauftragt, so haftet jeder der Auftraggeber nach § 6 Abs. 2 BRAGO als Gesamtschuldner.[165] Die Problematik der Beteiligung Dritter am Anwaltsvertrag (§ 328 BGB) ist gesondert zu behandeln (hierzu näher unten V).

2. Vertragsbeziehungen bei Zusammenarbeit von Rechtsanwälten

a) Einzelanwalt

48   Wird der Auftrag einem *Einzelanwalt* erteilt, treffen unproblematisch diesen die Rechte und Pflichten aus dem Anwaltsvertrag; Partei des Anwaltsvertrages auf der Anwaltsseite ist der allein beauftragte Rechtsanwalt (sog. *Einzelmandat*). Ein Einzelmandat wird auch dem Anwalt erteilt, der neben anderen Anwälten Mitglied einer sog. Bürogemeinschaft ist (dazu näher unten
2 b), und *kann* dem Anwalt erteilt werden, der Mitglied einer Anwaltssozietät
ist (dazu näher unten 2 c). Beim Einzelmandat ist der Anwalt berechtigt,
andere Anwälte (z. B. Sozien, angestellte oder frei mitarbeitende Rechtsanwälte) als Mitarbeiter, Vertreter oder Substituten bei der Durchführung des
Auftrags in mehr oder weniger großem Umfang hinzuzuziehen;[166] zu diesen
zugezogenen Hilfspersonen steht der Mandant in keinen vertraglichen Beziehungen, diese bestehen *nur* zwischen ihm und dem (allein) beauftragten
Rechtsanwalt. Nach allgemeinen Grundsätzen muß der Einzelanwalt für ein
Fehlverhalten der von ihm als „Erfüllungsgehilfen" eingeschalteten Mitarbeiter gem. § 278 BGB einstehen.[167] Selbständige Schadensersatzansprüche stehen dem geschädigten Mandanten gegen schädigende Mitarbeiter nur unter

---

[163] Beispiel: LG Münster MDR 1989, 166 – Haftpflichtprozeß gegen Sozien einer
Anwaltssozietät.
[164] *Borgmann/Haug*, S. 56. Stellt sich der Interessenkonflikt erst nachträglich heraus,
ist der Anwalt standesrechtlich verpflichtet, *sämtliche* Mandate niederzulegen, vgl.
Lingenberg/Hummel/Zuck/Eich, § 46 Rz. 67, 68. U.U. können bei „nicht völlig
gleichlaufenden Interessen zweier Auftraggeber" auch besondere Sicherungsmaßnahmen erforderlich sein oder Schutzpflichten erwachsen; Beispiel: BGH VersR 1984,
785.
[165] *Soergel/Wolf*, § 421 m. w. N. in Fußn. 13.
[166] H. M.; vgl. BGHZ 56, 355 [358 f.]; BGH NJW 1963, 1301 [1302]; *Kornblum*, BB
1973, 218 [227].
[167] BGHZ 56, 355 [358/359] bezeichnet dies als selbstverständlich.

den (i.d.R. nicht vorliegenden) Voraussetzungen einer unerlaubten Handlung (§§ 823 ff. BGB) zu.

b) Bürogemeinschaft

Unter einer sog. Bürogemeinschaft (vgl. § 28 Abs. 6 RichtlRA) versteht 49 man einen Zusammenschluß mehrerer Rechtsanwälte zur Führung eines gemeinsamen Büros aus Rationalisierungsgründen. Nach außen treten die einer Bürogemeinschaft angehörenden Rechtsanwälte als „einzelne" und damit rechtlich selbständig auf (vgl. bereits oben 2a), der Fall einer gemeinschaftlichen Berufsausübung ist – im Gegensatz zur Sozietät (dazu unten 2c) – nicht gegeben.[168] Gemeinsame Drucksachen, Stempel, Praxisschilder oder ähnliches darf eine Bürogemeinschaft nicht führen (§ 28 Abs. 6 S. 2 RichtlRA). Wird gegen dieses standesrechtliche Verbot verstoßen, kann nach außen der Eindruck einer Sozietät erweckt werden (dazu unten 2c). Den gesetzten Rechtsschein müssen sich die Mitglieder der Bürogemeinschaft dann entgegenhalten lassen;[169] sie haften daher nach den Grundsätzen der Anscheins- und Duldungsvollmacht für Ansprüche des Mandanten gegen den Scheinsozius als Gesamtschuldner.[170]

c) Sozietät

Eine Sozietät ist ein organisierter Zusammenschluß von Rechtsanwälten 50 zur gemeinsamen Berufsausübung.[171] Erforderlich ist „eine gemeinsame Kanzlei und grundsätzlich die gemeinschaftliche Entgegennahme der Aufträge und Entgelte" (§ 28 Abs. 1 RichtlRA). Die Sozietät verwendet „gemeinschaftliche Drucksachen (z.B. Briefbogen, Vollmachten), Stempel und Praxisschilder" (§ 28 Abs. 2 RichtlRA). Die Mitglieder einer Sozietät üben damit – im Gegensatz zur Bürogemeinschaft (oben 2b) – den Rechtsanwaltsberuf im Interesse und auf Rechnung aller Sozien und Benutzung ihrer gemeinsamen Einrichtungen *gemeinsam* als eine *Einheit* aus.[172] Das Mandatsverhältnis besteht bei der Sozietät zu ihren sämtlichen Mitgliedern, *Vertragspartner des Mandanten sind beim Gesamtmandat sämtliche Sozien.* Nicht maßgebend ist, welcher Sozietätsanwalt den Auftrag entgegengenommen hat und wer nach der internen Aufgabenverteilung der Sozietät die Sache bearbeitet; Sozien des

---

[168] *Kornblum,* AnwBl 1973, 153 [154]; *Seltmann,* VersR 1973, 97 [98].
[169] BGHZ 70, 247 [249]; BGH WM 1988, 986 [987]; *Borgmann/Haug,* S. 213 f.; *Rinsche,* Rdnr. I 5; *Kornblum,* BB 1973, 218 [224, Fußn. 161].
Borgmann/Haug, aaO weisen in Fußn. 18 zutreffend auf die insoweit maßgebliche Regelung der Berufshaftpflichtversicherer hin: Auch § 12 Nr. 1 AVB stellt nicht auf das Innenverhältnis, sondern allein auf das Außenverhältnis ab.
[170] Wie Fußn. 169; zur gesamtschuldnerischen Haftung näher unten 4.
[171] *Feuerich,* § 45 Rdnr. 13.
[172] BGHZ 56, 356 [357]; OLG Hamm NJW 1970, 1791 [1792]; *Müller,* NJW 1969, 903 [904]; *Feuerich,* aaO.

sachbearbeitenden Anwalts werden in der Sache nicht als Hilfspersonen[173] (vgl. dazu oben 2a), sondern als (weitere) Vertragspartner und damit als Schuldner tätig. Bei Mandierung eines einer Sozietät angehörenden Rechtsanwalts ist daher zunächst die Frage, ob – was rechtlich möglich ist (oben 2a) – ein *Einzel- oder Gesamtmandat* vorliegt (unten 3). Beim Gesamtmandat stellt sich im Haftungsfall die weitere Frage einer *gesamtschuldnerischen Haftung sämtlicher Sozietätsmitglieder* (unten 4).

3. Abgrenzung Einzelmandat – Gesamtmandat

a) Gesamtmandat als Regelfall

51 Wendet sich der Mandant an eine Anwaltssozietät, so ist im Grundsatz davon auszugehen, daß das Gesamtmandat die Regel, das Einzelmandat die Ausnahme ist. Gerade weil nach der Verkehrsanschauung die Sozien im Berufsleben nach außen als Einheit,[174] zumindest aber in ihrer besonderen Verbundenheit[175] auftreten, wird der Mandant regelmäßig allen ihm als Mitglieder der Sozietät erscheinenden Anwälten das Mandat erteilen, während der ihm gegenüber auftretende Anwalt im Namen aller Sozietätsmitglieder den erteilten Auftrag annimmt.[176] Da sich die grundsätzliche Annahme eines Gesamtmandates aus der Verkehrsanschauung, d.h. aus dem äußeren Erscheinungsbild, das die Anwaltssozietät z.B. durch das gemeinsame Kanzleischild erweckt,[177] ableitet, ist insoweit auch unmaßgeblich, ob zwischen den beteiligten Anwälten im Innenverhältnis wirklich ein vertraglicher Zusammenschluß besteht. Sofern der Rechtsschein einer Sozietätsgemeinschaft nach außen erweckt wird, besteht daher gleichwohl die vertragliche Bindung aller Anwälte an ein Gesamtmandat.[178]

b) Einzelmandat als Ausnahme

52 Abweichend von diesem Grundsatz ist ein *Einzelmandat* nur bei Vorliegen besonderer Umstände anzunehmen. Der Fassung der *Prozeßvollmacht*

---

[173] AA und gekünstelt *Müller*, NJW 1969, 903 [906], wonach jeder Sozius zugleich „Erfüllungsgehilfe" jedes anderen und der Gesellschaft sei.

[174] Vgl. die Nachw. oben Fußn. 172.

[175] So *Kornblum*, BB 1973, 218 [224]) unter Hinweis auf *Müller*, NJW 1969, 903 [904].

[176] BGHZ 56, 355 [359f.] unter Aufgabe der früheren Rechtsprechung (BGH, NJW 1963, 1301); BGH, VersR 1973, 231 [232]; WM 1988, 986 m.w.N.; OLG Hamm, NJW 1970, 1791 [1792]; OLG Bamberg NJW-RR 1989, 223; *Soergel/Wolf*, § 421 Rdnr. 30; Münch.Komm./*Selb*, § 421 Rdnr. 15; *Rinsche*, Rdnr. I 5; *Borgmann/Haug*, S. 48f. und 213; *Kornblum*, BB 1973, 218 [224]; *Müller*, NJW 1969, 903 [904]; *Seltmann*, VersR 1974, 97; im Ergebnis wohl auch *Boergen*, S. 25.

[177] Zu den äußerlich erkennbaren Gemeinschaftseinrichtungen vgl. § 28 Abs. 2–4 RichtlRA und dazu oben 2c.

[178] Vgl. die Nachw. oben Fußn. 169.

kommt dabei keine entscheidende, allenfalls eine indizielle Bedeutung zu,[179] da sie nur der Legitimation des Anwalts nach außen dient, also keine zwingende Aussage über das Innenverhältnis Rechtsanwalt/Mandant trifft. Die Erteilung einer Gemeinschaftsvollmacht für alle Sozien mag zwar eine (widerlegbare) Vermutung für ein Gesamtmandat begründen.[180] Sofern aber eine der nachfolgenden besonderen Fallgestaltungen vorliegt, kann gleichwohl ein Einzelmandat vorliegen. Ist hingegen eine Einzelvollmacht erteilt, spricht dies nicht notwendig für das Vorliegen eines Einzelmandats, zumal die Prozeßvollmacht häufig erst im Laufe des Mandatsverhältnisses erteilt wird. Hier muß aus der bisherigen Führung des Mandats abgeleitet werden, ob der Einzelanwalt oder aber alle Sozien Vertragspartner sind. Die Vollmacht nimmt dabei nur eine Hilfsfunktion ein.[181]

Das Regel/Ausnahme-Verhältnis gestaltet sich umgekehrt, wenn ein einzelner Sozius im *Prozeßkostenhilfeverfahren*, als *Notanwalt* oder als *Pflichtverteidiger* beigeordnet wird. Da in diesen Fällen die gerichtliche Beiordnung – wie bereits dargelegt[182] – zwar die für den Abschluß des Anwaltsvertrages erforderliche Beauftragung nicht ersetzt, andererseits aber auf einer spezifischen Auswahl dieses bestimmten Sozius durch das Gericht beruht, ist in solchen Fällen grundsätzlich eine Einzelbeauftragung gegeben.[183] [53]

Gleiches gilt, wenn der Mandant mit einem Sozietätsmitglied besonders bekannt ist und deshalb diesem den Auftrag erteilt. Hier geht das aus der *Freundschaft* resultierende besondere Vertrauensverhältnis regelmäßig mit dem Interesse des Mandanten einher, auch nur von dem ihm bekannten Anwalt vertragliche Leistung zu fordern.[184] [54]

Wendet sich der Mandant in einer *Spezialsache* an einen Sozius, der sich auf diesem Rechtsgebiet als *Experte* einen Namen gemacht hat, bezieht sich das besondere Vertrauen des Auftraggebers in erster Linie auf dessen Spezialkenntnisse. Daher wird auch bei Erteilung einer Gemeinschaftsvollmacht ein Einzelmandat vorliegen, sofern nicht in der Sozietät mehrere Spezialisten dieses Rechtsgebiets vereint sind.[185] Ist im Falle der Prozeßvertretung nur ein [55]

---

[179] BGHZ 56, 355 [358]; BGH, NJW 1963, 1301 [1302]; *Kornblum*, BB 1973, 218 [224].

[180] So bereits OLG Hamburg, JW 1916, 519 [520] in Anschluß an *Friedländer*, Exkurs zu § 40 Anm. 12; ebenso auch BGH, BB 1973, 310; *Soergel/Wolf*, § 421 Rdnr. 30 (bezüglich Vertragsformular mit der Aufschrift aller Anwälte); gegen eine solche Vermutung aber BGHZ 56, 355 [358] und *Boergen*, S. 26.

[181] Ähnlich *Kornblum*, BB 1973, 218 [224] und AnwBl 1973, 153 [155]; *Borgmann/ Haug*, S. 215; mit wohl gegenteiligem Ergebnis *Boergen*, S. 26.

[182] Dazu vgl. oben III 3 a.

[183] Ganz h.M., z.B.: BGHZ 56, 355 [351]; OLG Bamberg NJW-RR 1989, 223 [224]; *Borgmann/Haug*, S. 49; *Rinsche*, Rdnr. I 6; *Boergen*, S. 25; *Kornblum*, BB 1973, 218 [224].

[184] *Boergen*, S. 24; *Borgmann/Haug*, S. 49; *Kornblum*, BB 1973, 218 [219 und 224]; *Müller*, NJW 1969, 903 [905].

[185] *Soergel/Wolf*, § 421 Rdnr. 30; *Kornblum*, BB 1973, 218 [225]; *Müller*, NJW 1969, 903 [905] – im letzteren Fall wird aber gleichwohl ein Einzelmandat vorliegen, wenn

Anwalt der Sozietät bei dem konkreten Prozeßgericht, insbes. im Fall eines *Rechtsmittelmandats* beim OLG zugelassen,[186] wird auch bei Erteilung einer Gemeinschaftsvollmacht i. d. R. ein Einzelmandat vorliegen. Denn der Mandant, dem die Zulassungsverhältnisse in der Kanzleigemeinschaft in der Regel nicht bekannt sind, wird zur gerichtlichen Durchsetzung seiner Interessen auch nur den postulationsfähigen Anwalt beauftragen wollen.[187]

56   Schließlich ist im Hinblick auf die Sozietät als einer Organisationsform zur *Berufs*ausübung (oben 2c) ein Einzelmandat dann anzunehmen, wenn sich der Auftrag auf eine *nichtanwaltliche Tätigkeit* (z. B. als Makler, Vermittler, Wirtschaftsberater etc.)[188] bezieht.[189] In den Fällen der *Bestellung* des Anwalts zum Amtswalter (vgl. oben II 3) stellt sich – entgegen *Borgmann/Haug*[190] – das Problem nicht, da es insoweit bereits an dem erforderlichen Vertragsschluß fehlt.

4. Gesamtschuldnerische Haftung von Sozien bei Gesamtmandat

a) Begründung der Haftung

57   *Beim Gesamtmandat haften sämtliche Mitglieder der Sozietät als Gesamtschuldner auf Schadensersatz, wenn ein Sozietätsmitglied dem Mandanten gegenüber eine zum Schadensersatz verpflichtende Handlung begangen hat.*

58   Dieser nach zeitweiligem Schwanken nunmehr in st.Rspr.[191] gefestigte und von der hM im Schrifttum[192] gebilligte Grundsatz folgt nicht ohne weiteres aus der Stellung sämtlicher Sozien als Vertragspartner des Mandanten (oben

---

die Umstände der Auftragserteilung ergeben, daß der Mandant auf die Dienste des unmittelbar beauftragten Spezialisten Wert legt.

[186] Vgl. dazu § 25, aber auch § 226 Abs. 2 BRAO.

[187] BGHZ 56, 355 [361]; BGH, VersR 1979, 232; *Borgmann/Haug*, S. 49; *Rinsche,* Rdnr. I 6; anders – aber wohl beschränkt auf das erstinstanzliche Mandat – *Kornblum,* BB 1973, 218 [225].

[188] Vgl. dazu bereits oben II 1.

[189] RGZ 88, 342 [344]; RG JW 1931, 522 [523]; *Soergel-Wolf,* § 421 Rdnr. 30; *Borgmann/Haug*, S. 217; *Rinsche,* Rdnr. I 6. Keine berufsfremde Tätigkeit in diesem Sinne ist die Treuhandtätigkeit; vgl. BGH WM 1988, 986.

[190] AaO, S. 217; auf sie bezieht sich auch *Rinsche*, aaO.

[191] RGZ 85, 306ff.; 88, 342 [344]; BGHZ 56, 355ff.; 70, 246 [249]; BGH VersR 1971, 1119 [1120]; NJW 1978, 1003; 1985, 1153 und 2251; 1986, 1490; 1988, 200 [201]; ZIP 1988, 315; WM 1988, 986 [987]; OLG Dresden JW 1917, 304; OLG Nürnberg MDR 1960, 310; OLG Hamm NJW 1970, 1791ff.; OLG Bamberg NJW-RR 1989, 223; aA BGH NJW 1963, 1301ff.; eine eingehende Darstellung der Rspr. gibt *Kornblum,* BB 1973, 218f.

[192] *Staudinger/Kaduk,* § 421 Rdnr. 69; *Soergel/Wolf,* § 421 Rdnr. 30; *Münch. Komm/Selb,* § 421 Rdnr. 15 und § 425 Rdnr. 8; *BGB-RGRK/Weber,* § 421 Rdnr. 34; *Erman/Westermann,* § 425 Rdnr. 3; *Palandt/Heinrichs,* § 425 Anm. 3a; *Borgmann/Haug*, S. 212ff.; *Rinsche,* Rdnr. I 5; 78ff.; *Steindorff,* in: Festschrift für *R. Fischer,* S. 747ff.; *Seltmann,* VersR 1974, 97f.; a.A. *Boergen,* S. 84ff.; *Arndt,* NJW 1969, 1200.

2c, 3a); hinsichtlich des Erfüllungsanspruchs sind zwar sämtliche Sozien Gesamtschuldner (§ 421 BGB), das für die Schadensersatzpflicht notwendige „Verschulden" wird aber von § 425 Abs. 2 BGB gerade von der Gesamtwirkung ausgenommen; mag gesellschaftsrechtlich ein Sozius auch durch seine zum Schadensersatz verpflichtende Handlung eine Gesellschaftsschuld (Gesamthandsschuld) begründen können, so fehlt es doch – entsprechend der Rechtslage bei der OHG (vgl. § 128 HGB) – an einer die persönliche Haftung der Gesellschafter für die Gesellschaftsschulden mit ihrem Privatvermögen anordnenden Gesetzesvorschrift.

Das *Reichsgericht*[193] hat im Anschluß an *Friedländer*[194] die gesamtschuldnerische Haftung aus einer stillschweigenden Haftungsgarantie der Sozien abgeleitet. Der *Bundesgerichtshof* stellt entscheidend auf die im Außenverhältnis zutage tretende Interessenlage und die Verkehrsauffassung ab.[195] Trotz der verbleibenden dogmatischen Schwierigkeiten verdient die hM Zustimmung; allein die gesamtschuldnerische Haftung entspricht dem Auftreten der „Anwaltsfirma" als *Einheit* und ihrer *Garantiefunktion.* 59

b) Sonderfragen

Besonderheiten gelten bei *personellen Änderungen* in der Sozietät. Da die Haftung des Sozius als Gesamtschuldner davon abhängt, ob zum Zeitpunkt der *Pflichtverletzung* durch den unmittelbar mit dem Mandatsauftrag betrauten Anwalt ein Sozietätsverhältnis bestand, gestaltet sich die Haftung des ausgeschiedenen und des eintretenden Sozius jeweils unterschiedlich. Der *ausgeschiedene* Sozius haftet daher für solche Ansprüche weiter, die auf einer vor seinem Ausscheiden realisierten Pflichtverletzung der Sozietät beruhen.[196] Umgekehrt haftet der *eingetretene* Sozius nicht für vor seinem Eintritt bereits entstandene Ansprüche (BGH NJW 1988, 1973), sondern seine Regreßpflicht tritt erst für nach seinem Eintritt erfolgte Pflichtverletzungen ein und zwar auch dann, wenn der zugrunde liegende Anwaltsvertrag früher datiert ist.[197] 60

---

[193] RGZ 85, 306 [307]; offenlassend BGHZ 56, 355 [362].

[194] A. und M. *Friedländer,* Rechtsanwaltsordnung, (1. Aufl.) 1908, Exkurs zu § 40, Anm. 14.

[195] BGHZ 56, 355 [362f.].

[196] Eine ganz andere Frage ist, ob der ausgeschiedene Sozius bei seiner Inanspruchnahme im Innenverhältnis von den verbliebenen Sozien Ausgleich verlangen kann. Dies hängt im wesentlichen vom Inhalt des Sozietätsvertrages ab und ist vom Außenverhältnis zu den Regreßgläubigern völlig unabhängig.

[197] BGH NJW 1982, 1866f.; *Borgmann/Haug,* S. 217ff. (mit weiteren Einzelheiten); *Rinsche,* Rdnr. I 81.

V. Beteiligung Dritter

1. Allgemeines

61   Der Anwaltsvertrag begründet ein persönliches Vertrauensverhältnis zwischen Auftraggeber (Mandant) und Rechtsanwalt; er ist daher grundsätzlich auf eine enge Zwei-Parteien-Beziehung ohne Außenwirkung beschränkt.[198] Das bedeutet, daß als Folge einer anwaltlichen Fehlleistung im Vermögen eines Dritten eintretende Vermögenseinbußen als bloße „Reflexschäden" grundsätzlich nicht zu ersetzen sind.[199] Allerdings gibt es auch Anwaltsverträge, bei denen Dritte mehr oder weniger intensiv in die vertraglichen Beziehungen der Parteien einbezogen sind; dann kommt eine Haftung des Rechtsanwalts gegenüber dem „berechtigten" (echter Vertrag zugunsten Dritter) oder doch „geschützten" Dritten (Vertrag mit Schutzwirkung für Dritte) in Frage (dazu unten 2 und 3). Keine vertraglichen Beziehungen des Rechtsanwalts zu dem „Dritten" bestehen in den Fällen der Drittschadensliquidation, deren Abgrenzung zum Vertrag mit Schutzwirkung für Dritte vielfach Schwierigkeiten bereitet;[200] hier kann ein „Drittschaden" nur vom Mandanten als Vertragspartei geltend gemacht werden, sofern nicht der (selbst nicht geschädigte) Mandant seine (etwaigen) vertraglichen Ansprüche an den – allein – geschädigten Dritten abtritt (dazu näher unten 3).

62   An einer Drei-Personen-Konstellation fehlt es in den Fällen der *Stellvertretung;* hier tritt der Auftraggeber des Anwalts im Namen des „Dritten" und mit Vertretungsmacht für ihn auf, so daß *allein* der „Dritte" Vertragspartei des Anwaltsvertrags mit allen daraus folgenden Rechten und Pflichten wird (§ 164 Abs. 1 BGB), während der Auftraggeber selbst weder in vertraglichen noch sonstigen Rechtsbeziehungen zum Anwalt steht.

2. Anwaltsverträge zugunsten Dritter

63   Insoweit ist zwischen den *echten* und *unechten* Verträgen zugunsten Dritter zu unterscheiden. Beim unechten („ermächtigenden") Vertrag zugunsten Dritter erwirbt der Dritte kein eigenes Forderungsrecht gegen den Rechtsan-

---

[198] BGH NJW 1977, 2073 [2074]; OLG Düsseldorf NJW-RR 1986, 730; OLG Hamm MDR 1986, 1026; LG Köln NJW 1981, 351 [352]; *Hohloch,* FamRZ 1977, 530 [532]; *Borgmann/Haug,* S. 208.

[199] Vgl. *Soergel/Hadding,* Anhang § 328 Rdnr. 18; *Münch.Komm./Gottwald,* § 328 Rdnr. 74; *Erman/Westermann,* § 328 Rdnr. 13; *v. Caemmerer,* Festschrift für Wieakker, 1978, S. 311 [318]; *Hohloch,* FamRZ 1977, 530; in diesem Sinne auch BGH NJW 1977, 2073 [2074].

[200] Vgl. *Berg,* MDR 1969, 613 [615ff.]; *Hohloch,* FamRZ 1977, 530ff.; *Soergel/ Hadding,* Anhang § 328 Rdnr. 11.

walt (vgl. § 328 Abs. 2, 1. Alt. BGB: „... ob der Dritte das Recht erwerben ...“), jedoch ist der Anwalt berechtigt, mit befreiender Wirkung an ihn zu leisten. Die Rechtstellung des Dritten erschöpft sich in einer *faktischen* Begünstigung[201] und scheidet damit als Grundlage für einen eigenen Schadensersatzanspruch des Dritten gegen den Anwalt aus. Nach allgemeinen Grundsätzen steht ein etwaiger Schadensersatzanspruch gegen den Anwalt wegen Schlechtleistung nur dem Mandanten als seinem (alleinigen) Vertragspartner zu, sofern er durch die Schlechtleistung in *seinem* Vermögen geschädigt ist.[202]

Anders gestaltet sich die Rechtslage, wenn der Anwaltsvertrag – entsprechend der Auslegungsregel des § 328 Abs. 2 BGB – als ein *echter („berechtigender")* Vertrag zugunsten Dritter ausgestaltet ist, kraft dessen dem Dritten ein eigenes Forderungsrecht auf die anwaltliche Leistung zukommt (§ 328 Abs. 1 BGB). Die Besonderheit der anwaltlichen Haftung ergibt sich hier gewissermaßen als Kehrseite aus dem *Nebeneinander* eines echten Vertragsverhältnisses zwischen auftragserteilendem Mandanten und Anwalt einerseits und den sich aus diesem Deckungsverhältnis ergebenden Leistungsanspruch des Begünstigten andererseits, der ein vertragsähnliches Verhältnis zwischen Anwalt und Dritten (sog. Vollzugs- oder Drittverhältnis) begründet.[203] Aus der Rechtsnatur dieses Drittverhältnisses, aufgrund dessen dem Dritten im Rahmen seines Forderungsrechts eine eigene *Gläubigerstellung* zukommt, folgt, daß der Dritte gegenüber dem Anwalt allgemein dann einen *eigenen Regreßanspruch* hat, wenn dessen Verletzung anwaltlicher Pflichten ihm Schaden zufügt.[204] Der Anwalt kann aber auch aufgrund des Anwaltsvertrages gegenüber dem Mandanten schadensersatzpflichtig sein, wenn sich der Dritte wegen des bei ihm durch die anwaltliche Schlechtleistung eingetretenen Schadens aufgrund seiner eigenen Rechtsbeziehungen zu dem Mandanten an diesen hält.[205]

Die praktische Bedeutung von echten und unechten Anwaltsverträgen zugunsten Dritter ist nicht besonders groß. Die Anwendungsfälle sind in letzter Zeit zurückgegangen. Bei der direkten Beauftragung eines Anwalts durch die *Rechtsschutzversicherung* war früher wegen der damals maßgeblichen Rege-

64

65

---

[201] Münch.Komm./*Gottwald*, § 328 Rdnr. 5.
[202] Vgl. Münch.Komm./*Gottwald*, § 328 Rdnr. 23; *Soergel/Hadding*, § 328 Rdnr. 6 und 19; *Staudinger/Kaduk*, Vorbem. zu § 328 Rdnr. 2 und 14.
[203] BGHZ 24, 327; *Staudinger/Kaduk*, Vorbem. zu § 328 Rdnr. 29; Münch.Komm./ *Gottwald*, § 328 Rdnr. 24; *Palandt/Heinrichs* (Einf. vor § 328 Anm. 2 c) spricht hier von einem „vertragsähnlichen Vertrauensverhältnis", für *Soergel/Hadding* (§ 328 Rdnr. 13, 63) ist das Drittverhältnis einfach ein Bestandteil des vertraglich begründeten Schuldverhältnisses i. w. S.
[204] *Staudinger/Kaduk*, Vorbem. zu § 328 Rdnr. 24; *Soergel/Hadding*, § 328 Rdnr. 63; *Palandt/Heinrichs*, § 328 Anm. 1 c aa; *H. Lange*, NJW 1965, 657 [663], der den eigenen Schadensersatzanspruch als „organische Erweiterung des Erfüllungsanspruchs" des Dritten betrachtet.
[205] *Soergel/Hadding*, § 328 Rdnr. 63.

lung des § 4 Nr. 5 der Allgemeinen Bedingungen für Rechtsschutzversicherungen (ARB)[206] heftig umstritten, ob der Rechtsschutzversicherer selbst Vertragspartner des Anwalts ist[207] oder aber den Vertrag als Stellvertreter des Versicherungsnehmers schließt.[208] Durch die Neuregelung des § 16 Abs. 2 ARB ist diese Frage eindeutig dahin beantwortet worden, daß eine Mandatserteilung durch den Rechtsschutzversicherer „namens und im Auftrag" des Versicherungsnehmers erfolgt. Der Versicherer schließt daher keinen Anwaltsvertrag zugunsten des Versicherten.[209] Vertragspartei ist vielmehr allein der Versicherungsnehmer, während der Rechtsschutzversicherer aus dem Anwaltsvertrag grundsätzlich keine Ansprüche gegen den Rechtsanwalt hat.[210]

66   Anders ist jedoch die Rechtslage, wenn ein *Kfz-Haftpflichtversicherer* einen Anwalt beauftragt, ihn gemeinsam mit dem Versicherungsnehmer im Prozeß zu vertreten. Dieser zwischen dem Anwalt und dem Versicherer geschlossene Vertrag ist Anwaltsvertrag zugunsten des Versicherungsnehmers.[211]

67   Als (typisches) Beispiel für einen unechten Anwaltsvertrag zugunsten Dritter wird im Schrifttum[212] die Übernahme der Prozeßführung für einen Minderjährigen genannt; indes kann hier je nach den Umständen des Falles, insbes. bei entsprechendem Alter dem Minderjährigen auch ein echtes Forderungsrecht zustehen; auch mag im (freilich seltenen) Einzelfall der gesetzliche Vertreter den Anwaltsvertrag nicht im eigenen Namen, sondern als Vertreter abgeschlossen haben, so daß allein der Minderjährige Vertragspartei und damit Mandant ist. Kommt die allein dem Mandanten zu erbringende Anwaltsleistung bestimmungsgemäß einem Dritten zugute, ohne daß diesem

---

[206] Diese lautete: „Der gemäß § 4 Ziff. 2b bestimmte Rechtsanwalt erhält den Auftrag zur Wahrnehmung des Versicherungsnehmers ausschließlich durch die Gesellschaft."

[207] Der Versicherungsnehmer wäre dann nur begünstigter Dritter, so BGH VersR 1967, 76; OLG Frankfurt VersR 1957, 672; *Boergen*, S. 18; *Mayer*, JZ 1962, 339 [341].

[208] So LG Koblenz AnwBl 1965, 62 [63] mit Anmerkung *Brangsch* und *Möhring*, MDR 1962, 256, die zutreffend darauf hinweisen, daß § 4 Nr. 5 ARB dem Wortlaut nach keineswegs eine Stellvertretung ausschließt.

[209] BGH NJW 1978, 1003 [1004] m.w.N.; Münch.Komm./*Gottwald*, § 328 Rdnr. 53b; *Soergel/Hadding*, § 328 Rdnr. 77.

[210] Münch.Komm./*Gottwald*, aaO (Fußn. 209); *Schilling* [Die allgemeinen Bestimmungen der Allgemeinen Bedingungen für Rechtsschutzversicherung (ARB) und das AGB-Gesetz, Diss. 1987], S. 155f.; *Bergmann*, VersR 1981, 512 [515, 516]; aA aber das Oberlandesgericht Düsseldorf (VersR 80, 231), wonach der Rechtsschutzversicherer einen eignen Auskunftsanspruch gegen den Rechtsanwalt über die kostenmäßige Abwicklung des Versicherungsfalles hat. Diese Entscheidung geht hier umgekehrt von einem Anwaltsvertrag zugunsten des Rechtsschutzversicherers aus; kritisch dazu *Bergmann*, aaO.

[211] OLG Köln NJW 1978, 896; Münch.Komm./*Gottwald*, § 328 Rdnr. 53; *Soergel/Hadding*, § 328 Rdnr. 77; vgl. auch § 7 AKB.

[212] Vgl. *Boergen*, S. 17f.: „schwächere Form der Begünstigung".

ein Recht auf die Leistung zusteht, liegt kein echter Vertrag zugunsten des Dritten,[213] sondern ein Vertrag mit Schutzwirkung für den Dritten vor (dazu näher unten 3, 4).

3. Anwaltsverträge mit Schutzwirkung für Dritte

Im Gegensatz zu den in § 328 BGB geregelten Verträgen zugunsten Dritter 68 scheidet beim Anwaltsvertrag mit Schutzwirkung für Dritte auch eine Leistungserbringung an den Dritten überhaupt aus; der Dritte ist hier derart in den „Schutzbereich des Anwaltsvertrags" einbezogen, daß für ihn zwar keine Ansprüche oder Aussichten auf die vertragliche Leistung begründet werden, der Anwalt bei der Leistungserbringung aber auch sein Interesse – mit – zu wahren hat. Im Fall anwaltlicher Schlechtleistung steht daher dem Dritten – ähnlich wie beim berechtigenden Vertrag zugunsten Dritter – ein *eigener* Schadensersatzanspruch gegen den Rechtsanwalt zu.

Der Anwaltsvertrag mit Schutzwirkung für Dritte ist eine im Jahr 1965 69 „entdeckte"[214] und seitdem in gefestigter Rspr.[215] und im Schrifttum[216] anerkannte eigene Fallgruppe innerhalb der Verträge mit Schutzwirkung für Dritte. Er unterscheidet sich in seiner Struktur deutlich von dem bisher bei Miet-, Arbeits- und Werkverträgen entwickelten Leitbild[217] und steht mit seinem Tatbestand der Nicht-(Schlecht-)erfüllung der Hauptleistungspflicht und dem Ersatz von allgemeinen Vermögensschäden den echten Verträgen zugunsten Dritter wesentlich näher[218] als die durch eine „Schutzpflichtverletzung" und die Beschränkung auf Ersatz von Personen- und Sachschäden gekennzeichneten „klassischen" Verträge mit Schutzwirkung für Dritte; mit

---

[213] So aber *Berg*, MDR 1969, 613 [615]; wohl dazu neigend *Lorenz*, JZ 1966, 144, str.; vgl. *Soergel/Hadding*, § 328 Rdnr. 77 m.w.N.

[214] Ausgangsentscheidung ist der umstrittene „Testamentsfall" BGH NJW 1965, 1955; krit. dazu *Böhmer*, MDR 1966, 468; *Lorenz*, JZ 1966, 143; *Berg*, MDR 1969, 613 [616]; zust. *v. Caemmerer*, FS Wieacker, 1978, 311 [321 ff.]; *v. Gierke*, S. 50 ff.; 141 ff., 144; im Ausgangspunkt zust. auch *Kegel*, FS Flume, 1978, 545. – Schon früher OLG Düsseldorf als Vorinstanz zu BGH VersR 1960, 932 [933 li. Sp.].

[215] BGH NJW 1977, 2073; 1986, 581 [582]; 1988, 200; OLG Hamm MDR 1986, 1026; LG München I NJW 1983, 1621; im Einzelfall verneinend OLG Düsseldorf NJW-RR 1986, 730; LG Köln NJW 1981, 351; offenlassend BGHZ 61, 380 [382 f.].

[216] Eingehend: *v. Caemmerer*, *v. Gierke*, jeweils aaO (Fußn. 214); *Borgmann/Haug*, S. 207 („wenig einzuwenden"); *Rinsche*, Rdnr. I 16 f.; *Münch.Komm./Gottwald*, § 328 Rdnr. 82; *Soergel/Hadding*, Anh. § 328 Rdnr. 28; *Palandt/Heinrichs*, § 328 Anm. 4 a; *Jauernig/Vollkommer*, § 328 Anm. III 4 d; krit. *Hohloch*, FamRZ 1977, 530; *Zimmermann*, FamRZ 1980, 99.

[217] Zur Entwicklung in der Rspr. etwa *Soergel/Hadding*, Anhang § 328 Rdnr. 2 ff.; die Unterschiede zu den bisherigen Fällen betont *Hohloch*, FamRZ 1977, 530 [531 f.].

[218] Daher die Schwierigkeiten bei der Einordnung des Vertrags; vgl. *Berg*, aaO (Fußn. 200); auch der BGH hat in seiner Ausgangsentscheidung der Einordnungsfrage dahingestellt gelassen: BGH NJW 1965, 1955 [1956].

seiner Orientierung an der Verletzung der „einem Dritten gegenüber obliegenden Vertragspflicht" zeigt der drittschützende Anwaltsvertrag auch eine gewisse Ähnlichkeit mit der Notarhaftung.[219]

70 Eine „Einbeziehung" des Dritten in den Schutzbereich des Anwaltsvertrags setzt voraus, daß das Drittinteresse gerade den Gegenstand des Anwaltsvertrages bildet, der Auftraggeber (Mandant) damit dem Rechtsanwalt erkennbar entscheidendes Eigeninteresse an der Wahrung des Drittinteresses hat und der Rechtsanwalt mit der Auftragsannahme zugleich die Wahrung des Drittinteresses zusagt. Der Grundfall des Anwaltsvertrags mit Schutzwirkung für Dritte ist der, daß der Gegenstand des Anwaltsvertrags einen (echten oder unechten) Vertrag zugunsten Dritter bildet, mit Hilfe dessen der Auftraggeber als Partei des Deckungsverhältnisses (Versprechender oder Versprechungsempfänger) dem Dritten eine Leistung zukommen lassen will; als mögliche Gegenstände eines drittschützenden Anwaltsvertrages kommen aber auch alle weiteren Rechtsgestaltungen in Frage, die eine (lebzeitige oder letztwillige) Zuwendung an den Dritten zum Inhalt haben oder die die Rechtsposition des Dritten in sonstiger Weise verbessern sollen. Nicht ausreichend ist, daß sich ein Anwaltsverschulden im Einzelfall im Vermögen des Dritten schädigend auswirkt, ohne daß dem Rechtsanwalt gerade die Wahrung des Drittinteresses vertraglich oblegen hatte (vgl. oben 1).

71 In der Rspr. sind diese Grenzen im Ergebnis meist zutr. erkannt worden. Im Fall der Entscheidung BGH NJW 1988, 200 war der Rechtsanwalt von einem Arbeitnehmer beauftragt, einen *Versorgungsvertrag* mit dessen Arbeitgeber (echter Vertrag zugunsten Dritter – Ehefrau, Witwe[220] –) mit dem Inhalt abzuschließen und durchzusetzen, daß vom Arbeitgeber trotz vorzeitigen Ausscheidens des Arbeitnehmers das volle Ruhegeld und entsprechend im Versorgungsfall die volle Witwenrente geschuldet wurde. In dem von dem Rechtsanwalt formulierten und schließlich von den Parteien des Arbeitsverhältnisses geschlossenen Vertrag war dieses Ziel nicht genügend klar zum Ausdruck gebracht, so daß lediglich der Anspruch auf die zeitanteilig gekürzte (Witwen-)Rente durchsetzbar war. Mit Recht hielt der BGH den Regreßanspruch der Frau auf Ausgleich des Differenzbetrags zur vollen Witwenrente unter dem Gesichtspunkt des Vertrags mit Schutzwirkung für Dritte für berechtigt.[221] Im Fall BGH NJW 1977, 2073 war Gegenstand des mit dem Ehemann bestehenden Anwaltsvertrags eine *Scheidungsvereinbarung*, derzufolge die Ehefrau versprach, bestimmte Vermögenswerte den gemeinsamen Kindern zuzuwenden (Vertrag zwischen den Ehegatten zugunsten der ge-

---

[219] Auf die Parallele zu § 19 BNotO weist zutr. *v. Caemmerer,* FS Wieacker, 1978, S. 321 hin; vgl. auch die Darstellung bei *v. Gierke,* S. 48 ff.

[220] Münch.Komm./*Gottwald,* § 328 Rdnr. 29.

[221] Die Aufhebung des der Klage stattgebenden Berufungsurteils erfolgte wegen der vom OLG verkannten Beweislast; vgl. BGH NJW 1988, 200 [202 ff.]; insoweit krit. *Giesen,* JZ 1988, 660 ff.

meinsamen Kinder[222]); da die Vereinbarung wegen Verschuldens des Rechtsanwalts nicht durchsetzbar war, haftete der Rechtsanwalt des Ehemannes den am Anwaltsvertrag nicht beteiligten Kindern auf Schadensersatz. Im sog. *Testamentsfall* (BGH NJW 1965, 1955)[223] hatte der Erblasser den Anwalt beauftragt, an der testamentarischen Einsetzung seiner Tocher als Alleinerbin mitzuwirken; infolge der schuldhaften Säumnis des Rechtsanwalts ist es zur Errichtung des beabsichtigten notariellen Testaments nicht mehr gekommen, so daß die Tochter nach der gesetzlichen Erbfolge nur zu einem Bruchteil Erbin wurde. Zu Recht hat der BGH einen Schadensersatzanspruch der Tochter als „Dritte" gegen den Rechtsanwalt bejaht. Gegenstand des Anwaltsvertrags war hier die Mitwirkung an einer letztwilligen Zuwendung zugunsten der Tochter, so daß der Anwaltsvertrag auch hier unmittelbar „drittschützenden" Charakter hatte.[224] Soll durch die Kündigung eines Wohnraummietverhältnisses gerade Wohnraum für die Kinder des Vermieters geschaffen werden, umfaßt das Mandat des vom Vermieter mit der Kündigung beauftragten Rechtsanwalts auch das Interesse der Kinder an einer wirksamen Kündigung zum frühestmöglichen Zeitpunkt; der Anwalt haftet daher den Kindern auf Schadensersatz, wenn die (frühestmögliche) Kündigung infolge seines Verschuldens unwirksam ist (zutr. LG München I NJW 1983, 1621). Dient die Erhebung der *Ehelichkeitsanfechtungsklage* zugleich der Verbesserung der erbrechtlichen Rechtsstellung des leiblichen Kindes des Anfechtungsklägers, liegt die Wahrung der Anfechtungsfrist (§ 1594 Abs. 1 BGB) zugleich im Interesse des leiblichen Kindes; hat der mit der Anfechtungsklage betraute Rechtsanwalt die Frist schuldhaft versäumt, haftet er dem leiblichen Kind auf Schadensersatz, wenn der Anfechtungskläger stirbt (zutr. OLG Hamm MDR 1986, 1026).[225] Führt dagegen eine unzureichende rechtliche Beratung des hochbetagten Erben in einer Erbschaftsangelegenheit (Ausschlagungsmöglichkeit gem. § 1945 BGB) zu einem Vermögensnachteil von dessen Erben (zweimaliger Anfall der Erbschaftsteuer innerhalb kurzer Zeit), so begründet dies keinen Schadensersatzanspruch der Erben gegen den An-

---

[222] Auf die Frage, ob bei Unterhaltsverträgen den Kindern ein eigenes Forderungsrecht zusteht (i. d. R. verneinend Münch.Komm./*Gottwald*, § 328 Rdnr. 51), kommt es nicht entscheidend an.

[223] Vgl. dazu bereits die Nachw. oben Fußn. 214.

[224] Zu unrecht wird der im entgangenen Erbteil bestehende Schaden von *Zimmermann* (FamRZ 1980, 99 [100 f.]) bestritten. Der von *Kegel* (Festschrift für Flume, 1978, 545; wohl zust. *Borgmann/Haug*, S. 208 f.) empfohlene Ausgleich zum Nachteil des – entgegen dem „besseren" Erblasserwillen – zum Zuge gekommenen gesetzlichen Erben scheidet aus; daß die durch das Anwaltsversehen (endgültig) begünstigte Partei die ihr „an sich" nicht zustehende Rechtsposition behält, ist gerade die für den Anwaltsregreß typische Situation; weshalb insoweit gerade im Erbrecht Besonderheiten bestehen sollen, ist nicht ersichtlich.

[225] § 1593 BGB, wonach die Nichtehelichkeit des ehelich geborenen Kindes nur bei rechtskräftiger Feststellung geltend gemacht werden kann, steht dem Anwaltsregreß nicht entgegen; vgl. BGHZ 72, 299 [301].

walt ihres Erblassers (zutr. LG Köln NJW 1981, 351). Eine Pflicht zur Wahrung der Interessen des Prozeßgegners des Mandanten trifft den Anwalt grundsätzlich nicht; dies gilt auch dann, wenn der Prozeßgegner in einer Scheidungssache die Anwaltskosten übernommen hat und ihn der (kostenursächliche) Anwaltsfehler damit nachteilig trifft (OLG Düsseldorf NJW-RR 1986, 730).[226] Ist der Auftraggeber des Rechtsanwalts zugleich Einmann einer GmbH und tritt infolge eines Anwaltsversehens in einem vom Auftraggeber als Partei geführten Prozeß ein Vermögensschaden bei der Einmann-GmbH ein, so steht der GmbH unter dem Gesichtspunkt des Anwaltsvertrags mit Schutzwirkung für Dritte jedenfalls dann kein eigener Anspruch gegen den Rechtsanwalt zu, wenn der Gegenstand des Mandats nicht auch die Wahrung der Vermögensinteressen der Gesellschaft war (vgl. die Fallgestaltung in BGH NJW 1986, 581 [582] betr. eine GmbH i.G.); die bloße Beherrschung der – geschädigten – juristischen Person durch den Mandanten genügt jedenfalls nicht.[227] Eine andere Frage ist, ob der „Einmann" als Vertragspartner des Rechtsanwalts den „Drittschaden" der Gesellschaft geltend machen kann[228] oder ob überhaupt ein „Durchgriff auf der Gläubigerseite" zu einem Schadensersatzanspruch des Mandanten/Einmanns führt.[229]

4. Auskünfte gegenüber Dritten

72   Die Tätigkeit des Rechtsanwalts bringt es vielfach zwangsläufig mit sich, im Interesse des Mandanten mit dessen Gegner in Verbindung zu treten. Nicht selten wird der Anwalt bei dieser Kontaktaufnahme, insbesondere im Rahmen der Verhandlungen über einen außergerichtlichen Vergleich, dem Gegenkontrahenten Empfehlungen oder Auskünfte aufgrund der von ihm geprüften Rechtslage erteilen. Werden diese befolgt, so beruht dies regelmäßig auf dem besonderen *Vertrauen*, das der Anwalt aufgrund seiner beruflichen Stellung als *Organ der Rechtspflege* in der Öffentlichkeit genießt. Die gleiche Auskunft direkt vom Mandanten erteilt würde hingegen wohl kaum eine entsprechende Reaktion seines Gegners auslösen. Es hat daher nicht an Versuchen gefehlt, dem Rechtsanwalt eine diesem Vertrauen entsprechende Verantwortung aufzuerlegen und ihn auch gegenüber dem Gegner des Mandanten haften zu lassen, wenn jenem infolge fahrlässiger Falschauskunft ein Schaden entsteht.

---

[226] Um einen Fall des Tätigwerdens des Anwalts gegenüber dem Gegner des Mandanten handelt es sich nicht; vgl. dazu unten 4.

[227] Zu weitgehend *Palandt/Heinrichs*, § 328 Anm. 4a; zu Recht zurückhaltend *Soergel/Hadding*, § 328 Rdnr. 28; Münch.Komm./*Gottwald*, § 328 Rdnr. 82; offenlassend BGHZ 61, 380 [382f.].

[228] Verneinend die Vorinstanz zu BGHZ 61, 380, vgl. dort S. 382.

[229] Für den konkreten Fall bejaht in BGHZ 61, 380 [383ff.].

Ob diese *Auskunftshaftung* des Rechtsanwalts[230] gegenüber dem Gegner des Mandanten auf vertragliche (selbständiger – i.d.R. stillschweigend geschlossener – Auskunftsvertrag[231]) oder vertragsähnliche Beziehungen (culpa in contrahendo[232]), auf eine besondere Vertrauens-[233] oder Berufshaftung[234] oder schließlich auf das Deliktsrecht[235] gestützt werden kann, ist im vorliegenden Zusammenhang nicht zu erörtern, denn stets geht es dabei um die zutreffende Erfassung der besonderen Beziehungen im Verhältnis zwischen dem Anwalt als Auskunftserteiler und dem „Dritten" als Auskunftsempfänger. Lediglich soweit als Grundlage der Auskunftshaftung an das zwischen dem Anwalt und dem Mandanten bestehende *Mandatsverhältnis* angeknüpft und dem Auskunftsempfänger die Rechtsstellung eines vertraglich Drittberechtigten oder eines in dem „Schutzbereich" des Anwaltsvertrags einbezogenen Dritten eingeräumt wird, ist auf die Tragfähigkeit dieser Konstruktionen bereits hier einzugehen. Die Lösung mittels eines echten Auskunftsvertrags zugunsten des Dritten gem. § 328 Abs. 1 BGB befürwortet *Boergen;*[236] bei Fehlen vertraglicher Beziehungen zwischen dem Anwalt und dem Dritten stünden diesem dann der Leistungsanspruch auf die Auskunft gepaart mit einem eigenen Regreßanspruch gegen den Anwalt bei Mangelhaftigkeit der Auskunft zu.[237] Diese Lösung kommt indes allenfalls dann in Betracht, wenn die Auskunftserteilung des Rechtsanwalts unmittelbar im Auftrag des Mandanten erfolgt. Denn dann kann es durchaus dem Interesse und Willen des Auftraggebers entsprechen, daß sein Gegner ein eigenes Leistungsrecht auf die Auskunft erlangt. Eine Drittbegünstigung ist jedoch in all den Fällen nicht feststellbar, in denen der Anwalt nur aufgrund des generellen Mandatsauftrags aus Gründen der Sachdienlichkeit Kontakt mit dem Gegenkontrahenten aufnimmt und dabei Empfehlungen ausspricht. Eine Auskunftshaftung aufgrund eines Vertrags mit Schutzwirkung für Dritte ist bisher nur in den Fällen der Weitergabe von (drittbestimmten) Auskünften durch den *Auftraggeber* an anfragende Dritte erörtert worden.[238] Abgesehen von den dog-

---

[230] Vgl. den Überblick bei *Borgmann/Haug,* S. 193 ff.; kurze Hinweise gibt *Rinsche,* I 19 f.; eingehend zur Entwicklung der Rspr. *v. Gierke,* S. 103 ff.

[231] So RGZ 52, 365; 129, 109; RG JW 1928, 1134; BGHZ 7, 371 [375]; BGH WM 1965, 287; NJW 1972, 678 [680]; einschr. BGH WM 1978, 576 [577].

[232] So *Lorenz,* FS für Larenz, 1973, S. 576 [618 ff.].

[233] So *Canaris,* Die Vertrauenshaftung im deutschen Privatrecht, 1971, S. 539; *ders.,* 2. FS Larenz 1983, S. 27 [94].

[234] So *Lammel,* AcP 179 [1979], 337; *Hopt,* AcP 183 [1983], 608.

[235] So BGH NJW 1972, 678 [680: § 826 BGB]; *Konrad Huber,* FS für v. Caemmerer, 1978, S. 359 [377 ff.: § 823 Abs. 2 BGB in Verb. mit Berufspflicht zum Schutz fremden Vermögens als „Schutzgesetz"].

[236] Vgl. *Boergen,* S. 19 f.

[237] Vgl. dazu bereits oben V 2.

[238] Weitergabe von für den Verkäufer erstatteter Expertise an Käufer, vgl. *Locher,* NJW 1969, 1567; Weitergabe von Kreditauskunft der Korrespondenzbank durch die angefragte Bank, vgl. *Musielak,* VersR 1977, 973 [976 f.]; vgl. auch *Jauernig/Vollkommer,* § 676 Anm. 2 e m.w.N.

matischen Bedenken, die gegen Auskunftsvertrag mit Schutzwirkung für Dritte sprechen,[239] – trifft diese Konstruktion auf die Fallgestaltungen der oben erörterten Art nicht zu. Mögen auch im Einzelfall die Voraussetzungen eines Auskunftsvertrags „zugunsten" Dritter oder mit „Schutzwirkung" für Dritte vorliegen, zu einer allgemeinen Lösung des Problems der anwaltlichen Auskunftshaftung sind diese Haftungsfiguren nicht in der Lage.[240]

VI. Beendigung des Mandatsverhältnisses

73 Auch das *Mandatsende* hat Bedeutung für die Anwaltshaftung. Zum einen erlöschen hierdurch regelmäßig[241] die spezifischen Pflichten aus dem Anwaltsvertrag, zum anderen knüpft § 51, 2. Alt. BRAO für den Beginn der Verjährungsfrist eines primären oder sekundären Regreßanspruchs[242] an die Beendigung des Auftrages an. Allgemein bestehen zwei Möglichkeiten zur Beendigung eines Mandatsverhältnisses: Das „natürliche" Ende und die außerordentliche Beendigung.

1. Das „natürliche" Mandatsende

74 Im Normalfall endet das Mandatsverhältnis mit der Erledigung des Auftrages, d.h. mit der Erreichung des Vertragszweckes. Eine solche Erledigung liegt dabei nicht nur bei positiver Vertragserfüllung vor, sondern auch dann, wenn der Rechtsanwalt keine weitere Tätigkeit mehr für den Mandanten entfalten kann.[243] Dieser Zeitpunkt läßt sich indes nur selten exakt feststellen, weil hierfür der jeweilige Inhalt und Umfang des Auftrags sowie die daraus resultierenden Einzelpflichten maßgeblich sind.[244] Nur bei Anwaltsverträgen mit *Werkvertrags*charakter[245] fällt die genau feststellbare Beendigung des Mandatsverhältnisses mit der Errichtung des Werkes, z.B. der Erstellung des Rechtsgutachtens oder des Vertragsentwurfes, zusammen. Dem gleichzustellen sind reine Beratungsverhältnisse. Auch hier tritt das Mandatsende mit der Erteilung der Rechtsauskunft ein.[246] Eine vergleichsweise exakt feststellbare

---

[239] Ablehnend etwa *Lammel*, AcP 179, 337 [344]; *Locher*, NJW 1969, 1568.

[240] Vgl. zur Auskunftshaftung näher unten § 3 I 2c und 4c.

[241] Zu den ausnahmsweise über das Mandatsende hinaus fortbestehenden nachvertraglichen Pflichten s. unten 3.

[242] Zum sog. „sekundären Ersatzanspruch" vgl. BGHZ 94, 380 [390] und näher unten § 2 IV 3f und § 4 III 4b.

[243] OLG Nürnberg BayVBl 1980, 250; in solchen Fällen ist aber eine Umwandlung des ursprünglichen Mandats in einen neuen Auftrag denkbar, vgl. dazu BGH NJW 1986, 1490f.

[244] Vgl. dazu BGH WM 1984, 1318; OLG Bamberg VersR 1978, 329.

[245] Vgl. dazu oben I 1.

[246] *Rinsche*, Rdnr. I 7; *Borgmann/Haug*, S. 71.

Beendigung ist auch bei Mandatsverhältnissen gegeben, die *Prozeßvertretungen* zum Gegenstand haben: Hier endet das Mandat regelmäßig mit der die Instanz abschließenden Entscheidung und der Erfüllung der sich hieran anschließenden Belehrungspflichten durch den Rechtsanwalt (z. B. über Rechtsmittel, Vollstreckung, einzuhaltende Fristen usw.).[247] Anders jedoch, wenn der Prozeßanwalt die Vertretung auch in der nächsthöheren Instanz übernimmt oder mit der Beauftragung eines beim Rechtsmittelgericht zugelassenen Prozeßbevollmächtigten betraut wird. Im ersteren Fall besteht – sofern der Auftrag nicht ausdrücklich auf die Vertretung in erster Instanz beschränkt wurde – das ursprüngliche Mandat weiter fort.[248] Im zweiten Fall wird es erst durch die tatsächliche Beauftragung des Rechtsmittelanwaltes und dessen Auftragsannahme, derer sich der erstinstanzliche Prozeßbevollmächtigte vergewissern muß (BGH NJW 1988, 3020), beendet.[249]

2. Außerordentliche Beendigung

Die *außerordentliche* Beendigung des Mandatsverhältnisses erfolgt insbesondere durch *Kündigung,* die – abgesehen von den Fällen gerichtlicher Beiordnung[250] auf Seiten des Anwalts – für beide Parteien ohne Einhaltung einer Kündigungsfrist im Grundsatz jederzeit möglich ist (§ 627 Abs. 1 BGB),[251] sofern das außerordentliche Kündigungsrecht nicht vertraglich abbedungen wurde.[252] Wegen der Einschränkung des § 627 Abs. 2 BGB bedarf es indes der Unterscheidung zwischen der Kündigung durch den Mandanten und der Mandatsniederlegung des Rechtsanwalts.   75

a) Kündigung durch den Mandanten

Der Mandant unterliegt weder Einschränkungen bezüglich des Kündigungszeitpunktes, noch bedarf er eines wichtigen Grundes zur Ausübung seines Kündigungsrechtes. Liegt aber umgekehrt der Kündigungsgrund in   76

---

[247] BGH VersR 1974, 1131; *Borgmann/Haug,* S. 69; *Rinsche,* Rdnr. I 7 m. w. N.

[248] BGH NJW 1985, 1152 [1153]; OLG Hamburg NJW 1972, 775 f.

[249] BGH VersR 1978, 722; 1977, 569 [570]; 1976, 442 [443], 861 und 939; 1975, 662; 1974, 858; 1972, 200, 645 jeweils m. w. N.

[250] S. oben III 3.

[251] Die von einem Rechtsanwalt übernommene Tätigkeit ist in aller Regel auf einem besonderen Vertrauensverhältnis (RGZ 118, 365 [367]; BGHZ 77, 27 [32] = NJW 1980, 2128 [2130]) basierende Dienstleistung höherer Art (vgl. z.B. OLG Düsseldorf BB 1987, 2187). Vgl. auch § 43 Abs. 1 RichtlRA: „Die Beziehungen zwischen Rechtsanwalt und Auftraggeber beruhen auf einem Vertrauensverhältnis". *Zuck* bezeichnet § 43 RichtlRA als „standesrechtliche Wiederholung der zivilrechtlichen Einordnung des Anwaltsvertrages"; vgl. *Lingenberg/Hummel/Zuck/Eich,* § 43 Rz 4.

[252] Der vertragliche Ausschluß des Kündigungsrechts muß dabei zwar nicht notwendig ausdrücklich erfolgen. In jedem Fall muß er sich aber eindeutig und bestimmt aus den getroffenen Abreden ergeben (OLG Düsseldorf BB 1987, 2187).

einem vertragswidrigen Verhalten des Rechtsanwalts, führt die Mandatskündigung nicht nur zur Auflösung des Anwaltsvertrages und damit zur grundsätzlichen Befreiung von den beiderseitigen Pflichten. Vielmehr kann der Mandant darüber hinaus vom Anwalt Ersatz des durch die Aufhebung des Mandatsverhältnisses entstandenen Schadens verlangen (§ 628 Abs. 2 BGB).

b) Kündigung durch den Anwalt

77 Wenngleich auch der Rechtsanwalt das Vertragsverhältnis grundsätzlich ohne wichtigen Grund durch außerordentliche Kündigung beenden kann, bedarf er eines solchen dann, wenn er „zur Unzeit" kündigt (§ 627 Abs. 2 S. 1 BGB). Indes ist die Rechtsfolge einer unzeitigen Kündigung nicht etwa deren Unwirksamkeit. Vielmehr zieht diese bei Fehlen eines wichtigen Grundes Schadensersatzpflichten gegenüber dem Mandanten nach sich (§ 627 Abs. 2 S. 2 BGB).[253] Eine *Kündigung zur Unzeit* liegt allgemein dann vor, wenn der Mandant nach Zugang der Kündigung nicht in der Lage ist, sich eine notwendige Anwaltstätigkeit rechtzeitig anderweitig zu beschaffen.[254] Dies ist insbesondere dann anzunehmen, wenn die Mandatsniederlegung durch den Anwalt während eines Termins oder kurz vor Ablauf einer im Zusammenhang mit dem Auftrag maßgeblichen Frist erfolgt,[255] wobei es gleichgültig ist, ob es sich insoweit um eine materiell-rechtliche Frist (z.B. Verjährung) oder um eine prozessuale Frist (z.B. Einlegung von Rechtsmitteln und ihre Begründung)[256] handelt. Steht ihm für die unzeitige Kündigung kein wichtiger Grund zur Seite, kann der Anwalt einer Schadensersatzverpflichtung in diesem Fall nur dadurch entgehen, daß er seine Dienste vorübergehend bis zur Neubeauftragung eines Kollegen durch den Mandanten anbietet.[257]

78 Im Regelfall wird sich der unzeitig kündigende Anwalt aber auf einen *wichtigen Grund* für die außerordentliche Mandatsniederlegung berufen. Weil § 627 BGB gegenüber dem viel allgemeineren § 626 BGB eine Sonder-/Ausnahmeregelung darstellt, ist das Vorliegen eines wichtigen Grundes im Sinne dieser Vorschrift nicht etwa an die im Rahmen des § 626 BGB maßgebliche Bedingung geknüpft, daß die Fortsetzung des Dienst-, d.h. Mandatsverhältnisses für den kündigenden Anwalt schlechthin unzumutbar ist.[258] Als eine Vorschrift, die gerade an ein besonderes Vertrauensverhältnis anknüpft,

---

[253] Bei Unwirksamkeit einer unzeitigen Kündigung wäre die eigenständige Haftungsnorm des § 627 Abs. 2 S. 2 BGB überflüssig. Eine Verletzung der fortbestehenden Vertragspflichten durch Untätigkeit würde bereits eine Haftung nach den allgemeinen – noch zu erörternden – Haftungsnormen auslösen.

[254] Vgl. allgemein *Palandt/Putzo*, § 627 Anm. 2a.

[255] *Staudinger/Neumann*, § 627 Rdnr. 16.

[256] Vgl. dazu z.B. BGH VersR 1987, 286.

[257] Ähnlich: OLG Düsseldorf BB 1987, 2187 [2188].

[258] *Staudinger/Neumann*, § 627 Rdnr. 18; aA *Borgmann/Haug*, S. 72; *Friedländer*, Exkurs vor § 30 Anm. 111, die beide ebenso wie in § 626 BGB nur die Unzumutbarkeit der Fortsetzung des Vertragsverhältnisses als wichtigen Grund anerkennen.

erfordert § 627 Abs. 2 S. 1 BGB solche Gründe, die – wegen Erschütterung der Vertrauensbasis – eine Kündigung auch dann gerechtfertigt erscheinen lassen, wenn eine anderweitige Beschaffungsmöglichkeit der Dienste nicht bzw. nicht rechtzeitig besteht.[259]

c) Tod des Rechtsanwalts

Neben der Kündigung erfolgt eine außerordentliche Beendigung des Mandatsverhältnisses beim Einzelmandat (vgl. BGH NJW 1988, 1973) durch den *Tod des Rechtsanwaltes* (§§ 675, 673 BGB). Trotz Erlöschen des Vertragsverhältnisses bleiben aber Rechtshandlungen eines für den verstorbenen Anwalt bestellten Vertreters (§ 53 BRAO) auch dann wirksam, wenn der Rechtsanwalt zur Zeit der Bestellung bzw. bei Vornahme der Handlung bereits verstorben war (§ 54 BRAO). Für die Frage der Haftung ist dabei von Bedeutung, daß der amtlich bestellte Vertreter im Verhältnis zum Mandanten nicht dessen Bevollmächtigter ist. Denn der Anwaltsvertrag ist mit dem Tode des beauftragten Anwaltes erloschen und der amtlich bestellte Vertreter steht weder in einem Auftrags- noch in einem rechtsgeschäftlich begründeten Vollmachtsverhältnis zum Mandanten. Ein etwaiges Verschulden des Vertreters braucht sich dieser daher nicht gemäß § 85 Abs. 2 ZPO zurechnen zu lassen.[260] 79

d) Besonderheiten bei der Sozietät

Besteht das Mandatsverhältnis mit einer Sozietät, so wird es durch den Tod eines Sozius nicht beendet, sondern besteht mit den übrigen Mitgliedern der Sozietät fort (BGH NJW 1988, 1973 [1974]). In dem mitgeteilten Ausscheiden aus der Sozietät liegt eine Kündigung des Mandatsverhältnisses durch den Ausscheidenden mit der Folge, daß es mit den übrigen Sozien fortgesetzt wird (BGH NJW 1982, 1866; zu Haftungsfragen vgl. auch unten § 3 IV 3a). 80

3. Wirkungen des Mandatsendes

Auch wenn der Geschäftsbesorgungsvertrag – gleichviel ob er auf „natürliche" Weise oder aufgrund Kündigung – erloschen ist, können sich hieran noch nachvertragliche Pflichten des Anwalts anschließen, deren Verletzung eine Haftpflicht auslösen kann. 81

---

[259] Ähnlich *Staudinger/Neumann*, aaO; vgl. dazu insbesondere *Borgmann/Haug*, S. 72 ff. mit umfangreichen Beispielen aus der Rechtsprechung.
[260] BGH NJW 1982, 2324 [2325].

a) Nachvertragliche Pflichten aus dem Anwaltsvertrag[261]

82 So besteht insbesondere die anwaltliche Schweigepflicht (vgl. §§ 203 Abs. 1 Nr. 3, 204 StGB)[262] fort und die Pflicht zur Aufbewahrung von Handakten endet grundsätzlich erst fünf Jahre nach Mandatsende (§ 50 Abs. 2 S. 1 BRAO).[263]

Je nach Inhalt des Auftrags können sich für den Anwalt noch *nachvertragliche Mitteilungs- und Hinweispflichten*, u. U. sogar eine *Verpflichtung zum Tätigwerden* ergeben.[264] Diese Pflichten sind nur Ausdruck der dem Anwalt trotz beendeten Mandates zukommenden allgemeinen Pflicht, seinen Mandanten vor Schaden zu bewahren.[265]

b) Pflichten infolge Fortwirkens der Vollmacht

83 Wenngleich die Vollmacht im Innenverhältnis grundsätzlich mit dem Mandatsende erlischt (§§ 675, 627, 168 S. 1 BGB), führt sie im Außenverhältnis, d. h. im Verhältnis zu Dritten, eine Art „Eigenleben".

Dabei muß zwischen der allgemeinen rechtsgeschäftlichen Vollmacht und der Prozeßvollmacht unterschieden werden. Das Eigenleben der ersteren beschränkt sich auf eine fortbestehende Wirkung gegenüber gutgläubigen Dritten, der erst durch die Anzeige des Erlöschens der Vollmacht ein Ende gesetzt wird (§§ 169–173 BGB). Bereits bei der allgemeinen rechtsgeschäftlichen Vollmacht kommt so die grundsätzliche Unabhängigkeit des Außenverhältnisses vom Bestand des Innenverhältnisses (Anwaltsvertrag) zum Ausdruck. Diese Unabhängigkeit findet ihre Fortsetzung bei der *Prozeßvollmacht*, die insoweit eine noch selbständigere Rolle einnimmt. Auch sie erlischt im *Außenverhältnis* nicht automatisch mit der Mandatskündigung (-niederlegung). Vielmehr setzt ein – im Außenverhältnis – wirksames Erlöschen der Vollmacht im Parteiprozeß (§ 79 ZPO) die Anzeige gegenüber dem Gegner, im Anwaltsprozeß (§ 78 ZPO) gar die Anzeige der Bestellung eines anderen Anwalts voraus (§ 87 Abs. 1 ZPO).[266]

---

[261] Vgl. dazu auch *Borgmann/Haug*, S. 75; *Rinsche*, Rdnr. I 11. – Zu den Pflichten eines Sozius bei *Fortführung* eines durch den Tod des Rechtsanwaltes beendeten Einzelmandats vgl. BGH NJW 1988, 1973 [1974].

[262] Zu den Einzelheiten s. unten § 2 VII 3.

[263] Ausnahme: § 50 Abs. 2 S. 2 BRAO.

[264] Z. B. BGH NJW 1984, 431 f. (Hinweis auf drohende Verjährung); allgemein hat der Bundesgerichtshof (VersR 1958, 127) in diesem Zusammenhang hervorgehoben, „daß ein Anwalt bei Beendigung des Anwaltsvertrages seinen Auftraggeber belehren muß, welche Fristen laufen und welche notwendigen Maßnahmen zu ergreifen und welche wesentlichen Umstände zu beachten sind."

[265] Vgl. dazu Haftpflichtfragen, AnwBl 1972, 155 f.; ähnlich *Rinsche*, Rdnr. I 11. Sonderfall: § 2 IV 3 f. und § 4 III 3 a.

[266] Diese Differenzierung knüpft an die rein formalrechtliche Unterscheidung zwischen Prozessen mit und ohne Anwaltszwang (§§ 78/79 ZPO) an. Daher genügt auch

Bis zu ihrem endgültigen Erlöschen zum dargelegten Zeitpunkt wirkt die 84
Prozeßvollmacht also noch fort. Diesem Zeitraum trägt § 87 Abs. 2 ZPO
Rechnung, eine Sonderregelung, die dem mandatsniederlegenden Anwalt eine Vertretungsmacht für den ursprünglichen Mandanten auch dann zubilligt,
wenn sie materiell-rechtlich (§ 168 S. 1 BGB) nicht mehr besteht. Diese Berechtigung des Bevollmächtigten für den Vollmachtgeber noch solange zu
handeln, bis dieser „für (die) Wahrnehmung seiner Rechte anderweitig gesorgt hat", begründet aber *keine Verpflichtung* zum Tätigwerden.[267] Macht
der Rechtsanwalt aber von dieser Handlungsbefugnis Gebrauch, treffen ihn
die gleichen Pflichten[268] wie bei Fortbestehen der Prozeßvollmacht.[269] Ein
Handeln des Anwalts kann demgegenüber zweckmäßig sein, um eine eventu-
elle Haftung wegen unzeitiger Kündigung[270] abzuwenden.[271]

Wenngleich § 87 Abs. 2 ZPO keine Verpflichtung des Prozeßbevollmäch- 85
tigten zum Tätigwerden beinhaltet, so kann sich eine solche durchaus aus
dem ursprünglichen Vertragsverhältnis, d.h. aus materiellem Recht ergeben.[272] Solche Pflichten beschränken sich aber im wesentlichen auf Mitteilun-
gen und Belehrungen,[273] gegebenenfalls auch auf Empfangnahme und Be-
kanntgabe von Zustellungen,[274] die bis zum Wirksamwerden der Kündigung
noch an den Prozeßbevollmächtigten erfolgen können,[275] bzw. müssen, solange die Außenvollmacht gemäß § 87 Abs. 1 ZPO fortdauert.[276]

Trotz des Fortbestehens dieser Pflichten während des von § 87 Abs. 2 ZPO 86
umfaßten Zeitraums, ist der Rechtsanwalt indes ab dem Zeitpunkt der Mandatsniederlegung infolge Wegfalls des Vertrauensverhältnisses nicht mehr
Parteivertreter im Sinne des § 85 Abs. 2 ZPO. Schuldhafte Pflichtverletzungen des Anwalts in Erfüllung nachvertraglicher Pflichten braucht sich die
Partei daher nicht zurechnen zu lassen.[277] Streng zu unterscheiden von dieser

---

dann die bloße Anzeige des Erlöschens der Vollmacht gegenüber dem Prozeßgegner,
wenn die Partei im Parteiprozeß anwaltlich vertreten ist.

[267] BGHZ 43, 135 [137]; zustimmend *Stein-Jonas/Leipold*, § 87 Rdnr. 8; *Zöller/
Vollkommer*, § 87 Rdnr. 6; *Baumbach/Lauterbach/Hartmann*, § 87 Anm. 3; *Schmellenkamp*, Der Prozeßbevollmächtigte als Zustellungsempfänger, AnwBl 1985, 14 [16].

[268] Zu den Einzelheiten s. unten § 2 II – VI [Sorgfaltspflichten im Prozeß].

[269] OLG Bremen NJW-RR 1986, 358 [359] = Rpfleger 1986, 99.

[270] S. oben 2 b.

[271] *Stein-Jonas/Leipold*, *Zöller/Vollkommer*, *Baumbach/Lauterbach/Hartmann* jeweils aaO [Fußn. 267]; *Borgmann/Haug*, S. 77; entgegen *Schmellenkamp*, aaO
[Fußn. 267] dort Fußn. 29 läßt sich diesen Fundstellen aber keineswegs entnehmen, daß
die Zielsetzung des § 87 Abs. 2 ZPO die Abwendung dieses Haftungsrisikos sei.

[272] *Schmellenkamp*, aaO [Fußn. 267].

[273] *Borgmann/Haug*, S. 77 mit weiteren Einzelheiten.

[274] BGH NJW 1980, 999; *Schmellenkamp*, aaO [Fußn. 267].

[275] OLG Bremen NJW-RR 1986, 358 [359] = Rpfleger 1986, 99 m.w.N.; *Stein-
Jonas/Leipold*, § 87 Rdnr. 8; *Baumbach/Lauterbach/Hartmann*, § 87 Anm. 3.

[276] BGH VersR 1985, 1185 [1186]; *Schmellenkamp*, aaO [Fußn. 267] spricht sich gar
bei wirksamer Erlöschensanzeige für eine Zustellung an den vollmachtlosen Prozeßvertreter aus.

[277] BGHZ 47, 320 [322]; BGH VersR 1985, 1185 [1186]; *Stein-Jonas/Leipold*, § 85

rein prozessualen Zurechnungsproblematik ist indes die Frage, ob sich an solche Pflichtverletzungen eine materiell-rechtliche Haftung des Rechtsanwaltes anknüpft.

Rdnr. 13 m. w. N.; *Zöller/Vollkommer*, § 85 Rdnr. 24; *Baumbach/Lauterbach/Hartmann*, Anm. 3 B.

§ 2 Anwaltspflichten

I. Allgemeines

Der Anwaltsvertrag ist ein Geschäftsbesorgungsvertrag, dem regelmäßig 87 eine berufliche Dienstleistung höherer Art zugrundeliegt (§§ 675, 611 ff. BGB; i.e. oben § 1 I und VI 2). Er begründet ein besonderes *Vertrauens-* (i.e. oben § 1 VI 2) und *Treueverhältnis*[1] (§ 242 BGB). Aus dem Anwaltsvertrag folgt für den Rechtsanwalt ganz allgemein die Pflicht zur Leistung der versprochenen anwaltlichen Dienste. Die schuldhafte Nicht- oder Schlechterfüllung dieser Leistungspflicht ist positive Verletzung des Anwaltsvertrags und damit Kernstück jeder anwaltlichen Haftung.[2]

Art und Umfang der den Rechtsanwalt treffenden Pflichten werden zu- 88 nächst durch den Inhalt des konkreten Auftrags festgelegt (vgl. oben § 1 I 2 a.E.). Doch wird sich die vertragliche Vereinbarung i.d.R. in der Festlegung der vom Anwalt geschuldeten Hauptleistung erschöpfen (Beratung, Prozeßführung, Betreiben einer Zwangsvollstreckung, einer Auseinandersetzungsversteigerung usw.) und nichts für die vom Rechtsanwalt bei der Vertragserfüllung zu beobachtenden weiteren Leistungs- und Treuepflichten ergeben. Die auf den Anwaltsvertrag anwendbaren gesetzlichen Vorschriften (vgl. oben § 1 I 2) begründen zwar eine Reihe von besonderen Vertrags- und Berufspflichten, die haftungsrechtlich jedoch nicht von besonderer Relevanz sind. So folgt etwa aus § 675 BGB in Verbindung mit den anwendbaren Vorschriften des Dienstvertrags- und Auftragsrechts, daß der Anwalt seine Dienste im Zweifel in Person zu leisten hat (§ 613 BGB), daß er grundsätzlich an die Weisungen des Mandanten gebunden ist (§ 665 BGB; dazu näher unten VI) und dem Mandanten auskunfts- und rechenschaftspflichtig (§ 666 BGB), u.U. auch zur Herausgabe verpflichtet ist (§ 667 BGB; dazu näher unten VII 2; § 3 I 3). Von den innerhalb und außerhalb der BRAO geregelten Berufspflichten (z.B. §§ 44–49a, 53 BRAO; §§ 203 I Nr. 3, 356 StGB; § 53 I Nr. 3 StPO) kommen nur wenige für eine Haftung des Anwalts in Frage (etwa die Verschwiegenheitspflicht; dazu näher unten VII 3); die berufsrechtliche Generalklausel des § 43 BRAO, die den Rechtsanwalt zur „gewissenhaften" Berufsausübung verpflichtet, bedarf gerade ihrerseits der Konkretisierung (vgl. schon oben § 1 I 2).

Von den im folgenden näher dargestellten einzelnen „Anwaltspflichten" 89

---

[1] RGZ 113, 264 [269]; 118, 365 [367]; 161, 280 [282]; BGH NJW 1983, 461; *Borgmann/Haug*, S. 78, 136.

[2] Zu den Einzelheiten der Haftungsgrundlagen und ihrer Voraussetzungen vgl. näher unten § 3 I 1.

(unten II–VII) haben nur wenige in gesetzlichen Regelungen einen ausdrücklichen Niederschlag gefunden. Bei dem weitaus größten Teil handelt es sich vielmehr um vornehmlich am *Berufsbild des Rechtsanwalts* (§§ 1–3 BRAO) orientiertes *Richterrecht.* Gerade bei den Anwaltspflichten hat das „selbst geschaffene *Pflichtenerfindungsrecht* der Gerichte"[3] einen allzu deutlichen Ausdruck gefunden. Dabei beschränkt sich der richterliche „Erfindungsreichtum" keineswegs auf eine Ausweitung des Pflichtenkatalogs durch „Schaffung" neuer Pflichten, sondern bereits anerkannte anwaltliche Pflichten werden weiter ausdifferenziert und verfeinert, die an sie gestellten Anforderungen zusehends ausgedehnt. Den Rechtsanwalt treffen etwa Beratungs-, Belehrungs-, Warn-, Aufklärungs-, Informations-, Hinweis-, Erörterungs-, Prüfungs-, Kontroll-, Schutz-, Sicherungs-, Verhütungs-, Betreuungs- und Interessenwahrungspflichten.[4]

90 So ist der Rechtsanwalt „zur allgemeinen umfassenden und möglichst erschöpfenden Beratung" seines Mandanten verpflichtet (*Beratungs- und Belehrungspflicht;* unten IV). Dies setzt voraus, daß der Rechtsanwalt, notfalls durch gezielte Rückfrage beim Mandanten, den Sachverhalt vollständig erforscht (*Aufklärungspflicht;* unten II). Auf dieser Grundlage hat sich der Rechtsanwalt anhand von Rechtsprechung und Literatur gewissenhaft eine Rechtsüberzeugung zu bilden (*Rechtsprüfungspflicht;* unten III); dieser darf er freilich nur vorbehaltlich des „Grundsatzes des sichersten Wegs" folgen (unten V).

91 Diese sämtlich inhaltlich näher ausgeformten Einzelpflichten sind ihrerseits nur Ausprägungen der *Kardinalpflicht des Rechtsanwalts,* seiner allgemeinen Pflicht zur Interessenwahrung und zur Rechtsbetreuung. Die Umschreibung dieser Pflicht erfolgt in „fester" und „ständiger" Rechtsprechung in immer wiederkehrenden Formeln wie:

„*Ein Rechtsanwalt ist kraft des Anwaltsvertrags verpflichtet, die Interessen seines Auftraggebers nach jeder Richtung und umfassend wahrzunehmen*".[5]

„*Dazu gehört die sorgfältige Prüfung und Sicherung des Anspruchs nach jeder Richtung*".[6]

---

[3] So von *Westermann* (vgl. *Westermann/Karakatsanes,* Schuldrechtsreform in Deutschland und Griechenland, Athen-Komotini 1986, S. 19) auf den Begriff gebracht und von *Medicus* gerne aufgegriffen (vgl. *Medicus,* Probleme um das Schuldverhältnis, 1987, S. 26). Speziell für die Anwaltspflichten – kritisch – E. *Schneider,* AnwBl 1988, 259 [262]; *Borgmann/Haug* sprechen von der „Offenheit" der Pflichtentatbestände, die zur „Herausfilterung stets neuer Rechtspflichten" führe (S. 145 Fußn. 15, 150 f.).

[4] Vgl. die Kommentare zu §§ 276, 611, 675 BGB, etwa *Münch.Komm.,* § 276 Rdnr. 148–156 *[Hanau],* § 675 Rdnr. 8–12 *[Seiler];* Soergel, § 276 Rdnr. 173–184 *[Wolff];* Vor § 611 Rdnr. 82–93 *[Kraft];* § 675 Rdnr. 3 *[Mühl],* Palandt, § 276 Anm. 4 C d *[Heinrichs];* Einf 2 a ee vor § 611 *[Putzo];* eingehend: *Borgmann/Haug,* S. 78 ff.; *Rinsche,* Rdnr. I 26 ff.

[5] BGH 96, 352 [354]; BGH LM Nr. 28 zu § 675 BGB = VersR 1961, 467 [468]; BGH NJW 1988, 486 [487], 1079 [1080] und 2880 [2881]; 1989, 1148; BGH NJW-RR 1986, 1281; OLG Düsseldorf VersR 1985, 92 [93].

[6] BGH VersR 1967, 704 [705 m.w.N.]; RGZ 158, 130 [134]; OLG Hamm VersR 1981, 936.

„Der Rechtsanwalt muß die geeigneten Schritte unternehmen um die Rechte seines Mandanten zu wahren",[7] insbesondere muß er ihn *vor Rechtsverlusten schützen.*[8]

„Ein Rechtsanwalt hat dafür zu sorgen, daß vermeidbare Nachteile für seinen Auftraggeber vermieden werden. Er hat sein Verhalten so einzurichten, daß jede von einem Rechtskundigen, wenn auch nur als möglich, erkennbare Schädigung seines Mandanten verhindert wird".[9]

„Er hat, wenn mehrere Maßnahmen in Betracht kommen, die für den Mandanten sicherste und gefahrloseste zu treffen und, wenn mehrere Wege zum erstrebten Erfolg möglich sind, denjenigen zu wählen, auf dem dieser am sichersten zu erreichen ist".[10]

Angesichts dieser weitgespannten Anforderungen, die an die typischen Anwaltspflichten gestellt werden, wundert es nicht, daß diese Maßstäbe der Rspr. nicht nur von der Anwaltschaft heftig kritisiert werden. Dabei ist diese Kritik keineswegs „modernstem Zeitgeist" geschuldet. Bereits *Scheffler* hat 1958 die Neigung der Rspr. kritisiert, „von dem Idealtypus des alles beherrschenden, zur rechten Zeit an alles denkenden, stets das Rechte treffenden Juristen auszugehen, statt durchschnittliche Maßstäbe anzulegen".[11] Heute sprechen Kritiker vom *„juristischen Supermann"* als Maßstab der Rspr.[12] Andere verweisen insbesondere auf die Diskrepanz zwischen der Schärfe der Rspr. zur Anwaltshaftung und der vorsichtigen Zurückhaltung der Gerichte zur Haftung anderer Rechtspflegeorgane (Richter, Staatsanwälte), die allein durch den funktionellen Unterschied keine Rechtfertigung finden kann.[13]

92

---

[7] BGH VersR 1971, 1119 [1121]; RG 158, 130 [134]; OLG Düsseldorf VersR 1985, 347.

[8] BGH NJW 1986, 182; 1988, 2113.

[9] BGH NJW 1981, 1553 und 2065; ebenso BGH LM § 276 (Ci) BGB Nr. 25 = VersR 1975, 425 m. w. N.; ferner etwa BGH NJW 1986, 581 [582]; NJW 1988, 486 [487]; BGH VersR 1984, 785.

[10] BGH LM § 675 BGB Nr. 50 = NJW 1974, 1865 [1866 m. w. N.]; LM § 276 (Ci) BGB Nr. 25 = VersR 1975, 425; ferner BGHZ 85, 252 [260 m. w. N.]; BGH NJW 1977, 2073; 1988, 486 [487]; 1989, 1148; BGH VersR 1984, 785 [786 m. w. N.].

[11] *Scheffler*, Haftpflichtgefahr, 1958, S. 10; vgl. auch NJW 1961, 577; ähnlich *Ostler*, NJW 1962, 896; NJW 1965, 1785 und 2081 und schon *Eucken*, Rdnr. 66.
Die gleiche Kritik ist bereits gegen die Rspr. des RG erhoben worden. So hat *Finger* 1926 den Gerichten vorgeworfen, „daß sie die Haftpflicht des Rechtsanwalts überspannen" (S. 158) und „besonders bei der Schadenshaftung des Rechtsanwalts etwas ganz Unmögliches fingiert wird" (S. 175); nach dem Urteil von *Eucken* (1927) stellte die damalige „Rspr. des RG in vielen Beziehungen außerordentlich weitgehende Anforderungen an die Sorgfaltspflicht der Anwälte" (Vorwort S. VI; Rdnr. 66 ff., 84 u. ö.); *v. d. Trenck* spricht 1944 von einer lange bestehenden „überspitzten Regreßjudikatur", die „die Anforderungen an die Sorgfalt des Anwalts weit überspannt"; was dem Anwalt unter der Bezeichnung „Fahrlässigkeitshaftung" zugemutet werde, gehe „weit über die Grenzen des Möglichen hinaus" (DR 1944, 649), weitere Nachw. aus dem älteren Schrifttum (bis 1935) nennt *Schliebner*, S. 22 ff. Vgl. hierzu auch unten Rdnr. 422, 423.

[12] So wörtlich *Prinz*, VersR 1986, 317 und *Rinsche*, Rdnr. I 25; schon bei *Scheffler* findet sich der Vergleich mit dem „Übermenschen", aaO, S. 15.

[13] Vgl. z. B. *Geigel*, AnwBl 1971, 29 [32], der aber gleichwohl erkennt, daß diese

93   Gemeinsam ist dieser Kritik,[14] in welcher Ausprägung auch immer, daß sie an dem von der Rspr. dem Anwalt auferlegten *abstrakten Pflichtenumfang* ansetzt und ihr so folgerichtig entgegenhält, vom Anwalt werde bei der Pflichterfüllung ein „Optimum"[15] verlangt.

94   Diese Kritik erweckt damit zu Unrecht den Anschein einer Gleichsetzung – jeder – suboptimalen Anwaltsleistung mit Anwaltshaftpflicht. Damit werden zwei wesentliche „Korrektive" der Anwaltshaftung entweder vernachlässigt oder doch in ihrer selbständigen Bedeutung nicht genügend beachtet: Das Erfordernis der Verletzung einer *konkreten Vertragspflicht* und das Vorliegen von *Anwaltsverschulden,* bei dem als Verschuldensmaßstab auf die übliche, von einem ordentlichen (Durchschnitts-)Anwalt zu fordernde Sorgfalt abzustellen ist (dazu näher unten § 3 III 2 d).

95   Die Umschreibung der abstrakten Anwaltspflichten erfolgt deshalb so weit und umfassend, weil es sich dabei in Wahrheit um allgemeine, vom jeweiligen Mandatsinhalt unabhängige *Grundsätze,* mithin um *abstrakte Richtlinien* handelt. Abstrakte Leitlinien müssen aber notwendig am Leitbild eines idealen Berufsangehörigen – Anwalts – ausgerichtet sein. Bei der „allgemeinen" Bestimmung des Pflichtenkreises des Anwalts kann nicht gut auf die Erbringung einer nur suboptimalen – teilweisen – Leistung abgestellt werden.[16] Dieser „Grundsatz"-(„Leitlinien-")Charakter der sog. „Anwaltspflichten" muß bei der gebotenen Feststellung der konkret verletzten Vertragspflicht stets beachtet werden. In der Notwendigkeit der jeweiligen „Konkretisie-

---

Differenzierung in erster Linie dem sog. Richterprivileg geschuldet ist; von „zweierlei Maß" spricht (polemisch) *E. Schneider,* AnwBl 1987, 269.

[14] Nach *Wolfsteiner* (DNotZ 1970, 52 ff.) stellt die Rspr. zur (außergerichtlichen) Belehrungspflicht „unsinnige und unerfüllbare Forderungen" an die Kautelarjurisprudenz und beruht auf einer „Mißverständnis" ihrer Eigenart. Ähnlich konstatiert *Hübner:* „Die Anforderungen bleiben hoch, so hoch, daß sie der Realität häufig nicht entsprechen" (NJW 1989, 5 [8]). *E. Schneider* faßt die von der Rspr. an den Anwalt gestellten Anforderungen polemisch mit dem Satz zusammen: „Um seiner Haftung zu entgehen, habe er sich im Zweifel für das Richtige zu entscheiden" (AnwBl 1987, 269). Dagegen bestreitet *Odersky,* daß die scharfe Haftpflichtrechtsprechung zu einem „unzumutbaren Berufsrisiko" für den Anwalt geführt hat (NJW 1989, 1 [5]; vgl. auch den Tagungsbericht von *Pflugradt,* dort S. 22). Abwägend wollen *Borgmann/Haug* ihre „Darstellung und Kritik" unter dem Aspekt verstanden wissen, daß die Haftpflicht ein notwendiges Regulativ für die Erfüllung der hohen Berufspflichten des Rechtsanwalts ist, vgl. aaO S. 79; zust. *Prinz,* VersR 1986, 317 [319]. Aus soziologischer Sicht nimmt *Mertens* (VersR 1974, 509 [516]) eine positive Einstellung zur Haftpflicht-Rspr. ein: Die von der Rspr. zur Berufshaftung aufgestellten hohen Standards förderten soziales Ansehen und Autorität der Professionen, d. h. eben auch der Anwaltschaft und gerade deshalb würden von Betroffenen relativ wenig Haftungsansprüche geltend gemacht. – Dem steht die stetig zunehmende Zahl von (erfolgreichen) Haftpflichtprozessen gegenüber (vgl. *Prinz,* VersR 1986, 317, 319), die wohl mit eine Folge der stetig steigenden Anforderungen der Rspr. an den Anwalt sein dürften.

[15] So ausdrücklich *Borgmann/Haug,* S. 84; *Ostler,* JA 1983, 109 [110]; ferner *Prinz,* VersR 1986, 317 ff.; *Rinsche,* Rdnr. I 26; *Scheffler,* NJW 1961, 577 [580].

[16] Die Beratungsleistung kann nicht „abstrakt" zu 95% (90%?, 75%?) ausreichen; ähnlich *Prinz,* VersR 1986, 319.

rung" liegt ein wichtiges (erstes) Korrektiv der Anwaltshaftung. Weil der Anwalt „abstrakte Pflichten" (z. B. die „Pflicht zu allgemeiner umfassender und möglichst erschöpfender Beratung und Belehrung") nicht erfüllen kann, stellt sich im Einzelfall die Frage nach den jeweiligen konkreten Pflichten („War eine Belehrung über das eingetretene Risiko X geboten?"). In der Rspr. finden sich durchaus Beispiele für dieses methodisch korrekte Vorgehen. So fährt etwa der *BGH* in seinem Urteil vom 17. 12. 1987 im Anschluß an die Wiedergabe der formelhaften Umschreibung der allgemeinen Interessenwahrungs- und Betreuungspflicht des Anwalts wie folgt fort:

„Welche konkreten Pflichten (!) *aus* diesen allgemeinen Grundsätzen (!) abzuleiten sind, richtet sich nach dem erteilten Mandat und den Umständen des Falles".[17]

Aufgabe einer kritischen Betrachtungsweise kann es so nur sein, die von der Rspr. im jeweiligen Einzelfall konkret abgeleiteten Anwaltspflichten zu analysieren. Die Kritik muß mithin dort ansetzen, wo vom einzelnen Anwalt jeweils konkret mehr verlangt wird als von ihm zu leisten erwartet werden kann.[18] 96

Nur dort, wo die abstrakten Grundsätze ihren Ausgangspunkt, u. U. ihre Begründung, im Mißerfolg anwaltlicher Leistung (z. B. einem verlorenen Prozeß) finden, sind sie selbst Ansatzpunkt der Kritik. Denn solche Richtlinien führen zu einer dem allgemeinen Charakter des Anwaltsvertrags[19] widersprechenden Erfolgshaftung.[20]

Die folgende Darstellung, die dabei dem chronologischen Weg von der Begründung bis zur Beendigung des Mandatsverhältnisses folgt, wird sich 97

---

[17] BGH NJW 1988, 1079 [1080f.]; ähnlich bereits BGH NJW 1988, 563 [566]. Zum Umfang des Mandats näher unten IV 2a und 3d, sowie oben § 1 I 2.

[18] Nicht einzugehen ist im vorliegenden Zusammenhang auf das „zweite" Korrektiv der Anwaltshaftung, das Anwaltsverschulden; dazu näher unten § 3 III.

[19] Der Anwaltsvertrag ist grundsätzlich kein Werkvertrag, sondern ein vom Erfolg unabhängiger Dienstvertrag; vgl. oben § 1 I 1.

[20] Zutr. *Scheffler*, NJW 1961, 577 [580]: Die „Höchstleistungspflicht" führe „im Ergebnis zu einer Erfolgshaftung, die systematisch dem Dienstvertrag fremd" ist; ferner *K. Müller*, JR 1969, 161 [167]: Durch Überspannung der Anforderungen „darf nicht im Ergebnis eine reine Erfolgshaftung konstruiert werden". *Prinz*, VersR 1986, 319 konstatiert „eine grundsätzliche Garantiehaftung für optimale Anwaltsleistung, die durch die Beweislastverteilung ... etwas eingeschränkt ist." *E. Schneider* erkennt eine „Tendenz der Rechtsprechung, die Haftung des Anwalts bis hin zu einer faktischen Gefährdungshaftung ausufern zu lassen" (MDR 1988, 282f.); ähnlich schon AnwBl 1987, 269: „Verkappte Gefährdungshaftung"; *Borgmann/Haug*, S. 228: „... bis an die Grenzen der Gefährdungshaftung heranreichend"; im gleichen Sinne *Canaris*, JZ 1987, 993 [1001: „Risikohaftung"] sowie für Teilbereiche auch *Hübner*, NJW 1989, 5 [8]: „Anwaltshaftung gerät zur Gefährdungshaftung"; *v. d. Trenck*, DR 1944, 649f.: „Praktisch eine Gefährdungshaftung"; „Zufallsverantwortung"; „reines Risiko darstellende Haftung". Einen Überblick über weitere krit. Stimmen aus der Literatur gibt *Guardiera Windheim* (S. 116ff. m. w. N.), die allerdings selbst den Vorwurf der „Prozeßrisikohaftung des Anwalts nach Gefährdungshaftungsgrundsätzen" nicht (voll) teilt; vgl. S. 176, 183, 190.

daher insbesondere damit auseinanderzusetzen haben, ob in konkreten, typischen Einzelfällen dem Anwalt von der Rspr. tatsächlich ein „Optimum" abverlangt wird.

II. Aufklärung des Sachverhalts

98 Basis für jede anwaltliche Tätigkeit ist eine möglichst optimale Aufklärung 98 des dem Mandat zugrundeliegenden Sachverhalts. Dabei ist die Verantwortung für die Sachverhaltsaufklärung gleichmäßig auf Mandant und Rechtsanwalt verteilt: Den Mandanten trifft die Pflicht zur möglichst umfassenden *Information,* den Rechtsanwalt die *Pflicht,* durch *ergänzende Fragestellung* eine für die rechtlichen Fragen maßgebliche, *umfassende Sachverhaltskenntnis* zu erzielen.

1. Informationspflicht des Mandanten

99 Es handelt sich hierbei um die Pflicht des Mandanten, alle Umstände tatsächlicher Art zu offenbaren, die nach seiner *persönlichen* Einschätzung für die Durchführung des Auftrags wesentlich sind. Dabei sind die hieran zu stellenden Anforderungen jeweils unterschiedlich, je nach dem, ob der Mandant besondere Fach- und Sachkenntnisse besitzt oder ein fachlicher bzw. juristischer Laie ist.[21] In jedem Fall ist die Informationspflicht des Mandanten eine echte Vertragspflicht, die der Aufklärungspflicht des Anwalts – nicht nur zeitlich – vorgeht.[22] Generell schuldet der Mandant dem Anwalt insgesamt nicht nur Vollständigkeit, sondern auch Zuverlässigkeit und Korrektheit seiner Angaben.[23] Der Anwalt kann sich demgegenüber grundsätzlich auf die Richtigkeit von Informationen *tatsächlicher* Art seines Mandanten verlassen, es besteht für ihn insoweit keine Nachforschungspflicht.[24] Die Informationspflicht des Auftraggebers in dem dargelegten Umfang beschränkt sich dabei zeitlich nicht nur auf die ersten Beratungsgespräche, sondern erstreckt sich über das *gesamte Mandatsverhältnis.*[25] Der Mandant ist deshalb auch verpflichtet, den ihm zur Kenntnisnahme überlassenen Schriftverkehr auf etwai-

---

[21] *Borgmann,* FS für Ostler, S. 1.

[22] BGH NJW 1982, 437; *Borgmann* (Haftpflichtfragen), AnwBl 1983, 25.

[23] Eine bewußt unwahre Informationserteilung durch den Mandanten stellt für den Rechtsanwalt in der Regel einen wichtigen Grund für die Mandatsniederlegung dar, da sie die jedem Anwaltsvertrag zugrundeliegende Vertrauensbasis erschüttert (*Borgmann/Haug,* S. 81; *Rinsche,* Rdnr. I 40; *Pabst,* MDR 1974, 449 [450]; allg. s.o. § 1 VI 2b).

[24] RGZ 140, 392 [397]; BGH NJW 1961, 601 [602]; 1985, 1154 [1155]; *Rinsche,* Rdnr. I 33 – im einzelnen s. dazu noch unten 3 b.

[25] Vgl. dazu z.B. BGH WM 1983, 614 wo klargestellt wird, daß es nicht Sache des Anwalts ist, sich die erst später vom Mandanten erworbenen Kenntnisse zu verschaffen; vielmehr ist diese nachträgliche Information Aufgabe des Mandanten selbst.

ge darin enthaltene Falschangaben und Mißverständnisse im Zusammenhang mit dem relevanten Sachverhalt zu überprüfen und dem Rechtsanwalt hiervon zum Zwecke umgehender Korrektur Mitteilung zu machen.[26] Darüber hinaus besteht eine laufende Pflicht, jede Änderung der tatsächlichen und rechtlichen Verhältnisse mitzuteilen, insbesondere auch solche, die speziell die Situation der Gegenpartei betreffen oder aber für den Rechtsanwalt bis dahin nicht erkennbare Eile begründen.[27]

2. Aufklärungspflicht des Rechtsanwalts

a) Allgemeine Umschreibung

In enger Wechselbeziehung zur Informationspflicht des Auftraggebers 100 steht die Aufklärungspflicht des Rechtsanwalts, d. h. die Pflicht zur vollständigen Klärung des Sachverhalts als unerläßlicher Grundlage der rechtlichen Prüfung. Dazu gehört insbesondere die Verpflichtung, durch ergänzende Fragestellung *alle,* vom Mandanten bislang nicht vorgetragene Einzelheiten zu klären, auf die es für die rechtliche Beurteilung ankommen kann.[28] Insoweit besteht kein Widerspruch zur an sich vorgehenden Informationspflicht des Mandanten, weil der Anwalt grundsätzlich damit rechnen muß, daß sein Mandant mangels erforderlicher (Rechts-)Kenntnisse die Bedeutung einzelner Punkte verkennt.[29] Die Aufklärungspflicht des Rechtsanwalts *beschränkt* sich so zwar *formal* auf eine bloße Ergänzung zur Informationspflicht des Mandanten.[30] Weil sie sich aber an der regelmäßig gegebenen Unerfahrenheit und (rechtlichen) Unkenntnis des Mandanten zu orientieren hat, ist sie von großer praktischer Bedeutung, zumal mit Fehlern bei der Sachverhaltsaufklärung häufig Fehler bei der rechtlichen Behandlung des Auftrags vorprogrammiert sind.

Es verbietet sich daher von selbst, daß der Anwalt diese zu Beginn des 101 Mandates zentrale Aufgabe seinem Büropersonal überläßt. Auch ein erfahrener Bürovorsteher wird nicht über die erforderliche Fachkenntnis zur Beurteilung der rechtlichen Relevanz einzelner Informationen verfügen.[31] Darüber hinaus würde eine weitere Gefahrenquelle durch etwaige Übermittlungsfehler bei der Informationsweitergabe eröffnet.

---

[26] *Borgmann/Haug,* S. 81 unter Berufung auf unveröffentlichte Entscheidungen des OLG Oldenburg und des KG; *Borgmann,* in FS für Ostler, S. 4; *Hartstang,* S. 136.

[27] Vgl. Fußn. 26.

[28] BGH NJW 1961, 601 [602]; 1985, 1154 [1155].

[29] BGH NJW 1985, 1154 [1155].

[30] Ähnlich *Borgmann,* AnwBl 1983, 25; *Lang,* MDR 1984, 458; *Schlee,* AnwBl 1989, 391.

[31] BGH NJW 1981, 2741 [2743]; *Borgmann/Haug,* S. 83; *Rinsche,* Rdnr. I 37; *Borgmann,* AnwBl 1983, 25 – *Borgmann/Haug,* aaO, melden zudem zu Recht Zweifel an, ob ein Rechtsreferendar, der in der Regel wohl nur über eine geringe praktische Erfahrung verfügt, diese diffizile Aufgabe erfüllen kann.

102   Wenngleich sich der *Umfang* anwaltlicher Aufklärungspflichten jeweils
nach der konkreten Fallgestaltung des Mandats richtet, ist er vom Bundesgerichtshof in seiner grundlegenden und daher auch heute noch maßgeblichen
Entscheidung vom 21. 11. 1960[32] wie folgt abstrakt beschrieben worden:

„Die Pflicht des Rechtsanwalts zur vollständigen Beratung setzt voraus, daß er
zunächst durch Befragung seines Auftraggebers die Punkte klärt, auf die es für die
rechtliche Beurteilung ankommen kann, und dabei auch die in der Sache liegenden
Zweifel, die er als Rechtskundiger *erkennen kann und muß,* während sie auch einem
geschäftsgewandten Rechtsunkundigen verborgen bleiben können, bedenkt und *erörtert.* Wo solche Zweifel bestehen können, darf der Rechtsanwalt sich nicht mit der
rechtlichen Würdigung des ihm Vorgetragenen begnügen, sondern muß sich bemühen,
durch *Befragung* des Ratsuchenden ein *möglichst vollständiges und objektives Bild der
Sachlage* zu gewinnen. Er muß dabei durch *richtige Fragen* an seinen Auftraggeber die
tatsächlichen Grundlagen ans Licht bringen, d. h. die Information, die er für eine
richtige und umfassende Beratung braucht, *schaffen und ergänzen.*"

Eine im Kern identische Umschreibung dieser weiten „Fassung" anwaltlicher Aufklärungspflicht findet sich in späteren Entscheidungen wieder.[33] Einen Schritt weiter geht der Bundesgerichtshof[34] dabei, wenn er vom Prozeßanwalt anläßlich eines gerichtlichen Auflagenbeschlusses fordert, daß er

„bei lückenhaften oder oberflächlichen Informationen ... auf ihre Vervollständigung
dringen und notfalls den Auftraggeber auch über *prozeßrechtliche Nachteile unterrichten* (muß), die sich aus einer Verletzung der allgemeinen Prozeßförderungspflicht einer
Partei erfahrungsgemäß ergeben können."

103   Der Rechtsanwalt darf sich also nicht mit schlichtem, möglicherweise erstmals vergeblichem Befragen seines Mandanten zufrieden geben, sondern muß
– u. U. durch mehrmaliges Abmahnen – dem Mandanten in aller Deutlichkeit
die prozessualen Konsequenzen einer unvollständigen Sachverhaltsaufklärung vor Augen führen; er muß also durch Belehrung über etwaige Nachteile
den Mandanten „unter Druck setzen". Auch ein Mandant, der einer mehrma-
ligen Aufforderung nicht nachkommt, ist dabei unzureichend belehrt, wenn
ihm lediglich pauschal mitgeteilt wird, er habe sich sämtliche möglicherweise
eintretende Nachteile selbst zuzuschreiben.[35]

b) Inhalt

104   Die Aufklärungspflicht des Anwalts ist auf die Beschaffung der erforderlichen Information *durch den Mandanten* gerichtet. Die Befragung des Mandanten ist grundsätzlich vom *Anwalt persönlich* durchzuführen.[36] Die Befra-

---

[32] NJW 1961, 601 [602].
[33] BGH VersR 1963, 387 [388]; NJW 1985, 1154 [1155]; OLG München VersR
1974, 812 [813]; OLG Hamm MDR 1986, 847; ähnlich, aber wesentlich konkreter
BGH NJW 1983, 1665 f.
[34] NJW 1982, 437; ebenso OLG Hamm, MDR 1986, 847.
[35] BGH NJW 1974, 2319.
[36] Vgl. die Nachw. oben II 2a, Fußn. 31.

gungspflicht endet dort, wo der Mandant nichts mehr weiß bzw. wissen kann.[37] Im einzelnen bedarf der Inhalt der Aufklärungspflicht der näheren Präzisierung.

Selbstverständlich darf sich der Anwalt nicht lediglich mit mündlichen Auskünften seines Mandanten begnügen. Vielmehr muß er alle vorgelegten Unterlagen genau überprüfen, auf ihre etwaige Vervollständigung drängen und die durch die Lektüre der Schriftstücke (z. B. Vertragsurkunden, Rechnungen, Korrespondenzen, Ausschreibungsunterlagen, Protokolle, Kfz.-Briefe und dergl.) u. U. erst aufgeworfene Zweifelsfragen mit dem Mandanten abklären.[38] Verwendet der Mandant nicht ganz einfache Rechtsbegriffe, hat sie der Anwalt durch Rückfragen in die zugrundeliegenden tatsächlichen Umstände und Vorgänge aufzulösen.[39]   105

Neben dem Erfragen von rechtlich relevanten *Tatsachen* erstreckt sich die Aufklärungspflicht auf die Ermittlung der in Betracht kommenden *Beweismittel*.[40] Wegen der Bedeutung der häufig prozeßentscheidenden Beweismittel darf sich der Anwalt keineswegs mit einer pauschalen Benennung des Mandanten begnügen, sondern muß auch hier für jede einzelne Beweisfrage auf Benennung weiterer Zeugen, Vorlage von Urkunden usw. dringen.[41]   106

Schließlich wird der Umfang der anwaltlichen Aufklärung von der – ggf. ihrerseits erst durch Fragen zu klärenden – „Zielvorstellung" des Mandanten bestimmt.[42] Aufzuklären sind daher alle für die Wahrnehmung der speziellen *Interessen* des Mandanten wesentlichen Umstände, die häufig mit rechtlichen Fragen verknüpft sein werden.[43]   107

3. Grenzen anwaltlicher Aufklärungspflicht

Auch wenn nach der abstrakten Pflichtenbeschreibung vom Anwalt eine möglichst *umfassende* Sachverhaltsaufklärung auf Grundlage der Information des Mandanten verlangt wird, kennt auch die Rechtsprechung Grenzen dieser Verpflichtung.   108

---

[37] *Borgmann*, FS für Ostler, S. 15; dazu näher unten 3 c.

[38] BGH VersR 1983, 34; OLG Düsseldorf NJW 1986, 1938; *Rinsche*, Rdnr. I 36.

[39] Vgl. hierzu näher unten 3 b mit Nachw. in Fußn. 48, 49.

[40] Zu den dabei bestehenden Grenzen vgl. OLG Köln NJW 1986, 725 [726] und näher unten 3 c.

[41] Vgl. BGH VersR 1961, 467 [469]; zurecht hat der BGH vom Anwalt verlangt, daß er „den Auftraggeber veranlaßte, durch Aufsuchen von neuen Zeugen auf den Ausgang des Prozesses einzuwirken". Die Kritik von *Rinsche* (Rdnr. I 39) beruht offensichtlich auf einem Mißverständnis des Wortes „Aufsuchen".

[42] Vgl. *Borgmann*, FS für Ostler, S. 3.

[43] *Rinsche* (Rdnr. I 32) nennt hierfür als Beispiel die Ermittlung des dem Mandanten entstandenen und von diesem lediglich pauschal benannten Schadens.

a) Bildungs- und Erfahrungsstand des Mandanten

109　Die wichtigste Grenze bildet die Person des Mandanten, insbesondere sein Bildungsstand und der Umfang seiner (Vor-)Kenntnisse. Je mehr der Mandant mit der (rechtlichen) Problematik des Falls vertraut ist, desto mehr tritt die ergänzende, selbständige Aufklärungs- und damit verbundene Hinweispflicht des Anwalts hinter der vorrangigen Informationspflicht des Mandanten zurück.[44]

Anschaulich hat diesen Zusammenhang der Bundesgerichtshof in der bereits oben[45] erwähnten Entscheidung dargestellt, deren Gründe sich unmittelbar wie folgt fortsetzen:

> „Der Umfang dieser Hinweis- und Belehrungspflichten bestimmt sich nach den *Umständen des einzelnen Falles*. Hat der Mandant schon andere Rechtsstreitigkeiten ähnlicher Art geführt und betrifft der Rechtsstreit … seine eigene berufliche Tätigkeit, so kann ein deutlicher Hinweis auf die Wichtigkeit der Beantwortung eines gegnerischen Schriftsatzes oder einer Stellungnahme zu gerichtlichen Auflagen schon genügen."

Auch diese Entscheidung zeigt, daß die Rechtsprechung sich keineswegs mit einer Pauschalierung der Aufklärungspflicht als generellem Maßstab begnügt, sondern den jeweiligen *Einzelfall* zur Differenzierung heranzieht.

b) Vertrauen auf die Richtigkeit der Informationen des Auftraggebers

110　Ist die Aufklärungspflicht des Rechtsanwalts auf Informationserteilung *durch* den Mandanten gerichtet, schließt sich die weitere Frage an, inwieweit der *Inhalt* dieser Angaben eine weitere Aufklärung veranlaßt. Hier gilt der in der Rechtsprechung gefestigte Grundsatz, daß der Rechtsanwalt sich auf die Richtigkeit der Informationen seines Mandanten verlassen kann. Grundlegend hat dies der Bundesgerichtshof im Urteil vom 20. 6. 1960[46] wie folgt beschrieben:

> „… ein Rechtsanwalt (ist) jedenfalls nicht grundsätzlich verpflichtet, eigene selbständige Ermittlungen und Prüfungen darüber anzustellen, ob die ihm von seinem Mandanten erteilten Informationen in allen Punkten richtig und ob insbesondere auch Beweismittel in jeder Hinsicht glaubwürdig sind …; der Rechtsuchende (kann) von dem von ihm beauftragten Rechtsanwalt mit Recht … erwarten, daß dieser seinen Angaben Vertrauen schenkt …"

---

[44] Vgl. dazu OLG München, VersR 1986, 172 (hier war der Mandant Volljurist) und auch *Borgmann/Haug*, S. 85.

[45] Vgl. Fußn. 34.

[46] VersR 1960, 911; dem folgend: BGH NJW 1961, 601 [602]; 1985, 1154 [1155]; OLG Köln NJW 1986, 725 [726]; vgl. auch bereits RGZ 140, 392 [397] und im übrigen Münch.Komm./*Seiler*, § 675 Rdnr. 12; *Soergel/Wolf*, § 276 Rdnr. 178; *Borgmann/Haug*, S. 86; *Rinsche*, Rdnr. I 33; *Müller*, JR 1969, 161 [163 f.]; *Borgmann* (Haftpflichtfragen), AnwBl 1983, 25 [26].

Nur wenn der Rechtsanwalt die Unrichtigkeiten kennt oder wenigstens erkennen muß, handelt er pflichtwidrig, wenn er sich auf die Angaben des Mandanten verläßt, statt diesen auf die Folgen von Falschinformation hinzuweisen und so eine etwaige korrekte Sachaufklärung zu erzielen.[47]

Indes beschränkt sich der „anwaltliche Vertrauensschutz" nur auf *tatsächliche* Angaben des Mandanten, während rechtliche Würdigungen – jedenfalls bei rechtsunkundigen Mandanten – ebenso der uneingeschränkten Nachprüfung bedürfen, wie Informationen, die nur scheinbar tatsächlicher Natur sind,[48] denn der Mandant wird regelmäßig deren Bedeutung für die Rechtsverfolgung verkennen.[49]   **111**

c) Keine eigene Nachforschungspflicht

Im übrigen endet die Pflicht des Anwalts zur Sachverhaltsaufklärung dort,   **112**
wo auch die Kenntnis des Mandanten endet. Anders formuliert: den Anwalt trifft grundsätzlich *keine* über die Befragung des Mandanten hinausgehende *Nachforschungspflicht* zur Vervollständigung des Sachverhalts.[50] Der Anwalt braucht daher weder eine Ortsbesichtigung vorzunehmen[51] noch (weitere) Beweismittel – z.B. durch Anschriftenermittlung von Zeugen – herbeizuschaffen oder gar Zeugen oder Sachverständige vorab zu befragen;[52] es ist nicht seine Aufgabe, Auskünfte von dritten Personen einzuholen,[53] insbesondere trifft ihn keine Pflicht zur Erkundigung bei der Gegenpartei.[54] Eine dahingehende Ermittlungspflicht würde dem Berufsbild des Rechtsanwalts

---

[47] BGH aaO; ebenso BGH VersR 1966, 774 [776].

[48] BGH NJW 1985, 1154 [1155]; *Soergel/Wolf*, § 276 Rdnr. 178.

[49] Vgl. dazu die unten 4 noch zu erörternde Entscheidung BGH NJW 1961, 601 (Grundschuldbrief-Fall).

[50] Allgemeine Meinung: vgl. *Palandt/Heinrichs*, § 276 Anm. 4 Cd; BGB-RGRK-*Steffen/Alff*, §§ 276 Rdnr. 74; 675 Rdnr. 70; *Borgmann/Haug*, S. 86; *Rinsche*, Rdnr. I 33; *Hartstang*, S. 138.

[51] BGH NJW 1981, 2741 [2743]; *Borgmann/Haug*, S. 87; *Rinsche*, aaO; *Borgmann* (Haftpflichtfragen), AnwBl 1983, 25; anders aber *Commichau*, Die anwaltliche Praxis in Zivilsachen, 2. Aufl., Rdnr. 10.

[52] *Borgmann/Haug*, *Rinsche*, *Borgmann*, jeweils aaO. Dies bedeutet aber nicht umgekehrt, daß dem Anwalt eine solche Vorgehensweise grundsätzlich verboten wäre. Die außergerichtliche Anhörung von Zeugen durch den Rechtsanwalt betrifft aber eine sehr heikle Frage. Das Standesrecht (vgl. § 6 Abs. 1 RichtlRA) verlangt dafür eine *Notwendigkeit* für eine pflichtgemäße Sachaufklärung. Aber auch unter dieser Voraussetzung ist für den Anwalt als unabhängiges Organ der Rechtspflege (§ 1 BRAO) Vorsicht und Zurückhaltung geboten; vgl. dazu *Borgmann*, FS für Ostler, S. 16. Zur Frage einer Ermittlungspflicht vor einer Strafanzeige gegen einen Arzt vgl. – verneinend – *Stuhr/Stuhr*, NJW 1983, 318 f.

[53] *Lang*, MDR 1984, 458 rechnet dies zu einem „bislang durchweg anerkannten Rechtsgrundsatz"; vgl. aber unten Rdnr. 113.

[54] Allgemein abgelehnt wird die abweichende Entscheidung BGH NJW 1983, 1665; vgl. *Borgmann/Haug*, S. 88; *Borgmann*, FS für Ostler, S. 14 ff.; *Lang*, MDR 1984, 458; *Weisemann*, AnwBl 1984, 174; vgl. hierzu näher unten 4.

als Organ der Rechtspflege widersprechen; Aufgabe des Anwalts ist es, den Auftraggeber über den ihm unterbreiteten Sachverhalt rechtlich zu beraten, nicht aber diesen Sachverhalt im Sinne einer berufsfremden Tätigkeit als Privatdetektiv zu ermitteln.[55] Eine Ausnahme ist indes dort zu machen, wo eine für die ordnungsgemäße Mandatsbetreuung notwendige Sachverhaltsaufklärung durch den Mandanten selbst schwierig oder gar unmöglich ist. Der Bundesgerichtshof[56] beschränkt die hier ausnahmsweise bestehende Ermittlungspflicht indes auf solche Handlungen, die der Rechtsanwalt von seiner Kanzlei aus erledigen kann:

> „Eine wichtige Pflicht des Anwalts ist es, zwar den Sachverhalt genau zu klären. Die Pflicht zur persönlichen Ermittlung beschränkt sich jedoch im allgemeinen auf die Beziehung und Lektüre von Korrespondenzen …, Gerichtsakten … oder sonstige schriftliche Unterlagen, gegebenenfalls noch auf die Inaugenscheinnahme sonstiger Beweisstücke, die ihm in seiner Kanzlei vorgelegt werden können."

113   Sind Rechtsverhältnisse an Grundstücken oder sind in öffentliche Register eingetragene (einzutragende) Umstände tatsächlicher oder rechtlicher Art erheblich, trifft den Anwalt i. d. R. die Pflicht zur Einsichtnahme in das Grundbuch oder Register oder zur Einholung einer entspr. Auskunft.[57] Bei der Übernahme der Prozeßvertretung in einem laufenden Verfahren darf sich der Anwalt nicht auf die Information des Mandanten zum Verfahrensstand verlassen, sondern muß sich, ggf. beim Gericht, über die derzeitige prozessuale Situation unterrichten.[58] Auch mag im Einzelfall die Ermittlung der ladungsfähigen Anschrift des Beklagten oder eines Zeugen effizienter von der Kanzlei des Anwalts aus als durch die – u. U. unbeholfene – Partei selbst zu erfolgen.[59] Soweit nach dem Gesagten den Rechtsanwalt keine Ermittlungspflicht trifft, hat er entsprechende Ermittlungen durch die Partei selbst zu veranlassen.[60]

4. Einige ergänzende Beispiele aus der Rechtsprechung und Bewertung

114   Umfang und Grenzen der bisher nur formelhaft umschriebenen Aufklärungspflicht werden erst dann voll deutlich, wenn die im konkreten Einzelfall an den Anwalt gestellten Anforderungen berücksichtigt werden. Dies soll im folgenden anhand einiger ausgewählter Entscheidungen des BGH geschehen. Der Ausgangsentscheidung des BGH,[61] die zu der oben wiedergegebenen allgemeinen und umfassenden Formulierung der anwaltlichen Aufklärungs-

---

[55] *Rinsche,* Rdnr. I 33; *Müller,* JR 1969, 161 [164].
[56] NJW 1981, 2741 [2743].
[57] *Borgmann/Haug,* S. 86; OLG Düsseldorf NJW-RR 1989, 927 [929]: Anfrage beim Einwohnermeldeamt.
[58] BGH MDR 1987, 582.
[59] Nach *Borgmann* sollte der Anwalt in derartigen Fällen dem Mandanten wenigstens seine Hilfe anbieten, AnwBl 1983, 26.
[60] Vgl. oben 2 b mit Nachw. in Fußn. 41.
[61] BGH NJW 1961, 601 – Grundschuldbrief-Fall.

pflicht geführt hat (vgl. oben 2a), lag folgender – auf das allerwesentlichste verkürzter – Sachverhalt zugrunde: Der Mandant hatte dem (später verklagten) Anwalt einen Vollstreckungsauftrag erteilt. Der Schuldner des Mandanten war Eigentümer eines Grundstücks, das – nach der Buchlage – mit einer Briefgrundschuld zugunsten eines Dritten belastet war. Der Anwalt erwirkte einen Pfändungs- und Überweisungsbeschluß bezüglich des dem Schuldner gegenüber dem Dritten zustehenden Anspruchs auf Rückübertragung des nicht valutierten Teils des Grundpfandsrechts. Vorab hatte der Rechtsanwalt zwar überprüft, ob es sich um eine Buch- oder Briefgrundschuld handelte, die daran sich anschließende Frage, in wessen Händen sich der Grundschuldbrief befände, blieb dagegen unerörtert. Der Rechtsanwalt verließ sich insoweit auf die Feststellung seines Mandanten, daß der Dritte das Grundpfandrecht *erworben* habe. Tatsächlich hatte aber der Eigentümer und Schuldner des Mandanten den Grundschuldbrief dem Dritten noch nicht übergeben, so daß eine Fremdgrundschuld nicht zur Entstehung gelangt, vielmehr dem Schuldner eine Eigentümergrundschuld zustand (§§ 1163 Abs. 2, 1192 BGB). Der zu Gunsten des Mandanten erlassene Pfändungs- und Überweisungsbeschluß ging daher ins Leere, während andere Gläubiger durch Zugriff auf die Eigentümergrundschuld eine gesicherte Rechtsstellung erlangt hatten.

Mag die oben zitierte Umschreibung anwaltlicher Aufklärungspflichten in ihrer Abstraktheit scheinbar zu weit gehen, ihrer Anwendung bzw. Ableitung aus dem konkreten Sachverhalt, wie dem vom Bundesgerichtshof gefundenen Ergebnis ist aber durchaus zuzustimmen. Ein Anwalt kann sich keinesfalls auf Informationen seines Mandanten, die nur scheinbar tatsächlicher Natur sind, in Wirklichkeit aber rechtlichen Charakter haben, verlassen. Die Rechtsfrage, daß der Erwerb von Briefgrundpfandrechten notwendig mit der Briefübergabe an den Berechtigten „steht und fällt", muß ein Anwalt in seine Überlegungen einbeziehen. An diese Rechtsfrage schließt sich aber zwangsläufig die Frage nach ihren tatsächlichen Grundlagen an. **115**

Es zeigt sich an diesem Beispiel in aller Deutlichkeit, wie eng doch das Kernstück anwaltlicher Tätigkeit, die Rechtsprüfung, mit der Pflicht zur Sachverhaltsaufklärung verbunden ist.[62] Oft ist eine rechtliche Überlegung überhaupt Voraussetzung, um die für die Aufklärung der maßgeblichen Tatsachen erforderlichen Fragen herauszuarbeiten. Umgekehrt sind es die durch diese Fragen erlangten Informationen, die weitere Rechtsprüfung ermöglichen.

Im Fall BGH NJW 1985, 1154 („Rücktritt des Bauträgers") hatte der Mandant mit einem Bauträger einen notariellen Vertrag über eine Eigentumswohnung geschlossen. Der Kaufpreis war in bestimmten Teilbeträgen nach Baufortschritt zu entrichten. Dem Erwerber war gestattet, Eigenleistungen zu erbringen. Nähere Regelungen über deren Anrechnung fehlten im Vertrag. In der Folge kam es zu Streitigkeiten über den Baufortschritt und die zu berück- **116**

---

[62] Dazu auch *Borgmann*, FS für Ostler, S. 8.

sichtigenden Eigenleistungen des Mandanten. Der Bauträger forderte den Mandanten unter Androhung des Rücktritts vom Vertrag zur Zahlung einer Rate auf. Entsprechend dem anwaltlichen Rat lehnte der Mandant die Zahlung ab, worauf der Bauträger den Rücktritt erklärte. In der Folge kam es zu einem erneuten Abschluß des Vertrags unter für den Mandanten ungünstigeren Bedingungen. Der Mandant hatte den Anwalt unter Berufung auf das Gutachten eines Bausachverständigen dahin informiert, daß der Bauträger bei Berücksichtigung der Eigenleistungen nichts fordern könne. Der BGH hat – im Gegensatz zu den Vorinstanzen – dem Anwalt die Berufung auf den Vertrauensgrundsatz (vgl. oben 3 b) versagt, da die Information im wesentlichen in einer rechtlichen Beurteilung von i. e. umstrittenen vertraglichen Verpflichtungen bestand. Bei dieser Sachlage hätte der Anwalt nach Auffassung des BGH vielmehr die vertraglichen Beziehungen genau aufklären müssen. Der Rechtsanwalt „mußte sich auf jeden Fall die Vertragsunterlagen, gegebenenfalls auch eine Baubeschreibung, beschaffen, diese Unterlagen und die Zahlungsaufforderung sowie die Stellungnahme des Bauträgers .. genau studieren und dann vom Mandanten erfragen, wieweit der Bau errichtet war, welche Bauleistungen er und welche der Bauträger erbracht hatte, wann der Mandant die früheren Zahlungen geleistet hatte, ob er in Verzug gesetzt worden war, mit welchen Einzelbeträgen die Eigenleistungen des Mandanten in dem vereinbarten Kaufpreis enthalten waren und wegen welcher Sonderwünsche ... zusätzliche Verbindlichkeiten entstanden waren. Den diesbezüglichen *Angaben* konnte er, falls keine Anhaltspunkte auch für deren Unrichtigkeit bestanden, vertrauen".[63] Es ist zuzugeben, daß diese Anforderungen an die Aufklärungspflicht sehr weit gehen,[64] jedoch halten sie sich voll im Rahmen der oben aufgezeigten Grundsätze (oben 2 b, 3 b); auch im Hinblick auf das mit der Zahlungsverweigerung verbundene außerordentlich große Risiko war vom Anwalt die „Auflösung" der rechtlichen Bewertung des Mandanten in ihre Tatsachengrundlagen unbedingt geboten. Dabei hätte sich dann ergeben, „daß der Bauträger zumindest formal zu Recht auf einer weiteren Zahlung bestand."[65]

117   Der Entscheidung BGH NJW 1983, 1665 („Ausschlußfrist-Fall") lag folgender Sachverhalt zugrunde: Der Anwalt hatte seinen Mandanten in einem zwei Jahre andauernden Kündigungsschutzprozeß erfolgreich vertreten. Eine anschließend erhobene Klage auf Lohnzahlung für die vergangenen Jahre wurde dagegen erstinstanzlich abgewiesen, weil eine tarifvertragliche Aus-

---

[63] BGH NJW 1985, 1154 [1155].

[64] *Borgmann/Haug*, S. 88 kennzeichnen die Entscheidung als „überaus streng".

[65] BGH NJW 1985, 1154 [1155]. Voraussetzung für den qualifizierten Verzug des Mandanten (§§ 284 I 1, 326 I BGB) und damit für den Eintritt der Rücktrittsfolge (§§ 327, 346 BGB) war freilich, daß die angemahnte Forderung – zumindest in den Grenzen der „Zuvielmahnung" (vgl. *Jauernig/Vollkommer*, § 284 Anm. 4 c cc) – auch „materiell zu Recht" bestand. Dies ist jedoch eine Frage der Kausalität der Pflichtverletzung und des Schadens, nicht der Aufklärungspflicht.

schlußfrist längst abgelaufen war. Der Anwalt hatte die rechtzeitige Erhebung der Lohnzahlungsklage vor Ablauf der Ausschlußfrist, mithin auch vor der Entscheidung im Kündigungsschutzprozeß keineswegs deshalb unterlassen, weil er die Bedeutung von tarifvertraglichen Regelungen für Lohnansprüche verkannt hat. Vielmehr war er nach eingehendem Befragen seines Mandanten auf Basis der dabei erhaltenen Informationen zu dem Ergebnis gelangt, daß eine Geltung von Tarifrecht für seinen Mandanten nicht in Betracht kam. Der Mandant hatte ihm u. a. mitgeteilt, daß er schon lange in dem relativ kleinen Betrieb arbeite und zu keinem Zeitpunkt einen schriftlichen Arbeitsvertrag geschlossen habe. Seine Arbeitsbedingungen habe er persönlich mit dem Chef ausgehandelt und seine Vergütung habe nicht dem Tariflohn entsprochen. Der Bundesgerichtshof machte dem Rechtsanwalt zum Vorwurf, daß seine Sachverhaltsaufklärung sich lediglich auf die Geltung eines Lohntarifvertrages erstreckt habe, obgleich dessen Nichtanwendbarkeit keineswegs zwingend bedeutete, daß auch ein Rahmentarifvertrag nicht zur Anwendung gelange. Bei einer ausführlichen Befragung hätte der Rechtsanwalt vom Mandanten erfahren können, daß dieser jedenfalls tariflichen Urlaub erhielt. Dieser Umstand hätte ihn dann dazu veranlassen müssen, seine Aufklärung auch darauf zu erstrecken, ob im Rahmen einer Betriebsvereinbarung oder aufgrund betrieblicher Übung Bestimmungen des Rahmentarifvertrages auf das Arbeitsverhältnis angewendet wurden. Weil aber eine etwaige Betriebsvereinbarung, erst recht aber Umstände, die auf eine betriebliche Übung schließen ließen, dem Mandanten möglicherweise gar nicht bekannt seien, erstreckt der Bundesgerichtshof im konkreten Fall die Aufklärungspflicht des Anwalts darauf,

„unverzüglich unmittelbar *bei dem Arbeitgeber* wegen einer entsprechenden Betriebsvereinbarung oder betrieblichen Übung anzufragen."[66]

Der Arbeitgeber war der Prozeßgegner des Mandanten im Kündigungsschutzprozeß und in der folgenden Zahlungsklage. Der *BGH* verlangt damit vom Anwalt eine Sachverhaltsaufklärung durch Auskunftseinholung vom Prozeßgegner. Dies steht im schroffen Widerspruch zu den allgemeinen Grundsätzen der Aufklärungspflicht, wonach eine Pflicht zu Erkundigung beim Gegner nicht besteht.[67] Mit diesen Grundsätzen läßt sich die Entscheidung daher nicht halten. Es wird zu prüfen sein, ob etwa unter dem Gesichtspunkt der Rechtsprüfung weitergehende Pflichten auf Klärung der Anwendungsvoraussetzungen von – tarifrechtlichen – Rechtsnormen bestehen (dazu näher unten III 5).

Die in diesem Abschnitt angeführten Beispiele haben gezeigt, daß – von **118** einem Sonderfall abgesehen[68] – die von der Rechtsprechung im Einzelfall an

---

[66] BGH NJW 1983, 1165 [1166].
[67] Vgl. oben 3 c m. w. N. in Fußn. 53 und 54.
[68] Vgl. die oben erörterte Entscheidung BGH NJW 1983, 1665 („Ausschlußfrist-Fall").

den Anwalt gestellten Anforderungen an die Aufklärungspflicht keineswegs überspannt werden. So weit gefaßt die abstrakte Richtlinie für die anwaltliche Sachverhaltsaufklärung auch sein mag, ihre Anwendung auf den konkreten Einzelfall, insbesondere unter Berücksichtigung der genannten Einschränkungen und Ausnahmen, führt zu Ergebnissen, die dem Berufsbild als Interessenvertreter des Mandanten und auch den *notwendigen* Möglichkeiten eines Rechtsanwalts entsprechen.

III. Prüfung der Rechtslage

1. Allgemeines

119 Mit der Sachverhaltsaufklärung hat der Rechtsanwalt das Tatsachenmaterial an der Hand, das er für eine umfassende und erschöpfende Beratung seines Mandanten benötigt. Dazwischen geschaltet ist eine Aufgabe, die den Beruf des Rechtsanwalts – jedenfalls in diesem weitgesteckten Umfang – nicht unwesentlich von anderen beratenden Berufen unterscheidet: *Die Rechtsprüfung.* „Der Rechtsanwalt hat nach sorgfältiger juristischer Prüfung sich selbst eine Rechtsanschauung zu bilden";[69] er hat dabei die „allgemeinen rechtswissenschaftlichen Methoden" zu beachten.[70] Nur nach „gewissenhafter Prüfung der Rechtslage"[71] ist der Rechtsanwalt zur zuverlässigen Beratung des Mandanten in der Lage, nur dann kann er die erforderlichen Maßnahmen treffen, etwa den in Frage kommenden Rechtsbehelf ergreifen, den zutreffenden Antrag stellen, den zur Begründung erforderlichen Tatsachenstoff vortragen und, soweit geboten, auch Rechtsausführungen machen.

120 Jede Rechtsprüfung setzt notwendig *Rechtskenntnis* voraus. Eine Erörterung der Rechtsprüfungspflicht des Anwalts muß daher in den von ihm *gewöhnlich* zu erwartenden Rechtskenntnissen ansetzen. Dabei muß vorab eine wesentliche Unterscheidung getroffen werden: Die des *präsenten Wissens* einerseits und die des *aneigbaren, d.h. situativ erarbeitbaren Wissens* andererseits. Es gibt Mandate, die eine sofortige Rechtsprüfung und Auskunft, gar eine sofortige Initiative verlangen. In solchen Eilfällen kann der Rechtsanwalt seiner Rechtsprüfungspflicht nur dann genügen, wenn er über ein ausreichendes, den Erfordernissen des jeweiligen Mandates genügendes, jederzeit „abrufbares" Wissen verfügt. Mit der überwiegenden Mehrzahl der

---

[69] RGZ 87, 183 [187]; das RG fährt fort: „... und dieser zu folgen, soweit nicht die allgemein anerkannte Theorie oder oberstrichterliche Rechtsprechung eine sichere Richtschnur geben". Es handelt sich um eine „grundsätzliche Stellungnahme des Reichsgerichts"; so *Schliebner*, S. 20.

[70] BGHZ 97, 372 [380]; ebenso OLG Bremen NJW 1960, 299 [300]; *Müller*, JR 1969, 161 [164 m.w.N.].

[71] RGZ 152, 330 [344].

Mandate ist aber eine solche Dringlichkeit nicht verbunden. Hier hat das präsente Wissen des Anwalts vorrangig die Bedeutung, dem Mandanten eine erste, aber *vorsichtige* Schilderung der Rechtslage zu geben. Ein Anwalt, der bereits beim ersten Beratungsgespräch – trotz der Komplexität unseres Rechtssystems – zu endgültigen Rechtsergebnissen gelangt, ohne daß ihn der Zeitfaktor dazu zwingt, ist entweder ein Spezialist oder täuscht sich *und* den Mandanten.

Durch sein präsentes Wissen ist der Anwalt aber zugleich in der Lage, sich die konkreten Rechtsprobleme des Auftrages *bewußt* zu machen,[72] als Voraussetzung für eine anschließende, vertiefte Auseinandersetzung hiermit.

Die Hauptaufgabe des Anwalts im Rahmen der Rechtsprüfung ist so im eigentlichen Sinne, sich – soweit erforderlich – ein mandatsbezogenes, spezifisches Wissen zu erwerben, um auf dessen Basis die Rechtslage zu erörtern. 121

Auf Grundlage dieser Differenzierung kann bei einem Verstoß gegen die Rechtsprüfungspflicht der dem Anwalt zu machende Vorwurf daher nur lauten: entweder er habe nicht über das für eine Vertiefung unabdingbare präsente Wissen verfügt, oder er habe eine ausreichende Einarbeitung in die jeweiligen Rechtsprobleme des Mandates versäumt.

Im folgenden soll nun erörtert werden, was im einzelnen an zumutbarer Erkenntnis vom Anwalt verlangt werden kann und ob die Anforderungen der Rechtsprechung den Anwalt gegebenenfalls *über*fordern.[73] Zu weit geht gewiß die schlichte Feststellung in einer frühen Entscheidung des Bundesgerichtshofs:[74] „Grundsätzlich hat der Anwalt vielmehr jeden Rechtsirrtum zu vertreten". Zu bedenken ist aber, daß hier die Pflichtverletzung des Anwalts zur Versäumung einer Frist geführt hatte. Weil die Versäumung von materiellen und prozessualen Fristen in der Regel für den Mandanten zu endgültigen Rechtsverlusten führt, muß der Anwalt vor der eigentlichen rechtlichen Prüfung des dem Auftrag zugrundeliegenden Sachverhalts, eine – durchaus mit rechtlichen Fragen verbundene – sorgfältige Überprüfung von möglicherweise zu beachtenden Fristen vorausschalten,[75] um gegebenenfalls sofortige Maßnahmen zur Einhaltung, Unterbrechung oder Hemmung einer Frist durchzuführen.[76] 122

Erst hieran schließt sich die eigentliche Rechtsprüfungspflicht des Anwalts

---

[72] Vgl. *E. Schneider,* MDR 1972, 745 [746].

[73] So aber der beinahe generelle Vorwurf, vgl. z.B. *Borgmann/Haug,* S. 89 ff.; *Rinsche,* Rdnr. I 42, 51; *Ostler,* JA 1983, 109 [110]; *Prinz,* VersR 1986, 317 [318]; *E. Schneider,* AnwBl 1987, 269; *Hübner,* NJW 1989, 5 [7 f.].

[74] BGH VersR 1959, 638 [641]; man beachte aber, daß der BGH im selben Urteil abweichend von seinem eigenen *Grundsatz* den Rechtsirrtum des Anwalts (ausnahmsweise) für entschuldbar hielt.

[75] Vgl. die systematische, als „Spickzettel" gedachte, Darstellung wichtiger materiellrechtlicher Fristen von *Rinsche,* AnwBl 1985, 618 (inhaltsgleich mit *Rinsche,* Rdnr. I 206 ff.); zur Beachtung prozessualer Fristen im einzelnen unten § 6.

[76] Dazu z.B. BGH VersR 1967, 704 [705]; OLG Düsseldorf NJW 1986, 1938.

an, die dabei vornehmlich *Gesetzeskenntnis* sowie der in *Rechtsprechung* und *Schrifttum* vertretenen Auffassungen erfordert.

2. Gesetzeskenntnis

123 Sie ist unerläßliche Voraussetzung für eine sach- und fachgerechte Mandatsbetreuung. Die Kenntnis derjenigen, für den konkreten Sachverhalt relevanten, allgemeinen und auch speziellen Regelungen, ist überhaupt Bedingung für eine vertiefte, insbesondere durch Kommentare zugängliche Auseinandersetzung mit Streitfragen über die Auslegung und Anwendung der jeweiligen Normen.[77]

124 Dies gilt umso mehr, als *Hauptgebiete des Rechts* betroffen sind. Daher erscheint ein – insbesondere überwiegend zivilrechtlich orientierter – Rechtsanwalt keineswegs überfordert, wenn von ihm „Gesetzeskenntnis, zumindest des BGB, bis in Detail"[78] gefordert wird, zumal gerade das Bürgerliche Gesetzbuch in der heutigen Juristenausbildung einen großen Raum einnimmt.

125 Der einmal erworbene Kenntnisstand genügt indes nicht. Vielmehr muß der Anwalt laufend die *Gesetzesentwicklung* beachten. Angesichts der Fülle der Gesetzesproduktion, wie sie von *Borgmann/Haug*[79] unter Hinweis auf den jährlichen Umfang des Bundesgesetzblattes Teil I betont wird, kann vom Anwalt gewiß keine umfassende Kenntnis der Gesetzesentwicklung verlangt werden. Hier wird man wohl Einschränkungen in zweierlei Hinsicht zu treffen haben: Der Anwalt muß wiederum Änderungen in den Hauptgebieten des Rechts beachten und darüber hinaus solche, die „Rechtsgebiete betreffen, mit denen er in seiner Praxis gewöhnlich zu tun hat".[80] Das Verlangen nach Gesetzeskenntnissen auf nicht bearbeiteten *Randgebieten,* gar bis ins Detail, würde dagegen sowohl die Zeit als auch die Aufnahmefähigkeit des Anwalts überfordern.[81] In einer Zeit von „Gesetzesflut und Gesetzesperfek-

---

[77] Vor allem bei der Kenntnis von Gesetzen wird das in der einleitenden Differenzierung angesprochene „präsente Wissen" in Frage kommen.

[78] OLG Hamm VersR 1981, 936; kritisch zu den „weitgehenden Anforderungen der Rechtsprechung" *Rinsche,* Rdnr. I 44 ff., 47.

[79] *Borgmann/Haug,* S. 90. – 1988 wies das Bundesgesetzblatt Teil I immerhin noch 2659 Seiten auf. Eingehend „zur Diskussion um die Normenflut" H. J. *Vogel* JZ 1979, 321 ff.; kritisch aus der Sicht des Anwalts *Maassen* in Verhandlungen des 53. Deutschen Juristentags 1980, Band II, Teil Q, S. 5 ff. und AnwBl 1979, 299 ff.; vgl. auch *Pfeiffer,* ZRP 1981, 121 [122].

[80] BGH NJW 1978, 1486; VersR 1977, 835 jeweils m. w. N.; FamRZ 72, 36; für die letztere Einschränkung auch *Ostler,* JA 1983, 109 [110], der zu Recht auf die mit dieser Einschränkung verbundene weitere Schwierigkeit verweist, die „vom Gesetzgeber neuerdings wie Ostereier versteckten" Rechtsvorschriften im Bundesgesetzblatt auch aufzufinden.

[81] Ebenso *Borgmann/Haug,* S. 90; auch *Rinsche* (Rdnr. I 44, 47) vertritt diesen Standpunkt, obgleich ihm nicht zugestimmt werden kann, wenn er in diesem Zusammenhang (Rdnr. I 46) als „Negativ-Beispiel" die Entscheidung des LG Köln (NJW

tionismus"[82] wäre selbst die Annahme, daß der *Rechtskundige* alle Gesetze seines Landes auch nur oberflächlich kennt – in Abwandlung des bekannten Worts von *Anton Menger* – „die lächerlichste aller Fiktionen".[83]

Eine weitere Einschränkung ist bei Gesetzesänderungen auch für einen 126 gewissen, im Einzelfall nicht exakt abgrenzbaren Folgezeitraum zu machen. So hat der Bundesgerichtshof insbesondere den Rechtsirrtum eines Anwalts für entschuldigt erachtet, wenn die betreffende Änderung erst kurzzeitig in Kraft getreten war,[84] eine (klare) Übergangsregelung fehlte[85] oder aber wenn die Rechtsunsicherheit bei der Auslegung von Termini der Neuregelung, insbesondere damit verbundener Zuständigkeitsfragen, ursprünglich groß war.[86] Im Anwendungsbereich des Meistbegünstigungsgrundsatzes[87] ist die Partei – und damit ihr Anwalt – von der zutr. Beurteilung einer unklaren Rechtslage überhaupt freigestellt.[88]

1981, 351) benennt. Denn die zum Zwecke der Ersparnis von Erbschaftssteuern anzuratende Ausschlagung der Erbschaft zugunsten von Angehörigen des Mandanten betrifft eine Rechtsfrage, die weitaus mehr dem *Erbrecht*, also einem der Hauptgebiete des Rechts zuzurechnen ist, als dem *Steuerrecht*, von dem grundsätzlich keine Spezialkenntnisse verlangt werden können (*Hübner*, NJW 1989, 5 [7]). Sie muß daher ebenso von einem Allgemeinanwalt wie von einem Fachanwalt für Steuerrecht beherrscht werden.

[82] Vgl. den Titel der Schlußveranstaltung des 53. Deutschen Juristentags 1980, Verhandlungen Band II, Teil Q.

[83] Anton *Menger*, Das bürgerliche Recht und die besitzlosen Volksklassen, 1898; Wiedergabe des vollen Zitats bei *Vogel*, JZ 1979, 321 sowie Verhandlungen des 53. Deutschen Juristentags, 1980, Band II, Teil H S. 20.

[84] BGH VersR 1978, 826 (IV. Senat); vgl. demgegenüber aber die weitaus strengere Entscheidung des VI. Senats in VersR 1978, 825.

[85] So im Erg. BGH FamRZ 1978, 227 (das 1. EheRG betreffend).

[86] Nach Änderung des Rechtsmittelzuges in Kindschaftssachen durch das NEhelG (in Kraft seit 1.7.1970) ließ der BGH „angesichts der rechtlichen Zweifelsfragen, die das Gesetz aufwarf und die bis zu der ... Entscheidung des BGH vom 21.4.1971 bestanden", den Irrtum über die Berufungszuständigkeit des OLG jedenfalls bis Juli 1971 (Veröffentlichung des Beschl. v. 21.4.1971 in FamRZ 1971, 369 = Juli-Heft) nicht schaden, BGH FamRZ 1972, 90 [91]; anders aber bei klarer Rechtslage BGH NJW 1971, 1704 = FamRZ 1972, 36. Nach Änderung des Rechtsmittelzuges in Familiensachen durch das 1. EheRG (in Kraft seit 1.7.1977) hat der BGH bei bestimmten Zweifelsfällen in einer Übergangsfrist bis (einschließlich) Mai/Juni 1978 Nachsicht gewährt, vgl. BGH NJW 1979, 877; BGH VersR 1979, 375 und dazu unten 3a, Fußn. 104–108.

[87] Vgl. BGHZ 72, 182 [187f.]; *Zöller/Schneider*, Rdnr. 28ff. vor § 511.

[88] Als Folge der „materiellen" Anknüpfung (so BGHZ 72, 184ff., stRspr., zuletzt BGHZ 90, 2) an den mit zahlreichen Auslegungszweifeln verbundenen Begriff „Familiensache" (vgl. allg. *Zöller/Philippi/Gummer*, § 621 Rdnr. 1ff.; § 23b GVG Rdnr. 13ff.) gewann der Meistbegünstigungsgrundsatz nach dem 1. EheRG größere Bedeutung; vgl. bereits BGH FamRZ 1978, 330; Einzelheiten: *Zöller/Gummer*, ZPO, 14. Aufl. 1984, § 119 GVG Rdnr. 6ff. Durch den Übergang zur „formellen Anknüpfung (§§ 72, 119 I Nr. 1 und 2 GVG idF des UÄndG 1986 in Verb. mit §§ 529 III, 549 II ZPO nF) spielen Auslegungszweifel zum Begriff „Familiensache" für die Rechtsmittelzuständigkeit keine Rolle mehr.

127　Da aber ebenso die Allgemeinkanzlei, wie die auf bestimmte Einzelgebiete spezialisierte Anwaltspraxis grundsätzlich expansionsfähig ist, sollte sich der Anwalt auch mit den sonstigen, seine derzeit übliche Tätigkeit nicht berührenden Gesetzesänderungen zumindest insoweit beschäftigen, als hierdurch eine spätere notwendige Erinnerung an die Neuregelung ermöglicht wird. Denn eines muß in jedem Fall gefordert werden: Jede Mandatsübernahme verlangt gleichermaßen eine sorgfältige Bearbeitung. Verfügt der Anwalt nicht über die dafür notwendige Gesetzeskenntnis, so muß er sich diese gegebenenfalls auch auf Nebengebieten *erarbeiten*.[89] Andernfalls ist sein Mut und seine Bereitschaft gefordert, das Mandat abzulehnen und den Auftraggeber u. U. an einen spezialisierten Kollegen zu verweisen.[90]

128　Was nach den bisherigen Ausführungen für *deutsche Gesetze* galt, kann indes nicht ohne weiteres auf die Kenntnisse *ausländischen Rechtes* übertragen werden. Zu Recht weist *Rinsche*[91] auf den Umstand hin, daß auch die Gerichte bei Rechtsstreitigkeiten mit Auslandsberührung eine etwa notwendige Kenntnis ausländischen Rechts weder haben müssen, noch sich zu erarbeiten haben, weil hierüber notfalls ein Sachverständigengutachten eingeholt werden kann.[92] Hier vermag man wohl kaum den erforderlichen Wissensstand des (nicht spezialisierten) Anwalts höher anzusetzen als beim Gericht selbst.[93] Gleichzeitig bleibt nur der Rat, ohne die erforderliche Fachkenntnis ausdrücklich eine Beratung des Mandanten in internationalen Rechtsstreitigkeiten abzulehnen.[94]

3. Kenntnis der Rechtsprechung

Eine weitaus schwierigere Frage ist, in welchem Umfang der Anwalt über Kenntnisse der Judikatur, insbesondere der höchstrichterlichen Rechtsprechung verfügen muß.

---

[89] BGH MDR 1958, 496 [497]; FamRZ 1972, 36 mit krit. Anm. *Bosch;* OLG Celle NJW 1977, 1350; ebenso *Odersky*, NJW 1989, 1 [3]; *Hübner*, NJW 1989, 5 [7]; *Rinsche*, Rdnr. I 44; Münch.Kommm/*Hanau*, § 276 Rdnr. 151; *Soergel/Wolf*, § 276 Rdnr. 174; einschr. *Borgmann/Haug*, S. 90.
　So wird z. B. von einem Anwalt, der die Geltendmachung von Lohnansprüchen übernimmt, erwartet, daß er die gesetzlichen Bestimmungen über bestehende Ausschlußfristen für *Konkursausfallgeld* kennt; vgl. AG Siegburg NJW-RR 1989, 155.
[90] OLG Köln VersR 1979, 580; *Wendt*, S. 140 unter Hinweis auf § 44 BRAO.
[91] *Rinsche*, Rdnr. I 48; aA *Wendt*, S. 105, 147.
[92] Vgl. dazu eingehend *Nagel*, Internationales Zivilprozeßrecht, 2. Aufl. 1984, Rdnr. 438 ff.; *Geimer*, Internationales Zivilprozeßrecht, 1987, Rdnr. 2138 ff.; BGH NJW 1988, 647 m. w. N.
[93] So auch die bereits 1960 *generell* formulierte Frage von *Scheffler* (NJW 1960, 265): Darf man vom Anwalt mehr verlangen als das *Kollegialgericht* leistet? Etwas anderes gilt bei Einschaltung eines *Experten* für ausländisches Recht; zu weitgehend BGH NJW 1972, 1044.
[94] *Borgmann/Haug*, S. 92; *Rinsche*, Rdnr. I 48; *Wendt*, S. 105, 147.

a) Höchstrichterliche Rechtsprechung

Bedenkt man, daß die höchstrichterliche Rechtsprechung – nicht erst heute 129 – nahezu uneingeschränkt richtungsweisend ist, erscheint allerdings allein deren umfassende Kenntnis einer ordnungsgemäßen Bearbeitung des jeweiligen Mandates gerecht zu werden.[95] Dazu nur einige Kernsätze aus eben dieser höchstrichterlichen Rechtsprechung, die zwar eine Steigerung der Anforderungen an den anwaltlichen Kenntnisstand erkennen läßt, aber im Zusammenhang mit der Inflation und der damit verbundenen Unüberschaubarkeit der veröffentlichten Judikatur durchaus zu Zugeständnissen gegenüber der Anwaltschaft bereit ist.[96]

Ähnlich wie ursprünglich das Reichsgericht[97] hat der BGH in seiner Ent- 130 scheidung vom 29. 3. 1983[98] dem Anwalt die Pflicht auferlegt, daß

„er die veröffentlichte höchstrichterliche Rechtsprechung, *vornehmlich die in der Entscheidungssammlung* des BAG abgedruckten Urteile, berücksichtigt."

Diese Beschränkung auf die vornehmlich in den *amtlichen* Entscheidungssammlungen der – im Instanzenzug jeweils zuständigen – Bundesgerichte veröffentlichte Rechtsprechung[99] erscheint eher als eine anwaltsfreundliche Geste.[100] Denn bereits zu einem früheren Zeitpunkt hat der Bundesgerichtshof dem Anwalt einiges mehr abverlangt:

„Allerdings muß von einem Rechtsanwalt grundsätzlich verlangt werden, daß er sich (auch) in den zur Verfügung stehenden Fachzeitschriften über den Stand der neueren Rechtsprechung unterrichtet."[101]

Man wird diese Ausführungen sicher nicht wörtlich dahin verstehen dürfen, daß der BGH – völlig unrealistisch – für den Anwalt eine *umfassende* Informationspflicht hinsichtlich *aller* existierenden juristischen Fachzeit-

---

[95] In bezug auf eine „st.Rspr." heißt es in BGH NJW 1989, 1155 [1156]: „Der Prozeßbevollmächtigte der Bekl. mußte die angeführte höchstrichterliche Rechtsprechung kennen." Vgl. auch allg. *Müller*, JR 1969, 161 [164].

[96] Vgl. zur Inflation veröffentlichter Entscheidungen die anschauliche, mit deutlichen Zahlen belegte Darstellung bei *Borgmann/Haug*, S. 93.

[97] Z.B. RGZ 125, 299 [306] (Amtspflichtverletzung des Versteigerungsrichters); RG JW 1910, 294 [298] (Nichtberücksichtigung von nur in „SeuffArch" veröffentlichter RG-Entscheidung durch RA). Zur RG-Rspr. vgl. auch BGH NJW 1952, 425 m. N.

[98] BGH NJW 1983, 1665.

[99] Die Beschränkung auf die Entscheidungssammlung des BAG erfolgte hier nur deshalb, weil der Rechtsirrtum des Anwalts im Arbeitsgerichtsprozeß erfolgte.

[100] Das gilt indes nur für diese Frage; das Urteil wurde im übrigen bereits oben (II) wegen Überspannung der anwaltlichen Aufklärungspflicht kritisch besprochen.

[101] BGH NJW 1958, 825 im Anschluß an BGH NJW 1952, 425; in einer ebenfalls 1958 ergangenen Entscheidung (MDR 1958, 496) betont der BGH – allerdings bezogen auf das „besonders geregelte Rechtsgebiet" der Entschädigungssachen – ausdrücklich, daß eine Beschränkung lediglich auf die Amtliche Sammlung des BGH unzureichend sei; zustimmend *Soergel/Wolf*, § 276 Rdnr. 174; BGB-RGRK/*Alff*, § 276 Rdnr. 69; für zu undifferenziert hält dies Münch.Komm./*Ulmer*, § 675 Rdnr. 11.

schriften aufstellen will;[102] wie im folgenden näher darzulegen ist, wird in der Rechtsprechung des BGH durchaus zwischen der Informationspflicht im Rahmen der laufenden Fortbildung und der vertieften Mandatsbearbeitung unterschieden und dabei zwischen „allgemeinen juristischen Zeitschriften" und „Spezialzeitschriften" differenziert. Dabei stellt sich zugleich eine weitere Frage: Wie schnell muß sich der Anwalt über Neuerungen in der Rechtsprechung informieren bzw. innerhalb welchen Zeitraums ist eine Berücksichtigung maßgeblicher, neuerer Entscheidungen bei der Mandatsbearbeitung notwendig?

131 Während der BGH in dem insoweit eher milden Urteil vom 10. 12. 1957[103] dem tätigen Anwalt die Nichtbeachtung einer bereits *einen Monat* zuvor (in der *NJW*) veröffentlichten Entscheidung des BGH nicht zum Vorwurf machte, geht er in der Entscheidung vom 20. 12. 1978[104] offenbar selbstverständlich davon aus, daß jedenfalls die NJW *alsbald* nach ihrem Erscheinen sorgfältig studiert werden muß. Nur für Spezialzeitschriften soll Besonderes gelten:

> Es „kann von einem Rechtsanwalt mit einer *allgemeinen Beratungs- und Prozeßpraxis* grundsätzlich nicht verlangt werden, daß er diese juristische Spezialzeitschrift[105] jeweils *alsbald* nach Erscheinen darauf durcharbeitet, welche neuen höchstrichterlichen Entscheidungen auf den genannten Gebieten ergangen sind. Dies als allgemeinen Sorgfaltsmaßstab aufzustellen, würde nach Ansicht des Senats eine Überforderung darstellen ... Die NJW bezieht der Prozeßbevollmächtigte des Beklagten nach dessen eigenem Vorbringen regelmäßig ... Wenn man – wie offenbar der Prozeßbevollmächtigte selbst – davon ausgeht, daß er die höchstrichterliche Entscheidungen in dieser allgemein verwendeten Wochenschrift, ..., *unverzüglich* durchsehen muß ...[106]

Dazu ergänzend und klarstellend heißt es in dem späteren Beschluß vom 7. 2. 1979:[107] Ein eine allgemeine Beratungs- und Prozeßpraxis unterhaltender Anwalt sei *nicht* verpflichtet, sich anhand von Spezialzeitschriften (FamRZ, VersR) zu unterrichten. Es bleibe ihm vielmehr unbenommen, seiner Fortbildungspflicht durch Lektüre einer allgemeinen juristischen Zeitschrift nachzukommen, welche die zur Veröffentlichung bestimmten Entscheidungen des BGH in einem *noch angemessenen zeitlichen Abstand* zum Abdruck bringe; dazu gehöre (auch) die MDR.

---

[102] Für die 46. Bearbeitung des ZPO-Kommentars von *Baumbach/Lauterbach/Albers/Hartmann* (1988) wurden 60 Fachzeitschriften ausgewertet; vgl. die Verlagsanzeige in NJW Nr. 47/1987, S. LIII; *Borgmann/Haug* beziffern die Zahl der juristischen Periodika gar auf 150 (aaO, S. 93).
[103] BGH NJW 1958, 825.
[104] BGH NJW 1979, 877.
[105] Gemeint ist die FamRZ.
[106] Es folgen Ausführungen zum Verschulden; ein Schuldvorwurf wurde dem Anwalt hier allein deshalb nicht gemacht, weil ihm infolge Zusammentreffens mehrerer besonderer Umstände eine rechtzeitige Lektüre nicht möglich und auch nicht zumutbar war.
[107] BGH VersR 1979, 375 [376].

Einen ähnlichen Standpunkt vertritt auch das OLG Düsseldorf,[108] wenn es 132 die Nichtbeachtung einer schon *sechs* Wochen zuvor in einer *allgemeinen juristischen Zeitschrift* (hier: NJW) veröffentlichten höchstrichterlichen Entscheidung für nicht entschuldbar hält. Der Senat äußert sich aber darüber hinaus auch über die *Genauigkeit* der Lektüre von (zumindest allgemeinen) juristischen Fachzeitschriften. Denn er vertritt zugleich die Ansicht, daß der Rechtsirrtum des Anwalts auch dann nicht entschuldigt werden kann,

„wenn sich der zu berücksichtigende Rechtssatz nicht aus dem veröffentlichten Leitsatz, sondern nur aus den tragenden Gründen der BGH-Entscheidung ergibt".[109]

Bei der Bemessung der dem Anwalt im Einzelfall zur Verfügung stehenden Frist wird allerdings außergewöhnlichen Belastungen in der Anwaltskanzlei Rechnung getragen. Denn ein – insbesondere durch Feiertage bedingter – erhöhter Arbeitsanfall berechtigt den Anwalt,

„die Durchsicht von Fachzeitschriften ... dann im Interesse der rechtzeitigen Erledigung noch wichtigerer Aufgaben zurückzustellen."[110]

b) Rechtsprechung anderer Gerichte

Die Anforderungen an die Kenntnis der Rechtsprechung anderer Gerichte 133 wird man wohl vornehmlich unter dem Blickwinkel des Instanzenzuges zu betrachten haben. Da die Aufgaben der Wahrung der Rechtseinheit und der Rechtsfortbildung *allein* dem *Revisionsgericht* anvertraut sind (vgl. §§ 136, 137 GVG; ferner § 546 I Nr. 2 ZPO; § 121 II GVG; § 28 II FGG; Art. 3 des 3. MietRÄndG), kommt den Entscheidungen der nachgeordneten Gerichte (Oberlandesgerichte, Landgerichte) keine vergleichbare institutionalisierte Autorität und *faktische* Präjudizwirkung[111] zu; dann kann aber auch grundsätzlich keine entsprechende Informationspflicht für den Rechtsanwalt bestehen. Man wird daher die anwaltliche Kenntnis der Rechtsprechung anderer Gerichte auf solche Gebiete zu beschränken haben, mit denen die höchstrichterliche Rechtsprechung überhaupt nicht befaßt ist, weil der Instanzenzug beim Oberlandesgericht endet.[112] Nun führt aber bekanntermaßen das Fehlen der „ordnenden Hand" des Bundesgerichtshofs gerade auf solchen Gebieten zu einer vielschichtigen, in wesentlichen Streitfragen uneinheitlichen Rechtsprechung innerhalb der verschiedenen Oberlandesgerichtsbezirke.[113] Daher kann im Interesse des Mandanten vom Anwalt nicht schlechthin die Berücksichtigung *der* für das Mandat maßgeblichen oberlandesgerichtlichen Recht-

---

[108] OLG Düsseldorf VersR 1980, 359 [360].

[109] So OLG Düsseldorf, aaO, allerdings seinerseits „nur" im Leitsatz.

[110] BGH NJW 1979, 877.

[111] Vgl. hierzu näher unten 6 b.

[112] Z. B. das weite Feld der freiwilligen Gerichtsbarkeit oder, auf dem Gebiet des Verfahrensrechts, der einstweilige Rechtsschutz.

[113] *Wedemeyer* (NJW 1979, 293) hat diesen Umstand sehr anschaulich am Beispiel des einstweiligen Rechtsschutzes in Wettbewerbssachen beschrieben.

sprechung überhaupt verlangt werden; vielmehr erfordert die Rechtsprüfungspflicht eine Orientierung an der Rechtsprechung des in der Sache *örtlich
und sachlich zuständigen Oberlandesgerichts*.[114] Die Anforderungen an die
Verschaffung dieser Kenntnis sind dabei wie für die höchstrichterliche Rechtsprechung zu beurteilen. Auch hier ist eine zweigleisige Vorgehensweise geboten: Der Rechtsanwalt muß zum einen laufend von der aktuellen, in den
allgemeinen juristischen Fachzeitschriften veröffentlichten Rechtsprechung
Kenntnis nehmen; und er muß zum anderen bei der Mandatsbearbeitung,
insbesondere über den Weg der *Kommentarliteratur,* sich die jeweilige Behandlung der Streitfragen durch das maßgebliche Oberlandesgericht *erarbeiten.*

4. Kenntnis des Schrifttums

134   Mit letzterem ist zugleich eine weitere Frage angeschnitten: Inwieweit muß
der Rechtsanwalt bei der Betreuung der Mandanteninteressen auch die
Rechtsliteratur berücksichtigen?

Die Unmöglichkeit einer pauschalen Beantwortung dieser Frage ergibt sich
bereits aus dem völlig unterschiedlichen Charakter des existierenden, sich an
verschiedenen Zwecken orientierenden Schrifttums. Insoweit muß vielmehr
vorab eine wesentliche Differenzierung getroffen werden zwischen der Fach-[115]
und Kommentarliteratur einerseits und dem sonstigen, vornehmlich der
Rechtslehre, Rechtsanalyse und Rechtsfortbildung dienenden „rechtswissenschaftlichen" Schriften im eigentlichen Sinn (Monographien, Dissertationen,
Habilitationen, Festschriftbeiträge, Abhandlungen in AcP und ZZP).

135   Die erste Literaturgruppe, insbesondere aber die *Kommentarliteratur,* ist
dem Charakter und ihrer Zielsetzung nach eine komprimierte, aber möglichst
umfassende Darstellung der zu Streitfragen existierenden Rechtsansichten,
insbesondere derjenigen der (höchstrichterlichen) Rechtsprechung. Sie ist daher – nicht nur für den Praktiker – ein unerläßliches Hilfsmittel, sich in
möglichst kurzer Zeit einen Überblick über die herrschende Rechtsprechung
zu verschaffen. Diese Chance sollte der Anwalt nicht nur nutzen, sondern
schärfer formuliert: Das Studium der Kommentarliteratur ist für den Anwalt
unerläßlich, um sich die für den jeweiligen Auftrag erforderliche Kenntnis
der Rechtsprechung zu verschaffen. Auch der BGH, der insoweit in neuerer
Zeit kaum noch ausdrücklich dem Anwalt eine Berücksichtigung von Fachli-

---

[114] *Wedemeyer,* aaO (Fußn. 113); *Schneider,* MDR 1972, 745. – Eine ganz andere
Frage ist, inwieweit sich der Rechtsanwalt auf eine ihm *bekannte* Rechtsprechung eines
Oberlandesgerichts verlassen darf; vgl. dazu näher unten § 3 IV.

[115] Gemeint sind die sog. „Praktiker-Bücher", die – zwar abweichend vom Paragra-
phenaufbau, aber doch in der Bearbeitungsmethode den Gesetzeskommentaren ähnlich
– eine übersichtliche, aber möglichst umfassende Darstellung von Streitfragen einzelner
Rechtsprobleme geben.

teratur auferlegt,[116] hat die Bedeutung einer Berücksichtigung von Kommentarliteratur als Voraussetzung für eine sorgfältige Wahrung der Mandanteninteressen in der – (auch) mit dem Rechtsirrtum eines Anwalts über den Umfang der Interventionswirkung befaßten – Entscheidung vom 9. 11. 1982 sehr anschaulich beschrieben:

> „Ein Rechtsanwalt hat nach ständiger Rechtsprechung dann, wenn mehrere Wege möglich sind, um den erstrebten Erfolg zu erreichen, denjenigen zu wählen, auf dem dieser am sichersten erreichbar ist ... Mit einer den Kläger begünstigenden Interventionswirkung konnte der Drittbeklagte (Rechtsanwalt) aufgrund des landgerichtlichen Urteils im ersten Prozeß dagegen nicht rechnen. Ihm mußte sich vielmehr sogar aufdrängen, daß eine solche Interventionswirkung nicht anerkannt werden würde. In *fast allen gängigen ZPO-Kommentaren* war nur angegeben, daß sich der Streithilfe das als Tatsache Festgestellte im Nachprozeß entgegenhalten muß ... In dem Kurzkommentar von *Baumbach/Lauterbach* ... hätte er ... den Hinweis gefunden ... Diesem Hinweis war hinzugefügt: „BGHZ 16, 229“ ... Auch im ZPO-Kommentar von *Zöller* ... hätte er inhaltlich die gleiche Aussage mit der Bezugnahme auf BGHZ 16, 218 gefunden ....“[117]

Hier zeigt sich sehr deutlich die enge Verknüpfung der an den Anwalt zu stellenden Anforderungen an seine „Kenntnis der Rechtsprechung“ einerseits und der „Berücksichtigung von Rechtsliteratur“ andererseits. Hat der Anwalt einmal über den Weg der Kommentare eine für die jeweilige Fallbearbeitung maßgebliche Entscheidung aufgefunden, ist es ihm ein leichtes, sich durch deren Lektüre mit der (höchst-)richterlichen Argumentation auseinanderzusetzen und sie bei der Bearbeitung des Auftrags zu berücksichtigen. Allerdings wird die Heranziehung lediglich *eines* gängigen Kurzkommentars idR nicht ausreichen.[118]

Was – auf Grundlage der obigen Differenzierung – für die erste Literaturgruppe gilt, die sich für den Anwalt als echtes *Hilfs*mittel darstellt, kann indes nicht für die zweite Gruppe erwartet werden. Allein der *Umfang* des veröffentlichten Schrifttums ist heute nicht nur generell, sondern gar auf Einzelfragen bezogen, oft für den in Lehre und Forschung Tätigen, erst recht für den praktizierenden Juristen unübersehbar.[119] Kein Anwalt ist in der Lage, neben seinem eigentlichen Aufgabenbereich das Schrifttum umfassend durchzuarbeiten und jeweils zu beachten. Eine *allgemeine* – d. h. vom Inhalt des konkreten Mandats unabhängige – Verpflichtung des Anwalts zur „Berücksichtigung“ des rechtswissenschaftlichen Schrifttums kann es daher haftungsrecht-

136

---

[116] Vgl. *Borgmann/Haug*, S. 97; *Rinsche*, Rdnr. I 53; die Heranziehung der „einschlägigen Erläuterungswerke“ verlangen dagegen z. B. OLG Düsseldorf VersR 1973, 424 [425]; OLG Celle NJW 1977, 1350; auch OLG Karlsruhe NJW 1965, 1023, das überdies auch die Benutzung der „allgemein bekannten Fundstellenverzeichnisse“ (gemeint: NJW-Fundhefte und NJW-Leitsatzkartei) verlangt.

[117] BGHZ 85, 252 [260 f.].

[118] LAG München NJW-RR 1988, 542; weitergehend *Müller*, JR 1969, 161 [164].

[119] *Scheffler*, KF 1959, 44 f.; *E. Schneider*, MDR 1972, 745; diese Unüberschaubarkeit ist indes gleichwohl wiederum relativiert durch eine mögliche Zugänglichkeit über die Kommentarliteratur.

lich nicht geben. Sinnvoll ist nur die Frage, in welchen – mehr oder weniger begrenzten – Umfang für den Anwalt eine Literaturprüfungspflicht anerkannt werden kann. Aber nach welchen Kriterien sind die Grenzen zu setzen? *E. Schneider*[120] hat der insbesondere vom Reichsgericht[121] ausgesprochenen Einschränkung auf die „Berücksichtigung *anerkannter* Lehrmeinungen" entgegengehalten, daß eine Lehrmeinung nur dann als „anerkannt" gelten könne, wenn sie von der Judikatur angenommen sei, diese Einschränkung mithin nur den Verweis auf die im vorigen Abschnitt besprochene *Kenntnis der einschlägigen Rechtsprechung* bedeute. Der Einwand trifft nur insoweit zu, als zu der jeweiligen Streitfrage bereits eine gesicherte höchstrichterliche Rechtsprechung vorliegt. Ist dies (noch) nicht der Fall – zu denken ist nicht nur an die zahlreichen neuen Bestimmungen in der Zeitspanne bis zur höchstrichterlichen Klärung von Auslegungszweifeln,[122] sondern auch an „alte" Streitfragen, die oft jahrzehntelang nicht an den BGH gelangen[123] – so kann nur die – vertiefte – Auseinandersetzung mit dem rechtswissenschaftlichen Schrifttum die benötigten Argumentationshilfen zur Erarbeitung eines fundierten eigenen Rechtsstandpunkts liefern.

137 Vor allem kommt aber eine vom *Inhalt des Mandats abhängige* Pflicht des Anwalts zur Prüfung des wissenschaftlichen Schrifttums in Frage.

Der Rechtsanwalt ist *keineswegs* – wie es nach den bisherigen Ausführungen den Anschein haben mag – ein *Sprachrohr der Rechtsprechung.* Seiner Funktion als unabhängiges Organ der Rechtspflege (§ 1 BRAO) entspricht es durchaus, die sogenannte einschlägige Rechtsprechung kritisch zu würdigen und ggf. auch zu bekämpfen.[124] Ebenso wie das Instanzgericht, das von der Rechtsprechung des BGH abweichen will,[125] unterliegt auch der Rechtsanwalt insoweit einem besonderen Argumentations- und Begründungs-„Zwang".[126] Die Voraussetzung für eine kritische Auseinandersetzung mit einzelnen in der Rechtsprechung vertretenen Rechtsauffassungen kann er sich nur durch eine vertiefte Einarbeitung in die in der Literatur etwa vertretenen konträren Standpunkte verschaffen.[127] Eine solche Bekämpfung höchstrich-

---

[120] *E. Schneider*, MDR 1972, 745.

[121] Vgl. RGZ 87, 183 [187], Wiedergabe oben Fußn. 69. Entsprechend die Auslegungsregel des Art. 1 Abs. 3 SchweizZGB: „Er (der Richter) folgt dabei bewährter Lehre und Überlieferung".

[122] Zahlreiche Beispiele liefern das Inkrafttreten des NEhelG 1970 und des 1. EheRG 1977; vgl. dazu oben Fußn. 86–88.

[123] Ein Beispiel bildet die Frage, ob die Zustellung an eine prozeßunfähige Partei die Rechtsmittelfrist in Gang setzt; vgl. dazu BGHZ 104, 109 = NJW 1988, 2049 unter Auseinandersetzung mit der Rspr. des RG.

[124] *E. Schneider*, MDR 1972, 745 [747]. Indem der Anwalt eine umstrittene Rspr. immer wieder zur Nachprüfung stellen kann, nimmt er wesentlichen Anteil an der *Rechtsfortbildung;* zutr. *Wendt*, S. 144.

[125] Vgl. dazu *Olzen*, JZ 1985, 155 [157 m.w.N.].

[126] BGH MDR 1958, 496; *Borgmann/Haug*, S. 101.

[127] Vgl. auch *Borgmann/Haug*, S. 98.

terlicher Rechtsprechung kann indes nicht losgelöst von der eigentlichen Aufgabe als *Interessenvertreter* des Mandanten erfolgen. Sanktionslos kann ein solches Vorgehen daher nur bleiben, wenn sich der Auftraggeber ausdrücklich damit einverstanden erklärt, einen „Musterprozeß" zu führen, dessen Ziel es ist, die Aufgabe einer einschlägigen, bislang gar gefestigten Rechtsprechung im Interesse des Mandanten zu erreichen. Die Erzielung dieses Einverständnisses setzt aber wiederum voraus, daß der Rechtsanwalt im Rahmen seiner allgemeinen Beratungs- und Belehrungspflicht dem Mandanten die an sich vom Standpunkt der Rechtsprechung derzeit eindeutige Rechtslage schildert und ihn auf das Risiko eines auf Basis einer abweichenden Literaturauffasung geführten Prozesses hinweist.[128] Andernfalls hat er notfalls die eigene Rechtsanschauung zurückzustellen, weil die Mandanteninteressen in jedem Fall vorgehen.[129]

5. Sonstige Kenntnisse

Die Kenntnis der *Gesetze* sowie ihrer durch Rechtsprechung und Schrifttum anerkannten Auslegung und Anwendung kann für die rechtliche Prüfung dort nicht ausreichend sein, wo die Wahrung der Mandanteninteressen auf Sondergebieten Kenntnisse von (allgemein-)verbindlichen *Normen nichtstaatlichen Ursprungs* verlangt.   **138**

Das gilt insbesondere für vertragliche Regelungen, die über den für Vertragsvereinbarungen typischen beschränkten persönlichen Geltungsbereich hinaus allgemeinverbindlichen Charakter haben, ohne jeweils individualvertraglich ausgehandelt worden zu sein.

Zu denken ist dabei insbesondere an die *Versicherungsbedingungen* der Haftpflicht- und Rechtsschutzversicherer,[130] deren Kenntnis nicht nur für den regelmäßig zu prüfenden, vom Mandanten beanspruchbaren Deckungsschutz[131] von Bedeutung ist, sondern auch im Bereich der Kautelarjurisprudenz für eine außergerichtliche Einigung mit dem Versicherer des Mandanten oder seines Gegners eine große Rolle spielt.[132]   **139**

Zu denken ist aber auch für den mit arbeitsrechtlichen Streitigkeiten befaßten Rechtsanwalt an die wesentlichen Bestimmungen von *Tarifverträgen*.[133] Aber mit der Kenntnis einzelner tarifvertraglicher Regelungen ist es nicht getan. Der Rechtsanwalt muß vielmehr im Ausgangspunkt prüfen, inwieweit   **140**

---

[128] *E. Schneider*, MDR 1972, 745 [747]; vgl. dazu insgesamt auch *Borgmann/Haug*, S. 99f.; Beispiel: BGH VersR 1974, 488 [489], dazu näher unten IV 2a.

[129] Münch.Komm./*Hanau*, § 276 Rdnr. 151.

[130] Hier handelt es sich um bundeseinheitliche, indes auf den jeweiligen Versicherungsbereich beschränkte, allgemeine Geschäftsbedingungen der Versicherer; z.B. die AKB, ARB, AHB.

[131] BGH VersR 1971, 1119 [1121f. zu AHB]; VersR 1985, 83 [84 zu AHB].

[132] Vgl. dazu *Rinsche*, Rdnr. I 54.

[133] *Rinsche*, aaO.

ein Tarifvertrag im konkreten Fall überhaupt Geltung beanspruchen kann. Er muß dabei insbesondere berücksichtigen, daß insoweit keineswegs nur die durch § 3 Abs. 1 TVG definierte Tarifgebundenheit des Mandanten – sei er nun Arbeitgeber oder Arbeitnehmer – entscheidend ist, sondern der Tarifvertrag auch dann einschlägig ist, wenn er für allgemeinverbindlich erklärt wurde (§ 5 TVG) oder für seine Geltung eine individualvertragliche Regelung, Betriebsvereinbarung oder betriebliche Übung existiert.[134]

141   Gerade unter dem Gesichtspunkt der hier zu erörternden *Rechtsprüfungspflicht* erscheint die oben im Zusammenhang mit der Aufklärungspflicht des Rechtsanwaltes[135] kritisierte Entscheidung des Bundesgerichtshofs[136] unter einem ganz anderen Licht. Hier war dem Anwalt der Vorwurf gemacht worden, sich nicht beim Arbeitgeber und Gegner des Mandanten über die Geltung einer tarifvertraglichen Ausschlußfrist aufgrund einer Betriebsvereinbarung oder betrieblichen Übung erkundigt zu haben. *Allein* vom Standpunkt und der Zielsetzung der anwaltlichen Aufklärungspflicht – und daran muß festgehalten werden – geht eine Erkundigungspflicht über wesentliche Sachverhaltsfragen beim Gegner des Mandanten sicherlich zu weit. Vom Standpunkt der Rechtsprüfungspflicht muß diese generell ablehnende Haltung indes eingeschränkt werden. Es bedarf wohl keiner weiteren Erörterung, daß der Anwalt, der mit der Durchsetzung von Lohnansprüchen betraut ist, eine etwaige Geltung tarifvertraglicher Ausschlußfristen überprüfen muß. Benötigt er dazu Tatsachen, die ihm der Auftraggeber selbst nicht liefern kann, wohl aber ein Dritter oder – wie hier – gar der Gegner des Mandanten, kommt es zum Konflikt zweier Pflichtenkreise.[137] Um seiner Rechtsprüfungspflicht Genüge zu tun, benötigt der Anwalt diese Tatsachen, er darf sich daher nicht mit der fehlenden Kenntnis des Mandanten zufrieden geben. Andererseits ist die Aufklärungspflicht auf Information *durch* den Mandanten gerichtet, hat also gerade in dessen Kenntnissen ihre Grenze.[138] Muß nun der Rechtsanwalt – wie der BGH im konkreten Fall gefordert hat – seine Aufklärungspflicht über diese Grenze hinaus erweitern oder darf er umgekehrt von seiner Rechtsprüfungspflicht Abstriche vornehmen? Eine generelle Antwort läßt sich gewiß nicht finden. Die Lösung dieses Konfliktes wird immer vom Einzelfall abhängen, speziell von den konkreten Interessen des Mandanten, der Möglichkeit ihrer Durchsetzung und Sicherung. Daran muß sich der beauftragte Rechtsanwalt orientieren. – Der BGH hat nun aber – um zum Beispielsfall zurückzukehren – im einzelnen aufgezeigt,[139] daß eine

---

[134] Dazu *Schaub*, Arbeitsrechts-Handbuch, §§ 111 II 2; 206; 207; 231 II 5.
[135] Vgl. oben II 4.
[136] BGH NJW 1983, 1665.
[137] Ein Umstand, der wiederum die Wechselbezüglichkeit von anwaltlicher Aufklärungspflicht und Rechtsprüfungspflicht zum Ausdruck bringt; vgl. dazu bereits oben II 2.
[138] Im einzelnen s. oben II 3.
[139] BGH NJW 1983, 1665 [1666].

Nachfrage beim Arbeitgeber und Gegner des Mandanten bei Zugrundelegung aller in Betracht kommenden Reaktionsvarianten in jedem Fall die Rechte des Mandanten gesichert hätte, während umgekehrt das Unterlassen einer solchen Erkundigung den endgültigen Rechtsverlust des Mandanten herbeigeführt hat. Bei dieser Sachlage ergab sich aus der für den Rechtsanwalt allgemein bestehenden Interessenwahrungspflicht die notwendige Konsequenz, zugunsten der Erfüllung der Rechtsprüfungspflicht ausnahmsweise die anwaltliche Aufklärungspflicht über die übliche Grenze hinaus zu erweitern. Im Ergebnis muß also der genannten Entscheidung, die gewiß einen seltenen Ausnahmefall darstellt, nunmehr doch zugestimmt werden.

6. Zusammenfassende Würdigung

a) Zusammenfassung

Die für die Erfüllung der Rechtsprüfungspflicht erforderliche Rechts- 142
kenntnis hat sich nach den bisherigen Ausführungen mithin vornehmlich auf folgende Schwerpunkte zu konzentrieren:
- Gesetzeskenntnis:
  Kenntnis der Hauptgebiete des Rechts sowie derjenigen Gebiete, mit denen der Anwalt in seiner Praxis gewöhnlich zu tun hat.
- Kenntnis der Rechtsprechung:
  – Kenntnisse der in den *„amtlichen Entscheidungssammlungen"* veröffentlichen Rechtsprechung.[140]
  – Kenntnisse der in *allgemeinen juristischen Fachzeitschriften* wiedergegebenen höchstrichterlichen Rechtsprechung.[141]
  – Kenntnisse der instanzgerichtlichen Rechtsprechung, soweit für das konkrete Mandat die *abschließende* Entscheidungszuständigkeit des Instanzgerichts (OLG, LG) gegeben ist.
- Kenntnis des Schrifttums:
  – Kenntnisse der einschlägigen Kommentarliteratur.
  – Kenntnis des übrigen Schrifttums, soweit das Mandat eine von der Rechtsprechung nicht erörterte Streitfrage betrifft.
- Sonstige Kenntnisse von (allgemein-)verbindlichen Normen nichtstaatlichen Ursprungs auf Sondergebieten (Versicherungsrecht, Arbeitsrecht), die für die Mandatsbetreuung von Bedeutung sind.

---

[140] Insbesondere BGHZ, BGHSt, BAGE. Diese Sammlungen begreifen sich eben als eine – wenn auch vom Standpunkt der zur Entscheidung berufenen Richter – „erkorene" zusammenfassende Darstellung von wesentlichen, richterlichen Rechtssätzen; aber eben diese Richter werden auch in der vom jeweiligen Anwalt zu vertretenden Sache (letztlich) zu entscheiden haben.
[141] Insbesondere NJW und MDR.

b) Stellungnahme

143   Eine abschließende Stellungnahme dazu, ob hierdurch dem Anwalt Zumutbares und Notwendiges oder aber Illusorisches abverlangt wird, erfordert indes die Beantwortung einer anderen, vorrangigen Frage, die zugleich dem Verständnis für die hohen Anforderungen, die insbesondere die Rechtsprechung an die anwaltliche Rechtskenntnispflicht stellt, dient: Warum muß der Anwalt bei der Mandatsbearbeitung *überhaupt* über ein Wissen verfügen, das die angeführte Bandbreite – beginnend von der Gesetzeskenntnis bis zu den „sonstigen Kenntnissen" – abdeckt?

144   Die Antwort für die erste Kategorie ist dabei eher selbstverständlich. Kenntnis und Verständnis des Gesetzes ist notwendiges und vorrangiges Handwerkszeug des Anwalts. An das *Gesetz* ist der Anwalt als gleichberechtigtes Organ der Rechtspflege (§ 1 BRAO; § 9 Abs. 1 RichtlRA) und berufener Berater in allen Rechtsangelegenheiten (§ 3 Abs. 1 BRAO) bei der Bearbeitung des Auftrags ebenso *gebunden,* wie der in der Sache entscheidende Richter (Art. 20 Abs. 3, 97 Abs. 1 GG). Die Entscheidung des Richters, des Gerichts, die richterliche Auslegung und Anwendung der Rechtsnormen, kurz das sogenannte *Richterrecht* entfaltet dagegen grundsätzlich keine (formelle) Bindungswirkung. Richterrecht steht Gesetzesrecht keineswegs gleich.[142] Gewiß gibt es Ausnahmen: Entscheidungen des *Bundesverfassungsgerichts,* die gemäß § 31 Abs. 2 S. 1 BVerfGG Gesetzeskraft haben, aber auch eine sogenannte „ständige Rechtsprechung", die sich zu *Gewohnheitsrecht* verdichtet und so gesetzesgleiche Verbindlichkeit erlangt hat.[143]

145   Grundsätzlich ist es jedoch Aufgabe der Gerichte, Recht für den *Einzelfall* zu sprechen.[144] Damit ist zugleich ausgesprochen, daß an sich jeder gerichtlichen Entscheidung im Rahmen der Rechtskraftwirkung des Urteils eine Verbindlichkeit nur für *diesen* Einzelfall zukommt. Andererseits nehmen aber gerichtliche Entscheidungen, insbesondere oberster Gerichte für sich in Anspruch, eine „objektivierte" Betrachtung bei der Auslegung und Anwendung der jeweiligen maßgeblichen Rechtsnormen vorgenommen zu haben, daher ein Muster für künftige, dieselbe Rechtsfrage betreffenden Entscheidungen, mithin *Präjudizien* zu sein.[145] Wenngleich kein Gericht gleichermaßen an solche Präjudizien gebunden ist wie an Rechtsnormen,[146] läßt sich indes eine

---

[142] Dazu eingehend *Larenz,* Methodenlehre der Rechtswissenschaft, 5. Aufl. 1983, S. 412 ff.; ferner etwa *Olzen,* JZ 1985, 155 ff.; *Köhler,* JR 1984, 45 ff.

[143] *Larenz,* S. 415 mit weiteren Einzelheiten.

[144] *Larenz,* S. 418.

[145] *Larenz,* S. 412. Vorbildlich zum Ausdruck kommt der zugrundeliegende methodische Ansatz in Art. 1 Abs. 2 des Schweizerischen ZGB: „Kann dem Gesetze keine Vorschrift entnommen werden, so soll der Richter ... *nach der Regel entscheiden, die er als Gesetzgeber aufstellen würde.*"

[146] *Larenz* (S. 413) hat dies zutreffend wie folgt beschrieben: „Nicht das Präjudiz als solches „bindet", sondern allein die darin ausgelegte und konkretisierte Norm."

faktische Bindungswirkung von insbesondere höchstrichterlichen Präjudizien feststellen.[147] Die Instanzgerichte nehmen die höchstrichterliche Rechtsprechung zumeist als Richtschnur ihrer eigenen Entscheidungen[148] und auch die obersten Gerichte weichen nur äußerst zurückhaltend und selten von ihrer eigenen Rechtsprechung ab.[149] Es besteht daher eine hohe Wahrscheinlichkeit, daß jede im Rahmen des Mandates relevante Rechtsfrage im gesamten Instanzenzug im wesentlichen einheitlich und der bisherigen gerichtlichen Beurteilung folgend entschieden wird. Aber auch außergerichtlich wirkt diese „Verbindlichkeit" fort, denn der anwaltliche Vertreter des Gegners des Mandanten wird sich auf die „Präjudizien" ebenso einstellen wie beteiligte Firmen, Banken und Verbände.[150]

Aus dieser faktischen Bindungswirkung von Präjudizien rechtfertigt sich **146** ganz allgemein die Pflicht des Anwalts, die jeweils maßgebliche höchstrichterliche Rechtsprechung zu beachten. Besteht Rechtsprognose in der Prognose der künftigen Entscheidung durch die Gerichte,[151] so kann die Rechtsprognose und damit die Rechtsberatung am Recht, wie es in der Rechtsprechung wirklich gehandhabt wird und damit tatsächlich besteht, nicht vorbeigehen. Erst „Gesetz und Richteramt"[152] zusammen konstituieren die geltende Rechtsordnung. Aus dieser rechtlich-tatsächlichen Situation heraus ergibt sich für den Rechtsanwalt der an sich *äußerliche* Grund, sich die erforderlichen Kenntnisse des Richterrechts zu verschaffen. Ginge es nur um ihn, könnte er sich auf seine eigene Überzeugung stützen. In seiner Funktion als Interessenvertreter des Mandanten hat er indes die Aufgabe, den jeweils *„sichersten Weg"*[153] zu wählen. Es ist also in Wahrheit die allgemeine Pflicht zur Interessenwahrnehmung und Rechtsbetreuung,[154] die dem pflichtgemäß han-

---

[147] Dazu bereits oben 3b und eingehend *Olzen,* JZ 1985, 155, 157; *Köhler,* JR 1984, 45ff.; *Raacke,* DRiZ 1985, 391ff.

[148] Zu den Gründen dafür ausführlich *Olzen,* JZ 1985, 157; z.T. krit. *Raacke,* DRiZ 1985, 392.

[149] BGHZ – GS – 85, 66: „Ein Abgehen von der Kontinuität der Rechtsprechung kann nur ausnahmsweise hingenommen werden, wenn deutlich überwiegende oder sogar schlechthin zwingende Gründe dafür sprechen"; dazu krit. *Köhler,* JR 1984, 45ff. Zum Problem der Änderung einer höchstrichterlichen Rechtsprechung allgemein *Olzen,* JZ 1985, 155ff.; *Robbers,* JZ 1988, 481ff.

[150] *Larenz,* S. 413; *Olzen,* JZ 1985, 157; *Robbers,* JZ 1988, 482. – Eingehend zur ständigen Interaktion zwischen Kautelarjurisprudenz und (geänderter) höchstrichterlicher Rechtsprechung *Rehbinder,* Festschrift für Stimpel, 1985, 47, 54ff.

[151] „The prophecies of what the courts will do in fact ... are what I mean by the law". Der bekannte Ausspruch des großen angelsächsischen Juristen Oliver Wendell *Holmes* ist gewürdigt bei *Roth,* Das Problem der Rechtsprognose, in: Festschrift für Bosch, 1976, 827, 835f.

[152] Vgl. den Titel der gleichnamigen Schrift von Oskar *Bülow,* 1885, die wie folgt endet: „Denn nicht das Gesetz, sondern Gesetz und Richteramt schafft dem Volke sein Recht".

[153] Dazu i.e. unten V.

[154] Oben I als „Kardinalpflicht" bezeichnet.

delnden Anwalt Kenntnisse der höchstrichterlichen Rechtsprechung abverlangt.

Und die Erfüllung dieser Pflicht erfordert dem Grunde nach auch – soweit notwendig – Literatur- und sonstige Kenntnisse.

c) Folgerungen

147 Es sind mithin die Interessen des Mandanten, seine Schutzbedürftigkeit, die die Kriterien für die Rechtskenntnispflicht des Anwalts liefern. Anhand dieses Maßstabes, zugleich aber unter Berücksichtigung des für ihn „Machbaren", ist zu entscheiden, ob dem Anwalt insoweit – insbesondere von der Rechtsprechung – zuviel abverlangt wird.

148 Dies muß insbesondere für den – oben dargestellten – Umfang der geforderten Gesetzeskenntnis verneint werden. Angesichts der Tatsache, daß Gesetzeskenntnis das unerläßliche Handwerkszeug des Anwalts ist, erscheint eine ausgesprochene Beschränkung auf Hauptgebiete des Rechts, sowie derjenigen Rechtsgebiete mit denen er gewöhnlich in seiner Kanzlei befaßt ist,[155] sowohl zumutbar als auch realisierbar.

149 Für die Anforderungen an die Kenntnis der – insbesondere höchstrichterlichen – Rechtsprechung sind indes Einschränkungen zu treffen.

Angesichts der Fülle der in den verschiedensten Periodika veröffentlichten Judikatur handelt es sich hierbei insgesamt zwar um eine *wesentliche Beschränkung* auf ein *„machbares Minimum"*. Berücksichtigt man zusätzlich, daß dem Anwalt ein vom Einzelfall abhängiger, aber regelmäßig realistischer Toleranzzeitraum zugestanden wird,[156] innerhalb dessen er seinen Informationspflichten nachkommen muß, kann alles in allem dem rein abstrakten Umfang nach von einer Überforderung des Anwalts nicht gesprochen werden.[157] Anderes gilt jedoch, wenn man wie das OLG Düsseldorf[158] im Rahmen der Lektüre von Fachzeitschriften nicht nur eine Auseinandersetzung mit Leitsätzen, sondern auch mit den wesentlichen Entscheidungsgründen verlangen wollte. Kein Anwalt ist in der Lage, neben seiner eigentlichen Tätigkeit juristische Fachzeitschriften – auch wenn er sich dabei auf die Lektüre von NJW und MDR beschränken darf – so genau zu studieren, daß er sich *alle* in den wesentlichen *Entscheidungsgründen* erörterten Rechtsfragen für seine konkrete Kanzleitätigkeit erarbeitet. Eine Beschränkung auf die Lektüre der den veröffentlichten Entscheidungen vorangestellten Leitsätze erscheint demgegenüber ausreichend. Denn jeder Leitsatz stellt zwar keine abschließende, wohl aber eine auf die *wesentlichen*, in der konkreten Entscheidung besprochenen Rechtsfragen konzentrierte Zusammenfassung dar.

---

[155] I. e. siehe oben 2.

[156] Vgl. Fußn. 103, 104, 107.

[157] So aber wohl *Borgmann/Haug*, S. 93 und vor allem *Rinsche*, Rdnr. I 50, 51; dagegen die Antikritik von *Wendt*, S. 135 ff.

[158] AaO, Fußn. 108.

Die Leitsätze haben zudem gerade im Hinblick auf die wirkliche Gewichtung der jeweils behandelten rechtlichen Gesichtspunkte gewissermaßen „verbindlichen" Charakter, weil sie in aller Regel von dem in der Sache befaßten Gericht formuliert sind.[159] Das gilt umso mehr für die sog. „amtlichen Leitsätze" des Bundesgerichtshofs, die vom jeweiligen Senat gemeinsam beraten und beschlossen werden. Kann sich der Anwalt aber auf die in den Leitsätzen zum Ausdruck gelangte wesentliche Zusammenfassung der Entwicklungstendenzen neuester Rechtsprechung verlassen, ist kein Grund ersichtlich, weshalb ihm darüber hinaus eine generelle,[160] seine Arbeitskraft und Arbeitszeit überfordernde Auseinandersetzung mit den Entscheidungsgründen abverlangt werden sollte.

Diese Einschränkung kann indes nur für neueste, bislang *nur* in Fachzeit- **150** schriften veröffentlichte Rechtsprechung gelten. Hat aber diese aktuelle Rechtsprechung in der das spätere (Wieder-)Auffinden regelmäßig erleichternden Kommentarliteratur Berücksichtigung gefunden, ist es für den Rechtsanwalt zumutbar und auch im Hinblick auf seine generelle Pflicht zur Wahrnehmung der Mandanteninteressen geboten, sich in die für die jeweilige Rechtsfrage durch Kommentare verwiesene Rechtsprechung durch Lektüre der Entscheidungsgründe einzulesen und einzuarbeiten. Nur so kann er der – oben beschriebenen – hohen Bedeutung der Präjudizien im Sinne seiner Mandanten gerecht werden.

Hier zeigt sich wiederum deutlich die Notwendigkeit einer Differenzierung zwischen präsentem Wissen einerseits und zu erarbeitenden Kenntnissen andererseits. Das auf die *neueste Rechtsprechung* bezogene, präsente Wissen des Rechtsanwalts kann sich durchaus im wesentlichen auf die Kenntnis der Leitsätze beschränken; demgegenüber ist eine vertiefte Auseinandersetzung mit der Judikatur bei der Mandatsbearbeitung zu verlangen, wo der Anwalt nicht auf sein Gedächtnis beschränkt ist, sondern ihm – die Zugänglichkeit maßgeblicher Rechtsprechung erleichternde – (Hilfs-)Mittel zur Verfügung stehen.[161]

Ist im Hinblick auf die – teilweise – von der Rechtsprechung geforderte **151** Genauigkeit der Lektüre von Fachzeitschriften der Kritik *Rinsches*[162] durch-

---

[159] Fachzeitschriften enthalten durchwegs einen Hinweis, wenn der Leitsatz, abweichend von dieser Regel, von der Redaktion formuliert ist.

[160] Im Einzelfall kann dies aber aus Verständnisgründen durchaus nötig sein, so etwa, wenn der Leitsatz in Frageform gekleidet ist.

[161] *Zuck* (NJW 1988, 175 [179 f.]) und *Eich* (MDR 1988, 177 [180]) bezeichnen diese letztere Verpflichtung als *Fortbildungspflicht* des Anwalts und erachten als „*notwendige* Mittel der Fortbildung insbesondere das Studium der für den vom Rechtsanwalt bearbeiteten Fall und das vom Rechtsanwalt bearbeitete Gebiet maßgeblichen gesetzlichen Bestimmungen und der maßgeblichen Judikatur" (*Eich*, aaO, S. 180). *Odersky* (NJW 1989, 1 [5]) rechnet die (anwaltliche) Fortbildungspflicht zu den wesentlichen Berufspflichten; vgl. auch den Bericht von *Pflugradt*, dort S. 22. Zu den Grenzen der Fortbildungspflicht („Fortbildungsnot") anschaulich *Scheffler* KF 1959, 44 f.

[162] *Rinsche*, Rdnr. I 51.

aus recht zu geben, so gilt dies indes in anderer Hinsicht nicht. An keiner Stelle ist – wie *Rinsche* meint[163] – den Anforderungen der Rechtsprechung zu entnehmen, sie verlange vom Rechtsanwalt eine computerähnliche Abspeicherung der höchstrichterlichen Rechtsprechung im Gedächtnis, also – um auf die einleitend erwähnte Differenzierung zurückzukommen – eine ständige Präsenz dieses Wissens. Wenn von der Rechtsprechung gefordert wird, der Anwalt habe – in dem dargelegten Umfang – die höchstrichterliche Judikatur bei der Mandatsbearbeitung *zu berücksichtigen,* so schließt dies keineswegs aus, daß diese Berücksichtigung durch die jeweilige *Einarbeitung* in die – bereits höchstrichterlich beurteilte – Problematik des Falles zu geschehen hat. Aber gerade hierin liegt der eigentliche Ansatzpunkt der Kritik. In der Formulierung: Der Rechtsanwalt hat ... zu berücksichtigen, gelangt keineswegs deutlich die *notwendige* Differenzierung zwischen präsentem Wissen und den nach dem jeweiligen Auftragsinhalt zu erarbeitenden Kenntnissen zum Ausdruck. Folglich werden auch die jeweiligen *Anforderungen* an die Kenntnisse des Rechtsanwalts in der *abstrakten Richtlinie* unterschiedslos gleichbehandelt, wenngleich sie auch im jeweiligen Einzelfall durchaus unterschiedlich beurteilt werden mögen.

152   In einer Hinsicht bedürfen diese Anforderungen auch vom oben beschriebenen Standpunkt aus einer gewissen Einschränkung. Trotz der Beschränkung auf Kenntnisse der vornehmlich in den amtlichen Sammlungen und allgemeinen juristischen Fachzeitschriften veröffentlichten Rechtsprechung, kann die Verschaffung dieser Kenntnis große Schwierigkeiten bereiten, den Anwalt u.U. auch zeitlich überfordern. Gewiß existiert eine umfangreiche Kommentarliteratur, die die Zugänglichkeit in vielen Punkten erleichtert. Gleichwohl kann es vorkommen, daß eine für das jeweilige Mandat maßgebliche Entscheidung, derer sich der Anwalt erinnert, trotz intensiver Bemühungen unauffindbar bleibt. Daher sollte „auch berücksichtigt werden, ob eine Rechtsprechung bei normalem Suchaufwand mit normalen Hilfsmitteln erkennbar war".[164] Aber dies betrifft genau genommen nicht den rein objektiv zu beurteilenden Bereich der – hier zu erörternden – Rechtsprüfungspflicht, sondern vielmehr das für die Auslösung eines Haftungsanspruchs erforderliche *Verschulden* des Anwalts bei festgestellter Verletzung dieser Pflicht.[165]

153   Darüber hinaus sei abschließend ein weiterer Gesichtspunkt erwähnt. Der im Sinne obiger Ausführungen bestpräparierte Anwalt kann einen für den Mandanten geführten Prozeß deshalb verlieren, weil die zur Entscheidung

---

[163] Insbesondere Rdnr. I 51.

[164] *E. Schneider,* MDR 1972, 746, der dies – an anschaulichen Beispielen dargestellt – insbesondere damit begründet, daß „unsere juristische Dokumentation eben restlos im argen" liegen würde.

[165] So offenbar auch *Schneider,* aaO selbst; ebenso RGZ 125, 299 [306]: Die Entscheidungen „können also nicht ohne weiteres gefunden werden".

berufenen Gerichte eine bislang entschiedene Rechtsfrage nunmehr anders beurteilen.[166] Hier wird man – ohne die Einschränkung des BGH[167] – einen generellen Schutz des Vertrauens auf eine höchstrichterliche Rechtsprechung anzunehmen haben,[168] der einer denkbaren Haftung des Rechtsanwalts wegen Verletzung der Rechtsprüfungspflicht entgegensteht.

IV. Beratung und Belehrung des Mandanten

1. Zielsetzung und allgemeine Umschreibung des Pflichtenumfangs

An die Feststellung der dem Mandat zugrundeliegenden Tatsachen und die 154 rechtliche Prüfung schließt sich die Pflicht zur *Beratung und Belehrung des Mandanten* an, die der Rechtsanwalt – ebenso wie die Sachverhaltsaufklärung – persönlich auszuüben hat und nicht Dritten, etwa dem Bürovorsteher, überlassen darf.[169] Diese hat zum Ziel, den Mandanten in die Lage zu versetzen, *eigenverantwortlich* über das „Ob" und „Wie" der Geltendmachung seiner Rechte und Interessen zu entscheiden. Auch hier wird wiederum der enge Zusammenhang verschiedener anwaltlicher Pflichten deutlich: Ohne eine gründliche Rechtsprüfung kann der Rechtsanwalt seiner Beratungspflicht nicht zureichend nachkommen, ihr genanntes Ziel nicht (vollständig) erreichen.[170]

Bedenkt man, daß im Regelfall der Auftraggeber über nur wenig oder gar 155 keinerlei juristische Kenntnisse verfügt, wundert es nicht, daß die Rechtsprechung angesichts dieser Zielsetzung bei der generalkauselartigen Umschreibung der anwaltlichen Belehrungspflicht hohe Anforderungen an die Sorgfalt des Anwalts stellt. Zur regelmäßig in Entscheidungen wiederkehrenden *Standardformulierung* ist eine bereits auf das Reichsgericht[171] zurückgehende

---

[166] Zu den „Rechtswirkungen geänderter höchstrichterlicher Rechtsprechung in Zivilsachen" eingehend *Olzen*, JZ 1985, 155 ff.; allgemein zur „rückwirkenden Rechtsprechungsänderung" *Robbers*, JZ 1988, 481 ff.

[167] BGHZ 60, 98 = NJW 1973, 364. – Der BGH verneint hier einen Vertrauensschutz, weil die bislang höchstrichterlich entschiedene Rechtsfrage vor dem abändernden Urteil in Rspr. und Schrifttum umstritten war.

[168] *Borgmann/Haug*, S. 96; *Schneider*, MDR 1972, 745 [747]; *Olzen*, JZ 1985, 160; *Robbers*, JZ 1988, 485; *Hübner*, NJW 1989, 6 und 8; einschr. *Köhler*, JR 1984, 47. Vgl. hierzu näher unten V, insbes. Fußn. 277.

[169] BGH NJW 1981, 2741 [2743]; *Soergel/Wolf*, § 276 Rdnr. 178; *Borgmann/Haug*, S. 103.

[170] In diesem Zusammenhang vgl. nur als Beispiel BGHZ 97, 372 [380 f. = NJW 1986, 2043]: Ein unter Außerachtlassung „rechtswissenschaftlicher Methoden" durchgeführter Präjudizienvergleich führte zu dem eindeutig unzutr. Rat, dem Kläger stehe „laut Rechtsprechung" ein Schadensersatzanspruch zu.

[171] Vgl. RGZ 151, 259 [263 f.]; RG JW 1932, 2854 und 2855.

Umschreibung geworden, die in der Rechtsprechung des BGH in dieser Prägnanz wohl erstmals in dem Urteil vom 12. 7. 1960 auftaucht:

> „Der Rechtsanwalt ist, soweit sein Auftraggeber *nicht* unzweideutig zu erkennen gibt, daß er des Rates nur *in einer bestimmten Richtung bedarf,* zur *allgemeinen, umfassenden und möglichst erschöpfenden Belehrung* des Auftraggebers verpflichtet. Der Anwalt hat die Belange seines Auftraggebers nach *jeder Richtung* wahrzunehmen und die Geschäfte aus eigener Entschließung so zu erledigen, daß *Nachteile* für den Auftraggeber *vermieden* werden, soweit sie voraussehbar und vermeidbar sind. Der Rechtsanwalt muß *Unkundige* über die Folgen ihrer Erklärungen *belehren* und sie vor Irrtümern bewahren. ... Der Anwalt muß den Mandanten auch – anders als ein Notar – über mögliche *wirtschaftliche Gefahren* des beabsichtigten Geschäfts belehren und ihn über die erforderlichen Vorsichtsmaßregeln aufklären.“[172]

Auch in der neuesten Rechtsprechung ist die Formel teils wörtlich,[173] teils in den wesentlichen Grundzügen[174] laufend anzutreffen. Ungeachtet der an ihr alsbald im Schrifttum geäußerten Kritik,[175] ist die Formel zu einem gesicherten Bestandteil einer „festen“[176] und „ständigen“ BGH-Rechtsprechung geworden.[177]

156   Bei der Handhabung der Formel von generalklauselartiger Weite ist daran zu erinnern, daß es sich um eine der Konkretisierung und Präzisierung bedürftige *abstrakte Richtlinie* handelt (vgl. i. e. oben I). *Wolfsteiner*[178] ist darin zuzustimmen, wenn er bei seiner Urteils-Kritik die Ansicht vertritt, daß die vom BGH „nur als Formel gebrauchte Wendung ... sehr viel genauer zu konkretisieren“ ist. Dessen ist sich die kritisierte Rechtsprechung auch durchaus bewußt. Insbesondere der BGH hat in letzter Zeit wiederholt die Formel zu den *„allgemeinen Grundsätzen“* gerechnet und hinzugefügt, daß sich erst im Einzelfall und aus den Umständen des Falles ergebe, welche konkreten Pflichten daraus abzuleiten seien.[179] Gegenstand der folgenden

---

[172] BGH VersR 1960, 932 [933 m. w. N.].

[173] So BGH NJW 1988, 563 [566 m. w. N.].

[174] So BGHZ 89, 178 [181, 182f.] = NJW 1984, 791 [792]; NJW 1986, 182 [183]; NJW 1987, 1322 [1323] = VersR 1987, 684 = AnwBl 1987, 282 = BB 1987, 922; NJW 1988, 486 [487] und 706 = MDR 1988, 139 = AnwBl 1988, 170 = WM 1987, 1399; NJW 1988, 2113 = WM 1988, 842 [844]; NJW-RR 1986, 1281 = WM 1986, 199 [202] = VersR 1986, 297; ferner etwa OLG Düsseldorf VersR 1985, 92 und 347; AnwBl 1987, 283; OLG Hamm und OLG Bamberg AnwBl 1987, 331.

[175] Vgl. *Scheffler*, NJW 1961, 577; *Wolfsteiner*, DNotZ 1970, 51; auch *Borgmann/ Haug*, S. 65 ff., 102 ff.

[176] So bereits 1968 BGH LM § 611 BGB Nr. 26 a = VersR 1968, 969 = DNotZ 1970, 48 mit Anm. *Wolfsteiner*; ebenso BGH NJW 1988, 563 [566].

[177] So unter ausdrücklicher Bezugnahme auf die Entscheidung vom 12. 7. 1960 bereits 1963 BGH VersR 1963, 387 [388]; ebenso BGH NJW 1988, 486 [487]; NJW 1988, 1079 [1080]. Zu weiteren Nachweisen, auch aus der älteren Rechtsprechung vgl. Münch.Komm./*Hanau*, § 276 Rdnr. 150; RGRK-BGB/*Alff*, § 276 Rdnr. 64; RGRK-BGB/*Steffen*, § 675 Rdnr. 65; *Soergel/Wolf*, § 276 Rdnr. 178.

[178] *Wolfsteiner*, Anmerkung zu BGH DNotZ 1970, 48 [54].

[179] Vgl. BGH NJW 1988, 1079 [1080 f.]; ähnlich BGH NJW 1988, 563 [566]. Auch in BGHZ 89, 178 [181] ist die Rechtsprechungs-Formel als „Grundsatz“ bezeichnet.

Darstellung soll daher zunächst eine Präzisierung von Umfang und Grenzen der allgemeinen Beratungspflicht des Anwalts sein; sodann ist auf die wichtigsten aus der abstrakten Richtlinie abgeleiteten durch das einzelne Mandat konkretisierten einzelnen Beratungs- und Belehrungspflichten, die dem Anwalt obliegen, näher einzugehen.

2. Präzisierung von Umfang und Grenzen

a) Konkretes Mandat

Zum einen ist es immer das konkrete Mandat, sein spezieller Gegenstand, 157 die Beschränkung auf Rechtsberatung „nur in einer bestimmten Richtung", die den Umfang dieser Pflicht bestimmen.[180] Daß dabei eine Beschränkung der Beratung vom Mandanten keineswegs ausdrücklich ausgesprochen werden muß, sondern für den Rechtsanwalt durchaus aus der Gesamtschau der Umstände ableitbar ist, zeigt anschaulich ein vom Oberlandesgericht München[181] entschiedener Fall. Während eines Arbeitsgerichtsprozesses auf *Feststellung* eines unbefristeten Arbeitsverhältnisses sind Gehaltsansprüche der Mandantin verjährt. Die Mandatserteilung war – wegen des Anwaltszwanges gem. § 11 Abs. 2 S. 1 ArbGG – erst für die Berufungsinstanz zur Erwiderung auf die Berufung ohne eigentliche Rechtsberatung erfolgt; der Informant war im wesentlichen nicht die Mandantin selbst, sondern deren Ehemann, ein Volljurist, der bisher umfassend für seine Ehefrau tätig geworden war. Zu Recht nahm hier das OLG ein eingeschränktes Mandat an, bei dem eine die nicht verfahrensgegenständlichen *Lohnansprüche* mit umfassende Beratung nicht geschuldet war.

Findet aber eine solche Beschränkung nicht statt, schuldet der Anwalt – 158 auch dies geht aus der genannten Standardformel deutlich hervor – keineswegs nur pure *rechtliche* Betreuung. Ausgehend von der übergeordneten Zielsetzung, – auch nur als möglich – erkennbare Nachteile vom Mandanten abzuwenden,[182] hat sich seine Belehrung ebenso auf *wirtschaftliche* Gefahren[183] wie auf die *praktischen* Folgen[184] der jeweils anzuratenden rechtlichen Schritte zu beziehen. Aber auch die wirschaftliche und praktische Beratung hat ebenso wie die Hauptaufgabe des Anwalts, die rechtliche Betreuung, stets

---

[180] Vgl. dazu BGH VersR 1959, 1041 [1042]; BGH NJW 1988, 563 [566] und 1079 [1080 f.].

[181] OLG München VersR 1986, 172.

[182] Vgl. auch BGH MDR 1975, 480 mit weiteren Nachweisen.

[183] BGH VersR 1960, 932 [933]; DNotZ 1970, 48 [50]; so im Ergebnis auch OLG Düsseldorf AnwBl 1987, 283. Eindringlich formuliert RG JW 1932, 2855: „Der Rechtsanwalt ist bei der Rechtsberatung ... nicht nur Rechts-, sondern auch ... Wirtschaftsberater der Partei."

[184] OLG Frankfurt VersR 1980, 288 [289]; Im Ergebnis ähnlich OLG Hamm VersR 1984, 896 [LS]; BGH NJW 1986, 182 [183] (Hinweis auf Schadensminderungspflicht).

ihre Grenze an der Legalität anwaltlichen Rates. Als einem unabhängigen Organ der Rechtspflege ist es dem Anwalt trotz aller Pflicht, die Interessen des Mandanten in jeder Richtung wahrzunehmen – verboten, rechtliche Schritte anzuraten, die sich im Einzelfall als Unredlichkeit, als Rechtsmißbrauch oder gar als Delikt darstellen.[185]

b) Belehrungsbedürftigkeit des Mandanten

159 Die angeführte „Standardformulierung" der anwaltlichen Belehrungspflicht spricht hinsichtlich ihres generellen Umfangs darüber hinaus einen weiteren, wichtigen Orientierungspunkt aus: die Belehrungsbedürftigkeit des Mandanten. Es versteht sich indes von selbst, daß ein juristischer Laie einer – auch in ihrer Genauigkeit – weitaus umfangreicheren, umfassenderen rechtlichen Beratung bedarf[186] als eine prozeßerfahrene Partei („Vielfachprozessierer") oder gar ein Volljurist.[187] Die Schwierigkeit für den Anwalt liegt so nicht in diesen Extrempunkten, sondern vielmehr darin, den Umfang der Vorkenntnisse des Mandanten und sein Verständnis für Rechtsfragen[188] zu ermitteln, aber auch darin, sich im jeweiligen Detail diesen bei der Beratung anzupassen.[189]

Von einer Belehrung ist der Rechtsanwalt jedenfalls dann befreit,

„wenn er erkennt, daß dem Mandanten die Risiken des Geschäfts oder der ins Auge gefaßten rechtlichen Gestaltung bekannt sind und er diese auch bei einer Belehrung auf sich nehmen würde."[190]

---

[185] Vgl. etwa BGH VersR 1983, 562 (kein Rat zu Unterdrückung von Prozeßstoff); BGH NJW 1988, 2881 (kein Rat zur Ausbeutung des Irrtums des Vertrags-[Verhandlungs-]gegners über die Wirksamkeit eines Vertrags[-angebots]); OLG Frankfurt VersR 1979, 162 (kein Rat zu Forderungseinzug entgegen – möglicherweise nichtiger – Globalabtretung); ferner *Borgmann/Haug*, S. 105 und näher unten VI 2 a.

[186] Ebenso selbstverständlich ist auch, daß hierfür die bloße Versendung des einschlägigen Gesetzestextes nicht genügt (vgl. BGH VersR 1971, 641 [642]; *Borgmann/ Haug*, S. 105; zustimmend auch Münch.Komm./*Seiler* § 675 Rdnr. 10).

[187] Daß im letzteren Fall der beauftragte Rechtsanwalt nahezu vollständig von seiner Belehrungs- und Beratungspflicht entbunden sein kann, zeigt die Entscheidung des OLG München VersR 1986, 172; vgl. dazu oben 2a. Ist der Mandant bereits durch einen anderen, den Verkehr mit dem Prozeßbevollmächtigten vermittelnden Anwalt (Verkehrsanwalt) vertreten, trifft die Belehrungspflicht jedenfalls (in erster Linie) diesen, BGH NJW 1988, 3013 [3014].

[188] Dies wird wiederum in erster Linie vom Bildungsstand des Mandanten abhängen.

[189] Und diese Anpassung darf sich keinesfalls nur auf den *Inhalt und Umfang* der Beratungsgegenstände beschränken, sondern auch die *Verständlichkeit* der Darstellung hat sich am individuellen Bildungs- und Kenntnisstand des Mandanten zu orientieren (BGH VersR 1974, 1224 [1225]; OLG Düsseldorf MDR 1984, 756).

[190] BGH NJW 1977, 2073 [2074]; ebenso im Ergebnis auch BGH VersR 1987, 178 (hier war der Mandant nach Ansicht des Senats aufgrund mehrerer einschlägiger Vorprozesse mit der konkreten Rechtslage vertraut); vgl. dazu auch *Borgmann/Haug*, S. 105 f. mit weiteren Nachweisen aus der – unveröffentlichten – Rechtsprechung.

Ist es also die – im Einzelfall jeweils vom Anwalt zu ermittelnde – *Vor-* 160
kenntnis des Mandanten,[191] die den Umfang der Belehrungspflicht ein-
schränkt, so mindert sich diese darüber hinaus dann, wenn der Mandant in
derselben Sache auch noch *anderweitig rechtliche Betreuung* erfährt. In diesem Fall kann der Rechtsanwalt in der Regel davon ausgehen, daß die Weisungen des Mandanten bewußt aufgrund der bereits anderweitig erlangten
rechtlichen Beratung erfolgen.[192]

Auch die *zeitlichen Verhältnisse*, unter denen die Beratung stattfindet 161
(Zeitdruck infolge bevorstehenden Fristablaufs) können zu einer Einschränkung des Umfangs der Beratungspflicht führen.[193]

c) Intensität

Von den genannten, wenigen Ausnahmefällen abgesehen, muß der Anwalt 162
jedoch von einer umfassenden Belehrungsbedürftigkeit seines Mandanten
ausgehen. Mit diesem Kriterium für den generellen Umfang der Belehrung ist
indes noch nichts gesagt über die Intensität und die Eindringlichkeit dieser
erläuternden Tätigkeit des Rechtsanwalts. Auch der Bundesgerichtshof hat in
der eingangs erwähnten, später ständig wiederzufindenden Standardformel
darüber keine Aussage getroffen, wohl aber in seiner Entscheidung vom 5. 2.
1987.[194] Danach ist der Rechtsanwalt zwar

„nach der ständigen Rechtsprechung des BGH zur *umfassenden* Belehrung und Beratung seines Auftraggebers verpflichtet. Eine *besondere Nachdrücklichkeit oder Eindringlichkeit* der gebotenen Beratung kann *nicht* gefordert werden, weil sachgerechte
Unterscheidungen für den Grad des Einwirkens auf den Mandanten, den erteilten Rat
anzunehmen und ihm auch zu folgen, nicht möglich sind."[195]

---

[191] Aber auch hierbei ist wiederum Vorsicht geboten. Das Auftreten des Mandanten,
seine geschäftliche Gewandtheit ist keineswegs ein zwingendes Indiz für seine rechtliche Erfahrung im Einzelfall (vgl. *Borgmann/Haug*, S. 107 mit Nachweisen). Dies gilt
umso mehr, als weniger gebräuchliche, oft schwierige Rechtsgebiete betroffen sind
(vgl. BGH NJW 1981, 2065; VersR 1984, 787 jeweils für die Beratung im Zwangsver-
steigerungsverfahren; *Borgmann/Haug*, S. 106 m. w. N.); zu den (hohen) Anforderungen an die Beratung einer „geschäftsgewandten Mandantin" über eine Schiedsklausel
vgl. BGH NJW 1985, 264 [265].

[192] BGH MDR 1977, 476; *Borgmann/Haug*, S. 106.

[193] Vgl. hierzu näher unten 3 a im Zusammenhang mit der Aufklärung über das
Prozeßrisiko.

[194] BGH NJW 1987, 1322 [1323] = VersR 1987, 684 = BB 1987, 922 = AnwBl 1987,
282.

[195] Zweifelhaft ist, ob die eine Fristbelehrung betreffende Entscheidung verallgemei-
nert werden darf (in diesem Sinne wohl *Rinsche*, I Rdnr. 26: „Tendenzwende"). Erheblich strenger ist der BGH bei der Aufklärung über die Führung aussichtsloser Prozesse
oder über die Risiken von Weisungen des Mandanten; hier werden „eindringliche"
(BGHZ 97, 372 [376]; NJW 1985, 42 [43]; OLG Celle AnwBl 1987, 491) und „deutli-
che" (BGHZ 89, 178 [182]; NJW 1988, 2113; OLG Hamm AnwBl 1987, 331) Hinweise verlangt. Vgl. dazu auch unten 3 a und VI 1.

Ein Verlangen nach einer besonderen Nachdrücklichkeit der Belehrung – so der BGH weiter – würde die „Grundsätze über die Beweislast im Anwaltsprozeß unterlaufen mit dem Ergebnis einer Beweislastumkehr."[196]

Es sind letztendlich also Beweislastfragen,[197] die den Bundesgerichtshof zu einer weniger strengen Haltung gegenüber dem Rechtsanwalt veranlassen. Daher ist es auch nur konsequent, im Regreßprozeß gegen den Anwalt einer besonders eindringliche Beratung umgekehrt eine *entlastende* Wirkung beizulegen.[198]

163 Gleichwohl muß der Anwalt sich jeweils das Ziel seiner Beratung vor Augen halten: Seinen Mandanten *aufgrund* der Belehrung in die Lage zu versetzen, *selbständig* über die in seinem Sinne notwendigen (rechtlichen) Schritte zu entscheiden. Daher muß der Rechtsanwalt – unabhängig von dem Erfordernis einer nachdrücklichen Beratung – in jedem Fall den Mandanten über die *„einzelnen* Gesichtspunkte und Umstände" unterrichten, „die für das fernere Verhalten des Auftraggebers in der Angelegenheit entscheidend sein können."[199]

3. Einzelne Pflichten

164 Angesichts der Vielfalt und Unüberschaubarkeit der jeweils von den spezifischen Mandatsinhalten abhängigen einzelnen Beratungs- und Belehrungspflichten muß im Folgenden eine Beschränkung auf die hauptsächlichsten Pflichten erfolgen. Dabei mag auf den ersten Blick durchaus eigentümlich erscheinen, daß die Erörterung der *wichtigsten* Gegenstände anwaltlicher Beratung mit der Pflicht beginnt, den Mandanten auf die mit dem Auftrag zusammenhängenden *Risiken* hinzuweisen (unten a, b), während dieser doch eigentlich eine eindeutige Rechtsauskunft erwartet. Indes sind es nur ganz seltene Ausnahmefälle, bei denen der Anwalt nach Prüfung des vom Mandanten unterbreiteten Sachverhalts zu eindeutigen rechtlichen Ergebnissen gelangt. Im Regelfall werden sich hingegen nach – gewissenhafter – Prüfung der Rechtslage Zweifel und Ungewißheiten über die Rechtsposition des Mandanten und ihre Durchsetzbarkeit ergeben. Dies ist nicht nur eine Folge der – in gewissen Bereichen – fehlenden Prognostizierbarkeit des Rechts,[200] sondern auch der Feststellungsbedürftigkeit der tatsächlichen Verhältnisse und der Fehlbarkeit *aller* am Prozeß Beteiligten.[201] Jedenfalls hat aber der Mandant

---

[196] Der Mandant wird im Regreßprozeß im nachhinein immer behaupten, daß eine eindringlich(er)e Beratung ihn zu einer anderen Weisung veranlaßt hätte und dies (wahrscheinlich) auch beweisen können.

[197] Dazu im einzelnen unten § 5 II 2b und 7c.

[198] So BGH VersR 1974, 488; OLG Celle AnwBl 1987, 491.

[199] BGHZ 89, 178 [182] = NJW 1984, 791 [792].

[200] Vgl. hierzu *Roth,* Das Problem der Rechtsprognose, Festschrift für Bosch, 1976, 827 und bereits oben III 3 und 6b.

[201] Nicht nur des Richters – betont von *Rinsche,* I Rdnr. 56 –, sondern auch der

ein Recht darauf, über etwaige Zweifel seiner rechtlichen Position informiert und über die mit der Durchführung des Mandates verbundenen Risiken aufgeklärt zu werden.

a) Pflicht zur Aufklärung über das Prozeßrisiko

Bei Mandaten, die Prozeßvertretungen zum Gegenstand haben, erstreckt 165 sich die anwaltliche Beratungspflicht in erster Linie auf die Prüfung und Darlegung der Erfolgsaussichten eines zu führenden Rechtsstreits, einschließlich etwaiger Rechtsmittel.[202] Dem Mandanten, der häufig zu Unrecht davon überzeugt ist, „sein Prozeß sei von Anfang an gewonnen", wäre dabei wenig gedient, wenn diese kühne Prognose durch ein regelmäßig gar nicht mögliches Garantieversprechen seines Anwalts bestätigt würde.[203] Der mit der Führung eines Rechtsstreits beauftragte Rechtsanwalt muß vielmehr

„den Auftraggeber über die Notwendigkeiten, Aussichten und Gefahren des Rechtsstreits ins Bild setzen, soweit der Auftraggeber zu eigener Beurteilung nicht in der Lage ist. Der Rechtsanwalt muß vor allem den ihm unterbreiteten Sachverhalt daraufhin überprüfen, ob er geeignet ist, den vom Auftraggeber erstrebten rechtlichen Erfolg zu begründen ..."[204]

In der Regel wird aber der Auftraggeber zu einer solchen Beurteilung nicht in der Lage sein. Er kennt nicht die mit einer etwa notwendigen Beweisaufnahme und der damit zusammenhängenden richterlichen Beweiswürdigung verbundenen Zweifel am Ausgang des Prozesses. Er weiß nicht um die Problematik der Auslegung eines scheinbar eindeutigen Gesetzeswortlauts oder von Vertragstexten und einzelnen Willenserklärungen. Und er wird vor allem nicht die Unsicherheit der Rechtslage aufgrund verschiedener, auf unterschiedlicher Gesetzesauslegung und -anwendung basierender Rechtsansichten erkennen können. Auf all diese *konkreten* Zweifel muß ein Anwalt seinen Mandanten hinweisen; im jeweiligen Einzelfall werden zu den nur beispielhaft aufgeführten Anhaltspunkten weitere hinzutreten müssen.[205] In diesem, die *konkrete Belehrung* hervorhebenden Sinne ist auch die Entscheidung des Bundesgerichtshofs vom 8. 12. 1983 zu verstehen. Zwar wird hier ausdrücklich vom Anwalt verlangt, daß er

---

Zeugen und Sachverständigen. Ein äußeres Zeichen der bestehenden Prognoseunsicherheit ist die verhältnismäßig hohe Erfolgsquote von Rechtsmitteln; sie liegt bei der Berufung im langjährigen Druchschnitt zwischen 21–22%, bei der Revision sogar noch höher; vgl. Bundesministerium der Justiz (Hrg.), Rechtsmittel im Zivilprozeß, 1985, Tabelle 9.4, S. 414; *Roth,* aaO, S. 829.

[202] BGHZ 97, 372 [376 m. w. N.] = NJW 1986, 2043; BGH NJW 1988, 2113 = WM 1988, 842; *Soergel/Wolf* § 276 Rdnr. 179.

[203] Ähnlich *Borgmann/Haug,* S. 107.

[204] BGH VersR 1963, 387 [388]; ähnlich BGH NJW 1988, 2113.

[205] Vgl. *Rinsche,* Rdnr. I 57.

„von sich aus deutlicher zum hohen *Grad des Risikos* und zur *Wahrscheinlichkeit eines Prozeßverlustes* Stellung"[206]

nimmt. Entgegen *Rinsche*[207] bedeutet dies indes keineswegs die Aufforderung an den Anwalt, er möge „mit mathematischer Genauigkeit die Wahrscheinlichkeit des Prozeßausgangs in Prozentzahlen angeben."[208] Denn bereits einige Zeilen zuvor wird in der genannten Entscheidung ausgeführt, *womit* der Grad des Risikos und die Wahrscheinlichkeit des Prozeßverlustes deutlich zu machen sind. Danach trifft den Rechtsanwalt die

„Pflicht zu eingehender Unterrichtung über die *einzelnen Gesichtspunkte und Umstände* ..., die für das fernere Verhalten des Auftraggebers in der Angelegenheit entscheidend sein können, wobei Zweifel und Bedenken dargelegt und erörtert werden müssen ... (wozu auch) das *ungefähre, in etwa abschätzbare Ausmaß des Risikos eines zu erwartenden Rechtsstreits* gehört."[209]

Es sind also die konkreten, die jeweiligen Zweifel begründenden Umstände des Mandats, die die Grundlage für eine gegenüber dem Mandanten vorzunehmende Einschätzung der Erfolgsaussichten eines Prozesses bilden müssen.[210]

166 Dies bedeutet indes nicht, daß *jeder* rechtliche Zweifel am Prozeßerfolg den Anwalt verpflichten würde, dem Mandanten von der Prozeßführung abzuraten. Denn solche Zweifel bestehen immer, weshalb jeder Prozeß bis zu einem gewissen Grade ein Risikogeschäft ist. Fehlt es an einer für die maßgeblichen Rechtsfragen des Mandates eindeutigen und einheitlichen Rechtsauffassung, ist es dem Rechtsanwalt keineswegs zu verdenken, wenn „er diesem Wesen des Prozesses als Risikogeschäft Rechnung trägt und auch bei einer nicht ganz eindeutigen Rechtslage zugunsten seines Mandanten die Chance wahrzunehmen versucht, mit einer seinem Mandanten günstigen Rechtsauffassung durchzukommen."[211] Daß die dieser Vorgehensweise zugrundeliegenden Abwägungen häufig viel Fingerspitzengefühl verlangen ist die eine Seite.[212] Die andere Seite ist in jedem Fall, daß dem auf eine Minder-

---

[206] BGHZ 89, 178 [182] = NJW 1984, 792 [793]; ebenso OLG Hamm AnwBl 1987, 331; ähnlich OLG Celle AnwBl 1987, 491; zustimmend *Soergel/Wolf* § 276 Rdnr. 179.

[207] *Rinsche*, Rdnr. I 58.

[208] *Rinsche*, aaO.

[209] BGHZ 89, 178 [182].

[210] So auch im Erg. *Rinsche* selbst, vgl. Rdnr. I 58, S. 38.

[211] *K. Müller* JR 1969, 161 [163]; ebenso *Borgmann/Haug*, S. 108 unter Hinweis auf RGZ 87, 183 [187].

[212] Daher geht die Entscheidung des OLG Düsseldorf (VersR 1985, 552) sicher zu weit, wenn sie im Ergebnis dem Anwalt geradezu die „Pflicht" auferlegt, bei Arzthaftungsprozessen zur Klageerhebung zu raten, weil der Ausgang des Rechtsstreits für einen medizinischen Laien kaum abschätzbar sei; zu Recht daher die – unterschwellige – Kritik bei *Borgmann/Haug* S. 108; auch *Prinz* (VersR 1986, 317 [318]) sieht in dieser Entscheidung einen Widerspruch zu der dem Anwalt vom BGH (BGHZ 89, 178 = NJW 1984, 791) auferlegten Verpflichtung, „zum hohen Grad des Risikos und zur Wahrscheinlichkeit eines Prozeßverlustes Stellung zu nehmen."

meinung gestützten Prozeß eine eindeutige Belehrung des Mandanten über den Umfang des Risikos vorausgehen muß.[213]

Gibt aber der Auftraggeber aufgrund einer eindringlichen, die mandatsspe- 167 zifischen Probleme erörtenden Belehrung sein Einverständnis für die Prozeßführung, so wirkt dieses unabhängig vom Ausgang des Prozesses grundsätzlich entlastend, auch wenn die Erfolgsaussichten von Anfang an als gering einzuschätzen waren.[214]

Umgekehrt folgt daraus, daß das Einverständnis des Mandanten auch nur dann eine entlastende Wirkung haben kann, wenn der Auftraggeber zuvor *richtig* belehrt worden ist.[215] Und dazu genügt der Hinweis auf das allgemeine, mit jedem Prozeß verbundene Risiko eben nicht.[216]

Dabei darf indes nicht übersehen werden, daß diese „richtige Belehrung 168 und Beratung" des Mandanten von einer im obigen Sinne[217] pflichtgemäßen Rechtsprüfung abhängt.[218] Und letztere findet ihre (zeitliche) Relativierung – unabhängig vom Mandatsinhalt – in der (besonderen) Dringlichkeit des Auftrags. Daher finden auch *Umfang und Intensität* anwaltlicher Belehrung dort ihre Grenze, wo der Auftrag eine sofortige gerichtliche Initiative erfordert:[219] Dies gilt sowohl für die Einhaltung von prozessualen Fristen als auch für eine rasche Klageerhebung, um die drohende Verjährung von Ansprüchen zu unterbrechen.[220]

Was für die Erfolgsaussichten eines erstinstanzlichen Rechtsstreits gilt, gilt 169 sinngemäß auch für die Beratung und Belehrung über die *Einlegung von Rechtsmitteln.* Ein Rechtsmittel kann der Rechtsanwalt nur einlegen,[221] wenn

---

[213] BGHZ 97, 372 [376]; BGH VersR 1974, 488 [489]; OLG Celle AnwBl 1987, 491; *Müller*, JR 1969, 161 [163]; *Borgmann/Haug*, S. 109; vgl. bereits oben 2c sowie oben III 4 zu Fußn. 125.

[214] BGHZ 97, 372 [376]; BGH VersR 1974, 488 [489]; OLG Celle AnwBl 1987, 491; *Borgmann/Haug*, aaO; *Borgmann*, AnwBl 1987, 231 [232]; vgl. auch hierzu näher unten VI 2a.

[215] BGHZ 97, 376; OLG Düsseldorf VersR 1973, 424 [425]; *Soergel/Wolf*, § 276 Rdnr. 179.

[216] *Soergel/Wolf*, § 276 Rdnr. 179; *Rinsche*, Rdnr. I 58 a.E. unter Berufung auf eine nicht veröffentlichte Entscheidung des OLG Hamm.

[217] Vgl. dazu oben III.

[218] Beispielhaft, aber sehr deutlich ist dieser Zusammenhang im Urteil des BGH (BGHZ 97, 372 [380f.]) offengelegt; vgl. dazu bereits oben 1, Fußn. 170.

[219] Vgl. auch *Borgmann/Haug*, S. 109.

[220] Nach Ansicht des BGH (VersR 1965, 763 [764]) muß der Anwalt im letzteren Fall sich auch bei – nach seiner Auffassung – hohem Prozeßrisiko zu einer alsbaldigen Klageeinreichung insbesondere dann entschließen, wenn der Mandant seinerseits zur Klageerhebung drängt. Umgekehrt muß der Anwalt den Mandanten auch über die bereits – oder nur möglicherweise – eingetretene Verjährung seiner Ansprüche unterrichten, um diesen von einer beabsichtigten Durch- oder Fortführung eines Rechtsstreits abzuhalten (OLG Bamberg AnwBl 1987, 331).

[221] Gleiches gilt auch für den umgekehrten Fall der Rücknahme eines bereits eingelegten Rechtsmittels.

er nach einer gleichermaßen gründlichen, die konkreten Gefahren thematisierenden Belehrung über die rechtlichen und wirtschaftlichen Folgen dieser Maßnahme ein Einverständnis des Mandanten erlangt hat.[222] Umgekehrt handelt ein Anwalt pflichtwidrig, wenn er bei einem erkennbar falschen erstinstanzlichen Urteil seinem Mandanten nicht zur Berufung rät.[223]

b) Pflicht zur Aufklärung über das Kostenrisiko

170　　In engem Zusammenhang mit der Belehrung über die Erfolgsaussichten eines Rechtsstreits steht die Belehrung über das damit verbundene Kostenrisiko. Die Gefahr eines Prozeßverlustes erlangt über den Nachteil in der Sache selbst hinaus noch dadurch ihre besondere Bedeutung für den Mandanten, daß sie notwendig mit finanziellen Zusatzbelastungen verbunden ist.

　　Indes muß der Rechtsanwalt das Kostenrisiko prozessualer Schritte ohne eine ausdrückliche Nachfrage des Mandanten grundsätzlich[224] nicht von sich aus erörtern oder gar durch spezifische Berechnungen erläutern.[225] Er soll auch in der Regel nicht gehalten sein, den Auftraggeber ungefragt auf den für die Rechtsverfolgung kostengünstigsten Weg aufmerksam zu machen.[226] In Anlehnung an das Reichsgericht[227] verlangt der Bundesgerichtshof ausnahmsweise nur dann eine unaufgeforderte Belehrung über die erwachsenden Gebühren, wenn sich eine solche Pflicht nach Treu und Glauben aufgrund *besonderer Umstände* ergibt.[228] Wenngleich diese „besonderen Umstände" immer vom Einzelfall abhängen[229] sind sie – und daran hat sich der Rechtsanwalt zu orientieren – regelmäßig dann anzunehmen, wenn sich der Mandant *offensichtlich* über die Kostenfrage nicht im Klaren ist[230] oder unrichtige

---

[222] BGH VersR 1961, 467 [468, 470]; Münch.Komm./*Seiler*, § 675 Rdnr. 10, jeweils für die Berufungsrücknahme.

[223] OLG Celle AnwBl 1982, 22.

[224] Eine Ausnahme besteht gemäß § 12a Abs. 1 S. 2 ArbGG im arbeitsgerichtlichen Verfahren. Ein Verstoß dagegen führt im Erg. zum Verlust des Gebührenanspruchs, wenn der Mandant den Anwalt bei entspr. Aufklärung nicht beauftragt hätte, LG München I AnwBl 1981, 68.

[225] OLG Düsseldorf AnwBl 1987, 147 [148]; Münch.Komm./*Seiler* § 675 Rdnr. 10; *Borgmann/Haug*, S. 109; *Schlee*, AnwBl 1988, 408; krit. und tendenziell a.A. *Wendt*, S. 119 ff.

[226] OLG Köln NJW 1986, 725 [726]; a.A. *Wendt*, S. 124: Der Rechtsanwalt muß „den kostengünstigsten Weg vorschlagen und beschreiten"; so im Einzelfall wohl auch RG JW 1919, 446: Vor Erhebung einer Inzidentfeststellungswiderklage mit „außerordentlicher Erweiterung des Streitgegenstandes" hat der Anwalt „zu erwägen, ob der mit der Widerklage erstrebte Zweck nicht schon durch deren Ankündigung erreicht wird."

[227] RGZ 118, 365 [367].

[228] BGH NJW 1969, 932 [933]; OLG Düsseldorf AnwBl 1987, 148; *Borgmann/Haug*, S. 110.

[229] Beispiel: Außerplanmäßige Kostenerhöhung (RG JW 1919, 446, dazu oben Fußn. 226); weitere Beispiele finden sich bei *Borgmann/Haug*, S. 110.

[230] OLG Düsseldorf AnwBl 1987, 148.

Vorstellungen hierüber hat.[231] Auf eine *Nachfrage* des Mandanten hat der Rechtsanwalt allerdings die voraussichtliche Höhe der gesetzlichen Vergütung mitzuteilen.[232]

Der Grundsatz, daß den Anwalt ungefragt keine Belehrungspflicht über 171 Kostenfragen trifft, findet eine weitere Ausnahme in den Fällen, die die (außer)gerichtliche Vertretung einer „minderbemittelten Partei" zum Gegenstand haben.[233] Verfügt der Rechtsanwalt über genügend Anhaltspunkte, die es jedenfalls für möglich erscheinen lassen, daß dem Mandanten Beratungs- oder Prozeßkostenhilfe auf Antrag gewährt werden könnte,[234] muß er seinen Auftraggeber – und darin besteht im Ergebnis Einigkeit – auf diese Möglichkeiten hinweisen.[235] Dabei genügt allerdings der Hinweis auf die unter Verwendung der amtlichen Vordrucke erforderliche Antragstellung; nicht verpflichtet ist der Rechtsanwalt zu einer eigenständigen Überprüfung und Erörterung der persönlichen und wirtschaftlichen Verhältnisse seines Mandanten.[236]

Umstritten sind hingegen die Folgen einer Verletzung dieser Aufklärungs- 172 pflicht, und zwar weniger im Ergebnis als in der dogmatischen Begründung. Dem Mandanten steht bei schuldhafter Unterlassung der Aufklärungspflicht über die Möglichkeit von Beratungshilfe/Prozeßkostenhilfe – auch darüber besteht wohl Einigkeit – ein Schadensersatzanspruch aus positiver Vertragsverletzung zu.[237] Da der Schaden des Mandanten in der Nichtinanspruchnahme von Beratungs- oder Prozeßkostenhilfe besteht, ist er so zu stellen, wie er

---

[231] OLG Düsseldorf MDR 1984, 844 = AnwBl 1984, 443.

[232] BGHZ 77, 27 = NJW 1980, 2128.

[233] Allerdings ließe sich ein solches Mandat durchaus auch als ein „besonderer Umstand" im oben genannten Sinne verstehen, der nach Treu und Glauben eine entsprechende Beratungspflicht begründen würde.

[234] Insbesondere muß er die schlechten wirtschaftlichen Verhältnisse des Mandanten – zumindest andeutungsweise – kennen. Es ist allerdings keineswegs seine Aufgabe, ungefragt und ohne äußeren Anlaß die finanziellen Verhältnisse des Mandanten auszuforschen (*E. Schneider,* MDR 1988, 282 [283]); freilich wird ein allgemeiner Hinweis auf die gesetzliche Möglichkeit von PKH und Beratungshilfe stets zulässig sein; für eine entspr. – beschränkte – allgemeine Hinweispflicht *Derleder,* MDR 1981, 448 [450].

[235] AG Castrop-Rauxel MDR 1988, 318 [319]; *E. Schneider,* MDR 1988, 282; AG Neuß AnwBl 1987, 284; *Borgmann/Haug,* S. 111; *Derleder* MDR 1981, 448 [450] (jeweils für Beratungshilfe); OLG Düsseldorf AnwBl 1987, 147; 1984, 444 = MDR 1984, 937; LG Flensburg AnwBl 1987, 193 mit Anm. *Bönker,* AnwBl 1987, 493; *Soergel/Wolf* § 276 Rdnr. 179; *Borgmann/Haug,* S. 111; *Schlee,* AnwBl 1988, 408; einschränkend OLG Köln NJW 1986, 725 [726] (jeweils zur Prozeßkostenhilfe); vgl. dazu insgesamt *Greißinger* AnwBl 1982, 288 [289]; NJW 1985, 1671 [1674 f.]; *Herget* MDR 1984, 529.

[236] OLG Düsseldorf MDR 1984, 937 [938]; *Borgmann/Haug,* S. 111.

[237] Ist es nicht zum Abschluß eines Anwaltsvertrages gekommen, leitet sich dieser Anspruch aus Verschulden bei Vertragsschluß ab (*Greißinger,* AnwBl 1982, 288 [290]; AG Neuss AnwBl 1987, 284); zu den Voraussetzungen dieser, auch bei anderen anwaltlichen Pflichtverletzungen eingreifenden Anspruchsgrundlagen vgl. allgemein unten § 3 I 1, 2.

bei ordnungsgemäßer Beantragung und Bewilligung stünde. An dieser Stelle beginnt nun der eigentliche Meinungsstreit: Hat nun der Mandant mit diesem Schadensersatzanspruch gegenüber dem Gebührenanspruch des Rechtsanwaltes einen *aufrechenbaren Gegenanspruch*[238] oder entsteht von vorneherein nur ein, gemessen an einer fiktiven Gewährung von Beratungs-/Prozeßkostenhilfe *verkürzter Gebührenanspruch* des Anwalts?[239] Zugegeben, das rein rechnerische Ergebnis ist nach beiden Auffassungen identisch. Gleichwohl ist der letzteren entgegenzuhalten, daß die Pflichtverletzung des Rechtsanwaltes keinen Einfluß auf die übrigen Rechte und Pflichten aus dem Anwaltsvertrag hat, diese also davon unberührt fortbestehen. Daher hat der Rechtsanwalt ebenso ein Recht auf den gesetzlichen Gebührenanspruch, wie umgekehrt der Mandant die Pflicht hat, diesen Anspruch zu erfüllen. Seinen Schaden kann der Auftraggeber daher nur durch Aufrechnung mit einem Gegenanspruch regulieren.[240]

c) Pflichten bei außergerichtlicher Beratung

173   Zweifel und Ungewißheiten der Rechtslage bestehen selbstverständlich nicht nur bei Mandaten, die in den Prozeß münden. Daher gilt auch bei jeder außergerichtlichen Tätigkeit der Grundsatz, daß

> „die Beratungspflicht des Rechtsanwalts … unter gegebenen Umständen die Notwendigkeit (ein)schließt, auf die Zweifelhaftigkeit einer mit erheblichen Risiken verbundenen Rechtslage hinzuweisen."[241]

Überhaupt umfaßt die Aufgabe des Rechtsanwalts die Pflicht – dies wurde bereits bei der Umschreibung des allgemeinen Umfangs der Beratungspflicht[242] ausgeführt –, den Auftraggeber vor vermeidbaren Nachteilen zu bewahren.[243] Er muß daher auch auf die Folgen unrichtiger Informationen

---

[238] *E. Schneider,* MDR 1988, 282 [288]; wohl auch *Greißinger,* AnwBl 1982, 288 [290] und NJW 1985, 1671 [1675].

[239] AG Castrop-Rauxel MDR 1988, 318 [319]; AG Neuss AnwBl 1987, 284; LG Flensburg AnwBl 1987, 193; im gleichen Sinne zu § 12a Abs. 1 S. 2 ArbGG auch LG München I AnwBl 1981, 68: Gebührenanspruch „sogleich wieder erloschen (§ 249 BGB)"(!).

[240] Ebenso *E. Schneider* MDR 1988, 282 [284], der insbesondere darauf hinweist, daß die Gebührenvorschriften der BRAGO keineswegs auf einer mangelfreien Tätigkeit des Rechtsanwaltes beruhen; ähnlich *Bönker* AnwBl 1987, 492; aA BGH NJW 1988, 3013 [3015 re. Sp.], der einen Fall von unzulässiger Rechtsausübung (§ 242 BGB) annimmt: Kein Gebührenanspruch, wenn das Empfangene sogleich als Schadensersatz zurückzuerstatten wäre. Praktische Bedeutung erlangt das Problem im Säumnisverfahren; vgl. AG Castrop-Rauxel MDR 1988, 319 (= unechtes Versäumnisurteil).

[241] BGH VersR 1983, 34; dem folgend *Rinsche,* Rdnr. I 59; vgl. dazu auch BGH VersR 1968, 969 = DNotZ 1970, 48 mit kritischer Anmerkung *Wolfsteiner* (Beratung bei Verkauf von Gesellschaftsanteilen).

[242] Vgl. oben 1.

[243] BGH NJW 1986, 182 [183]; WM 1988, 987 [990f.]; OLG Düsseldorf VersR

oder unzweckmäßiger Weisungen[244] hinweisen,[245] den Mandanten vor unnötigen Schritten bewahren[246] und – soweit erforderlich – auch die steuerlichen Gesichtspunkte des Mandates bei der Beratung berücksichtigen.[247]

d) Pflichten bei Infragekommen von Versicherungsschutz und Bestehen von Ansprüchen gegen Dritte

Die Vermeidung von Nachteilen gebietet aber auch die Ausnutzung möglicher Vorteile. Kommen Ansprüche gegen Dritte in Frage, die wirtschaftlich auf das gleiche Ziel wie der Mandats-Anspruch gerichtet sind, sind diese in die Prüfung mit einzubeziehen. Das gilt insbesondere für die Abklärung des dem Mandanten möglicherweise zukommenden *Versicherungsschutzes*.[248] Dabei muß der Rechtsanwalt – entgegen *Borgmann/Haug*[249] – durchaus aus eigener Initiative den Mandanten zum Bestand einer für das Mandat maßgeblichen Versicherung befragen, sei es nun beispielsweise die Frage nach dem Abschluß einer übergeordneten Rechtsschutzversicherung oder aber die Abklärung des Deckungsschutzes in Haftpflichtfällen.[250] Die Verlagerung dieser Verantwortung auf den Mandanten mit der Begründung, ihm müsse, „schon durch die regelmäßigen Prämienzahlungen erinnert, bekannt oder bewußt sein, welches Risiko er versichert hat",[251] berücksichtigt keineswegs die für einen juristischen Laien oft undurchsichtigen, in ihrer Abstraktheit wenig verständlichen Allgemeinen Versicherungsbedingungen der Versicherer.[252] Oft wird der Mandant wegen der darin enthaltenen Ausnahmevorschriften keineswegs wissen, ob er mandatsspezifisch Deckungsschutz in Anspruch nehmen kann, und er wird deshalb die für ihn wichtige versicherungsrechtliche Seite des Auftrages gar nicht erörtern. Umgekehrt ist aber der Anwalt keineswegs überfordert, wenn ihm im Rahmen seiner „allgemeinen und umfassenden Beratungspflicht« die grundsätzliche Nachfrage nach Abschluß einer für das Mandat maßgeblichen Versicherung abverlangt wird. Hat aber der Mandant grundsätzlich Versicherungsschutz, darf der Anwalt sich nicht mit dieser Feststellung begnügen. Besteht z. B. noch keine Deckungszusage des Rechtschutzversicherers, muß der Rechtsanwalt seinen Mandanten über die

174

1985, 347; *Soergel/Wolf* § 276 Rdnr. 176; Münch.Komm/*Hanau* § 276 Rdnr. 150 jeweils mit weiteren Beispielen.

[244] Dazu noch im einzelnen unten VI.

[245] Münch.Komm./*Hanau* § 276 Rdnr. 150 m. w. N.

[246] *Soergel/Wolf* § 276 Rdnr. 176 mit Beispielen aus der Rechtsprechung.

[247] Münch.Komm./*Hanau* § 276 Rdnr. 150.

[248] BGH VersR 1971, 1119 [1120]; OLG Düsseldorf VersR 1985, 92; MDR 1976, 315; Münch.Komm./*Hanau*, Rdnr. 150.

[249] *Borgmann/Haug*, S. 111 f.

[250] BGH VersR 1971, 1119 [1120, 1121]; OLG Düsseldorf VersR 1985, 92 („Randgebiete des Auftrags sind ebenfalls in die Rechtsprüfung einzubeziehen"); Münch. Komm./*Hanau* § 276 Rdnr. 10.

[251] *Borgmann/Haug*, aaO.

[252] Z. B. die „ARB", „AKB", „AHB".

Risiken belehren, die eine vorzeitige Klage[253] oder ein Abwarten bis zur Reaktion des Versicherers bedeuten würde.[254] Darüberhinaus hat er auf die Einhaltung der Versicherungsbedingungen zu achten und den Mandanten über die Konsequenzen etwaiger Nichtbefolgung zu belehren.[255]

War der Anwalt mit der Durchsetzung von Lohnansprüchen beauftragt und fällt der Arbeitgeber zwischenzeitlich in Konkurs, muß er den Mandanten auch über Ansprüche auf *Konkursausfallgeld* und die hierfür bestehenden Fristen belehren (AG Siegburg NJW-RR 1989, 155).

e) Pflichten bei Abschluß eines Vergleichs

175   Gerade die Unsicherheit der Rechtslage und die mit ihr verbundenen Risiken sollten es dem Rechtsanwalt je nach Mandat nahelegen, den Abschluß eines Vergleiches – sei es zur Beilegung eines Rechtsstreits, sei es zur außergerichtlichen Einigung – zu überdenken und mit dem Mandanten eingehend zu erörtern. So einfach dies aber klingt, so sehr ist hierbei wiederum das Fingerspitzengefühl des Anwalts gefordert. Gewiß existieren genug Beispiele, bei denen sich *im Nachhinein* das unterbliebene oder umgekehrt das eher vorschnelle Anraten zum (außer-)gerichtlichen Vergleichsabschluß als anwaltlicher Fehler *heraus*stellt. Doch diese ex-post-Betrachtung, die sich aller Schwierigkeiten *zum Zeitpunkt* des Vergleichsschlusses entledigt hat, kann keineswegs Maßstab für die Beurteilung derjenigen Pflichten sein, die dem Anwalt *in* dieser, den Vergleichsabschluß und seine Modalitäten mit dem Mandanten zu erörternden Situation obliegen. Ist es mithin an sich die konkrete Mandatssituation, aus der die *spezifischen* Pflichten des Anwalts im Zusammenhang mit der Beratung über einen Vergleichsabschluß folgen,[256] so bestehen gleichwohl einige, wenn auch wenige *übergeordnete Grundsätze,* die dieser dabei zu beachten hat. Insbesondere muß der Rechtsanwalt

„wenn er zum Vergleich rät, *abwägen,* ob er den *wohlverstandenen Interessen* seines Mandanten genügt; er muß hierbei auf *Bedenken* oder auf die seinem Mandanten durch den vorgesehenen Vergleich entstehenden *nachteiligen Folgen* hinweisen; er darf jedenfalls dann nicht ohne weiteres einen Vergleich empfehlen, vorschlagen oder gar selbst unwiderruflich abschließen, wenn nach der Prozeßlage begründete Aussicht besteht, daß im Falle der Entscheidung ein *günstigeres Ergebnis* zu erzielen ist; zumindest muß der Rechtsanwalt bei einer Beratung darauf *hinweisen* ...“[257]

Der Rechtsanwalt muß also gewissenhaft die *Vor-* und *Nachteile* des Vergleichs und der Führung bzw. streitigen Beendigung eines Rechtsstreits *ab-*

---

[253] Vgl. OLG Düsseldorf VersR 1976, 892.

[254] Z.B. bei drohendem Ablauf einer (Verjährungs-)Frist, vgl. *Borgmann/Haug,* S. 112 m.w.N.

[255] BGH VersR 1985, 83 [85]; *Borgmann/Haug,* aaO.

[256] OLG Hamburg VersR 1980, 1073 [1074]; OLG Frankfurt NJW 1988, 3269 [3270]; *Borgmann/Haug,* S. 112 m.N. aus der unveröffentlichten Rspr.

[257] BGH VersR 1961, 276 [278] m.w.N.; ebenso *Soergel/Wolf* § 276 Rdnr. 179; Münch.Komm./*Seiler* § 675 Rdnr. 10.

wägen und mit dem Mandanten erörtern. Von seiner Verantwortung bei der Beratung seiner Partei wird der Anwalt auch nicht durch eine ausdrückliche *Empfehlung des Gerichts* zum Vergleichsabschluß entbunden.[258] Gerade weil aber Prognosen über den Ausgang eines Rechtsstreits selten eindeutig sind, muß dem Anwalt auch bei sorgfältiger Interessenabwägung gleichwohl ein gewisser *Spielraum* verbleiben, der ihn bei einzelnen, sich nachträglich als für den Mandanten ungünstig erweisenden Regelungen des Vergleichs vor Regreßansprüchen schützt. Andernfalls – so zu Recht der BGH – wäre „praktisch das Ende jeder (außer-)gerichtlichen Vergleichspraxis" vorprogrammiert.[259]

Die Grenze dieses immer durch den jeweiligen Auftrag abgesteckten Spielraums, besteht indes dort, wo ein vorgeschlagener Vergleich so (eindeutig) *ungünstig* erscheint, daß der Anwalt von ihm abraten muß.[260] Das gilt insbesondere dann, wenn die Führung eines Rechtsstreits unbedingt vorzuziehen wäre, weil die für das jeweilige Mandat maßgeblichen Rechtsfragen in Rechtsprechung und Schrifttum im Sinne des Mandanten beurteilt werden, mithin das voraussichtliche Ergebnis eines Rechtsstreits günstiger erscheint.[261] Aber auch in solchen Fällen ist dem Anwalt gleichwohl dann kein Vorwurf zu machen, wenn der Auftraggeber nach *ausdrücklicher Belehrung* dennoch auf einer vergleichsweisen Erledigung der Rechtssache besteht.[262]   176

Mit letzterem ist zugleich ein weiteres, wichtiges Kriterium angesprochen. Stets muß der Anwalt bei Vergleichsgesprächen und ihrer Realisierung in *Absprache und mit Zustimmung* des Mandanten handeln.[263] Dafür genügt indes nicht jede Form der Billigung durch den Auftraggeber. Notwendig und allein ausreichend ist vielmehr nur eine solche, die aufgrund verständiger Würdigung der Belehrungen des Anwalts und der dabei vorgetragenen Argumente erfolgt. Auch hier muß sich der Anwalt also wiederum – ähnlich wie bei der Sachverhaltsaufklärung[264] – dem Bildungs- und Kenntnisstand des Mandanten anpassen.[265] So läßt sich insgesamt festhalten, daß die Verantwor-   177

---

[258] OLG Stuttgart VersR 1984, 450 [451]; OLG Frankfurt NJW 1988, 3269 [3270]; *Rinsche*, Rdnr. I 269.

[259] BGH VersR 1968, 450 [451]; zustimmend *Borgmann/Haug*, S. 113 m.w.N.

[260] BGH aaO. In einer solchen Situation darf der Rechtsanwalt keinesfalls dem „Lockruf" der zusätzlichen Vergleichsgebühr (§ 23 BRAO) erliegen und zum Vergleichsschluß „drängen"; zur Darlegungslast des Mandanten in diesem Fall vgl. OLG Frankfurt NJW 1988, 3269 [3270].

[261] BGH aaO [Fußn. 252]; OLG Stuttgart VersR 1984, 450; Münch.Komm./*Seiler* § 675 Rdnr. 10; *Soergel/Wolf* § 276 Rdnr. 179; *Borgmann/Haug*, S. 113 m.w.N.

[262] BGH VersR 1968, 450 [451].

[263] *Rinsche*, Rdnr. I 262, 266.

[264] Und wie überhaupt generell bei der Erfüllung der Beratungspflicht, s. oben 2b.

[265] Dies wurde deutlich vom BGH (VersR 1961, 467 [468–470]) herausgestellt. Zu Unrecht wird diese Entscheidung von *Borgmann/Haug* (S. 114–115) unter Bezug auf BGH VersR 1968, 450 (vgl. oben Fußn. 255) kritisiert, denn der in der letzteren Entscheidung zugestandene Handlungsspielraum bezieht sich keineswegs auf die *Verständlichkeit* der Belehrung über einen möglichen Vergleich, sondern ausschließlich auf

tung des Rechtsanwaltes bei der erforderlichen Belehrung über eine vergleichsweise Erledigung des Auftrags um so größer ist, je unerfahrener und geschäftsungewandter die von ihm vertretene Partei ist.[266]

f) Pflicht zur Aufklärung über eigenen anwaltlichen Fehler

178   Die besondere Bedeutung der anwaltlichen Beratungs- und Belehrungspflicht zeigt sich insbesondere daran, daß sie sich gar auf Ansprüche des Mandanten gegen den Anwalt selbst bezieht: Verletzt der Rechtsanwalt seine Pflichten aus dem Anwaltsvertrag, muß er seinen Mandanten auf diese Pflichtverletzung hinweisen und diesen darüber belehren, daß demzufolge Haftpflichtansprüche gegen ihn bestehen können. Verletzt der Anwalt wiederum auch diese Hinweispflicht und macht der Mandant infolge Unkenntnis seinen Schadensersatzanspruch vor Verjährungseintritt (§ 51 BRAO) nicht geltend, so steht dem Mandanten – ohne Rücksicht auf die Verjährung des Primäranspruchs – ein sog. *sekundärer Schadensersatzanspruch*[267] zu. Dieser Sekundäranspruch ist also gewissermaßen Resultat einer *Verdoppelung* der wohl wichtigsten Vertragspflicht des Anwalts, der Pflicht zur umfassenden und erschöpfenden Belehrung des Mandanten.

V. Grundsatz des sichersten Weges

1. Allgemeine Umschreibung

179   Eng mit der rechtsanwaltlichen Beratungspflicht verbunden ist ein Grundsatz, der – jedenfalls nach den Anforderungen der Rechtsprechung – dem Anwalt bei der Vertragserfüllung in jeder Beziehung als *Leitbild* zu dienen hat: der *Grundsatz des sichersten Weges*.[268] Dieser Grundsatz (eine Schöpfung des Reichsgerichts[269]) ist inzwischen wohl so selbstverständlich, daß er in der neueren Rechtsprechung kaum noch erläutert oder in seinen abstrakten Grundzügen ausgeführt wird.[270] Nur in seinem Urteil vom 5. 11. 1987 hat

---

die dem Vergleich zugrundezulegenden *Abwägungsumstände;* zur Verständlichkeit einer Abfindungserklärung und dem damit verbundenen Wegfall einer gesonderten Belehrung durch den Rechtsanwalt, vgl. OLG Koblenz VersR 1983, 450 mit Anmerkung *Baumgärtel.*

[266] OLG Frankfurt NJW 1988, 3269 [3270]; *Rinsche*, Rdnr. I 261.

[267] Zu den Einzelheiten der Verjährung des Primäranspruchs und den Voraussetzungen des Sekundäranspruchs s. unten § 4 III.

[268] Dieser Grundsatz ist zwar keineswegs ausschließlich auf die Beratungspflicht beschränkt, hat aber wohl dort seine hauptsächlichste Bedeutung, vgl. auch *Borgmann/ Haug*, S. 116, 121 f.

[269] RGZ 151, 259 [264].

[270] Vgl. insoweit z. B. BGH NJW 1988, 563 [566]; NJW-RR 1987, 898 [899]; NJW-

sich der Bundesgerichtshof anstelle des sonst üblichen Hinweises auf die mittlerweile „gefestigte Rechtsprechung" um eine Erläuterung bemüht: Der Rechtsanwalt

„muß sein Verhalten so einrichten, daß er Schädigungen seines Auftraggebers, mag deren Möglichkeit auch nur von einem Rechtskundigen vorausgesehen werden können, vermeidet. Er hat, wenn mehrere Maßnahmen in Betracht kommen, diejenige zu treffen, die die sicherste und gefahrloseste ist, und, wenn mehrere Wege möglich sind, um den erstrebten Erfolg zu erreichen, den zu wählen, auf dem dieser am sichersten zu erreichen ist ..."[271]

Sehr deutlich wird dabei, daß das Gebot des sichersten Weges und mithin auch seine Verletzung durch den Rechtsanwalt nur dort eine Rolle spielen kann, wo das jeweilige Ziel des Mandanten durch verschiedene Möglichkeiten auf unterschiedlichen Wegen erreichbar ist. Nur – und dies hängt vornehmlich mit der schon mehrfach beschriebenen und häufig gegebenen Unsicherheit der Rechtslage und den mit der Führung eines Rechtsstreits verbundenen Risiken zusammen: Im Regelfall werden dem Anwalt Vorgehensvarianten bei der Erledigung des Auftrages zur Verfügung stehen, die indes keineswegs in ihrem Ergebnis identisch sein müssen.[272] Umso verständlicher und gar selbstverständlich erscheint es doch, daß der Rechtsanwalt diejenige Variante zu wählen hat, die den Zielen und Interessen des Auftraggebers im Gesamtergebnis am ehesten gerecht wird. Nicht der Grundsatz des sicheren, sichereren oder gar sichersten Weges[273] in seiner Zielsetzung und *abstrakten* Beschreibung kann so Anlaß zur Kritik sein,[274] sondern nur seine (etwa) überzogene *konkrete Anwendung* auf den jeweiligen Einzelfall.

Eine in diesem Sinne „verfehlte Rechtsprechung" läßt sich indes nur selten   180 feststellen. Vielmehr findet sich eher eine Reihe von *typischen Beispielen*, die bei der Anwendung dieses Grundsatzes sowohl den Mandanteninteressen als auch den realen Möglichkeiten des Anwalts gerecht werden:
– Generell gilt, daß der Rechtsanwalt bei einer für das Mandat maßgeblichen, aber zweifelhaften und höchstrichterlich noch nicht entschiedenen Rechts-

---

RR 1986, 1281 = WM 1986, 199 [202]; VersR 1987, 680 und 1237; WM 1988, 987 [990f.]. Aber auch der älteren Rspr. ist diese Selbstverständlichkeit bereits zu eigen, vgl. insoweit BGH NJW 1959, 141; NJW 1961, 601.

[271] BGH NJW 1988, 486 [487]; wiederholt in NJW 1988, 1079 [1080]; ähnlich auch die Kommentierung bei Münch.Komm./*Seiler* § 675 Rdnr. 10; *Soergel/Wolf* § 276 Rdnr. 175; BGH-RGRK/*Steffen* § 675 Rdnr. 69 jeweils m. w. N. Nicht unerwähnt sei demgegenüber die von E. *Schneider* in einer Glosse (AnwBl 1987, 269) sarkastisch formulierte Zusammenfassung (auch) dieser Umschreibung: „Um seiner Haftung zu entgehen habe er (der Rechtsanwalt) sich im Zweifel für das Richtige zu entscheiden."

[272] Man denke nur an die oben (IV 3 e) erörterte vergleichsweise Erledigung der Mandatssache, die den Mandanten zwar zum teilweisen Nachgeben zwingt, aber gleichwohl insgesamt von Vorteil ist.

[273] Allein diese Steigerungsform ist für *Borgmann/Haug* (S. 116f.) bereits Grund zur Kritik.

[274] So aber deutlich *Borgmann/Haug,* S. 117.

frage seinem Mandanten nicht zu einem riskanteren als dem *möglichen* sicheren Weg raten darf.[275]

– Hat sich aber umgekehrt zu einer mandatsrelevanten Rechtsfrage (bislang) eine höchstrichterliche Rechtsprechung herausgebildet, gebietet dem Anwalt das Postulat des sichersten Weges – schon wegen der dieser Rechtsprechung zukommenden Präjudizwirkung[276] – dieser zu folgen oder aber wiederum eine etwaige Abweichung hiervon zuvor eingehend mit dem Mandanten zu erörtern.[277]

– Der mit der Fertigung von Verträgen beauftragte Rechtsanwalt muß diese so abfassen, daß ihre Wirksamkeit zweifelsfrei, eine mehrdeutige Auslegung einzelner Regelungen ausgeschlossen ist und – sich hieraus möglicherweise ergebende – Rechtsstreitigkeiten der Parteien vermieden wer-

---

[275] BGH NJW-RR 1986, 1281 [1282] = WM 1986, 199 [202] (hier: internationaler Gerichtsstand der Widerklage); der BGH vertrat diese Ansicht, obgleich der im konkreten Fall beschrittene Weg im Schrifttum seine Stütze fand. In seiner zustimmenden Anm. (WuB/6.86, 710) vertritt *Krämer* bestärkend die Auffassung, daß der Rechtsanwalt in diesem Fall gleichwohl überprüfen müsse, „ob die bereits vorliegende Rechtsprechung des BGH eine bestimmte *Tendenz* für die konkrete Fragestellung erkennen läßt. Ist die zu beurteilende Rechtsfrage angesichts der bekannten Judikatur nicht eindeutig zu beantworten und besteht aus der Sicht ex ante ein Risiko, gilt auch hier das Postulat des „sichersten Weges" (ebenso *Soegel/Wolf* § 276 Rdnr. 175). Dem ist – rückblickend auf die bereits bei der Rechtsprüfungspflicht beschriebene Problematik (s. oben III 4 aE) – zuzustimmen. Der Rechtsanwalt kann allenfalls dann einen ausschließlich auf eine Literaturauffassung gestützten Rechtsstreit „guten Gewissens" führen, wenn er zuvor den Mandanten eingehend über das damit verbundene Risiko beraten und dessen Zustimmung hierzu erlangt hat (so auch der BGH aaO und NJW 1985, 264 [265]).

[276] S. oben III 6 b.

[277] Zu diesem Erfordernis der Kenntnis und Berücksichtigung höchstrichterlicher Rechtsprechung vgl. bereits die Ausführungen oben III 3; Kehrseite dieser Verpflichtung muß dann aber konsequenterweise ein genereller, von aktueller richterlicher Rechtsänderung unabhängiger Schutz des anwaltlichen Vertrauens in eine solche höchstrichterliche Rechtsprechung sein. Freilich ist innerhalb der Judikatur eine Tendenz festzustellen, die dem Anwalt den Vorwurf einer Pflichtverletzung gleichwohl dann macht, wenn die maßgebliche, bislang höchstrichterlich entschiedene Rechtsfrage in Literatur und untergerichtlicher Rechtsprechung umstritten war (z.B. BGHZ 60, 98 = NJW 1973, 364; weitere Nachweise bei *Rehbinder* in FS für *Stimpel*, 1985, S. 56, Fußn. 33). Ein Rechtsanwalt, der aber nur der im Schrifttum und von der untergerichtlichen Rechtsprechung vertretenen Auffassung folgen würde, setzt sich dem potentiellen Vorwurf aus, nicht die höchstrichterliche Rechtsprechung berücksichtigt zu haben. Diese den anwaltlichen Vertrauensschutz einschränkende Rechtsprechung geht so nicht nur von unmöglichen prophetischen Fähigkeiten des Anwalts hinsichtlich der zukünftigen Rechtsentwicklung aus (*Rehbinder* aaO; *Hübner*, NJW 1989, 5 [6, 8]), sondern muß sich den Vorwurf eigener Inkonsequenz gefallen lassen (ebenfalls ablehnend *Borgmann/Haug*, S. 96; *Rehbinder, Hübner*, jeweils aaO). Eine Einschränkung ist allenfalls dann zu machen, wo für den Anwalt eine Entwicklungstendenz der jeweils maßgeblichen Rechtsprechung – insbesondere aufgrund der für ihn verpflichtenden Lektüre von Fachzeitschriften (s. oben III 3) – allzu deutlich ist, und er deshalb mit einer Änderung der Rechtsauffassung auch in der höchstrichterlichen Judikatur rechnen muß (ähnlich *Borgmann/Haug* und *Rehbinder*, jeweils aaO).

den.[278] Dies gilt insbesondere dann, wenn die *Formbedürftigkeit von Rechtsgeschäften* in Frage steht. Hier muß der Rechtsanwalt dem Mandanten im Zweifelsfall als sicherstem Weg zur Wahrung der Schriftform oder gar zur notariellen Beurkundung raten.[279]

– Eine wichtige Bedeutung hat der Grundsatz des sichersten Weges auch bei Mandanten, bei denen die *Verjährung* von Ansprüchen eine Rolle spielt. Sowohl bei rechtlichen als auch tatsächlichen Zweifeln muß der Anwalt denjenigen Weg wählen, der auch bei der ungünstigsten Beurteilung die Mandanteninteressen bestmöglich, d.h. durch Unterbrechung und Hemmung der Verjährung oder durch Einhaltung der jeweils maßgeblichen Fristen sichert. So muß er im Zweifelsfall bei jeder Maßnahme von der kürzeren Verjährungsfrist und von ihrem früheren Beginn ausgehen.[280]

– Bei Mandaten, die Prozeßvertretungen zum Gegenstand haben, ist der „sicherste Weg" für den beauftragten Rechtsanwalt in mehrfacher Hinsicht von Bedeutung. Vertritt er die verklagte Partei, darf er sich nicht ausschließlich auf die Unschlüssigkeit der gegen sie gerichteten Klage verlassen, sondern muß seinerseits versuchen, Einwendungen und Einreden vorzutragen, samt des dafür notwendigen Tatsachenmaterials und etwa erforderlicher Beweismittel.[281] Erhebt er selbst Klage im Namen des Mandanten, muß er bei Zweifeln über dessen Aktivlegitimation diesem raten, sich eine Abtretungserklärung des möglichen Anspruchsinhabers ausstellen zu lassen,[282] und auch bei der Auswahl und Bezeichnung der beklagten Partei hat der Rechtsanwalt den im Zweifelsfall sichereren Weg zu gehen.[283] Kommt eine Nebenintervention in Betracht, muß der Rechtsanwalt dem Auftraggeber zur Streithilfe schon deshalb raten, um – u.U. über den Weg der eigenen Rechtsmittelbefugnis des Mandanten – den Ausgang des Rechtsstreits in dessen Sinne zu beeinflussen.[284]

---

[278] *Rehbinder,* FS für *Stimpel* S. 55 m.w.N.

[279] Z.B. BGH VersR 1960, 273 [274]; *Borgmann/Haug,* S.121f.; *Rinsche,* Rdnr. I 62. *Borgmann/Haug* (S. 122) ist zudem zuzustimmen, daß die bloße Nichtbeachtung der Formbedürftigkeit eines Rechtsgeschäfts objektiv keinen Verstoß gegen den Grundsatz des sichersten Weges darstellt, weil dieser allemal – wie bereits eingangs ausgeführt – das Bestehen rechtlicher Alternativen voraussetzt. Die Mißachtung von Formerfordernissen ist in diesem Fall vielmehr ein Verstoß gegen die anwaltliche Rechtsprüfungspflicht, bei unterbliebener ausreichender Belehrung des Mandanten eine Versäumung der allgemeinen Beratungspflicht (BGH NJW 1977, 2073 [2074]).

[280] RGZ 115, 185 [187f.]; BGH VersR 1960, 991 [992]; 1963, 359 [360]; 1967, 704 [705]; OLG München VersR 1971, 526f.; *Borgmann/Haug,* S.121; *Rinsche,* Rdnr. I 62. Zum sichersten Weg bei Maßnahmen zur Unterbrechung oder Hemmung der Verjährung vgl. BGH NJW 1981, 2741 [2742].

[281] *Rinsche,* Rdnr. I 61; vgl. auch OLG Düsseldorf NJW-RR 1989, 927: Erhebung der Verjährungseinrede neben sachlicher Verteidigung.

[282] *Rinsche,* aaO.

[283] OLG Köln AnwBl 1982, 484; *Borgmann/Haug,* S. 121 mit weiteren Beispielen aus der Rspr.

[284] BGH NJW-RR 1987, 898 (hier: Ehelichkeitsanfechtungsprozeß, zu dem der Mandant als möglicher außerehelicher Erzeuger als Zeuge geladen war).

181   Gewiß handelt es sich bei diesen Beispielen nur um eine selektive Auswahl der wichtigsten, von der Rechtsprechung erörterten Anwendungsfälle des Grundsatzes des sichersten Weges. Tatsächlich ist er im einzelnen so stark ausdifferenziert,[285] daß eine abschließende Darstellung seines konkreten Anwendungsbereichs nicht möglich ist. Die Vielfalt der Rechtsprechung hierzu hat nicht zuletzt ihren Grund darin, daß der Grundsatz des sichersten Weges „eine Konkretisierung der Verhaltenspflichten des Rechtsberaters darstellt" und deshalb „eine umfassende Bedeutung für die gesamte Tätigkeit des Rechtsanwalts"[286] hat. Um so mehr rechtfertigen sich die hohen Anforderungen, wie sie sowohl bei seiner abstrakten Beschreibung als auch bei seiner konkreten Anwendung bisweilen an den Rechtsanwalt gestellt werden.

182   Gewisse *Einschränkungen* sind indes gleichwohl zu treffen. So kann ein Rechtsanwalt „in Verfolgung dieses Grundsatzes nicht verpflichtet werden, wesentlichen Tatsachenvortrag zurückzuhalten oder bewußt zu verschweigen, um auf diese Weise „sicherer" das von seinem Mandanten erstrebte Ziel zu erreichen, falls dem Gericht oder dem Prozeßgegner dies nicht auffällt."[287] Denn dies wäre mit seiner Stellung als unabhängigem Organ der Rechtspflege (§ 1 BRAO) unvereinbar. Darüber hinaus kann der Grundsatz des sichersten Weges – wie bereits erwähnt – nur dort eine Rolle spielen, wo sich für den Rechtsanwalt überhaupt Handlungsalternativen bei der Mandatsbetreuung ergeben. Aber es müssen auch (rechtlich) machbare Alternativen sein[288] und bisweilen kann eine solche Alternative zwar die sicherste, keineswegs aber unbedingt die zweckmäßigste sein. Dieses Verhältnis von Sicherheit einerseits und Zweckmäßigkeit andererseits hat der Bundesgerichtshof in seiner nicht nur auf dem ersten Blick bedenklich stimmenden Entscheidung vom 20. 2. 1975 wie folgt charakterisiert:

> „Der „sicherste" Weg ist nicht immer der juristisch völlig unangreifbare Weg. Es kann gelegentlich andere Wege geben, die, jedenfalls ex ante – und darauf ist abzustellen – betrachtet, wahrscheinlicher und damit auch „sicherer" zu dem vom Mandanten erstrebten Ziel führen. Ein Anwalt darf sich in solchen Fällen *Zweckmäßigkeit*serwägungen nicht verschließen und kann oder muß sogar *bisweilen* Wege beschreiten, die *rechtlich nicht abgesichert* oder sogar nicht einmal haltbar sind . . ."[289]

Diese in Hinblick auf die bisherigen Ausführungen eher überraschende Aussage wird wohl besser aufgrund des ihr zugrundeliegenden Sachverhalts verständlich: Der Rechtsanwalt hatte im Auftrag seiner Mandantin einen

---

[285] *Rehbinder* in FS für *Stimpel*, S. 55.

[286] *Rehbinder*, aaO.

[287] BGH VersR 1983, 562 [563]. – Zum Beschreiten des „an eine Täuschung grenzenden Wegs" darf der Anwalt nicht raten: Annahme eines formunwirksamen Grundstücksangebots, um unter Ausnutzung des erheblichen Irrtums des Grundstückseigentümers die Heilungswirkung gem. § 313 S. 2 BGB herbeizuführen (BGH NJW 1988, 2880 [2881]).

[288] *Borgmann/Haug*, S. 117.

[289] BGH VersR 1975, 540 [541].

privatschriftlichen Schenkungsvertrag gefertigt und diesen von ihr und dem Schenkungsversprechenden unterzeichnen lassen. Weil die Mandantin keinen rechtlichen, sondern nur einen moralischen Anspruch auf die Schenkung hatte, unterließ er die an sich erforderliche notarielle Beurkundung (§ 518 BGB) wegen der Sorge, der Versprechende würde aufgrund der Belehrungen des Notars vom Abschluß des Rechtsgeschäfts insgesamt Abstand nehmen. Die Hoffnung des Anwalts, der Versprechende werde den Schenkungsvertrag auch aufgrund der formunwirksamen privatschriftlichen Fixierung erfüllen, realisierte sich indes nicht (voll). Mit der obigen Begründung erachtete der Bundesgerichtshof diese Vorgehensweise für pflichtgemäß.[290]

Wenngleich es sich um eines der eher seltenen anwaltsfreundlichen Urteile 183 handelt, sind dagegen doch Bedenken zu erheben. Der Bundesgerichtshof führt hier der Ausfüllung des Grundsatzes des sichersten Weges ein Kriterium ein, der diesen allgemein noch weniger faßbar, für den um seine Einhaltung bemühten Rechtsanwalt noch weniger durchschaubar und für den im Haftpflichtprozeß entscheidenden Prozeßrichter noch weniger (exakt) überprüfbar macht. Denn waren es sonst *rechtlich machbare* Vorgehensvarianten – die eine mit geringerem, die andere mit höherem Risiko verbunden –, die als Kriterium sowohl dem Anwalt bei der Wahl des Weges als auch im Regreßprozeß dem Richter bei der Überprüfung der Korrektheit der jeweiligen Abwägung zu dienen hatten, so sind es nun der rechtlich korrekte Weg einerseits und der inkorrekte, aber zweckmäßige Weg andererseits. Zugegeben, es wird sicherlich nur wenige Fälle geben, bei denen juristische Korrektheit und Zweckmäßigkeit einander völlig ausschließen.[291] In den übrigen „Mischfällen" sollte indes die Zweckmäßigkeit[292] *kein selbständiges, gleichgewichtiges Kriterium* neben der rechtlichen Qualität einer Vorgehensweise sein. Denn für letztere existieren eindeutige, sowohl für den Anwalt als auch

---

[290] Aber selbst wenn man dem uneingeschränkt folgen wollte, so drängt sich doch eine weitere Frage auf: Hätte der Rechtsanwalt nicht aufgrund seiner allgemeinen *Beratungspflicht* die Mandantin über das hohe Risiko einer unterbliebenen notariellen Beurkundung belehren müssen mit der Möglichkeit, daß die Mandantin von sich aus über den einen oder anderen Weg entscheiden hätte können. Dazu äußerst sich der BGH (aaO) zwar auch, indes völlig unverständlich: „Ein Verschulden des Anwalts liegt auch nicht darin, daß er die Klägerin (Mandantin) in der Vorberatung nicht wenigstens darauf hingewiesen hat, zur vollen Absicherung sei eine notarielle Beurkundung zweckmäßig. Der Beklagte (Rechtsanwalt) kann nämlich insoweit mit gutem Grund einwenden, daß eine solche vorherige Aufklärung sein Vorhaben, M. (den Versprechenden) zu einer Zusage zu bewegen, hätte gefährden können." Über das Warum schweigt sich der BGH indes aus.

[291] In diesen Fällen mag die vom BGH ausgesprochene Abwägung durchaus tunlich sein.

[292] Zur Klarstellung sei darauf hingewiesen, daß hier unter „Zweckmäßigkeit" nur diejenigen Umstände verstanden werden, die allein auf *tatsächlicher* Grundlage beruhen, nicht aber rechtliche Zweckmäßigkeitserwägungen; denn letztere sind nur Grundlage der – hiervon zu unterscheidenden – rechtlich möglichen Handlungsalternativen, die dem Gebot des sichersten Weges das Material liefern.

im späteren Regreßprozeß für den Richter überprüfbare Beurteilungsmaßstä-
be in Form von Gesetz, Richterrecht und Auffassungen des Schrifttums,
während die Zweckmäßigkeit im Einzelfall durchaus unterschiedlicher Beurteilung zugänglich ist.[293] Dies soll indes nicht heißen, daß die Zweckmäßigkeit für den Anwalt bei der Mandatserledigung keine Rolle zu spielen hat.
Gerade dort, wo sich für den Rechtsanwalt unterschiedliche Wege ergeben
das Mandanteninteresse durchzusetzen, sind vornehmlich Zweckmäßigkeits-
überlegungen geeignet, sich auch einmal für den riskanteren, aber *rechtlich
möglichen* und für den Mandanten im Ergebnis einträglicheren Weg zu entscheiden.[294] Denn eines muß abschließend mit aller Deutlichkeit festgehalten
werden: Trotz der in der Rechtsprechung durchwegs verwendeten Steige-
rungsformel „sicherster" Weg kann dieser Grundsatz keineswegs bedeuten,
daß der Rechtsanwalt jedwedem Risiko aus dem Weg zu gehen hat. Dies wäre
– man denke dabei z.B. nur an das mit der Führung eines Rechtsstreits
nahezu durchwegs verbundene Risiko[295] – weder im Interesse des Mandanten,[296] noch würde diese starre, den Rechtsanwalt häufig zur Untätigkeit
verpflichtende Einschränkung seiner Handlungsfreiheit, seiner Stellung als
unabhängigem Organ der Rechtspflege gerecht werden. Davon unberührt
bleibt in jedem Fall selbstverständlich die Pflicht des Anwalts, den Mandanten ausreichend über die Risiken dieser Vorgehensweise zu belehren,[297] damit
dieser – wohlinformiert – eigenverantwortlich entscheiden und dem Anwalt
entweder freie Hand für das weitere Vorgehen geben oder aber diesen zu-
rückrufen kann.

2. Pflicht zur Verhütung von Fehlern des Gerichts

184   Aus dem Grundsatz des sichersten Wegs hat die Rechtsprechung eine besondere Pflicht des Anwalts abgeleitet, die hauptsächlich im Zusammenhang
mit der Haftung des Anwalts für gerichtliche Fehlentscheidungen erörtert
wird (vgl. dazu unten § 3 V 3e), die *Pflicht des Anwalts, Fehlern des Gerichts
entgegenzuwirken und sie zu verhindern.*[298] Im vorliegenden Zusammenhang

---

[293] Auf die gleiche Problematik zielen wohl auch *Borgmann/Haug* (S. 120) ab.
[294] Darin liegt ein großer Unterschied zu dem vom BGH (Fußn. 289) entschiedenen
Fall: Dort konnte der Anwalt nur auf eine bloße *Hoffnung* stützen, während er
definitiv wußte, daß seine Vorgehensweise im Gesetz keine Stütze fand. Das Ergebnis
war für die Mandantin auch entsprechend bitter. In der hier beschriebenen Anwendung
des Zweckmäßigkeitsgedankens wird der Mandant hingegen – egal für welche Variante
sich der Anwalt entscheidet – nicht mit leeren Händen dastehen.
[295] Vgl. dazu die Ausführungen oben IV 3 a.
[296] *Rinsche*, Rdnr. I 64; ähnlich *Borgmann/Haug*, S. 120 (indes bezogen auf Fälle, bei
denen die Wahrnehmung der Mandanteninteressen nur auf einem, rechtlich umstrittenen Weg möglich ist).
[297] BGH NJW-RR 1986, 1281 [1282] = WM 1986, 199 [202] = VersR 1986, 297f.
[298] BGH NJW 1964, 2402 [2403]; 1974, 1865 [1866]; 1988, 3013 [3016]; KG VersR
1981, 1057; *Bendix*, LZ 1915, 952ff.; *Schultz*, MDR 1965, 264; *Müller*, MDR 1969, 896

ist die Begründung dieser Pflicht aus dem Prinzip des sichersten Wegs aufzuzeigen und ihr Anwendungsbereich anhand einiger Leitentscheidungen zu
veranschaulichen.

Ausgangspunkt der Überlegungen bildet die Pflichtenstellung des Rechts-   185
anwalts bei unsicherer Rechtslage. Hat die Rechtsprüfung des Anwalts nicht
zur Feststellung einer gesicherten Rechtsauffassung geführt, so hat er sich
nach sorgfältiger juristischer Prüfung eine eigene Rechtsanschauung zu bilden (vgl. oben § 2 III 1). Im Prozeß führt der Grundsatz des sichersten Wegs
allerdings dazu, daß der Rechtsanwalt die Möglichkeit einer abweichenden
Rechtsauffassung des Gerichts mit einkalkulieren und seine Maßnahmen
dementsprechend so treffen muß, daß die Interessen des Mandanten auch in
diesem Fall bestmöglich gewahrt werden. Die höchstrichterliche Rechtsprechung hat hierzu folgende Leitsätze entwickelt: „Gibt die rechtliche Beurteilung zu ernstlich begründeten Zweifeln Anlaß, so muß der Rechtsanwalt
auch in Betracht ziehen, daß sich die zur Entscheidung berufene Stelle der
seinem Auftraggeber ungünstigen Beurteilung der Rechtslage anschließt. Im
Prozeß ist er verpflichtet, den Versuch zu unternehmen, das Gericht davon
zu überzeugen, daß und warum seine Auffassung richtig ist".[299] „Daher muß
er alles vorbringen, was die Entscheidung günstig beeinflussen kann. Hierzu
können auch Rechtsausführungen gehören".[300] Die „Irrtumsverhinderungspflicht" des Rechtsanwalts ist freilich nicht auf Fälle zweifelhafter abstrakter
Rechtsfragen beschränkt, sondern greift auch immer dann ein, wenn aus
tatsächlichen Gründen die Rechtslage zweifelhaft ist. In diesem Sinne hat
bereits das Reichsgericht die Grundsätze des sichersten Weges dann angewendet, „wenn die rechtliche Beurteilung *infolge der Tatsachenlage* zu ernstlich begründeten Zweifeln Anlaß gibt".[301] „Denn bei wirklich zweifelhafter
Rechtslage muß erfahrungsgemäß damit gerechnet werden, daß verschiedene
Entscheidungsstellen verschiedene Entscheidungen treffen, und dem muß der
Anwalt Rechnung tragen".[302] Damit nicht erfaßt sind „Versehen" des Gerichts, die gerade auch bei einer an sich völlig klaren Rechtslage unterlaufen
können. Auch den Schritt zur Einbeziehung von gerichtlichen „Versehen" in

---

und JR 1969, 161 [165]; *Kornblum*, AnwBl 1975, 92 [94]; *Odersky*, NJW 1989, 1 [3];
J. *Blomeyer*, Schadensersatzansprüche des im Prozeß Unterlegenen wegen Fehlverhaltens Dritter, 1972, S. 233 f.; *Wendt*, S. 176 f.; krit. *Borgmann/Haug*, S. 122 und *Borgmann* EWiR § 675 BGB 6/88, 573 [574]; eingehend m. w. N. *Guardiera Windheim*,
S. 99 ff., 103 ff., 140, 149 f., 162, 190.

[299] BGH NJW 1974, 1865 [1866]; 1988, 486 [487] und 1079 [1080]; ähnlich bereits
RGZ 151, 259 [264].

[300] BGH NJW 1974, 1865 [1866] unter Hinw. auf *Müller*, MDR 1969, 896: „Rechtsvortrag"; der Ausdruck „Rechtsauffassungen" im Text der BGH-Entscheidung ist
wohl ein Schreibversehen.

[301] RGZ 151, 259 [264]; vgl. auch BGH NJW 1974, 1865 [1866 li. Sp. unten]: „...
infolge der Tatsachenlage *oder* der im Schrifttum und der Rechtsprechung dazu vertretenen Auffassungen..."

[302] RGZ 151, 259 [264].

die Fehlerverhütungspflicht ist die Rechtsprechung schließlich gegangen. Unter stillschweigender Abstandnahme von der Voraussetzung der „wirklich zweifelhaften Rechtslage" wird dem Anwalt im Hinblick auf die allgemeine Fehlbarkeit der Gerichte eine Art *vorbeugende* Fehlerverhütungspflicht auferlegt. Diese Auffassung hat der BGH wohl erstmals in seinem Urteil vom 17. 9. 1964 vertreten[303] und später fortgeführt. Der BGH hat folgende Grundsätze aufgestellt: „Mit Rücksicht auf das auch bei Richtern nur unvollkommene menschliche Erkenntnisvermögen und die niemals auszuschließende Möglichkeit eines Irrtums ist es Pflicht des Rechtsanwalts, nach Kräften dem Aufkommen von Irrtümern und *Versehen* des Gerichts entgegenzuwirken".[304] In dieser Endstufe ist die „Pflicht des Rechtsanwalts, Fehlern des Gerichts entgegenzuwirken" (BGH) völlig verselbständigt und vom Grundsatz der Wahrung des sichersten Wegs gänzlich abgelöst.

186 Da der Anwendungsbereich der Fehlerverhütungspflicht noch weitgehend ungeklärt ist, sollen nachfolgend einige Leitentscheidungen aus der Rechtsprechung wiedergegeben werden.

Im Fall RGZ 151, 259 hat der Ersteher eines „verpachteten" Grundstücks, auf dem eine Gaststätte betrieben wurde, den Rechtsanwalt mit der (außerordentlichen) Kündigung des Pachtverhältnisses gem. § 57a ZVG beauftragt; der Pachtvertrag enthielt eine Schiedsklausel. Bei Qualifizierung des mit dem Gaststätteninhaber geschlossenen Vertrags als „Pachtvertrag" war die „für den ersten Termin zulässige Kündigung" (vgl. § 57a ZVG) spätestens am 3. 10. 1932 zum 31. 3. 1933 zu erklären, bei der Qualifizierung als „Mietvertrag" dagegen bereits am 3. 7. 1932 zum 30. 9. 1932. Der Anwalt hat am 21. 9. 1932 zum 31. 3. 1933 und damit bei (zutreffender) Einordnung des Vertrags als Pacht rechtzeitig gekündigt. Diese Kündigung erwies sich jedoch als unbehelflich, da das Schiedsgericht den Vertrag (fälschlich) als „Miete" und damit als nicht rechtzeitig gekündigt ansah. Durch eine vorsorgliche rechtzeitige Kündigung schon zum 30. 9. 1932 hätte der Rechtsanwalt Schaden von seinem Mandanten auch bei Vorliegen von „Miete" abwenden können. Traf den Anwalt im Hinblick auf die „Fehlbarkeit" des Schiedsgerichts eine allgemeine Fehlerverhütungspflicht, mußte er diese Möglichkeit in Rechnung stellen. Das RG hat in diesem Fall einen Pflichtverstoß verneint, da der Anwalt nicht damit rechnen mußte, „daß der Vertrag von der zur Entscheidung zuständigen Stelle als Mietvertrag angesehen und behandelt werden könnte" (aaO S. 265).

187 Im Ausgangsverfahren zu BGH NJW 1988, 3013 ging es um einen in der Berufungsinstanz anhängigen Sachmängelprozeß, bei dem der wandelnde Käufer vom (später beklagten) Rechtsanwalt vertreten wurde. In erster In-

---

[303] BGH NJW 1964, 2402 [2404].
[304] BGH NJW 1974, 1865 [1866] im Anschluß an BGH NJW 1964, 2402 [2403]; die Formel ist wiedergegeben im Zusammenhang mit der Argumentation der Vorinstanz in BGH NJW 1988, 3013 [3014], bei der eigenen Begründung aber nicht mehr aufgegriffen, vgl. aaO S. 3016.

stanz hatte der Käufer mit seinem Wandlungsbegehren obsiegt. Die Berufungskammer des LG hielt ein (weiteres) Sachverständigen-Gutachten über das behauptete Fehlen einer zugesicherten Eigenschaft für erforderlich und erließ einen entsprechenden Beweisbeschluß. Die an den „Kläger" gerichtete Vorschußanordnung im Beweisbeschluß war objektiv mißverständlich. Der Anwalt des Käufers („Klägerin") ist davon ausgegangen, daß die Vorschußpflicht der „Gegenseite" als Beweisführer auferlegt war, hatte aber eine entsprechende Klarstellung des Beweisbeschlusses unterlassen und auch nach fruchtlosem Fristablauf nicht auf eine Klärung der beweisrechtlichen Lage in der mündlichen Verhandlung gedrängt. Das LG hat die Klägerin ohne jede weitere Aufklärung als beweisfällig behandelt und die Klage abgewiesen. Der BGH hat eine Anwaltspflichtverletzung durch Nichtverhinderung der fehlerhaften Beweislastentscheidung des LG bejaht.

Im Ausgangsfall zur Entscheidung BGH NJW 1964, 2402 war der Anwalt 188 Verteidiger eines Beschuldigten in einem Strafverfahren wegen einer Übertretung, in dem es noch nach Eintritt der Verfolgungsverjährung (Juni 1959) zu belastenden Maßnahmen für den Mandanten (Führerscheinentzug) gekommen war. Der Eintritt der Verfolgungsverjährung wurde vom Verteidiger erstmals mit der Revisionsbegründungsschrift (Oktober 1959) gerügt; daraufhin wurde das Verfahren eingestellt. Bereits im Juni 1959 hätte der Verteidiger das Verfahrenshindernis bei einer Akteneinsicht feststellen können. Nach Auffassung des BGH handelte der Verteidiger pflichtwidrig, denn er hätte „verhindern müssen, daß die richtige Entscheidung zu Lasten des Beschuldigten verfehlt wird" (aaO S. 2403).

Um die Frage, ob auf verjährte Mängelbeseitigungs- und Schadensersatzan- 189 sprüche in entsprechender Anwendung von § 390 Satz 2 BGB ein Zurückbehaltungsrecht (§ 273 BGB) gestützt werden kann, ging es im Ausgangsverfahren zu BGH NJW 1974, 1865; dies wird von der höchstrichterlichen Rechtsprechung bejaht.[305] In einem Bauprozeß hat der den Beklagten vertretende Rechtsanwalt gegenüber der Klageforderung ein Zurückbehaltungsrecht geltend gemacht, das auf (verjährte) Gegenansprüche auf Nachbesserung und Schadensersatz gestützt war; dem Hinweis des Gerichts (§ 139 ZPO), hilfsweise die Aufrechnung zu erklären, kam der Anwalt aus Rechtsgründen nicht nach. Hierauf wurde der Beklagte verurteilt. Die in der Berufungsinstanz vom Berufungsanwalt nachgeholte Aufrechnung wurde nicht mehr zugelassen. Eine klageweise Geltendmachung der Gegenansprüche des Mandanten schied aus. Nach Auffassung des BGH hätte der Anwalt die Schädigung des Mandanten durch die unrichtige Entscheidung dadurch verhindern müssen, daß er der unzutreffenden Rechtsauffassung des Gerichts Rechnung trug und hilfsweise die Aufrechnung erklärte. Im Anschluß an die Formulierung des BGH-Leitsatzes haftet „ein Rechtsanwalt, der einen ihm

---

[305] Vgl. BGHZ 48, 116; 53, 122.

nach § 139 ZPO gegebenen Hinweis nicht beachtet, weil er ihn (mit Recht) für unhaltbar hält" (BGH NJW 1974, 1865).

190 Bei der Stellungnahme zu dieser Rechtsprechung ist der Ausgangspunkt der Fehlerverhütungspflicht im Auge zu behalten: Die ernstlich zweifelhafte Rechtslage, die eine nachteilige Entscheidung des Gerichts aufgrund einer abweichenden, immerhin aber vertretbaren Rechtsauffassung als möglich erscheinen läßt. Erst recht muß eine Schutzpflicht des Anwalts dann bejaht werden, wenn sich eine *unrichtige* Entscheidung des Gerichts abzeichnet. Dagegen genügt das allgemein-menschliche Unvermögen, dem auch die Gerichte ausgesetzt sind, nicht, den Rechtsanwalt gleichsam vorbeugend zu Maßnahmen der Fehlerverhütung zu verpflichten; vielmehr kann der Rechtsanwalt grundsätzlich auf eine korrekte Verfahrensführung und Entscheidung des Gerichts vertrauen. Eine „allgemeine Pflicht der Überwachung" obliegt dem Anwalt gegenüber dem Gericht nicht.[306] Sie entspräche auch nicht der Funktionsteilung zwischen Anwalt und Gericht im Prozeß. In den dargestellten Entscheidungen spielen ferner Kausalitäts- und Zurechnungsfragen eine wesentliche Rolle; die Auseinandersetzung um ihre Lösung muß daher zunächst zurückgestellt werden (vgl. hierzu näher unten § 3 V 3 e).

VI. Weisungsgebundenheit des Rechtsanwalts

191 Mit dem Grundsatz des sichersten Wegs (vgl. oben V 1 a.E.) ist zugleich der Übergang geschaffen zu einer weiteren Verpflichtung des Rechtsanwalts: der (grundsätzlichen) Pflicht, Anweisungen seines Auftraggebers zu beachten und diese auch zu befolgen.[307]

1. Grundsätzliches

192 Bereits aus der für den Anwaltsvertrag als entgeltlichem Geschäftsbesorgungsvertrag[308] gem. § 675 BGB entsprechend anwendbaren Regelung des § 665 BGB folgt, daß der Rechtsanwalt grundsätzlich an Weisungen seines Auftraggebers gebunden ist.[309] Vom Standpunkt des Mandanten her ergibt

---

[306] So bereits RG JW 1936, 2708 mit zust. Anm. *Carl*, S. 2710; der Sache nach wohl auch *Scheffler*, KF 1959, 51, wenn es sich unter Berufung auf *Esser* gegen eine Ersetzung „der im betreffenden Lebenskreis zu erwartenden und den Umständen angemessenen Sorgfalt" durch „die nach dem Ausgang der Dinge in diesem Fall zur Schadensabwendung erforderlich gewesenen Sorgfalt" wendet.

[307] Vgl. nur z.B. BGH VersR 1985, 83 [84]; WM 1986, 175 [176], insoweit in BGHZ 96, 352 nicht mit abgedruckt.

[308] Vgl. im einzelnen oben § 1 I.

[309] BGH NJW 1985, 42 [43] = VersR 1984, 658 [659]; VersR 1961, 467 [468]; 1968, 792 [794]; 1985, 83 [84]; OLG Karlsruhe AnwBl 1979, 64 [65]; LG Hamburg AnwBl 1985, 261.

sich diese Verpflichtung als Kehrseite aus der schlichten Tatsache, daß er allein das mit der Durchführung des Auftrags verbundene Erfolgs- und Kostenrisiko trägt und deshalb auch den wesentlichen Gang der Mandatserledigung steuern können muß.[310]

Umgekehrt besteht indes keine Verpflichtung des Mandanten, von seinem Weisungsrecht im einzelnen Gebrauch zu machen. Durch die konkrete Auftragserteilung wird die Tätigkeit des Anwalts ohnehin jeweils in eine bestimmte Richtung gelenkt, und es entspricht durchaus den auf einem besonderen Vertrauensverhältnis basierenden Vertragsbeziehungen,[311] wenn der Mandant nach eingehender *Beratung und Belehrung*[312] die Entscheidung über die jeweils zu treffenden Einzelmaßnahmen dem Anwalt überläßt. Der Rechtsanwalt muß also keineswegs immer vor jedem konkreten Tätigwerden die Weisung des Mandanten einholen. Vielmehr darf er *in der Regel*,

„wenn ihm keine besonderen Weisungen bei der Verfolgung eines bestimmten Auftrages erteilt sind, den Auftrag aus eigener Entschließung erledigen. Er muß nur darauf achten, daß dabei Nachteile für den Auftraggeber vermieden werden, soweit sie voraussehbar und vermeidbar sind ...“[313]

Indes gibt es eine Reihe von Fällen, in denen der Rechtsanwalt die ihm durch den Mandanten gewährte, oben beschriebene „Freiheit“ nicht nutzen darf, vielmehr eine konkrete Anweisung, zumindest aber ein ausdrückliches Einverständnis mit der jeweils vorgeschlagenen Maßnahme einholen *muß*. Es handelt sich hier durchwegs um einzelne Schritte, die den Mandanten entweder entscheidend finanziell oder aber in seinen Rechten wesentlich oder gar endgültig und unwiderruflich betreffen.[314] Dazu gehören insbesondere die Klageerhebung,[315] (prozessuale) Anerkenntnisse oder Verzichtserklärungen,[316] Einlegung,[317] Verzicht[318] und Rücknahme[319] von Rechtsmitteln und vor allem der Abschluß eines (außer)gerichtlichen Vergleichs[320] und die Vornahme von (anderen) materiell-rechtlich erheblichen Rechtsakten.[321]

193

---

[310] *Borgmann/Haug*, S. 122; *Rinsche*, Rdnr. I 65, S. 42; *Hanna*, S. 5.

[311] *Borgmann/Haug*, S. 125; hierzu näher oben I.

[312] Vgl. im einzelnen oben IV.

[313] BGH VersR 1980, 925 [926].

[314] Ähnlich BGH MDR 1961, 578 [579] = VersR 1961, 467 [470].

[315] *Borgmann/Haug*, S. 123; *Müller*, JR 1969, 161 [164].

[316] BGH MDR 1977, 476; *Borgmann/Haug*, S. 123.

[317] Eine eigene Verantwortung für die Einlegung eines Rechtsmittels trifft allerdings auch den das Rechtsmittel einlegenden Anwalt selbst. Eine insoweit erteilte Weisung des Mandanten kann ihn daher nicht entlasten, wenn dieser nicht eine sorgfältige Überprüfung der Erfolgsaussichten des Rechtsmittels und eine entsprechende Belehrung des Auftraggebers durch den Rechtsanwalt vorausgegangen ist (BGH MDR 1958, 496 f.); zum Verhältnis Weisungsgebundenheit und Belehrungspflicht s. aber noch unten 2 a.

[318] BGH VersR 1981, 834.

[319] BGH MDR 1961, 578 = VersR 1961, 467.

[320] BGH VersR 1961, 276 [278]; 1961, 467 [468] = MDR 1961, 578 [579]; zum Umfang der dafür erforderlichen Belehrungen, vgl. oben IV 3 e. – Dem Umstand, daß

194 Häufig wird aber der Mandant von sich aus Dispositionen treffen und dem Anwalt einzelne Handlungsanweisungen erteilen. Bedenkt man, welche umfangreichen anwaltlichen Pflichten bis zu diesem Zeitpunkt zu erfüllen waren – begonnen bei der Pflicht zur Sachverhaltsaufklärung, über die Rechtsprüfung bis zur umfassenden Belehrung des Mandanten –, so wären doch viele dieser Aktivitäten vergebens, wenn die Weisungsgebundenheit des Rechtsanwalts die unreflektierte Hinnahme und Befolgung jeder Weisung bedeuten würde. Ein Rechtsanwalt hat indessen „den erteilten Weisungen nicht blindlings Folge zu leisten".[322] Oft werden die Anweisungen des Auftraggebers unklar, unverständlich oder in Verkennung der durch den Anwalt aufgezeigten rechtlichen Problematik und des im Rahmen der Beratung dargelegten Risikos erfolgen. Daher ist es im Interesse des Mandanten Aufgabe des Anwalts,

„den Sinn der erteilten Weisung (zu) ermitteln, um damit dem Mandanten nicht durch äußerlich zwar dem Auftrag entsprechende, zur Erreichung des von dem Auftraggeber erstrebten rechtlichen Erfolgs aber nicht gebotene Schritte Schaden zuzufügen ... Der Anwalt muß mithin selbständig prüfen, ob dem Auftraggeber bei Verwirklichung des von diesem gewünschten Vorhabens Nachteile drohen. Auf diese hat der Anwalt sodann in der nach den Umständen des Einzelfalls gebotene Weise den Auftraggeber hinzuweisen, ihn zu warnen und ihm Alternativen aufzuzeigen, mit denen das Ziel des Mandanten sicherer erreicht werden kann."[323]

195 Die an sich der Weisung *vorausgehende* Beratungspflicht setzt sich mithin in all ihren Einzelheiten[324] dann fort, wenn das beabsichtigte Vorgehen des Mandanten dem Anwalt bedenklich erscheint oder jedenfalls erscheinen muß.[325] Indes sind auch hier Grenzen gesetzt. Eine (bloße) Wiederholung bereits erfolgter Belehrungen ist keineswegs erforderlich. Hat sich der Mandant also trotz des durch den Anwalt deutlich aufgezeigten Risikos z. B. zur Klageerhebung oder zur Einlegung eines Rechtsmittels entschlossen, muß der Rechtsanwalt dieser Weisung uneingeschränkt nachkommen. Gerade in solchen Situationen ist es indes zweckmäßig, wenn der Anwalt – worauf *Borgmann/Haug*[326] zutreffend hinweisen – sich „für den Eintritt neuer, vorher-

---

für Anerkenntnis, Verzicht und Prozeßvergleich eine ausdrückliche Weisung des Mandanten nötig ist, entspricht die Möglichkeit, die Prozeßvollmacht des Anwalts insoweit zu beschränken (§ 83 ZPO). Für die Einlegung von Rechtsmitteln wurde bereits oben (§ 1 VI 6) ausgeführt, daß hierfür – weil das Mandat normalerweise mit der die Instanz abschließenden Entscheidung endet – ein gesonderter Auftrag erforderlich ist.

[321] Beispiel: Fristverlängerung i. S. von § 326 Abs. 1 BGB; vgl. dazu BGH VersR 1980, 925 [926].

[322] BGH MDR 1977, 476; NJW 1985, 42 [43]; ebenso *Borgmann/Haug,* S. 123; *Rinsche,* Rdnr. I 68.

[323] BGH VersR 1985, 83 [84]; ebenso BGH NJW 1985, 42 [43] = VersR 1984, 658 [659]; MDR 1977, 476; *Borgmann/Haug,* S. 123 f.; *Rinsche,* Rdnr. I 68; *Prinz,* VersR 1986, 317 [318].

[324] S. oben IV.

[325] Deutlich ausgeführt in BGH NJW 1985, 42 [43] = VersR 1984, 658 [659].

[326] *Borgmann/Haug,* S. 124.

sehbarer (Prozeß-)Situationen *Alternativ-Anweisungen* geben läßt." Denn die Entschließung des Mandanten kann ihn nur solange entlasten, solange nicht eine geänderte Situation im Interesse des Auftraggebers ein Umdenken und ein anderes Handeln gebietet.[327]

Diese vornehmlich durch die Beratungspflicht des Anwalts geprägten Ein-   196 schränkungen sind indes keineswegs als *Ausnahmen* von der anwaltlichen Weisungsgebundenheit zu verstehen, sondern vielmehr als sie konkretisierende Umschreibungen. In einer Reihe von Fällen ist hingegen diese grundsätzliche Verpflichtung des Anwalts zum „Gehorsam" gegenüber den Weisungen des Auftraggebers in ihr Gegenteil verkehrt: in die *Pflicht*, Anweisungen des Mandanten abzulehnen oder aber von ihnen abzuweichen. Dabei haben diese *wirklichen Ausnahmen* von der Weisungsgebundenheit des Anwalts – wie die nun folgenden Beispiele noch zeigen werden – allesamt ihren Grund in der Stellung des Rechtsanwalts als unabhängigem Organ der Rechtspflege (§§ 1, 3 Abs. 1 BRAO).[328]

2. Ausnahmen

a) Pflicht zur Ablehnung der Weisung

Ist das vom Mandanten begehrte anwaltliche Tätigwerden *rechtswidrig*   197 oder verstößt es gar *gegen die guten Sitten*, ergibt sich für den Rechtsanwalt eine Verpflichtung zur Ablehnung dieses Ansinnens unmittelbar aus § 45 Nr. 1 BRAO,[329] einer Vorschrift, die deutlich an die oben beschriebene Rechtsstellung des Anwalts als unabhängiges Organ der Rechtspflege anknüpft.[330]

Aber auch in weniger eindeutigen Fällen sind die anwaltlichen Berufs-   198 pflichten der eigentliche Grund für den Rechtsanwalt, einer erteilten Weisung seines Auftraggebers nicht strikt Folge zu leisten. Ist das vom Mandanten erstrebte Ziel zwar nicht unlauter, aber aus tatsächlichen oder rechtlichen Gründen völlig unerreichbar, ist der Rechtsanwalt nicht nur berechtigt hiervon abzuraten, sondern vielmehr dazu verpflichtet; so muß er insbesondere von der Führung eines *aussichtslosen Rechtsstreits*[331] ebenso abraten, wie von der *Einlegung* eines von vornherein erfolglosen *Rechtsmittels*.[332] Beharrt der Mandant trotz einer – unter Umständen wiederholten – wohlbegründeten

---

[327] BGH VersR 1956, 762 [763] (hier: notwendige Änderung des Antrages im Termin, abweichend von der Vereinbarung mit dem Mandanten; ablehnend *Borgmann/ Haug*, S. 124); im Ergebnis ähnlich, indes den umgekehrten Fall der unzulässigen Abweichung von der Weisung des Auftraggebers betreffend, BGH MDR 1977, 476.

[328] Vgl. *Müller*, JR 1969, 161 [164]; in diesem Sinne auch *Rinsche*, Rdnr. I 65.

[329] Vgl. dazu bereits oben § 1 III 2 b.

[330] Ebenso *Borgmann/Haug*, S. 126; *Rinsche*, Rdnr. I 66; wohl auch *Müller*, JR 1969, 161 [164].

[331] BGHZ 97, 372 [376] = NJW 1986, 2043.

[332] BGH MDR 1958, 496 [497]; vgl. auch oben IV 3 a a. E.

Beratung über die Aussichtslosigkeit des Vorhabens auf seiner Weisung, so handelt der Rechtsanwalt, wenn er nunmehr das Verfahren durchführt, jedenfalls seinem *Mandanten gegenüber* nicht pflichtwidrig.[333] Ein in der Geltendmachung aussichtsloser Klagen und Rechtsbehelfe etwa liegender Verstoß gegen Berufs- und Standespflichten wird jedoch durch die Weisung des Mandanten nicht beseitigt (§ 8 RichtlRA). Nicht gebunden ist daher der Anwalt an Weisungen, die ihn zwingen würden, seine Berufspflichten zu verletzen.[334] Die Führung offensichtlich aussichtloser Prozesse, die Einlegung von unzulässigen und unsinnigen oder eindeutigen querulatorischen[335] Rechtsmitteln und Rechtsbehelfen, u. U. den Zwang zu bestimmtem Vortrag kann der Anwalt ablehnen, ohne pflichtwidrig zu handeln.[336] Da es insoweit bereits an einer „Bindung" des Anwalts fehlt, bedarf es nicht des Auswegs der Mandatsniederlegung.[337] Hiervon streng zu unterscheiden sind jedoch die Fälle, in denen die Führung eines Rechtsstreits zwar mit einem hohen Risiko verbunden, nicht aber aussichtslos ist.[338] Hat der Rechtsanwalt verständlich und wohlbegründet auf die Gefahren einer Klageerhebung hingewiesen, kann er die letztendliche Entscheidung über das weitere Vorgehen dem Mandanten überlassen und ist zugleich an dessen Entschluß gebunden.[339] Auch für die Einlegung von Rechtsmitteln kann unter Umständen besonderes gelten. So insbesondere dann, wenn dem Anwalt der Auftrag unmittelbar vor Ablauf der Frist zur Einlegung oder Begründung des Rechtsmittels übertragen wird. Hier entspricht die vorsorgliche Einlegung des unter Umständen nach Überprüfung seiner Erfolgsaussichten wieder zurückzunehmenden Rechtsmittels durchaus den Interessen des Mandanten.[340] Verweigert hingegen der Mandant nach sorgfältiger Belehrung über die Aussichtslosigkeit sein Einverständnis mit der Rechtsmittelrücknahme, bleibt dem Rechtsanwalt – will er eine Prozeßführung wider bessere Überzeugung vermeiden – als Ausweg ggf. nur die Mandatsniederlegung.[341]

---

[333] BGHZ 97, 372 [376]; VersR 1974, 488 [489]; OLG Celle AnwBl 1987, 491 [492]; OLG Düsseldorf VersR 1973, 424 [425]. In diesem Sinne wohl auch schon RGZ 161, 280 [282].

[334] *Lingenberg/Hummel/Zuck/Eich*, § 8 Rdnr. 4; aA *Hanna*, der eine Einschränkung des Mandantenrechts durch das Standesrecht bestreitet, vgl. S 49 f., 87.

[335] Zutr. weisen *Borgmann/Haug* (S. 126) darauf hin, daß bei dieser Einschätzung Vorsicht geboten ist.

[336] BGH VersR 1975, 763 [764 – Arrestauftrag bei fehlendem Arrestgrund]; LG Hamburg AnwBl 1985, 261; *Borgmann/Haug*, S. 126; *Rinsche*, Rdnr. I 66; vgl. dazu auch Haftpflichtfragen AnwBl 1973, 296.

[337] Zutr. LG Hamburg AnwBl 1985, 261; *Wendt*, S. 146; aA *Hanna*, S. 45 ff.; ferner Haftpflichtfragen AnwBl 1973, 296 („Einziger" Ausweg Mandatsniederlegung).

[338] Beispiel: Bekämpfung einer st. Rspr. mit Hilfe von Argumenten des Schrifttums; vgl. dazu bereits oben III 4, Fußn. 124.

[339] Vgl. dazu auch BGH VersR 1974, 488 [489].

[340] Es besteht aber gleichwohl idR keine Recht*spflicht*, ohne entsprechenden Auftrag tätig zu werden (OLG Karlsruhe AnwBl 1979, 64 [65]).

[341] Ebenso – für diesen Fall – *Borgmann/Haug*, S. 127.

b) Pflicht zum Abweichen von der Weisung

Auf den ersten Blick erscheint zwar diese, gegenüber der unter Umständen 199
mit einer Mandatsniederlegung verbundenen *Ablehnung* des Auftraggeber-
willens als die weniger einschneidende Ausnahme von der Weisungsgebundenheit des Rechtsanwalts. Tatsächlich handelt es sich aber um diejenige, die
weitaus mehr in die Rechte des Mandanten eingreift. Wurde der Mandant in
der ersten Fallgruppe noch immer von der Weigerung des Rechtsanwalts in
Kenntnis gesetzt, so kann und wird regelmäßig eine Abweichung von der
Anweisung des Mandanten ohne vorherige Absprache erfolgen und der Auftraggeber häufig vor vollendete Tatsachen gestellt. Daher sind die gem. § 675
in Verb. mit § 665 BGB erforderlichen Voraussetzungen auch sehr eingeschränkt. Nach dieser Regelung ist ein Tätigwerden des Anwalts in Abweichung von Anweisungen des Auftraggebers nur zulässig und rechtmäßig,
wenn dessen Einverständnis nicht eingeholt werden kann, aber mit ihm zu
rechnen ist.[342] Das Vorliegen dieser *beiden* Voraussetzungen bedarf jeweils
einer sorgfältigen Prüfung durch den Rechtsanwalt. Ob mit einem „Aufschu-
be Gefahr verbunden ist", muß dabei unter Abwägung aller möglicher Handlungsalternativen überprüft werden. Gerade im Zivilprozeß wird aber diese
Voraussetzung regelmäßig nicht vorliegen,[343] denn hier bestehen – trotz der
von *Ostler*[344] in Hinblick auf die Vereinfachungsnovelle geäußerten Bedenken – vielerlei Möglichkeiten, eine bestehende Zeitnot zu beseitigen: z.B.
Antrag auf Fristverlängerung, Terminverlegung oder – wenn möglich – Ver-
tagung; unter Umständen ist gar der Erlaß eines für ihn zwar mit Kosten
verbundenen, aber durch Einspruch anfechtbaren Versäumnisurteils der in-
teressengerechtere Weg als die völlige Außerachtlassung der Anweisung des
Auftraggebers.[345] Hinzu kommt, daß gerade hier eine Reihe denkbarer Maßnahmen eine Rolle spielen, die völlig losgelöst von den Voraussetzungen und
Möglichkeiten des § 665 BGB *generell* eine Weisung des Mandanten erfordern. So, wie bereits oben[346] ausgeführt, z.B. prozessuale Anerkenntnis- und
Verzichtserklärungen,[347] Rechtsmittelverzicht und -rücknahme und insbe-

---

[342] Davon unberührt bleibt selbstverständlich die Verpflichtung des Rechtsanwalts,
den Mandanten alsbald von einer abweichenden Behandlung des Auftrags in Kenntnis
zu setzen (*Rinsche*, Rdnr. I 68).

[343] So BGH VersR 1961, 467 [468]; DRiZ 1964, 53 [54].

[344] *Ostler*, JA 1983, 109 [111].

[345] Anders aber OLG Frankfurt (MDR 1981, 51), wonach den Anwalt nicht die
„Pflicht" trifft, gegen den eigenen Mandanten ein Versäumnisurteil ergehen zu lassen,
um diesem einen weiteren Sachvortrag zu ermöglichen; dem folgend *Borgmann/Haug*
(S. 128f.). Indes ist die Bedeutung dieser *taktischen* Variante ohnehin sehr eingeschränkt durch die Möglichkeiten des Richters zum Erlaß eines Urteils nach Aktenlage
(§ 331a ZPO) sowie die standesrechtlichen Schranken, die einem Versäumnisurteil
gegen eine anwaltlich vertretene Partei entgegenstehen (vgl. § 23 RichtlRA). Auswirkungen von § 23 RichtlRA auf das Mandatsverhältnis bestreitet freilich *Hanna*, S. 73 ff.

[346] S. oben 1 und Fußn. 316–323.

[347] So auch *Ostler*, JA 1983, 109 [111].

sondere der Abschluß von unwiderruflichen Vergleichen.[348] Bei der weisungslosen Einlegung von Rechtsmitteln besteht für den Rechtsanwalt – worauf *Borgmann/Haug*[349] zutreffend hinweisen – die Gefahr, daß ihm als vollmachtlosen Vertreter die Kosten auferlegt werden, sofern der Mandant nicht nachträglich die Prozeßführung genehmigt.[350]

200   Das rechtmäßige Abweichen von einer deutlichen Weisung seines Auftraggebers ist so angesichts der erforderlichen, umfangreichen Abwägungen nicht nur ein äußerst schwieriges Unterfangen für den Rechtsanwalt, sondern auch eine „gefährliche" Sache, weil er sich dabei – worauf *Borgmann/Haug*[351] und *Rinsche*[352] hinweisen – nach Ansicht des Bundesgerichtshofs[353] noch nicht einmal auf eine in der mündlichen Verhandlung geäußerte gerichtliche Anregung stützen kann. Andererseits ist es auch Aufgabe des Anwalts, auf der Basis seiner Fachkenntnis die Ziele des Mandanten, d.h. dessen Interessen bestmöglichst zu realisieren und dabei die eigenen zurückzustellen.

201   Unter Berücksichtigung seiner Grenzen und Ausnahmen läßt sich zusammenfassend der *Grundsatz der Weisungsgebundenheit* des Anwalts deshalb im Anschluß an Formulierungen im Schrifttum wie folgt umschreiben: Herr des Verfahrens bei der Mandatsabwicklung ist zwar der Mandant; der Anwalt ist aber weder der Vormund noch der Sklave des Mandanten.[354]

VII. Sonstige Pflichten

1. Allgemeines und Überblick

202   Neben den bislang ausgeführten und für die haftungsrechtliche Relevanz besonders bedeutsamen Verhaltensgrundsätzen existieren noch eine Vielzahl weiterer anwaltlicher Pflichten. Ihre umfassende Darstellung ist weder möglich, noch erscheint sie sinnvoll, weil ihre etwaige Verletzung entweder über-

---

[348] Hingegen ermöglicht dem Anwalt der *widerrufliche* Vergleichsabschluß einen *Kompromiß* zwischen beiden Prinzipien.

[349] *Borgmann/Haug*, S. 128.

[350] Vgl. dazu insgesamt BGH NJW 1983, 883 f. sowie allgemein unten § 3 I 2 e; abzugrenzen hiervon sind aber wiederum die – oben 2 a erörterten – Fälle, in denen der Rechtsanwalt aus Zeitnot das Rechtsmittel ohne vorherige Absprache *vorsorglich* eingelegt.

[351] *Borgmann/Haug*, S. 129.

[352] *Rinsche*, Rdnr. I 69.

[353] BGH MDR 1977, 476 (Übernahme einer Unterlassungsverpflichtung durch die Terminsvertreterin entsprechend einer Anregung des Gerichts entgegen dem angekündigten Klageabweisungsantrag).

[354] Vgl. für die erste Hälfte *Hanna*, S. 5, für die zweite *Rinsche*, Rdnr. I 65, sowie aus der Rspr. etwa BGH (MDR 1958, 496 [497] und VersR 1958, 110 [111]): „Ein Rechtsanwalt darf sich nicht zu dem willenlosen Werkzeug seiner Partei machen."

haupt nicht oder doch nur selten haftungsauslösend ist. Eine Beschränkung auf einige wenige Pflichten, die für die Anwaltshaftung eine Rolle spielen können, ist daher geboten.

Die BRAO enthält eine Reihe von *bestimmten einzelnen anwaltlichen* 203 *Pflichten*, die z.T. schon früher erörtert worden sind (vgl. §§ 44–49a BRAO);[355] im vorliegenden Zusammenhang interessiert noch die *Pflicht zur Führung und Aufbewahrung von Handakten* (§ 50 BRAO). Als Grundlage für die Konkretisierung weiterer Anwaltspflichten kommt ferner die *Generalklausel gem. § 43 BRAO* in Frage. Als inhaltlich notwendig unbestimmte Regelung war die Generalklausel bislang eng mit den Grundsätzen des anwaltlichen Standesrechts (RichtlRA) verbunden, die nach der bisherigen Rechtsprechung als Hilfsmittel für ihre Auslegung und Konkretisierung anerkannt waren.[356] Ihre aktuelle Brisanz hat diese Regelung aufgrund der beiden viel diskutierten[357] Beschlüsse des Bundesverfassungsgerichts vom 14. 7. 1987[358] erhalten. Das Bundesverfassungsgericht hat nunmehr in Abweichung von seinem früheren Standpunkt entschieden, daß die von der Bundesrechtsanwaltskammer festgestellten RichtlRA „keine ausreichende Grundlage für Einschränkungen der anwaltlichen Berufsausübung"[359] darstellen und nicht als „rechtserhebliches Hilfsmittel zur Konkretisierung der Generalklausel in Betracht kommen."[360] Daher sei eine Neuordnung des anwaltlichen Berufsrechts „durch eine Berufsordnung in Gestalt von Satzungsrecht"[361] erforderlich. Während der *Übergangszeit* bliebe „als Grundlage für die Einschränkung anwaltlicher Berufsausübung neben vorkonstitutionellem Gewohnheitsrecht im wesentlichen nur die(se) Generalklausel ...‟; zu deren Konkretisierung könne auf die Standesrichtlinien lediglich dann zurückgegriffen werden, „soweit es zur Aufrechterhaltung einer funktionsfähigen Rechtspflege unerläßlich" sei, „wobei (als) selbstverständliche Voraussetzung" erfüllt sein müsse, „daß die jeweiligen Gebote auch den materiellrechtlichen Anforderungen an Grundrechtsbeschränkungen genügen."[362] Dazu gehörten insbesondere diejenigen „Berufspflichten ..., welche die Ehrengerichte in aner-

---

[355] Vgl. oben § 1 III 2 und 3; selbstverständlich sind in der BRAO noch eine Reihe weiterer Pflichten (vgl. z.B. §§ 18, 25, 26, 27, 30, 52, 56, 59 BRAO) geregelt, deren Verletzung indes im Verhältnis zum Mandanten keine Haftpflicht auslöst, sondern nur durch ehrengerichtliche Maßnahmen sanktioniert werden kann.

[356] Vgl. *Feuerich*, § 43 Rdnr. 6; § 177 Rdnr. 22 m.w.N.; früher auch das BVerfG, vgl. m.w.N. BVerfG 76, 171 [187] = NJW 1988, 191 [192].

[357] Vgl. nur die Abhandlungen von *Kleine-Cosack*, NJW 1988, 164 und AnwBl 1987, 561; *Zuck*, NJW 1988, 175; *Pietzcker*, NJW 1988, 513; *Nirk*, AnwBl 1987, 574; *Redeker*, AnwBl 1988, 14; *Hartung*, AnwBl 1988, 37; *Feuerich*, AnwBl 1988, 81; *Hanna*, S. 19ff. sowie aus der Rspr. EGH Hessen AnwBl 1988, 481.

[358] BVerfG 76, 171 = NJW 1988, 191 und BVerfG 76, 196 = NJW 1988, 194.

[359] BVerfG 76, 171 [184].

[360] BVerfG 76, 171 [188f.].

[361] BVerfG 76, 171 [189]. Vgl. hierzu näher *Wimmer*, NJW 1989, 1772.

[362] AaO, S. 189.

kannter Rechtsprechung unmittelbar *aus der Generalklausel* oder aus unbestritten fortgeltendem *vorkonstitutionellem Gewohnheitsrecht* hergeleitet haben."[363]

204   Das Bundesverfassungsgericht hat (u. a.) zwei solcher fortgeltender Pflichten genannt, die – auch in Hinblick auf ihre mögliche haftungsrechtliche
Bedeutung – besonderer Erwähnung bedürfen, die Verschwiegenheitspflicht
und das (eingeschränkte) Sachlichkeitsgebot;[364] auf sie ist im Anschluß an die
Aktenführungspflicht näher einzugehen.

2. Pflicht zur Führung und Aufbewahrung von Handakten

205   Die Pflicht zur Führung und Aufbewahrung von Handakten verdient deshalb der Erwähnung, weil ihre Verletzung, wenn auch nicht unmittelbar, so
doch *mittelbar* haftungsauslösend sein kann. Dabei sind unter Handakten alle
Schriftstücke zu verstehen, die der Rechtsanwalt bei der Bearbeitung eines
bestimmten Mandats erhält oder selbst fertigt.[365] Die Pflicht zur *Führung* von
Handakten wird von der BRAO (vgl. §§ 50, 56 BRAO) vorausgesetzt.[366] Sie
ergibt sich zudem zwangsläufig als Nebenpflicht aus dem Anwaltsvertrag.[367]
Kein Rechtsanwalt, der regelmäßig mit einer Vielzahl von Mandaten betraut
ist, wird für eine ordnungsgemäße Ausführung des Auftrags ohne schriftliche
Fixierung des wesentlichen Mandantenvortrages, der telefonischen Abspra-
chen und Anordnungen, der zu berücksichtigenden Termine und vor allem
der Eckdaten aller für das Mandat maßgeblichen Fristen auskommen. Zu
einer ordentlichen und vollständigen Aktenführung gehört neben diesen zur
Gedächtnisstütze dienenden Aktennotizen aber auch die geordnete Aufbewahrung aller bei der Mandatsbearbeitung anfallenden schriftlichen Unterlagen, gleichviel, ob der Rechtsanwalt diese vom Mandanten oder von dritter
Seite erhalten hat.

---

[363] AaO, S. 190; durch diese „Übergangsregelung" hat das Bundesverfassungsgericht
das eigentliche Problem vorläufig auf eine andere Ebene verlagert: die (schwierige)
Frage, welche Standesrichtlinien nun aus vorkonstitutionellem Gewohnheitsrecht ableitbar und so für die Rechtspflege „unerläßlich" sind (so wohl auch *Pestke,* Die Steuerberatung 1988, 67 [71 f.]; *Nirk,* AnwBl 1987, 574 [575]). Eine erste Anwort in Form
von Einzeluntersuchungen der Standesrichtlinien gibt darauf *Zuck* im vorgezogenen
Sonderteil der 2. Auflage von *Lingenberg/Hummel/Zuck/Eich* (vgl. S. N 39 ff.); vgl.
auch *Hanna,* S. 73 ff.

[364] Vgl. BVerfG 76, 171 [190].

[365] Der Begriff ist also *weiter* als der für den Herausgabeanpruch des Mandanten und
das Zurückbehaltungsrecht des Rechtsanwalts in § 50 BRAO zugrundegelegte; vgl.
Feuerich, § 50 Rdnr. 5, 6; *Lingenberg/Hummel/Zuck/Eich,* § 36 Rdnr. 1 und § 37
Rdnr. 4.

[366] Deklaratorisch heißt es in § 36 RichtlRA: „Der Rechtsanwalt hat Handakten
anzulegen. Sie sollen ein Bild der von ihm entfalteten Tätigkeit geben . . ." Zur „Fortgeltung" vgl. *Lingenberg/Hummel/Zuck/Eich,* N Rdnr. 80.

[367] *Borgmann/Haug,* S. 129.

Die unsorgfältige Führung einer Handakte, gar das Versäumnis, diese 206
überhaupt anzulegen, hat für die Haftung des Rechtsanwalts indes nur *mittel-
bare* Bedeutung. Denn fehlt in der Handakte ein gedächtnisstützender Ver-
merk und versäumt der Rechtsanwalt deshalb eine erforderliche Maßnahme,
z. B. zur Einhaltung einer für das Mandat relevanten Frist, so ist diese Fristversäumung bereits eine Verletzung der allgemeinen Pflicht zur umfassenden
Rechtswahrung und Betreuung des Mandanten.[368] Die unzureichende Aktenführung ist dafür nur der rein äußerliche Grund.[369]

Neben der Pflicht zur Führung, trifft den Rechtsanwalt auch die Verpflich- 207
tung zur *Aufbewahrung* von Handakten über die Dauer von fünf Jahren[370]
nach Beendigung des Auftrages (§ 50 Abs. 2 S. 1 BRAO). Verlangt aber der
Mandant vorzeitig, insbesondere unmittelbar nach Mandatsende die Handakten[371] heraus, steht dem Anwalt hieran bis zur Befriedigung seiner Auslagen-
und Gebührenforderung ein *Zurückbehaltungsrecht* zu (§ 50 Abs. 1 S. 1
BRAO). Von diesem Recht darf aber bei Vorliegen der in § 50 Abs. 1 S. 2
BRAO umschriebenen *Unverhältnismäßigkeit* kein Gebrauch gemacht werden. Letzteres kann für den Anwalt wiederum haftpflichtrechtlich von Bedeutung sein. Bei unzulässiger Ausübung des Zurückbehaltungsrechts kann
er sich unter Umständen auch noch nach Mandatsende wegen Verletzung
nachvertraglicher Pflichten schadensersatzpflichtig machen.[372] Schließlich besteht in Haftpflichtprozessen selbst die Gefahr, daß die unberechtigte Nicht-
herausgabe der Handakte als Beweisvereitelung gewertet wird und daher der

---

[368] Vgl. dazu BGH VersR 1978, 841 und 1116.

[369] Die sorgfältige Führung von Handakten hat aber auch in anderer Hinsicht mittel-
bare haftpflichtrechtliche Bedeutung: Oft wird der Rechtsanwalt in Regreßprozessen
nur aufgrund seiner Handakten das vom Mandanten im Einzelfall behauptete fehlerhafte Mandatsbetreuung substantiiert bestreiten und ggf. widerlegen können (vgl. *Borg-
mann/Haug*, S. 130); vgl. auch unten § 4 II 2 b (Pflicht des Anwalts zum substantiierten
Bestreiten einer behaupteten Aufklärungspflichtverletzung); § 4 II 7 a (Beweisnachteile
bei unzulänglicher anwaltlicher Dokumentation).

[370] Unter den Voraussetzungen des § 50 Abs. 2 S. 2 BRAO ist dieser Zeitraum aber
auf 6 Monate beschränkbar.

[371] Ein Herausgabeanspruch besteht nur hinsichtlich der in § 50 Abs. 3 S. 1 BRAO
genannten Aktenbestandteile.

[372] Dazu BGH NJW 1984, 431 f.; hier hatte der Mandant den Anwaltsvertrag vor
endgültiger Erledigung gekündigt und alsbald die übergebenen Schriftstücke zurück-
verlangt. Die beauftragten Anwälte verweigerten die Rückgabe wegen Nichtzahlung
der Anwaltsgebühren. Aus den Unterlagen ergab sich eindeutig, worauf der Mandant
nicht aufmerksam gemacht wurde, daß die Verjährung des einzuklagenden Anspruchs
drohte. Als der Auftraggeber die Unterlagen zurückerhielt und einen anderen Anwalt
mit seiner Sache betraute, war die Verjährung des Anspruchs bereits eingetreten. Der
BGH machte zu Recht den auf Schadensersatz verklagten Anwälten zum Vorwurf, daß
sie nicht entweder durch sofortige Rückgabe der Schriftstücke dem Mandanten eine
anderweitige Beratung über den drohenden Verjährungseintritt ermöglicht oder aber
selbst auf diesem Umstand aufgrund nachvertraglicher Verpflichtung hingewiesen haben.

an sich vom Mandanten zu führende Beweis anwaltlicher Pflichtverletzung als geführt gilt.[373]

3. Verschwiegenheitspflicht

208   Diese in den Standesrichtlinien näher umschriebene Pflicht (vgl. § 42 RichtlRA) kann uneingeschränkte Fortgeltung schon deshalb in Anspruch nehmen, weil sie auch in speziellen gesetzlichen Regelungen (§§ 203 Abs. 1 Nr. 3, 204 StGB; § 383 Abs. 1 Nr. 6 ZPO; § 53 Abs. 1 Nr. 3 StPO und § 102 Abs. 1, 3a und b AO) ihren Niederschlag gefunden hat. § 42 RichtlRA kommt so lediglich eine deklaratorische Bedeutung zu.[374]

209   Dem Umfang nach wird sie sich auch weiterhin darauf erstrecken, „was dem Rechtsanwalt in Ausübung seines Berufes anvertraut worden oder ihm anläßlich seiner Berufsausübung bekannt geworden ist, soweit nicht das Gesetz oder die in der Rechtsprechung entwickelten Grundsätze Ausnahmen zulassen" (so § 42 Abs. 1 RichtlRA). Denn es entspricht nicht nur dem Allgemeininteresse an einer funktionierenden Rechtspflege, daß der Mandant sich dem Rechtsanwalt ohne die Befürchtung nachteiliger Folgen uneingeschränkt anvertrauen kann, sondern auch der Natur des Anwaltsvertrages als einem auf einem *besonderen Vertrauensverhältnis* basierenden Geschäftsbesorgungsvertrag.[375] Gerade aus letzterem folgt, daß eine Verletzung der anwaltlichen Schweigepflicht während es laufenden Mandats eine Haftung des Rechtsanwalts aus positiver Vertragsverletzung begründen kann. Und weil die Pflicht zur Verschwiegenheit auch über das Mandatsende und sogar über die Tod des Mandanten hinaus fortbesteht,[376] kann eine Pflichtverletzung zu diesem Zeitpunkt durchaus eine deliktische Haftung gegenüber dem Mandanten oder dessen Erben nach sich ziehen.[377]

---

[373] So OLG Köln MDR 1968, 674; ebenso *Thomas/Putzo,* § 286 Anm. 5c; *Borgmann/Haug,* S. 135; das Reichsgericht erwog bei mißbräuchlicher Ausübung des Zurückbehaltungsrechts sogar eine Verwirkung des anwaltlichen Gebührenanspruchs (RGZ 113, 264 [267ff.] – im Ergebnis aber offengelassen). Allg. zu Fragen der Beweisvereitelung vgl. auch unten § 4 II 7a.

[374] *Lingenberg/Hummel/Zuck/Eich,* N Rdnr. 89; im Erg. ebenso *Bär* (S. 104), demzufolge „die Verschwiegenheitspflicht in Gestalt des § 42 RichtlRA zumindest bis zum Inkrafttreten eines neuen anwaltlichen Berufsrechts zur Konkretisierung des § 43 BRAO Anwendung findet"; für ein „Bestehenbleiben" der Verschwiegenheitspflicht wohl auch *Kleine-Cosack,* NJW 1988, 164 [172]. – Zum Verhältnis von (strafrechtlicher) *Schweige*pflicht zu (berufsrechtlicher) *Verschwiegenheits*pflicht näher *Bär,* S. 96ff., 107, 124f. – Von der Verschwiegenheitspflicht gegenüber Dritten zu trennen ist die Frage, ob dem Anwalt gegenüber dem Auskunftsanspruch des *Mandanten* (§§ 675, 666 BGB) ein Recht zur „kollegialen Verschwiegenheit" zusteht; vgl. dazu – verneinend – *Hanna,* S. 83ff.

[375] Zu letzterem vgl. auch *Borgmann/Haug,* S. 136 und oben I.

[376] Zu den Einzelheiten, insbesondere den Ausnahmen beim Tod des Mandanten vgl. *Borgmann/Haug,* S. 138f.

[377] Z.B. gem. § 823 Abs. 2 BGB in Verb. mit § 203 StGB; allgemein zur deliktischen Haftung des Rechtsanwalts vgl. unten § 3 I 4b.

Eine Haftung entfällt selbstverständlich dann, wenn der Rechtsanwalt *aus-* 210
nahmsweise[378] von seiner Schweigepflicht entbunden ist, sei es aufgrund einer
ausdrücklichen Befreiung des Mandanten, sei es aufgrund gesetzlicher oder
durch Rechtsprechung anerkannter Grundlage. Zu den gesetzlich geregelten
Ausnahmefällen zählen insbesondere der Wegfall des Zeugnisverweigerungs-
rechts (§ 385 Abs. 2 ZPO; § 53 Abs. 2 StPO; § 102 Abs. 3 AO) und die
Pflicht zur Anzeige geplanter schwerer Straftaten, deren Verletzung straf-
rechtlich durch § 138 StGB sanktioniert wäre. Eine in der Praxis wichtige
Rolle nehmen vor allem diejenigen Ausnahmefälle ein, in denen der Rechtsanwalt selbst Beteiligter eines gerichtlichen Verfahrens ist. So ist seine Befreiung von der Schweigepflicht in einem gegen ihn eingeleiteten Straf- oder
ehrengerichtlichen Verfahren ebenso anerkannt wie bei einer gegen den Mandanten geführten Gebührenklage oder einem vom Auftraggeber eingeleiteten
Haftpflichtprozeß.[379] Denn wie will der Rechtsanwalt sich gegen die ihm zur
Last gelegten Vorwürfe verteidigen, die Berechtigung seiner Honorarforderung begründen oder sich gegen behauptete Pflichtverletzungen zur Wehr
setzen, ohne an sich der Verschwiegenheitspflicht unterliegende Einzelheiten
des Auftrages und seiner Erledigung preiszugeben?[380] Damit wird zugleich
deutlich, daß diese Ausnahmen von der Verschwiegenheitspflicht regelmäßig
eine Abwägung zwischen den eigenen Interessen des Anwalts einerseits und
dem Interesse des Mandanten an der Geheimhaltung einzelner Informationen
andererseits erfordert. Daher liegt auch in diesen dem Grunde nach gerecht-
fertigten Ausnahmefällen ein u. U. haftungsbegründender – Verstoß gegen
die anwaltliche Verschwiegenheitspflicht vor, wenn der Rechtsanwalt mehr
offenbart, als für den jeweiligen Zweck in seinem Interesse erforderlich ist.

4. Sachlichkeitsgebot

Neben der Verschwiegenheitspflicht wurde vom Bundesverfassungsge- 211
richt[381] auch noch das Sachlichkeitsgebot[382] als weiterhin anwendbares Hilfs-

---

[378] Diese auf Gesetz, anerkannter Rechtsprechung und u. U. auch auf Vertrag beru-
henden Ausnahmen werden durch die Rechtsprechung des Bundesverfassungsgerichts
ebensowenig berührt (*Lingenberg/Hummel/Zuck/Eich,* N Rdnr. 92).

[379] Eine ausführliche Darstellung der Ausnahmen von der Schweigepflicht und deren
Einschränkung findet sich bei *Borgmann/Haug,* S. 139–143, sowie bei *Lingenberg/
Hummel/Zuck/Eich,* § 42 Rdnr. 16ff. – Zu dem Sonderproblem der Befreiung durch
den Konkursverwalter und die (Rest-)Vorstandsmitglieder einer in Konkurs befindli-
chen AG vgl. OLG Koblenz AG 1988, 324 mit Anm. *Littbarski.*

[380] In Haftpflichtfällen entfällt die Schweigepflicht im übrigen auch gegenüber dem
Berufshaftpflichtversicherer des Rechtsanwalts. Denn der Anwalt hat nicht nur ein
Interesse an seiner Rechtfertigung im Prozeß, sondern zugleich auch am Deckungs-
schutz des Versicherers (*Borgmann/Haug,* S. 142).

[381] BVerfG 76, 171 [190ff.] = NJW 1988, 191 [193f.].

[382] In den Richtlinien ist es an mehreren Stellen – gleichermaßen unbestimmt –
angesprochen: §§ 1 Abs. 1 S. 2; 3 Abs. 1; 9 Abs. 2; 10 Abs. 2; 18 Abs. 3 RichtlRA.

mittel zur Konkretisierung der Generalklausel des § 43 BRAO ausdrücklich erwähnt, indes unter wesentlicher Einschränkung seines Anwendungsbereiches:

> „Für die Übergangszeit ist seine Anwendung aus den erörterten Gründen jedenfalls auf das zu beschränken, was zur Aufrechterhaltung einer funktionsfähigen Rechtspflege unerläßlich ist. Das bedeutet: Herabsetzende Äußerungen, die der Anwalt im Zusammenhang mit seiner Berufsausübung und der dabei zulässigen Kritik abgibt, sind noch kein Anlaß zu standesrechtlichem Eingreifen, wenn nicht besondere Umstände hinzutreten. Sie sind erst dann als Berufspflichtverletzung zu beanstanden, wenn die Herabsetzungen nach Inhalt oder Form als *strafbare Beleidigungen* zu beurteilen sind, ohne durch die Wahrnehmung berechtigter Interessen gedeckt zu werden. Darüber hinaus ... (dann), wenn etwa ein Anwalt unprofessionell handelt, indem er entweder *bewußt Unwahrheiten* verbreitet oder den Kampf ums Recht durch *neben der Sache liegende Herabsetzungen* belastet, zu denen andere Beteiligte oder der Verfahrensverlauf keinen Anlaß gegeben haben."[383]

Die bisher für Anwaltskammern und Ehrengerichte eher selbstverständliche Praxis, Äußerungen des Anwalts als Verletzung des Sachlichkeitsgebotes zu ahnden, weil sie „stilwidrig", „ungehörig", „wider den guten Ton und das Taktgefühl" oder „dem Ansehen des Anwaltsstandes abträglich" seien,[384] hat so ihr Ende an der Berufsausübungs- und Meinungsfreiheit des Rechtsanwalts gefunden. Ob demgegenüber aufgrund der beschriebenen Einschränkung des Bundesverfassungsgerichts für das Sachlichkeitsgebot „kein nennenswerter Anwendungsbereich mehr bleibt",[385] mag die Zukunft zeigen.

212 Für die an dieser Stelle an sich vorrangige Frage *anwaltlicher Haftung* ist jedenfalls entscheidend, daß nur eine verbale Entgleisung, die entweder den Tatbestand eines Beleidigungsdeliktes erfüllt oder aber als bewußtes Verbreiten von Unwahrheiten bzw. neben der Sache liegende Herabsetzung zu qualifizieren ist, Regreßansprüche des Verletzten auslösen kann.[386] Denn der zivilrechtliche Schutz des einzelnen Betroffenen kann keineswegs weitergehen, als diejenigen Anforderungen, die im Sinne der Rechtspflege und damit der Allgemeinheit standesrechtlich an den Rechtsanwalt als Organ der Rechtspflege zu stellen sind.

---

[383] BVerfG 76, 171 [193]; fortführend: BVerfG AnwBl 1989, 339 f.

[384] *Senninger*, DRiZ 1988, 37 im Anschluß an BVerfG 76, 171 [192/193]; weitere, das Sachlichkeitsgebot „überstrapazierende" Beispiele finden sich in der ersten (veröffentlichten) Entscheidung des BGH nach den grundlegenden Beschlüssen des BVerfG (BGH ZIP 1988, 375 [376]).

[385] So *Kleine-Cosack*, NJW 1988, 164 [172]; diese Auffassung als ausgesprochen parteiischen Standpunkt ablehnend *Zuck*, NJW 1988, 175 [179].

[386] Zugleich wird deutlich, daß es sich nur um *deliktische* Ansprüche *Dritter* handeln kann (§ 823 Abs. 2 BGB in Verb. mit § 185 ff. StGB; § 823 Abs. 1 BGB z. B. wegen Verletzung des „allgemeinen Persönlichkeitsrechts"; u. U. gar § 826 BGB). Denn daß der *vertraglich* anspruchsberechtigte *Mandant* selbst nicht Adressat verbaler Entgleisungen sein wird, wird auch in den das Sachlichkeitsgebot regelnden, generell die nach *außen* gerichtete Tätigkeit des Rechtsanwalts betreffenden Vorschriften der RichtlRA vorausgesetzt. – Zu den Einzelheiten deliktischer Haftung wiederum unten § 3 I 4.

VIII. Pflichtenverteilung bei Beteiligung mehrerer Anwälte

Umfang und Inhalt der bisher beschriebenen anwaltlichen Pflichten waren　213
zwar von der Situation des alleinbeauftragten und damit ausschließlich verpflichteten Rechtsanwalts geleitet. Haftpflichtrechtlich ergibt sich indes
nichts besonderes, wenn der Mandant eine Anwaltssozietät beauftragt. Denn
hier wird rechtlich jeder der beteiligten Sozien und nicht nur der zur Ausführung des Auftrages bestimmte Rechtsanwalt berechtigt und verpflichtet.[387]
Daher treffen auch jeden einzelnen die beschriebenen anwaltlichen Pflichten,
jede Pflichtverletzung des einen ist dem anderen zuzurechnen.[388] Anders
gestaltet sich indes die Pflichtenverteilung, wenn mehrere, nicht zu einer
Sozietät verbundene Anwälte am Mandat beteiligt sind. Angesprochen sei
dabei insbesondere das Verhältnis Verkehrsanwalt/Prozeßbevollmächtig-
ter.[389] Hier sind die Pflichten der beteiligten Anwälte durchaus voneinander
zu unterscheiden, denn es handelt sich um rechtlich selbständige Mandate mit
unterschiedlichen Pflichtenkreisen. Der Verkehrsanwalt mag zwar für die
Aufnahme des dem Auftrag zugrundeliegenden Sachverhalts zuständig sein –
bis zu der Feststellung, daß er beim Prozeßgericht nicht zugelassen ist. Leitet
er aber die Sache an den zugelassenen Prozeßanwalt weiter, trifft allein diesen
ab dem Zeitpunkt der Übernahme des Prozeßmandats die „Pflicht zu ord-
nungsgemäßem prozessualen Handeln", während insoweit für den Verkehrsanwalt grundsätzlich keinerlei Überwachungspflicht besteht. Nur bei Vorliegen besonderer Umstände gebietet dem Verkehrsanwalt die ihm ganz allgemein obliegende Beratungspflicht gegenüber dem Mandanten, diesen auf Un-
sorgfältigkeiten des Prozeßanwalts aufmerksam zu machen.[390]

---

[387] Vgl. dazu oben § 1 IV 2 c.
[388] Vgl. dazu näher oben § 1 IV 4 a und unten § 3 IV 3 a.
[389] Ferner kommen in Frage: Hauptbevollmächtigter/Unterbevollmächtigter; vom
beauftragten Rechtsanwalt eingeschaltete Rechtsanwälte; vgl. hierzu *Rinsche*, Rdnr.
I 92 ff.; *Borgmann/Haug*, S. 220 ff.; zur Verschuldensfrage bei Beteiligung mehrerer
Anwälte vgl. auch unten § 3 IV 3.
[390] Vgl. dazu insgesamt BGH NJW 1988, 1079 [1082]; 1988, 3013 [3014].

§ 3 Haftungsvoraussetzungen

I. Rechtsgrundlagen anwaltlicher Haftung

1. Vertragliche Haftung des Rechtsanwalts

214 Die vertragliche Haftung des Rechtsanwalts knüpft an dessen Schlechtleistung an, genauer: an die fehlerhafte oder unzureichende Erfüllung seiner Pflichten aus dem Anwaltsvertrag. Die vertragliche Pflichtverletzung ist somit wesentlicher haftungsrechtlicher Ausgangspunkt jeder Regreßforderung gegen den Anwalt. Das gesetzlich nur unvollständig[1] normierte Recht der Leistungsstörungen ist dabei – von seltenen Ausnahmen[2] abgesehen – weder in den Voraussetzungen noch in den Rechtsfolgen geeignet, dem Mandanten einen Ersatzanspruch zu gewähren. Verzug (§§ 284 ff., 326 BGB) und Unmöglichkeit (§§ 280 ff., 325 BGB) knüpfen an die verspätete bzw. völlig fehlende Erfüllung der vertraglichen (Haupt-)Leistungspflichten an, und gesetzliche Gewährleistungsvorschriften existieren für den Anwaltsvertrag als ei-

---

[1] Vgl. *Jauernig/Vollkommer,* Anm. 1 vor § 275.

[2] Vgl. z.B. die, allerdings einen *Steuerberatervertrag* betreffende Entscheidung des BGH VersR 1982, 850 [852]: Hier hatte der beauftragte Steuerberater versäumt, die Steuererklärung seines Mandanten rechtzeitig einzureichen. Die Regulierung des durch eine solche Pflichtwidrigkeit eingetretenen Schadens hat nach Auffassung des Bundesgerichtshofs nicht nach den Vorschriften über die positive Vertragsverletzung, sondern nach den Regeln des Verzugs oder – wie im konkreten Fall wegen der Nichtnachholbarkeit der vertraglichen Leistung – den Bestimmungen über die schuldhaft herbeigeführte Unmöglichkeit zu erfolgen. Denn die Anfertigung und Einreichung einer Steuererklärung betreffe nicht die aus dem Steuerberatervertrag folgenden Schutzpflichten, sondern gehöre zu den Hauptpflichten des Steuerberaters; die Nichteinreichung der Steuererklärung innerhalb der vorgeschriebenen Frist stelle daher eine schlichte Nichterfüllung dar (im Ergebnis wohl ähnlich – jedoch die Beratungspflicht des Steuerberaters betreffend – BGH WM 1986, 486, insoweit in NJW 1986, 2570 nicht abgedruckt).
Die Übertragung dieser Entscheidung auf im Anwaltsrecht in der Sache ähnlich gelagerte Fälle (z.B. die verspätete, weil erst nach Verjährungseintritt erfolgte Klageerhebung) erscheint indes zweifelhaft. Während die Fertigung der Steuererklärung *unmittelbarer* Auftragsgegenstand eines Steuerberatervertrages ist, fehlt es beim Anwaltsvertrag in der Regel an einer direkten Spezifizierung von Rechtsanwalt zu leistenden Dienste. Die – nicht unbedingt nur – zu Beginn des Mandates noch unkonkretisierte Hauptpflicht ist daher die allgemeine Pflicht, das Mandanteninteresse bestmöglich, d.h. in jeder Richtung zu wahren (vgl. dazu nur BGHZ 96, 352 [354]; BGH NJW 1988, 486 [487] und näher oben § 2 I m.w.N. in Fußn. 5). Dazu muß der Anwalt eine Vielzahl konkreter Pflichten erfüllen, wie sie bereits oben (§ 2) beschrieben wurden. Die Pflicht zur rechtzeitigen Klageerhebung ist so in aller Regel erst Resultat der Erfüllung vorgelagerter Pflichten und als solches Mittel zur Sicherung und damit zum Schutz der Mandanteninteressen. Hauptpflicht und Schutzpflicht sind somit beim Anwaltsvertrag keine Gegensätze; dazu sogleich näher im Text.

nem Geschäftsbesorgungsdienstvertrag ohnehin nicht. Hinzu kommt, daß diese gesetzlich geregelten Fälle von allgemeinen Leistungsstörungen den Ausgleich des *in* der Verletzung der primären Leistungspflicht bestehenden Schadens bezwecken.[3] Demgegenüber besteht aber im Regelfall der wesentliche Schaden des Mandanten nicht in der – am Erfüllungsinteresse orientierten – entgangenen oder unzureichenden Hauptleistung in Form des Minderwerts der Beratung und Betreuung im Rahmen des Mandatsverhältnisses, sondern in der darüber hinausgehenden, durch die anwaltliche Pflichtverletzung verursachten Minderung seines Vermögens (Beeinträchtigung von materiellrechtlicher Rechtsposition, Kostenbelastung; vgl. dazu näher unten VI 2 a).

Daraus ergibt sich nahezu zwangsläufig, daß als Anspruchsgrundlage für 215 einen vertraglichen Schadensersatzanspruch des Mandanten die zwar in ihren allgemeinen Grundlagen nicht ausdrücklich normierte,[4] wohl aber auf Basis von § 242 BGB mittlerweile gewohnheitsrechtlich anerkannte[5] *positive Vertragsverletzung (Forderungsverletzung[6])* heranzuziehen ist.[7] Wenngleich auch in der Rechtsprechung mittlerweile die Haftung des schuldhaft pflichtwidrig handelnden Rechtsanwalts auf Basis der positiven Vertragsverletzung (pVV) als nahezu selbstverständlich anerkannt gilt,[8] bedarf es auch im Anwaltshaftungsrecht in Hinblick auf die typischen Anwendungsfälle dieses Rechtsinstituts einer kurzen Erörterung.

Im allgemeinen werden bei der pVV im wesentlichen drei Fallgruppen 216 unterschieden.[9] Es sind dies

- die Fälle der *Schlechterfüllung einer Hauptpflicht,* durch die der Gläubiger einen über das Erfüllungsinteresse hinausgehenden Schaden an seinem Vermögen oder seinen sonstigen Rechtsgütern erleidet;
- die Fälle der *Verletzung von leistungsbezogenen Nebenpflichten,* bei denen zwar die Hauptleistung mangelfrei erbracht wird, der Schaden des Gläubigers aber infolge fehlerhafter (unterbliebener) Anweisung (Aufklärung, Mitwirkung) des Schuldners entsteht;
- die Fälle der *Verletzung von Schutzpflichten,* die zwar nicht am Erfüllungsinteresse orientiert sind, deren Einhaltung aber die Sicherung sonstiger, d. h. nicht *unmittelbar* am Vertragszweck beteiligter Rechtsgüter des Vertragspartners beabsichtigt.

---

[3] Vgl. auch *Borgmann/Haug,* S. 144.

[4] Vgl. aber z. B. die gesetzliche Bestätigung in § 11 Nr. 7 AGB-Gesetz.

[5] Dazu z. B. *Jauernig/Vollkommer,* § 276 Anm. V 1 d.

[6] Zur „Bezeichnungsproblematik" vgl. z. B. *Jauernig/Vollkommer* § 276 Anm. V 1 c.

[7] Zur Frage, ob die an sich nur für die Fälle der Unmöglichkeit der Leistung und des Verzugs geltende Beweislastregelung gem. §§ 282, 285 BGB anwendbar ist, vgl. BGH NJW 1982, 437 [438] und dazu näher unten § 5 II 3.

[8] In BGH NJW 1988, 1079; BGH NJW-RR 1986, 1281 wird pVV als Anspruchsgrundlage für die Prüfung der Haftungsvoraussetzungen nur noch einleitend bzw. beiläufig erwähnt (vgl. NJW-RR aaO, S. 1282 unter III 1); das OLG Frankfurt (NJW 1988, 3269) verweist immerhin noch auf „§§ 280, 286 BGB analog" (aaO, S. 3270).

[9] Vgl. dazu insgesamt *Jauernig/Vollkommer,* § 276 Anm. V 2 a, b, c.

217 Geht man im Grunde von dieser Dreiteilung der für die pVV maßgeblichen Pflichtverletzungen aus, so ergibt sich für die spezifischen Bereiche anwaltlicher Haftung doch eine Besonderheit: die Tatsache, daß sich hier *Hauptpflicht*, leistungsbezogene *Nebenpflicht* (z.B. die wechselseitige Informations- und Aufklärungspflicht[10]) sowie die der Sicherung der „sonstigen" Rechtsgüter des Mandanten dienenden *Schutzpflichten* (z.B. der Grundsatz des sichersten Weges)[11] einander wechselseitig bedingen, mithin die Erfüllung der einen Pflicht nicht ohne Erfüllung der anderen Pflicht leben kann. Denn geht man davon aus, daß der Rechtsanwalt die Interessen des Mandanten nach *jeder* Richtung wahrzunehmen habe,[12] so erfordert diese als „Kardinalpflicht"[13] und damit *Hauptpflicht* zu apostrophierende Anforderung an die anwaltliche Vertragserfüllung, daß er sämtliche in § 2 spezifizierten anwaltlichen Pflichten – soweit notwendig – erfüllt. Damit ist jede – zum Schutz der (Vermögens-)Interessen des Mandanten bezeichnete – anwaltliche (Einzel-) Pflicht nicht nur Schutzpflicht in Hinblick auf das Mandantenvermögen oder aber leistungsbezogene Nebenpflicht, sondern zugleich Mittel für die Erfüllung der die (Vermögens-)Interessen sichernden Hauptleistungspflicht.[14] Die für die Anwendbarkeit der pVV ansonsten erforderliche Dreiteilung der maßgeblichen Pflichtverletzungen erübrigt sich so im Bereich der Anwaltshaftung. Nicht nur leistungsbezogene Nebenpflichten sind gleichsam wie die Hauptpflicht am Leistungszweck des Anwaltsvertrages orientiert, sondern auch die Schutzpflichten. *Alle* (insbesondere die oben in § 2 umschriebenen) Pflichten sind echte Vertragspflichten,[15] deren schuldhafte Verletzung die Haftung des Rechtsanwalts aus pVV auslöst.

218 PVV greift als Anspruchsgrundlage auch dann ein, wenn der Anwaltsvertrag ausnahmsweise *Werkvertrag*[16] ist und der Besteller (Mandant) – wie in der Regel – Ansprüche nicht aus der Mangelhaftigkeit des Werks herleitet, sondern Mangelfolgeschäden geltend macht, die ihm aus der Verwendung des mangelhaften Werks entstanden sind.[17] Ist dagegen zwischen dem Anwalt und – typischerweise – einem Nichtmandanten (Drittbeteiligten) ein *Garan-*

---

[10] Dazu oben § 2 II; zur Einordnung als *Nebenpflicht* vgl. BGH NJW 1982, 437; *Baumgärtel*, Anh. § 282 Rdnr. 78; zur Bedeutung für die Beweislast vgl. auch unten § 5 II 2b.
[11] Dazu oben § 2 V.
[12] So namentlich die Rechtsprechung, vgl. die Nachw. oben Fußn. 2 (2. Absatz) sowie eingehend oben § 2 I, Fußn. 5.
[13] Vgl. oben § 2 I.
[14] Ähnlich wohl auch *Canaris* (JZ 1965, 475 [477]), der in den Fällen der Schlechterfüllung von einer (häufigen) Überdeckung von Leistungs- und Schutzpflichten spricht.
[15] So auch *Borgmann/Haug*, S. 145 unter Bezugnahme auf *Motzer*, JZ 1983, 884 [886]; auch *Larenz*, Schuldrecht I, § 2 I [S. 10ff.] erkennt echte vertragliche Schutzpflichten an; anders aber *Stoll*, Die Lehre von den Leistungsstörungen, 1936, S. 28f. und wohl auch *Thiele*, JZ 1967, 649 [653f.].
[16] Vgl. dazu oben § 1 I 1.
[17] BGH NJW 1965, 106 [107]; zur Verjährung vgl. unten § 4 III 1b.

tievertrag[18] zustandegekommen,[19] so kommt es für den Schadensersatzanspruch des Vertragspartners des Anwalts allein auf das Ausbleiben des garantierten Erfolges an.[20]

Zur vertraglichen Haftung des Anwalts gehört auch die Haftung aus *Treuhandverhälnissen;* wegen der typischen Drittbeteiligungen – Einbeziehung z. B. des Gegners des Mandanten – erfolgt die Darstellung im Anschluß an die Dritthaftungsfälle (unten 3).

Was für den Einzelanwalt gilt, gilt im Grunde auch für die zur *Sozietät* 219 zusammengeschlossenen Anwälte. Wie bereits oben[21] ausführlich dargestellt wurde, schließt der Auftraggeber den Anwaltsvertrag im Zweifel mit allen der Sozietät angehörenden Anwälten. Die Pflichten aus dem Anwaltsvertrag treffen somit alle Anwälte gemeinsam, jede Pflichtverletzung des einen, unmittelbar mit der Mandatserledigung betrauten Anwalts ist zugleich Pflichtverletzung aller Sozien. Diese haften daher als Gesamtschuldner nach den Grundsätzen der positiven Vertragsverletzung.

Geht man nun von der positiven Vertragsverletzung als der hauptsächlich- 220 sten Anspruchsgrundlage im Bereich des Anwaltshaftungsrechts aus, so müssen für einen Schadensersatzanspruch des Mandanten folgende Voraussetzungen erfüllt sein:

1. *Pflichtwidrigkeit* des Verhaltens des Rechtsanwalts bei der Mandatserledigung und damit *Rechtswidrigkeit* dieser pflichtwidrigen Handlung/Unterlassung (dazu unten II);
2. *Verschulden* des Rechtsanwalts (dazu unten III und IV);
3. *Schaden* des Mandanten (dazu unten VI);
4. *Kausalität* zwischen der schuldhaft rechtswidrigen Pflichtwidrigkeit des Anwalts und dem Schaden des Auftraggebers (dazu unten V).

---

[18] Vgl. als Beispiel OLG Köln, Urteil vom 3. 3. 1986, mitgeteilt von *Schlee,* AnwBl 1986, 451: In einer Auseinandersetzung zwischen Eigentümer und Hauptpächter hat der Anwalt des Eigentümers dem Unterpächter schriftlich unter Haftungsübernahme „unter dem Gesichtspunkt falscher anwaltlicher Beratung" zugesichert, die Voraussetzungen der befreienden Hinterlegung des (Unter-)Pachtzinses lägen vor, was in Wirklichkeit nicht zutraf. Im Rahmen des Mandats dürfte Garantie i. d. R. ausscheiden, vgl. *Wendt,* S. 40f. Ein Beispiel einer Garantie des inländischen Anwalts für den Honoraranspruch eines eingeschalteten ausländischen Rechtsanwalts bietet Nr. 19 der „Internationalen Grundsätze des Standesrechts", abgedr. bei *Lingenberg/Hummel/Zuck/Eich,* 2. Aufl., S. 947ff.

[19] Bei „stillschweigend" geschlossenen Garantieverträgen handelt es sich vielfach um eine Fiktion im Rahmen der unten (2c) behandelten Auskunftshaftung; vgl. *Hopt,* AcP 183, 608 [617].

[20] OLG Köln, aaO; allgemein *Jauernig/Vollkommer,* Anm. 3a bb vor § 765.

[21] S. oben § 1 IV 2 c und 4a m. w. N.; vgl. aber auch noch unten § 3 IV 3a.

2. Vertragsähnliche und außervertragliche Haftung des Rechtsanwalts (ohne Delikt)

a) Vor- und nachvertragliche Haftung

221   Die *vorvertragliche* Haftung des Rechtsanwalts ist im wesentlichen Haftung aus *culpa in contrahendo (c. i. c.)*. Dabei stellt die insoweit wohl wichtigste Vorschrift des § 44 S. 2 BRAO einen gesetzlich geregelten Fall der c. i. c. dar. Der Rechtsanwalt, der grundsätzlich verpflichtet ist, dem Auftraggeber die Ablehnung des Mandates unverzüglich mitzuteilen (§ 44 S. 2 BRAO), ist danach diesem zum Ersatz desjenigen Schadens verpflichtet, der aus einer schuldhaften Verzögerung der Auftragsablehnung entsteht.[22]

Neben den noch gesondert (unten b) zu erörternden Beiordnungsfällen, spielen im Bereich der vorvertraglichen Haftung auch noch die Fälle des Vertragsschlusses durch Hilfskräfte anstelle des Anwalts eine Rolle. Bedient sich der Rechtsanwalt im Widerspruch zu seiner Überprüfungspflicht gem. § 45 BRAO pflichtwidrig seiner Bürohilfskräfte bei Abschluß von Anwaltsverträgen, so stellt dies einen Verstoß gegen die allgemeine Pflicht des § 43 BRAO dar und zieht eine Haftung wegen Verschuldens, ggf. bei Vertragsschluß, nach sich.[23]

222   Aber auch die *nachvertragliche* Haftung hat im Anwaltsregreß durchaus Bedeutung. Dazu zählen insbesondere die Fälle der *unzeitigen Kündigung* (vgl. § 627 Abs. 2 BGB), die – wie bereits dargestellt – nicht etwa wirkungslos ist, sondern den Anwaltsvertrag durchaus wirksam beendet, aber Regreßpflichten gem. § 627 Abs. 2 S. 2 BGB auslösen kann.[24] – Der Hauptanwendungsfall nachvertraglicher Haftung liegt aber im Bereich der Verletzung spezifischer *nachvertraglicher Pflichten,* die gleichwohl bestehen können, obwohl das Vertragsverhältnis wirksam und vor allem ordnungsgemäß beendet ist. So können je nach Mandatsinhalt Mitteilungs- und Hinweispflichten über das Mandatsende hinaus fortbestehen, u. U. gar eine Pflicht zum Tätigwerden.[25] Auch aus dem „Eigenleben" der *Prozeßvollmacht* ergibt sich die Möglichkeit einer nachvertraglichen Haftung des Rechtsanwalts. Macht der Anwalt bis zum Zeitpunkt des wirksamen Erlöschens der Prozeßvollmacht im Außenverhältnis (vgl. §§ 78, 79 ZPO) von der Möglichkeit des § 87 Abs. 2 ZPO Gebrauch – was ihm allerdings freisteht – und wird weiterhin – trotz der im Innenverhältnis wirksamen Beendigung des Mandatsverhältnisses – für seinen bisherigen Auftraggeber tätig, treffen ihn die gleichen haftungsrechtlich relevanten Pflichten wie bei Fortbestehen der Prozeßvollmacht.[26]

---

[22] Zu den Einzelheiten s. oben § 1 III 2 a.
[23] Vgl. dazu näher oben § 1 III 4.
[24] Zu den Einzelheiten s. oben § 1 VI 2 b.
[25] Dazu vgl. bereits oben § 1 VI 3 a.
[26] Vgl. dazu näher oben § 1 VI 3 b.

b) Haftung aus gesetzlichen Schuldverhältnissen

Hierher gehören insbesondere die Fälle der *Beiordnung* eines Rechtsan- 223
walts im *Scheidungsverfahren* sowie seiner Bestellung zum *Pflichtverteidiger*.
Solange die Partei keine Prozeßvollmacht erteilt – was keineswegs notwendig
ist – bestehen zwischen ihr und dem beigeordneten Anwalt keine vertraglichen Beziehungen. Wohl aber besteht ein *gesetzliches Schuldverhältnis*, welches auf die Wahrung der Parteiinteressen im Scheidungsverfahren gerichtet
ist. Dieses bildet die Haftungsgrundlage bei Pflichtverletzungen des Rechtsanwalts.[27] Ähnlich ist die Situation auch bei der Pflichtverteidigung. Der zum
Pflichtverteidiger bestellte Anwalt steht in einem *öffentlich-rechtlichen
Pflichtenverhältnis* zum Staat, im Verhältnis zum Angeklagten bestehen – im
Unterschied zur Wahlverteidigung – keine vertraglichen Beziehungen, wohl
aber wiederum ein gesetzliches Schuldverhältnis, das in den Grundzügen dem
Rechtsverhältnis bei der Vormundschaft entspricht. Daher wird hier eine
Haftung des pflichtwidrig handelnden Verteidigers analog § 1833 BGB befürwortet.[28]
Umstritten ist die Haftungsgrundlage indes in den übrigen Beiordnungsfäl- 224
len. Wird ein Rechtsanwalt im *Prozeßkostenhilfeverfahren* oder als *Notanwalt* beigeordnet, wird hierdurch lediglich ein öffentlich-rechtliches Verhältnis begründet. Für ein privatrechtliches Mandatsverhältnis als Voraussetzung
einer wirksamen Prozeßvertretung bedarf es vielmehr zusätzlich der Auf-
trags- und Vollmachtserteilung durch die Partei. Ab diesem Zeitpunkt gelten
haftungsrechtlich keinerlei Besonderheiten gegenüber dem freien Mandat.
Problematisch ist vielmehr der Zeitraum zwischen gerichtlicher Beiordnung
und der Mandatserteilung. Überwiegend wird hier eine Pflicht des Anwalts
zur „außervertraglichen" Fürsorge befürwortet, die sich insbesondere auf
Belehrungs- und Betreuungspflichten erstreckt. Verletzt der beigeordnete
Rechtsanwalt fahrlässig diese Fürsorgepflicht, macht er sich schadensersatzpflichtig – eine Frage, die allerdings ebenso umstritten ist wie die Haftungsgrundlage selbst. Die Vorschläge reichen hier von einer Haftung aus vorver-
traglichem Schuldverhältnis (c.i.c.) bis hin zur entsprechenden Anwendung
des § 1833 BGB.[29]

c) Auskunftshaftung, Sachwalterhaftung, Prospekthaftung

Bereits oben[30] wurde die Frage der Auskunftshaftung des Rechtsanwalts 225
erörtert, soweit sie in ihren Grundlagen unmittelbar an das zwischen Anwalt
und Auftraggeber bestehende Mandatsverhältnis anknüpft, also dem Auskunftsempfänger u. U. die Rechtsstellung eines Drittberechtigten oder eines

---

[27] Dazu im einzelnen oben § 1 III 3 c.
[28] Dazu im einzelnen oben § 1 III 3 d.
[29] Dazu im einzelnen bereits oben § 1 III 3 a m. N., insbesondere in Fußn. 131.
[30] Vgl. oben § 1 V 4.

in den Schutzbereich des Anwaltsvertrages einbezogenen Dritten gewährt. Insoweit bedarf es daher keiner weiteren Erörterung. Die Problematik der Auskunftshaftung ist indes wesentlich weitreichender, denn die berufliche Tätigkeit des Rechtsanwalts bringt es naturgemäß mit sich, daß dieser mit der Vielzahl von Personen – sei es dem unmittelbaren Gegner des Mandanten, sei es dem vom Mandatsverhältnis nur mittelbar betroffenen Dritten – in Kontakt tritt und dabei (Rechts-) Auskünfte erteilt. Eine (positive) Reaktion des Adressaten auf solche Auskünfte wird dabei – wie bereits erwähnt[31] – regelmäßig wegen des besonderen *Vertrauens,* das der Anwalt aufgrund seiner Stellung als *Organ der Rechtspflege* in der Öffentlichkeit genießt, erfolgen. Die Haftung wegen fehlerhafter Auskunft des Rechtsanwalts wird daher vornehmlich unter dem Gesichtspunkt der *Vertrauenshaftung* zu erörtern sein.

226   Die rechtsdogmatische Begründung einer solchen Haftung ist indes ebenso schwierig wie umstritten. Denn zu bedenken ist, daß § 676 BGB[32] eine solche Haftung im Grundsatz gerade ausschließt. Sie kann daher ihre Grundlage an sich nur in (vor-)vertraglichen Beziehungen zwischen Rechtsanwalt und Auskunftsempfänger oder im Deliktsrecht finden.

227   Das *Reichsgericht* hat – soweit es um eine Auskunft des Anwalts gegenüber dem Gegner des Mandanten ging – mehrfach den Weg eines *fingierten Auskunftsvertrages* zwischen beiden Beteiligten beschritten.[33] Bemühte sich das Reichsgericht dabei ursprünglich noch, den stillschweigenden Abschluß eines Auskunftsvertrages aus dem für den Rechtsanwalt erkennbaren Bedürfnis des Ersuchenden nach einer verläßlichen und damit für den Anwalt bindenden Auskunft einerseits und aus dessen spezifischer Berufstätigkeit andererseits zu begründen,[34] so hat es später den subjektiven Willen der Parteien für unerheblich erachtet und allein darauf abgestellt, ob nach Maßgabe der bürgerlichen Rechtsordnung die Beziehungen beider Parteien (objektiv) als vertragliche zu beurteilen sind.[35]

---

[31] Vgl. Fußn. 30.

[32] Vgl. dazu *Motive* II, S. 554, wo ausdrücklich klargestellt ist, daß „Rat" und „Empfehlung" die Auskunftserteilung einschließt.

[33] RGZ 52, 365; 129, 109; RG JW 1928, 1134 mit kritischer Anmerkung *Friedlaender;* JW 1927, 1145 (Notarhaftung betreffend) mit zustimmender Anmerkung *Weisweiler.*

[34] RGZ 52, 365 [366f.]: „Wenn jemand, zu dessen Berufsgeschäften es gehört, anderen in Geschäften der fraglichen Art beratend zur Seite zu stehen, und der erfahren hat, daß ein anderer in einer solchen Angelegenheit einer zuverlässigen Auskunft bedarf, diesen dann in einem an denselben gerichteten Schreiben Auskunft über den erheblichen Punkt gibt, so schließt er eben dadurch den betreffenden Vertrag mit dem Auskunft Begehrenden ab"; ähnlich RGZ 129, 109 [112] und RGZ 101, 297 [301].

[35] RG JW 1928, 1134 [1135]: Es ist „unerheblich, ob der Rechtsuchende bei seinem Ersuchen um Auskunft die Herstellung von Vertragsbeziehungen zu dem angegangenen Rechtskundigen bezweckte und ob entsprechendes der Rechtskundige, als er den Bescheid erteilte, beabsichtigt hat; es genügt, daß sie zueinander in Beziehungen getreten sind, die, wenn sie einmal vorliegen, nach Maßgabe der bürgerlichen Rechtsordnung als vertragliche anzusehen und dementsprechend in ihren rechtlichen Auswirkun-

Diese Rechtsprechung des Reichsgerichts hat vielfache Kritik erfahren. Be- 228
reits *Schliebner*[36] hat darauf hingewiesen, daß die reichsgerichtliche Konstruktion eines fingierten Auskunftsvertrages dem Kontrahierungsverbot des
§ 31 Nr. 2 RAO[37] widerspricht. In der Regel wisse der Dritte, daß es dem
Anwalt verboten ist, in derselben Rechtssache[38] gleichzeitig zwei Parteien
anwaltliche Dienste zu leisten.[39] Der Dritte wolle daher grundsätzlich gar
kein Vertragsangebot machen, umgekehrt wolle der Rechtsanwalt, der das
Kontrahierungsverbot kennen *muß*, ein etwaiges Vertragsangebot niemals
annehmen.[40] Die rein objektive Beurteilungsformel des Reichsgerichts[41] miß-
achtet so nicht nur den Parteiwillen, sondern wird – wie *Friedländer* zutreffend ausführt[42] – den wirklichen Vorgängen des Lebens nicht gerecht.[43]

Die „Leerformel" des Reichsgerichts wurde zwar zur Begründung einer 229
vertraglichen Auskunftshaftung des Anwalts auch in frühen Entscheidungen
des Bundesgerichtshofs übernommen,[44] aber – teilweise in Anlehnung an die
urpsrüngliche Rechtsprechung des Reichsgerichts[45] – nach und nach durch
andere Kriterien „aufgefüllt"; insbesondere: erkennbare fundamentale Be-

---

gen zu beurteilen sind"; ebenso RG JW 1927, 1145. – *Borgmann/Haug* (S. 195) bezeichnen diese Formel zu Recht als „blutleer" und *Soergel/Wiedemann* (Vor § 275
Rdnr. 198) hat sie sehr treffend zusammengefaßt: „Der Erklärende haftet nicht, weil er
will, sondern weil er *soll*"; ebenso *Hopt*, AcP 183 (1983), 608 [618]. Krit. auch *Scheffler*, KF 1959, 50 m.w.N.
[36] *Schliebner*, S. 8.
[37] Heute § 45 Nr. 2 BRAO; vgl. dazu bereits oben § 1 III 2 b.
[38] Ein Begriff, der sehr weit zu fassen ist. Darunter fällt jede rechtliche Angelegenheit, bei der mehrere Parteien mit widerstreitenden Interessen beteiligt sind (so bereits
Friedländer, § 31 Anm. 7; ebenso *Kalsbach*, § 45 Anm. 2 II a; *Isele*, § 45 Anm. IV B
2 a).
[39] Ob diese Kenntnis allerdings wirklich in dem Maße, wie *Schliebner* dies behauptet, verbreitet ist, erscheint indes zweifelhaft.
[40] Vgl. dazu auch *K. Huber* in FS v. Caemmerer, S. 369; ferner *v. Gierke*, S. 146 f.
Zur Klarstellung sei indes darauf hingewiesen, daß § 45 Nr. 2 BRAO unmittelbar nicht
die *gleichzeitige* Vertretung kontrahierender Parteien betrifft, sondern „nur" den Fall
sukzessiver Mandatsübernahme. Das Verbot der ersteren Konstellation gehört vielmehr zu den selbstverständlichen Berufspflichten des Rechtsanwalts (*Isele*, § 45 Anm.
IV A 1, 2). Beide Tätigkeitsverbote haben über die ehrengerichtlichen Sanktionsmög-
lichkeiten hinaus im Straftatbestand des *Parteiverrates* (§ 356 StGB) ihren Niederschlag
gefunden. – Freilich braucht zwischen Mandant und Drittbeteiligtem nicht *stets* ein
Interessengegensatz zu bestehen; vgl. die Fallgestaltung in OLG Köln, aaO (Fußn. 18);
i. ü. wird der Anwalt i.d.R. mit Zustimmung im Interesse, wenn nicht gar im
Auftrag des Mandanten handeln (vgl. BGH WM 1978, 576). Vertragsbeziehungen mit
Interessengegensätzen kommen auch sonst vor (gl. § 44 S. 2 RichtlRA und unten 3).
[41] Vgl. Fußn. 35.
[42] *Friedländer*, JW 1928, 1134 f.
[43] Zur Kritik vgl. auch *Soergel/Wiedemann*, Vor § 275 Rdnr. 198; *Borgmann/Haug*,
S. 198 ff.; *v. Gierke*, S. 146 ff.; *Hopt*, AcP 183 (1983), 608 [617 ff.]; *Grunewald*, JZ 1982,
627 und AcP 187 [1987], 285 [295].
[44] Vgl. z.B. BGHZ 7, 371 [375].
[45] Vgl. Fußn. 34.

deutung der Auskunft für den Dritten,[46] sowie Maßgeblichkeit der Sachkunde und des beruflichen Ansehens des Auskunftgebers.[47] Insgesamt handelt es sich hierbei aber um Gesichtspunkte, die – wie der Bundesgerichtshof selbst ausspricht – eine Haftung nach Vertragsgrundsätzen „trotz Fehlens einer ausdrücklichen vertraglichen Vereinbarung"[48] belegen sollen. Erst mit seiner Entscheidung vom 24. Januar 1978[49] ist der Bundesgerichtshof wieder auf den Boden der Rechtsgeschäftslehre zurückgekehrt und hat ausdrücklich klargestellt, daß eine vertragliche Haftung das Vorhandensein und die Erkennbarkeit des *Willens,* sich zu einer rechtsverbindlichen Auskunftserteilung zu verpflichten, erfordert und auf der Gegenseite den Willen, diese Verpflichtung auch anzunehmen. An diesen Voraussetzungen fehlt es i. d. R. dann, wenn der Rechtsanwalt die fragliche „Auskunft" als einseitiger Interessenvertreter seines Mandanten erteilt hat.[50]

230   Es wundert daher nicht, daß die neuere Rechtsprechung des Bundesgerichtshofs für die Auskunftshaftung des Rechtsanwalts gegenüber Dritten nach anderen Lösungswegen sucht und dabei insbesondere den Weg der – noch unten[51] zu erörternden – deliktischen Haftung wählt, dem sich teilweise[52] auch das Schrifttum angeschlossen hat.

231   Allerdings sind gerade im Schrifttum ganz andere Lösungsvorschläge unterbreitet worden. So ist die Möglichkeit einer *Berufshaftung*[53] ebenso erörtert worden, wie die einer Haftung aus *culpa in contrahendo* unter dem Gesichtspunkt der sog. *Sachwalterhaftung.*[54] Insbesondere *Lorenz*[55] erwägt in einer rechtsvergleichenden Studie einen Ersatzanspruch des geschädigten Auskunftempfängers wegen Enttäuschung des in den Auskunfterteilenden gesetzten Vertrauens gerade unter diesem Gesichtspunkt. Indes will auch *Lorenz*[56] zur Vermeidung einer „Überstrapazierung" einer Sachwalterhaf-

---

[46] So bereits BGHZ 7, 371 [377]; später BGH WM 1985, 287 (beratender Volkswirt); BGH NJW 1972, 678 [680].

[47] BGH WM 1965, 287; BGH NJW 1970, 1737 (Bankauskunft); NJW 1972, 678 [681].

[48] BGH NJW 1972, 678 [680].

[49] BGH WM 1978, 576 [577].

[50] BGH, aaO; *Rinsche,* Rdnr. I 19. Einen Überblick über die Rspr. des BGH (u. a.) zu den Auskunftsfällen gibt *Lang,* WM 1988, 1001 ff.

[51] S. unten 3 c.

[52] So z. B. *K. Huber,* in FS v. Caemmerer, S. 369 [377 ff.], der den eine Falschauskunft erteilenden Rechtsanwalt über § 823 Abs. 2 BGB haften lassen will; zust. *v. Bar,* S. 234 ff.; dazu aber noch unten 4 b. Einen Überblick über die „deliktischen Konstruktionen" gibt *v. Gierke,* S. 152 ff.

[53] So insbesondere *Lammel,* AcP 179 [1979], 337; *Hopt,* AcP 183 [1983], 608; dazu aber noch unten d.

[54] Vgl. *allgemein* zur Sachwalterhaftung aus culpa in contrahendo wegen Inanspruchnahme persönlichen Vertrauens: BGHZ 56, 81 ff.; 70, 337 ff.; zuletzt BGH BB 1988, 2338 f. m. w. N.

[55] *Lorenz,* FS Larenz, 1973, S. 575 ff.; ferner *Canaris,* 2. FS Larenz, 1983, S. 27 [93 ff.].

[56] *Lorenz,* aaO, S. 618 ff.

tung insoweit Grenzen setzen: Nicht jedes Vertrauen in den Auskunftgeber ist schutzwürdig, sondern nur ein solches, das auf einen geschäftlichen Kontakt beruht. Dabei muß die Auskunft für den Auskunftgeber berufseinschlägig und ihre vermögenswirksame Bedeutung für den Empfänger muß für ihn erkennbar sein. Aber auch bei Vorliegen dieser Voraussetzungen bedarf es zusätzlich einer gesonderten Überprüfung der Reichweite des gewährten und insoweit geschützten Vertrauens. Je nach wirtschaftlicher Bedeutung der Auskunft, darf der Empfänger sich unter Umständen nicht auf sie allein verlassen, sondern muß sich zugleich anderweitig absichern.[57] Übertragen auf die konkrete Problematik anwaltlicher Haftung wegen Falschauskunft bedeutet dies, daß nach der Auffassung von *Lorenz* – abgesehen von dem Sonderfall unüberschaubarer Haftungsrisiken beim Auskunftsempfänger – grundsätzlich eine Haftung aus c. i. c. unter dem Gesichtspunkt einer Sachwalterstellung zu bejahen wäre, denn der Rechtsanwalt wird in der hier maßgeblichen Konstellation beruflich tätig und wird und muß auch regelmäßig die Bedeutung der Auskunft für den Empfänger schon von seiner Kenntnis des ihm durch den eigenen Mandanten vermittelten Sachverhalts erkennen.[58]

Der Bundesgerichtshof lehnt demgegenüber eine Sachwalterhaftung wegen 232 falscher oder unzureichender Auskunft des Rechtsanwalts grundsätzlich ab. Es fände im geltenden Recht keine Stütze, dem von einer Partei zu ihrer Unterstützung zu Vertragsverhandlungen zugezogenen Rechtsanwalt ohne Hinzutreten *besonderer Umstände* allein aufgrund des von ihm ausgeübten Berufes eine für den Sachwalter typische Vertrauensstellung zuzusprechen, die eine persönliche Haftung für die Richtigkeit der bei dieser Gelegenheit abgegebenen Parteierklärungen begründen würde.[59]

Einen Sonderfall der Haftung wegen enttäuschten Vertrauens stellt auch 233 die aus dem Rechtsinstitut der culpa in contrahendo entwickelte sog. *„Prospekthaftung"* dar, die sich auch auf Rechtsanwälte beziehen kann. Voraussetzung hierfür ist, daß ein Anwalt bei der Fertigung eines Prospektes, mit dem um gesellschaftsrechtliche Beteiligungen an sog. Publikums-Kommanditgesellschaften geworben wird, nicht nur mitgewirkt hat, sondern seine Mitwirkung nach außen durch namentliche Benennung im Prospekt dokumentiert wird als Grundlage eines für den Umworbenen geschaffenen besonderen Vertrauenstatbestandes. In diesem Fall gilt der Anwalt als Garant für die Richtigkeit und Vollständigkeit der Prospektangaben, und er haftet persönlich, wenn diese Voraussetzungen nicht vorliegen.[60]

---

[57] Ähnlich *Borgmann/Haug*, S. 198f.; *Rinsche*, Rdnr. I 20.

[58] Ebenfalls eine Sachwalterhaftung unter Einschränkungen grundsätzlich befürwortend *Herrmann*, JZ 1983, 422.

[59] So BGH NJW 1989, 293 [294] = WM 1988, 1535 [1536]. Die Entscheidung liegt auf der Linie der Rspr. des RG, das gleichfalls eine Eigenhaftung des in Vertragsverhandlungen eingeschalteten Rechtsanwalts unter dem Gesichtspunkt der c. i. c. abgelehnt hat; vgl. RG JW 1929, 3149, wo aber im Einzelfall § 826 BGB bejaht wird; dazu näher unten 4 c.

[60] Speziell zur Haftung des beratenden Rechtsanwalts für unrichtige Prospektanga-

d) Berufshaftung?

234 Vom Gedanken einer Sachwalterhaftung ist der Schritt nicht weit zur Konzeption einer *Berufshaftung* des Rechtsanwalts. Zu deren „Anhängern" gehören insbesondere *Lammel*[61] und *Hopt*.[62] So sieht *Lammel* vornehmlich in den Auskunftsfällen in Abkehr von § 676 BGB die Grundlage für eine Haftung des Anwalts allein in dessen Berufsstellung: „Die Auskunftshaftung tritt ein, wenn ein Rat etc. auf berufsbezogenem Gebiet erteilt wurde und dieser das in die berufsspezifische Sachkunde legitimerweise gesetzte Vertrauen infolge mangelhafter Überprüfung der Grundlagen enttäuschte."[63] Im Sinne einer Haftung allein aus Berufsrecht spricht sich auch *Hopt*[64] aus, nach dessen Auffassung die „Begründung (einer berufsbezogenen Haftung) ausschließlich aus Rechtsschein und Vertrauen zu kurz greift" und der deshalb eine auch „von den deliktsrechtlichen Schwächen befreite Berufshaftung aus Gesetz"[65] befürwortet.[66]

235 Die Auffassung eines *selbständigen Haftungsgrundes des Berufes* erscheint indes bedenklich.[67] Eine solche Haftung bedürfte in jeden Fall einer Eingrenzung. Doch womit und wodurch sind die Grenzen zu setzen? Eine Abgrenzung allein zwischen beruflicher/nichtberuflicher Tätigkeit wäre wohl zu weitgehend. Daher müßte man insoweit wiederum an den typischen Berufspflichten ansetzen, womit entscheidend wäre, welche Folgerungen aus der Berufsstellung auf die Pflichten gegen das Publikum gezogen werden können.[68] Sind aber die spezifischen Anwaltspflichten bzw. deren Verletzung für die anwaltliche Haftung maßgeblich, bedarf es keines eigenständigen Haftungsgrundes des Berufes. Denn dann kommen ohnehin als Haftungsgrund-

---

ben: BGHZ 77, 172 = BGH NJW 1980, 1840; NJW 1984, 865; *Crezelius*, BB 1985, 209 [212] m.w.N.; allgemein zur Prospekthaftung: BGHZ 71, 284 = NJW 1978, 1625; 72, 382 = NJW 1979, 718; 79, 337 = NJW 1981, 1149; 83, 222 = NJW 1982, 1514; NJW 1984, 2523; NJW 1985, 380; VersR 1986, 35; *Coing*, WM 1980, 206 (die neuere Rechtsprechung des Bundesgerichtshofes betreffend); *Teuffel*, DB 1985, 373; *Pleyer/Hegel*, ZIP 1986, 681; zu den weiteren Einzelheiten, insbesondere zur Verjährungsproblematik, vgl. *Borgmann/Haug*, S. 200ff.

[61] Vgl. *Lammel*, AcP 179 [1979], 336ff.
[62] Vgl. *Hopt*, AcP 183 [1983], 608ff.
[63] *Lammel*, aaO, S. 366.
[64] *Hopt*, AcP 183 [1983], 608 [634ff., 655ff.].
[65] *Hopt*, aaO, S. 719.
[66] Nach *Grunewald* (JZ 1982, 627 [632]) sind es ebenfalls die „altbekannten Nachteile des Deliktsrechts", die für eine *verschuldensabhängige Haftung* wegen Verletzung der typischen *Berufsstandards* sprechen sollen. Eine berufsrechtliche Lösung *de lege ferenda* – Einführung von § 43a BRAO – entwickelt *v. Gierke*, S. 159f., 161ff..
[67] In diesem Sinne ebenfalls ablehnend BGH WM 1988, 1535 [1536f.] = BB 1988, 1992. Grundsätzliche Kritik an der Berufshaftung übt *Canaris*, 2. FS Larenz, S. 83f.; kritisch ferner *Littbarski*, NJW 1984, 1667.
[68] Beispiel: RGZ 14, 283 [287]. Für die Frage der Haftung eines Rechtsanwalts „für Veruntreuungen seines Bureauvorstehers" hat das RG darauf abgestellt, welche Folgerungen „aus seiner Berufsstellung (!) gegen das Publikum (!) gezogen werden."

lagen die vertragliche pVV-Haftung oder aber die aus der vertragsähnlichen c.i.c.-Haftung weiterentwickelte Vertrauenshaftung in Frage.[69]

e) Haftung aus Geschäftsführung ohne Auftrag (GoA)

Es kann vorkommen, daß der Rechtsanwalt im Rahmen der Mandatsbe- 236
treuung für einen Dritten tätig wird, ohne von diesem (ausdrücklich) hierzu beauftragt worden zu sein. In diesem Fall hat er das Geschäft so zu führen, „wie das Interesse des Geschäftsherrn mit Rücksicht auf dessen wirklichen oder mutmaßlichen Willen es erfordert" (§ 677 BGB). Für eine mögliche Haftung gegenüber dem Dritten ist zu unterscheiden, ob es sich um eine berechtigte oder um eine unberechtigte GoA handelt. Bei der berechtigten GoA liegt die Übernahme der Geschäftsführung im Interesse des Geschäftsherrn und entspricht dessen Willen. Es kommt hierdurch ein auftragsähnliches gesetzliches Schuldverhältnis zustande,[70] aufgrund dessen der Rechtsanwalt „nur" wegen fehlerhafter Ausführung nach allgemeinen Grundsätzen wegen Schlechterfüllung des gesetzlichen Schuldverhältnisses haftet (§§ 280ff.; 284ff.; pFV).[71] Bei unberechtigter GoA, mithin bei einer Geschäftsführung gegen den Willen des Dritten, steht letzterem ein, an das Übernahmeverschulden des Anwalts anknüpfender, selbständiger Schadensersatzanspruch aus § 678 BGB zu.

Die Anspruchsgrundlage ist im Anwaltshaftungsrecht, soweit ersichtlich, 237
ohne Bedeutung. Der Grund hierfür dürfte darin liegen, daß im wichtigsten Fall der GoA, der auftragslosen Prozeßführung, aus prozeßrechtlichen Gründen nicht zu einem Kostenregreß der vertretenen Partei kommt. In den Fällen der vollmachtslos erhobenen Klage oder eines vollmachtslos eingelegten Rechtsmittels kommt es nur dann zur Durchführung des Klage-(Rechtsmittel-)verfahrens, wenn die vertretene Partei die Prozeßführung genehmigt und nachträglich die Vollmacht erteilt, dagegen ist im Fall des endgültigen Vollmachtsmangels die Klage als unzulässig abzuweisen bzw. das Rechtsmittel als unzulässig zu verwerfen. Da im Zeitpunkt der zurückweisenden (verwerfenden) Entscheidung der – endgültige – Vollmachtsmangel jeweils feststeht, sind nach h.M. die Prozeßkosten dem vollmachtslos auftretenden Vertreter[72] als dem Veranlasser und nicht der vertretenen Partei[73] aufzuerlegen. Die – abzulehnende – Gegenansicht muß dagegen die mit den Kosten belastete Partei auf einen mit einer besonderen Klage geltend zu machenden bürger-

---

[69] Im Sinne von *Canaris,* aaO (2. FS Larenz), der (u.a.) cic-, Auskunfts- und Prospekthaftung als Ausprägung der Vertrauenshaftung in der Unterform der Erklärungshaftung begreift.

[70] *Jauernig/Vollkommer,* Anm. 2a vor § 677.

[71] *Jauernig/Vollkommer,* § 678 Anm. 3.

[72] *Zöller/Vollkommer,* § 88 Rdnr. 11 m.w.N.; wohl auch BGH NJW 1988, 49 [51].

[73] So aber *Stein-Jonas/Pohle,* 19. Aufl., § 88 Anm. III 2c; anders – wie hier – aber nunmehr in der 20. Aufl. *Stein-Jonas/Leipold,* § 88 Rdnr. 14.

lichrechtlichen Erstattungsanspruch gegen den vollmachtslos handelnden Vertreter verweisen.[74]

3. Haftung wegen Verletzung von Pflichten aus einem Treuhandverhältnis

238   Die Haftung des Rechtsanwalts aus einem Treuhandverhältnis ist ein Fall der vertraglichen Haftung (pVV; dazu oben 1); dabei besteht die Besonderheit, daß der Anwalt als Treuhänder nicht einseitiger Interessenwahrer nur *einer* Partei – seines Mandanten – ist, sondern ihm „Pflichten gegenüber *allen* am Treuhandverhältnis Beteiligten" obliegen (vgl. § 44 S. 1 RichtlRA[75]), er also zu *strikter Objektivität*[76] verpflichtet ist. Bei der anwaltlichen Treuhand sind Parteien des Treuhandverhältnisses außer dem Rechtsanwalt als Treuhänder – ein oder mehrere – Auftraggeber und Begünstigte. Auftraggeber und Begünstigte können sowohl der Mandant als auch „Dritte" sein, insbesondere auch der Vertrags- oder Prozeßgegner des Mandanten. Insofern führt (auch) die Verletzung von Pflichten aus dem Treuhandverhältnis zu einer Haftung des Rechtsanwalts gegenüber „Dritten" (aus der Sicht des bestehenden Mandatsverhältnisses zur „eigenen" Partei). Ist der Treuhänder ein Sozietätsanwalt, besteht das Treuhandverhältnis im Zweifel mit allen der Sozietät angehörenden Rechtsanwälten.[77]

239   Ein anwaltliches Treuhandverhältnis[78] liegt vor, wenn dem Anwalt „zu treuen Händen" zweckbestimmt Vermögenswerte übertragen werden, über die nur nach bestimmten Weisungen des Auftraggebers verfügt werden soll. Ein Bedürfnis hierfür kann z.B. bestehen, wenn bei Interessengegensätzen interimistische Zwischenlösungen mit Kontroll- und Sicherungsmechanismen getroffen werden sollen oder wenn bei Vermögenstransaktionen eine Mehrzahl von Beteiligten zusammenwirken muß. Als Beispiele sind zu nennen: Zweckgebundene Entgegennahme von Geldmitteln von oder für den

---

[74] Vgl. *Stein-Jonas/Pohle*, aaO; in Frage kommt etwa § 678 BGB. Auch der BGH bemerkt, daß sich bei einer Kostenbelastung der *Partei* aus einer Prozeßführung gegen ihren Willen „im Innenverhältnis Haftungsfragen stellen" würden; BGH, aaO (Fußn. 72), S. 51.

[75] *Rinsche* zitiert in der 3. Aufl. (Rdnr. I 18) im Gegensatz zur Voraufl. die RichtlRA nicht mehr; mit *Zuck* dürfte davon auszugehen sein, daß § 44 RichtlRA nur feststellt, was ohnehin „zivilrechtlich" gilt; vgl. *Lingenberg/Hummel/Zuck/Eich*, N Rdnr. 94.

[76] OLG Hamm AnwBl 1987, 42 [43]; *Lingenberg/Hummel/Zuck/Eich*, § 44 Rdnr. 1.

[77] BGH WM 1988, 986; die Rechtslage entspricht damit der beim Anwaltsvertrag; vgl. dazu oben § 1 IV 3 a.

[78] Zum Begriff des Treuhandverhältnisses vgl. etwa RGZ 127, 341 [344f.]; Einigkeit besteht wohl darin, daß es „einen typischen Treuhandvertrag, der sich nach bestimmten Regeln richtet, ... (nicht gibt); die Rechtsbeziehungen müssen vielmehr nach den jeweiligen Umständen des Einzelfalls, insbesondere nach dem zugrunde liegenden Auftrag bestimmt werden" (BGH NJW 1966, 1116); vgl. auch OLG Hamm AnwBl 1987, 42 [43].

Mandanten, etwa zur Sicherung von Zug-um-Zug-Leistungen; Einschaltung in die Abwicklung von Krediten, die durch Grundpfandrechte zu sichern sind und bei denen ein Rangrücktritt herbeigeführt werden soll;[79] Durchführung der Finanzierung von Reparaturleistungen; private Sicherheits-Hinterlegung von Geld oder Wertpapieren zum Zweck der Herbeiführung oder Abwendung der Zwangsvollstreckung; Erb- und Vermögensauseinandersetzungen.

Zwei problematische Fälle sollen kurz angesprochen werden. Bei der Einschaltung eines Rechtsanwalts in die *Unfallfinanzierung* nach einem Kfz-Schaden besteht das Mandatsverhältnis zum Geschädigten, das die Geltendmachung der Ersatzansprüche gegen den Schädiger und die gegnerische Haftpflichtversicherung zum Gegenstand hat; weiter wird der Rechtsanwalt vom Mandanten als Treuhänder (auch der Finanzierungsbank) unwiderruflich beauftragt, die eingehende Versicherungssumme an die Finanzierungsbank, der die Schadensersatzansprüche abgetreten sind, weiterzuleiten. Nach der umstrittenen „Unfallhelferring"-Rechtsprechung des BGH ist, auch bei Einschaltung eines Rechtsanwalts, der Finanzierungsvertrag als Teilstück eines einheitlichen, auf organisierte Unfallhilfe ausgerichteten Vertragswerks unwirksam;[80] das gleiche muß dann aber auch für den im Verhältnis zur Finanzierungsbank begründeten Treuhandvertrag, der einen wirksamen Kreditvertrag voraussetzt, gelten.[81] 240

Nicht ganz unproblematisch sind auch die (nicht selten vorkommenden) Fälle, bei denen eine Sicherheitsleistung – statt bei der amtlichen Hinterlegungsstelle (vgl. § 108 ZPO in Verb. mit § 1 HinterlO) – auf das Anderkonto des Anwalts der hinterlegungspflichtigen Partei, häufiger der Gegenpartei erfolgt.[82] Es besteht allerdings Einigkeit darin, daß der Rechtsanwalt der durch die Hinterlegung begünstigten Partei nicht verpflichtet ist, auf ein solches Hinterlegungsverlangen einzugehen. Umstritten ist jedoch, ob die beteiligten Anwälte eine solche – rechtlich zulässige[83] – Hinterlegungsvereinbarung treffen können, ohne damit u.U. gegen die Pflichten gegenüber ihren Mandanten zu verstoßen. Auch im Fall der Hinterlegung beim gegnerischen Anwalt erscheint dies unbedenklich, wenn der Anwalt des Mandanten, zu dessen Gunsten die Hinterlegung erfolgt, gewissenhaft überprüft, ob die 241

---

[79] Vgl. die Fallgestaltung in BGH WM 1988, 986 [987]; vgl. auch BGH NJW 1986, 2947 (Notar) und § 23 BNotO.

[80] BGH NJW 1977, 38 und 431; krit. zur Rspr. *Canaris*, ZIP 1980, 709ff m.w.N.

[81] Ebenso – mit anderer Begründung – bereits *Knebel*, VersR 1972, 409ff. – Zu abweichenden und gesetzlich zulässigen Vertragsgestaltungen vgl. LG Hagen AnwBl 1976, 129; *Borgmann/Haug*, S. 210 unter Hinweis auf z.T. unveröffentlichte Rspr. Vgl. zum ganzen auch *Rennen/Caliebe*, Rechtsberatungsgesetz, 1986, Art. 1 § 1 Rdnr. 25 m.w.N.; *Staudinger/Hopt-Mülbert*, § 607 Rdnr. 230 m.w.N.

[82] Vgl. dazu *Krauel*, MDR 1986, 994f.; *Lingenberg/Hummel/Zuck/Eich*, § 44 Rdnr. 10; OLG Hamm AnwBl 1987, 42 [43].

[83] Vgl. § 108 Abs. 1 S. 2 ZPO: „Soweit ... die Parteien ein anderes nicht vereinbart haben ..."; vgl. auch BGHZ 82, 283 [286].

Hinterlegung genügend Sicherheit bietet. Durch die Sicherheits-Hinterlegung entsteht ein Treuhandverhältnis in doppelter Hinsicht: Eines zwischen dem Anwalt, bei dem hinterlegt ist, als Treuhänder und der hinterlegenden Partei und eines zwischen dem Treuhänder und der durch die Hinterlegung begünstigten Gegenpartei. Zur Rückgewähr des hinterlegten Betrags an die hinterlegende Partei ist daher die Zustimmung *beider* Parteien erforderlich; ein Recht zur eigenverantwortlichen Entscheidung über die Rückzahlung steht dem Anwalt im Zweifel nicht zu.[84]

242 Für das Zustandekommen von Treuhandverhältnissen gelten die allgemeinen Grundsätze über den Vertragsschluß (vgl. §§ 133, 157 BGB). Ob und inwieweit ein Treuhandvertrag zwischen dem Anspruchsteller (Gegenpartei) und dem in Anspruch genommenen (gegnerischen) Rechtsanwalt geschlossen worden ist, ist daher oft zweifelhaft.[85] Die Entgegennahme von Fremdgeldern durch den Anwalt für den Mandanten begründet in der Regel noch kein Treuhandverhältnis zum Geldgeber oder Mandanten. Zieht daher der Rechtsanwalt Mandantenforderungen aufgrund eines Einziehungsauftrags auf ein eigenes Konto ein, so entsteht dadurch kein Treugut zugunsten des Mandanten.[86] Erforderlich ist vielmehr, daß ein treuhänderischer Auftrag in *deutlicher Form* erteilt wird.[87] Von einem Treuhandauftrag kann in solchen Fällen insbesondere dann ausgegangen werden, „wenn der Geldgeber dem Anwalt zu erkennen gibt, daß er ihn nicht lediglich als Vertreter oder Boten des Mandanten ansieht, sondern als Treuhänder mit der Wahrnehmung seiner eigenen Interessen betraut".[88] Jede weisungs- und bestimmungswidrige Verwendung des Treuguts durch den Treuhänder ist eine zum Schadensersatz verpflichtende Vertragsverletzung;[89] zur Vermeidung von Haftpflichtgefahren ist daher eine genaue Umschreibung der Befugnisse des Treuhänders dringend geboten. Zutreffend führt das OLG Hamm zu den inhaltlichen Anforderungen an den Treuhandvertrag aus:

„Es gibt mangels gesetzlicher Vorschriften keinen typischen Treuhandauftrag, der bestimmte Rechte und Pflichten der Vertragsparteien regelt. Bei einer schuldrechtlichen Begründung eines Treuhandverhältnisses empfiehlt es sich daher dringend, Vereinbarungen darüber zu treffen, welche genau umrissenen Rechte und Pflichten die Treuhänder haben soll, wer dem Treuhänder Weisungen zu erteilen hat, und was insbesondere dann geschehen soll, wenn der Treuhänder widerstrebende Interessen mehrerer Personen zu berücksichtigen hat oder wenn bei Nichterfüllung der gesetzten Bedingungen oder einer Zweckstörung Streitigkeiten auftreten."[90]

---

[84] OLG Hamm AnwBl 1987, 42 [43f.]; *Krauel,* aaO.

[85] Vgl. LG Osnabrück MDR 1986, 1026 und dazu die Kritik von *Krauel,* aaO, S. 995.

[86] BGH NJW 1971, 559; 1978, 1807 [1808].

[87] *Rinsche,* Rdnr. I 18.

[88] OLG Hamm, Urteil vom 8. 11. 1984, wiedergegeben bei *Rinsche,* aaO.

[89] BGH WM 1988, 986.

[90] OLG Hamm AnwBl 1987, 42 [43].

Wie bereits oben ausgeführt, treffen den Treuhänder Pflichten gegenüber 243
allen am Treuhandverhältnis Beteiligten. Soweit zwischen mehreren Beteiligten Interessengegensätze bestehen („Konfliktstreuhand"), hat der Treuhänder strikte Objektivität zu wahren;[91] er darf nicht einseitig den Interessen
eines an der Treuhand Beteiligten (z. B. des eigenen Mandanten) den Vorrang
einräumen, vielmehr gilt: „Zuwiderlaufende Sonderinteressen eines Auftraggebers dürfen dabei nicht berücksichtigt werden" (§ 44 S. 2 RichtlRA[92]). An
einzelnen haftungsrelevanten Pflichten des Treuhänders sind zu nennen: Bei
der Behandlung der ihm anvertrauten fremden Vermögenswerte hat der
Rechtsanwalt größte Sorgfalt walten zu lassen (§ 47 Abs. 1 RichtlRA).
Fremdgelder, die nicht unverzüglich an den Empfangsberechtigten weiterge-
leitet werden, sind, soweit nichts anders vereinbart ist, auf ein Anderkonto
einzuzahlen (§ 47 Abs. 2 RichtlRA); dies ist nicht nur eine Standes-, sondern
eine allgemeine Rechtspflicht.[93] Allerdings begründet ein Verstoß gegen diese
Pflicht durch eine dem ersten Ansehen nach unkorrekte Transformation von
Fremdgeldern (mangels Schadens) dann keine zivilrechtliche Haftung des
Rechtsanwalts, wenn er über genügend liquide Mittel auf seinem Privat- oder
Geschäftskonto verfügt und er willens und in der Lage ist, jederzeit für einen
finanziellen Ausgleich zu sorgen.[94] Für eigene Kostenforderungen darf der
Rechtsanwalt die ihm treuhänderisch übertragenen fremden Gelder nicht ver-
wenden; auch § 47 Abs. 5 RichtlRA entspricht dem allgemeinen zivilrechtlichen Rechtszustand.[95] Bei Treuhandverhältnissen ist in der Regel davon auszugehen, daß eine Aufrechnung des Rechtsanwalts mit einer Gegenforderung
gegen den Auszahlungsanspruch des Mandanten ausgeschlossen ist.[96] Dies
gilt jedenfalls dann, wenn der Mandant mit einer Aufrechnung – z. B. bei
Strittigkeit der Gegenforderung – nicht rechnen mußte[97] oder wenn die Gegenforderung mit dem Gegenstand des Treuhandverhältnisses in keinerlei
Zusammenhang steht.[98] Aufrechnen kann der Anwalt allerdings mit einer
Gegenforderung, die im engen wirtschaftlichen Zusammenhang zu dem Herausgabeanspruch aus dem Treuhandverhältnis steht.[99] Bei Zahlungen Dritter,
die nicht auf einem Treuhandverhältnis basieren,[100] ist für den Rechtsanwalt

---

[91] Vgl. die Nachw. oben Fußn. 76.
[92] Zur Bedeutung von § 44 RichtlRA vgl. bereits oben Fußn. 75.
[93] Vgl. bereits RG JW 1937, 3092 Nr. 17 mit zust. Anm. *Neubert.*
[94] So offenbar auch *Borgmann/Haug,* S. 211; zur abweichenden strafrechtlichen Beurteilung vgl. RG, aaO zu § 266 StGB.
[95] Vgl. BGH WM 1988, 986: Unberechtigte Abbuchung von Anwaltskosten von
Treuhandkonto.
[96] BGHZ 14, 342 [346 f.]; *Borgmann/Haug,* S. 211.
[97] BGH aaO.
[98] RGZ 160, 52 [60]; BGH WM 1965, 1209 (Handelsvertreter).
[99] BGH WM 1972, 53 (Honorarforderung aus den dem Treuhandverhältnis zugrundeliegenden Sanierungsverhandlungen).
[100] Beispiel: Einziehungsauftrag; vgl. dazu oben zu Fußn. 86.

eine Aufrechnung mit Gebührenansprüchen – weitergehend – in den Grenzen von Treu und Glauben (§ 242 BGB) möglich.[101]

4. Deliktische Haftung des Rechtsanwalts

a) Haftung aus § 823 Abs. 1 BGB

244   Für eine Haftung aus § 823 Abs. 1 BGB kommen prinzipiell zwei Fallgruppen in Betracht, die allerdings grundsätzlich unterschieden werden müssen: Die unberechtigte Durchführung von Vollstreckungsmaßnahmen und die Einleitung ungerechtfertigter Verfahren.

aa) Unberechtigte Vollstreckungsmaßnahmen

245   Für die erste Fallgruppe, die vornehmlich die Anweisung[102] zur Pfändung oder Versteigerung schuldnerfremder Sachen betrifft, wurde von der Rechtsprechung schon mehrfach eine Haftung des die Zwangsvollstreckung betreibenden *Gläubigers* angenommen.[103] Wer nämlich einen Gerichtsvollzieher anweist, bestimmte Gegenstände zu pfänden, von denen der Anweisende weiß oder jedenfalls wissen muß, daß sie gar nicht dem Vollstreckungsschuldner gehören, benutzt ein staatliches Verfahren zum Schaden eines anderen.[104] In solchen Fällen der Pfändung[105] oder Versteigerung[106] von Sachen Dritter liegt ein Eingriff in Eigentum und Besitz des Dritten i.S. des § 823 Abs. 1 BGB vor.[107] Das gleiche gilt, wenn die Pfändung durch Nichtfreigabe des Pfandobjekts trotz gehörigen Nachweises der Drittberechtigung auf-

---

[101] BGHZ 71, 380 [383] = NJW 1978, 1807 [1808]; vgl. auch die Konkretisierung in § 47 Abs. 4 RichtlRA sowie dazu auch *Borgmann/Haug*, S. 211.

[102] Zwar liegt an sich die alleinige Verantwortung für die Rechtmäßigkeit der Vollstreckung grundsätzlich beim Gerichtsvollzieher, der Gläubiger ist aber berechtigt, diesen zur Pfändung bestimmter Gegenstände anstelle möglicher anderer anzuweisen und der Gerichtsvollzieher muß grundsätzlich eine solche Weisung – i.S. einer Anregung – auch befolgen, soweit für ihn deren Rechtswidrigkeit nicht erkennbar ist; so *Wieczorek*, § 753 Anm. A I b2; ähnlich *Rosenberg/Gaul/Schilken*, § 25 IV 1a, S. 316; *Hopt*, Schadensersatz aus unberechtigter Verfahrenseinleitung, S. 259 Fußn. 5; vgl. auch RGZ 161, 109 [114f.].

[103] RGZ 61, 430; 156, 395 [400]; RG JW 1911, 978 Nr. 10; BGHZ 55, 20 [26]; 58, 207 [210]; 95, 10 [16]; KG JW 1929, 149; vgl. ferner m.w.N. *Soergel/Zeuner*, § 823 Rdnr. 39; *Münch.Komm./Mertens*, § 823 Rdnr. 77; *Rosenberg/Gaul/Schilken*, § 7 II 4a und § 25 IV 1c, S. 321f.; *Stein-Jonas/Münzberg*, § 771 Rdnr. 76f., der allerdings selbst eine „entsprechende" Anwendung der §§ 989, 990 BGB befürwortet (aaO, Rdnr. 77).

[104] *Hopt*, S. 137, 166, 220; zur Bedeutung dieses Umstands für die Haftung vgl. auch *Rosenberg/Gaul/Schilken*, § 7 II 4a, S. 65 m.w.N.

[105] Vgl. BGHZ 58, 207 [210]; 67, 378 [382]; 95, 10 [11f.]; KG JW 1929, 149.

[106] Vgl. RGZ 156, 395 [400]; BGHZ 55, 20 [26].

[107] Vgl. die weiteren Nachw. oben Fußn. 103, 104; ferner etwa *v. Caemmerer*, FS Weitnauer, S. 261 [269f.]; *Götz*, S. 72ff.

rechterhalten wird.[108] Ist nun der unmittelbare Veranlasser einer unberechtigten Vollstreckungsmaßnahme nicht der Vollstreckungsgläubiger selbst, sondern der von ihm beauftragte Rechtsanwalt, so muß diesen grundsätzlich gleichermaßen die Haftung aus § 823 Abs. 1 BGB treffen.[109] Den die Vollstreckung im Auftrag des Gläubigers selbständig betreibenden Rechtsanwalt müssen jedenfalls insoweit eigene Verhaltenspflichten[110] gegenüber Dritten treffen, als er dem Gerichtsvollzieher Weisungen[111] erteilt und damit unmittelbar Einfluß auf einzelne Vollstreckungsmaßnahmen nimmt. Veranlaßt er die Pfändung eines Gegenstandes, von dem er weiß bzw. aufgrund der Umstände wissen muß, daß es sich um eine schuldnerfremde Sache handelt, so handelt er pflichtwidrig und unterliegt insoweit einer selbständigen deliktischen Haftung.

Dagegen scheidet eine eigene deliktische Haftung des Rechtsanwalts in den Fällen aus, in denen die Eigentumsverletzung in der unberechtigten Nichtfreigabe des Vollstreckungsobjekts besteht.[112] Hier kommt als Schuldner des Freigabeanspruchs und damit als Verletzer i.S. des § 823 Abs. 1 BGB nur der Vollstreckungsgläubiger, nicht aber der beauftragte Rechtsanwalt in Frage, der zu einer Freigabe ohne (gegen) den Willen des Vollstreckungsgläubigers nicht berechtigt ist.[113] Da allerdings dem Vollsteckungsgläubiger im Rahmen seiner Haftung gem. § 823 Abs. 1 BGB das Rechtsanwalts-Verschulden gem. § 278 BGB zugerechnet wird[114] und die Herbeiführung der Dritthaftung des Mandanten durch eine Vollsteckungsmaßnahme stets eine Verletzung des Anwaltsvertrags darstellen dürfte, haftet der Rechtsanwalt auch in diesen Fällen dem Vollstreckungsgläubiger aus dem Anwaltsvertrag, so daß der vom

246

---

[108] BGHZ 58, 207 [210 f.]; 67, 378 [382 f.]; KG JW 1929, 149; *Henckel*, JZ 1973, 32; *Rosenberg/Gaul/Schilken*, § 7 II 4a, S. 65.

[109] BGHZ 74, 9 [die Entsch. betrifft allerdings keinen *Sach-*, sondern einen Gesundheitsschaden, den der *Vollstreckungsschuldner* durch ein unberechtigtes Offenbarungsverfahren mit Eintragung im Schuldnerverzeichnis erlitten hat; zur Einordnung in die hier erörterte Fallgruppe vgl. BGH aaO, S. 17 f.]; *Hopt*, S. 276 ff., 280 ff.; *v. Caemmerer*, FS Weitnauer, S. 272 [„Da der Anwalt nun aber nicht Gehilfe, sondern selbständig freiberuflich Tätiger ist, haftet er allein, wenn er durch sein Vorgehen bei der Rechtsverfolgung Dritte deliktisch geschädigt hat. Das gehört zu den Risiken seiner beruflichen Tätigkeit …"]; vgl. auch *Borgmann/Haug*, S. 204; *Scheffler*, Haftpflichtgefahr, S. IX; *Rosenberg/Gaul/Schilken*, § 7 II 4a, S. 65 Fußn. 44.

[110] Entsprechend dem *selbst* die Vollstreckung betreibenden Gläubiger; zu diesem *Hopt*, S. 259; *Rosenberg/Gaul/Schilken*, § 25 IV 1b, S. 321.

[111] In dem oben Fußn. 102 erläuterten Sinn.

[112] Vgl. dazu oben Fußn. 108.

[113] Vgl. BGHZ 58, 207 [211]; *Stein-Jonas/Münzberg*, § 771 Rdnr. 77; *v. Caemmerer*, FS Weitnauer, 262 [273, 276].

[114] Grundlegend: BGHZ 58, 207; zustimmend etwa *Henckel*, JZ 1973, 32; *v. Caemmerer*, FS Weitnauer, S. 261 [269 ff.]; *Stein-Jonas/Münzberg*, § 771 Rdnr. 77 a.E.; *Thomas/Putzo*, § 771 Anm. 2c; *Götz*, S. 73, str.; krit. *Rosenberg/Gaul/Schilken*, § 8 II 3c. – Dagegen dürfte eine Haftung des Mandanten gem. § 831 BGB für deliktische Schädigungen seines Anwalts i.d.R. ausscheiden; so zutr. OLG Koblenz MDR 1989, 259.

Dritten erfolgreich in Anspruch genommene Vollstreckungsgläubiger bei seinem Anwalt Regreß nehmen kann.

bb) Unberechtigte Verfahrenseinleitung

247   Eine haftungsrechtliche Sonderstellung nehmen die Fälle ein, bei denen es durch die Einleitung oder Fortführung ungerechtfertigter Verfahren bei dem Prozeßgegner – gegnerischen Verfahrensbeteiligten – zu Eingriffen in gem. § 823 Abs. 1 BGB geschützte Rechtsgüter kommt, insbesondere zu Eingriffen in das Eigentum, den eingerichteten und ausgeübten Gewerbebetrieb oder in Persönlichkeitsrechte. Es geht um so unterschiedliche Fallgestaltungen wie: Der Kläger erhebt eine unbegründete Drittwiderspruchsklage; während der Dauer der antragsgemäß (§ 771 Abs. 3 in Verb. mit § 769 ZPO) eingestellten Zwangsvollstreckung erleidet das Pfandobjekt – und damit das Pfandrecht des Vollstreckungsgläubigers – einen wesentlichen Wertverlust (BGHZ 95, 10). Ein Gläubiger stellt einen unbegründeten Konkursantrag; das Konkursverfahren wird nicht eröffnet, jedoch erleidet der Antragsgegner Nachteile infolge des Bekanntwerdens der Antragstellung (BGHZ 36, 18). Ein Vollstreckungsgläubiger betreibt weitere Vollstreckungsmaßnahmen, obwohl der vollstreckbare Anspruch zwischenzeitlich nicht mehr besteht; der Vollstreckungsschuldner erleidet dadurch Vollstreckungsschäden (BGHZ 74, 9). Ein Mitbewerber klagt aufgrund eines später rückwirkend gelöschten gewerblichen Schutzrechts auf Unterlassung der Produktion; der Beklagte fügt sich und stellt die Produktion ein (BGHZ 38, 300; 62, 29). Eine Partei erstattet gegen einen Arzt einen unberechtigten Strafantrag wegen eines Kunstfehlers (vgl. auch BVerfG NJW 1987, 1929). In sämtlichen genannten Fällen wird die verfahrenseinleitende – das Verfahren betreibende – Maßnahme (Klage, Antrag, Anzeige usw.) meist von einem die Partei (den Kläger, Antragsteller, Anzeigeerstatter usw.) vertretenden Rechtsanwalt ausgehen. Der Rechtsanwalt stellt in Schriftsätzen und im mündlichen Vortrag für den Gegner seines Mandanten ehrenrührige, nicht erweisliche Behauptungen auf (BGH NJW 1962, 243; OLG Hamburg MDR 1984, 940). Die Anwendung der reinen Fahrlässigkeitshaftung gem. § 823 Abs. 1 BGB auf derartige Schädigungen im Zusammenhang mit der Prozeßführung i. w. S. würde die Inanspruchnahme des staatlichen Rechtsschutzes mit unabsehbaren Haftungsrisiken belasten und damit die „freie Zugänglichkeit" der staatlichen Rechtspflegeverfahren ganz erheblich einschränken, andererseits übernimmt bei verfahrensmäßigen Angriffen gerade das Verfahrensrecht selbst den Schutz des Angegriffenen. Mit einem rechtsstaatlichen Verfahren immanent verbundene Nachteile sind aber ersatzlos hinzunehmen. Es ist daher im Grundsatz anerkannt, daß bei Schädigungen durch unberechtigte Verfahrenseinleitung (-durchführung, -betrieb) dem Schädiger grundsätzlich ein *Haftungsprivileg* zugutekommt, das jedenfalls die deliktische Haftung bei einer leicht fahrlässigen Verkennung der Rechtslage ausschließt.[115] Raum für die Anwendung von

---

[115] BGHZ 95, 10 [19ff.], neuere Rspr. Der BGH lehnt in dieser Entsch. eine Haftung

§ 823 Abs. 1 BGB ist damit nur bei grobfahrlässiger – leichtfertiger, mutwilliger – und vorsätzlicher unberechtigter Prozeßführung;[116] unberührt bleibt daneben die Haftung gem. § 826 BGB.[117]

Das für die prozeßführende Partei entwickelte Haftungsprivileg gilt in gleicher Weise auch für den Rechtsanwalt.[118] Der Rechtsanwalt haftet bei unberechtigter Verfahrenseinleitung (usw.) in keinem Fall strenger als die Partei selbst.[119] Auch dem Rechtsanwalt wird insoweit ein gewisser „Freiraum" und in seinem Rahmen das „Recht auf Irrtum" zugebilligt,[120] dieser Freiraum findet allerdings am groben Verschulden seine Grenze, also bei Außerachtlassung selbstverständlicher beruflicher Sorgfaltsgebote, leichtfertigem und mutwilligem Vorgehen. Diese Grundsätze gelten grundsätzlich sowohl für zivilprozessuale Klage- und Antragsverfahren (in Erkenntnisverfahren und Zwangsvollstreckung) als auch etwa für behördliche Verfahren, insbes. das strafprozessuale Ermittlungsverfahren. Wer gutgläubig eine *Strafanzeige* erstattet hat, haftet dem Beschuldigten nicht auf Ersatz der im Ermittlungsverfahren entstandenen Anwaltskosten, wenn sich „seine Behauptungen nach behördlicher Prüfung als unrichtig oder nicht aufklärbar erweist".[121] Etwas anderes gilt nur für eine vorsätzlich oder leichtfertig, d.h. ohne erkennbaren Grund erstattete Strafanzeige.[122] Daher kann, wenn eine

248

---

des Drittwiderspruchsklägers gegenüber dem Vollstreckungsgläubiger ab, weil die festgestellten Tatsachen nicht ergeben haben, „daß die Klägerin vorsätzlich oder grobfahrlässig gehandelt hat" (aaO, S. 22); Grund: „Eine nur leicht fahrlässige Verkennung der Rechtslage ... begründet ... nicht die Rechtswidrigkeit des Eingriffs in die Rechte des Vollstreckungsgläubigers" (aaO, S. 21). Die neueren Rspr. folgen *Götz,* S. 198 ff., 205; *Borgmann/Haug,* S. 127 f.; der Sache nach wohl auch *Rinsche,* Rdnr. I 23; gegen eine Beschränkung auf eine Vorsatzhaftung auch Münch.Komm./*Mertens,* § 823 Rdnr. 482, insbes. Fußn. 820.

[116] Demgegenüber hat der BGH in seiner älteren – inzwischen aufgegebenen – Rspr. ohne Unterscheidung zwischen verschiedenen Stufen der Fahrlässigkeit bei „Inanspruchnahme eines staatlichen, gesetzlich eingerichteten und geregelten Verfahrens" stets die Widerrechtlichkeit und damit – jede ! – Fahrlässigkeitshaftung ausgeschlossen; vgl. BGHZ 36, 18 [20, 22], krit. dazu *Hopt,* S. 236 ff., 242, 308; stark einschränkend auch die als „Abgrenzung zu BGHZ 36, 18" bezeichnete Entsch. BGHZ 74, 9. Der älteren Rspr. folgen *Deutsch,* Haftungsrecht, S. 231; für eine Beschränkung der „Streithaftung" auf vorsätzlich sittenwidrige Schädigungen namentlich *Häsemeyer,* Schadenshaftung, S. 142 ff. (krit. dazu *Götz,* S. 150 ff.); *Thomas* behandelt das Problem der „Einleitung eines gesetzlichen Verfahrens der Rechtspflege" unter dem Gesichtspunkt der Rechtswidrigkeit, vgl. *Palandt/Thomas,* § 823 Anm. 6 B g.

[117] Vgl. dazu unten c.

[118] Zutr. *Hopt,* S. 280: „Die Verhaltenspflichten des Rechtsanwalts mildern sich in gleicher Weise wie ... für die Partei". Ohne sachlichen Gegensatz dazu weist der BGH darauf hin, daß man dem Anwalt „keine weitergehenden Privilegien einräumt als der von ihm vertretenen Partei" (BGHZ 74, 9 [17]).

[119] Zutr. *Häsemeyer,* Schadenshaftung, S. 158: „Der Anwalt einer Partei darf dem Gegner nicht strenger haften als die Partei selbst."

[120] BGHZ 74, 9 [15 f., 17]; 95, 10 [19]; *Rinsche,* Rdnr. I 23.

[121] BVerfG NJW 1987, 1929.

[122] BVerfG aaO unter Hinweis auf § 164 StGB und § 469 StPO.

Strafanzeige gegen einen Arzt wegen eines Kunstfehlers erstattet werden soll, entgegen *Deutsch*[123] weder vom Patienten noch von dem ihm vertretenden Anwalt verlangt werden, vor der Anzeigeerstattung eigene Ermittlungen etwa durch Einholung eines Sachverständigengutachtens anzustellen.[124]

249   Im Rahmen des Haftungsprivilegs ist der Anwalt nicht nur vor Schadensersatzansprüchen (§ 823 Abs. 1 BGB), sondern auch vor *negatorischen Unterlassungs- und Widerrufsansprüchen* (§§ 823, 1004 BGB) Dritter geschützt. Gegenüber dem der Rechtsverfolgung oder Rechtsverteidigung dienenden Vorbringen eines Anwalts in einem schwebenden gerichtlichen Verfahren kann der hierdurch in seiner *Ehre* Betroffene grundsätzlich nicht Widerruf oder Unterlassung fordern.[125] Bei seinem schriftsätzlichen und mündlichen prozessualen Vortrag wird dem Anwalt auch die „Freiheit der Form" zugebilligt. „Ihm kann nicht verwehrt werden, das, was er zur Sache vorzutragen hat, auch in starken, eindringlichen Ausdrücken und sinnfälligen Schlagworten zu sagen, selbst wenn dies dem Gegner unangenehm ins Ohr klingen muß".[126] Bei dem ihm erlaubten Argumentieren „ad personam" braucht er auch notfalls vor der Ehre des Gegners nicht Halt zu machen.[127] Die Grenze beginnt bei leichtfertig aufgestellten Behauptungen, deren Unhaltbarkeit ohne weiteres auf der Hand liegt, bei von vornherein haltlosen oder bewußt unwahren Behauptungen.[128]

250   Eine Ausnahme vom Haftungsprivileg bilden die Fälle der gewerblichen *Schutzrechtsverwarnung*.[129] Bei ihnen wendet die Rspr., gleichgültig ob die Schutzrechtsverwarnung außerprozessual oder gleichsam „in stärkster Form" durch Klage erfolgt, die allgemeinen Grundsätze gem. § 823 Abs. 1 BGB an, wobei – offenbar im Hinblick auf die Schwere der Folgen – die Fahrlässigkeitshaftung z.T. bereits einer Risikohaftung angenähert wird.[130] Auch im Bereich dieser Fallgruppe stehen Partei und Anwalt haftungsrechtlich gleich. Dabei kommt dem Anwaltsverschulden besondere Bedeutung zu, da es an einem Eigenverschulden der Partei, die nach Einholung von anwaltlichem

---

[123] *Deutsch*, NJW 1982, 680 [682 f.].

[124] Zutr. *Stuhr/Stuhr*, NJW 1983, 317 ff.

[125] BGH NJW 1962, 243; 1971, 284; 1986, 2502 [2503]; OLG Hamburg MDR 1984, 940; LG Berlin NJW 1984, 1760; vgl. hierzu näher m.w.N. *Palandt/Thomas*, Einf. 8 b bb vor § 823.

[126] BGH NJW 1962, 243 [244]; ähnlich formuliert das BVerfG: „Nach allgemeiner Meinung darf er (der Anwalt) im „Kampf um das Recht" auch starke, eindringliche Ausdrücke und sinnfällige Schlagworte benutzen, ferner Urteilsschelte üben oder „ad personam" argumentieren ..." (BVerfG 76, 171 [192]).

[127] BGH und BVerfG, jeweils aaO.

[128] Vgl. oben m.w.N. Fußn. 125.

[129] Grundlegend: BGHZ 38, 200 – „Kindernähmaschinen"; 62, 29 – „Maschenfester Strumpf"; vgl. hierzu näher m.w.N. *Palandt/Thomas*, § 823 Anm. 5 G f; Münch. Komm./*Mertens*, § 823 Rdnr. 496 ff.; eingehend *Götz*, S. 51 ff.

[130] Vgl. das dictum in BGHZ 74, 9 [14] unter Hinweis auf *Hopt*, S. 240 f. m.w.N.: „Strenger Haftungsmaßstab ..., von manchen schon als einer Gefährdungshaftung angenähert bezeichnet ..."

Rat klagt, vielfach fehlen wird und eine Zurechnung des Anwaltsverschuldens entspr. dem in den Vollstreckungsfällen angewendeten § 278 BGB (vgl. dazu oben aa) nicht in Frage kommen dürfte. Da der Rechtsanwalt bei dieser Fallgruppe *auch im Verhältnis zum Gegner* vor einer Klageerhebung die Rechtslage „mit Sorgfalt" prüfen muß und nicht „achtlos" klagen darf,[131] birgt die Prozeßführung in den Fällen der Schutzrechtsverwarnung für den Anwalt ein erhebliches Haftungsrisiko. Zwar kann er dieses nicht – wie im Verhältnis zum *Mandanten* – dadurch ausschließen, daß er nur auf eine ausdrückliche Weisung des voll aufgeklärten Mandanten tätig wird,[132] jedoch dürfte ihm unter den genannten Voraussetzungen ein Haftungsfreistellungsanspruch gegen den Mandanten gem. §§ 611, 675, 670, 257 BGB zustehen.

b) Haftung aus § 823 Abs. 2 BGB

Als Schutzgesetze kommen für die Anwaltshaftung neben den allgemeinen **251** Delikten des Ehren-, Persönlichkeits- (§§ 164, 185ff. StGB), Vermögens- (§§ 263, 266 StGB) und Verfahrensschutzes (§§ 153ff. StGB) vor allem die speziellen Anwaltsdelikte (§§ 203 Abs. 1 Nr. 3, 356 StGB) in Frage;[132a] zweifelhaft ist, inwieweit die Verletzung von Verkehrs-(Berufs-)pflichten zu einer Ausdehnung der deliktischen Anwaltshaftung verwendet werden kann. Im folgenden ist auf einige typische haftungsrelevante Fallgestaltungen näher einzugehen.

Einer Haftung aus § 823 Abs. 2 BGB kann sich der Anwalt bei bewußt **252** unwahren Tatsachenbehauptungen – ebenso wie bei bewußtem Verschweigen entscheidungsrelevanter Umstände – aussetzen. Führt der Anwalt zugunsten seines Mandanten einen falschen Tatsachenvortrag in den Prozeß ein, obwohl er dessen Unrichtigkeit kennt, macht er sich zumindest der Beihilfe zum Betrug schuldig und haftet daher dem geschädigten Prozeßgegner aus § 823 Abs. 2 BGB in Verb. mit § 263 StGB.[133] *Hopt*[134] nimmt demgegenüber eine Haftung aus § 823 Abs. 2 BGB in Verb. mit § 138 ZPO an. Ob allerdings § 138 ZPO als Schutzgesetz i.S. des § 823 Abs. 2 BGB betrachtet werden kann, erscheint zweifelhaft. Man wird wohl vielmehr annehmen müssen, daß nur ein aus der Verletzung des § 138 ZPO folgender Prozeßbetrug unter § 823 Abs. 2 BGB fällt, womit man wieder bei einer Haftung aus § 823 Abs. 2 BGB in Verb. mit § 263 StGB wäre.

Fahrlässige Falschangaben werden von dieser Haftung jedoch nicht erfaßt, da **253** der (Prozeß-)Betrug nur vorsätzlich begehbar ist. Sie können aber gleichwohl

---

[131] Vgl. die den hier gerade nicht einschlägigen Regelfall betreffenden Formulierungen in BGHZ 36, 18 [21]; 74, 9 [12]; zu den Sorgfaltsanforderungen des „Verwarners" vgl. BGHZ 62, 29 [36ff.].

[132] Vgl. dazu oben § 2 VI 2a.

[132a] Zur – indirekt für die Anwaltshaftung bedeutsamen – strafrechtlichen Verantwortlichkeit vgl. näher *Roxin*, Beck'sches Rechtsanwalts-Handbuch, 1989, E III.

[133] *Rinsche*, Rdnr. I 23; allerdings wird man daneben auch eine Haftung aus § 826 BGB annehmen müssen; vgl. dazu unten c.

[134] *Hopt*, S. 269ff., 279; dazu krit. und aA *Weitnauer*, AcP 170 (1970), 437 [443].

u.U. eine Haftung § 823 Abs. 1 BGB nach sich ziehen, soweit sie in die Persönlichkeitsrechte des Prozeßgegners eingreifen (vgl. dazu oben a bb), ebenso wie selbstverständlich bewußt ehrverletzende Äußerungen. Hier ist allerdings grundsätzlich Vorsicht geboten. Soweit es um scharfe, u.U. gar beleidigende Äußerungen des Anwalts geht, ist – soweit nicht bereits das Haftungsprivileg bei Prozeßvorbringen (vgl. oben a bb) eingreift[135] – der Rechtfertigungsgrund der Wahrnehmung berechtigter Interessen (des Mandanten) zu berücksichtigen.[136] Nur wenn die Äußerung in keinerlei sachlichen Zusammenhang zur Interessenvertretungspflicht des Anwalts steht, kommt eine Haftung aus § 823 Abs. 2 BGB in Verb. mit §§ 185 ff. StGB in Betracht.[137]

254   Eine Haftung aus § 823 Abs. 2 BGB ist ferner in einer weiteren Fallgruppe denkbar, nämlich wenn der Rechtsanwalt seine Schweigepflicht verletzt. Insoweit ist als verletztes Schutzgesetz vornehmlich § 203 StGB in Betracht zu ziehen.[138] Jedoch ist auch hier Vorsicht geboten, da der Rechtsanwalt in einer Reihe von Fällen von seiner Verschwiegenheitspflicht entbunden ist. Es sind dies der Wegfall des Zeugnisverweigerungsrechtes (§ 385 Abs. 2 ZPO; § 53 Abs. 2 StPO; § 102 Abs. 3 AO), die Pflicht zur Anzeige geplanter schwerer Straftaten und all diejenigen Fälle, in denen der Rechtsanwalt selbst Beteiligter eines gerichtlichen Verfahrens ist.[139] Ein Schutzgesetz i.S. von § 823 Abs. 2 BGB ist schließlich das Verbot der Wahrnehmung widerstreitender Interessen gem. § 356 StGB.[140]

255   Außer diesen typischen Fällen der bewußt unwahren oder beleidigenden Äußerung des Rechtsanwalts, bzw. dem Verstoß gegen die Verschwiegenheitspflicht oder das Vertretungsverbot ist im Schrifttum noch mehrfach der Weg einer Haftung aus § 823 Abs. 2 BGB beschritten worden. So will insbesondere *K. Huber*[141] in den Auskunftsfällen[142] den eine Falschauskunft erteilenden Rechtsanwalt über § 823 Abs. 2 BGB haften lassen, wobei er die auf den typischen Berufspflichten basierenden Verkehrspflichten zum Schutze fremden Vermögens als (ungeschriebene) Schutzgesetze im Sinne dieser Vorschrift erachtet. Auch nach der Auffassung *v. Bars*[143] bilden die „Berufspflichten" Verkehrspflichten, deren Verletzung nach § 823 Abs. 2 BGB haft-

---

[135] Insoweit ist ein Rückgriff auf den Gesichtspunkt der Wahrnehmung berechtigter Interessen nicht erforderlich: BGH NJW 1962, 243 [244 li Sp.].

[136] BGH VersR 1961, 62 [63]; OLG Köln NJW 1979, 1723 [1724]; *Rinsche*, Rdnr. I 21.

[137] U.U. aber daneben auch eine Haftung aus § 823 Abs. 1 BGB wegen Verletzung des „allgemeinen Persönlichkeitsrechts" (vgl. BGHZ 95, 212 [214]), in schwerwiegenden Fällen gar wegen § 826 BGB; vgl. dazu bereits oben § 2 VII 4, insbes. Fußn. 386.

[138] OLG Hamm v. 20.5. 1985, mitgeteilt bei *Rinsche*, Rdnr. I 24.

[139] Zu den weiteren Einzelheiten vgl. bereits oben § 2 VII 3 m. w. N.

[140] *Dingfelder/Friedrich*, Parteiverrat und Standesrecht, 1987, S. 157; *Roxin*, aaO (Fußn. 132 a), Rdnr. 22 ff.

[141] *K. Huber*, in FS *v. Caemmerer*, S .359 [377 ff.].

[142] Vgl. dazu bereits oben 2 c.

[143] *v. Bar*, Verkehrspflichten, S. 234.

bar macht. Die Rspr. hat diese umstrittenen,[144] zu einer wesentlichen Ausdehnung der deliktischen Fahrlässigkeitshaftung (vgl. § 823 Abs. 2 S. 2 BGB) führenden Vorschläge bisher mit Recht nicht aufgegriffen.

c) Haftung aus § 826 BGB

Eine anerkannte Fallgruppe der vorsätzlichen sittenwidrigen Schadenszufügung bilden die bereits im Zusammenhang mit der unberechtigten Verfahrenseinleitung (vgl. oben a bb) erwähnten Fälle des *Verfahrensmißbrauchs* und der *unredlichen Prozeßführung*.[145] Hierher gehört etwa der Fall des mißbräuchlichen, allein als Druckmittel gegen den Schuldner eingesetzten Konkursantrags[146] oder die Fälle der mutwillig oder zu verfahrensfremden Zwecken erhobenen Klagen und eingelegten Rechtsmittel. Weiter zu nennen sind die oben (b) angeführten Fälle der bewußt unwahren Tatsachenbehauptung bzw. des bewußten Verschweigens der für den Mandanten ungünstigen Umstände, denn im Falle des Vorsatzes wird man angesichts der Berufs- und Standespflichten des Anwalts sowie seiner Stellung als unabhängiges Organ der Rechtspflege (§ 1 BRAO) und der ihm dadurch zukommenden Vertrauensstellung wohl regelmäßig von der Sittenwidrigkeit ausgehen müssen. Als weitere Beispiele für unredliche und unlautere Prozeßführung sind anerkannt: Die Benennung gekaufter Zeugen oder die Benutzung verfälschter anderer Beweismittel; die planmäßige Prozeßverschleppung mittels unrichtiger Einwendungen; das Erschleichen einer unrichtigen Entscheidung; unlautere Bestimmung des Prozeßgegners zum Abschluß eines Prozeßvergleichs und dergl. mehr.[147] 256

Aber eine Haftung aus § 826 BGB kann durchaus auch in „harmloseren" Fällen in Betracht kommen. Dies gilt insbesondere in Situationen, in denen sich der Rechtsanwalt im *Konflikt zwischen einer Offenbarungspflicht* dem Dritten, insbesondere dem Gegner gegenüber, *und* der seinem Mandanten gegenüber bestehenden *Verschwiegenheitspflicht* befindet. So hat das Reichsgericht einen Rechtsanwalt gem. § 826 in Haftung genommen, der bei Vertragsverhandlungen mit dem Gegner seines Mandanten wesentliche Tatsachen verschwiegen hat, zu deren Offenbarung er – nach Auffassung des Reichsgerichts – verpflichtet war. Das Reichsgericht lehnte hier eine Beru- 257

---

[144] Zur Kritik vgl. etwa *Grunewald*, JZ 1982, 627 [631] sowie speziell für die Anwaltshaftung *v. Gierke*, S. 156 ff.

[145] Vgl. BGHZ 36, 18 [21]; 74, 9 [12: „gesicherte Rechtsprechung"]; vgl. etwa *Palandt/Thomas*, § 826 Anm. 8 n; Münch.Komm./*Mertens*, § 826 Rdnr. 169 f.; *Soergel/Hönn*, § 826 Rdnr. 241; *Hopt*, S. 164, 274; *Häsemeyer*, Schadenshaftung, S. 129 ff.; *Götz*, S. 155 ff.

[146] So der Klagevortrag im Fall BGHZ 36, 18 [19]; der BGH geht von einem fahrlässig gestellten unbegründeten Konkursantrag aus und erwägt eine Haftung gem. § 823 Abs. 1 BGB begangen durch Weiterverbreitung der Antragstellung (aaO, S. 23 f.); vgl. dazu auch unten d.

[147] Vgl. die Nachw. in den oben Fußn. 145 zitierten Kommentaren.

fung auf die Verschwiegenheitspflicht ab; der Rechtsanwalt habe vielmehr seinen Mandanten um dessen Einverständnis zur Offenbarung ersuchen und bei dessen Weigerung das Mandat insgesamt niederlegen müssen.[148]

258   Hierher gehören aber auch die Fälle der *Falschauskunft gegenüber Dritten*, die jedenfalls nach der (jetzigen) Rechtsprechung des Bundesgerichtshofs[149] in der Regel[150] durch den Rückgriff auf § 826 BGB gelöst werden. Diesem Lösungsweg haftet aber nicht selten der Makel einer an der Erforderlichkeit der Einstandspflicht des Rechtsanwalts orientierten Begründung an. Während sonst bei der Haftung aus § 826 BGB besonders strenge Anforderungen an die Tatbestandsmerkmale *„Sittenwidrigkeit"* und *„vorsätzliche Schädigung"* gestellt werden,[151] läuft die im Zusammenhang mit der Auskunftshaftung durch die Rechtsprechung vorgenommene Erleichterung dieser Anforderungen insgesamt auf eine Ausweitung dieser Haftungsregelung hinaus.[152] Genießt der Auskunftgeber eine berufliche Vertrauensstellung – und dies ist für den Anwalt als Organ der Rechtspflege nicht zu bestreiten –, gilt sein Verhalten bereits dann als sittenwidrig, wenn es leichtfertig und grob fahrlässig gegen Berufspflichten verstößt.[153] Es ist also die leichtfertige Enttäuschung des in den Beruf gesetzten Vertrauens, die den Sittenverstoß nahelegt. Für den Schädigungsvorsatz wird das Bewußtsein und die billigende Inkaufnahme des möglichen Schadenseintritts für genügend erachtet.[154] Besonders bedenklich stimmen dabei Entscheidungen, in denen der bedingte Vorsatz

---

[148] So RG JW 1929, 3149; zustimmend wohl *Borgmann/Haug*, S. 142. Ähnlich bezeichnet der BGH die Ausnutzung des Irrtums des Verhandlungsgegners über die – heilbare – Formunwirksamkeit eines Vertragsangebots als „Manöver" und „an eine Täuschung grenzenden Weg" (vgl. BGH NJW 1988, 2280 [2281]).

[149] Anders aber das Reichsgericht und Teile des Schrifttums; vgl. dazu bereits oben 2 c.

[150] Einen Sonderfall bilden die Fälle der Ausstellung eines grob unrichtigen *Dienstzeugnisses*, in denen der BGH bei Unterlassung einer Warnung eine Haftung des Ausstellers gegenüber dem neuen Arbeitgeber als Adressaten des Zeugnisses „nach vertraglichen bzw. vertragsähnlichen Grundsätzen" annimmt (BGHZ 74, 281). Bedient sich der Aussteller hierfür eines Anwalts, haftet dieser selbst nach § 826 BGB (aaO, S. 291), das Verschulden des Anwalts wird dem Zeugnisaussteller nach § 278 BGB zugerechnet (aaO, S. 285). Zur Kritik dieser Entscheidung vgl. die Nachw. bei *Borgmann/Haug*, S. 205, Fußn. 87.

[151] Zu den Einzelheiten vgl. statt vieler die Kommentierung in Münch.Komm./*Mertens*, § 826 Rdnr. 7 ff. und 59 ff.

[152] Vgl. dazu auch *Borgmann/Haug*, S. 196 f.; *Rinsche*, Rdnr. I 19; *v. Gierke*, S. 152 f.

[153] BGH WM 1956, 1229; WM 1958, 877 [878]; WM 1962, 933 [935] („gewissenlos grobfahrlässiges Handeln"); WM 1966, 1148 und 1150; NJW 1986, 180 [181]; speziell zur Anwaltshaftung: BGH NJW 1972, 678 [680]. Der Linie dieser Rspr. (vgl. dazu auch den Überblick von *Lang*, WM 1988, 1001 [1003]) entspricht die des RG, das in den Auskunftsfällen „bei grober Verletzung einer Berufspflicht" ausnahmsweise „bei bloßer gröbster Fahrlässigkeit" den Tatbestand des § 826 BGB für anwendbar gehalten hat; vgl. z.B. RGZ 76, 313 [319].

[154] BGH WM 1966, 1150; BB 1974, 297; NJW 1986, 180 [182]; speziell zur Anwaltshaftung wiederum BGH NJW 1972, 678 [680].

direkt aus dem die Sittenwidrigkeit begründenden leichtfertigen Handeln abgeleitet wird.[155]

Lammel[156] erkennt in der – oben in der gebotenen Kürze dargelegten – 259 Auslegung und Begründung des Merkmals „Sittenwidrigkeit" zu Recht wesentliche Elemente der ursprünglichen Rechtsprechung zum fingierten Auskunftsvertrag[157] wieder. Sah der Bundesgerichtshof für die Annahme eines Auskunftsvertrages als wesentliches Kriterium die *erhebliche Bedeutung der Auskunft* für den Empfänger an, so entspricht dem nun die *Enttäuschung des in den Beruf gesetzten Vertrauens*, weil nur eine fachlich kompetente Vertrauensperson um eine Auskunft von erheblicher Bedeutung ersucht wird. Die Entwicklung der Rechtsprechung des Bundesgerichtshofs zur Haftung des Rechtsanwalts wegen Falschauskunft hat so keine Änderung im praktischen Ergebnis erfahren, sondern lediglich in der zugrundegelegten Anspruchsgrundlage und damit in der dogmatischen Begründung. Aber gerade die „Wechselbezüglichkeit der Argumente nährt den Verdacht, daß die Wahl der Anspruchsgrundlage von unvorhersehbaren Zufälligkeiten abhängig ist, jedenfalls nicht vom Rechtssystem her geboten erscheint."[158]

d) Sonstige deliktische Anspruchsgrundlagen

In den Fällen unberechtigter (mißbräuchlicher) Verfahrenseinleitung und 260 in den Vollstreckungsfällen kann auch eine Haftung des Anwalts wegen Kreditgefährdung (§ 824 BGB) und für Verrichtungsgehilfen (§ 831 BGB) in Frage kommen. Wird im Fall des mißbräuchlichen Konkursantrags die Antragstellung gegenüber Dritten verbreitet, so wird damit nicht nur etwas Wahres mitgeteilt (die Tatsache der Antragsstellung[159]), sondern zugleich „der Wahrheit zuwider" eine zur Kreditschädigung geeignete Tatsachenbehauptung (die Konkursreife, insbes. die Zahlungsunfähigkeit des Antragsgegners) aufgestellt.[160] Beruht die deliktische Schädigung des Dritten (allein) auf einem Versagen der Hilfskräfte[161] des Anwalts, kann eine Haftung des Anwalts gem. § 831 BGB in Frage kommen. Wird etwa die im Gläubigerauftrag eingeleitete Zwangsvollstreckung versehentlich nach Tilgung der Schuld weiterbetrieben und der Vollstreckungsschuldner dadurch geschädigt, weil die Zahlungsmitteilung infolge eines Büroversehens unberücksichtigt blieb, so

---

[155] BGH WM 1966, 1150 [1152]; dazu kritisch *Borgmann/Haug*, S. 196 f.; vgl. dazu aber auch die Rechtsprechungsanalyse von *Lorenz*, in FS für Larenz (1973), S. 576 Fußn. 3, mit Nachweisen der Rechtsprechung, die eine „Verschleifung" von Sittenwidrigkeit und Schuldvorwurf zurückweist.

[156] *Lammel*, AcP 179, 337 [342].

[157] Vgl. dazu oben 2 c.

[158] *Lammel*, AcP 179, 337 [342].

[159] So aber BGHZ 36, 18 [23].

[160] So zutr. *Weitnauer*, AcP 170, 437 [449]; *Häsemeyer*, Schadenshaftung, S. 147 Fußn. 54 und S. 156; wohl auch BGHZ 74, 9 [18].

[161] Vgl. hierzu näher unten IV 3 f.

hat der Anwalt gem. § 831 BGB für das schädigende Verhalten seiner Büro-
vorsteherin einzustehen.[162]

e) Deliktische Haftung von Sozietätsanwälten

261   Im Unterschied zur vertraglichen Haftung, bei der sämtliche Sozien für
Pflichtwidrigkeiten eines Sozietätsmitglieds als Gesamtschuldner regreßpflichtig sind, besteht im Bereich deliktischer Haftung kein solches Gesamt-
schuldverhältnis. Insoweit haftet also der betroffene Anwalt allein.[163] Dies
ergibt sich bereits daraus, daß sie gesamtschuldnerische Haftung an die er-
traglichen Beziehungen aller Sozien anknüpft, aber auch mittelbar aus § 425
Abs. 3 BGB.

II. Rechtswidrigkeit

1. Allgemeines

262   Rechtswidrigkeit (objektive Pflichtwidrigkeit) und Verschulden sind selbständige Haftungsvoraussetzungen, die bei jedem der in Frage kommenden
Haftungstatbestände (oben I) gegeben sein müssen. In der Rechtspraxis der
Anwaltshaftung wird freilich zwischen Rechts-(Pflicht-)widrigkeit und Verschulden nicht immer scharf unterschieden.[164] Wenn z.B. in einer Entscheidung des *BGH* gesagt wird, daß der Rechtsanwalt „grundsätzlich jeden
Rechtsirrtum zu vertreten" habe,[165] so heißt dies zunächst, daß der Rechtsanwalt zur *Rechtsprüfung verpflichtet* ist (vgl. oben § 2 III), also die zutreffende
Rechtslage „mit der erforderlichen Sorgfalt" zu ermitteln hat (dazu näher
unten 2), sodann aber auch, daß dem Rechtsanwalt eine Verletzung dieser
Pflicht i.d.R. „zum Verschulden gereicht"[166] (dazu näher unten III). Entsprechend heißt es in einer anderen Entscheidung des *BGH* nach Ausführungen

---

[162] Vgl. die Fallgestaltung in BGHZ 74, 9 und insbes. S. 17f., 19. Zur Haftung des
Rechtsanwalts für Veruntreuungen seines Bürovorstehers vgl. RGZ 14, 283.

[163] *Rinsche*, Rdnr. I 24 und 81, unter Berufung auf ein nichtveröffentlichtes Urteil
des OLG Hamm.

[164] Vgl. z.B. BGH NJW 1969, 601, wo es heißt: „Den Entscheidungsgründen des
Berufungsurteils ist nicht mit Sicherheit zu entnehmen, ob das Berufungsgericht das
Verhalten des Beklagten (Rechtsanwalt) ... für vertragsgemäß, also rechtmäßig oder
zwar für vertragswidrig, aber doch entschuldbar hält". Kritik an der Rechtsprechung
üben *Scheffler*, NJW 1961, 577 [578ff.] m.w.N. in Fußn. 13; *Borgmann/Haug*, S. 148,
154.

[165] BGH VersR 1959, 638 [641].

[166] BGH LM Nr. 4 zu § 102 ZPO = MDR 1958, 496 [497]. Vgl. auch BGH NJW
1989, 1155 [1156] zur Nichtbeachtung einer „st.Rspr.": Sollte der Prozeßbevollmächtigte „angenommen haben, diese Rspr. müsse für einen Fall wie den vorliegenden ...
aufgegeben werden, so war dies fahrlässig".

über die Verpflichtung zum Beschreiten des sicheren Weges: „Verletzt der Anwalt diese Pflicht, so handelt er schuldhaft".[167] Auch *Rinsche* mißt dem *Verschulden* neben der objektiven Pflichtwidrigkeit kaum eigenständige Bedeutung zu. Ihm zufolge wird „ein schuldhaftes Verhalten des Anwalts *vermutet*, wenn die objektive Pflichtwidrigkeit zu bejahen ist."[168] *Rinsche* stellt daher „für den Praktiker" als „Faustregel" auf, „daß nach Feststellung einer objektiven Pflichtverletzung die Bejahung der Fahrlässigkeit des Anwalts in fast allen Fällen nur noch als Formfrage angesehen wird".[169] Diese mangelnde Differenzierung zwischen Rechts-(Pflicht-)widrigkeit und Schuld unter Vernachlässigung der selbständigen Bedeutung der letzteren ist umso erstaunlicher, als sich gerade im Merkmal des Verschuldens ein dogmatischer Ansatz für die Korrektur der im allgemeinen als zu streng empfundenen Haftungs-Rechtsprechung des *BGH* anbietet.[170] Dieser Ansatz soll hier weiterverfolgt werden. Das Anwaltsverschulden, sein allgemeiner Maßstab und die (Nicht-) Erfüllung seiner Voraussetzungen (dazu i. e. unten III) bilden das im Einzelfall *notwendige Korrektiv* für die bereits oben (§ 2) beschriebene, von der Rechtsprechung vorgenommene Ausweitung und Verfeinerung anwaltlicher Pflichten. Denn diese *allgemeinen Verhaltensleitlinien* können in dem dargelegten Umfang als *abstraktes Optimum* nur dann ihre Rechtfertigung finden, wenn ihre im Einzelfall notwendige, an der spezifischen *konkreten* Situation des Anwalts orientierte Korrektur durch ein weiteres Haftungskriterium möglich ist, das den einzelnen Rechtsanwalt u. U. von einer für ihn situativ unerfüllbaren, *optimal-idealen* Handlungspflicht entlastend „befreit" (vgl. i. e. unten III). Im folgenden soll daher versucht werden, die selbständige Bedeutung der Haftungsvoraussetzungen „Rechtswidrigkeit" und „Verschulden" für die Anwaltshaftung klar herauszuarbeiten. Trotz der bekannten dogmatischen Abgrenzungsschwierigkeiten von Rechtswidrigkeit und Verschulden bei den praktisch hier allein interessierenden *fahrlässigen* Schä-

---

[167] BGH NJW 1959, 141. Vgl. auch BGH VersR 1985, 1189, wo nur von einer „Sorgfaltspflichtverletzung" des Anwalts gesprochen wird. Vor dieser Verquickung warnend *Larenz*, Schuldrecht I, § 20 IV, S. 291.

[168] *Rinsche*, Rdnr. I 72. In dem oben (Fußn. 164) genannten Fall stützt der BGH seine aufhebende Entscheidung auf eine Verletzung der Aufklärungs- und Beratungspflicht des Anwalts (BGH NJW 1961, 601 [602]); Ausführungen zum Verschulden des Anwalts fehlen völlig; es wird anscheinend als Folge des Pflichtverstoßes unterstellt.

[169] *Rinsche*, Rdnr. I 75; ähnlich Rdnr. 72 a. E.: Bei Bejahung einer objektiven Pflichtwidrigkeit erfolgt „die Feststellung der Fahrlässigkeit in den meisten Fällen fast ‚von selbst'"; ebenso Rdnr. I 144. Kritisch zum „unbedenklichen" Schluß vom objektiven Berufsfehler auf ein Verschulden bereits *Scheffler*, KF 1959, 43 [51 ff.]; gegen die „Konstruktion der Rechtsprechung – Haftung für optimale Sorgfalt ohne Schuldvorwurf –" im Bereich der Anwaltshaftpflicht zutr. *Guardiera Windheim*, S. 120.

[170] Auf diese notwendige Kompensationsfunktion des „Anwaltsverschuldens" hat bereits *Scheffler* (NJW 1961, 577 [580]) mit Recht hingewiesen: „Wird der Inhalt der Vertragspflicht nach der objektiv bestmöglichen Leistung bestimmt, dann muß man sich dessen bewußt sein, daß dieser theoretisch-generelle Höchstleistungs-Pflichtbegriff sein Korrektiv in der Beurteilung des Verschuldens finden muß."

digungen wird es möglich sein, für die praktische Handhabung brauchbare Abgrenzungskriterien zu entwickeln.

2. Rechtswidrigkeit als Pflichtwidrigkeit

263   Im Bereich der vertraglichen Haftung ist Rechtswidrigkeit gleichbedeutend mit objektiver Pflichtwidrigkeit.[171] In der Lehre umstritten ist, ob die Rechts-(Pflicht-)widrigkeit „erfolgs-" oder „verhaltens-(handlungs-)bezogen" zu bestimmen ist.[172] Nach der namentlich auf dem Gebiet der deliktischen Haftung vorherrschenden, aber auch im Vertragsrecht vertretenen Lehre vom *Erfolgs-unrecht*[173] wird auch bei nicht vorsätzlichen Schädigungen die Rechts-(Pflicht-)widrigkeit durch die Erfüllung eines Haftungstatbestands „indi-ziert", im Vertragsrecht also durch den Tatbestand einer Leistungsstörung (Unmöglichkeit, Verzug, Schlechtleistung); dagegen ist nach der (neueren) Lehre vom *Verhaltensunrecht*[174] ein unvorsätzliches Verhalten nur rechts-widrig, wenn der Schuldner „die im Verkehr erforderliche Sorgfalt" außer acht gelassen (§ 276 Abs. 1 Satz 2 BGB) oder gegen eine spezielle Verhaltens-norm verstoßen hat.

264   Für den Bereich der Anwaltshaftung[175] verdient die Lehre vom Verhaltens-unrecht den Vorzug.[176] Die Anknüpfung an einen bestimmten „Erfolg" als

---

[171] *Palandt/Heinrichs*, § 276 Anm. 2 d; *Boergen*, S. 47; *Borgmann/Haug*, S. 149; *Rinsche*, Rdnr. I 71; *Scheffler*, NJW 1961, 577 [578]. Die Gleichsetzung bedarf für die Anwaltshaftung einer Präzisierung, vgl. unten 3 b.

[172] Vgl. die Darstellung bei *Larenz*, Schuldrecht I (14. Aufl.), § 20 IV und Schuld-recht II (12. Aufl.), § 72 Ic; *Palandt/Thomas*, § 823 Anm. 6 Aa. Eine umfassende Analyse der vertretenen Meinungen findet sich bei *Deutsch*, Fahrlässigkeit und erfor-derliche Sorgfalt, 1963, insbes. S. 43 ff. m. w. N.

[173] So – mit Unterschieden im einzelnen –: Münch.Komm./*Hanau*, § 276 Rdnr. 28, einschränkend Rdnr. 31; *Palandt/Heinrichs*, § 276 Anm. 2 d; *Palandt/Thomas*, § 823 Anm. 6 Aa; *Jauernig/Teichmann*, § 823 Anm. IV 1; *Larenz*, § 20 IV, einschränkend aber § 72 Ic; *Deutsch*, Haftungsrecht I, 1976, § 14 II, hM; speziell für Vertragsverlet-zungen *U. Huber*, in: FS für E. R. Huber, 1973, 253 [281 f]; vermittelnd *Stoll*, AcP 162, 203 ff.; *Soergel/Wolf*, § 276 Rdnr. 23, 24 m. w. N. zum Streitstand in Rdnr. 22.

[174] So – mit Unterschieden im einzelnen –: *Nipperdey*, NJW 1957, 1771; *Enneccerus-Nipperdey*, Allgemeiner Teil des Bürgerlichen Rechts, 2. Halbband, 15. Aufl. 1960, § 209; *Esser*, Schuldrecht, Bd. I, Allgemeiner Teil, 4. Aufl. 1970, § 38 II; *Esser/Schmidt*, Schuldrecht, Bd. I, Allgemeiner Teil, 6. Aufl. 1984, § 25 IV [S. 362 f.]; *Esser/Weyers*, Bd. II, Besonderer Teil, § 55 II 3 d; *Staudinger/Löwisch*, § 276 Rdnr. 6; *Löwisch*, AcP 165, 421, 424 ff., 428 ff.; für einen Sonderfall (zum Regelfall vgl. BGHZ 74, 9 [14]) auch der BGH, vgl. BGHZ 95, 10 [21] und dazu oben I, Fußn. 115.

[175] Die Beschränkung der folgenden Untersuchung auf den Anwaltsvertrag ist me-thodisch berechtigt, da – wie *Löwisch* (AcP 165, 421 [429] zutr. hervorhebt – „das Rechswidrigkeitsurteil die Eigenart der Vertrages, seines Typus und seinen besonderen Inhalt berücksichtigen" muß.

[176] Im Erg. ebenso *Borgmann/Haug*, S. 154 unter zust. Bezugnahme auf *Esser*, Schuldrecht, 4. Aufl., § 38 II; so wohl auch – bei abw. Ausgangspunkt – *Hanau*, der die Verletzung vertraglicher Sorgfaltspflichten nur (dann) zur „Schuldstufe" rechnen will,

Ausgangspunkt des Rechtswidrigkeitsurteils paßt bereits auf den Anwalts-vertrag als rein tätigkeitsbezogenem Vertrag (§ 675 in Verb. mit §§ 611 ff., i.d.R. *nicht* aber §§ 631 ff. BGB) nicht. Der mit der Prozeßführung beauf-tragte Anwalt verspricht keinen Prozeßerfolg, er übernimmt keine Erfolgsga-rantie, sondern sagt nur ein Tätigwerden *lege artis* zu, d.h. nach den Regeln ordnungsgemäßer Berufsausübung.[177] Bei den Anwaltsfehlern wird es sich zudem vielfach um Unterlassungen handeln;[178] der Schaden beruht darauf, daß nicht (rechtzeitig) die (richtige) rechts-(frist)-wahrende Handlung vorge-nommen wurde; der mit der Prozeßführung beauftragte Anwalt hat vor der Prozeßeinleitung eine genaue Rechtsprüfung und entsprechende Risikobe-lehrung des Mandanten unterlassen, er hat es bei zweifelhafter Rechtslage unterlassen, den sichereren Weg zu wählen usw. Liegt der Anwaltsfehler aber in einem Unterlassen, so setzt die Rechts-(pflicht-)widrigkeit voraus, daß für den Rechtsanwalt eine *Pflicht zum Handeln* bestand, genauer, eine Pflicht zur Vornahme der „richtigen" Handlung. Diese Pflicht muß aber besonders festgestellt werden; für eine „Indizierung" etwa durch den Prozeßverlust ist kein Raum, da der Prozeßsieg nicht geschuldet ist, der „Mißerfolg" damit aber keine Nicht- oder Schlechterfüllung des Anwaltsvertrags darstellt. Nun ist angesichts der Vielzahl möglicher anwaltlicher Einzelpflichten die Ab-grenzung zwischen einer Vertragsverletzung durch Tun oder Unterlassen durchaus zweifelhaft; so ist die Vornahme der unzutreffenden Maßnahme stets die Unterlassung der richtigen.[179] Die Einordnung des Anwaltsfehlers in die eine oder andere Kategorie kann aber auf die Feststellung der Rechtswid-rigkeit keinen Einfluß haben; nur durch die klare Herausarbeitung der in der jeweiligen Situation, zum jeweiligen Zeitpunkt – objektiv – gebotenen, aber unterlassenen Handlung kann der objektive Pflichtverstoß des Rechtsanwalts festgestellt werden. Das Rechtswidrigkeitskriterium der „Außerachtlassung der im Verkehr erforderlichen Sorgfalt" nach der Verhaltensunrechtslehre[180] trifft auf den Anwaltsfehler zu. Zum großen Teil sind die oben (§ 2) darge-stellten „Anwaltspflichten" nichts anderes als Verhaltensregeln zur Verhü-tung von Schäden des Mandanten aus der „gefahrgeneigten" Tätigkeit des Anwalts;[181] so etwa, wenn vom Anwalt verlangt wird „vermeidbare Nachtei-

---

„soweit sie nicht schon in die vertragliche Leistungspflicht eingehen" (Münch.Komm./ *Hanau*, § 276 Rdnr. 31); gerade das ist aber bei den „Anwaltspflichten" der Fall. A. A. *Boergen*, S. 44 ff. [48]: „Die Pflichtwidrigkeit setzt keinen Sorgfaltsverstoß voraus".

[177] *Borgmann/Haug*, S. 146; zur Rechtsnatur des Anwaltsvertrags eingehend bereits oben § 1 I 1; vgl. auch § 1 VI und § 2 I.

[178] *Borgmann/Haug*, S. 147: „Typischerweise sind anwaltliche Pflichtverletzungen fast stets Unterlassungen".

[179] *Borgmann/Haug*, aaO.

[180] Vgl. oben zu Fußn. 174.

[181] In einem etwas anderem Zusammenhang gebraucht *Ostler* (NJW 1965, 1785 [1790] und 2081 [2086]; JA 1983, 109 [116]) diesen Begriff; die Haftpflichtgefahr des Rechtsanwalts setzt aber gerade die Gefahrgeneigtheit seiner Tätigkeit für den Man-danten voraus!

le für den Auftraggeber zu vermeiden"; sein Verhalten (!) so einzurichten, daß jede von einem Rechtskundigen, wenn auch nur als möglich, erkennbare Schädigung des Mandanten vermieden wird; wenn er verpflichtet ist, den „sichereren Weg" zu beschreiten usw. (vgl. oben § 2 I; IV 1; V). Nach der Lehre vom Verhaltensunrecht bietet § 276 Abs. 1 Satz 2 BGB nur die Generalklausel, auf die bei der Beurteilung des Verhaltens als rechtswidrig zurückgegriffen werden muß, wenn keine speziellen Verhaltensnormen vorliegen. Mit der Entwicklung der oben (§ 2) dargestellten „Anwaltspflichten" ist die Rechtsprechung aber gerade diesen Weg der Konkretisierung des § 276 Abs. 1 Satz 2 BGB gegangen.

3. Pflichtwidrigkeit als Außerachtlassung „höchstmöglicher Sorgfalt"

265   a) Besteht im Vertragsrecht die Rechtswidrigkeit in der objektiven Pflichtwidrigkeit (oben 2), so setzt die Bejahung der Rechtswidrigkeit zunächst die Feststellung der verletzten konkreten Vertragspflicht voraus. Insoweit ist zu berücksichtigen, daß die oben (§ 2) allgemein dargestellten sog. „Anwaltspflichten" lediglich „abstrakte Richtlinien", „formelhafte Verhaltensleitlinien", „allgemeine Grundsätze" (z.B. „Grundsatz" des sichersten Weges), „programmatische Zielsetzungen"[182] darstellen, die keineswegs ohne weiteres mit Vertragspflichten gleichgesetzt werden können (vgl. oben § 2 I; IV 1). Vertragspflichten ergeben sich aus dem Inhalt und Umfang des konkreten Mandats; sie sind entweder ausdrücklich vereinbart oder durch Auslegung (§§ 133, 157 BGB) dem Vertragsinhalt und -umfang zu entnehmen. Da es hinsichtlich der oben erörterten „Anwaltspflichten" in aller Regel an einer ausdrücklichen Vereinbarung zwischen Anwalt und Mandant fehlen wird, können sie i.d.R. nur im Wege ergänzender Vertragsauslegung gem. §§ 157, 242 BGB[183] Vertragsinhalt werden. Insoweit ist für die Frage des *objektiven Pflichtverstoßes* auf die Art und die Umstände des konkreten Mandats und die Person der Parteien abzustellen; so kann sich etwa aus dem konkreten Inhalt des erteilten Mandats eine Beschränkung des Umfangs der Interessenwahrnehmungs- und Sicherungspflicht ergeben, desgleichen des Umfangs der Aufklärungspflicht bei einem prozeßerfahrenen Auftraggeber oder schließlich auch des Umfangs der Prüfungspflicht, wenn etwa *sofort* zur Fristwahrung gehandelt werden soll (vgl. oben § 2 I a.E.; IV 1 und 2). Bereits auf der Ebene der Pflichtwidrigkeit kann daher – je nach Lage des Falles – eine Einschränkung und insoweit eine einzelfallbezogene Korrektur der notwendig „allgemeinen" und (zu) weitgehenden „Anwaltspflichten" vorgenommen werden.

---

[182] So *Scheffler*, NJW 1961, 577.
[183] Vgl. dazu allgemein *Jauernig/Vollkommer*, § 242 Anm. I 4a und zur „Erweiterung und Begründung von Pflichten" aus § 242 BGB dort Anm. II.

b) Der objektive Pflichtverstoß allein – die Nichteinhaltung der Verhal- 266
tenspflicht als solcher – genügt nach der Lehre vom Verhaltensunrecht für die
Bejahung der Rechtswidrigkeit noch nicht; „verletzt" ist die Verhaltens-
pflicht nur, wenn der Rechtsanwalt „die im Verkehr erforderliche Sorgfalt"
außer acht gelassen hat (oben 2). Dabei wird vom Schuldner (Rechtsanwalt)
auf der Ebene der Rechtswidrigkeit ein *Höchstmaß an objektiv möglicher
Sorgfalt* verlangt.[184] Die Anforderungen an die höchstmögliche Sorgfalt werden nach objektiven Kriterien aus der Sicht eines sachkundigen Betrachters in
Kenntnis aller relevanten Umstände bestimmt; unerheblich ist, inwieweit sie
der Schädiger als Angehöriger einer bestimmten Verkehrsgruppe in der konkreten Situation erkennen und erfüllen kann.[185] Dies ist eine Frage des Verschuldens (vgl. unten III). Bei der Bestimmung der höchstmöglichen Sorgfalt
wird – anders als beim Verschulden (unten III 2a) – auf eine *ex-post-Betrachtung* abgestellt (sog. „objektiv-nachträgliche" Prognose).[186]

Ist damit gegenüber der herkömmlichen Betrachtungsweise[187] auf der 267
Rechtswidrigkeitsebene ein zusätzliches Merkmal – Außerachtlassung der
„höchstmöglichen" Sorgfalt – zu prüfen, so dürfte ihm doch kaum praktische
Bedeutung als „Haftungskorrektiv" zukommen. Indirekt hat dieser Aufbau
jedoch große Bedeutung für die sachgerechte Bestimmung des Fahrlässigkeitsmaßstabs. Ist der Mangel an „höchstmöglicher" Sorgfalt (bereits) ein
Merkmal der Rechtswidrigkeit, so kann auf der Ebene des Verschuldens nicht
ein Höchstmaß an Sorgfalt verlangt werden. Bei einer Haftung schon bei
Außerachtlassung „äußerster" Sorgfalt[188] würde der Rahmen der Verschuldenshaftung verlassen und in Wahrheit eine „Rechtswidrigkeits-"(Gefähr-
dungs-)haftung eingeführt.

---

[184] *Soergel/Wolf*, § 276 Rdnr. 36 und 73; *Deutsch*, Haftungsrecht I, § 14 II 4 und § 18
III 1; *Deutsch*, Fahrlässigkeit und erforderliche Sorgfalt, S. 251, 268; ebenso wohl *Esser*
(Schuldrecht, 2. Aufl. 1960), der die Notwendigkeiten, zwischen Pflicht- und *Schuld-
maßstab* zu unterscheiden (§ 56, 5c) betont und dazu ausführt: „Die Schuldfrage stellt
sich erst, wenn jemand *nicht* ‚alles getan' hat" (§ 56, 5b); ablehnend dazu *Scheffler*,
NJW 1961, 577 [579]; aA auch *Enneccerus/Nipperdey*, § 209 IV B 2b, S. 1295: Keine
Orientierung an der „obersten Grenze".
[185] So auch *Larenz*, Schuldrecht II, § 72 Ic, S. 611; speziell zum Anwalt *Boergen*,
S. 49: Die den Anwalt treffenden Pflichten sind „unabhängig davon, ob er zu leisten in
der Lage ist, soweit es nur überhaupt möglich ist".
[186] *Soergel/Wolf*, § 276 Rdnr. 36 und 73; *Esser*, Schuldrecht, 2. Aufl. 1960, § 56, 5c;
Borgmann/Haug, S. 148; *Boergen*, S. 50; *Scheffler*, NJW 1961, 577 [579].
[187] Vgl. oben 2 mit Fußn. 171.
[188] Die Einhaltung der „äußersten zu erwartenden Sorgfalt" war früher Voraussetzung für die Wiedereinsetzung gem. § 233 Abs. 1 ZPO a.F.; vgl. grundlegend RGZ –
VZS – 48, 411; RGZ 96, 322; rückblickend z.B. BGH NJW 1985, 1710 [1711]; eingehend dazu *Scheffler*, NJW 1964, 993ff.; *Vollkommer*, FS für Ostler, 1983, 97, 114ff.

4. Ausschluß der Rechtswidrigkeit

268   Eine anwaltliche Pflichtverletzung kann ausnahmsweise gerechtfertigt sein. Zwar mögen bei der Erfüllung des Anwaltsvertrags – wie überhaupt im Vertragsrecht – typische *Rechtfertigungsgründe*, wie Notwehr, Notstand oder Selbsthilfe (§§ 227–229 BGB) – wenn überhaupt – nur eine geringe Rolle spielen; eine gewisse Bedeutung des Rechtfertigungsgrund mag aber der *Einwilligung des* (verletzten) *Mandanten* zukommen.[189] So handelt der Rechtsanwalt, der einer bestimmten bindenden Weisung Folge leistet, „nicht gegen seine Mandatspflicht"[190] und damit nicht rechts-(pflicht-)widrig. Da es für den Pflichtenumfang des Anwalts aber entscheidend auf den vorrangig zu prüfenden konkreten Mandatsinhalt und -umfang ankommt (oben 3a), wird es in dem Hauptanwendungsfall der weisungsgemäßen Führung eines äußerst riskanten Prozesses (vgl. § 2 VI 2a) in der Regel bereits an einer – verletzten – Pflicht aus dem Anwaltsvertrag fehlen, so daß sich die (nachrangige) Frage einer „Rechtfertigung" durch Einwilligung überhaupt nicht stellt. Mag auch im Einzelfall die Grenze zwischen Pflichtwidrigkeit und Rechtfertigung nur schwer zu ziehen sein, so berechtigt dies die Praxis doch nicht, über diese angeblich „rein akademische Frage" hinwegzugehen;[191] nur die strikte Einhaltung der Prüfungsreihenfolge gewährleistet die Herausarbeitung der für die Anwaltshaftung entscheidenden verletzten konkreten Vertragspflicht.[192]

III. Verschulden

1. Allgemeines

269   Wenngleich der Rechtsanwalt gem. § 276 Abs. 1 Satz 1 BGB grundsätzlich Vorsatz und Fahrlässigkeit zu vertreten hat, wird im folgenden nur von der letzteren Schuldform die Rede sein, weil vorsätzliche Pflichtverletzungen in der Praxis nahezu keine Rolle spielen.[193]

---

[189] Vgl. dazu allgemein Münch.Komm./*Mertens*, § 823 Rdnr. 32. – Einzelne „Rechtfertigungsgründe im Recht der Forderungsverletzungen" erörtert *Löwisch*, AcP 165, 421 [440ff.].

[190] BGH VersR 1974, 488 [489]; BGHZ 97, 372 [376]; vgl. hierzu näher oben § 2 VI 2a.

[191] So aber *Rinsche*, Rdnr. I 71.

[192] In diesem Sinne auch *Borgmann/Haug*, S. 148.

[193] *Borgmann/Haug*, S. 144; *Rinsche*, Rdnr. I 72. Beispiele bilden das vorsätzliche Verjährenlassen einer begründeten Forderung, dazu BGH – StSen – NJW 1983, 461, das bewußte (grob leichtfertige) Verstreichenlassen einer Klage- oder Rechtsmittelfrist, dazu RGZ 115, 411; 158, 357; zum Untreuetatbestand näher *Roxin*, Beck'sches Rechtsanwalts-Handbuch, 1989, E III Rdnr. 64ff.; zum Problem der Anwendbarkeit von § 85 Abs. 2 ZPO vgl. *Vollkommer*, Die Stellung des Anwalts im Zivilprozeß, S. 43.

Nach der gesetzlichen Definition handelt *fahrlässig*, wer „die im Verkehr 270
erforderliche Sorgfalt außer acht läßt" (§ 276 Abs. 1 Satz 2 BGB). Indes führt
diese Bestimmung keineswegs unmittelbar zu einer Klärung des Fahrlässigkeitsbegriffs, sondern lediglich zu seiner Ersetzung durch einen – wiederum
konkretisierungsbedürftigen – Maßstab: den Begriff der *im Verkehr erforderlichen Sorgfalt*, der zudem Abgrenzungsschwierigkeiten des (Anwalts)-Ver-
schuldens von der (anwaltlichen) Pflichtverletzung und damit der Rechtswidrigkeit mit sich bringt.[194] Nach der hier zugrundegelegten Lehre vom Verhaltensunrecht dient daher die „erforderliche Sorgfalt" sowohl als Maßstab für
die Rechts-(Pflicht-)widrigkeit als auch für das Verschulden („doppelter
Maßstab").[195] Soll nun der Begriff der erforderlichen Sorgfalt für die beiden
selbständigen – und, so die Zielsetzung, einander korrigierenden – Haftungsvoraussetzungen der Pflichtwidrigkeit einerseits und des (Anwalts-)Ver-
schuldens andererseits gleichermaßen Geltung beanspruchen, muß der jeweils verwendete Sorgfaltsbegriff ein unterschiedlicher sein. Es ist bereits
dargelegt, daß im Rahmen der Pflichtwidrigkeit auf die Außerachtlassung
„höchstmöglicher Sorgfalt" abgestellt wird. Gehört damit das „Höchstmaß"
an Sorgfalt zur Rechts-(Pflicht-)widrigkeit, so kommt für die Fahrlässigkeit –
soll ihr eigenständige Bedeutung zukommen, wovon unter der Geltung des
Prinzips der Verschuldenshaftung ohne weiteres auszugehen ist – nur ein
unterhalb des Höchstmaßes auf die Person des Schuldners („subjektiver"
Fahrlässigkeitsbegriff) oder doch auf einen pflichtbewußten Durchschnitts-
vertreter des betreffenden Verkehrskreises („objektiver" Fahrlässigkeitsbegriff) ausgerichteter Maßstab in Frage. Im folgenden ist zunächst der zivilrechtliche Fahrlässigkeitsbegriff zu klären und sodann auf das spezifische
Anwaltsverschulden näher einzugehen.

2. Objektiver Fahrlässigkeitsmaßstab

a) Inhalt und Rechtfertigung

Anders als im Strafrecht, das für das Fahrlässigkeitsurteil einen „subjekti- 271
ven Maßstab"[196] zugrundelegt und darauf abstellt, was von dem Täter nach
seinen individuellen Fähigkeiten, Kräften, Erfahrungen und Kenntnissen in
der konkreten Situation gefordert werden konnte, ist im Zivilrecht seit lan-

---

[194] Dazu, daß nach der Lehre vom Verhaltensunrecht § 276 Abs. 1 Satz 2 BGB *zugleich* für das Rechtswidrigkeitsurteil von Bedeutung ist, vgl. bereits oben II 3 b.
[195] *Esser*, Schuldrecht, 2. Aufl. § 56, 2; 4. Aufl. § 38 II 2; ihm folgend *Borgmann/
Haug*, S. 153 f.; im Strafrecht „überwiegende" Meinung, vgl. *Schönke/Schröder/Cra-
mer*, StGB, 22. Aufl. 1985, § 15 Rdnr. 119, 135. Zur „Aufspaltung" des Fahrlässigkeitsbegriffs vgl. auch BGH GZS BGHZ 24, 21 [27, 28 f.].
[196] *Schönke/Schröder/Cramer*, StGB, 22. Aufl., § 15 Rdnr. 135, 192 f.; *Dreher/
Tröndle*, StGB, 42. Aufl. 1985, § 15 Anm. 3 A; *Lackner*, StGB, 16. Aufl. 1985, § 15
Anm. III 5 a.

gem[197] ein *objektiver Fahrlässigkeitsmaßstab* zur Herrschaft gelangt.[198] Erforderlich ist danach das Maß an Umsicht und Sorgfalt, das nach dem Urteil besonnener und gewissenhafter Angehöriger des in Betracht kommenden Verkehrskreises zu beachten ist (Maßstab nach Berufs- und Verkehrskreisen). Der engere Verkehrskreis entscheidet (gruppentypischer Maßstab). Maßgebend ist also damit die Sorgfalt eines „ordentlichen" Kaufmanns, Frachtführers (§§ 347, 408, 429 HGB), Geschäftsmanns (§ 43 Abs. 1 GmbHG), Geschäftsleiters (§ 93 Abs. 1 AktG; § 34 GenG), Gewerbetreibenden,[199] Segelschiffskapitäns,[200] Facharztes,[201] Operateurs[202] usw. Die Beurteilung erfolgt vom Zeitpunkt der Sorgfaltsverletzung aus (*ex-ante-Betrachtung*).[203] Die *erforderliche* Sorgfalt (normativer Maßstab) entspricht nicht notwendig der „üblichen"; eingerissene Verkehrsunsitten und Nachlässigkeiten entschuldigen nicht. Die persönliche Eigenart des Handelnden, seine Fähigkeiten, Kenntnisse, Erfahrungen und der Grad seiner Einsicht wirken nicht entlastend; insbes. kann sich der Schuldner grundsätzlich nicht darauf berufen, daß er für die übernommene Leistung nicht die erforderliche Fachkunde besitzt,[204] wohl aber können besondere Fähigkeiten und Kenntnisse zur Begründung einer höheren Sorgfaltspflicht führen. Der objektive Sorgfaltsmaßstab trägt dem berechtigten Vertrauens- und Verkehrsschutz Rechnung;[205] er

---

[197] In diesem Sinne bereits die II. Kommission, vgl. Protokolle Band I (1897), S. 187; Band II (1898), S. 587.

[198] So bereits das Reichsgericht (RGZ 95, 16 [17]; 119, 397 [400]; 126, 329 [331]; 127, 313 [315]); später der BGH (z.B. BGHZ 24, 21 [27]; 39, 281 [283]; 87, 27 [35]; NJW 1983, 676 [678] und besonders deutlich BGH VersR 1960, 909 [910]; dem folgend das Schrifttum: so z.B. bereits *Heck*, Grundriß des Schuldrechts, 1929, S. 77f.; *Esser*, Schuldrecht, 2. Aufl. 1960, § 56, 3 und 4; 4. Aufl. 1970, § 38 III und IV, sowie heute *Esser/Schmidt*, § 26 II 1; *Larenz*, § 20 III (S. 285 m.w.N. in Fußn. 26); *Deutsch*, Haftungsrecht I, S. 282; *ders.*, Fahrlässigkeit und erforderliche Sorgfalt, 1963, S. 304ff., 310; *Soergel/Wolf*, § 276 Rdnr. 73ff.; *Münch.Komm./Hanau*, § 276 Rdnr. 78ff.; *Staudinger/Löwisch*, § 276 Rdnr. 16; BGB-RGRK/*Alff*, § 276 Rdnr. 19; *Palandt/Heinrichs*, § 276 Anm. 4Ba; *Jauernig/Vollkommer*, § 276 Anm. III 2b; *Löwisch*, AcP 165, 421 [427f.]. – A.A. – subjektiver Fahrlässigkeitsmaßstab – *Enneccerus/Nipperdey*, Allgemeiner Teil Bd. II, § 213 III 2, S. 1321ff.; *Nipperdey*, NJW 1957, 1777 [1781]; differenzierend zwischen deliktischer und vertraglicher Haftung *U. Huber*, FS E. R. Huber, 1973, S. 253, 272ff., 283ff.

[199] BGHZ 31, 358 [367].

[200] RGZ 119, 397 [400].

[201] BGH VersR 1960, 909 [910].

[202] BGHZ 88, 248 [259].

[203] BGHZ 80, 186 [193]; BGH VersR 1975, 425 [426]; *Soergel/Wolf*, § 276 Rdnr. 73 und 98; *Palandt/Heinrichs*, § 276 Anm. 4Bb; *Esser*, Schuldrecht, 2. Aufl., § 56, 6e; *Boergen*, S. 50 m.w.N.; *Scheffler*, NJW 1961, 577 [580]; *Ostler*, JA 1983, 109 [112].

[204] Jedenfalls läge dann ein „Übernahmeverschulden" vor, vgl. – vom Standpunkt des subjektiven Fahrlässigkeitsbegriffs aus – *Enneccerus/Nipperdey*, § 213 III 2, S. 1325; *Schönke/Schröder/Cramer*, StGB, § 15 Rdnr. 196. Vgl. hierzu auch BGHZ 88, 248 [260]; BGH NJW 1988, 2298 [2299f.].

[205] *Staudinger/Löwisch*, § 276 Rdnr. 16; *Esser/Schmidt*, § 26 II 1b.

enthält weiter insofern ein Gewährleistungs-(Garantie-)element als der Schuldner einer gewerblichen oder beruflichen Leistung für den erwarteten „Standard" einstehen muß.[206]

b) Objektiver Maßstab für Anwaltsverschulden

Für den Bereich des „materiellen" Anwaltsverschuldens (§ 276 BGB) ist 272 der objektive Fahrlässigkeitsmaßstab anerkannt,[207] dagegen soll für das der Anwaltshaftung vielfach vorgelagerte „prozessuale Verschulden" des Rechtsanwalts (§§ 233, 85 Abs. 2 ZPO) – so in den Fällen versagter Wiedereinsetzung gegenüber der Versäumung einer prozessualen Frist – ein „subjektiver" – „mit dem Haftungsmaßstab des BGB nicht übereinstimmender", „oft strengerer" – Verschuldensmaßstab gelten.[208] Eine solche Differenzierung zwischen „materiellem" und „prozessualem" Verschulden ist nicht berechtigt; es wird dazulegen sein, daß in *beiden* Bereichen ein einheitlicher, *objektiver* Verschuldensmaßstab gilt. Zunächst ist dies für das „materielle" Verschulden des Anwalts auszuführen; sodann ist auf das „prozessuale" Verschulden des Anwalts näher einzugehen (unten c).

Die Gründe der h. M. für einen objektiven Verschuldensmaßstab treffen in 273 besonderem Maße auf das Verhältnis Anwalt – Mandant zu. Die berechtigte „Leistungserwartung" des Mandanten ist vornehmlich am Berufsbild des Rechtsanwalts (§§ 1–3 BRAO) ausgerichtet; der Anwalt erbringt eine berufliche Leistung, die sich am beruflichen Standard (vgl. § 43 BRAO) messen lassen muß. Damit unvereinbar wäre, wenn der Anwalt, der seine dem anderen Teil gegenüber obliegenden Vertragspflichten verletzt hat, sich mit fehlender individueller Fachkenntnis oder sonstigen rein persönlichen Umständen, z.B. Überlastung bei der generellen Kanzleiarbeit oder bloßen familiären Schwierigkeiten „entschuldigen" könnte.[209] Demgegenüber hat aber jeder Mandant – und zwar unabhängig von seiner konkreten Auswahl des Anwalts – das Recht, ohne Rücksicht auf subjektiv-individuelle Besonderheiten in der Person des Anwalts, eine zumindest durchschnittliche Anwaltsleistung zu

---

[206] So bereits Prot. II, S. 587: „Damit, daß jeder für die im Verkehr übliche Sorgfalt einstehen müsse, sei schon eine gewisse Garantiepflicht ausgesprochen"; betont von *Esser*, Schuldrecht, 2. Aufl. § 56, 3 e; 4. Aufl. § 38 IV; im Ergebnis auch *U. Huber*, FS E. R. Huber, 1973, 253 [287 ff.]; eingehend *Deutsch*, Fahrlässigkeit und erforderliche Sorgfalt, 1963, S. 307 ff.

[207] *Borgmann/Haug*, S. 152; *Rinsche*, Rdnr. I 72; zuvor bereits *Schliebner*, S. 18; *Boergen*, S. 48 ff.; *Scheffler*, NJW 1961, 577 [580] und 1960, 265 [267 f.]; *Ostler*, NJW 1965, 1785 [1791]; *Müller*, JR 1969, 161 [169]; *Guardiera Windheim*, S. 11, 125, 127, 189; *Wendt*, S. 140 f.; BGH VersR 1961, 467 [469]; VersR 1967, 704 [705]; OLG München VersR 1957, 32 [33]; allgemein für Berater auch *Späth*, Die zivilrechtliche Haftung des Steuerberaters, 3. Aufl. 1987, Rdnr. 338 ff., 341.

[208] So namentlich *Borgmann/Haug*, S. 152 f., 345; *Boergen*, S. 63 m. w. N.

[209] Vgl. dazu zunächst *Soergel/Wolf*, § 276 Rdnr. 76; *Münch.Komm./Hanau*, § 276 Rdnr. 81; *Palandt/Heinrichs*, § 276 Anm. 4 B a, je m. w. N. und näher unten 3 c.

verlangen.[210] Letztlich sind es der Grundsatz des Vertrauensschutzes und die Rollensituation, in der sich Anwalt und Mandant befinden, die eine Objektivierung und Typisierung der erforderlichen anwaltlichen Sorgfalt gebieten.[211]

274   In seiner älteren Rechtsprechung hat sich der BGH in Anwaltshaftungsfällen wiederholt mit großer Klarheit im Sinne des *objektiven Fahrlässigkeitsmaßstabes* ausgesprochen. So heißt es in einem Urteil vom 20. 3. 1961: „Fahrlässig handelt, wer die im Verkehr erforderliche Sorgfalt außer acht läßt (§ 276 BGB), also hier die Sorgfalt, die ein gewissenhafter Anwalt in einer derartigen Lage anzuwenden pflegt. Darauf hat das Berufungsgericht ganz eindeutig bei seiner Würdigung abgestellt".[212] In den vom BGH zustimmend wiedergegebenen Gründen der Vorinstanz war auf die Sorgfalt des „pflichtbewußten Durchschnittsanwalts" abgestellt worden.[213] In einem Urteil vom 7. 2. 1967 wird im Anschluß an die grundlegende Rechtsprechung des Reichsgerichts[214] und an die kritischen Untersuchungen von *Scheffler*[215] zum „Anwaltsverschulden" ausgesprochen: „Gewiß bestimmt sich auch bei einem Rechtsanwalt das Maß der Anforderungen an seine Sorgfalt danach, was normalerweise von einem gewissenhaften und erfahrenen Angehörigen seines Berufskreises bei der gegebenen Sachlage an Umsicht und Sorgfalt zu erwarten war."[216]

275   In der neueren Rechtsprechung kehrt eine erstmals 1982 für das „prozessuale" Verschulden des Rechtsanwalts geprägte Formel ständig wieder; Verschuldensmaßstab ist danach *„die übliche, von einem ordentlichen Rechtsanwalt zu fordernde Sorgfalt".*[217] Der BGH nimmt damit eine Formulierung auf („ordentlicher" Kaufmann, Spediteur, Frachtführer, Geschäftsmann usw., vgl. oben 2a), die im Schrifttum bereits zur Kennzeichnung des „materiellen" Verschuldens des Rechtsanwalts Verwendung gefunden hat.[218] Es wird so-

---

[210] Vgl. auch *Scheffler*, KF 1959, 51 f.; *Borgmann/Haug*, S. 151 f.

[211] *Zeuner* (JZ 1966, 1 [8]) hat dieses Verständnis wie folgt formuliert: Kennzeichnend sei, „daß sich die Beteiligten typischerweise in gewissen „Rollen" einander gegenüberstehen. Angesichts dieser Lage aber erscheint es durchaus sachgerecht, hinsichtlich der Verantwortlichkeit und ähnlicher Fragen nicht einfach einseitig auf die jeweilige Individualität des Handelnden in ihrer ganzen Tiefe und Breite abzustellen, sondern dem Aspekt der Begegnung und des Ausgleichs dadurch Rechnung zu tragen, daß man davon ausgeht, was von einem Menschen in der Rolle erwartet werden kann, in der er dem anderen gegenübertritt." Wie sich dieselbe Argumentation vom soziologischen Standpunkt darstellt beschreibt *Mertens* in VersR 1974, 509 [insbes. 511 f.].

[212] BGH VersR 1961, 467 [469].

[213] AaO, linke Spalte oben.

[214] RGZ 119, 397 [400]; 126, 329 [331].

[215] *Scheffler*, NJW 1961, 577, vgl. auch KF 1959, 51 ff.

[216] BGH VersR 1967, 704 [705].

[217] BGH VersR 1982, 495 = LM § 233 ZPO [Fa] Nr. 9; VersR 1983, 374 [375] und 641; NJW 1985, 495 [496] und 1710 [1711]; NJW-RR 1988, 508; BAG NJW 1987, 1355 = MDR 1987, 523.

[218] Vgl. *Staudinger/Löwisch*, § 276 Rdnr. 18; *Deutsch*, Fahrlässigkeit und erforderliche Sorgfalt, S. 40 f.; *Schultz*, MDR 1965, 264; *Schliebner*, S. 18, 22; *Guardiera Windheim*, S. 11.

gleich zu zeigen sein, daß diese Formulierung keinen abweichenden, auf „prozessuales Verschulden" beschränkten Verschuldensmaßstab umschreibt, sondern *generell* für „materielles" und „prozessuales" Anwaltsverschulden gilt (vgl. i.e. unten c).

Die mit dem Begriff der Fahrlässigkeit notwendig verbundenen Elemente 276 der „Vorhersehbarkeit" und „Vermeidbarkeit" der Schädigung eines anderen[219] sind so von vornherein an diesem Sorgfaltsmaßstab zu messen. Daher handelt ein Anwalt (nur) dann fahrlässig, wenn er aufgrund der für einen Angehörigen dieser Berufsgruppe typischen Kenntnisse und Fähigkeiten in der konkreten Situation bei der Ausführung des Auftrags und unter Berücksichtigung der Besonderheiten des mandatsspezifischen Aufgabenbereichs die schädigende Pflichtverletzung gegenüber seinem Mandanten hätte voraussehen können *und* vermeiden müssen.[220]

c) Einheitlicher Maßstab für Anwaltsverschulden

Es wurde bereits oben darauf hingewiesen, daß der objektive Fahrlässig- 277 keitsmaßstab lediglich für den Bereich des „materiellen" Verschuldens des Rechtsanwalts (§ 276 BGB) allgemein anerkannt ist, nicht dagegen auch für den des „prozessualen Verschuldens" nach §§ 233, 85 Abs. 2 ZPO (vgl. oben 2b). Die Frage nach einer *Mehrheit* unterschiedlicher Sorgfaltsmaßstäbe nach materiellem und Prozeßrecht ist nunmehr näher zu überprüfen. Nach einer im Schrifttum namentlich noch von *Borgmann/Haug*[221] und teilweise in der oberlandesgerichtlichen Rechtsprechung[222] vertretenen Auffassung gilt für das „prozessuale" Verschulden des Rechtsanwalts ein – im Verhältnis zum „materiellen" i.d.R. „strengerer" – „subjektiver" Maßstab. *Borgmann/Haug* umschreiben diesen wie folgt:

> „Der *Maßstab*, an dem dieses prozessuale Verschulden gemessen wird, stimmt mit dem Haftungsmaßstab des BGB nicht überein. Es ist ein subjektiver Maßstab, der einerseits auch persönliche Entschuldigungsgründe, wie eine plötzlich unvorhergesehen auftretende Krankheit berücksichtigen kann, andererseits aber höchste Anforde-

---

[219] Denn der Fahrlässigkeitsvorwurf bedeutet keineswegs – gemessen am beschriebenen Sorgfaltsmaßstab – schlechthin „falsch" gehandelt zu haben, sondern er besteht darin, daß der Handelnde die Tatbestandsverwirklichung hätte *erkennen* und *vermeiden* müssen; vgl. z.B. *Soergel/Wolf*, § 276 RdNr. 73; *Münch.Komm./Hanau*, § 276 Rdnr. 73; *Jauernig/Vollkommer*, § 276 Anm. III 1a; *Larenz*, § 20 III (S. 282).

[220] Sehr deutlich gelangt dies in der Entscheidung des BGH VersR 1975, 425 [426] zum Ausdruck, die allerdings in ihrem konkreten Anwendungsergebnis des Fahrlässigkeitsmaßstabes zu Recht von *Borgmann/Haug* (S. 151) als einseitig kritisiert wird.

[221] *Borgmann/Haug*, S. 152f. und 345ff.; ferner *Boergen*, S. 63; diesen folgend *Guardiera Windheim*, S. 12.

[222] Der Sache nach übereinstimmend namentlich OLG München MDR 1984, 763; MDR 1986, 62 = NJW-RR 1986, 63 = AnwBl 1985, 646. Das OLG gebraucht zwar den Ausdruck „subjektiver" Maßstab nicht, geht jedoch von der unveränderten Fortgeltung des „verschärften" Verschuldensmaßstabs gem. § 233 ZPO a.F. aus.

rungen an die geschuldete Sorgfalt stellt."[223] Und an anderer Stelle: „Prozessuales Verschulden wird stets subjektiv gewertet, wobei die nach der Lage des Falles vernünftigerweise zu erwartende Sorgfalt zugrundegelgt wird. Der erreichte Haftungsmaßstab kann oft strenger als der übliche objektivierte sein."[224]

278   Dem kann jedenfalls für die neue Rechtslage seit 1. 7. 1977, durch die an die Stelle des „unabwendbaren Zufalls" (§ 233 Abs. 1 ZPO a.F.) das fehlende Verschulden (§ 233 ZPO n.F.: „ohne Verschulden") als Wiedereinsetzungsvoraussetzung getreten ist, nicht gefolgt werden.

Bereits die Bezeichnung „subjektiver Maßstab" für die gekennzeichneten Anforderungen an die prozessuale Sorgfalt ist irreführend und beruht wohl auf einem Mißverständnis der zu § 233 ZPO a.F. vertretenen „subjektiven" Theorie."[225] Eine Herabminderung des anwaltlichen Normalstandards mit Rücksicht auf unterdurchschnittliche Fähigkeiten und Kenntnisse des konkret Handelnden, wie es im Strafrecht geschieht und von einer Minderheit (insbes. *Nipperdey*) auch für das Bürgerliche Recht befürwortet wird (vgl. oben 2a), findet bei dem erklärtermaßen „höchste Anforderungen" stellenden prozessualen Maßstab gerade nicht statt.[226] Andererseits ist die Beachtung der besonderen Situation, in der sich der Verantwortliche befindet, überhaupt keine Besonderheit eines „subjektiven" Maßstabs. Auch die verkehrsübliche Sorgfalt läßt die Berücksichtigung der „konkreten Situation", der „besonderen Lage des Falles", in der sich der Verantwortliche befindet, durchaus zu (vgl. oben 2b); er muß sich nur am Maßstab des normal Tüchtigen messen lassen! „Objektiver" Verschuldensmaßstab meint eben keine „Abstraktion" von den Besonderheiten der Wirklichkeit (kein „über-objektivierter, abstrakter" Maßstab). Auch unter Zugrundelegung des objektiven Fahrlässigkeitsmaßstabs kann daher eine plötzliche unvorhergesehene Erkrankung ohne weiteres zu einer Verneinung des Verschuldens führen.[227]

---

[223] *Borgmann/Haug*, S. 345.

[224] *Borgmann/Haug*, S. 153.

[225] Seit RGZ 96, 322 bezeichnet man die Interpretation des „unabwendbaren Zufalls" als ein Ereignis, das unter den gegebenen, nach der Besonderheit des Falles zu berücksichtigenden Umständen auch durch die äußerste, diesen Umständen angemessene und vernünftigerweise zu erwartende Sorgfalt weder abzuwehren noch in seinen schädlichen Folgen zu vermeiden ist" als „subjektive Theorie" (vgl. *Scheffler*, NJW 1964, 993; *Blomeyer*, Zivilprozeßrecht, 2. Aufl. § 27 II; *Boergen*, S. 63) bzw. „subjektiven" Maßstab (vgl. RGZ 96, 322 [324]). Diese Begriffe kennzeichnen den Gegensatz zur „objektiven" Gesetzesfassung, haben aber mit dem „subjektiven" Fahrlässigkeitsmaßstab i.S. der Zivil- und Strafrechtslehre nichts zu tun.

[226] *Stein-Jonas/Schumann*, ZPO, 20. Aufl., § 233 Rdnr. 38. *Borgmann/Haug* (S. 153) stellen selbst klar, daß „die typisierten Anforderungen" an die Anwaltssorgfalt nicht „außer acht gelassen werden" (!). A.A. *Guardiera Windheim*, der zufolge „nunmehr der Schuldmaßstab des Wiedereinsetzungsrechts milder als der objektive Fahrlässigkeitsmaßstab des anwaltlichen Haftpflichtrechts" sein soll (S. 137, 178, 190).

[227] Vgl. Münch.Komm./*Hanau*, § 276 Rdnr. 130 und *Soergel/Wolf*, § 276 Rdnr. 115: Plötzlich auftretende unvorhersehbare und nicht mehr beherrschbare Übelkeit; *Deutsch*, Fahrlässigkeit und erforderliche Sorgfalt, S. 138f.: Unverschuldeter „Fähig-

Vorbildlich hat diese Situationsbezogenheit des objektiven Maßstabs *Löwisch* beschrieben, wenn er den objektiven Fahrlässigkeitsbegriff wie folgt klarstellt: „Nur die *Maßstäbe* der Wertung werden in der Richtung objektiviert, daß nicht die *Fähigkeit* des konkreten Einzelnen, sondern die des normal Tüchtigen zugrundegelegt wird. Auf die konkreten *Umstände* aber wird nach wie vor Rücksicht genommen: Der Durchschnittsmensch, als der der Einzelne gewissermaßen *fingiert* wird, muß die Möglichkeit" zu pflichtgemäßem Verhalten „gehabt haben".[228] Mit Recht bemerkt *Esser*, daß „ein Absehen von der konkreten Lage und ihrer Einwirkung auf das Vorhersehen- und Handelnkönnen des Täters" darauf hinausliefe, „den Schuldbegriff im Zivilrecht preiszugeben".[229]

Was schließlich den Maßstab „äußerster" oder „höchster" Sorgfalt betrifft, 279 so mag er unter einer Rechtslage, die auf einem „unabwendbaren Zufall" (vgl. § 233 ZPO a.F.) abstellte, berechtigt gewesen sein; unter dem *Verschuldensprinzip* kann Einhaltung „höchstmöglicher" Sorgfalt nicht mehr verlangt werden (vgl. oben II 3b; III 1). Der Maßstab für Verschulden ist niedriger; Verschulden orientiert sich am Normal-Maß des „gesunden" Durchschnitts.[230]

In der der Änderung des § 233 ZPO vorangegangenen rechtspolitischen 280 Diskussion ist eine Angleichung des bisherigen Sorgfaltsmaßstabs an den des § 276 BGB gefordert worden;[231] die Gesetzesänderung hat ausdrücklich eine „Erleichterung der Wiedereinsetzung" bezweckt.[232] Der in § 233 ZPO n.F. verwendete Begriff des *„Verschuldens"* legt einen Rückgriff auf das im bürgerlichen Recht herrschende Verständnis nahe.[233] Die vom BGH vorgenommene Interpretation unter Verwendung der für den objektiven Sorgfaltsmaßstab gebräuchlichen Formulierung („übliche Sorgfalt eines ordentlichen Rechtsanwalts") ist vom Gesetzeswortlaut her möglich und hält sich im Rahmen des Gesetzeszwecks; sie hat sich im Schrifttum und in der Rechtspre-

---

keitsabfall" bzw. „-verlust"; *ders.*, Haftungsrecht I, S. 283; vgl. auch die Beispiele von *Löwisch* (AcP 165, 421): Erkrankung des Kindes der Schuldnerin (S. 431); plötzliches Herzversagen des Kfz-Fahrers (S. 434 Fußn. 38: Rechtswidrigkeit verneint).

[228] *Löwisch,* AcP 165, 421 [427].

[229] *Esser,* Schuldrecht, 2. Aufl. § 56, 3c.

[230] Vgl. Prot. II, S. 604: Maßstab des „normalen und gesunden Verkehrs"; ähnlich RGZ 95, 16 [17]; 119, 397 [400]. Vor Überspannung warnen auch bereits die *Motive* zum BGB I, S. 279: „Der angelegte Maßstab verlangt nichts Außerordentliches ..., nicht die äußerste Kraftanstrengung, nicht übertriebene Ängstlichkeit ..."

[231] Vgl. den Bericht der Kommission zur Vorbereitung einer Reform der Zivilgerichtsbarkeit, 1961, S. 234f., 236f.; *Scheffler*, NJW 1964, 993 [998ff.]; *Ostler*, NJW 1965, 2081; zusammenfassend *Vollkommer*, FS Ostler, 1983, S. 132ff.

[232] So die Begründung des Entw. der Vereinfachungsnovelle, BT-Drs. VI/790, S. 47; vgl. dazu näher *Vollkommer*, FS Ostler, S. 139.

[233] Zur Auslegung von – neu eingefügten – ZPO-Vorschriften nach dem BGB-Sprachgebrauch vgl. allgemein *Stein-Jonas/Schumann*, ZPO, 20. Aufl., Einl. Rdnr. 55. So verweist z.B. § 38 ZPO mit dem Begriff „Vereinbarung" auf das BGB, vgl. *Zöller/Vollkommer*, ZPO, 15. Aufl., § 38 Rdnr. 4ff.; *Rosenberg/Schwab*, § 66 V.

chung weitgehend durchgesetzt.[234] Von einer Harmonisierung der Sorgfaltsmaßstäbe in Prozeß- und materiellem Recht ist daher auszugehen. Das bei einer Divergenz der Verschuldensmaßstäbe bestehende „Ärgernis",[235] daß (strengeres) „prozessuales" Verschulden bejaht, die Wiedereinsetzung versagt, die „materielle" Haftung dagegen von einem weniger strengen Standpunkt aus verneint werden könnte,[236] ist gebannt.

d) Zusammenfassung und Folgerungen

281 Zusammenfassend lassen sich für das Anwaltsverschulden folgende allgemeine Feststellungen treffen:

Der Verschuldensmaßstab orientiert sich nicht an einem „Höchstmaß" an Sorgfalt („äußerste nach den Umständen zu erwartende Sorgfalt"), sondern am „Normal"-Maß des soliden Durchschnitts („ordentlicher Rechtsanwalt"; „gewissenhafter Durchschnittsanwalt").

282 Ausgangspunkt für die „erforderliche" Sorgfalt ist die bei der anwaltlichen Berufsausübung „übliche" Sorgfalt, wie dies in der späteren Formulierung des BGH (oben 2b) zutreffend zum Ausdruck kommt. In der Entstehungsgeschichte des BGB ist die „übliche" Sorgfalt nur deshalb durch die „erforderliche" Sorgfalt ersetzt worden, um „eingerissenen Schlendrian" nicht entlastend wirken zu lassen;[237] daß die gute Übung damit weiter auschlaggebend sein solle, wurde niemals bezweifelt und entspricht der „Verkehrs"-Bezogenheit der Sorgfalt.[238] Große Bedeutung kommt daher bei der Feststellung der Anwaltssorgfalt der Berufsübung zu, die ggf. unter Beteiligung der anwaltlichen Standesvertretung zu ermitteln und nicht ohne weiteres als – unbeachtlicher – „Mißbrauch" abgetan werden kann. Die wiederholt an der Rechtspre-

---

[234] Zustimmend: *Rosenberg/Schwab*, Zivilprozeßrecht, 14. Aufl. 1986, § 70 II; *Stein-Jonas/Schumann*, ZPO, 20. Aufl., § 233 Rdnr. 38; *Baumbach/Lauterbach/Hartmann*, ZPO, 45. Aufl. 1987, § 233 Anm. 3 A (anders noch § 85 Anm. 3 A b); *Thomas/Putzo*, ZPO, 15. Aufl. 1987, § 233 Anm. 4 b; *Zöller/Vollkommer*, ZPO, 15. Aufl., § 85 Rdnr. 12; *Förster*, NJW 1980, 432 [433]; *Vollkommer*, FS Ostler, 1983, S. 141 f. Kritisch dagegen *Borgmann/Haug*, S. 346: „Leerformel ohne jeden sachlichen Gehalt."
[235] Durchaus nicht nur „Schreckgespenst", wie die Entscheidung OGHZ 3, 362 zeigt. Leitsatz: „Ein Versehen eines Rechtsanwalts kann auch dann die Wiedereinsetzung ausschließen, wenn es weder eine Verletzung seiner Berufspflicht noch eine Verletzung der im Verkehr erforderlichen Sorgfalt darstellt". Die Entscheidung soll allerdings vereinzelt geblieben sein, vgl. *Borgmann/Haug*, S. 153.
[236] Das Argument der Regreßlücke spielt in der Diskussion um die Reform des § 233 ZPO eine Rolle; vgl. *Ostler*, NJW 1965, 2081 [2086] unter Hinweis auf *Scheffler*, Haftpflichtgefahr, S. 20. Sollte eine solche *tatsächlich* nicht bestanden haben (sie wird bestr. von *Boergen*, S. 64), bleibt nur als Erklärung, daß beim Regreß „die Sorgfaltspflichten des Anwalts höher angesetzt wurden, als es der objektive Maßstab des § 276 BGB gestattet (so *Guardiera Windheim*, S. 132).
[237] Vgl. Prot. II, S. 598 und 604; *Deutsch*, Fahrlässigkeit und erforderliche Sorgfalt, S. 16 f.
[238] Vgl. Münch.Komm./*Hanau*, § 276 Rdnr. 80 m.w.N.

chung geübte Kritik, bei Regreßprozessen von der Möglichkeit der Einholung von Gutachten gem. §§ 73 Abs. 2 Nr. 8, 177 Abs. 2 Nr. 6 BRAO keinen Gebrauch zu machen,[239] erfährt insofern eine Stütze.

„Objektive" Bestimmung des Maßstabs der verkehrserforderlichen Sorg- 283 falt bedeutet nicht ein Absehen von den Umständen des Einzelfalls (kein „überobjektiv-abstrakter" Maßstab). Die verkehrserforderliche Sorgfalt läßt sich weiter ausdifferenzieren in berufs-, bereichs- und situationsspezifische Sorgfalt.[240] Unter diesen Gesichtspunkten ist nunmehr die Anwaltssorgfalt gruppenspezifisch näher zu betrachten.

3. „Übliche Sorgfalt eines ordentlichen Rechtsanwalts"

a) Berufsspezifische Sorgfalt

Auf den ersten Blick scheint sich das Element der berufsspezifischen (-üb- 284 lichen) Sorgfalt nur wenig für eine korrigierende, den Anwalt entlastende Einschränkung[241] der im vorigen Kapitel beschriebenen Anwaltspflichten zu eignen. Denn der Maßstab des „ordentlichen" Rechtsanwalts,[242] der über Durchschnittskenntnisse und -fähigkeiten verfügt, wird im Regelfall auch als Leitbild bei der „Erfindung"[243] neuer und Konkretisierung bereits „geschaffener" Anwaltspflichten zugrundeliegen. Es liegt daher nahe, daß sich der bereits bei den Einzelpflichten zugrundegelegte hohe Standard auch beim Sorgfaltsmaßstab fortsetzt. Andererseits hat der Mandant, der auf die Leistung des Rechtsanwalts angewiesen ist, ein Interesse daran, daß sein Vertrauen in die Leistungsfähigkeit des von ihm auserwählten Anwalts nicht enttäuscht wird; denn es gibt keine andere Berufgruppe, die ihm gleichermaßen rechtliche Betreuung gewähren kann. Demgegenüber steht es dem Anwalt grundsätzlich[244] frei, ein Mandat abzulehnen, weil er persönlich mit der – u. U. auch für Allgemeinanwälte an sich gängigen – Rechtsmaterie nicht vertraut[245] ist oder sonstige Schwierigkeiten bei der Mandatserledigung sieht. Daher ist es bei Abwägung der beiderseitigen Interessen sachgerecht, wenn ein *hoher Standard* an die *berufsspezifische* Sorgfalt des Anwalts gestellt wird.

Hohe Anforderungen an die berufsspezifische Sorgfalt zu stellen kann in- 285

---

[239] Vgl. *Scheffler*, NJW 1961, 577 [581]; *Ostler*, NJW 1965, 1785 [1791]; *Förster*, NJW 1980, 432 [433].

[240] Vgl. z. B. *Soergel/Wolf*, § 276 Rdnr. 73, 78, 80, 81 ff.

[241] Vgl. dazu oben II 1, III 1.

[242] Vgl. dazu oben III 2b, zu Fußn. 217.

[243] Vgl. oben § 2 I, § 3 II 2 und zur „Offenheit der Tatbestände" auch *Borgmann/Haug*, S. 150.

[244] Ausnahmen s. oben § 1 III 2c.

[245] Übernimmt er aber das Mandat gleichwohl, muß er sich die erforderlichen Kenntnisse, auf die der Mandant vertraut, verschaffen (BGH LM Nr. 4 zu § 102 ZPO); vgl. dazu bereits oben § 2 III 2 (Rechtsprüfungspflicht).

des nicht bedeuten, den Maßstab des „ordentlichen Rechtsanwalts" losgelöst von den typischen und üblichen Arbeitsbedingungen eines Anwalts zu beurteilen. Wie unbillig eine solche isolierte Betrachtung wäre, hat *Scheffler*[246] – in bewußter Abgrenzung zur Situation des im Haftpflichtprozeß entscheidenden Richters – sehr anschaulich begründet:

> „Man muß, um der Lebenswirklichkeit gerecht zu werden, den Fall in den typischen Ablauf des anwaltschaftlichen Arbeitstages von heute hineinsehen. Man muß in Rechnung stellen, daß niemand so stark wie der Allround-Anwalt unter dem diffusen Rechtszustand der Gegenwart zu leiden hat, der zu zeitraubendem Lesen und Suchen zwingt. Der Pflichtbewußte, der sich bemüht, die Masse der Gesetzgebung und Rechtsprechung und die Flut der literarischen Neuerscheinungen zu verfolgen und in sich aufzunehmen, kommt dadurch allein schon in unerträglichen Zeitdruck. Daneben muß die Tageshast in Rechnung gestellt werden, man muß den Zeitverlust durch Terminswahrnehmungen – in Großstädten oft an weit auseinanderliegenden Gerichten –, den schwer steuerbaren Mandantenverkehr auf der Kanzlei, das Gedrängtsein durch gesetzliche und richterliche Fristen in die Betrachtung einbeziehen. Der Hinweis auf diese erschwerenden Arbeitsumstände kann nicht leicht damit abgetan werden, daß der Anwalt nicht mehr annehmen dürfe, als er einwandfrei bearbeiten könne. Der Rechtsanwalt muß heute auf die einzelne Sache bedeutend mehr Zeit verwenden, als die Bearbeitung vor 30 Jahren erforderte. Bei der gleichen Zahl von Sachen hat er ein Mehrfaches an Arbeit zu leisten. Der Anwalt ist auf die Gebühreneinnahmen angewiesen. Die personellen und sachlichen Aufwendungen für das Büro haben sich wesentlich erhöht. All dies sieht sich vom Standpunkte des Anwalts aus völlig anders an als vom Standpunkte des Richters."[247]

286   Der Maßstab des „ordentlichen Rechtsanwalts" hat sich daher nicht nur an der durchschnittlichen Leistungsfähigkeit eines Rechtsanwalts *in der Sache* zu orientieren, sondern auch an üblichen Anforderungen und Belastungen advokatischer *Tagesarbeit*. Hier, genau an dieser Stelle wird das Bedürfnis zur Korrektur der von der *generellen*[248] Situation anwaltlicher Berufstätigkeit absehenden, weil eben *abstrakten* Anwaltspflichten besonders deutlich. Vergegenwärtigt man sich die zutreffende Beschreibung *Schefflers* über den anwaltlichen Arbeitsalltag, so zeigt sich, daß die von einem ideal-optimalen Standpunkt aus „geschaffenen" und zusehends verfeinerten Richtlinien anwaltlicher Vertragserfüllung nicht immer anwaltlicher Realität gerecht werden. Erkennt man sie als die Vertragspflichten konkretisierende abstrakte Leitlinien an,[249] so bedarf es *daneben* einer Möglichkeit zu ihrer Einschränkung dort, wo auch die Berücksichtigung der Interessen des Anwalts eine

---

[246] *Scheffler*, NJW 1961, 577 [581].

[247] *Scheffler* schrieb dies im Jahre 1961. Seine Aussage hat heute, mehr als 25 Jahre später, an Überzeugungskraft gewiß nichts eingebüßt – im Gegenteil. Denn die Prämissen – diffuser Rechtszustand, Zeit- und Termindruck usw. – haben sich für die heutige Anwaltschaft um ein wesentliches verstärkt.

[248] Eine subjektv-individuelle (Ausnahme-)Situation ist dagegen auch nicht für den gruppenspezifischen Maßstab heranzuziehen; diese erlangt allenfalls Bedeutung bei der Situationsabhängigkeit anwaltlicher Sorgfalt (dazu unten c).

[249] So oben § 2 I; § 3 II 3 a.

solche gebieten. Was aber liegt näher als dies über das Merkmal anwaltlichen Verschuldens, speziell über den Maßstab der berufsspezifischen Sorgfalt zu tun, einer Haftungsvoraussetzung, die ganz allgemein ein Einstehenmüssen aufgrund rein objektiver Beurteilung zu begrenzen sucht. Schärfstens zu mißbilligen ist es daher, wenn die Rechtsprechung in Anwaltsregreßprozessen dem Erfordernis anwaltlichen Verschuldens wenig oder gar keine Bedeutung beimißt, sondern – von Ausnahmen abgesehen – mit der Feststellung der objektiven Pflichtwidrigkeit die anwaltliche Fahrlässigkeit vermutet.[250] Hier wird in Wahrheit ein „überobjektiv-abstrakter" Maßstab eingeführt und damit das Verschuldensprinzip preisgegeben.[251]

Die „berufsspezifische" Sorgfalt ist nur ein Sonderfall der gruppenspezifi- 287 schen Bestimmung der verkehrserforderlichen Sorgfalt. Da der „engere" Verkehrskreis entscheidet,[252] ist eine weitere „gruppenspezifische" Ausdifferenzierung des Sorgfaltsmaßstabs *innerhalb* des anwaltlichen Berufskreises grundsätzlich möglich. Wichtigster Anwendungsfall ist die Abstufung des Sorgfaltsstandards zwischen Allgemein- und Fachanwälten.

Erfordert das Mandat über die „übliche" Rechtsmaterie hinaus besondere 288 Spezialkenntnisse, so führt der gruppenspezifische Maßstab zu einer Differenzierung zugunsten des (Allgemein-)Anwalts. Da im Regelfall für den Durchschnittsanwalt auf Basis der von ihm verlangten rechtlichen Standards keine spezialisierten Rechtskenntnisse verlangt werden,[253] muß der für ihn insoweit geltende Sorgfaltsmaßstab ein anderer sein, als für denjenigen, der sich auf die mandatsspezifische Materie in seiner Kanzleitätigkeit konzentriert und spezialisiert hat. War aber diese Unterscheidung *innerhalb* der gruppenspezifischen Sorgfalt bislang daran gebunden, daß dem Anwaltsvertrag eine – vom Mandanten gewollte – Orientierung gerade an speziellen Rechtskenntnissen des Anwalts zu entnehmen war,[254] so gewinnt sie durch die 1987 erfolgte Einführungen weiterer Fachanwaltsbezeichnungen[255] be-

---

[250] Vgl. hierzu oben § 3 II 1 m. w. N.

[251] Vgl. oben III 2c, insbes. zu Fußn. 229; ferner bereits II 3b und III 1.

[252] Vgl. oben III 2a.

[253] Bereits oben (§ 2 III 3a) wurde dargestellt daß die „Rechtsprüfungspflicht" – auch nach Auffassung der Rechtsprechung – nicht die ständige Fortbildung anhand von *Spezial*zeitschriften erfordere. Im übrigen dürfte aber hier das Hauptproblem der im jeweiligen Einzelfall notwendigen *Abgrenzung* des „üblichen" Wissens von der rechtlichen Spezialkenntnis liegen.

[254] Ohne spezielle Vereinbarung ist die Leistung aus dem Anwaltsvertrag nur auf die durchschnittliche Sorgfalt eines Anwalts gerichtet, die für die vertragsgemäße Erledigung des Mandates erforderlich ist; vgl. dazu allgemein *U. Huber* in FS. für *E. R. Huber*, S. 253 [284f.]; ebenso *Borgmann/Haug*, S. 152. Vgl. auch unten Fußn. 274 mit Beispiel für Ausnahmefall.

[255] Bis zu diesem Zeitpunkt gab es nur den „Fachanwalt für Steuerrecht"; nunmehr sind darüberhinaus durch die Bundesrechtsanwaltskammer (zur Kompetenzproblematik – insbesondere in Hinblick auf die beiden, bereits oben (§ 2 VII 1) angesprochenen Beschlüsse des Bundesverfassungsgerichts vom 14. 7. 1987 – vgl. *Kleine-Cosack*, Beck'sches Rechtsanwalts-Handbuch, 1989, H 2 Rdnr. 230ff. m. w. N.; EGH Hessen

sonderes Gewicht. Denn die Führung einer der vier Fachanwaltsbezeichnungen wird nur dann gestattet, wenn der Rechtsanwalt über „die für die Führung der Bezeichnung erforderlichen *besonderen* Rechtskenntnisse" verfügt und diese nachgewiesen hat.[256] Die Führung einer Fachanwaltsbezeichnung ist so die nach außen kundgegebene Garantie einer Spezialkenntnis auf dem jeweiligen Rechtsgebiet. Eine Auftragserteilung an den Fachanwalt wird daher regelmäßig deshalb erfolgen, weil der Mandant sich gegenüber dem „Allgemeinanwalt" eine bessere, weil spezialisierte Betreuung verspricht. Die Spezialkenntnis des Anwalts wird so zur unausgesprochenen Vertragsgrundlage. Daher muß sich der Fachanwalt für die ihm obliegende Sorgfalt am durchschnittlichen Maßstab der innerhalb *dieser* besonderen Anwaltsgruppe geltenden, *erhöhten* Standards messen lassen, während demgegenüber der Maßstab für den nichtspezialisierten Anwalt bei einer vergleichbaren Tätigkeit auf einem niedrigeren Niveau anzusiedeln ist.[257]

289 Die Einführung der neuen Fachanwaltsbezeichnungen hat so den Maßstab „gruppenspezifischer Sorgfalt" durch die Untergruppe „Fachanwalt" weiter ausdifferenziert.[258] Die Bildung weiterer für den Sorgfaltsmaßstab relevanter „Gruppen" innerhalb der Anwaltschaft erscheint nicht ausgeschlossen. So sind als besondere Gruppe verschiedentlich die *Revisionsanwälte* genannt worden.[259] Von gewisser praktischer Bedeutung ist, ob die Sorgfaltsanforderungen an den gem. § 53 BRAO zum Anwaltsvertreter bestellten *Referendar* generell gemildert werden können.[260] Dem Referendar stehen als Vertreter zwar die „anwaltlichen Befugnisse" zu (§ 53 Abs. 7 BRAO), jedoch ändert

---

AnwBl 1988, 481) die Fachanwälte für „Sozialrecht", „Arbeitsrecht" und „Verwaltungsrecht" zugelassen. Weitere Fachanwaltsbezeichnungen, z.B. für Familienrecht, Strafrecht, Verkehrsrecht und Verfassungsrecht, werden allgemein befürwortet und in Hinblick auf die innerhalb der Anwaltschaft tatsächlich bereits vorhandene Spezialisierung, die angesichts fortschreitender Komplexität unseres Rechts auch im Interesse des Bürgers notwendig ist, auch erwartet. Dazu zuletzt *Commichau*, AnwBl 1988, 314 f.; *Strahmann*, AnwBl 1988, 324 [327], aber auch EGH Hessen, aaO.

[256] Dazu insgesamt die „Richtlinien für die Gestattung der Bezeichnung Fachanwalt für Verwaltungsrecht/Steuerrecht/Arbeitsrecht/Sozialrecht", wiedergegeben bei *Schmalz*, NJW 1987, 307.

[257] So im Ergebnis auch *Borgmann/Haug*, S. 152; ebenso *Ostler* (JA 1983, 109 [112]), der allerdings eine solche Differenzierung bei den jeweiligen Anwaltspflichten ansetzen will; allgemein zum Sorgfaltsmaßstab bei überdurchschnittlichen individuellen Fähigkeiten *Soergel/Wolf*, § 276 Rdnr. 77, sowie zum Arzt BGH NJW 1987, 1479 mit zust. Anm. *Deutsch*.

[258] Die gesteigerte Sorgfalt gilt freilich nur im Rahmen der Spezialisierung, also hauptsächlich für die Rechtsprüfungspflicht, nicht dagegen auch im übrigen, z.B. bei Fristwahrung, Büroorganisation usw.

[259] So *Boergen*, S. 48. *Hübner* erwägt in Bezug auf die Rechtskenntnispflicht eine Differenzierung zwischen den erstinstanzlichen und den höherinstanzlichen Anwälten (NJW 1989, 5 [8]).

[260] So etwa *Thomas/Putzo*, § 233 Anm. 4 b; aA BAG AP Nr. 62 zu § 233 ZPO und ablehnender Anmerkung von *Vollkommer;* dem BAG zustimmend *Stein-Jonas/Schumann*, § 233 Rdnr. 38 a. E.

dies nichts daran, daß er nicht Rechtsanwalt ist und damit nicht zur Gruppe der „Rechtsanwälte" gehört. Als (noch) in der Ausbildung befindlicher Jurist gehört er einer selbständigen Gruppe an.[261] Da für die gesamte Gruppe dieser Personen typischerweise die Berufserfahrung, insbesondere im Umgang mit prozessualen Fristen im Vergleich zum Anwalt eingeschränkt ist, erscheint eine Milderung des Sorgfaltsmaßstabs im Vergleich zum Anwalt geboten.[262] Nicht anzuerkennen ist dagegen eine Gruppe „Berufsanfänger" mit für sie geminderten Sorgfaltsanforderungen.[263] Anders als die zum amtlichen Vertreter bestellten Rechtsreferendare, die eine von den Rechtsanwälten verschiedene besondere Gruppe bilden,[264] gehören Berufsanfänger zur Gruppe der „Rechtsanwälte"; die Berufung auf fehlende berufliche Erfahrungen und berufliche Kenntnisse schließt gerade der objektive Fahrlässigkeitsmaßstab aus.[265] Die Frage ist nicht von größerer praktischer Bedeutung, da eine Ermäßigung des Sorgfaltsmaßstabs durch die Annahme von – i. d. R. vorliegendem – Übernahmeverschulden kompensiert würde.[266] Eine selbständige Gruppe bilden jedoch *ausländische Rechtsanwälte*, die ausländische Parteien vor deutschen Gerichten vertreten. Mit Recht legt der BGH bei diesen Rechtsanwälten einen milden Sorgfaltsmaßstab an: „Bei einem im Ausland tätigen Rechtsanwalt ist zu berücksichtigen, daß die Kenntnis der deutschen Rechtsordnung und insbesondere des komplizierten Fristenwesens nicht erwartet werden kann".[266a]

b) Bereichsspezifische Sorgfalt

Die Anpassung des Sorgfaltsmaßstabs an bereichsspezifische Erfordernisse 290
hat für die Anwaltshaftung praktisch keine Bedeutung und ist daher zu einer
Korrektur etwa „überzogener" Anwaltspflichten ungeeignet, allenfalls

---

[261] So allgemein Münch.Komm./*Hanau*, § 276 Rdnr. 82.

[262] Nicht stichhaltig ist, daß der zum Vertreter bestellte Referendar die gleichen Rechte und Pflichten wie der vertretene Rechtsanwalt hat (darauf stellt das BAG ab, vgl. aaO Bl. 870 RS), denn es geht nicht um die Freistellung von Pflichten, sondern um das Maß der zu ihrer Wahrung anzuwendenden Sorgfalt; vgl. *meine* Anmerkung, aaO unter III.

[263] Vgl. *Stein-Jonas/Schumann*, § 233 Rdnr. 38 a. E.; LAG München NJW-RR 1988, 542 (s. auch unten Fußn. 266). So im Ausgangspunkt zum *Arzt* BGHZ 88, 248 [259]; unklar aber BGH NJW 1988, 2298 [2299]; zum *Kfz-Fahrer* vgl. Münch.Komm./*Hanau*, § 276 Rdnr. 81 (mit Fußn. 202); *Palandt/Heinrichs*, § 276 Anm. 4 B m.w.N.

[264] Vgl. oben Fußn. 261.

[265] Hier zeigt sich gerade das „Gewährleistungselement" des objektiven Sorgfaltsmaßstabs; vgl. dazu oben 2a a. E. und 2b.

[266] Vgl. – zum Arzt – BGHZ 88, 248 [260]; BGH NJW 1988, 2298 [2299f.]; dazu *Larenz*, § 20 III, S. 285 Fußn. 26a. Zum Verkehrsunfall des Anfängers auch – vom Ausgangspunkt eins subjektiven Maßstabes – *Enneccerus/Nipperdey*, § 213 III 2d, S. 1325. – Ist der Berufsanfänger angestellter Rechtsanwalt, kann im Verhältnis zu seinem Arbeitgeber *einverständlich* eine Sorgfaltsminderung in Frage kommen; Beispiel: LAG München NJW-RR 1988, 542; vgl. auch allgemein oben 3a, Fußn. 254.

[266a] BGH NJW 1989, 1432 [1433].

kommt sie umgekehrt zur Begründung verschärfter Sorgfaltsanforderungen in Frage. Seine besondere Relevanz hat dieses sorgfaltstypisierende Element dort, wo spezifische Tätigkeiten in ihrer besonderen Ausprägung einer Sonderbehandlung und -beurteilung bedürfen, weil mit ihnen vergleichsweise erhöhte Gefahren verbunden sind. Es muß sich mithin um *objektiv* risikobehaftete Tätigkeiten handeln.[267] Die mit der anwaltlichen Rechtsverfolgung und Rechtsverteidigung, Rechtswahrung und Rechtsbetreuung immanent verbundenen Risiken für die dem Anwalt anvertrauten Interessen des Mandanten lassen die anwaltliche Berufsausübung bereits generell als eine „gefahrgeneigte Tätigkeit" erscheinen.[268] Wird daher „der Anwalt schlechthin auf einem Gebiet erhöhter Gefahr tätig",[269] decken sich der „berufs-" und der „bereichsspezifische" Sorgfaltsmaßstab. Der Risikogeneigtheit der Anwaltstätigkeit wird gerade und bereits durch die Berufspflichten und die berufsübliche Sorgfalt Rechnung getragen. Zu überprüfen bleibt, ob es über diese tendenzielle Gefahrneigung hinaus in der Anwaltstätigkeit Bereiche „erhöhter Gefahr" gibt, in denen nach dem Grundsatz „Erhöhte Gefahr erfordert erhöhte Aufmerksamkeit"[270] vom Anwalt eine entsprechende *erhöhte* Sorgfalt zu beachten ist. Vor allem die Rechtsprechung zur Wiedereinsetzung bietet eine Fülle von Beispielen, in denen dem Anwalt eine „erhöhte" Sorgfaltspflicht auferlegt wird. Zu nennen sind etwa: Die erhöhte Sorgfaltspflicht des Anwalts bei Fristausnutzung bis zum letzten Tag,[271] bei kurz vor Ablauf verlängerbarer Fristen gestellten Fristverlängerungsanträgen,[272] bei Störungen des Büroablaufs, wie Umzug oder Verminderung (Ausfall) des Personals,[273] bei Eingreifen des Anwalts in den routinemäßigen Kanzleibetrieb,[274] nach Vorlage der Handakten,[275] bei Verwendung von Blankounterschriften[276] usw. Die Beispiele zeigen, daß es in diesen Fällen „erhöhter Sorgfalt" nicht um *abgrenzbare Bereiche erhöhter Gefahr* geht, sondern um ganz normale und typische Anwaltstätigkeiten, wie etwa die Erhebung einer Klage oder die

---

[267] Z.B. die sog. gefahrgeneigte Arbeit, Sportwettkämpfe u.ä.; vgl. dazu insgesamt *Soergel/Wolf*, § 276 Rdnr. 80.

[268] Vgl. hierzu oben II 2 m.N. in Fußn. 181.

[269] So *Boergen*, S. 51.

[270] *Larenz*, Schuldrecht I, § 20 III, S. 283.

[271] BGHZ 6, 369 [372]; 9, 118 [121]; BGH NJW 1980, 457; BGH VersR 1978, 1168; 1985, 477 [478], st. Rspr.; kritisch *Scheffler*, NJW 1964, 993 [994], *Borgmann/Haug*, S. 346 m.w.N.; AK-ZPO/*Ankermann*, § 233 Rdnr. 9.

[272] BGH NJW 1983, 1741; VersR 1983, 272 und 487; BAG NJW 1986, 603, i.e. str.; vgl. *Zöller/Stephan*, § 233 Rdnr. 23 – „Fristen" (S. 663) einerseits, AK-ZPO/*Ankermann*, § 233 Rdnr. 25 andererseits.

[273] Z.B. BGH VersR 1978, 644; 1982, 651; vgl. auch *Stein-Jonas/Schumann*, § 233 Rdnr. 247.

[274] Z.B. BGH NJW 1966, 548; weitere Beispiele bei *Zöller/Stephan*, § 233 Rdnr. 23 – „Büropersonal" Anm. I 4.

[275] Z.B. BGH VersR 1979, 159; 1982, 873; kritisch *Ostler*, NJW 1965, 1785 [1787] m.w.N.

[276] BAG NJW 1983, 1447.

Einlegung eines Rechtsmittels, die im Einzelfall nur deshalb risikogeneigt sind, weil die Verjährung des einzuklagenden Anspruchs oder aber der Ablauf der Rechtsmittelfrist unmittelbar bevorstehen. Es geht daher nicht um eine Verschuldenstypisierung „nach Bereichen", sondern um die Berücksichtigung der mandatsspezifischen Situation;[277] dies führt zur Erörterung des dritten sorgfaltsbestimmenden Elements, des situationsspezifischen Maßstabs.

c) Situationsspezifische Sorgfalt

Gelegentlich wird der Rechtsanwalt angesichts der mandatsspezifischen 291 Situation auch bei Zugrundelegung der Fähigkeiten und Kenntnisse eines Durchschnittsanwalts gar nicht in der Lage sein, eine Schädigung seines Mandanten vorauszusehen und/oder zu vermeiden. Würde man ihm deshalb den Vorwurf fahrlässigen Handelns machen, so würde ein *rein* gruppen- (berufs-) spezifischer Maßstab zu einer Schematisierung anwaltlichen Handelns führen, der Ausnahmesituationen nicht gerecht würde. Das, was in einer einzelnen Situation erforderlich und gegebenfalls auch genügend ist, kann aber nicht schematisch bestimmt werden.[278] Vielmehr ist bei der Festlegung der Sorgfaltsanforderungen im Einzelfall eine Berücksichtigung der *Besonderheiten der jeweiligen Situation* nötig.[279] Daher ist der Fahrlässigkeitsbegriff durch ein weiteres Element geprägt, die situationsspezifische Sorgfalt. Dieser kommt ebenfalls eine wichtige Funktion zur Korrektur von „Anwaltspflichten" zu, die in ihrer optimal-schematischen Abstraktheit einer Kontrolle durch eine mandatsspezifische Situation bedürftig sind.

Die Berücksichtigung *atypischer Situationen*[280] bei der Beurteilung anwalti- 292 cher Sorgfalt bedeutet indes keineswegs eine Einschränkung des normativen Fahrlässigkeitsbegriffs oder gar – wie *Borgmann/Haug* für das „prozessuale Verschulden" annehmen[281] – eine rein subjektive Wertung. Denn die Fragestellung ist hier nicht, ob der einzelne Rechtsanwalt als Individuum in der spezifischen Ausnahmesituation seinen Fehler subjektiv hätte vorhersehen und vermeiden können. Vielmehr führt der situationsspezifische Maßstab unter den besonderen Umständen deshalb zu einer Entlastung des pflichtwidrig handelnden Rechtsanwalts, weil auch ein am gruppenspezifischen Sorgfaltselement gemessener, d.h. durchschnittlicher Anwalt die Pflichtverletzung nicht vermeiden und/oder vorhersehen konnte. Das situationsspe-

---

[277] Vgl. hierzu auch unten c, Fußn. 282.

[278] *Larenz*, § 20 III (S. 283).

[279] *Staudinger/Löwisch*, § 276 Rdnr. 23 und eingehend oben III 2 b und c, insbes. zu Fußn. 227 ff.

[280] Schwierige, aber für den Anwaltsberuf typische Situationen (z. B. Zeit- oder Terminnot) spielen dagegen für das situationsspezifische Element des Sorgfaltsmaßstabs keine Rolle. Solche sollten vielmehr in den Gruppenmaßstab einfließen (s. oben 3 a).

[281] *Borgmann/Haug*, S. 153. Vgl. dazu die bereits oben (2 c, insbes. zu Fußn. 225 ff.) geübte Kritik.

zifische Element des Sorgfaltsmaßstabs unterliegt daher gleichermaßen wie die beiden anderen einer rein objektiven Beurteilung, auch wenn diese dabei von den individuellen Umständen der konkreten Situation ausgeht.

293 Nicht zuletzt deshalb hat die Rechtsprechung auch nur in gewissen typischen Fällen ein anwaltliches Verschulden verneint, weil dem Rechtsanwalt in der besonderen Situation ein Fahrlässigkeitsvorwurf nicht gemacht werden konnte.[282]

So wurde insbesondere in neuerer Zeit gelegentlich eine Pflichtverletzung des Anwalts – vornehmlich die Versäumung prozessualer Fristen – bei dessen *(plötzlicher) Erkrankung* für entschuldigt erachtet.[283] Auch bei unverschuldeter Erkrankung kann allerdings ein „Vorsorge"-Verschulden des Rechtsanwalts in Frage kommen.[284] Davon ausgehend begnügen sich andere Entscheidungen vorrangig mit der Feststellung, daß die Anwendung der erforderlichen Sorgfalt für den Fall einer plötzlichen Erkrankung die vorsorgliche Bestellung eines Vertreters oder aber eine konkrete Handlungsanweisung an das Büropersonal gebiete, weshalb das Unterlassen solcher Vorsorgemaßnahmen zwangsläufig[285] den Verschuldensvorwurf nach sich ziehe.[286]

---

[282] Es handelt sich bei den folgenden Beispielen vornehmlich um Beschwerdeentscheidungen in Wiedereinsetzungssachen, die aber haftungsrechtlich gleichwohl herangezogen werden können, weil auch für den Begriff des Verschuldens i.S. der §§ 85 Abs. 2, 233 ZPO, § 276 BGB maßgeblich ist (eingehend oben 2c).
Der Vollständigkeit halber sei zudem erwähnt, daß dem situationsspezifischen Sorgfaltsmaßstab nicht nur eine *entlastende* Wirkung zukommt; vielmehr kann die Besonderheit der Situation den Anwalt im Einzelfall gar zu einer *erhöhten Sorgfalt* zwingen: so bei den bereits oben (3b) angesprochenen Fällen der Minderung des Personalbestandes infolge Krankheit oder Abwesenheit einzelner Kanzleiangestellter (BGH VersR 1972, 861; 1970, 421), bei vorheriger Gefährdung der büromäßig organisierten Fristenkontrolle durch eigene Maßnahmen des Rechtsanwalts (BGH VersR 1972, 424; wohl auch VersR 1982, 495) und vor allem bei Fristausnützung bis zum letzten Tage (BGH VersR 1969, 544,; 1976, 783; NJW 1980, 457). Gleiches gilt, wenn mit der Auftragserledigung erhebliche Vermögensdispositionen verbunden sind (BGH NJW 1982, 1095 – Anlageberater – und NJW 1982, 1806 – Steuerberater –).
[283] BGH VersR 1987, 785 (diabetesbedingtes Unwohlsein); VersR 1977, 374 (Folgeerscheinungen einer durch schwere Erkrankung bedingten Operation); VersR 1973, 317 (schwere Grippe); MDR 1967, 585 = VersR 1967, 476 (plötzliche Herz- und Kreislaufbeschwerden); im Grundsatz wohl auch BGH VersR 1984, 761 [762] und VersR 1979, 374.
[284] Vgl. dazu allgemein *Staudinger/Löwisch*, § 276 Rdnr. 26; *Löwisch*, AcP 165, 421 [431] *Deutsch*, Fahrlässigkeit und erforderliche Sorgfalt, S. 309. Speziell zum Anwalt: § 53 Abs. 1 Nr. 1 BRAO; eine insgesamt kritische Darstellung der Rechtsprechung gibt *Borgmann*, AnwBl 1985, 30f.
[285] Demgegenüber weist *Borgmann* (AnwBl 1985, 30 [31]) zutreffend darauf hin, daß bei plötzlicher Erkrankung solche Vorsichtsmaßnahmen nicht immer möglich sind.
[286] So BGH VersR 1978, 667 und 1982, 802; ferner auch BGH VersR 1984, 761, [762] (mehrtägige Erkrankung); VersR 1985, 1189 (Einzelanwalt, dessen Erkrankung ihn zudem nicht an der telefonischen Überprüfung des Fristenkalenders hinderte); BGH v. 20. 9. 84 – VII ZB 9/84 – mitgeteilt von *Borgmann*, AnwBl 1985, 30f. (organisatorische Vorkehrungen bei kurzfristiger krankheitsbedingter Kanzleiabwesenheit); großzügiger bei erkennbar nur vorübergehender Erkrankung: BGH VersR 1979, 374.

Weitaus nachsichtiger sind die Gerichte, wenn der Anwalt infolge *schwer-* 294
wiegender seelischer Belastungen[287] pflichtwidrig handelt. Obgleich man bei
Fortführung der strengen Rechtsprechung zur anwaltlichen Erkrankung
ebensogut die rechtzeitige, weil vorsorgliche Vertreterbestellung als einzig
sorgfaltsgemäß erachten könnte, ist hier der psychische Belastungszustand als
solcher – zu Recht – Grund genug, einen Sorgfaltsverstoß des Rechtsanwalts
zu verneinen.[288]

Die zum krankheitsbedingten Fehlverhalten entwickelten Grundsätze gel- 295
ten entsprechend bei Pflichtverletzungen, die auf einer Hinderung des Anwalts infolge (Verkehrs-)*Unfalls* beruhen; auch hier begründet das Unterlassen einer vorsorglichen Vertreterbestellung regelmäßig die anwaltliche Sorg-
faltswidrigkeit.[289] Etwas anderes gilt aber dann, wenn die Beauftragung des
Vertreters infolge der unfallbedingten Verletzungen gar nicht möglich ist.[290]
Ebenso entschuldigt ist der Anwalt, der zwar nicht in einen Verkehrsunfall
verwickelt ist, aber auf der Fahrt zum Nachtbriefkasten eine unvorhersehbare
Autopanne hat;[291] kommt dagegen der Anwalt deshalb zu spät zum Nachtbriefkasten, weil er sich auf die Ganggenauigkeit seiner – in Wirklichkeit
nachgehenden – *Armbanduhr* verlassen hat, soll ihm dies regelmäßig zum
Verschulden gereichen.[292]

Auf den Aspekt der Vermeidbarkeit wird insbesondere auch dann abge- 296
stellt, wenn es um Pflichtwidrigkeiten geht, die mit einer *urlaubsbedingten*
Abwesenheit des Rechtsanwalts zusammenhängen. Denn zum einen trifft den
Anwalt die grundsätzliche Verpflichtung, während der Dauer seiner Abwe-

---

[287] Dagegen gehört es zu der vom Rechtsanwalt „übernommenen" und von ihm „zu
gewährleistenden" (oben 2a) berufsüblichen Sorgfalt (oben 3a), berufstypische Streßsi-
tuationen und familiäre Schwierigkeiten (Ermüdung, nervöse Anspannung, Überbean-
spruchung, Erregung, große Besorgnis, Niedergeschlagenheit) zu überwinden; vgl.
bereits dazu oben 2b zu Fußn. 209.

[288] BGH VersR 1981, 839 (Tod der Mutter des Anwalts und nahezu zeitgleiche
Frühgeburt seines Kindes); VersR 1985, 47 (Hilfestellung und Sorge um den von einer
Nierenkolik überraschten Schwager); VersR 1985, 394 (durch mehrere Befunde bestä-
tigter, dringender Krebsverdacht bei der Ehefrau des Anwalts); ebenso Münch.
Komm./*Hanau*, § 276 Rdnr. 81.
Ist aber die schwerwiegende Sorge um familiäre Belange schon ein Verschuldensaus-
schließungsgrund, so gilt dies erst recht – so der BGH in VersR 1984, 988 –, wenn die
seelische Belastung die eigene Person des Anwalts betrifft: „Der *Freitod* und der regelmäßig vorausgehende psychische Ausnahmezustand können nicht an den üblichen
Kriterien gemessen werden, die für die Pflichten eines ordentlichen Rechtsanwaltes ...
bei Fristsachen ... gelten."

[289] BGH VersR 1978, 667.

[290] BGH NJW 1979, 166.

[291] BGH VersR 1988, 249 LS.

[292] BGH VersR 1978, 1168; 1985, 477 – abzulehnen. Der Anwalt darf auf die Ganggenauigkeit seiner Uhr vertrauen, soweit nicht besondere Verdachtsmomente gegeben
sind; hierfür genügt eine kurz vorher durchgeführte Reparatur nicht; auch insoweit gilt
der Vertrauensgrundsatz.

senheit einen Vertreter zu bestellen,[293] zum anderen darf er nicht versäumen, vorsorglich dem Kanzleipersonal genaue Instruktionen – insbesondere über die Notierung und den Ablauf der während seines Abwesenheit zu beachtenden Fristen – zu geben[294] und er muß auch Vorsorge für den Fall einer Verzögerung seiner Rückkehr treffen.[295] Nach seiner Rückkehr muß er zudem – zumindest durch Stichproben – die Einhaltung seiner Anweisungen – insbesondere in Fristsachen – und die Ordnungsgemäßheit des Arbeitsablaufs überprüfen.[296]

297   *Poststörungen* hingegen führen zu einer Entlastung des Anwalts, weil sich der Absender auf eine zuverlässige Arbeit der Post verlassen kann.[297] In der Entscheidung vom 2. 12. 1987[298] machte der Bundesgerichtshof daher weder den Prozeßbevollmächtigten noch den Verkehrsanwalt für die Nichteinhaltung der Berufungsfrist verantwortlich, weil das von ersterem an den letzteren per einfachen Brief versandte, anzufechtende Urteil auf dem Postwege verlorengegangen war. Der BGH hält insoweit fest, daß für beide Seiten ohne besonderen Anlaß keine Nachforschungspflicht bestand, mithin von beiden Anwälten die übliche Sorgfalt eines ordentlichen Anwalts gewahrt worden sei.

298   Auch bei Rechts„fehlern" finden sich gelegentlich Entscheidungen, die in jeweiligen Situationen dem Rechtsanwalt nicht den Vorwurf fahrlässigen Handelns machen. Dies gilt insbesondere bei (noch fortbestehender) *Unsicherheit der Rechtslage* aufgrund einer gesetzlichen Neuregelung,[299] bei berechtigtem *Vertrauen auf eine richterliche Anordnung*[300] oder eine in anerkannter *Kommentarliteratur vertretene Rechtsauffassung.*[301] Das Vertrauen auf die Rechtsauffassung anderer als Entschuldigungsgrund spricht zugleich eine andere, für den Anwalt wesentliche Problematik an: die Frage, ob und inwieweit gerichtliche Kollegialentscheidungen den Schuldvorwurf zugunsten des Rechtsanwalts beeinflussen können.

---

[293] BGH NJW 1973, 901; allgemein zur Vertretungsregelung bei Verhinderung BGH VersR 1978, 667; vgl. auch § 53 Abs. 1 BRAO.

[294] BGH NJW-RR 1987, 710 Nr. 4. Die Überwachung der Fristen darf er aber für die Dauer seiner Abwesenheit einer zuverlässigen Bürokraft überlassen (BGH VersR 1964, 1148).

[295] BGH VersR 1965, 1075.

[296] BGH NJW-RR 1987, 710 Nr. 3 und 4.

[297] BVerfG 50, 1; 53, 29; BGHZ 105, 116 [118 f. m. w. N.], st. Rspr; zu Beförderungsmängeln durch die Post eingehend *Stein-Jonas/Schumann*, § 233 Rdnr. 187–189 m. w. N.

[298] BGH NJW-RR 1988, 508.

[299] BGH VersR 1980, 193.

[300] BGH VerR 1987, 258; zum Vertrauen auf gerichtliche Entscheidungen im einzelnen aber noch unten 3.

[301] BGH VersR 1984, 1193. Der – nach Auffassung des in der Sache entscheidenden Gerichts – falschen Rechtsauffassung hatten sich nahezu alle „gängigen" Handkommentare zur ZPO angeschlossen; darin liegt gewiß ein großer Unterschied zu dem pflichtwidrig handelnden Rechtsanwalt, der sich im Rahmen der Rechtsprüfung auf eine vereinzelt vertretene Auffassung verläßt, vgl. oben § 2 III.

4. Rechtsirrtum des Anwalts als Verschulden

Die Verschuldensproblematik beim anwaltlichen Rechtsirrtum wird meist **299** verkürzt als Frage nach der *entschuldigenden Wirkung* von *Kollegialgerichtsentscheidungen* gestellt.[302] Ein solcher besonderer „Entschuldigungsgrund" ist – um das Ergebnis vorwegzunehmen – abzulehnen und wird auch in aller Regel von der neueren Rechtsprechung versagt. Das Reichsgericht hatte hingegen noch die für den Beamten zu § 839 BGB entwickelten Grundsätze[303] auf den Rechtsanwalt übertragen und daher ebenso wie beim Beamten den anwaltlichen Rechtsirrtum durch bestätigende Kollegialgerichtsentscheidungen für entschuldigt erachtet.[304] Demgegenüber war der Bundesgerichtshof insoweit von Anfang an zurückhaltend und ließ die Frage meist offen.[305] Sofern sie aber ausdrücklich entschieden wurde, nahm der Bundesgerichtshof durchweg eine ablehnende Haltung ein.[306] Die eine entschuldigende Wirkung anerkennenden Entscheidungen stammen ausschließlich von Oberlandesgerichten[307] und müssen gewiß als seltene Ausnahmen bezeichnet werden.

[302] Vgl. die ausführliche Darstellung bei *Borgmann/Haug*, S. 154 ff. und *Scheffler*, NJW 1960, 265 ff., der wohl als stärkster Befürworter einer Entschuldigungswirkung anzusehen ist; ein ähnliche Tendenz läßt sich auch den Ausführungen *Geigels* (AnwBl 1971, 29 [32]) entnehmen; kritisch zu *Scheffler* aber *Boergen*, S. 56 f.

[303] Beamten wird danach für Amtspflichtverletzungen grundsätzlich kein Verschuldensvorwurf gemacht, wenn ein mit mehreren Rechtskundigen besetztes Kollegialgericht ihr Verhalten bzw. ihre Amtshandlung als objektiv rechtmäßig angesehen hat und die Rechtslage kompliziert oder der Beamte zu einer schnellen Initiative gezwungen war (vgl. RGZ 106, 406 [410]; 156, 34 [51]; 164, 15 [41] und dem folgend der BGH in BGHZ 17, 153 [158]; 27, 338 [343]; 73, 161 [163]; 97, 97 [107]; NJW 1962, 793 [794]; 1982, 36; 1986, 576, [578]; VersR 1959, 638 [641]; 1970, 922; 1981, 256 [257]; 1983, 399 (Notar) und zuletzt VersR 1988, 38; WM 1988, 337 [340 – Notar]; NJW-RR 1989, 153 [154]; zu den gleichwohl geltenden Einschränkungen vgl. *Borgmann/Haug*, S. 154 f.

[304] RG JW 1911, 286; 1934, 2764; Münch.Komm./*Hanau*, § 276 Rdnr. 151.

[305] BGH VersR 1956, 65 [67]; 1961, 467 [470]; 1973, 1164 [1166]; NJW 1961, 601 f.; 1967, 568 [569]; 1985, 42 [43 f.] (aber im Grunde wohl ablehnend); NJW-RR 1986, 1281 [1282].

[306] BGHZ 85, 252 [261 f.] = NJW 1983, 820 [822]; BGH VersR 1959, 638 [641] (die Entscheidung betrifft indes ausdrücklich den Fall einer offensichtlich grob falschen richterlichen Entscheidung, eine Verallgemeinerung läßt sich ihr direkt nicht entnehmen); vgl. auch BGHZ 2, 347 [349 f.]; BGH VersR 1984, 658 [660]; ebenso OLG Bremen NJW 1960, 299.

[307] OLG München VersR 1987, 208, sowie zwei im Jahre 1959 ergangene, unveröffentlichte Urteile des OLG München und des OLG Hamburg (wiedergegeben bei *Scheffler*, NJW 1960, 265); in diese Reihe kann mit Vorbehalt auch eine Entscheidung des BGH (BGH NJW 1963, 713) aufgenommen werden, wo es im Hinblick auf die Zurückweisung eines Ferienantrags und die Behandlung der Sache als Nichtferiensache heißt: „Hinzukommt noch, daß auch der ... stellvertretende Vorsitzende des zuständigen Senates des Berufungsgerichts ... den Rechtsstreit nicht für eine Feriensache gehalten hat. Eine bessere Kenntnis und eine größere Sorgfalt als die von dem stellvertretenden Vorsitzenden eines OLG angewandte kann aber billigerweise von einem Rechtsanwalt nicht erwartet werden" (S. 714).

300   Es gibt gute Gründe, den Fehler eines Rechtsanwalts deshalb als entschuldbar anzusehen, weil dessen objektiv falsche Rechtsansicht von einem Kollegialgericht geteilt worden ist. *Scheffler*[308] führt dafür als wohl wesentlichstes
Argument an, daß eine Versagung dieses „Entschuldigungsgrundes" im Widerspruch zum allgemeinen Verschuldensmaßstab stünde. Denn vom Anwalt
werde die Anwendung *durchschnittlicher* Sorgfalt verlangt, während die Arbeit eines mit drei Berufsrichtern besetzten Kollegiums regelmäßig nicht nur
eine Durchschnittsleistung repräsentieren würde, sondern an der Obergrenze
der Anforderungen anzusiedeln sei.[309] Würde man aber dem Rechtsanwalt
den Schutz der ihn deckenden Kollegialgerichtsentscheidung versagen, so
hieße dies aber vom Anwalt Überdurchschnittliches zu verlangen, also mehr
als das Kollegialgericht zu leisten imstande ist.

301   Man kann sich dem Ausgangspunkt der Argumentation *Schefflers* gewiß
nicht verschließen. Gleichwohl kann ein besonderer „Entschuldigungsgrund" der gleichgerichteten Kollegialgerichtsentscheidung nicht als berechtigt anerkannt werden. Zur Erarbeitung des eigenen Standpunkts sind zweckmäßigerweise zwei weitere Fallgestaltungen anwaltlichen Rechtsirrtums in
die Überlegungen mit einzubeziehen, zunächst der Fall, daß der Rechtsanwalt die maßgebliche Kollegialgerichtsentscheidung seiner rechtsirrigen Auffassung *vorab zugrundelegte* (unten a) und sodann die weitere Variante, daß
der Rechtsirrtum des Anwalts erst durch das mit der Sache befaßte Gericht
hervorgerufen wurde (unten b). Im Anschluß daran ist auf die Bedeutung der
„nachträglichen" „gleichgerichteten" Kollegialgerichtsentscheidung einzugehen (unten c).

a) Vertrauen auf vorangegangene Kollegialgerichtsentscheidung?

302   Im ersten Fall ist das eigentliche Problem auf die Rechtsprüfungspflicht
vorverlagert. Bereits oben[310] wurde ausgeführt, daß der Rechtsanwalt bei
Erfüllung dieser Pflicht sich nicht vorhandene Kenntnisse durch Einarbeitung in die gesetzliche Vorschriften und in die von der Rechtsprechung und
gegebenenfalls der im Schrifttum vertretenen Auffassungen verschaffen muß.

---

[308] *Scheffler*, NJW 1960, 265 [267].
[309] Diese Aussage Schefflers findet sich durch die praktische Entwickung mehr als 25
Jahre später besonders bestätigt. An allen Landgerichten (gleiches gilt auch für die
Oberlandesgerichte) sind mittlerweile Spezialkammern in Wettbewerbssachen, Mietsa-
chen, Verkehrssachen, Bausachen usw. eingerichtet, und es dürfte wohl selbstverständlich sein, daß die Leistungsfähigkeit der Richter auf diesen Spezialgebieten weit über
den durchschnittlichen Möglichkeiten eines nichtspezialisierten Allgemeinanwaltes
liegt.
Andererseits ist seit 1974 (Einzelrichternovelle) das bisher vom Kollegialprinzip
geprägte landgerichtliche Kammersystem durch das Einzelrichterprinzip eingeschränkt
worden; die Praxis der Landgerichte verfährt völlig uneinheitlich; vgl. m. N. *Zöller/
Vollkommer*, Einl. Rdnr. 11.
[310] § 2 III.

Er darf sich also keinesfalls nur auf eine einzeln vertretene Auffasssung (z. B. die vereinzelt gebliebene Entscheidung eines Oberlandesgerichts)[311] verlassen und auf diese gestützt einen Rechtsstreit führen, es sei denn er verfügt über das Einverständnis des Mandanten. Existieren von verschiedenen Kollegialgerichten unterschiedliche Rechtsauffassungen, so muß der Rechtsanwalt bei seiner Entscheidung den „sichersten Weg"[312] wählen. Umgekehrt ist das Vertrauen des Anwalts auf einen Standpunkt, der von der überwiegenden Rechtsprechung oder in den gängigen Kommentaren vertreten wird, dadurch geschützt, daß ihm im Falle anderslautender Entscheidung regelmäßig keine Pflichtwidrigkeit zur Last gelegt wird.[313] Hierdurch wird deutlich, daß die Zulässigkeit oder Unzulässigkeit einer Anknüpfung an eine bereits *vorhandene* Auffassung eines Kollegialgerichts durch die Rechtsprüfungspflicht bestimmt ist. Die „entschuldigende Wirkung von Kollegialgerichtsentscheidungen" ist für die erste Variante daher eine Frage anwaltlicher *Pflichtverletzung* und *nicht des Verschuldens.*[314]

---

[311] Im Ausgangsverfahren zur Entsch. BGH NJW 1960, 283 = MDR 1960, 28 ist ein Freiburger Rechtsanwalt im Vertrauen auf ein (anscheinend nicht veröffentlichtes) Urteil des *OLG Hamm* rechtsirrig von einer zweijährigen statt – wie später vom BGH entschieden – einjährigen Verjährung ausgegangen. Der BGH führt im Zusammenhang mit der Bejahung von § 203 BGB zum Verschulden des Rechtsanwalts aus: „Im Hinblick auf das bezeichnete Urt. des OLG Hamm durfte RA Dr. E., ohne seine Sorgfaltspflicht zu verletzen, zunächst davon ausgehen, daß die Nachforderungsansprüche in zwei Jahren gemäß § 196 Ziff. 3 BGB verjähren. Anders (!) wäre es, wenn damals widersprechende Entscheidungen anderer Gerichte (!) vorgelegen hätten und deren Kenntnis von dem Anwalt hätte erwartet werden müssen" (krit. zur Frage der Anwendbarkeit von § 203 BGB *Danckelmann*, NJW 1960, 283 und *Nipperdey*, MDR 1960, 282 f., offenlassend später BGH NJW 1973, 364). Diese Grundsätze sollen nach Auffassung des BGH auch für die eigene höchstrichterliche Rechtsprechung gelten: „Die Frage, ob Architektenhonoraransprüche in zwei oder dreißig Jahren verjähren, war bereits vor dem Urteil des Senats BGHZ 59, 163 seit Jahren in Rechtsprechung und Schrifttum umstritten (...). Schon deswegen (!) durfte die Klägerin nicht auf den Fortbestand der ihr günstigen früheren Rechtsprechung vertrauen" (BGHZ 60, 98 = NJW 1973, 364). Dies ist abzulehnen; zum Vertrauensschutz einer höchstrichterlichen Rechtsprechung vgl. oben § 2 III 6 c a. E. und insbes. § 2 V, dort Fußn. 277.
[312] Vgl. dazu oben § 2 V. Eindrucksvoll insoweit BGH NJW-RR 1986, 1281 zur damals höchstrichterlich noch nicht geklärten internationalen Widerklagezuständigkeit, wo unter Anwendung des Grundsatzes des „sichersten" Wegs Anwaltsverschulden bejaht wurde, obwohl sich der Anwalt für seine Auffassung auf eine beachtliche Literaturmeinung und ein (später im Prozeß eingeholtes) Rechtsgutachten berufen konnte.
[313] Vgl. BGH NJW 1985, 495 [496] = VersR 1984, 1193 [1194]: „Dem Verfahrensbevollmächtigten kann aber kein Vorwurf daraus gemacht werden, daß er sich ohne nähere Prüfung einer unrichtigen Ansicht angeschlossen hat, die von einem OLG und den gängigen Handkommentaren vertreten wurde."
[314] So zu Recht *Borgmann/Haug*, S. 156.

b) Gerichtlich veranlaßter oder aufrechterhaltener Rechtsirrtum

303   Bei der zweiten Variante, wonach der Rechtsanwalt zu seinem Rechtsfehler erst *durch das in der Sache befaßte (Kollegial-)Gericht veranlaßt* wird, spielt die Rechtsprüfungspflicht des Anwalts nicht minder eine wichtige, wenn auch nicht die allein ausschlaggebende Rolle. Dem Anwalt obliegt auch die *Kontrolle* des Gerichts und die Überwachung des gerichtlichen Verfahrens. „Als unabhängiges Organ der Rechtspflege und als der berufene Berater und Vertreter der Rechtsuchenden hat er die Aufgabe, zum Finden einer sachgerechten Entscheidung beizutragen (und) das Gericht ... vor Fehlentscheidungen zu Lasten seines Mandanten zu bewahren".[315] Der Anwalt darf daher den vom Richter vertretenen Auffassungen, Vorschlägen und Anordnungen nicht blindlings Folge leisten, sondern muß diese auf ihre Tauglichkeit und rechtliche Haltbarkeit überprüfen;[316] ganz allgemein trifft ihn die Pflicht, Fehlern des Gerichts entgegenzuwirken.[317] Es wäre aber widersinnig, den Anwalt insoweit erst in die Pflicht zu nehmen, um dann anschließend bei unüberlegter Befolgung der gerichtlichen Auffassung die „entschuldigende Wirkung von Kollegialgerichtsentscheidungen" durchgreifen zu lassen. *Borgmann/ Haug*[318] ist daher darin Recht zu geben, daß unbillige Ergebnisse aus *anderen Gesichtspunkten* vermieden werden müssen. Als Kriterien kommen insoweit in Frage: Der Grundsatz, daß sich ein *fehlerhaftes Verfahren des Gerichts* nicht zum Nachteil der Partei (und ihres Vertreters) auswirken darf,[319] der auch im Verhältnis zum Gericht geltende *Vertrauensgrundsatz* und das Verbot des *venire contra factum proprium*[320] sowie die für den Anwalt im Hinblick auf das Verhalten des Gerichts gegebene *Unzumutbarkeit* einer unbeeinflußten und selbständigen Rechtsprüfung. Hierher gehören die Fälle, daß ein fehlerhaftes Verfahren des Gerichts zu einer schwierigen prozessualen Lage führt, die vom Anwalt rechtlich verkannt wird,[321] oder daß der Anwalt einer objektiv unzutreffenden nachdrücklichen Empfehlung des Gerichts

---

[315] BVerfG 76, 171 [192] = NJW 1988, 191 [193] unter Hinweis auf *Stürner*, JZ 1986, 1089 [1090] und *Vollkommer*, Die Stellung des Anwalts im Zivilprozeß, 1984, S. 20.

[316] Allgemein vgl. z.B. BGH VersR 1959, 638 [641 f.]; für richterliche Vergleichsvorschläge s. oben § 2 IV 3 e, insbes. Fußn. 254. Zutr. weist *Boergen* (S. 57) auf das unterschiedliche Maß an Verantwortlichkeit von Gericht und Anwalt beim Vergleichsabschluß hin.

[317] BGH NJW 1964, 2402 [2404]; 1974, 1865 [1866]; 1988, 3013 [3014]; OLG Celle AnwBl 1982, 22 [23]; KG VersR 1981, 1057; kritisch *Borgmann* EWiR § 675 BGB 6/ 88, 573 f.; dazu eingehend m.w.N. oben § 2 V 2 und unten V 3 e.

[318] *Borgmann/Haug*, S. 157.

[319] RGZ 110, 138; BGHZ 90, 1 [3]; *Zöller/Vollkommer*, Einl. Rdnr. 100 m.w.N.

[320] BVerfG 69, 387; BGHZ 93, 300 [304]; *Zöller/Vollkommer*, Einl. Rdnr. 57a m.w.N.

[321] BGH VersR 1987, 258; im Fall KG VersR 1981, 1057 beruhte die für den Prozeßbevollmächtigten schwierige Lage auf einer fälschlichen Belehrung des zuständigen Richters über den (angeblichen) Ablauf der Berufungsbegründungsfrist.

Folge leistet.[322] Davon zu unterscheiden sind die (nicht hierher gehörenden) Fälle, in denen es deshalb zur Schädigung des Mandanten kommt, weil durch den Fehler des *Anwalts* eine schwierige prozessuale Lage entsteht, die vom Gericht verkannt wird[323] oder in denen der Anwalt der nicht verhinderten[324] objektiv falschen Auffassung (Anregung) des Gerichts gerade *nicht* – auch nicht *hilfsweise* – Folge leistet und dadurch drohenden Schaden nicht von der Partei abwendet.[325]

Die vielschichtige Problematik soll an einigen Beispielen verdeutlicht wer- 304 den. Im Fall BGH VersR 1987, 258 hat das Gericht nach einer an sich wirksamen Urteilszustellung unter Verkennung der Rechtslage eine neue Zustellung veranlaßt und dadurch eine unklare prozessuale Rechtslage geschaffen. Der mit der Berufungseinlegung beauftragte Anwalt ging irrtümlich davon aus, daß erst die zweite Zustellung die Berufungsfrist in Lauf gesetzt hat, so daß das eingelegte Rechtsmittel an sich verspätet war. Durch sein – fehlerhaftes – Vorgehen hat hier das Gericht einen Vertrauenstatbestand geschaffen, der der Verwerfung der Berufung als verspätet (Versagung der Wiedereinsetzung) entgegensteht. Die erneute Urteilszustellung durfte der Anwalt als eine „sinnvolle Maßnahme" ansehen und davon ausgehen, daß das Gericht die abermalige Zustellung als notwendig, die erste Zustellung mithin als *unwirksam* ansah. Nun hat den Vertrauenstatbestand der die erneute Zustellung veranlassende Vorsitzende der Zivilkammer erweckt, während über die Rechtzeitigkeit des Rechtsmittels und die beantragte Wiedereinsetzung das OLG zu entscheiden hatte; was die Bindung an einen gesetzten Vertrauenstatbestand anlangt, muß sich die Dritte Gewalt jedoch als „Einheit" behandeln lassen!

Im Fall BGH VersR 1959, 638 hat das Berufungsgericht „unter Ablehnung 305 seiner Gegenvorstellungen dem Anwalt nachdrücklich nahegelegt, eine angeblich unzulässige, in Wirklichkeit aber rechtswirksam eingelegte Berufung zur Vermeidung von Rechtsnachteilen zurückzunehmen und eine neue, verspätete Berufung einzulegen, für die gleichzeitig die Wiedereinsetzung in den vorigen Stand als sicher in Aussicht gestellt" wurde.[326] Der richterliche Rat führte zu einer Verschlechterung der prozessualen Rechtslage, denn die Partei „tauschte" gegen ihr zulässiges Rechtsmittel ein offenkundig verspätetes ein! Eine Verwerfung des verspäteten Rechtsmittels unter Versagung der Wiedereinsetzung wegen Anwaltsverschuldens wäre ein Verstoß gegen das Verbot widersprüchlichen Verhaltens (§ 242 BGB). Sicher ist der Anwalt zur gewissenhaften Prüfung der Rechtslage verpflichtet und hat dabei mit der gebotenen Sorgfalt vorzugehen. Nicht „anzulasten" ist ihm jedoch, „daß er durch das verfahrensmäßig verfehlte Verhalten des Gerichts sich in den vom

---

[322] BGH VersR 1959, 638 [641 f.]; NJW 1981, 576 f.; NJW-RR 1989, 825 f.
[323] RGZ 152, 330 [342].
[324] Vgl. dazu oben zu Fußn. 317.
[325] BGH NJW 1974, 1865 [1866]; vgl. hierzu näher § 2 V 2 und unten V 3 e.
[326] So die leitsatzmäßige Zusammenfassung des Sachverhalts, vgl. BGH VersR 1959, 638.

Gericht damit verursachten Rechtsirrtum hat versetzen lassen".[327] Der in diesem Verfahren von der Revision aufgestellte Satz, „daß ein vom Gericht verursachter Rechtsirrtum stets die Wiedereinsetzung rechtfertige", erscheint – entgegen dem BGH[328] – durchaus als eine allgemeine Leitlinie in Frage zu kommen. So hat etwa der *BGH* in einem Fall, in dem eine gesetzliche Feriensache vom Gericht unter Zurückweisung eines gestellten Ferienantrags (!) zunächst als Nichtferiensache behandelt wurde, ein (die Wiedereinsetzung ausschließendes) Anwaltsverschulden mit Recht verneint.[329] Im Schrifttum wird die Entscheidung als Beleg dafür angeführt, daß Wiedereinsetzung ausnahmsweise zu bewilligen ist, wenn die „irrige Rechtsauffassung vom Gericht veranlaßt" wurde.[330] Dem gerichtlich „veranlaßten" Rechtsirrtum steht der vom Gericht „aufrechterhaltene" gleich.[330a]

306   Schließlich kann es auch Situationen geben, in denen die Intensität der gerichtlichen Beeinflussung ein solches Maß erreicht, daß dem Anwalt eine eigenverantwortliche Rechtsprüfung und ruhige Risikoabwägung nicht mehr *zugemutet* werden kann; dies zeigt die eindrucksvolle Schilderung des *BGH* in der bereits erwähnten Entscheidung zur empfohlenen Rechtsmittelrücknahme: „Ein OLG, das in dieser exceptionellen Weise den von ihm vorgeschlagenen Weg als völlig sicher und einwandfrei bezeichnet und bei Nichtbefolgung seiner Vorschläge die Verwerfung eines Rechtsmittels androht, ... *versetzt den Anwalt in eine Ausnahmesituation,* macht ihm eine unbefangene, sachgerechte Prüfung der Gangbarkeit des vorgeschlagenen Weges unmöglich und zwingt ihn, wenn er sich nicht in einen möglicherweise auch für seinen Mandanten nachteiligen Gegensatz zu dem zur Sachentscheidung berufenen Gericht bringen will, den vorgeschlagenen Weg zu beschreiten."[331] Soweit mithin dieser Fallgruppe besondere, den Anwaltsfehler in seinen Folgen „unschädlich" machende („heilende") *Rechtsgrundsätze* (Vertrauensschutz usw.) eingreifen, kommt es im Ergebnis auf das Vorliegen eines Anwaltsverschuldens überhaupt nicht mehr an; in den Fällen, in denen im Hinblick auf das gerichtliche Vorgehen *Unzumutbarkeit* eigenständiger Rechtsprüfung des Anwalts angenommen wird, beruht die Verneinung anwaltlichen Verschuldens genaugenommen auf der Anerkennung von *Ausnahmesituationen,*[332] vergleichbar mit denen, die den Schuldvorwurf über das *situa-*

---

[327] BGH, aaO, S. 641.   [328] BGH, aaO.

[329] BGH NJW 1963, 713 – vgl. bereits oben Fußn. 307 –, zustimmend: *Rosenberg/ Schwab,* § 70 III – „Irrtum über tatsächliche Umstände und Rechtsfragen".

[330] So *Zöller/Stephan,* § 233 Rdnr. 23 – „Rechtsirrtum" (S. 665 der 15. Aufl.); vgl. auch die bei *Baumbach/Lauterbach/Hartmann,* § 233 Anm. 4 Stichw. „Rechtsanwalt" Unterstichwort „Gesetzesunkenntnis" (S. 610 der 45. Aufl.) weiter genannten Beispiele: Unrichtige Rechtsmittelbelehrung durch das Gericht, unrichtige Auskunft über den Zustellungszeitpunkt, nachträglich als rechtlich unhaltbar erkannte Empfehlung zur Rechtsmittelrücknahme durch Rechtsmittelgericht.

[330a] So im Erg. BGH NJW-RR 1989, 825f.

[331] BGH VersR 1959, 638 [642].

[332] So ausdrücklich BGH VersR 1959, 638 [642]; vgl. dazu oben zu Fußn. 331.

tionsspezifische Element des Sorgfaltsmaßstabs[333] entfallen ließen. Für einen eigenständigen Entschuldigungsgrund des Vertrauens in Kollegialgerichtsentscheidungen besteht so weder ein Bedürfnis, noch eine sachliche Rechtfertigung.

c) Entschuldigung durch nachfolgende Kollegialgerichtsentscheidung?

Das Hauptargument gegen die Anerkennung einer entschuldigenden Wirkung von Kollegialgerichtsentscheidungen liegt indes in einer von der spezifischen Situation des Anwalts losgelösten Begründung, wie sie *Dahs*[334] – und dem folgend *Schmidt-Leichner*[335] und *Borgmann/Haug*[336] – überzeugend nachgewiesen hat: Der im Ergebnis durch einen Rechtsirrtum seines Rechtsanwalts geschädigte Mandant hat grundsätzlich ein berechtigtes Interesse an der Schadensregulierung. Er würde bei Anerkennung eines solchen Entschuldigungsgrundes gegen seinen Anwalt aber nur dann Erfolg haben, wenn *sämtliche Instanzen,* sowohl des Haupt-, als auch des Regreßprozesses, durchwegs von einer schuldhaften, objektiven Pflichtverletzung des Anwalts ausgingen. Entscheidet sich aber nur eine Instanz gleichermaßen rechtsirrig für die vom Prozeßanwalt des Mandanten vertretene Rechtsauffassung, so wäre der Anwalt – auch für die weiteren Instanzen, einschließlich der des Bundesgerichtshofs – entschuldigt und damit von der verschuldensabhängigen Haftung gegenüber dem Mandanten befreit. Dies würde nichts anderers bedeuten, als – wie *Dahs*[337] überspitzt formuliert hat: „Einfaches Unrecht (des Rechtsanwalts) verpflichtet zum Schadensersatz, doppeltes Unrecht (des Rechtsanwalts und des Gerichts) dagegen nicht." Die Schlußfolgerung hieraus müßte allerdings lauten, daß eine entlastende Wirkung von Kollegialgerichtsentscheidungen überhaupt nicht in Betracht kommt, *weder* für den Rechtsanwalt *noch* für den Beamten.[338] Daß von der Rechtsprechung insoweit gleichwohl Unterschiede gemacht werden, erklärt sich möglicherweise daraus, daß für die nachsichtige Haltung bei der Beamtenhaftung fiskalische Gesichtspunkte eine Rolle spielen,[339] indem der Staat möglichst weitgehend vor einer Inanspruchnahme durch den Bürger befreit werden soll.[340] Ist somit auch ein besonderer „Entschuldigungsgrund" der gleichgerichteten Kollegialgerichtsentscheidung nicht anzuerkennen, so wird die gleichgerichtete

307

---

[333] S. oben 3 c.

[334] *Dahs,* Anm. zu BGH NJW 1959, 35.

[335] *Schmidt-Leichner,* NJW 1959, 841 [850].

[336] *Borgmann/Haug,* S. 156.

[337] *Dahs,* aaO, S. 36.

[338] So auch *Dahs, Schmidt-Leichner,* jeweils aaO.

[339] So *Dahs* aaO.

[340] *Schmidt-Leichner* formuliert dies etwas vorsichtiger: Es wäre gut, „wenn der Anschein vermieden würde, es solle hier dem Staat als Anspruchsgegner zusätzliche ‚Rechtshilfe' geleistet werden."

Kollegialgerichtsentscheidung doch stets Anlaß für eine besonders sorgfältige Prüfung des Schuldvorwurfs sein[341] und vielfach als ein „Indiz" für fehlendes Verschulden in Frage kommen.[342]

IV. Eigenverschulden und zurechenbares Fremdverschulden

1. Allgemeines

308   Im vorigen Abschnitt wurde bei der Besprechung prinzipieller Fragen zum anwaltlichen Verschulden eher selbstverständlich vom Eigenverschulden des unmittelbar beauftragten Rechtsanwalts ausgegangen. Dieser Ausgangspunkt ist zwar für das theoretische Verständnis nötig, wird aber keineswegs der Praxis gerecht: Der Anwalt, der sämtliche Schritte und Maßnahmen bei der Mandatserledigung alleine durchführt und daher auch nur selbst schuldhaft Fehler begeht, ist – nicht erst heute – illusorisch. Der „reale" Rechtsanwalt bedient sich vielmehr einer Mehrzahl von Hilfspersonen und Partnern. So findet in der Sozietät, die heute gegenüber dem Einzelanwalt wohl schon die Regel ist, nicht selten eine wechselseitige Vertretung des unmittelbar mit der Sache betrauten, aber verhinderten Sozius statt. Eine Vielzahl von Aufgaben der Büroorganisation sind an das Kanzleipersonal delegiert. Referendare und angestellte Assessoren sind in die Mandatserledigung eingeschaltet. Und nicht zuletzt gebieten Anwaltszwang (§ 78 ZPO) und Lokalisierungsprinzip (§ 18 Abs. 1 BRAO)[343] u.U. die Beauftragung eines weiteren Anwalts mit Zulassung am Ort des Prozeßgerichts. All diese mehr oder weniger zur Erledigung des Auftrages eingeschalteten Personen können ihrerseits schuldhafte Pflichtverletzungen begehen. In solchen Fällen der „Arbeitsteilung" stellt sich daher im Haftpflichtprozeß vorrangig die Frage, ob und inwieweit der unmittelbar beauftragte Rechtsanwalt sich das Verschulden anderer gem. § 278 BGB als eigenes zurechnen lassen muß oder aber – soweit er selbst bei dem ihm verbleibenden Rest der Auftragserledigung pflichtgemäß handelt – grundsätzlich von einer persönlichen Haftung befreit ist und allenfalls für ein sog. Auswahlverschulden einzustehen hat.

---

[341] So zutr. *Boergen,* S. 56.

[342] So auch *Dahs,* aaO, S. 36; zustimmend OLG München, Urt. v. 7. 4. 1959, mitgeteilt von *Scheffler,* NJW 1960, 265; *Guardiera Windheim,* S. 155; einschränkend *Borgmann/Haug,* S. 157.

[343] Der Grundsatz der Lokalisierung bedeutet positiv, daß jeder Rechtsanwalt nur bei einem *bestimmten,* grundsätzlich frei wählbaren Gericht zugelassen werden kann und negativ, daß er in *Zivilsachen* im Rahmen des Anwaltszwangs (vgl. § 78 Abs. 1, 2 ZPO) nur bei diesem und bei keinem anderen Gericht der ordentliche Gerichtsbarkeit auftreten darf (ausgenommen bei den Amtsgerichten, da dort kein Anwaltszwang besteht, § 79 ZPO; anders aber in der Regel bei den Familiengerichten, vgl. § 78 Abs. 2 ZPO).

2. Unterschiedlicher Haftungsmaßstab bei Gehilfenzuziehung und Aufgabenübertragung

Die beiden Gegenpole einer Haftung bei „Zurechnung von Fremdver-   309
schulden" oder nur wegen „Eigenverschuldens in Form von Auswahlverschulden" hängen vorrangig von einer anderen Frage ab, die bis heute nicht
einheitlich beantwortet wird: der Anwendbarkeit des § 664 Abs. 1 S. 2 BGB
auf den Anwaltsvertrag als einem Geschäftsbesorgungsdienstvertrag.[344] Denn
wäre diese Regelung auch auf den Anwaltsvertrag entsprechend anwendbar,
so würde bei vom Mandanten „gestatteter" Aufgabenübertragung an einen
anderen Anwalt[345] eine Haftung des unmittelbar beauftragten Rechtsanwalts
über die Zurechnungsnorm des § 278 BGB von vorneherein ausscheiden. Sie
wäre vielmehr auf eine Haftung wegen Auswahlverschuldens (*culpa in eligendo*) beschränkt. Gewiß, § 675 BGB erwähnt § 664 BGB bei der Benennung
der entsprechend anwendbaren Vorschriften aus dem Auftragsrecht gerade
nicht.[346] Andererseits gilt jedenfalls im Ausgangspunkt ebenso für den Anwaltsvertrag wie auch für den Auftrag der Grundsatz der *persönlichen Leistung* des Beauftragten (vgl. § 664 Abs. 1 S. 1 BGB),[347] welcher wiederum auf
dem in aller Regel bestehenden *besonderen Vertrauensverhältnis* der Vertragsbeteiligten beruht.[348] Gerade bei Geschäftsbesorgungsverträgen, bei denen es auf ein enges persönliches Vertrauensverhältnis ankommt, wird aber
eine entsprechende Anwendung des § 664 Abs. 1 S. 2 BGB nicht schlechthin
für ausgeschlossen erachtet, wenn nicht gar befürwortet.[349] Auch der Bundes-

---

[344] Dazu eingehend oben § 1 I.

[345] Dies kann nur bei einer Aufgabenzuweisung an einen anderen *Rechtsanwalt*
gelten, nicht bei Delegation einzelner Arbeiten an das *Kanzleipersonal*. Denn im letzteren Fall hat die Mandatserledigung nicht – auch nicht teilweise – den *Verantwortungsbereich* des beauftragten Anwalts verlassen, von einer „Übertragung" des Auftrags an
einen Dritten i.S. des § 664 Abs. 1 S. 2 BGB kann daher nicht die Rede sein; für die
bloße Einbeziehung von „Gehilfen" sieht aber auch das Auftragsrecht die Haftung für
Fremdverschulden gem. § 278 BGB vor (vgl. § 664 Abs. 1 S. 3 BGB); im einzelnen
dazu noch unten 2 f.

[346] Daß hieraus aber keineswegs notwendig auf die Nichtanwendbarkeit der Regelung zu schließen ist, hat bereits das Reichsgericht (RGZ 78, 310 [313]) deutlich begründet; ähnlich auch *Seltmann*, VersR 1974, 97 [103].

[347] Eine vergleichbare Regelung findet sich im übrigen auch im Dienstvertragsrecht
(§ 613 BGB), und der Anwaltsvertrag ist nun einmal ein Geschäftsbesorgungs*dienst*vertrag (BGHZ 71, 380 [381] und oben § 1 I 1 mit weiteren Nachweisen in Fußn. 7).

[348] Für den Auftrag vgl. z. B. *Palandt/Thomas*, § 644 Anm. 1 a; für den Anwaltsvertrag vgl. § 43 Abs. 1 RichtlRA: „Die Beziehungen zwischen Rechtsanwalt und Auftraggeber beruhen auf einem Vertrauensverhältnis"; vgl. auch oben § 2 I m. w. N.

[349] *Staudinger/Wittmann*, § 664 Rdnr. 13 und § 675 Rdnr. 8; *Soergel/Mühl*, § 664
Rdnr. 4; Münch.Komm./*Seiler*, § 675 Rdnr. 5; *Palandt/Thomas*, § 664 Anm. 4; *Jauernig/Vollkommer*, § 675 Anm. 3 b bb; *Larenz*, Schuldrecht II/1, § 56 V; speziell für den
Anwaltsvertrag *Seltmann*, VersR 1974, 97 [103 f.].

gerichtshof[350] hat sich im Anschluß an das Reichsgericht[351] ausdrücklich für eine entsprechende Anwendung des § 664 BGB auf Dienstverträge mit Geschäftsbesorgungscharakter ausgesprochen.

310   Dies kann indes nicht bedeuten, daß der Rechtsanwalt in Abkehr von seiner grundsätzlichen Pflicht zur persönlichen Leistung sich jederzeit durch eine vom Mandanten gebilligte Delegation seiner Aufgaben und Pflichten an einen Dritten seiner persönlichen Haftung entziehen kann. Allein die Tatsache, daß im Regelfall der Mandant gar nicht die erforderliche Sachkunde besitzt, um entscheiden zu können, wann eine Zustimmung zur Substitution seinem Interesse entspricht, gebietet, einer entsprechenden Anwendung des § 664 Abs. 1 S. 2 BGB auf den Anwaltsvertrag Grenzen zu setzen. Zu Recht wollen *Borgmann/Haug*[352] daher die haftungsbeschränkende Regelung des § 664 Abs. 1 S. 2 BGB nur auf solche Mandate anwenden, wo bei ausdrücklichem oder stillschweigendem Einverständnis des Auftragsgebers *objektiv* sachliche Gründe[353] im Interesse des Mandanten eine (teilweise) Übertragung der anwaltlichen Dienste auf einen anderen erfordern.[354] Mit dieser Einschränkung wird in solchen Fällen des sachlichen Erfordernisses einer Substitution eine Reduktion der anwaltlichen Haftung auf das Auswahlverschulden um so sachgerechter. Denn ist es allein der leistungsberechtigte Mandant, dem eine solche Aufgabenübertragung zugute kommt, dann trifft auf den Anwalt die Rechtfertigung[355] für den strengen Haftungsmaßstab des § 278 BGB nicht mehr zu.[356]

311   Diese Beschränkung der Haftung des unmittelbar beauftragten Rechtsanwalts auf das Auswahlverschulden bei sachlicher Begründung und Gestattung der Substitution durch den Mandanten besteht indes nur insoweit, als auch tatsächlich eine Delegation einzelner anwaltlicher Dienste stattgefunden hat. Eine vollständige Mandatsübertragung an einen anderen Rechtsanwalt kommt demgegenüber nicht in Betracht, weil dies einer Mandatsniederlegung gleichkäme. Für den verbleibenden Rest des Aufgabenbereichs haftet der ursprünglich mit der Sache betraute Anwalt daher nach all den Grundsätzen, wie sie bereits im vorangegangenen Abschnitt beschrieben wurden.

312   In ihrer Allgemeinheit lassen sich somit zusammenfassend drei prinzipielle

---

[350] BGH LM Nr. 1 zu § 664 BGB.

[351] RGZ 78, 310 [313]; JW 1926, 246.

[352] *Borgmann/Haug*, S. 221 f.

[353] Vgl. die beispielhafte Aufzählung von „sachlichen Gründen" bei *Borgmann/ Haug*, S. 222.

[354] Auf die Kriterien „zwingende Sachlage" und „Sachgemäßheit der Übertragung" hat im übrigen bereits das Reichsgericht in JW 1926, 246 für eine entsprechende Anwendung des § 664 BGB auf den Geschäftsbesorgungsvertrag abgestellt; dem für den Anwalt ausdrücklich zustimmend *Friedlaender*, Anm. aaO.

[355] „Wenn der Schuldner sich die Vorteile der Arbeitsteilung zunutze macht, soll er auch das damit verbundene Personalrisiko tragen" (Münch. Komm./*Hanau*, § 278 Rdnr. 1); ebenso *Palandt/Heinrichs*, § 278 Anm. 1 a.

[356] *Borgmann/Haug*, S. 221.

Formen anwaltlicher Haftung bei Hinzuziehung und Beteiligung weiterer Personen zur Mandatserledigung herausstellen:

– Haftung wegen *Eigenverschuldens* infolge schuldhafter Pflichtwidrigkeit bei Erledigung des nach der Delegation verbleibenden Aufgabenbereichs.
– Haftung wegen *Eigenverschuldens in Form von Auswahlverschulden* bei Anwendbarkeit des § 664 Abs. 1 S. 2 BGB.[357]
– Haftung wegen *Zurechnung von Fremdverschulden gem. § 278 BGB* bei Nichtanwendbarkeit von § 664 Abs. 1 S. 2 BGB, entweder wegen fehlender Sachdienlichkeit oder Gestattung der Delegation oder aber deshalb, weil in Wahrheit keine Substitution gegeben ist, sondern nur die Einschaltung einer nicht mit eigener Verantwortung ausgestatteten Hilfsperson.

Im folgenden soll nun anhand typischer Konstellationen der Mehrpersonenbeteiligung bei der Mandatserledigung untersucht werden, welche dieser drei Haftungsvarianten jeweils in Frage kommen kann.

3. Typische Fälle von Mehrpersonenbeteiligung bei der Mandatserledigung

a) Arbeitsteilung innerhalb der Sozietät

Die Haftungsfragen bei Vertragsschluß mit einer Sozietät wurden bereits 313 eingehend im ersten Kapitel[358] erläutert, so daß es hier genügt, zunächst eine kurze Zusammenfassung zu geben; im Anschluß daran ist noch auf einige bisher nicht näher erörterte Einzelfragen im Zusammenhang mit personellen Veränderungen der Sozietät während der Dauer des Mandats einzugehen.

Da der Anwaltsvertrag mit der Sozietät zustandekommt, haftet jeder So- 314 zius dem Mandanten gegenüber gleichermaßen für eine pflichtgemäße Mandatserledigung. Jede Maßnahme, jede Pflichtwidrigkeit des einen Sozius ist eine solche der Sozietät und damit jedes anderen Sozius. Sämtliche Sozien haften dem Mandanten als *Gesamtschuldner*.[359] Die typische Arbeitsteilung innerhalb der Sozietät ist damit weder ein Fall echter Delegation anwaltlicher Aufgaben, noch ist der eine Sozius Erfüllungsgehilfe des anderen i.S. des § 278 BGB.[360] Die Beteiligung mehrerer Sozietätsmitglieder an der Mandatserledigung fällt so genaugenommen aus der obigen Haftungsdreiteilung völlig heraus.

---

[357] *Rinsche* (Rdnr. I 91) ist allerdings darin Recht zu geben, daß eine anwaltliche Haftung wegen Auswahlverschuldens nur in seltenen Ausnahmefällen angenommen werden kann. Erteilt der Rechtsanwalt einen ihm bekannten Kollegen den Auftrag zur Mitbetreuung seines Mandanten, so wird er dies regelmäßig wegen der bisherigen guten Erfahrungen bei der gemeinsamen Zusammenarbeit tun. Wählt er aber andererseits einen ihm unbekannten Kollegen aus dem Anwaltsverzeichnis aus, dann darf er grundsätzlich darauf vertrauen, daß ein zugelassener Rechtsanwalt zur Erfüllung anwaltlicher Pflichten in der Lage ist (insoweit a.A. aber *Seltmann* VersR 1974, 97 [99]).

[358] Vgl. oben § 1 IV 2c, 3, 4.

[359] Vgl. oben § 1 IV 4a m.w.N.

[360] Str., vgl. oben § 1 IV 2c, Fußn. 173.

315　Für die Haftung von neu eintretenden oder ausgeschiedenen Sozien während der Laufzeit des Mandats gilt folgendes:[361]

Bei Eintritt des Anwalts in eine *bestehende Sozietät* wird er ohne weiteres in die laufenden Sozietäts-Mandate mit einbezogen und haftet von seinem Eintritt an nach den allgemeinen Grundsätzen; die gesamtschuldnerische persönliche Haftung gilt allerdings nicht für die bereits vor seinem Eintritt unterlaufenen anwaltlichen Fehler.[362] Ist das Mandat mit einem Einzelanwalt zustandegekommen (Einzelmandat), so erstreckt es sich im Fall einer *späteren Sozietätsgründung* nicht ohne weiteres auf den hinzutretenden Sozius; vielmehr ist eine zumindest stillschweigende Einbeziehung des neuen Sozius in das bisherige Einzelmandat erforderlich.[363] Eine solche Einbeziehung geschieht in der Praxis häufig dadurch, daß der neue Sozius – mit Wissen und Billigung des Mandanten – die Bearbeitung und Weiterführung des Mandats übernimmt.[364] Im Fall der Mandatsübernahme ist der neue Sozius ohne besondere Anhaltspunkte nicht verpflichtet, die Sache auf lange zurückliegende Versäumnisse zu überprüfen.[365]

316　*Scheidet* ein Anwalt *aus der Anwaltssozietät aus,*[366] so haftet er weiter für Fehler, die während seiner Zugehörigkeit zur Sozietät begangen wurden.[367] Bei anwaltlicher Falschberatung ist der Zeitpunkt der Beratung, nicht der der Befolgung des Rates maßgebend.[368] Duldet der ausgeschiedene Anwalt jedoch, daß sein Name weiter auf dem Briefkopf der Kanzlei geführt wird, so haftet er nach den Grundsätzen der Rechtsscheinhaftung als Gesamtschuldner weiter.[369]

b) Haupt- und Unterbevollmächtigter

317　Der mandierte Anwalt kann grundsätzlich aufgrund der ihm vom Mandanten erteilten Prozeßvollmacht (vgl. § 81 ZPO) einem Kollegen Untervollmacht erteilen. Dies geschieht z.B. regelmäßig zur Wahrnehmung auswärtiger Termine durch einen am Gerichtsort niedergelassenen Rechtsanwalt. Für die Haftungsverteilung zwischen Haupt- und Unterbevollmächtigten ist dabei wesentlich, daß *beide* Anwälte Bevollmächtigte der vollmachtgebenden

---

[361] Zum folgenden vgl. *Borgmann/Haug,* S. 217ff.; *Rinsche,* Rdnr. I 81 und 82; *Borgmann,* AnwBl 1988, 478.

[362] Zur Begründung vgl. *Borgmann/Haug,* S. 218.

[363] BGH NJW 1988, 1973 = WM 1988, 457 mit zust. Anm. *Huff,* WuB IV A. § 675 BGB 4. 88; OLG Bamberg NJW-RR 1989, 223.

[364] *Huff,* aaO; *Borgmann,* AnwBl 1988, 478.

[365] BGH aaO (Fußn. 363).

[366] In der Mitteilung an den Mandanten liegt i.d.R. die Kündigung des Mandats, vgl. oben § 1 VI 2d.

[367] BGH NJW 1982, 1866; *Borgmann/Haug,* S. 219.

[368] BGH NJW 1982, 1866f.

[369] BGH WM 1988, 986 [987 m.w.N.]; zur Rechtsscheinhaftung vgl. bereits oben § 1 IV 2b, Fußn. 169.

Partei sind, mithin jeder für sich in vertraglichen Beziehungen zum Mandanten steht mit der daraus folgenden Verpflichtung und Verantwortung.[370] Denn es entspricht ständiger anwaltlicher Gepflogenheit, daß der unmittelbar beauftragte Rechtsanwalt die Unterbevollmächtigung nicht etwa im eigenen Namen, sondern im Namen seines Mandanten erteilt.[371] Hat aber jeder der beteiligten Anwälte seinen eigenen vertraglichen Aufgaben- und Pflichtenbereich, erfüllt mithin jeder seine *eigene* Vertragsverbindlichkeit, so folgt hieraus zwingend, daß bei schuldhafter Pflichtverletzung des unterbevollmächtigten Rechtsanwalts eine Haftung des Hauptbevollmächtigten gem. § 278 BGB nicht in Frage kommt.[372] Der Unterbevollmächtigte haftet vielmehr der Partei für die ihm innerhalb seines eigenen Aufgabenbereichs zur Last liegenden Pflichtwidrigkeiten unmittelbar selbst.[373]

Wie aber sieht nun die Haftung des Hauptbevollmächtigten im positiven 318 Sinne aus? Er haftet selbstverständlich wie der unterbevollmächtigte Rechtsanwalt für alle Pflichtverletzungen innerhalb seines eigenen, ihm verbleibenden Aufgabenbereichs. Aber in den Fällen einer Unterbevollmächtigung hat eine echte Substitution stattgefunden. Er haftet deshalb bei sachlicher Rechtfertigung und Billigung der Unterbevollmächtigung durch den Mandanten analog § 664 Abs. 1 S. 2 BGB auch für ein – in der Praxis aber selten zu bejahendes[374] – Verschulden bei Auswahl des Unterbevollmächtigten (vgl. oben 2). Weitaus problematischer ist dagegen die Frage, inwieweit bei *unberechtigter Substitution*[375] der mandierte Rechtsanwalt für eine Pflichtverletzung des Unterbevollmächtigten regreßpflichtig ist. *Borgmann/Haug*[376] neh-

---

[370] *Borgmann/Haug*, S. 223; *Rinsche*, Rdnr. I 92; *Seltmann*, VersR 1974, 97 [98].

[371] *Borgmann/Haug*, S. 223 m.w.N.

[372] *Borgmann/Haug*, S. 223; *Rinsche*, Rdnr. I 93; *Seltmann* (VersR 1974, 97 [98 f.]) begründet dieses Ergebnis darüber hinaus mit der Stellung des (unterbevollmächtigten) Rechtsanwalts als Organ der Rechtspflege (§ 1 BRAO), eine Argumentation, die noch unten (f) eine Rolle spielen wird.

[373] Vgl. dazu auch die noch unten (c) zu erörternde Rechtsprechung zum Verhältnis Prozeßanwalt/Verkehrsanwalt, die wegen der dort geltenden Aufteilung der Aufgabenbereiche durchaus auch für die Haupt- und Unterbevollmächtigung herangezogen werden kann (so wohl auch *Rinsche*, Rdnr. I 92).

[374] S. oben Fußn. 357.

[375] Z. B. bei Unterbevollmächtigung im Gerichtsbezirk der eigenen Zulassung; ein sehr praxisnahes Beispiel ist hierfür das sog. *„Düsseldorfer Kartell"*. Innerhalb der am Oberlandesgericht Düsseldorf zugelassenen Rechtsanwälte besteht seit Jahren die Absprache, sich wechselseitig, soweit nötig, kurzfristig bei gerichtlichen Terminen zu vertreten. Dies führt häufig dazu, daß der jeweils unterbevollmächtigte Terminsvertreter mit der Sache des Mandanten wenig oder gar überhaupt nicht vertraut, mithin auch nicht zu einer zumindest durchschnittlichen Vertretung der prozessualen Interessen des Mandanten in der Lage ist. Aus diesem Grunde hat das OLG Düsseldorf mit seiner Entscheidung vom 21. 4. 1982 (NJW 1982, 1888) das „Düsseldorfer Anwaltskartell" als mit den anwaltlichen Pflichten für unvereinbar erklärt (zustimmend auch *Rinsche*, Rdnr. I 95). Das Auftreten eines „Kartellanwalts" führt nicht zu einer Entlastung des Gerichts: OLG Düsseldorf NJW 1989, 1489.

[376] *Borgmann/Haug*, S. 223; ebenso wohl *Rinsche*, Rdnr. I 93; ohne Begründung

men hier unter Berufung auf die Unteilbarkeit des Prozeßmandates (§ 431 BGB) und unter Ausschluß des § 425 Abs. 2 BGB eine *gesamtschuldnerische Haftung* des Hauptbevollmächtigten an. Bereitete aber bereits bei der Anwaltssozietät die Begründung einer Nichtanwendung der Vorschrift des § 425 Abs. 2 BGB Schwierigkeiten,[377] so gilt dies erst recht für die hier infragestehende Konstellation. Während bei der nach außen als Einheit auftretenden Sozietät eine wechselseitige – § 425 Abs. 2 BGB dem Wortlaut nach widersprechende – Zurechnung des Verschuldens der diese Einheit lediglich repräsentierenden Mitglieder noch einleuchtet, so wird demgegenüber umso schwerer verständlich, weshalb bei der nur losen oder gar zufälligen[378] Verknüpfung von haupt- und unterbevollmächtigten Rechtsanwalt gleichermaßen auf die strenge Verschuldenstrennung des § 425 Abs. 2 BGB verzichtet werden soll. Gleichwohl ist aber der Mandant in Fällen unberechtigter Substitution schutzbedürftig, denn er hat nun einmal einen Anspruch auf persönliche Leistung des von ihm beauftragten Rechtsanwalts (§§ 675, 611, 613 BGB). Daher ist in solchen Fällen durchaus eine Haftung des unmittelbar beauftragten Rechtsanwalts geboten. Fehlt die – eine schlüssige Zustimmung des Auftraggebers regelmäßig rechtfertigende – sachliche Begründung für die Unterbevollmächtigung eines anderen Anwalts oder gar ihre ausdrückliche Genehmigung durch den Mandanten, so handelt der mandierte Rechtsanwalt bei Auftragserteilung an den Unterbevollmächtigten ohne[379] oder doch unter *Mißbrauch seiner Vertretungsmacht.* Wenn folglich kein Anwaltsvertrag zwischen dem Unterbevollmächtigten und dem Mandanten zustandekommt (es wäre vielmehr eine nachträgliche Genehmigung gem. § 177 Abs. 1 BGB erforderlich, die aber bei Pflichtwidrigkeit des Unterbevollmächtigten gewiß nicht erteilt wird), verbleibt der gesamte Pflichtenumfang beim unmittelbar beauftragten Rechtsanwalt. Jede Pflichtwidrigkeit des unterbevollmächtigten Kollegen ist damit automatisch Nichterfüllung seiner eigenen Anwaltspflichten, für die er direkt seinem Mandanten einzustehen hat. Da eine Einschränkung des *eigenen* Pflichtenkreises des Hauptbevollmächtigten mithin wirksam nicht erfolgt ist und die lediglich faktische Einschaltung des Schein-Unterbevollmächtigten auch nicht im Interesse des Mandanten liegt, treffen die obigen Erwägungen, die bei der *berechtigten* Substitution zum Ausschluß des § 278 BGB geführt haben (vgl. oben 2) nicht zu; gegen eine Verschuldenszurechnung im Verhältnis des (Schein-)Unterbevollmächtigten zum (Haupt)-Bevollmächtigten gem. § 278 BGB bestehen daher unter den genannten Voraussetzungen keine Bedenken.

Seltmann, VersR 1974, 97 [99]: „Der Hauptbevollmächtigte haftet neben dem unterbevollmächtigten Anwalt wie ein Sozius".

[377] Vgl. oben § 1 IV 4 a.

[378] Zufällig deshalb, weil die Auswahl des am Gerichtsort ansässigen Unterbevollmächtigten allein anhand des Anwaltsverzeichnisses keine Seltenheit ist.

[379] So wohl auch OLG Düsseldorf NJW 1976, 1324 zum „Anwaltskartell".

c) Prozeßanwalt und Verkehrsanwalt

Die Unterbevollmächtigung eines weiteren Rechtsanwalts durch den (beim 319
Prozeßgericht nicht zugelassenen) Hauptbevollmächtigten kommt nur im
Parteiprozeß in Frage. Hier kann wegen des fehlenden Anwaltszwangs die
eigentliche Führung des Prozeßmandates beim Hauptbevollmächtigten verbleiben (§ 79 ZPO), während demgegenüber der Unterbevollmächtigte nur
mit der Wahrnehmung gerichtlich anberaumter Termine betraut ist. In Anwaltsprozessen benötigt hingegen der beim Prozeßgericht zugelassene
Rechtsanwalt eine eigene *Hauptvollmacht* (§ 78 Abs. 1 ZPO). Die Führung
des Rechtsstreits obliegt allein ihm, während demgegenüber der weitere, in
der Regel ursprünglich beauftragte Rechtsanwalt nurmehr den Verkehr zwischen Prozeßbevollmächtigten und dem Mandanten durch Weitergabe von
Informationen und Führung der Korrespondenz vermittelt. Aus diesem
Grunde wird letzterer im Verhältnis zum Prozeßanwalt als *Verkehrs- oder
Korrespondenzanwalt* bezeichnet.

Durch die Hauptbevollmächtigung des Prozeßanwaltes verliert der Ver- 320
kehrsanwalt so nicht sein Mandat, es wandelt sich lediglich dem Inhalt nach
um.[380] Demgegenüber erlangt ersterer mit der Hauptbevollmächtigung durch
den Mandanten ein eigenes, selbständiges Mandat. Beide Anwälte stehen in
eigenständigen vertraglichen Beziehungen zum Mandanten, mit eigenem unterschiedlichen Aufgabenkreis.[381] Jeder der beiden Anwälte haftet somit
grundsätzlich nur für Pflichtverletzungen innerhalb seines eigenen Aufgabenbereichs, eine wechselseitige Verschuldenszurechnung über § 278 BGB scheidet aus.[382] Gleichwohl stehen die – funktional unterschiedlichen – selbständigen Leistungen der beiden Anwälte nicht beziehungslos nebeneinander, sondern bilden gewissermaßen (abgeleitete) Teile eines (ideellen) Gesamtman-
dats.[383] Die Leistungen der beiden Anwälte stehen daher im Verhältnis einer
objektiven „Zweckgemeinschaft".[384] Dies hat zur Folge, daß beide Anwälte
ausnahmsweise *dann* als Gesamtschuldner haften, wenn jeder der Anwälte in

---

[380] Beispiel: Der erstinstanzliche Prozeßbevollmächtigte ist in der Berufungsinstanz
als Verkehrsanwalt tätig; vgl. dazu RGZ 152, 330 [342].

[381] BGH NJW 1988, 1079 [1082]; NJW 1988, 3013 [3014] = WM 1988, 987 [990];
Borgmann/Haug, S. 224; *Rinsche*, Rdnr. 84; *Seltmann*, VersR 1974, 97 [99, 102]; *Borgmann*, EWiR § 675 BGB, 5 und 6/88, 571 und 573; *dies.*, AnwBl 1988, 477 [479]; *Huff*
in Anm. WuB IV A. § 675 BGB 1. 88.

[382] RGZ 156, 208 [211]; BGH NJW 1988, 1079 [1082] mit zust. Anm. *Borgmann*,
EWiR § 657 BGB 5/88, 572; *Borgmann/Haug*, aaO.

[383] Treffend OLG Frankfurt MDR 1981, 51: „Dem Verkehrsanwalt obliegt damit
ein Teil (!) der Aufgaben, die üblicherweise der Prozeßbevollmächtigte im Rahmen der
allgemeinen Mandatswahrnehmung zu erfüllen hat. Der auswärtige Anwalt, der dem
Prozeßbevollmächtigten die Information vermittelt und ihm so einen Teil(!) seiner
Tätigkeit abnimmt, erfüllt also eine abgezweigte Funktion (!) des Prozeßbevollmächtigten...".

[384] Zu diesem Kriterium als Voraussetzung einer Gesamtschuld vgl. BGH GZS
BGHZ 43, 227 [235]; BGHZ 59, 97[101]; *Palandt/Heinrichs*, § 421 Anm. 2a m. w. N.

seinem Verantwortungsbereich pflichtwidrig und schuldhaft eine Schadensursache für *denselben* Schaden gesetzt hat.[385]

321   Scheidet somit im Verhältnis Prozeßanwalt/Verkehrsanwalt eine haftungsrechtliche Zurechnung von Pflichtwidrigkeiten des jeweils anderen aus,
kommt es entscheidend auf die Aufteilung und Bestimmung des jeweiligen
Pflichtenkreises an. Der Bundesgerichtshof hat diese Funktionsaufteilung
zwischen Prozeßbevollmächtigtem und Verkehrsanwalt in zwei neueren Entscheidungen weitgehend geklärt[386] und dabei folgende Grundsätze aufgestellt:

(1) „Die Pflicht zu ordnungsmäßigem prozessualen Handeln gegenüber dem Prozeßgericht obliegt dem zum Prozeßbevollmächtigten bestellten Rechtsanwalt, nicht
dem Verkehrsanwalt".[387]

(2) „Die Pflicht des zum Prozeßbevollmächtigten bestellten Rechtsanwalts zu sachgemäßer Prozeßführung ändert sich nicht dadurch, daß ein Verkehrsanwalt in die
Korrespondenz zwischen ihm und dem Mandanten eingeschaltet ist, Fristen überwacht und die Schriftsätze an das Prozeßgericht entwirft".[388]

(3) „Entwirft der Verkehrsanwalt einen Schriftsatz an das Prozeßgericht, so wird dadurch weder die Verantwortung des Prozeßbevollmächtigten für den Inhalt des
Schriftsatzes beschränkt, noch der Verantwortungsbereich des Verkehrsanwalts in
bezug auf das prozessuale Handeln gegenüber dem Prozeßgericht erweitert".[389]

(4) Die Aufgabe des Verkehrsanwalts erschöpft sich nicht in der Weitergabe von
Schriftstücken. Er hat vielmehr den Mandanten, soweit notwendig, über die rechtliche Bedeutung gerichtlicher Maßnahmen (z. B. eines Beweisbeschlusses) zu belehr-
ren und auf gerichtliche Auflagen hinzuweisen, zu deren Erfüllung der Mandant
mitwirken muß.[390]

(5) „Der Verkehrsanwalt ist grundsätzlich nicht verpflichtet, die Tätigkeit des Prozeßbevollmächtigten zu überwachen".[391]

(6) „Nur dann, wenn sich dem Verkehrsanwalt aufgrund besonderer Umstände auf-
drängen muß, daß der Prozeßbevollmächtigte ihm obliegende Pflichten nicht erfüllt, muß der Verkehrsanwalt im Rahmen seiner dem Mandanten gegenüber bestehenden Beratungspflicht diesen darauf hinweisen und auf Abhilfe dringen".[392]

---

[385] *Borgmann/Haug*, S. 224 in Verb. mit S. 188; *Rinsche*, Rdnr. I 87 und 89; *Seltmann*, VersR 1974, 97 [104]; *Borgmann*, AnwBl 1988, 479. – Der BGH hat die Frage
noch nicht ausdrücklich entschieden; der Sache nach wie hier BGH NJW 1988, 3013,
wo bei gemeinsam verschuldetem Prozeßverlust im Außenverhältnis *volle* Haftung des
Verkehrsanwalts bejaht und zur Haftung des Prozeßbevollmächtigten ausgeführt wird:
„Die schuldhafte Pflichtverletzung des Bekl. (Verkehrsanwalt) wird nicht dadurch
aufgehoben, daß auch die Koblenzer Anwälte (Prozeßbevollmächtigte) nicht die erforderliche Sorgfalt haben walten lassen" (S. 3015).
[386] Vgl. oben Fußn. 381. Nicht Stellung genommen ist zur Frage der gesamtschuldnerischen Haftung.
[387] BGH NJW 1988, 1079, Leitsatz 1 Satz 1.
[388] BGH NJW 1988, 3013, Leitsatz 1.
[389] BGH NJW 1988, 1079, Leitsatz 2.
[390] BGH NJW 1988, 3013 [3014].
[391] BGH NJW 1988, 1979, Leitsatz 1 Satz 3; eindringlich *Seltmann*, VersR 1974, 97
[102]: Der Verkehrsanwalt „ist nicht der Aufseher des Prozeßbevollmächtigten", ihm
kommt kein „Wächteramt" zu.
[392] BGH NJW 1988, 1979 [1082]. Ähnlich bereits das Reichsgericht: „Denn wenn-

Diese Grundsätze stehen im vollen Einklang mit der bisherigen Rechtspre- 322
chung, die den Verkehrsanwalt treffend als „Zwischenglied zwischen dem
Prozeßanwalt und seiner Partei" gekennzeichnet hat.[393] „Seine Aufgabe ist
die Aufnahme der Information von der Partei und die damit verbundene
Beratung, die Verarbeitung der Information und ihre Weiterleitung an den
Prozeßbevollmächtigten und gegebenenfalls die sonstige Vermittlung einer
Aussprache zwischen der Partei und dem Prozeßbevollmächtigten".[394] Obliegt damit die eigentliche Verantwortung für das Prozeßmandat dem Prozeßbevollmächtigten, so gehen die Aufgaben des Verkehrsanwalts doch weit
über reine Zuträgertätigkeiten hinaus. Den Korrespondenzanwalt trifft vielmehr eine Vielzahl (eigen)verantwortlicher Aufgaben.[395] So hat er die alleinige Verantwortung für die sorgfältige Auswahl des Prozeßbevollmächtigten
und ein Auswahlverschulden macht ihn haftbar.[396] Ebenso treffen ihn Sorgfaltspflichten bei der Übermittlung des Vertretungsauftrages an den Kollegen. Er muß sich insbesondere vergewissern, ob der Antrag eingegangen ist
und auch angenommen wurde.[397] Dies gilt vor allem dann, wenn der Auftrag
die Einlegung eines Rechtsmittels zum Gegenstand hat.[398] In diesem Fall
gehört zu der oben ausgeführten Informationsvermittlungspflicht des Verkehrsanwalts, dem beauftragten Prozeßbevollmächtigten zuverlässig das für
die Einhaltung der Rechtsmittelfristen maßgebliche Zustellungsdatum zu benennen.[399] Ist hingegen der Prozeßanwalt nach der Auftragsannahme mit den
erforderlichen Informationen versorgt worden, trifft ihn *allein* die Pflicht
zum ordnungsgemäßen Handeln gegenüber dem Prozeßgericht.[400]
Diese nur beispielhafte Aufzählung der wesentlichsten Pflichten und ihre 323
Verteilung auf Verkehrs- und Prozeßanwalt machen deutlich, wie wenig die
Annahme gerechtfertigt wäre, der eine sei Erfüllungsgehilfe des anderen. Es
kann allerdings umgekehrt vorkommen, daß einer der beiden Anwälte –

---

gleich die letzte Entscheidung über die zu treffenden Prozeßmaßnahmen in der Hand
des eigentlichen Prozeßbevollmächtigten zweiter Instanz lag, so enthob das doch den
als Verkehrsanwalt weiterhin tätigen Anwalt erster Instanz ... nicht jeder *eigenen Beeinflussung* des künftigen Prozeßverlaufs" (RGZ 152, 330 [343]).
[393] OLG Frankfurt MDR 1981, 51.
[394] OLG Frankfurt a a O.
[395] Vgl. dazu die ausführliche Darstellung von *Seltmann,* VersR 1974, 97 [99 ff.].
[396] *Seltmann* a a O, S. 99.
[397] So zuletzt BGH VersR 1987, 589; 1986, 145; OLG Frankfurt MDR 1988, 502,
jeweils m. w. N.
[398] BGH NJW 1988, 3020 m. w. N. und a a O.
[399] BGH VersR 1986, 462 m. w. N.; 1980, 193.
[400] BGH NJW 1988, 1079 [1082] mit zust. Anm. *Borgmann,* EWiR § 675 BGB 5/88,
571; ebenso in EWiR § 675 BGB 6/88, 573. – Die Alleinverantwortlichkeit für das
Prozeßmandat endet dabei nicht bereits mit Entscheidungserlaß. Vielmehr gehört es zu
den Aufgaben des Prozeßbevollmächtigten, dem Verkehrsanwalt das ergangene Urteil
zu übersenden und ihm das Zustellungsdatum mitzuteilen, damit dieser die Einlegung
eines vom Mandanten beabsichtigten Rechtsmittels rechtzeitig veranlassen kann (BGH
VersR 1986, 488).

obgleich doch an sich eine eigene Verbindlichkeit erfüllend – zugleich als Erfüllungsgehilfe des *Mandanten* in bezug auf die dem Mandanten gegenüber dem *anderen* Anwalt obliegende Schadensverhütungs- und -minderungspflicht angesehen wird. Dieses Problem stellt sich allerdings nicht nur im Verhältnis Prozeßbevollmächtigter/Verkehrsanwalt, sondern immer dann, wenn für die Partei mehrere Anwälte (nacheinander) tätig geworden sind; es soll daher im folgenden gesondert erörtert werden.

d) Nacheinander tätige Rechtsanwälte

324 In vielen Fällen kommt es in derselben Sache zu einem Nacheinander der Tätigkeit verschiedener Rechtsanwälte. So kann ein Wechsel in der Person des Prozeßbevollmächtigten etwa im Instanzenzug erforderlich werden, weil der erstinstanzliche Anwalt nicht zugleich beim Rechtsmittelgericht zugelassen ist; aber auch ohne rechtliche Notwendigkeit kann es aus verschiedenen Gründen innerhalb derselben Instanz zu einem Wechsel des Prozeßbevollmächtigten kommen. Hier kann die typische Haftungssituation auftreten, daß dem „ersten" Rechtsanwalt ein Fehler unterlaufen ist, der vom „zweiten" Anwalt nicht erkannt oder doch nicht behoben wurde und dadurch zu einer Schädigung des Mandanten führt. Fraglich ist, ob sich hier der den „ersten" Anwalt in Anspruch nehmende Mandant das Verschulden seines „zweiten" Anwalts anspruchsmindernd oder gar -ausschließend gem. §§ 254 Abs. 2, 278 BGB entgegenhalten lassen muß. Dies wird von einer in Rechtsprechung[401] und Schrifttum[402] vertretenen Meinung bejaht; sie geht von folgender Überlegung aus:

Das Versehen des „ersten" Anwalts ist, solange sich der Schaden noch nicht realisiert hat, nur eine mögliche *Schadensursache*. Die Partei trifft gegenüber dem „ersten" Anwalt eine Schadensverhütungs- und minderungspflicht. „Eine Partei ist kraft der ihr aus dem Anwaltsdienstvertrages obliegenden Treupflicht gehalten, jedes ihr zur Verfügung stehende Mittel zu ergreifen, um eine aus einem Versehen ihres Anwalts für sie entstehende gefahrdrohende Lage zu beseitigen".[403] Zur Erfüllung dieser Schadensverhinderungs-(minderungs-)pflicht bedient sich die Partei ihres „zweiten" Rechtsanwalts. Ist dieser an der Schadensentstehung dadurch mitverantwortlich, daß er den Eintritt des (abwendbaren) Schadens nicht abgewendet hat, so muß sich dies die Partei schadensmindernd (-ausschließend) entgegenhalten lassen.

325 Das Gesagte soll an zwei Beispielen aus der Rechtsprechung verdeutlicht werden. Hat eine Partei dadurch Schaden erlitten, daß aus einem – im Rechtsmittelzug später aufgehobenen – ohne Abwendungsbefugnis gem. § 711 ZPO vorläufig vollstreckbarem Urteil vollstreckt wurde und der Gegner zwischen-

---

[401] BGH NJW 1974, 1865 [1867 f.]; RGZ 167, 76 [80 ff.]; OLG Hamm VersR 1982, 1057.

[402] *Borgmann/Haug,* S. 186 ff.; *Rinsche,* Rdnr. I 88; *Borgmann,* AnwBl 1988, 479.

[403] RGZ 167, 76 [80].

zeitlich vermögenslos ist, so kann sich der Rechtsanwalt, der versehentlich die Stellung eines Schutzantrags gem. § 711 ZPO unterlassen hatte, darauf berufen, daß der Rechtsmittelanwalt die Vollstreckung aus dem vorläufig vollstreckbaren Titel durch einen Einstellungsantrag gem. § 719 ZPO hätte verhindern können und müssen (RGZ 167, 76). Hat eine Partei infolge unzulänglicher Belehrung durch den „ersten" Rechtsanwalt die Vollziehungsfrist gem. § 929 II ZPO verstreichen lassen, so daß die einstweilige Verfügung auf Berufung des Gegners der Aufhebung unterlag, so hätte der durch die Durchführung des Berufungsverfahrens entstehende Kostenschaden durch Unterlassung der Antragstellung in der Berufungsverhandlung und sofortige Rücknahme des Verfügungsantrags durch den „zweiten" Anwalt verhindert werden können und müssen (vgl. OLG Hamm VersR 1982, 1057).

Die Folgerung aus diesen Entscheidungen ist, daß jeder Mandant, der sich **326** mehrerer Anwälte bedient, bei jedem Fehler des einen Anwalts einer Schadensminderungspflicht ausgesetzt ist, die seinen Regreßanspruch gegen den (eigentlichen) Schädiger zwangsläufig schmälert. Denn zum Haftungsprozeß kommt es nur, wenn der Schaden wirklich *eingetreten* ist. Ist er aber eingetreten, dann doch deshalb, weil der „zweite" Anwalt nicht in Erfüllung der Schadensabwendungs- und Schadensminderungspflicht seines Mandanten die erforderlichen Maßnahmen getroffen hat.[404] Das Ergebnis ist dabei stets eine *zu Lasten* des Mandanten gehende,[405] die Pflichterfüllung des anderen betreffende, *wechselseitige Verantwortlichkeit* der beteiligten Anwälte untereinander. Gegen diese Auffassung bestehen Bedenken.[406]

Daß den Mandanten im Verhältnis zu seinem Anwalt eine Schadensverhin- **327** derungs- und -minderungspflicht treffen kann, ist sicher richtig; andererseits schaltet die Partei den „zweiten" Anwalt aber gerade nicht zur Erfüllung dieser gegenüber dem „ersten" Anwalt bestehenden Obliegenheit ein, vielmehr wird der „zweite" Anwalt nur im Rahmen des eigenen Mandats tätig. Selbst wenn man aber den „zweiten" Anwalt als im Pflichten-(Obliegenheiten-)kreis des Mandanten eingesetzt sieht, ginge die „Pflicht" des Mandanten

---

[404] Unterläuft dagegen dem „zweiten" Anwalt ein Fehler, der sofort zum Schadenseintritt führt (Berufungsanwalt läßt nach Teilklage den Restanspruch in der Berufungsinstanz verjähren), so kann *er* sich gegenüber dem Mandanten nicht auf ein mitwirkendes Verschulden des „ersten" Anwalts (Verkehrsanwalts) berufen (vgl. RGZ 140, 1 [6 ff.]: *Bis* zum Schadenseintritt sind die §§ 254 Abs. 2, 278 BGB in bezug auf den „ersten" Anwalt nicht anwendbar, *nachher* fehlt es aber an einer Schadensabwendungsmöglichkeit.

[405] Daran ändert im Ergebnis auch die Tatsache nichts, daß der Mandant zum Schadensausgleich immerhin den Anwalt, dessen Verschulden er sich gem. § 278 BGB zurechnen lassen muß, bezüglich des verbleibenden Restes seines Schadens verklagen kann. Ihm bliebe in jedem Fall die Last und das Risiko *zweier* Haftpflichtprozesse.

[406] Ablehnend: *Soergel/Mertens,* § 254 Rdnr. 108; Münch. Komm./*Grunsky,* § 254 Rdnr. 88; *Staudinger/Medicus,* § 249 Rdnr. 76; kritisch auch *Lange,* Schadensersatz, 1979, S. 375 zu Fußn. 244 zur Differenzierung zwischen Arzt und Anwalt; ferner *Seltmann,* VersR 1974, 97 [104], der §§ 254, 278 BGB als „Ausnahmefall" gegenüber der regelmäßigen Gesamtschuld ansieht.

– entsprechend der Rechtslage beim zugezogenen Arzt und der eingeschalteten Kfz-Reparaturwerkstatt[107] – doch nur auf sorgfältige Auswahl; die Belastung des Mandanten mit dem Fehlerentdeckungs- und -behebungsrisiko erscheint (auch hier) unangemessen. Sind an ein und demselben Schadensfall mehrere Anwälte beteiligt, die jeweils verschiedene Schadensursachen in ihrem eigenen Verantwortungsbereich gesetzt haben, so haften sie als Gesamtschuldner;[408] ein Gesamtschuldner kann sich aber nicht auf ein der geschädigten Partei nach § 278 BGB anrechenbares Mitverschulden des anderen Gesamtschuldners berufen.[409] Der Mandant kann daher gem. § 421 BGB einen der beteiligten Anwälte für den ganzen Schaden verantwortlich machen und die Klärung der einzelnen Haftungsanteile dem internen Gesamtschuldnerausgleich der beteiligten Anwälte gem. § 426 BGB überlassen.

e) Angestellter Anwalt, freier Mitarbeiter und bestellter Vertreter

328   In vielen Anwaltskanzleien werden für die Mandatserledigung zugelassene Anwälte eingeschaltet, die entweder in einem Angestellten- oder aber in einem freien Mitarbeiterverhältnis zur Sozietät stehen.[410] Als solche sind diese Rechtsanwälte nicht Mitglied der Sozietät, und damit ebensowenig Partei des Anwaltsvertrages mit dem Mandanten. Eine Delegation der anwaltlichen Aufgaben an sie dient lediglich der internen Arbeitsteilung. Es fehlt so regelmäßig sowohl die sachliche Rechtfertigung für eine Substitution als auch das Einverständnis des Mandanten, und die Haftungsbeschränkung auf das Auswahlverschulden analog § 664 Abs. 2 S. 2 BGB kann so weder dem unmittelbar beauftragten Anwalt noch der Sozietät zugute kommen. Dieser haftet

---

[407] Vgl. nur *Palandt/Heinrichs*, § 254 Anm. 5 b m. w. N.

[408] So auch RGZ 115, 185 [189]: Ist die Verjährung während des Berufungsrechtsstreits durch ein Verschulden des zweitinstanzlichen Anwalts eingetreten und hat sich der erstinstanzliche Anwalt „gleichfalls eines für den Verjährungsablauf mit ursächlichen Versehens schuldig gemacht, so ist die Rechtslage nicht anders zu beurteilen, als wenn die Mandantin nacheinander mehrere Anwälte um Rechtsauskunft ersucht und von allen dieselben falschen, ihr schädlichen Ratschläge erhalten hätte. Dann wären sämtliche Anwälte der Mandantin als Gesamtschuldner verantwortlich und sie könnte den einen oder den anderen wegen des ganzen Schadens haftbar machen, ohne daß einer im Verhältnis zur Mandantin unter Berufung auf Fehler der anderen Anwälte gemäß §§ 254, 278 BGB Minderung seiner Ersatzpflicht fordern könnte (§ 421 BGB)". Diese Entscheidung wird in der oben Fußn. 401 für die Gegenansicht angeführten Rechtsprechung teils „distinguiert" (so RGZ 167, 76 [80], teils zustimmend zitiert (so OLG Hamm VersR 1982, 1057), teils bleibt sie unberücksichtigt (so BGH NJW 1974, 1865 [1867]). Zum Verhältnis Prozeßbevollmächtigter/Verkehrsanwalt vgl. bereits oben 3 c.

[409] Das wird auch von den Vertretern der Gegenansicht anerkannt; vgl. *Borgmann/ Haug*, S. 188, 244; *Rinsche*, I Rdnr. 87; OLG Hamm VersR 1982, 1057. Ließe man den Einwand zu, läge kein Fall der Gesamtschuld vor, denn die Frage der Haftungsanteile der einzelnen „Gesamtschuldner" wäre keine (lediglich) ihres „Innenverhältnisses".

[410] Dazu *Knief*, AnwBl. 1985, 58; eingehend zur Abgrenzung freier Mitarbeiter – Arbeitnehmer *Berghahn*, Der Rechtsanwalt als freier Mitarbeiter, 1989.

daher ebenso wie die Anwaltssozietät für ein Verschulden des eingeschalteten juristischen Mitarbeiters gem. § 278 BGB.[411]

Für den „bestellten Vertreter" gelten ergänzend folgende Besonderheiten. 329 Die Bundesrechtsanwaltsordnung sieht insoweit verschiedene Formen der Vertreterbestellung vor: für Pflichtwidrigkeiten des nur *vorübergehend bestellten Vertreters* – gleichviel, ob dieser vom verhinderten Rechtsanwalt selbst oder aber von der Justizverwaltung bestellt wurde (vgl. § 53 Abs. 2 beide Alt. BRAO) –, haftet der vertretene Anwalt in jedem Fall gem. § 278 BGB, da er während der gesamten Dauer seiner Vertretung Mandatsträger bleibt,[412] während demgegenüber der zur Vertretung bestellte Anwalt regelmäßig auch nicht nach außen im eigenen Namen tätig wird, sondern nur im Namen des Vertretenen dessen Berufstätigkeit ausübt.[413]

Auch wenn dem Rechtsanwalt für alle Verhinderungsfälle während eines 330 Kalenderjahres vorsorglich ein amtlicher Vertreter bestellt wurde (§ 53 Abs. 3 BRAO), verbleiben die Geschäftsaufträge und damit die grundsätzliche Mandatsverantwortung beim vertretenen Anwalt.[414] Liegt eine (ordnungsmäßige) Vertreterbestellung nicht vor, kann zusätzlich zum Vertreterverschulden (§ 278 BGB) auch Eigenverschulden (§ 276 BGB) des vertretenen Rechtsanwalts in Frage kommen: Den Fortbestand seiner Bestellung als Voraussetzung für eine wirksame Mandantenvertretung im Namen des an sich beauftragten Rechtsanwalts hat nicht nur der Vertreter, sondern *neben* diesem auch der vertretene Rechtsanwalt selbst zu überprüfen.[415]

f) Büropersonal und sonstige Kanzleiangestellte

Bei Einschaltung solcher Hilfspersonen handelt es sich um keine Substitu- 331 tion, da die Verantwortung für die Auftragserledigung beim mandierten Anwalt verbleibt. Der Anwalt kann sich daher nicht auf die Entlastung des § 664 Abs. 1 S. 2 BGB berufen, sondern haftet praktisch uneingeschränkt für das Verschulden seiner Kanzleigehilfen (gleichviel, ob Bürovorsteher oder Auszubildender) gem. § 278 BGB.[416] Die Mitglieder des Kanzleipersonals – und

---

[411] *Borgmann/Haug*, S. 224f. – Zur Eigenhaftung des angestellten Rechtsanwalts vgl. LAG München NJW-RR 1988, 542 und dazu bereits oben Fußn. 266.

[412] Vgl. auch BGH VersR 1982, 770 (zu § 85 Abs. 2 ZPO).

[413] RGZ 163, 377 [379]; OLG Frankfurt NJW 1986, 3091 [3092]; *Borgmann/Haug*, S. 225 m.w.N.; *Rinsche*, Rdnr. I 104f. – Zur Eigenhaftung eines amtlich bestellten Vertreters eines Rechtsanwalts vgl. OLG Frankfurt NJW 1986, 3091.

[414] Vgl. auch BGH VersR 1982, 770.

[415] OLG München MDR 1987, 590; AnwBl 1981, 443; *Borgmann/Haug*, S. 225; zu den Konsequenzen bei nur vermeintlicher Vertreterbestellung vgl. auch *Lang* (Haftpflichtfragen), AnwBl 1981, 496; zu einem Fall nicht vorwerfbarer, irrtümlicher Annahme des Fortbestandes der Vertreterbestellung vgl. BGH VersR 1987, 73.

[416] *Borgmann/Haug*, S. 225ff.; *Rinsche*, Rdnr. I 106. Die Berufung auf die „ausgewählte, überwachte und sonst zuverlässige Kanzleiangestellte", die im Rahmen der Wiedereinsetzung in den vorigen Stand (§ 233 ZPO) ein anwaltliches, der Partei zurechenbares Verschulden entkräftet (vgl. dazu RGZ 96, 322; BGHZ 43, 148; ferner z.B.

dazu muß man auch Referendare zählen – sind typischerweise Erfüllungsge-hilfen des einzelnen beauftragten Anwalts, aber genauso auch der zur Sozietät verbundenen Anwälte. Nur, ihre Aufgabe ist es, im – durch das jeweilige Mandat bestimmten – Pflichtenkreis *unterstützend* tätig zu werden. Weichen sie hiervon ab, d.h. steht die jeweilige Einzelmaßnahme nicht mehr im sachli-chen Zusammenhang zu ihrem generell *und* durch den Mandantenauftrag spezifizierten Aufgabenbereich, so scheidet auch eine Verschuldenszure-chung zu Lasten des mandierten Rechtsanwalts aus.[417] Innerhalb dieser Diffe-renzierung sind allerdings ihrerseits Unterschiede zu machen. Betrügereien und sonstige strafrechtliche Machenschaften des Büropersonals, die an sich außerhalb des haftungsrechtlich relevanten Aufgabenbereichs des Büroperso-nals und damit aber auch des Verantwortungsbereichs des Anwalts liegen, jedoch unter Ausnutzung ihrer Dienststellung begangen werden, können nicht zu Lasten des Mandanten gehen und sind dem Rechtsanwalt zuzurech-nen. Daher haftet der anstellende Anwalt gleichwohl auch für solche Pflicht-verletzungen des eigenen Personals.[418] Eine für den Anwalt entlastende Wir-kung hat eine außerhalb des Verantwortungsbereichs des Personals liegende Pflichtverletzung eines Büroangestellten darüberhinaus nur dann, wenn er-sterer nicht nach außen den falschen Anschein einer Duldung oder gar einer Billigung erweckt hat, für die er in jedem Fall schon aus *eigenen* Verschulden (fehlende Personalkontrolle) haftet.[419] Denn allzu leicht ist für den Parteiver-kehr der unberechtigte Eindruck einer Bevollmächtigung des Kanzleiperso-nals, insbesondere des Bürovorstehers[420] erweckt. Die Verschuldenslast liegt in solchen Fällen indes nicht vollständig auf Seiten des Rechtsanwalts. Maßt ein Kanzleiangestellter sich Zuständigkeiten an, die deutlich nicht in seinen Aufgabenbereich fallen, muß sich der gutgläubig, aber auch blauäugig darauf vertrauende Mandant im Regreßfall ein eigenes Mitverschulden anrechnen lassen.

BGH VersR 1982, 45; 1983, 374; 1984, 240), hat demnach haftungsrechtlich keine Bedeutung (vgl. auch *Borgmann/Haug*, S. 227).

[417] RG JW 1906, 332; *Borgmann/Haug* und *Rinsche*, jeweils aaO.

[418] RGZ 101, 248 [249]; *Borgmann/Haug*, S. 226. Im Verhältnis zu Dritten (Nicht-mandanten) kommt auch eine Haftung des Rechtsanwalts gem. § 831 BGB, uU gem. § 823 BGB in Frage; vgl. dazu die Fallgestaltung in RGZ 14, 283.

[419] *Borgmann/Haug*, S. 226; *Rinsche*, Rdnr. I 106; vgl. auch RGZ 14, 283 [286].

[420] Zur Haftung bei Inkassovollmacht des Bürovorstehers vgl. *Albrecht*, JW 1908, 729.

V. Kausalität und Zurechung

1. Allgemeines

Eine rechtswidrige und schuldhafte Pflichtverletzung des Rechtsanwalts 332
hat haftungsrechtlich nur dann Bedeutung, wenn dem Mandanten auch ein
Schaden entsteht. Aber nicht jeder Schaden des Auftraggebers löst die Haftung des Anwalts aus; der haftungsbegründende Vorgang muß zum einen
kausal für den eingetretenen Schaden geworden sein und zum anderen muß
letzterer der anwaltlichen Pflichtverletzung auch *zurechenbar* sein. Kausal-
und Zurechnungszusammenhang sind so unerläßliche Bindeglieder zwischen
den bereits erörterten und der noch im nächsten Abschnitt näher zu bespre-
chenden, letzten Haftungsvoraussetzung, dem Schaden des Mandanten (dazu
unten VI).

Kausalität (im Rechtssinn) ist ein „Haftungsfilter",[421] der zur objektiven 333
Pflichtwidrigkeit hinzukommen muß. Keinesfalls darf aus der fiktiven Möglichkeit des Anwalts, gerichtliche Fehler zu verhindern, also aus einer allgemeinen („abstrakten") Kausalität des Anwaltsverhaltens, auf eine anwaltliche
Pflichtwidrigkeit geschlossen, das Kausalitätserfordernis also „haftungserweiternd" eingesetzt werden;[422] dies liefe auf die Anerkennung einer allgemeinen Fehlerverhütungspflicht des Anwalts gegenüber dem Gericht hinaus,
die im Widerspruch zur Aufgabenteilung zwischen Rechtsanwalt und Gericht steht.[423] Damit ist bei der Anwaltshaftung folgende *Prüfungsreihenfolge*
einzuhalten: Die objektive Pflichtwidrigkeit des Anwaltsverhaltens ist *vor*
der Kausalität festzustellen. Die nachfolgende Einzeluntersuchung wird zeigen, daß diese Grundsätze in der Praxis der Anwaltshaftung nicht immer
genügend beachtet werden.[424]

Es gibt zwei Formen haftungsrechtlich relevanter Kausalität: die *haftungs-* 334
begründende und die *haftungsausfüllende* Kausalität. Die erstere betrifft das
Ursache-/Wirkungsverhältnis zwischen der Handlung des Verletzers (des
Anwalts) und dem festgestellten Pflichtenverstoß. Es handelt sich hier um die
den Ersatzanspruch auslösende Kausalkette. Für den Inhalt und Umfang
dieses Ersatzanspruchs ist dagegen die haftungsausfüllende Kausalität maßgeblich, die den Kausalzusammenhang zwischen der schuldhaften Pflichtverletzung des Anwalts und dem eingetretenen *Schaden* (gegebenenfalls etwaiger
Folgeschäden) des Mandanten betrifft.

Dabei ist es eine Besonderheit der Anwaltshaftung, daß die Frage, ob über- 335
haupt ein Schaden (im Rechtssinn) entstanden ist, keineswegs immer zwei-

---

[421] Vgl. *Sieg*, BB 1988, 1609.
[422] Zutr. *Guardiera Windheim*, S. 167ff., 174, 179.
[423] Vgl. dazu oben § 2 V 2.
[424] Vgl. hierzu näher unten 3e.

felsfrei feststeht, sondern vielfach erst mit Hilfe hypothetischer Kausalverläufe festgestellt werden kann. Typischerweise löst die anwaltliche Pflichtverletzung als solche (die Falschberatung, die Nichtunterbrechung der Verjährung, der unvollständige Sachvortrag usw.) noch überhaupt keinen „Schaden" aus; dieser tritt häufig erst als Folge von (weiteren) Maßnahmen des Mandanten selbst, von Entschließungen Dritter (Gegner, weitere Anwälte), vielfach erst von Entscheidungen von Behörden und Gerichten ein. Aber selbst der Prozeßverlust in einem Verfahren mit Anwaltsfehler braucht nicht zu einem Schaden im Rechtssinn zu führen; entscheidend ist dann, wie das Gericht ohne den anwaltlichen Fehler richtig entschieden hätte (dazu i. e. unten VI).

336   Im folgenden geht es nur um den haftungsausfüllenden Kausalzusammenhang. Kennzeichnend hierfür sind Fragen „psychisch vermittelter" und „kumulativer" Kausalität sowie die Kausalität des „Unterlassens" (hierzu unten 2c – e); große Bedeutung kommt auch hypothetischen Kausalverläufen zu, verbunden mit normativen Erwägungen („richtige" Entscheidung im „hypothetischen" Verfahrensablauf; vgl. dazu unten 2f, g).

337   Die haftungsbegründende Kausalität spielt dagegen im Bereich der Anwaltshaftung praktisch keine Rolle, weil die Ursächlichkeit des anwaltlichen Verhaltens für die Pflichtverletzung in der Regel feststeht. Sie kann allerdings dort Bedeutung erlangen, wo Dritte (z. B. Kinder oder die Ehefrau des Auftraggebers) von der Mandatserledigung betroffen sind, ohne selbst Partei oder Leistungsberechtigte des Anwaltsvertrages zu sein.[425] Denn ob nun bei pflichtwidrigem Verhalten des Rechtsanwalts auch ein Ersatzanspruch des geschädigten Dritten ausgelöst wurde – was freilich nur selten vorkommt –, ist eine Frage der haftungsbegründenden Kausalkette.

2. Kausal- und Zurechnungszusammenhang

a) Bedingungszusammenhang – äquivalente Kausalität

338   Wie auch sonst im Schadensersatzrecht ist auch im Bereich der Anwaltshaftung für die Feststellung der Kausalität zunächst von der *Bedingungs- oder Äquivalenztheorie* auszugehen. Danach ist ursächlich jede Bedingung, die nicht hinweggedacht werden kann, ohne daß zugleich der Erfolg bzw. die Schadensfolgen entfielen (condicio sine qua non-Formel);[426] Ursächlichkeit ist also die Gesamtheit aller auf das Lebensverhältnis (Mandatsverhältnis) einwirkenden Faktoren, die den Erfolg (Schaden des Mandanten) herbeiführen. Weil danach alle Bedingungen *gleichwertig* („äquivalent") sind und zudem „jede Ursache als Wirkung anderer Ursachen, jede Wirkung als Ursache

---

[425] Vgl. zur Problematik insgesamt die Ausführungen unter § 1 V.
[426] BGHZ 2, 138 [140 f.]; 96, 157 [170]. – Dabei ist zu bedenken, daß es sich bei der Theorie der condicio sine qua non nicht etwa um eine exakte Definition der Kausalität handelt; *Larenz* (Schuldrecht I, § 27 IIIa, S. 433) spricht vielmehr zutr. von einer „Faustregel", *Deutsch* (§ 11 II 3) von einem „abgekürzten Test".

fernerer Wirkungen betrachtet werden kann, ist der Kausalzusammenhang als solcher prinzipiell unbegrenzt."[427] Es gibt keine „Unterbrechung" des Kausalzusammenhangs durch das willentliche Dazwischentreten eines Dritten oder durch die Entscheidung einer Behörde oder eines Gerichts;[428] es gibt keine Unterscheidung von wichtigeren („wesentlichen", „nächsten") und weniger wichtigen Ursachen.[429] Eine allein an der Bedingungstheorie orientierte Verantwortlichkeit des Ersatzpflichtigen würde so – vom Standpunkt des Kausalitätserfordernisses – zu einer uferlosen und unüberschaubaren Haftung führen. Daher ist die Kausalität im Sinne der condicio sine qua non zwar ein *unerläßliches*,[430] aber auch ein unzureichendes und somit ergänzungsbedürftiges Kriterium der Zurechnung von Schadensfolgen.[431] Ist also die *Kausalität* anwaltlicher Pflichtverletzung für den Schaden des Mandanten festgestellt, muß sich hieran immer die ergänzende Frage nach dem *Zurechnungszusammenhang* anschließen.

b) Zurechnungszusammenhang – Adäquanz und Schutzzweck

Aus der Erkenntnis einer zu weitgehenden Haftung auf Basis des reinen 339 Kausalitätsbegriffs sind – nicht erst in neuerer Zeit – Einschränkungen entwickelt worden, von denen insbesondere zwei hervorzuheben sind.[432] Trotz der im Schrifttum immer verstärkter vorgetragenen Einwendungen[433] ist die Zurechnung von Schadensfolgen am Maßstab der *Adäquanztheorie* insbesondere von der Rechtsprechung[434] nach wie vor weitgehend anerkannt. Danach sind nur solche kausalen Schadensfolgen dem Verantwortungsbereich des

---

[427] *Larenz*, Schuldrecht I, § 27 III b 6 (S. 455).

[428] Vgl. *Deutsch*, § 12 II 1, S. 158; *v. Caemmerer*, Gesammelte Schriften I, S. 400 f.; Münch.Komm./*Grunsky*, Vor § 249 Rdnr. 52. Möglich ist nur eine Unterbrechung des „Zurechnungszusammenhangs"; zutr. *Palandt/Heinrichs*, Vor § 249 Anm. 5 B f.

[429] *Medicus*, Schuldrecht I, § 54 I 2; Münch.Komm./*Grunsky*, Vor § 249 Rdnr. 50; *Lange*, Schadensersatz, § 3 V und VII 2 d.

[430] Eine Ausnahme bildet der – für die Anwaltshaftung aber kaum in Frage kommende – Fall der gesetzlichen Außerkraftsetzung des Verursacherprinzips bei Beteiligung mehrerer an einer unerlaubten Handlung (§ 830 BGB).

[431] *Larenz*, Schuldrecht I, § 27 III a; ebenso Münch.Komm./*Grunsky*, Vor § 249 Rdnr. 37; *Staudinger/Medicus*, § 249 Rdnr. 33; *Palandt/Heinrichs*, Vor § 249 Anm. 5 A c; *Lange*, Schadensersatz, § 3 IV 1.

[432] Zu weiteren, insbesondere den neueren Tendenzen, vgl. *Sourlas*, Adäquanztheorie und Normzwecklehre, 1974, S. 49 ff.

[433] Vgl. insbesondere Münch.Komm./*Grunsky*, Vor § 249 Rdnr. 42 m.w.N. in Fußn. 138; *Lange*, Schadensersatz, § 3 VI 5; *Sourlas*, S. 148 f. und insbes. S. 171; *Esser/Schmidt*, § 33 II 1 b und nicht zuletzt *v. Caemmerer* (Gesammelte Schriften I, S. 395 ff.), einem der wohl führenden Vertreter der „konkurrierenden" Normzwecklehre (dazu aber noch unten).

[434] Grundlegend BGHZ 3, 261; weitere Nachweise bei *Siedler*, Haftungsbegrenzung, S. 14 f.
Im Unterschied zum Reichsgericht (z.B. RGZ 133, 126 [127]; 152, 397 [401]; 169, 84 [91] – weitere Nachweise in Münch.Komm./*Grunsky*, Vor § 249 Rdnr. 41 und dort

Ersatzpflichtigen zuzurechnen, deren Eintritt nach der allgemeinen Lebenserfahrung vom Standpunkt eines erfahrenen und sorgfältigen Beobachters nicht außerhalb jeder Wahrscheinlichkeit liegen, mithin vorhersehbar waren.[435] Deutlich wird dabei, daß es sich bei der Adäquanztheorie keineswegs – wie etwa ihre Schöpfer *Rümelin* und *Träger* selbst meinten[436] – um eine Einschränkung des Kausalitätsbegriffs oder gar um eine spezielle Entwicklung desselben handelt. Vielmehr geht es allein um die *normative Zurechnung* von Schadensfolgen bei zweifellos *feststehender Kausalität* im Sinne der Äquivalenztheorie.[437]

340   Inwieweit allerdings die Adäquanztheorie ihrer Aufgabe gerecht werden kann, die Haftung für solche (kausal eingetretenen) Schäden auszuschließen, deren Eintritt außerhalb aller Wahrscheinlichkeit liegt, hängt im wesentlichen vom Wahrscheinlichkeitsmaßstab ab. Wie bereits erwähnt, ist diese Frage immer vom Standpunkt eines *neutralen Beobachters* aus zu beurteilen. Aber je nach den Kenntnissen, mit denen man diesen (gedachten) Beobachter ausstattet, wird das Ergebnis unterschiedlich lauten und der Erfolgseintritt in der jeweiligen Situation mehr oder weniger vorhersehbar erscheinen. Während aber – ebenso wie hier – teilweise im Schrifttum[438] der Standpunkt eines *erfahrenen* Beobachters[439] für die Frage der Zurechnung von Schadensfolgen herangezogen wird, neigt die Rechtsprechung demgegenüber dazu, den Standpunkt des *optimalen*,[440] d.h. des allwissenden, umsichtigen und allseits bedachten, also „künstlichen"[441] Beobachters zugrundezulegen und hier-

---

Fußn. 125, sowie bei *Siedler*, Haftungsbegrenzung, S. 13 und dort Fußn. 26 ff.) – ist der BGH nicht auf der Adäquanzebene stehen geblieben; vgl. hierzu näher unten, insbesondere Fußn. 449.

[435] *Soergel/Mertens*, Vor § 249 Rdnr. 120; Münch.Komm./*Grunsky*, Vor § 249 Rdnr. 40; *Larenz*, Schuldrecht I, § 27 III b 1 (S. 436); zu den vielen Formulierungsvarianten, aufrund derer die Zurechnung von Schadensfolgen auf Basis der Adäquanztheorie erfolgt, vgl. insbes. die ausführliche Darstellung bei *Lange*, Schadensersatz, § 3 VI 4 a m.w.N.

[436] Sie sprachen von der Theorie des „adäquaten *Kausal*zusammenhangs", vgl. *Larenz*, Schuldrecht I, § 27 III b (S. 435).

[437] *Larenz*, § 27 III b 1 m.w.N.; *Jauernig/Teichmann*, Anm. V 3 a vor § 249; *Sourlas*, S. 27; *Borgmann/Haug*, S. 158.

[438] Vgl. *Larenz*, aaO; *Soergel/Mertens*, Vor § 249 Rdnr. 120; *Staudinger/Medicus*, § 249 Rdnr. 45; *Medicus*, Schuldrecht I [4. Aufl., 1988], § 54 II 2.

[439] Es ist dies der Beobachter, der alle ihm bekannten und in der konkreten Situation erkennbaren Umstände einbezieht, sowie diejenigen Möglichkeiten, die jedenfalls nicht völlig entfernt sind (vgl. *Larenz*, Schuldrecht I, § 27 III b 1, S. 440). Man könnte für den Bereich der Anwaltshaftung wiederum vom Beurteilungsstandpunkt eines „ordentlichen Rechtsanwalts" sprechen, vergleichbar mit der bereits bei der Haftungsvoraussetzung „Anwaltsverschulden" (III 2 a, b) gegebenen Begriffsbestimmung.

[440] So etwa in BGHZ 3, 361, wo für die Einbeziehung der „erkennbaren Umstände" (vgl. die Umschreibung in Fußn. 439) ausdrücklich der optimale Beobachter als Maßstab zugrundegelegt wird; erläuternd der BGH in VersR 1972, 67 [69]: Heranzuziehen ist das „gesamte zur Zeit der Beurteilung zur Verfügung stehende menschliche Erfahrungswissen."

[441] *Staudinger/Medicus*, *Medicus*, jeweils aaO (Fußn. 438).

durch Wahrscheinlichkeitsbeurteilung und ex-post-Betrachtung einander anzunähern. Die Adäquanztheorie büßt so ihre „Eignung dazu, den Verantwortungsbereich des Ersatzpflichtigen zu begrenzen, weitgehend ein" und wird dann zur „Leerformel".[442] Diese Unzulänglichkeit in der *praktischen Anwendung* der Adäquanztheorie ist neben den von den Kritikern hervorgehobenen Mängeln in der *theoretischen Begründung*[443] einer der Gründe, weshalb – insbesondere im Schrifttum[444] – mit der Lehre vom Schutzbereich der Norm *(Schutzzweck-/Normzwecktheorie)* eine alternative Einschränkung der Bedingungslehre befürwortet wird.

Demgegenüber orientiert die Schutzzwecklehre die Zurechnung von Schadensfolgen an den von der Haftungsnorm oder vertraglichen Anspruchsgrundlage geschützten Interessen. Zurechenbar sind daher nur solche Schäden, die innerhalb des Schutzbereichs einer verletzten Norm oder Vertragspflicht liegen, m.a.W.: Es muß sich um solche Nachteile handeln, zu deren Abwendung die verletzte Norm erlassen oder die verletzte Vertragspflicht übernommen worden ist.[445] Die Schutzbereichslehre ist heute – von einzelnen Vorbehalten abgesehen[446] – in Rechtsprechung und Lehre anerkannt.[447] Sie tritt ergänzend und korrigierend neben[448] die Adäquanztheorie und kann im Einzelfall dazu führen, daß einerseits adäquate Schäden unersetzt blei-

341

---

[442] *Larenz,* Schuldrecht I, § 27 III b 1 und dort Fußn. 37; im Erg. ebenso *Staudinger/ Medicus,* § 249 Rdnr. 39, 45; *Esser,* Schuldrecht I, § 43 III 1 e; *Lange,* Schadensersatz, § 3 VI 5; *Medicus,* Schuldrecht I, § 54 II 2; vgl. auch die weiteren Nachweise bei *Sourlas,* S. 28 und dort Fußn. 25. – Tatsächlich sind auch nur äußerst wenige Fälle bekannt, bei denen in der höchstrichterlichen Rechtsprechung die Adäquanz wegen mangelnder Wahrscheinlichkeit verneint wurde (vgl. die Beispiele bei *Soergel/Mertens,* Vor § 249 Rdnr. 121 und Münch.Komm./*Grunsky,* Vor § 249 Rdnr. 41 c). *Larenz* (§ 27 III b 1, Fußn. 42) führt diesen Umstand allerdings nicht auf die – insbesondere von ihren Gegnern hervorgehobene – Unbrauchbarkeit der Adäquanztheorie zurück, sondern darauf, daß Fälle, in denen die Schadensfolgen so entfernt liegen, daß die Adäquanz verneint werden muß, nur sehr selten den gesamten Instanzenzug durchlaufen.

[443] Vgl. dazu die ausgewogene Darstellung von *Sourlas,* S. 27 ff. m. N., sowie von *Siedler,* S. 22 f.

[444] Z. B. Münch. Komm./*Grunsky,* Vor § 249 Rdnr. 42 (m.w.N. in Fußn. 138); *Lange,* Schadensersatz, § 3 VI 5; *v. Caemmerer,* Gesammelte Schriften I, S. 395 ff., insbes. S. 402 ff.; *Sourlas,* S. 94 ff. und m.w.N. S. 28 ff.

[445] BGHZ 27, 137 [140]; 37, 311 [315]; 57, 137 [142], st. Rspr.; *v. Caemmerer,* Gesammelte Schriften I, S. 402 ff.; *Larenz,* Schuldrecht I, § 27 III b 2; *Lange,* Schadensersatz, § 3 X 4; *Jauernig/Teichmann,* Anm. V 4 vor § 249; Münch.Komm./*Grunsky,* Vor § 249 Rdnr. 43 ff.; *Palandt/Heinrichs,* Vor § 249 Anm. 5 A d; *Soergel/Mertens,* Vor § 249 Rdnr. 146; *Staudinger/Medicus,* Vor § 249 Rdnr. 40 ff.; *Sourlas,* S. 35 ff., 165 ff.; im Erg. auch *Esser/Schmidt,* Schuldrecht I, § 33 III 1.

[446] Vgl. dazu *Lange,* Schadensersatz, § 3 X 4 m.w.N. in Fußn. 120.

[447] Vgl. die Nachw. oben Fußn. 444.

[448] So auch *Staudinger/Medicus,* § 249 Rdnr. 43; *Soergel/Mertens,* Vor § 249 Rdnr. 123; *Palandt/Heinrichs,* Vor § 249 Anm. 5 A d aa; *Jauernig/Teichmann,* Anm. V 4 c vor § 249; *Larenz,* § 27 III b 6 (S. 456); *Lange,* § 3 VI 5 (S. 68 f.); *Deutsch,* § 16 III 3; *Borgmann/Haug,* S. 159; aA aber Münch. Komm./*Grunsky,* Vor § 249 Rdnr. 43.

ben,[449] umgekehrt aber auch inadäquate Schäden unter die Ersatzpflicht fallen.[450]

342   Im Vertragsrecht hat sich die Zurechnung der Schadensfolgen nach der Schutzzwecklehre am konkreten Vertragstyp, genauer: am Schutzzweck (-bereich) der verletzten Vertragspflicht zu orientieren; dieser muß im Einzelfall durch (ergänzende) Auslegung ermittelt werden.[451] Die Schadenszurechnung nach der Schutzzwecklehre verlangt damit eine Interessenanalyse und Risikobetrachtung: Nur solche Schäden sind zurechenbar, die nach dem Ergebnis der Auslegung im Bereich der geschützten Interessen liegen, nicht dagegen Schäden, die sich als Verwirklichung des allgemeinen Lebensrisikos darstellen.[452]

343   Die Anwendung der Schutzzwecklehre auf den Anwaltsvertrag ergibt: Führt der Anwaltsfehler zu Schäden, gegen deren Eintritt die verletzte Vertragspflicht schützen soll (Beispiel: Verletzung der Pflicht zur Aufklärung über das Prozeßrisiko – Kostenschaden infolge Prozeßverlustes), so fällt der Schaden in den Schutzbereich der verletzten Anwaltspflicht; dagegen ist das Prozeßrisiko ein allgemeines Lebensrisiko der Rechtsschutz in Anspruch nehmenden Partei.[453] Schäden, in denen sich lediglich das allgemeine Prozeßrisiko realisiert, trägt die Partei ohne Regreßmöglichkeit.[454] Die Belastung mit dem Prozeßrisiko soll der Partei nicht durch den Anwaltsvertrag abgenommen werden; eine Schadensersatzpflicht, die zur Überbürdung des Prozeßrisikos von der Partei auf den Rechtsanwalt führen würde, läge nicht mehr im Schutzbereich des Anwaltsvertrags.[455] Vielmehr gilt:[456] Das Risiko fehlerhafter Rechtsanwendung durch den Richter trifft beide Parteien in gleichem Maße und ist ihnen vom Anwalt nicht abzunehmen.

344   Die Schutzbereichslehre ist damit für das unten (3 d) noch näher zu behandelnde Problem der Haftung des Anwalts für fehlerhafte Entscheidungen des

---

[449] Grundlegend BGHZ 27, 137 [139]: „Der Bundesgerichtshof hat schon in früheren Urteilen zu erkennen gegeben, daß die Formel der adäquaten Kausalität nicht immer ausreicht, um dem Problem der Haftungsbegrenzung gerecht zu werden…"

[450] *Larenz*, Schuldrecht I, § 27 III b 2 und 6 (S. 445 f. und 456); *Lange*, Schadensersatz, § 3 VII 2 b; *Soergel/Mertens*, Vor § 249, Rdnr. 123; *Staudinger/Medicus*, § 249 Rdnr. 43; der Sache nach auch BGHZ 18, 286 (Impfschaden).

[451] Vgl. allgemein *Soergel/Mertens*, Vor § 249 Rdnr. 148; *Lange*, Schadensersatz, § 3 X 5; *Siedler*, S. 35 und speziell zum Anwaltsvertrag *Borgmann/Haug*, S. 159.

[452] BGHZ 27, 137 [141]; NJW 1968, 2287 [2288]; *Münch.Komm./Grunsky*, Vor § 249 Rdnr. 72; *Soergel/Mertens*, Vor § 249 Rdnr. 131; *Palandt/Heinrichs*, Vor § 249 Anm. 5 B m; *Lange*, Schadensersatz, § 3 XI 4; *Sourlas*, S. 173.

[453] *Guardiera Windheim*, S. 118 m. N., 180.

[454] *Guardiera Windheim*, S. 22 m. N. in Fußn. 90; 126; OLG Hamm als Vorinstanz zu BGH NJW 1982, 572 in der Wiedergabe des BGH: „Die falsche Gerichtsentscheidung gehöre vielmehr zum allgemeinen Lebensrisiko der Klägerin, dessen Verwirklichung sie ohne Regreßmöglichkeit gegenüber dem Schädiger hinnehmen müßte" (aaO, S. 573).

[455] Vgl. dazu oben § 1 I 1; § 3 II 2: keine Erfolgsgarantie.

[456] Im Anschluß an BGHZ 101, 380 [384].

Gerichts hilfreich; sie ermöglicht auch eine Schadenszurechnung in Zweifelsfällen (so beim Einwand des rechtmäßigen Alternativverhaltens, vgl. dazu
unten g).

Fälle fehlender Adäquanz sind dagegen auch im Anwaltshaftungsrecht selten. In Frage kommen schadensträchtige grobe Fehlreaktionen des Mandanten selbst (unten 3a), späteres sachwidriges Vorgehen weiterer Anwälte (unten 3b) sowie grobe Fehlentscheidungen von Gerichten (unten 3d); allerdings kann auch die besondere Schutzpflicht des Rechtsanwalts gerade die
Entschädigung von inadäquaten Urteilsschäden gebieten[457] (vgl. das Beispiel
unten 3d a.E.).

c) Kausalität und Zurechnung bei Unterlassungen

Vielfach erfolgen anwaltliche Pflichtverletzungen nicht durch eine Hand- 345
lung, sondern durch eine Unterlassung: Der Rechtsanwalt versäumt es, eine
für das Mandat relevante Information einzuholen, die zu einem Streitpunkt
maßgebliche Rechtsansicht zu überprüfen, den Auftraggeber über ein mit
dem Auftrag verbundenes Risiko zu informieren, eine fristwahrende Handlung vorzunehmen usw. Solche Unterlassungen stehen haftungsrechtlich nur
dann Handlungen gleich, wenn in der konkreten Situation auch eine Rechtspflicht zum Handeln – genauer: zur Verhinderung des konkret eingetretenen
Schadens – bestand.[458] Die Kausalität der Unterlassung ist so bereits im Vor-
feld durch die *Pflichtwidrigkeit* bestimmt (vgl. bereits oben II 2). Für den
Anwalt wird sich eine solche Handlungspflicht aber regelmäßig aus den allgemeinen Anwaltspflichten und ihren Spezifizierungen ergeben.

Mit der haftungsrechtlichen Relevanz einer Unterlassung ist indes noch 346
nichts gesagt über die Frage ihrer Ursächlichkeit für einen eingetretenen
Schadenserfolg. Die auf Handlungen abgestellte Kausalitätsbeurteilung im
Sinne der condicio sine qua non ist insoweit nicht direkt anwendbar, weil die
bloße Untätigkeit nicht „Kausalverläufe effektiv im Sinne einer Veränderung
von Zuständen in Gang setzen" kann.[459] Sie muß vielmehr mit einem negativen Vorzeichen versehen werden. Danach sind Unterlassungen dann kausal,
wenn die gebotene Handlung nicht *hinzugedacht* werden kann, ohne daß die
eingetretene Schadensfolge entfiele.[460] Positiv formuliert: hätte die *pflichtge-*

---

[457] Vgl. auch *Soergel/Mertens*, Vor § 249 Rdnr. 123 zu Fußn. 41.

[458] *Larenz*, Schuldrecht I, § 27 IIIc und NJW 1953, 686; *Lange*, Schadensersatz,
§ 3 XII; *Esser*, Schuldrecht I, § 44 IV; *Borgmann/Haug*, S. 161; vgl. dazu insbes. auch
die diffizile Analyse von *Hanau*, Die Kausalität der Pflichtwidrigkeit, 1971, S. 95ff.

[459] *Esser/Schmidt*, Schuldrecht I, § 33 I 2; ähnlich *Borgmann/Haug*, S. 160 und *Larenz*, NJW 1953, 686.

[460] *Larenz*, Schuldrecht I, § 27 IIIc (S. 458); *Deutsch*, Haftungsrecht, § 11 II 3
(S. 138); *Borgmann/Haug*, S. 160. Keine Abweichung liegt BGHZ 96, 157 [172] zu-
grunde, wonach „zur Feststellung des Ursachenzusammenhangs nur die pflichtwidrige
Handlung hinweggedacht, nicht aber weitere Umstände ... *hinzugedacht* werden dür-

mäße Handlung des Anwalts, das „pflichtmäßige Alternativverhalten",[461] den Schaden des Mandanten verhindert, dann ist die in einem Unterlassen bestehende Pflichtwidrigkeit des Rechtsanwalts hierfür auch kausal. Im Unterschied zur Handlung führt so bereits die reine Kausalitätsprüfung zu einer Haftungsbegrenzung, weil für die hypothetische Beurteilung im Sinne der abgewandelten condicio sine qua non-Formel nicht *jede*, den Erfolg verhindernde Handlung maßgeblich ist, sondern nur diejenige, für die auch eine Rechtspflicht im Sinne eine Schadensabwendungspflicht bestand.[462] Den Einschränkungen der Zurechnung durch das Erfordernis der Adäquanz (oben b) dürfte bei Unterlassungen kaum praktische Bedeutung zukommen,[463] dem Schutzbereich der haftungsbegründenden Pflicht ist bereits bei der Bestimmung der „gebotenen Handlung" Rechnung zu tragen.

347   Die Problematik der Schadenszurechnung bei Unterlassungen ist an einigen typischen Beispielen der Anwaltshaftung näher zu erörtern:

Hat der Rechtsanwalt unterlassen, die zur Unterbrechung der Verjährung erforderlichen Handlungen vorzunehmen und erhebt der Schuldner in der Folge die Einrede der Verjährung, so ist das Unterlassen des Anwalts für den Vermögensschaden kausal, wenn die verjährte Forderung wirklich bestanden hat;[464] hat der Rechtsanwalt die Einlegung eines Rechtsmittels versäumt und ist dadurch die für den Mandanten nachteilige Entscheidung rechtskräftig geworden, so ist der Urteilsschaden dem Rechtsanwalt zuzurechnen, soweit das Rechtsmittel begründet war.[465] Schwieriger gestaltet sich die Beantwortung der Kausalitätsfrage, wenn der gedachte Geschehensablauf „psychisch vermittelte" (vgl. dazu unten d) Kausalglieder enthält. Bestand die pflichtwidrige Unterlassung in der fehlenden Rechtsprüfung und folglich in dem Unterbleiben der gebotenen Aufklärung über das mit der Prozeßführung verbundene Risiko,[466] so ist die Unterlassung für den *Kostenschaden* des Mandanten kausal, wenn der Mandant bei zutreffender Belehrung über das Prozeßrisiko von einer Prozeßführung Abstand genommen hätte. War die Rechtslage so zweifelhaft, daß ein „verständiger Mandant" entsprechend dem

fen", denn „der haftungsbegründende Vorgang bestand in einer Handlung" (S. 170 – objektiv falsche Fälligkeitsbestätigung).

Anders aber *Esser*, Schuldrecht I, § 44 IV, der die Äquivalenztheorie im Bereich der Unterlassung für völlig unbrauchbar hält und unmittelbar die Normzwecklehre über die Frage nach der „Rechtspflicht zum Handeln" anwenden will. – *Hanau*, S. 95 ff. (insbes. S. 98) sieht demgegenüber insoweit keinen Unterschied zwischen Kausalität von Handlung und Unterlassung, als er „beim Tun wie beim Unterlassen danach fragt, ob das vom Täter verlangte pflichtmäßige Alternativverhalten den Erfolg gesteuert hätte."

[461] Dazu noch näher unten g.

[462] Ähnlich wohl *Larenz, Borgmann/Haug*, jeweils aaO, Fußn. 458.

[463] Weitergehend *Esser*, aaO (vgl. oben Fußn. 460).

[464] BGH VersR 1985, 146 und dazu näher unten g.

[465] BGH NJW 1987, 3255 und dazu näher unten g.

[466] Vgl. dazu oben § 2 IV 3 a.

eindeutigen anwaltlichen Rat von einer Rechtsverfolgung Abstand genommen hätte, so kommt dem Mandanten die Vermutung zugute, daß er sich im Falle der Vornahme der Aufklärung auch „aufklärungskonform" verhalten hätte.[467] Hätte sich freilich ein „unverständiger" Mandant aus unsachlichen Gründen (z. B. Streitsucht, Überängstlichkeit und dgl.) auch über einen zutr. Rat des Anwalts hinweggesetzt – was vom Anwalt zu beweisen ist[468] –, so ist die unterlassene Aufklärung für den Schaden nicht kausal. „Die Ursächlichkeit würde allerdings entfallen", heißt es in einer Entscheidung des *BGH*,[469] „wenn die Kläger infolge eines gewissen Starrsinns der Erstklägerin auch bei sachgerechter Beratung durch den Beklagten (Rechtsanwalt) einen Antrag auf Beschränkung des Vollstreckungsverfahrens auf die Entschädigungssumme nicht gestellt hätten."

Besondere Schwierigkeiten ergeben sich, wenn die gebotene Aufklärung 348 nicht zu einem *eindeutigen Rat* des Rechtsanwalts geführt, sondern Risiken aufgezeigt hätte, die vom Mandanten gegeneinander abzuwägen waren, m. a. W., wenn die Beratung dem Mandanten eine echte Entscheidung zwischen mehreren Möglichkeiten (riskante Prozeßführung mit erheblicher Gewinnchance – chancenlose Risikovermeidung) abverlangt hätte.[470] Hat der Rechtsanwalt ohne die gebotene Einholung der Entscheidung des Mandanten den riskanteren Weg gewählt und hat sich in der Folge das Risiko verwirklicht, so ist die Unterlassung des Rechtsanwalts für den Kostenschaden des Mandanten nur kausal, wenn sich der Mandant bei gehöriger Aufklärung für die „sicherere" Alternative entschieden hätte. Bei gehöriger Belehrung stellt dagegen der Prozeßverlust keinen „Schaden" dar, denn der Mandant hat das Prozeßrisiko übernommen, ohne Belehrung dagegen dann, wenn sich der Mandant im Hinblick auf das bestehende Risiko nicht zur Prozeßführung entschlossen hätte. Hier ist i. d. R. die Beweislast für den Kausalverlauf prozeßentscheidend. Grundsätzlich hat der Mandant auch bei Unterlassungen den Kausalzusammenhang zu beweisen.[471] Will er nach dem Prozeßverlust

---

[467] Vgl. hierzu näher unten § 5 II 4. Beispiel: Im Ausgangsverfahren zu BGH VersR 1983, 34 hat der Mandant, anwaltlich beraten, das Zustandekommen eines Vertrags geleugnet und war hierauf zum Schadensersatz verurteilt worden. Im Regreßprozeß ging das OLG davon aus, daß es nicht zum Vorprozeßurteil gekommen wäre, „wenn der Beklagte (Rechtsanwalt) seine Beratung pflichtgemäß erteilt hätte und, wofür eine *Vermutung* spreche, die Gemeinschuldnerin (Mandantin) sich an den Rat gehalten und sich demgemäß nicht von dem Vertrag losgesagt hätte".

[468] Vgl. unten § 5 II 4 m. N. in Fußn. 63.

[469] BGH NJW 1967, 568 [570] = (gekürzt) BGHZ 46, 221 [228]; im gleichen Sinne BGH NJW-RR 1989, 152 [153] betr. Steuerberater.

[470] Beispielsfall: BGH VersR 1980, 925 – Bei Ablehnung der erbetenen Fristverlängerung (§ 326 Abs. 1 BGB) und Rücktritt zwar Möglichkeit zu Neuabschluß zu erheblich höherem Preis, aber zugleich Risiko eines u. U. langwierigen Auflassungsprozesses und Erschwerung der anderweitigen Veräußerung durch Eintragung einer Vormerkung im Wege einstweiliger Verfügung (§ 885 Abs. 1 BGB).

[471] Vgl. hierzu näher unten § 5 II 4.

den Kostenschaden vom Rechtsanwalt als Schadensersatz erstattet, müßte er an sich beweisen, daß er gehörig aufgeklärt den Prozeß nicht geführt hätte; da die Entscheidung *offen* war, befindet er sich in Beweisnot, denn eine Vermutung „beratungskonformen" Verhaltens kommt ihm nicht zugute. Allerdings hat der pflichtwidrig handelnde Rechtsanwalt den Mandanten in eine ungünstige Beweisposition gebracht, die ihrerseits schadensersatzrechtlich dahin auszugleichen ist, daß dem Rechtsanwalt die Beweislast dafür obliegt, daß sich der Mandant, ordnungsgemäß belehrt, mit der erfolgten Prozeßführung einverstanden erklärt hätte.[472] Der Beweisnachteil (ungünstige Beweisposition) des Mandanten liegt gerade auch im Rahmen des Schutzbereichs der verletzten Aufklärungspflicht, denn die gebotene Aufklärung soll dem Mandanten ja die „Entscheidung" und damit die Möglichkeit der *Risikovermeidung* sichern. So wenig der Anwalt durch Unterlassung gebotener Aufklärung den Mandanten endgültig mit dem Risiko einer ungewollten Prozeßführung belasten kann, so wenig kann er ihm das „Restrisiko" der nachteiligen Beweislast aufnötigen.[473] Um Mißbräuchen dieser Beweislastverteilung bei Aufklärungsmängeln zu Haftungszwecken vorzubeugen, wird man dem Mandanten eine Substantiierungslast dahin auferlegen müssen, seine (hypothetische) Entscheidung plausibel zu machen.[474]

d) Psychisch vermittelte Kausalität

349   Von psychisch vermittelter Kausalität spricht man, wenn der Schaden erst durch einen Willensentschluß des Verletzten oder eines Dritten (auch einer Behörde) entstanden ist.[475] Durch diesen Entschluß kommt es keineswegs zu einer „Unterbrechung des Kausalzusammenhangs";[476] ein *Zurechnungszusammenhang* zwischen dem haftungsbegründenden Ereignis und dem Schaden liegt vielmehr vor, wenn die Verletzungshandlung „Bedingung" für den Entschluß des Verletzten oder Dritten ist, der Schaden nach Art und Entstehung nicht außerhalb der Wahrscheinlichkeit liegt (Adäquanz) und unter den Schutzzweck der verletzten Norm (Vertragspflicht) fällt; Voraussetzung hierfür ist, daß die Handlung des Verletzten oder Dritten durch das haftungsbegründende Ereignis „herausgefordert" worden ist und eine nicht ungewöhnliche Reaktion auf dieses darstellt.[477] Im Bereich der sog. psychischen

---

[472] So auch Münch. Komm./*Grunsky*, Vor § 249 Rdnr. 91; vgl. hierzu näher unten § 5 II 4 mit zahlr. Nachw.

[473] So im Ergebnis auch für die Arzthaftung BGH NJW 1985, 676 [677]; *Tempel*, NJW 1980, 609 [616]; aA *Borgmann/Haug*, S. 167, die die Rechtsprechung zur Aufklärungspflicht des Arztes für nicht einschlägig halten.

[474] So BGHZ 90, 103 [111 f.] für Arzthaftung.

[475] *Staudinger/Medicus*, § 249 Rdnr. 61.

[476] Vgl. Münch. Komm./*Grunsky*, Vor § 249 Rdnr. 52; *Staudinger/Medicus*, aaO.

[477] BGHZ 57, 25 [28 ff.]; 63, 189 [191 ff.]; *Staudinger/Medicus*, § 249 Rdnr. 61 ff., 68, 79; *Soergel/Mertens*, Vor § 249 Rdnr. 137 ff.; Münch.Komm./*Grunsky*, Vor § 249

Kausalität wird daher nicht nur „anstelle der Naturgesetzlichkeit auf die Wahrscheinlichkeit abgestellt",[478] sondern es kommen in besonderem Ausmaß normative Erwägungen zur Anwendung.

Im Bereich der Anwaltshaftung spielt die psychisch vermittelte Kausalität 350 eine große Rolle. In all den Fällen, in denen der Anwalt nicht „freie Hand" hat (vgl. dazu oben § 2 VI 1), sondern vor der schädigenden Handlung die Entscheidung des – nicht richtig beratenen und aufgeklärten – Mandanten eingeholt hat, ist der Zurechnungszusammenhang unproblematisch gegeben; beruht die Einwilligung des Mandanten gerade auf der unzureichenden Belehrung durch den Rechtsanwalt, entlastet sie diesen nicht (vgl. oben § 2 VI; § 3 II 4). Nicht psychisch vermittelt ist dagegen der Schadenseintritt, wenn der Anwalt ohne die erforderliche Einwilligung des Mandanten die schadensträchtige Maßnahme vorgenommen hat. Macht der Anwalt hier geltend, der Mandant hätte bei gehöriger Aufklärung die erforderliche Einwilligung erteilt, wird ein psychisch vermittelter hypothetischer Kausalverlauf geltend gemacht. An einem solchen Zurechnungszusammenhang fehlt es aber wiederum, wenn sich der Mandant auch über den „richtigen" Rat des Anwalts hinweggesetzt hätte. Derartige Fälle sind im Zusammenhang mit der Kausalität von Unterlassungen näher erörtert (vgl. dazu oben c). In der Praxis der Anwaltshaftung kommt es weiter häufiger vor, daß der Mandant nach dem Anwaltsfehler kostenträchtige Rechtsverfolgungs- bzw. Rechtsverteidigungsmaßnahmen ergreift; auf diese Fallgruppe ist unten (3 a) gesondert einzugehen.

Kommt es aufgrund fehlerhafter Prozeßführung des Anwalts (Stellung fal- 351 scher Anträge, Herbeiführung nachteiliger bindender Prozeßlagen, verspätete Ausübung fristgebundener Rechte, Unterlassung rechtswahrender Schritte, unvollständiger und unrichtiger Sachvortrag usw.) zu einer dem Mandanten nachteiligen Entscheidung des Gerichts, so ist ein Zurechnungszusammenhang zwischen dem Anwaltsfehler und dem Urteilsschaden (Rechtsverlust, Kostenbelastung) immer dann gegeben, wenn die Entscheidung auf dem Anwaltsfehler beruht, d.h. ohne diesen – bei „richtiger" Rechtsanwendung – für den Mandanten günstiger ausgefallen wäre (vgl. dazu näher unten 3 e). Daß das Gericht unabhängig entscheidet und die Entscheidung in eigener Verantwortung trifft, steht einer haftungsrechtlichen Zurechnung des Urteilsschadens an den Anwalt nicht entgegen;[479] die kausale Einwirkungsmöglichkeit des Anwalts auf die Entscheidungstätigkeit des Gerichts ist verfahrensrechtlich gesichert; soweit das Gericht nicht bereits an die Prozeßführung des Anwalts gebunden ist (z.B. gem. §§ 138 Abs. 3, 288, 308 Abs. 1

Rdnr. 61 ff.; *Palandt/Heinrichs*, Vor § 249 Anm. 5 B g aa; *Lange*, Schadensersatz, § 3 XI 2 und 3.

[478] So *Deutsch*, Haftungsrecht I, S. 138.

[479] Eingehend zu Kausalitätsfragen bei Schäden „aus fehlerhafter Prozeßführung des Anwalts" *Müller*, MDR 1969, 797 ff., 896 ff., 965 ff.; vgl. ferner *Boergen*, S. 43 f.; *Häsemeyer*, Schadenshaftung, S. 160 f.

ZPO), ist es verpflichtet (Art. 103 Abs. 1 GG), den Vortrag des Anwalts „zur Kenntnis zu nehmen und bei seiner Entscheidung in Erwägung zu ziehen".[480]

352   Beruht das dem Mandanten ungünstige Urteil dagegen – zusätzlich – *auch* auf einem Fehler des Gerichts, stellt sich die Frage, ob der „kumulativ" von Anwalt und Gericht verursachte Urteilsschaden (allein) dem Anwalt zugerechnet werden kann. Bevor das Spezialproblem erörtert wird (unten 3 e), ist zunächst allgemein auf die Frage der kumulativen Kausalität einzugehen.

e) Kumulative Kausalität

353   Bei der kumulativen oder Gesamtkausalität[481] führen mehrere Ereignisse (mehrere Fehler, mehrere Pflichtverletzungen) erst *zusammenwirkend* zum Eintritt eines Schadens, den jedes Ereignis für sich allein nicht bewirkt hätte. Nach der Bedingungstheorie (oben a) ist hier *jedes* Ereignis Ursache; gleichgültig ist, ob es sich um die überwiegende – „wesentliche", „nächste" – Ursache handelt oder nicht (oben a). In dem Sonderfall, daß bereits *jedes* Ereignis für sich allein als Schadensursache genügt hätte, versagt zwar die condicio sine qua non-Formel, weil bei Hinwegdenken des jeweils einen Ereignisses der eingetretene Erfolg gleichwohl erhalten bliebe. Es besteht jedoch im Ergebnis Einigkeit, daß auch in diesem Sonderfall (sog. alternative oder Doppelkausalität) *beide* Ereignisse in vollem Umfang ursächlich sind.[482] Auf eine Unterscheidung der beiden Fallgruppen kommt es daher im Ergebnis nicht an.

354   Für Anwaltsfehler ist typisch, daß sie für sich allein genommen noch nicht zur Schadensentstehung führen (vgl. oben 1). Damit es zum Schadenseintritt kommt, ist vielmehr ein Hinzutreten weiterer Ursachenbeiträge erforderlich (Verschulden weiterer, später eingeschalteter Anwälte; Büroversehen; „amtliches Verschulden" von Geschäftsstellenbeamten und Richtern außerhalb der mündlichen Verhandlung; gerichtliche Fehlentscheidungen); dann hat (auch) der Anwalt den Schaden im Rechtssinn „verursacht" (Fall der kumulativen Kausalität). Inwieweit bei einem Zusammentreffen des „primären" Anwaltsverschuldens mit weiteren Schadensursachen der letztlich erst im „Zusammenwirken" entstandene Schaden dem Anwalt haftungsrechtlich (voll) „zugerechnet" werden kann, ist für die hauptsächlichsten Fallgestaltungen gesondert zu untersuchen (unten 3 b–e).

---

[480] St. Rspr. des BVerfG zu Art. 103 Abs. 1 GG, vgl. z. B. BVerfG 47, 182 [187]; 50, 32 [35]; 51, 188 [191]; dazu m. w. N. *Stein/Jonas/Leipold,* Vor § 128 Rdnr. 38.

[481] Zur Terminologie vgl. *Lange,* Schadensersatz, § 3 XIII; *Staudinger/Medicus,* § 249 Rdnr. 96; Münch. Komm./*Grunsky,* Vor § 249 Rdnr. 50.

[482] BGH NJW 1988, 2880 [2882]; VersR 1971, 818 [819]; VersR 1983, 731 [732]; *Larenz,* Schuldrecht I, § 27 III a (S. 434); *Lange,* Schadensersatz, § 3 XIII 1; *Staudinger/Medicus,* § 249 Rdnr. 96; *Soergel/Mertens,* Vor § 249 Rdnr. 119; *Palandt/Heinrichs,* Vor § 249 Anm. 5 B l; *Jauernig/Teichmann,* Anm. V 2 a. E. vor § 249.

f) Hypothetische Kausalität

Wäre der durch das haftungsbegründende (Erst-)Ereignis real bewirkte 355 Schaden später durch einen anderen Umstand („Reserveursache") ohnehin ganz oder teilweise herbeigeführt worden, ist „ursächlich" für den Schaden doch *nur* das Erstereignis, während die „hypothetische" Schadensursache (Reserveursache) gerade deshalb nicht ursächlich werden konnte, weil der Schaden bereits real eingetreten war. Die in Rechtsprechung und Schrifttum umstrittene Frage, ob sich der Schädiger entlastend auf die „hypothetische" Schadensursache berufen kann,[483] ist damit keine Frage der Kausalität,[484] sondern eine solche der Schadenszurechnung.[485]

Hinsichtlich der rechtlichen Behandlung beginnt sich die Auffassung 356 durchzusetzen, daß eine Einheitslösung nicht möglich ist, sondern verschiedene Fallgruppen (Objektschäden, Personenschäden, Anlagefälle, Rentenfälle, Rückgabefälle usw.) zu unterscheiden sind.[486] Diese Fallgruppen werden bei der Anwaltshaftung nicht praktisch. Insbesondere können Mandate zur Geltendmachung rechtlich zweifelhafter Ansprüche nicht etwa als „anlagebedingt schadensträchtig" in die Gruppe der Anlagefälle eingeordnet werden. Soweit ein Prozeß über einen nicht bestehenden (nicht durchsetzbaren) Anspruch durch einen Anwaltsfehler verlorengeht, fehlt es vielmehr von vornherein an einem Schaden[487] (i. e. unten VI). Kein „Anlagefall", sondern lediglich das Bestreiten eines durch Anwaltsverschulden entstandenen Schadens dürfte auch dann vorliegen, wenn der Anwalt pflichtwidrig eine Forderung verjähren läßt, so daß er keinen zur Zwangsvollstreckung geeigne-

---

[483] Im Grundsatz bejahend Münch. Komm./*Grunsky*, Vor § 249 Rdnr. 83; *Esser/ Schmidt*, Schuldrecht I, § 33 IV 1 b; *Lange*, Schadensersatz, § 4 IV; in der Rechtsprechung galt ursprünglich der gegenteilige Standpunkt; vgl. RGZ 141, 365; 144, 80 einerseits, BGHZ 10, 6; 20, 275 andererseits.
[484] So aber RGZ 141, 365 [369]; 144, 80 [83 f.].
[485] So zutr. *Larenz*, Schuldrecht I, § 30 I; ebenso *Palandt/Heinrichs*, Vor § 249 Anm. 5 Ca; Münch. Komm./*Grunsky*, Vor § 249 Rdnr. 79; *Staudinger/Medicus*, § 249 Rdnr. 98; *Borgmann/Haug*, S. 162. – Nicht von Schadenszu-, sondern von Schadensberechnung spricht *Lange*, Schadensersatz, § 4 III.
[486] Vgl. *Larenz*, Schuldrecht I, § 30 I; *Palandt/Heinrichs*, Vor § 249 Anm. 5 Cd, e; *Staudinger/Medicus*, § 249 Rdnr. 103–106; *Soergel/Mertens*, § 249 Rdnr. 157 f.; *Borgmann/Haug*, S. 162 f.
[487] Vgl. BGH VersR 1985, 146: Verjährenlassen einer nicht beweisbaren Forderung; zustimmend *Rinsche*, Rdnr. I 111; BGH NJW 1987, 3255 = MDR 1988, 47: Verlust eines Rechtsstreits durch Anwaltsverschulden – Versäumen der Berufungsfrist – bei materiellrechtlich nicht bestehender Forderung, dem zustimmend *Borgmann*, Haftpflichtfragen, AnwBl 1988, 167, obgleich diese Entscheidung dort wohl zu Unrecht als Sonderfall eingeordnet wird; im gleichen Sinne bereits RGZ 162, 65: „Der Nachteil, der einem Schuldner dadurch erwachsen ist, daß eine von ihm beabsichtigte, sachlich aussichtslose Berufung durch ein Versehen seines Anwalts nicht ordnungsmäßig eingelegt wurde und infolgedessen das gegen den Schuldner ergangene Urteil alsbald vollstreckt werden konnte", ist nicht „als ein ‚Schaden' im Rechtssinn anzusehen"; im Erg. zust. *Scheffler*, Haftpflichtgefahr, S. 26.

ten Titel für seinen Mandanten mehr erwirken kann, wenn der Titel wegen völliger Vermögenslosigkeit des Schuldners ohnehin nicht realisierbar wäre.[488] Die Berufung des in Anspruch genommenen Anwalts auf „hypothetische Kausalität" kommt – soweit ersichtlich – im Bereich der Anwaltshaftung so gut wie nie vor.[489] Auf eine nähere Erörterung des Problems wird daher verzichtet.

g) Rechtmäßiges Alternativverhalten

357   Ist durch ein pflichtwidriges Verhalten ein Schaden herbeigeführt worden, hätte der Schädiger aber den gleichen Schaden auf pflichtmäßige Weise herbeiführen können und dürfen oder wäre dieser auch bei pflichtmäßigem Verhalten eingetreten, fragt sich, ob sich der Schädiger auf den haftungsbefreienden „Einwand des rechtmäßigen Alternativverhaltens" berufen kann.[490] Ihrer rechtlichen Struktur nach zeichnen sich die Fälle des „rechtmäßigen Alternativverhaltens" dadurch aus, daß der Schädiger den vollständigen Tatbestand einer zum Schadensersatz verpflichtenden Handlung verwirklicht hat; der genannte „Einwand" kommt also nur dann in Frage, wenn der Kausalzusammenhang zwischen dem haftungsbegründenden Verhalten und dem Schadenseintritt (bereits) feststeht.[491] Es geht damit bei dem Problem des „recht-

---

[488] So OLG Köln VersR 1988, 601. – Dagegen ist im umgekehrten Fall, daß ein vermögensloser Mandant durch Anwaltsfehler mit einer Verbindlichkeit belastet wird, ein Schaden zu bejahen, vgl. *Palandt/Heinrichs*, Vor § 249 Anm. 3 m m.w.N.; aA *Scheffler*, Haftpflichtgefahr, S. 26 unter Berufung auf RGZ 147, 248; vgl. hierzu näher unten VI 3 c.

[489] *Borgmann/Haug*, S. 161–163 nennen keine einschlägigen Entscheidungen. Die im Wiedereinsetzungsverfahren ergangene Entscheidung BGH VersR 1981, 63 betrifft keinen Fall „überholender Kausalität" (insoweit zutr. BGH aaO, S. 64), da für die Fristversäumung *beide* Ursachen (Fehladressierung der Rechtsmittelschrift, nicht rechtzeitige Weiterleitung durch das Empfangsgericht) zusammenwirken mußten; vgl. hierzu näher unten 3 d.

Zur *Notar*haftung vgl. RGZ 144, 80: Durch Versehen eines Notars erhält ein Grundpfandrecht eine schlechtere Rangstelle, es wäre bei der späteren Zwangsvollstreckung aber auch an der besseren ausgefallen.

[490] Für eine grundsätzliche Berücksichtigung des rechtmäßigen Alternativverhaltens: Münch.Komm./*Grunsky*, Vor § 249 Rdnr. 90; *Palandt/Heinrichs*, Vor § 249 Anm. 5 C g bb; *Esser/Schmidt*, Schuldrecht I, § 33 III 2 b; weitere Nachw. bei *Soergel/Mertens*, Vor § 249 Rdnr. 161 in Fußn. 38; andere differenzieren nach dem Zweck der Norm, gelangen dabei aber auch zumeist zu einer Beachtlichkeit des rechtmäßigen Alternativverhaltens: *Staudinger/Medicus*, § 249 Rdnr. 111 f.; *Jauernig/Teichmann*, Vor § 249 Anm. VI 3 b; *Lange*, Schadensersatz, § 4 XII 5; *Deutsch*, Haftungsrecht, § 12 IV 2; *v. Caemmerer*, Gesammelte Schriften I, S. 445 ff.; differenzierend auch BGHZ 96, 157 [173] m.w.N.

[491] BGHZ 96, 157 [172]: „Es geht vielmehr um die der Bejahung des Kausalzusammenhangs *nachfolgende*(!) Frage, inwieweit einem Schadensverursacher die Folgen seines pflichtwidrigen Verhaltens bei wertender Betrachtung billigerweise zugerechnet werden können".

mäßigen Alternativverhaltens" nicht um ein Kausalitätsproblem.[492] Der Umstand, daß der eingetretene Schaden auch bei pflichtgemäßem Vorgehen eingetreten wäre oder hätte herbeigeführt werden können, spielt nur für die Frage eine Rolle, ob der rechtliche *Zurechnungszusammenhang* mit dem Haftungstatbestand gegeben ist.[493] Problematisch ist, auf welche Kriterien es für diese Zurechnungsfrage ankommt; *Larenz* will auf die – fehlende – Relevanz des Normverstoßes abstellen,[494] andere ziehen die Differenzhypothese heran.[495] Der BGH[496] entnimmt im Anschluß an die überwiegend in der Literatur[497] vertretene Auffassung die maßgebenden Gesichtspunkte dem *Schutzzweck* der haftungsbegründenden Norm. Da es um eine Frage des Zurechnungszusammenhangs geht, dieser auch sonst (vgl. oben b) durch den Schutzbereich der verletzten Norm begrenzt wird, ist dieser Ansicht zu folgen; bei der Vertragshaftung kommt es auf den Schutzzweck der verletzten Vertragspflicht an.

Das für die Schadenszurechnung erhebliche „rechtliche Alternativverhal- **358** ten" ist von der „Kausalität der Pflichtwidrigkeit" abzugrenzen. Besteht das haftungsbegründende Verhalten in einem *Unterlassen*, so setzt die Frage nach dessen Ursächlichkeit für den eingetretenen Schaden das „Hinzudenken" des rechtlich gebotenen „Alternativverhaltens" voraus (vgl. oben c). Immer dann, wenn die Schadensverursachung noch *nicht feststeht*, es vielmehr darum geht, ob die Unterlassung für den Schadenseintritt *kausal* geworden ist, handelt es sich nicht um die Frage des „Einwandes des rechtmäßigen Alternativverhaltens", sondern um die Frage des Haftungstatbestands; die Berufung des Schädigers auf „rechtmäßiges Alternativverhalten" stellt sich rechtlich dann als ein Fall des *Bestreitens des Schadenseintritts* dar. Die Unterscheidung ist erheblich für die Beweislast. Die Voraussetzungen des „Einwands des rechtmäßigen Alternativverhaltens" sind vom Schädiger zu beweisen,[498] dagegen obliegt der Kausalitätsbeweis grundsätzlich dem Geschädigten.[499]

Das Gesagte ist an einem Beispiel zu verdeutlichen: Im Ausgangsverfahren **359** zur Entscheidung BGH VersR 1985, 146, einem wettbewerbsrechtlichen Verfügungsverfahren, hat es der Anwalt des Verfügungsklägers schuldhaft unterlassen, die kurze Verjährung gem. § 21 UWG zu unterbrechen; der Verfügungsantrag ist daher in 2. Instanz abgewiesen, der Mandant mit den

---

[492] Zur Abgrenzung bei der „Kausalität der Pflichtwidrigkeit" vgl. sogleich unten Rdnr. 358.

[493] *Larenz*, Schuldrecht I, § 30 I (S. 528); BGHZ 96, 157 [172 ff.].

[494] *Larenz*, aaO; ihm folgen *Borgmann/Haug*, S. 165.

[495] *Soergel/Mertens*, Vor § 249 Rdnr. 161.

[496] BGHZ 96, 157 [173 f.].

[497] Vgl. die oben Fußn. 490 für die differenzierende Ansicht Genannten.

[498] HM; vgl. *Staudinger/Medicus*, § 249 Rdnr. 113; *Palandt/Heinrichs*, Vor § 249 Anm. 5 Cg bb; *Jauernig/Teichmann*, Anm. VI 3 c vor § 249; *Lange*, Schadensersatz, § 4 XI, XII 6, jeweils m.w.N.; wohl auch *Borgmann/Haug*, S. 167; differenzierend Münch. Komm./*Grunsky*, Vor § 249 Rdnr. 91.

[499] Vgl. hierzu oben c sowie eingehend unten § 5 II 4.

Kosten des Verfahrens belastet worden. Im Regreßprozeß hat der beklagte Rechtsanwalt eingewendet, auch bei rechtzeitiger Verjährungsunterbrechung („rechtmäßigem Alternativverhalten") hätte der Verfügungsantrag wegen fehlender Beweisbarkeit des Verfügungsanspruchs(-grundes) zurückgewiesen werden müssen. Im Gegensatz zum *OLG* hat der *BGH* diesen Fall mit Recht nicht als „Einwand rechtmäßigen Alternativverhaltens", sondern als „Bestreiten eines Schadens" eingeordnet. Ob bei Verjährungsunterbrechung eine *andere* Entscheidung ergangen wäre, hängt davon ab, ob der geltend gemachte Anspruch bestand und ggf. prozessual beweisbar war. Ein Schaden stand keineswegs fest (Fall des rechtmäßigen Alternativverhaltens), sondern hing vom Ergebnis des „hypothetischen Inzidentprozesses" ab; in dessen Rahmen war das rechtmäßige Alternativverhalten aber zu berücksichtigen. Zutreffend führt der *BGH* aus: „In der Streitsache kann aber schon der Schaden nur durch hypothetische Erwägungen festgestellt werden, weil er davon abhängt, daß die Klägerin den verlorenen Prozeß ohne Pflichtverletzung ihrer Anwälte gewonnen hätte. Konnte ... die Klägerin ihren Klageanspruch nicht beweisen, so konnte ihre Prozeßlage von den Beklagten (Anwälten) durch schuldhaftes Eintretenlassen der Verjährung nicht beeinträchtigt werden ... Die Verteidigung der Beklagten ist das Bestreiten eines Schadens und stellt nicht eine Berufung auf einen Sachverhalt dar, der einen Schaden auch ohne Pflichtwidrigkeit der Beklagten verursacht hätte".[500]

360   Daraus folgt: Ist die Anwaltshaftung auf ein *Unterlassen* gestützt, so gehört das „pflichtmäßige Alternativverhalten" zur Kausalität des Unterlassens und damit zum haftungsbegründenden Tatbestand; es ist insoweit *stets beachtlich*. Rechtliche Bedeutung kommt daher dem „pflichtmäßigen Alternativverhalten" ohne weiteres in den zahlreichen Fällen zu, bei denen es um unterlassene Aufklärungen, Belehrungen, Prüfungen, Erkundigungen, Maßnahmen usw. geht. Der Anwalt kann hier immer geltend machen, daß der *Schaden* auch bei der gebotenen Aufklärung, Belehrung, Prüfung, Erkundigung, Maßnahme usw. eingetreten wäre, rechtlich gesehen also den Eintritt eines Schadens bestreiten.

361   Hat etwa der Anwalt die gebotene Rechtsprüfung *unterlassen,* entsprach sein Vorgehen aber der – ihm nicht bekannten – einschlägigen höchstrichterlichen Rechtsprechung und damit der Rechtslage, so ist seine Unterlassung unschädlich, weil er auch bei einer sorgfältigen Prüfung der Rechtslage zu keinem anderen Ergebnis gekommen wäre.[501] Ein weiteres Beispiel für diese Fallgruppe bietet die Entscheidung BGH VersR 1980, 925. Ein vom Verkäu-

---

[500] BGH VersR 1985, 146 [147].
[501] So im Erg. zutr. OLG München VersR 1957, 32 [33], das aber nicht den Schaden, sondern „Fahrlässigkeit" verneint; aA *Kornblum,* AnwBl 1975, 92 [93 f.] in seiner zust. Anm. zu BGH NJW 1974, 1865, wo es heißt: „Die Beklagten (Sozietätsanwälte) berufen sich nicht einmal darauf, daß RA F. auf diese Entscheidung hingewiesen hat" (S. 1867).

fer in die Vertragsabwicklung eingeschalteter Anwalt hatte ohne die gebotene Rücksprache mit seinem Auftraggeber eigenmächtig eine laufende Nachfrist gem. § 326 Abs. 1 BGB verlängert und damit eine im Interesse des Verkäufers liegende Lösung vom Kaufvertrag verhindert. Im Regreßprozeß war die Frage, ob der Verkäufer bei Vornahme der gebotenen Aufklärung der Fristverlängerung zugestimmt hätte, ohne weiteres erheblich.[502]

Die echten Fälle des „Einwands des rechtmäßigen Alternativverhaltens" 362 setzen demgegenüber voraus, daß der haftungsbegründende Tatbestand, insbesondere der Schadenseintritt infolge des Anwaltsversehens, *feststeht*,[503] dieser *Schaden* aber auch bei pflichtgemäßem Verhalten des Anwalts eingetreten wäre. Diese Fälle sind in der Praxis der Anwaltshaftung sehr viel seltener als die des „Bestreitens der Schadensentstehung", kommen aber gleichwohl vor. Folgende Beispiele lassen sich bilden:[504]

(1) Der zum Vertragsabschluß zugezogene Rechtsanwalt hat durch einen Fehler das Nichtzustandekommen des Vertrags verursacht und wird deshalb von seinem Mandanten auf Schadensersatz in Anspruch genommen; der Anwalt macht geltend, auch bei Herbeiführung eines gültigen Vertrags wäre der Vertragsgegner wegen Leistungsverzuges des Mandanten vom Vertrag zurückgetreten (§§ 326, 327, 346 ff. BGB).

(2) Der in die Vertragsdurchführung eingeschaltete Rechtsanwalt soll bei Eintritt bestimmter Voraussetzungen eine Fälligkeitsbestätigung erteilen und damit den Fälligkeitszeitpunkt feststellen. Im Zeitpunkt der Fälligkeitsbestätigung des Anwalts lagen die – erst später eingetretenen – Fälligkeitsvoraussetzungen noch nicht vor; der Anwalt hätte allerdings ihren Eintritt zum Zeitpunkt der Bestätigung herbeiführen können. Der Mandant, der auf die Fälligkeitsbestätigung geleistet hat, verlangt vom Anwalt Ersatz des ihm durch die vorzeitige Leistung entstandenen Schadens („Verfrühungsschaden").

In beiden Fällen ist der Schaden durch die pflichtwidrigen Handlungen 363 (Herbeiführung von fehlgeschlagenem Vertrag; objektiv unrichtige Fälligkeitsbestätigung) tatbestandsmäßig entstanden; fraglich ist, ob die Vorgänge bei pflichtmäßigem Verhalten – Rücktritt vom zustandegekommenen Vertrag, Zahlung bei früherem Vorliegen der Fälligkeitsvoraussetzungen – der „Zurechnung" des Schadens entgegenstehen. Die Pflicht des Rechtsanwalts, für das Zustandekommen eines gültigen Vertrages zu sorgen, soll den Mandanten davor schützen, daß es wegen Abschluß- und sonstigen Wirksamkeitsmängeln nicht zum (wirksamen) Vertragsschluß kommt; dagegen soll der Rechtsanwalt dem Mandanten nicht das wirtschaftliche Risiko des Scheiterns des Vertrags aus Gründen, die in der Person des Mandanten liegen

---

[502] BGH VersR 1980, 925 [927].
[503] Vgl. oben Fußn. 491.
[504] Beide im Anschluß an Notarhaftungsfälle; vgl. RGZ 147, 248 (1) und BGHZ 96, 157 (2).

(Leistungsverzug) abnehmen. Die Berufung auf pflichtmäßiges Alternativverhalten ist daher zulässig.

364 Im zweiten Fall diente die Vertragsgestaltung der Sicherung des Mandanten vor vorzeitiger Leistung. Im Zeitpunkt der Leistung war nach den Vertragsbedingungen die Fälligkeit noch nicht eingetreten; daß der Rechtsanwalt die Voraussetzungen herbeiführen konnte und mußte, ändert nichts daran, daß vorzeitig geleistet worden ist. Der Rechtsanwalt kann der Verpflichtung zum Ersatz des geltend gemachten „Verfrühungsschadens" nicht durch den Einwand „rechtmäßigen Alternativverhaltens" entgehen.[505] Hätte der Rechtsanwalt dagegen die Fälligkeit zu einem Zeitpunkt bestätigt, zu dem den vertraglich vereinbarten völlig gleichwertige Sicherungen vorlagen, wäre ein „zurechenbarer" Verfrühungsschaden zu verneinen, da eine Beeinträchtigung des Schutzzwecks der Klausel – Schutz des Mandanten vor ungesicherter Vorleistung – zu keinem Zeitpunkt gegeben war.[506]

3. Einzelfragen der Zurechnung bei Anwaltsfehlern

a) Zusammentreffen von Anwaltsfehlern und späteren schadensträchtigen Maßnahmen des Mandanten

365 In vielen Fällen führt der Anwaltsfehler als solcher noch nicht zu einer Schädigung des Mandanten und auch bei korrektem Verhalten des Anwalts hätte sich die Vermögenslage des Mandanten im Ergebnis nicht günstiger gestaltet; zum Schadenseintritt kommt es erst dadurch, daß der Mandant in der Folge selbst Dispositionen trifft, die sich als schädigend herausstellen. Das Gesagte soll anhand einiger Beispiele verdeutlicht werden:

(1) Der mit der Herbeiführung eines Vertragsabschlusses mit bestimmtem Inhalt beauftragte Anwalt bringt auftragswidrig den Standpunkt seines Mandanten nur undeutlich im Vertragstext zum Ausdruck; bei entsprechend eindeutiger Formulierung wäre die Vertragsgegenseite nicht zum Abschluß bereit gewesen und es wäre überhaupt nicht zu einem Vertragsschluß gekommen. In einem Rechtsstreit versucht der Mandant eine Vertragsauslegung in seinem Sinne zu erreichen; die Gerichte entscheiden im Sinne der dem Mandanten ungünstigen Auslegungsmöglichkeit. Der Mandant verlangt nunmehr vom Anwalt die ihm auferlegten Kosten als Schadensersatz.[507]

(2) Im Rahmen einer Auseinandersetzung zwischen Gesellschaftern übernimmt der anwaltlich beratene Mandant (u.a.) die Verpflichtung zur entgeltlichen Übertragung eines GmbH-Anteils; im Zeitpunkt der Einigung war eine notarielle Beurkundung nicht möglich, später war die Vertragsgegenseite

---

[505] Ebenso BGHZ 96, 157, Leitsatz c und S. 170ff.; krit. *Borgmann/Haug*, S. 166.

[506] Bei BGHZ 96, 157 war dies nicht der Fall; dort gingen der Auflassungsvormerkung des Käufers Grundpfandrechte vor; Löschungsbewilligungen der Grundpfandgläubiger zugunsten des Käufers gem. § 328 BGB lagen nicht vor (aaO, S. 169).

[507] Vgl. BGH NJW 1988, 200 [202]: 2. Sachverhaltsvariante.

zur Mitwirkung an einer solchen nicht mehr bereit. Da auch die Vertragsgegenseite den Vertrag zunächst als gültig behandelt und vom Mandanten auf den Vertrag erbrachte Leistungen entgegengenommen hatte, erhob der Mandant in der Folge die Vertragserfüllungsklage. Der Mandant unterliegt, da der Vertrag formunwirksam ist (§ 15 Abs. 4 GmbHG) und die Berufung des Vertragsgegners darauf nicht als unzulässig (§ 242 BGB) angesehen wird. Eine Rückforderung der erbrachten Leistungen scheitert daran, daß die Gegenseite zwischenzeitlich vermögenslos geworden ist. Der Mandant macht den Anwalt für den ihm entstandenen Schaden verantwortlich.[508]

(3) Beim Abschluß eines Kaufvertrags hat der vom Verkäufer zugezogene Anwalt pflichtwidrig nicht dafür gesorgt, daß der Verkäufer bei einer Vertragsrückabwicklung im Hinblick auf erbrachte Vorleistungen ausreichend gesichert war. Nach Vorleistung des Verkäufers erklärte der Käufer unberechtigt den Rücktritt vom Vertrag; der Verkäufer hielt am Vertrag fest, betrieb die Zwangsvollstreckung wegen der Kaufpreisforderung und verteidigte sich gegen die vom Käufer erhobene (unbegründete) Vollstreckungsgegenklage. Die dabei entstandenen Aufwendungen waren beim Käufer nicht beitreibbar. Der Verkäufer macht nunmehr seinen Kostenaufwand als Schaden gegen den Anwalt geltend.[509]

Kennzeichnend für die genannten Fallbeispiele ist, daß der eingetretene 366 Schaden entscheidend auf dem eigenen freien Willensentschluß des Mandanten beruht; hätte er nicht aus dem unklaren bzw. formnichtigen Vertrag auf Klarstellung des Vertragsinhalts bzw. Vertragserfüllung geklagt, hätte er im Fall 2 keine Leistungen auf den unwirksamen Vertrag erbracht und hätte er sich im Fall 3 nicht gegen die Vollstreckungsgegenklage verteidigt, wäre es nicht zur Entstehung des Kosten-(Vertrauens-)schadens gekommen. Die Schadensursächlichkeit des eigenen schadensstiftenden Entschlusses des Mandanten kann daher nicht zweifelhaft sein. Keinen Bedenken unterliegt in den beiden ersten Fällen auch die Ursächlichkeit des Anwaltsverschuldens im Sinne der Bedingungstheorie: Wäre der Vertrag nicht mit unklarem Inhalt oder formfehlerhaft geschlossen worden, wäre es nicht zu den für den Mandanten erfolglosen Rechtsstreitigkeiten, vertanen Aufwendungen und „verlorenen" Leistungen gekommen. Im Fall 3 ist das Anwaltsverschulden dann Bedingung für den entstandenen Verteidigungsaufwand, wenn der Verkäufer bei entsprechender Absicherung im Rücktrittsfall *nicht* am Vertrag festgehalten hätte. Fraglich kann daher nur sein, ob der eigene freie Willensentschluß des Mandanten, die schadensträchtigen Rechtsverfolgungs-(Rechtsverteidigungs-)maßnahmen zu ergreifen, einem „adäquaten" Zusammenhang zwischen Anwaltsfehler und dem entstandenen Schaden entgegensteht. Wie bereits oben (2 b) näher ausgeführt wurde, ist adäquater Zusammenhang immer dann zu bejahen, wenn die Maßnahme des Mandanten eine berechtigte Reak-

---

[508] Vgl. BGH VersR 1960, 273.
[509] Vgl. BGH WM 1988, 337 (Notarhaftungsfall).

tion auf den Anwaltsfehler darstellt und durch diesen gleichsam „herausgefordert" worden ist; wird mit ihr dagegen in ungewöhnlicher und unsachgemäßer Weise in den Geschehensablauf eingegriffen, so hat der Mandant (haftungsrechtlich) den Schaden *selbst* herbeigeführt.[510]

367 Zu den Ausgangsfällen ist damit wie folgt Stellung zu nehmen: Durch die gebotene unmißverständliche Vertragsformulierung soll gerade der Streit um die Auslegung des Vertrags vermieden werden; daß unklare und auslegungsbedürftige Formulierungen auch zu Auslegungsstreitigkeiten führen, entspricht dem regelmäßigen Geschehensablauf;[511] die zur Klarstellung des Vertragsinhalts im Fall 1 erhobene Klage war „herausgefordert", der Kostenschaden damit vom Anwalt adäquat verursacht. Ähnlich verhält es sich bei Formmängeln; hier ist nicht ungewöhnlich, daß die vom Formmangel betroffene Partei noch mit Hilfe der Gerichte eine „Aufrechterhaltung" des formunwirksamen Vertrags zu erreichen sucht. In einem Fall eines anwaltlich verschuldeten formfehlerhaften Vertragsschlusses führt der BGH aus: „Es liegt durchaus im Rahmen der allgemeinen Erfahrung, daß dann, wenn die Formbedürftigkeit einer Vereinbarung nicht erkannt und diese dementsprechend zunächst als gültig behandelt wird, daraus Rechtsstreitigkeiten entstehen, die angesichts der Formnichtigkeit der Vereinbarung zuungunsten desjenigen ausgehen, der aus der Vereinbarung Ansprüche herleiten will".[512] In Abwandlung des zweiten Beispiels wäre dagegen der Fall eines „ungewöhnlichen und unsachlichen Eingriffs" etwa dann anzunehmen, wenn der Mandant aus einem formnichtigen Vertrag auf Erfüllung klagt, ohne daß irgendwelche Anhaltspunkte für den Tatbestand einer unzulässigen Rechtsausübung (§ 242 BGB) in der Person der Gegenseite vorliegen. Im Fall 3 besteht dann kein haftungsrechtlicher Zurechnungszusammenhang zwischen dem Anwaltsfehler und dem entstehenden Verteidigungsaufwand, wenn der Entschluß des Verkäufers zur Verteidigung gegenüber der Vollstreckungsgegenklage nicht gerade durch die unzulängliche Sicherung bei der Rückabwicklung des Vertrags „herausgefordert", sondern das Festhalten am Vertrag lediglich die natürliche Reaktion des Verkäufers auf den unberechtigten Käuferrücktritt war. Gerade dies hat der BGH angenommen und deshalb einen Zurechnungszusammenhang wie folgt verneint: „Die tatsächliche Gestaltung des Kaufvertrags hat den Kläger (Verkäufer) nicht herausgefordert, seinen Kaufpreisanspruch bei der Käuferin durchzusetzen. Das war vielmehr die von jedem Verkäufer zu erwartende Reaktion".[513]

368 Auch soweit der selbständige Entschluß des Mandanten den Zurechnungszusammenhang zwischen Anwaltsfehler und Schaden unberührt läßt, ist je-

---

[510] BGH WM 1988, 337 [341] m.w.N.; *Palandt/Heinrichs,* Vor § 249 Anm. 5 B g; vgl. ferner oben 2 d.

[511] Zutr. *Giesen,* JZ 1988, 660 f.

[512] BGH VersR 1960, 273 [275].

[513] BGH WM 1988, 337 [341].

weils die Frage eines Mitverschuldens des geschädigten Mandanten (§ 254 BGB) sorgfältig zu prüfen.[514]

b) Zusammentreffen von Fehlern mehrerer Anwälte

Es geht hier um Schäden des Mandanten, die dadurch entstehen, daß mehrere – gleichzeitig oder nacheinander tätige – Anwälte jeweils in *ihrem* Pflichtenkreis eine Schadensursache gesetzt haben. Die Problematik ist bereits im Zusammenhang mit den unterschiedlichen Pflichtenkreisen bei einer Mehrheit von Anwälten begegnet (vgl. oben IV 3 b–d). Folgende Fallgestaltungen kommen in Frage: 369

(1) Der Mandant hat „nacheinander mehrere Anwälte um Rechtsauskunft ersucht und von allen dieselben falschen, ihm schädlichen Ratschläge erhalten".[515]

(2) Der Mandant hat einen Prozeßbevollmächtigten und einen Verkehrsanwalt beauftragt; beiden Anwälten unterläuft in ihrem jeweiligen Verantwortungsbereich ein Fehler – der Verkehrsanwalt klärt den vorschußpflichtigen Mandanten über die mißverständliche Vorschußanordnung im Beweisbeschluß falsch auf, der Prozeßbevollmächtigte dringt nicht auf eine gerichtliche Klarstellung – so daß es schließlich zum Prozeßverlust kommt.[516]

(3) Dem erstinstanzlichen Anwalt unterläuft ein Fehler bei der Prozeßführung, der allerdings durch geeignete Gegenmaßnahmen in der Berufungsinstanz noch unschädlich gemacht werden könnte; da der Berufungsanwalt schuldhaft den behebbaren Fehler nicht behebt, kommt es zur Schädigung des Mandanten.[517]

Die Lösung dieser Fälle erfolgt nach den Grundsätzen der kumulativen Gesamtkausalität (dazu oben 2 e). Im Fall der ersten Gruppe wird daher übereinstimmend Mitverursachung durch sämtliche Anwälte und damit gesamtschuldnerische Haftung (§ 421 BGB) sämtlicher Anwälte angenommen.[518] Die gesamtschuldnerische Verbindung folgt aus der einer „Nebentäterschaft" vergleichbaren Stellung der unabhängig voneinander tätigen Rechtsanwälte.[519] Im Ergebnis gleich zu behandeln sind die Fälle der zweiten Fallgruppe; die gesamtschuldnerische Haftung folgt hier aus der objektiven „Zweckgemeinschaft" der Mandate (vgl. oben IV 3 c m. N. in Fußn. 385).   370

Problematisch ist die Lösung der dritten Fallgruppe. Die h.M. mißt dem   371

---

[514] Vgl. hierzu unten VI 4.
[515] RGZ 115, 185 [189].
[516] Vgl. die Fallgestaltung in BGH NJW 1988, 3013 = WM 1988, 987.
[517] Vgl. RGZ 167, 76; BGH NJW 1974, 1865 [1867 unter II 3]; OLG Hamm VersR 1982, 1057.
[518] Vgl. RGZ 115, 185 [189]; 167, 76 [80]; OLG Hamm VersR 1982, 1057; vgl. auch oben IV 3 d.
[519] Rechtsgedanke aus § 840 BGB; vgl. BGHZ 43, 227 [234]; Münch. Komm./*Selb*, § 421 Rdnr. 24.

„Dazwischentreten" des „zweiten" Anwalts für den Kausalzusammenhang zwischen dem Fehler des „ersten" Anwalts und dem eingetretenen Schaden (z.B. Prozeßverlust) keine Bedeutung zu. So sagt etwa der *BGH* in seinem Urteil vom 26. 6. 1974: „Selbst wenn die Bevollmächtigten der Kläger in der Berufungsinstanz des Vorprozesses *auch* nicht alles Erforderliche getan haben, um dem Erstattungsanspruch der Kläger zum Erfolg zu verhelfen…, so entfällt dadurch nicht die Ursächlichkeit des Verhaltens der Beklagten (erstinstanzliche Anwälte) für den eingetretenen Schaden. Vielmehr wäre bei solcher Fallgestaltung *sowohl* das Unterlassen der Beklagten als auch das der Berufungsanwälte (kumulativ) kausal".[520] Zu einer – teilweisen oder auch gänzlichen[521] – Haftungsfreistellung des erstinstanzlichen Anwalts kommt die h.M., indem sie dem Mandanten das Verschulden des Berufungsanwalts als eines Erfüllungsgehilfen im Rahmen der Schadensverhinderungs-(minderungs-)pflicht gem. § 254 Abs. 2, 278 BGB zurechnet.[522] Gegen diese Konstruktion bestehen Bedenken (vgl. oben IV 3d). Richtigerweise sind die Grundsätze zur fehlenden Adäquanz bei grobem Fehlverhalten eingreifender Dritter heranzuziehen (vgl. oben 2e); beruht das Unterlassen der Fehlerbehebung auf grober Pflichtwidrigkeit des Rechtsmittelanwalts, so ist dem „ersten" Anwalt der nach dem Dazwischentreten des „zweiten" Anwalts erst entstandene Schaden haftungsrechtlich nicht mehr zuzurechnen. In dem oben bereits erwähnten Fall des in der Berufungsinstanz nicht gestellten Schutzantrags und in der Revisionsinstanz unterlassenen Einstellungsantrags (RGZ 167, 76 und dazu oben IV 3d) hat der Berufungsanwalt den anwaltlichen Vertreter des Mandanten zweimal auf die Notwendigkeit eines Einstellungsantrags in der Revisionsinstanz hingewiesen (aaO, S. 82), ein nochmaliger Hinweis hätte als „Mißtrauen in die Zuverlässigkeit des Generalbevollmächtigten seines früheren Auftraggebers" verstanden werden müssen und war deshalb unzumutbar (vgl. aaO, S. 83). Das RG hat den vom beklagten Berufungsanwalt ausdrücklich geltend gemachten rechtlichen Gesichtspunkt der „Unterbrechung des ursächlichen Zusammenhangs" (aaO, S. 77) offengelassen (aaO, S. 77, 79) und zur Hilfskonstruktion der §§ 254, 278 BGB gegriffen. Nach dem *heutigen* Stand der Schuldrechtsdogmatik steht aber nichts entgegen, in Fällen wie diesem *fehlende Adäquanz* zwischen dem Pflichtverstoß des „ersten" Anwalts und dem Schadenseintritt anzunehmen und damit den Zurechnungszusammenhang zu verneinen.

372   Im Fall des OLG Hamm (VersR 1982, 1057) war die mit der Berufung angegriffene einstweilige Verfügung nicht rechtzeitig vollzogen worden

---

[520] BGH NJW 1974, 1865 [1867].

[521] So OLG Hamm VersR 1982, 1057 [1058 a.E.] für den Schaden in Form von Kosten des Berufungsverfahrens. Im Verhältnis des „zweiten" zum „dritten" Anwalt im Erg. ebenso RGZ 167, 76.

[522] RGZ 167, 76 [80ff.]; BGH NJW 1974, 1865 [1867 unter III]; OLG Hamm VersR 1982, 1057.

(§§ 929 Abs. 2, 936 ZPO) und unterlag deshalb notwendig der Aufhebung;[523] der drohende Kostenschaden konnte nur durch umgehende – noch in der Berufungsinstanz mögliche – Rücknahme des Verfügungsantrags vermieden werden. Die kostenrelevante Antragstellung des Berufungsanwalts *vor* der Rücknahme des Verfügungsantrags war dem Mandanten gegenüber grob pflichtwidrig, der aus ihr resultierende Kostenschaden (Verhandlungsgebühr) kann dem erstinstanzlichen Anwalt haftungsrechtlich nicht zugerechnet werden; eines Rückgriffs auf die §§ 254 Abs. 2, 278 BGB bedarf es nicht. Ist dagegen der Schaden haftungsrechtlich – auch – dem „ersten" Anwalt zurechenbar,[524] so haften beide Anwälte als Gesamtschuldner, der Ausgleich nach Maßgabe der Verursachungs-(Verschuldens-)anteile erfolgt im Innenverhältnis gem. § 426 BGB, nicht im Verhältnis zum Mandanten (vgl. oben IV 3 d).

Eine kumulative oder Gesamtkausalität ist auch bei Zusammentreffen von **373** *Anwalts- und Notarfehlern* denkbar. Dies zeigt folgendes Beispiel: Der Notar verschuldet einen Beurkundungsfehler des – befristeten – Grundstücksverkaufsangebots, der Anwalt vereitelt die gem. § 313 S. 2 BGB bestehende Heilungsmöglichkeit, indem er nicht für die rechtzeitige Annahme des Angebots sorgt.[525]

Kennt der Eigentümer den Formmangel und ist er deshalb zur Auflassung nicht mehr bereit, ist das Versehen des Anwalts nicht kausal (BGH aaO, S. 2882); kennt der Eigentümer den Formmangel nicht, ist ein Schaden des Mandanten infolge der unterbliebenen Heilung zweifelhaft, da die Heilung nur unter – bedenklicher – Ausnutzung des Irrtums des Eigentümers möglich wäre (vgl. BGH aaO, S. 2881; vgl. auch oben Rdnr. 257).

c) Zusammentreffen von Fehlern des Anwalts und Fehlern seines Büros

Fälle kumulativer Kausalität begegnen auch bei Zusammentreffen von An- **374** waltsfehlern und Büroversehen. Diese Fragen werden hauptsächlich im Recht der Wiedereinsetzung erörtert,[526] sind aber auch, da es bei versagter Wiedereinsetzung u. U. zu einem Haftpflichtfall kommt, für das Anwaltshaftungsrecht von Bedeutung. Es geht um folgende typische Fallgestaltung:

Der innerhalb der Rechtsmittel-(begründungs-)frist bei Gericht eingegangenen Rechtsmittel-(begründungs-)schrift fehlt die Unterschrift des Rechtsanwalts; dazu ist es gekommen, weil (1.) der Rechtsanwalt den ihm vorgeleg-

---

[523] Vgl. OLG Hamm NJW-RR 1986, 1232; *Zöller/Vollkommer*, § 929 Rdnr. 21.

[524] Beispiel: Hat der „erste" Anwalt den entscheidungsrelevanten Sachverhalt nicht aufgeklärt und der „zweite" Anwalt es unterlassen, gegnerisches Vorbringen, das sich bei Aufklärung als unrichtig herausgestellt hätte, zu bestreiten, so führt dies nicht zu einer Unterbrechung des Zurechnungszusammenhangs; vgl. BGH VersR 1983, 34 [35 unter 1 b bb, 2. Abs.].

[525] Vgl. die Fallgestaltung in BGH NJW 1988, 2880.

[526] Vgl. *Stein-Jonas/Schumann*, § 233 Rdnr. 40 und 413; *Zöller/Stephan*, § 233 Rdnr. 22; *Rosenberg/Schwab*, § 70 III Stichw. „Verschulden des Büropersonals und Anwaltsverschulden"; *Vollkommer*, Formenstrenge und prozessuale Billigkeit, 1973, S. 330 ff.

ten Schriftsatz „versehentlich" nicht unterzeichnet hat und (2.) bei der bürointernen Unterschriftskontrolle der ausgehenden Post der Unterschriftsmangel unentdeckt blieb.

375   Bei dieser Fallgestaltung ist nach den Grundsätzen der kumulativen Kausalität (vgl. oben 2e) sowohl das Anwaltsversehen als auch das Büroversagen (Ausfall der Unterschriftskontrolle) für die Fristversäumung[527] kausal. Hätte der Anwalt den ihm vorgelegten Schriftsatz unterzeichnet, wäre die Frist gewahrt worden; das gleiche trifft bei gehöriger Prüfung der ausgehenden Post durch das Büro zu: Wäre der Unterschriftsmangel entdeckt, wäre die Unterzeichnung durch den Anwalt nachgeholt und der Schriftsatz ordnungsgemäß unterzeichnet eingereicht worden.

376   Die rechtliche Behandlung dieser Fälle ist streitig. „Versuchen, trotz eines Anwaltsverschuldens, ohne das es nicht zur Versäumnis gekommen wäre, Wiedereinsetzung aufgrund eines daneben vorliegenden Büroversehens zu erlangen", ist im Schrifttum nachdrücklich *Zeuner*[528] entgegengetreten; den gegenteiligen Standpunkt nimmt die neuere Rechtsprechung[529] und überwiegend die Literatur[530] ein. Da wegen § 85 Abs. 2 ZPO ein reines Büroversehen der Wiedereinsetzung nicht entgegensteht, wohl aber (jedes) Verschulden des Prozeßbevollmächtigten, scheint es für die Wiedereinsetzung darauf anzukommen, das Anwaltsverschulden als Kausalbeitrag auszuscheiden. Es überrascht daher nicht, in der Rechtsprechung Kausalitätserwägungen anzutreffen: Kausal für die Fristversäumung sei in einem solchen Falle „in erster Linie" das „Herausgehen des Schriftsatzes ohne die erforderliche Unterschrift" und „nicht die Tatsache der Nichtleistung der Unterschrift".[531] Der Kritik *Zeuners*[532] ist zuzugeben, daß das Kausalitätsargument nicht stichhaltig ist.[533] Beide Ursachen sind gleichermaßen notwendige Bedingungen des eingetretenen Erfolges. Zuzustimmen ist *Zeuner* auch darin, daß es überhaupt nicht entscheidend um die Kausalität geht, sondern um die weitere Frage, ob im Rahmen des § 233 ZPO auch kausales, schuldhaftes Verhalten unschädlich sein kann. Das ist aber eine Frage der rechtlichen Bewertung der beiden Kausalreihen. Insoweit sind folgende Überlegungen von Bedeutung:

---

[527] Auf die Problematik des Unterschriftserfordernisses i.S. der hM ist hier nicht einzugehen; vgl. auch unten § 6 unter „Unterschrift des Rechtsanwalts".

[528] *Zeuner*, Anm. zu BAG AP Nr. 44 zu § 233 ZPO, Bl. 1048 [1049].

[529] BGH NJW 1985, 1226 = VersR 1985, 285 = MDR 1985, 830; BAG NJW 1966, 799 = AP Nr. 44 zu § 233 ZPO; bestätigend BAG AP Nr. 66 zu § 233 ZPO [Bl. 621].

[530] *Ostler*, NJW 1967, 2300 (Anmerkung zu BAG NJW 1966, 799); *Vollkommer*, aaO S. 334; *Sziegoleit*, S. 35f., 125f.; ferner die Kommentare zu § 233 ZPO, vgl. *Stein-Jonas/Schumann*, Rdnr. 40 aE (aA aber kurz vorher) und Rdnr. 413; *Zöller/Stephan*, Rdnr. 22; *Baumbach/Lauterbach/Hartmann*, Anm. 4, Stichw. „Rechtsanwalt", Unterstichwort „Personal a) Auswahl", S. 646, 647, 649 der 47. Aufl.

[531] BGH NJW 1975, 56 [57] = VersR 1975, 135 [136]; BAG NJW 1966, 799 = AP Nr. 44 zu § 233 ZPO.

[532] *Zeuner*, Anm. AP Nr. 44 zu § 233 ZPO.

[533] Insoweit ihm zust. auch *Ostler*, NJW 1967, 2300.

Erfahrungsgemäß lassen sich Anwaltsversehen bei der Unterschriftsleistung nie ganz vermeiden („Gefahrgeneigtheit" der Anwaltstätigkeit). Den daraus entspringenden Gefahren in geeigneter Weise zu begegnen, dient gerade die Unterschriftskontrolle durch das Büro. Mit der Prüfung des Ob der Unterschriftsleistung erbringt das Büro nichts als eine Hilfeleistung, deren sich der Anwalt bedienen darf.[534] Darf sich aber der Anwalt auf die getroffenen Sicherungsvorkehrungen verlassen, so entspricht dem nur als Kehrseite, daß bei einem Versagen der Unterschriftskontrolle ein Rückgriff auf ein Anwaltsversehen bei der Unterzeichnung im Rahmen des § 233 ZPO ausgeschlossen ist. Für die Fristversäumung ist damit *allein* das Büroversehen „wesentlich". Die Rechtslage ist keine andere als in den Fällen, in denen *lediglich* ein Büroversehen für den Unterschriftsmangel ursächlich war.[535] Im Ergebnis bedeutet das die Anerkennung der Lehre von der wesentlichen Bedingung[536] im Wiedereinsetzungsrecht.

d) Zusammentreffen von Fehlern des Anwalts und „amtlichem Verschulden" des Gerichts

Ebenfalls im Wiedereinsetzungsrecht spielen Fälle kumulativer Kausalität 377 von Anwaltsfehlern und „amtlichen" (gerichtlichen) Versehen eine erhebliche Rolle. Es geht um folgende Fallgestaltungen:

(1) Infolge eines Anwaltsversehens unterbleibt nach einer Urteilszustellung die gebotene Feststellung und Notierung des Zustellungszeitpunkts und damit auch die Berechnung und Notierung der Rechtsmittelfrist. Die später auf eine entsprechende Anfrage von der Geschäftsstelle des Gerichts erteilte Auskunft über das Zustellungsdatum ist falsch; dadurch kommt es zur Versäumung der Rechtsmittelfrist („Auskunftsfälle"[537]).

(2) Infolge eines Anwaltsfehlers, z.B. einer offenkundigen Falschadressierung einer Rechtsmittelschrift, ist die zeitig innerhalb der Rechtsmittelfrist eingereichte Rechtsmittelschrift beim unzuständigen Gericht eingegangen; beim Eintreffen der Rechtsmittelschrift beim zuständigen Gericht ist die Frist bereits versäumt. Bei „unverzüglicher" Weiterleitung der Rechtsmittelschrift „im normalen ordnungsgemäßen Geschäftsgang" an das erkennbar gemeinte zuständige Gericht wäre die Rechtsmittelfrist noch gewahrt worden („Weiterleitungsfälle"[538]).

---

[534] BGH VersR 1979, 285; VersR 1983, 374; VersR 1985, 285 = NJW 1985, 1226; BAG NJW 1966, 799 = AP Nr. 44 zu § 233 ZPO.

[535] In den Fällen der *Nichtvorlage* des zu unterzeichnenden Schriftsatzes handelt es sich um ein reines Büroversehen, soweit nicht den Anwalt ausnahmsweise eine Überwachungspflicht trifft; vgl. BGH NJW 1975, 56 = VersR 1975, 135 einerseits, BGH VersR 1983, 271 andererseits.

[536] Vgl. zu dieser *Sieg*, BB 1988, 1610 mit Nachw. in Fußn. 16; *Lange*, Schadensersatz, § 3 V; *Soergel/Mertens*, Vor § 249 Rdnr. 117 und ferner allgemein bereits oben 2a.

[537] BGH LM Nr. 84 zu § 233 ZPO = VersR 1958, 62; VersR 1974, 1001; BGH NJW 1966, 658.

[538] BGH NJW 1972, 684; 1975, 2294; 1979, 876; 1987, 440; BGH VersR 1981, 63

378   In beiden Fallgruppen ist der Anwaltsfehler für die Fristversäumung kausal. Hätte in den Auskunftsfällen der Anwalt für die gebotene sofortige Feststellung des Zustellungsdatums und die korrekte büromäßige Erfassung des Zustellungszeitpunkts gesorgt, wäre es überhaupt nicht zur Einholung einer Auskunft gekommen und die Rechtsmittelschrift wäre unter Zugrundelegung des „richtigen" und nicht erst des später mitgeteilten „falschen" Zustellungsdatums rechtzeitig eingereicht worden. Hätte der Anwalt in den Weiterleitungsfällen pflichtgemäß auf die zutreffende Adressierung geachtet, wäre die Rechtsmittelschrift sofort – rechtzeitig – an das zuständige Rechtsmittelgericht gelangt und es wäre gar nicht auf ihre unverzügliche „Weiterleitung" durch das unzuständige Gericht angekommen. Das mitursächliche „amtliche" Versehen liegt in den Auskunftsfällen in der Erteilung einer *falschen Auskunft* durch den Geschäftsstellenbeamten; amtliches Verschulden durch die verzögerte Weiterleitung der erkennbar fehladressierten Rechtsmittelschrift setzt eine entsprechende Handlungspflicht des Gerichts voraus. In den beiden Fallgruppen kann das mitursächliche „amtliche" Verschulden von Geschäftsstelle oder Gericht als „unabwendbarer Zufall" i.S. von § 233 ZPO a.F. der Partei nicht wiedereinsetzungshindernd zugerechnet werden; an der Mitursächlichkeit des Anwaltsverschuldens für die Fristversäumung ändert dieses „unabwendbare" Ereignis an sich freilich nichts.

379   Die Rechtsprechung behandelt die beiden Fallgruppen nicht einheitlich. In den Auskunftsfällen wird *allein* die Falschauskunft der Geschäftsstelle als die entscheidende Ursache für die Fristversäumung angesehen und dem Anwaltsverschulden im Ergebnis keine der Wiedereinsetzung entgegenstehende Bedeutung beigemessen.[539] In den Weiterleitungsfällen wird zwischen Partei- und Anwaltsprozessen differenziert; im Parteiprozeß führt eine in der verzögerten Weiterleitung liegende Verletzung der gerichtlichen „Fürsorgepflicht" zur Wiedereinsetzung;[540] dagegen hat die Rechtsprechung bei anwaltlich vertretenen Parteien ein wiedereinsetzungsrelevantes „gerichtliches Verschulden" teils schon im Hinblick auf eine fehlende „Rechtspflicht" zur Weiterleitung verneint,[541] teils darauf abgestellt, daß das kausale Anwaltsverschulden nicht durch ein gerichtliches Verschulden „beseitigt"[542] oder „aus-

---

und 1126; BSG GS NJW 1975, 1380; OLG Karlsruhe OLGZ 1981, 241 = MDR 1981, 503.

[539] BGH LM Nr. 84 zu § 233 ZPO = VersR 1958, 62; VersR 1974, 1001; NJW 1966, 658; zustimmend z.B. *Zöller/Stephan*, § 233 Rdnr. 22; *Baumbach/Lauterbach/Hartmann*, § 233 Anm. 4, Stichwort „Rechtsanwalt" – „Gesetzesunkenntnis" (S. 640 der 47. Aufl.).

[540] BSG GS NJW 1975, 1380; OLG Karlsruhe OLGZ 1981, 241; *Bauer*, ZZP 87 [1974], 473ff.; *Rosenberg/Schwab*, § 70 III – „Gerichtliche Verfahrensmängel"; AK-ZPO/*Ankermann*, § 233 Rdnr. 10; offenlassend BGH NJW 1987, 440 für befristeten PKH-Antrag.

[541] So BGH NJW 1972, 684; VersR 1985, 767; krit. AK-ZPO/*Ankermann*, § 233 Rdnr. 10.

[542] BGH VersR 1981, 1126.

geräumt"[543] werde. In den *Auskunftsfällen* dürfte der entscheidende Gesichtspunkt für die Ausscheidung des Anwaltsverschuldens als „erhebliche" Mitursache für die Fristversäumung in den Grundsätzen der Unterbrechung des Zurechnungszusammenhangs bei Dazwischentreten eines grob sachwidrig handelnden Dritten zu suchen sein.[544] Der Anwalt muß, wenn er das Datum einer Urteilszustellung feststellen will, nicht vom Recht der Akteneinsicht Gebrauch machen, vielmehr ist die telefonische Auskunft des Geschäftsstellenbeamten eine durchaus angemessene Form der Aufklärung.[545] Sind aber Geschäftsstellenbeamte dazu ermächtigt, derartige Auskünfte zu erteilen, darf der Anwalt darauf vertrauen, daß die erteilte Auskunft richtig ist; bestünden im Einzelfall irgendwelche Zweifel am Zustellungsdatum, stünde es der Geschäftsstelle frei, fernmündliche Auskünfte abzulehnen und den Anwalt auf die Akteneinsicht zu verweisen. Darf sich aber der Anwalt auf die ihm erteilte Auskunft verlassen, so kann die nach Maßgabe der Auskunft „rechtzeitig" eingereichte Rechtsmittelschrift nicht mehr als „schuldhaft verspätet" gewertet werden, ein „Rückgriff" auf die frühere Kausalkette ist – ähnlich wie in den Fällen des Ausfalls der Unterschriftskontrolle des Büros – ausgeschlossen.

Soweit in den *Weiterleitungsfällen* eine Wiedereinsetzung *allein deshalb* 380 abgelehnt wird, weil die schuldhafte (Mit-)verursachung der Fristversäumung durch den Prozeßbevollmächtigten nicht dadurch „ausgeräumt" wird, daß die Fristversäumung durch das Gericht hätte vermieden werden können[546] und müssen, so steht dies eindeutig im Widerspruch zur Entscheidung der „Auskunftsfälle": Hier wird die schuldhafte „(Mit-)Verursachung der Fristversäumung" gerade durch die Falschauskunft der Geschäftsstelle als der Fristwahrung entgegenstehendes Hindernis ausgeräumt! Nicht haltbar ist die Auffassung des BGH, wonach für das Gericht eine Rechtspflicht zur Weiterleitung auch dann nicht bestehen soll, wenn die Frist durch eine ungesäumte Weiterleitung im normalen ordnungsgemäßen Geschäftsgang ohne außerordentliche Maßnahmen gewahrt werden kann. Damit verkennt der BGH die gesteigerten Pflichten des Gerichts zur Abwendung von Verspätungsfolgen. Nach dem neuen Verspätungsrecht (§§ 296, 527, 528 ZPO) darf eine Verzögerung (Verspätung) immer dann nicht angenommen werden, wenn sie durch geeignete Maßnahmen des Gerichts verhindert werden konnte; fehlt es an der gebotenen gerichtlichen Fehlerverhinderung, dann liegt der Fehler *auch* beim Gericht und ist damit der Partei nicht zuzurechnen. Die Verspätungssanktion durch das Gericht setzt voraus, daß das Gericht seinerseits seine prozessualen Pflichten strikt erfüllt hat; andernfalls mißbraucht das Gericht die Präklu-

---

[543] BGH VersR 1981, 63; vgl. auch BGH NJW 1979, 876.
[544] Die Rechtsprechung nennt diesen Gesichtspunkt (vgl. dazu oben 2e) nicht; vgl. z.B. BGH VersR 1974, 1001.
[545] BGH NJW 1966, 658.
[546] BGH VersR 1981, 63 m.w.N. und 1126.

sionsvorschriften und verstößt gegen den Grundsatz des fairen Verfahrens.[547] Daraus läßt sich das Gebot ableiten, „Parteien oder Anwälte bei mitwirkenden Fehlern des Gerichts zu entlasten".[548] Dieser „prozessuale Grundsatz der Fehlerkompensation"[549] ist auch in den Weiterleitungsfällen anzuwenden. Wäre bei einer „umgehenden Weiterleitung im normalen Geschäftsgang unter Hinweis auf die Eilbedürftigkeit des Vorgangs"[550] die Frist noch gewahrt worden, so beruht bei wertender Betrachtung der verspätete Eingang beim zuständigen Gericht nicht auf dem Anwaltsverschulden.[550a]

e) Zusammentreffen von Anwaltsfehlern und Fehlentscheidungen des Gerichts

381   Eine „Fehlentscheidung des Gerichts" im Sinn der erörterten Problemstellung liegt nur vor, wenn das Gericht auf der Grundlage des relevanten Prozeßstoffs falsch entscheidet, bei korrekter Anwendung des formellen und materiellen Rechts aber anders – d.h. nicht zum Nachteil des Mandanten des Anwalts – hätte entscheiden können und müssen; eine fehlerhafte Entscheidung i.S. der erörterten Problematik liegt dagegen nicht vor, wenn das Gericht den Rechtsstreit, „so wie er ihm vorgelegen hat" (vgl. die Formulierung in § 68 ZPO), „richtig" entschieden hat, seine Entscheidung aber – von einem außerprozessualen Standpunkt aus – deswegen „falsch" ist, weil der dem Urteil zugrundegelegte Sachverhalt nicht der „wahren" Sachlage entspricht. Beruht die Unrichtigkeit oder Unvollständigkeit der Tatsachengrundlage auf einem Anwaltsfehler beim Sachvortrag oder bei der Prozeßführung (zB unterlassene Beweisantritte usw.), so liegt ein Fall „kumulativer Gesamtkausalität"[551] von Anwaltsfehler und Fehlentscheidung des Gerichts *nicht* vor, vielmehr ist haftpflichtrechtlich für die im Ergebnis falsche Entscheidung *allein* der Anwaltsfehler kausal und dem Anwalt der Urteilsschaden zuzurechnen.[552]

---

[547] Vgl. *Zöller/Schneider*, § 527 Rdnr. 18 mit zahlr. Nachw.; zur Bedeutung gerichtlichen Verschuldens für den Grundsatz des *venire contra factum proprium* vgl. oben III 3 b.

[548] So zutr. *E. Schneider*, Anm. zu BGH EzFamR ZPO § 175 Nr. 1, S. 9.

[549] *E. Schneider*, aaO; aA BGH NJW 1979, 876 mit folgender nichtamtlicher Überschrift: „Keine Kompensation von Anwalts- durch Gerichtsverschulden"; ablehnend zu BGH aaO auch *Rosenberg/Schwab*, § 70 III – „Gerichtliche Verfahrensmängel"; AK-ZPO/*Ankermann*, § 233 Rdnr. 10.

[550] Vgl. OLG Karlsruhe OLGZ 1981, 241 = MDR 1981, 503.

[550a] So im Erg. auch BGH NJW-RR 1989, 825 bei irrtümlich angenommener Zuständigkeit; vgl. dazu auch Rdnr. 305.

[551] Vgl. dazu im vorliegenden Zusammenhang *Schultz*, MDR 1965, 264 [265]; *Müller*, MDR 1969, 797 [801 zu Fußn. 24]; speziell zum Wiedereinsetzungsrecht *Zeuner*, JZ 1957, 158 [159 m. w. N. in Fußn. 13]; vgl. ferner allgemein oben 2 f.

[552] Vgl. *Häsemeyer*, Schadenshaftung, S. 161; ferner BGH VersR 1983, 34 [35]: „Da diese Pflichtverletzung des Beklagten (Rechtsanwalt) zu einer von der wirklichen Rechtslage abweichenden gerichtlichen Entscheidung und damit zu einer ungerechtfertigten späteren Verurteilung der Gemeinschuldnerin (Mandantin) führen und der Beklagte dies auch voraussehen konnte, ist der daraus entstandene Schaden dem Beklagten zuzurechnen".

Die Problematik umfaßt mehrere *Fallgruppen,* die meist unter dem Schlag- 382
wort „Haftung des Rechtsanwalts für gerichtliche Fehlentscheidungen" erörtert werden;[553] folgende Gestaltungen sind zu unterscheiden:

(1) Dem Anwalt unterläuft vorprozessual ein Fehler, der bei korrekter
Entscheidung an sich folgenlos geblieben wäre, der aber seinerseits eine gerichtliche Fehlentscheidung zur Folge hat.[554]

Beispiel: Der Anwalt formuliert den Vertrag nicht klar genug im Sinne des
vom Mandanten erklärten Auftrags (Formulierungsfehler), dadurch unterliegt
das Gericht einem Auslegungsirrtum und kommt zum falschen Ergebnis.[555]

(2) Der Anwalt begeht bei der Prozeßführung einen Fehler, der für die
Fehlentscheidung bestimmend ist.

Beispiel: Nach Erhebung einer „offenen" (d. h. ausdrücklich so bezeichneten) Teilklage unterläßt der Anwalt *vor* Ablauf der Klagefrist die Klageerweiterung auf den vollen Betrag; nach den Umständen des Falles stellt allerdings
die Berufung auf den Ablauf der Ausschlußfrist „unzulässige Rechtsausübung" (§ 242 BGB) dar. Das Gericht weist die nach Fristablauf erweiterte
Klage (zu Unrecht) allein wegen der Fristversäumung ab; diese Entscheidung
wäre bei rechtzeitiger Klageerweiterung nicht ergangen.[556]

(3) Ein Sonderfall dieser Gruppe ist zugleich der problematischste: Der
Anwaltsfehler im Prozeß besteht gerade darin, daß der Anwalt die gerichtliche Fehlentscheidung nicht verhindert hat (Fall des Verstoßes gegen die Feh-
lerverhinderungspflicht[557]).

Beispiel: Das Gericht erläßt, vom Anwalt unbeanstandet, einen mißver-
ständlichen Beweisbeschluß (unklare Vorschußanordnung); nach fruchtlosem Fristablauf behandelt das Gericht ohne weitere Aufklärung die Partei als
beweisfällig und weist die Klage durch ein Überraschungsurteil (§ 278 Abs. 3
ZPO) ab. Bei Klarstellung des Beweisbeschlusses wäre der Vorschuß einbe-
zahlt, der angetretene Beweis erhoben und geführt, der Klage schließlich
stattgegeben worden.[558]

---

[553] Vgl. bereits *Bendix,* „Die Haftung des Rechtsanwalts für richterliche Fehlsprüche", LZ 1915, 952 ff.; umfassend zur „Haftung des Rechtsanwalts für gerichtliche
Fehlleistungen im Zivilprozeß" *Guardiera Windheim* in ihrer gleichnamigen Konstan-
zer Diss. 1986; zum Problem ferner *Schultz,* MDR 1965, 264 ff.; *Müller,* MDR 1969,
797 ff., 896 ff., 965 ff.; *Staehly,* AnwBl 1977, 250 f.; *J. Blomeyer,* S. 233 f.; *Häsemeyer,*
Schadenshaftung, S. 160 f.; *Wendt,* S. 174 ff.; *Borgmann/Haug,* S. 170 f.

[554] Formulierung im Anschluß an den Leitsatz der Entscheidung BGH NJW 1988,
486.

[555] Vgl. die in BGH NJW 1988, 200 [202] erörterte Sachverhaltsvariante 1. Hierher
gehört auch die einen Notarfall betreffende Fallgestaltung in BGH NJW 1982, 572: Ein
durch zwischenzeitlichen Heilungseintritt (vgl. § 313 Satz 2 BGB) gegenstandslos ge-
wordener Beurkundungsfehler führt deshalb zum Prozeßverlust, weil das Gericht
(fälschlich) die eingetretene Heilungswirkung verkennt.

[556] Vgl. die Fallgestaltung in RGZ 152, 330.

[557] Vgl. dazu oben § 2 V 2.

[558] Vgl. die Fallgestaltung in BGH NJW 1988, 3013 = WM 1988, 987; vgl. auch die
oben § 2 V 2 weiter angeführten Rechtsprechungsbeispiele.

383   Die unterschiedlichen Lösungsversuche werden gleichermaßen mit Kausalitätserwägungen begründet; hauptsächlich folgende Meinungen werden vertreten:

Der Fehler des Anwalts ist adäquat kausal für die Fehlentscheidung des Gerichts; bei eindeutiger Vertragsformulierung, rechtzeitiger Klageerweiterung, Verlangen einer Klarstellung, zutreffenden Hinweisen usw. hätte das Gericht die Fehlentscheidung nicht getroffen; Adäquanz des Zusammenhangs zwischen dem Anwaltsfehler und der Fehlentscheidung ist i.d.R. zu bejahen; daß eine durch den Anwaltsfehler geschaffene oder aufrechterhaltene unklare Rechts- und Sachlage (Textunklarheit, Fristversäumung, vom Gericht übersehener Gesichtspunkt) zu einer unzutreffenden Beurteilung führt, ist keineswegs „ungewöhnlich".[559] Die Gegenansicht hält in diesen Fällen eine Unterbrechung des Zurechnungszusammenhangs für möglich: Hätte das Gericht aufgrund des ihm vorgetragenen Sachverhalts bei korrektem Vorgehen (zutreffender Sachverhaltsaufklärung, richtiger Rechtsanwendung) zum zutreffenden Ergebnis kommen müssen, so ist der Zurechnungszusammenhang zwischen dem Anwaltsfehler und gerichtlicher Entscheidung „unterbrochen", der Anwalt „verantwortet" den im Funktionsbereich des Gerichts liegenden Fehler nicht. Im einzelnen weichen die Begründungen voneinander ab; so wird teils eine Unterbrechung des Kausalzusammenhangs angenommen,[560] teils wird auf die Kriterien der fehlenden Adäquanz[561] oder der Schadensverwirklichung außerhalb des „Schutzzwecks"[562] der verletzten Anwaltspflichten abgestellt.

384   Keiner der vertretenen Meinungen kann voll zugestimmt werden. Da die Verantwortlichkeit des Anwalts für gerichtliche Fehlentscheidungen zu den

---

[559] Vertreter im Schrifttum: *Müller, Bendix, J. Blomeyer, Wendt,* jeweils aaO; *Boergen,* S. 43f.; in der Rechtsprechung etwa BGH NJW 1964, 2402 [2404]; NJW 1974, 1865 [1867 unter 3]; NJW 1988, 3013 [3016]. In der zuletzt genannten Entscheidung schließt der BGH allerdings nicht mehr aus, „daß es Sachverhaltsgestaltungen geben mag, in denen der durch eine fehlerhafte Gerichtsentscheidung verursachte Schaden dem Rechtsanwalt haftungsrechtlich nicht zugerechnet werden kann, obwohl eine Verletzung anwaltlicher Pflichten vorausgegangen ist".

[560] So insbesondere das RG in der grundlegenden Entscheidung RGZ 142, 394, allerdings beschränkt auf die Revisionsinstanz (aaO S. 396); verallgemeinernd *Schultz,* MDR 1965, 264 [265]; *Häsemeyer,* Schadenshaftung, S. 161. Der Begriff der Unterbrechung des Kausalzusammenhangs wird vom BGH nicht mehr gebraucht (vgl. BGH NJW 1982, 572 [573]), wohl aber in der Rspr. der Oberlandesgerichte; vgl. OLG Hamm als Vorinstanz zu BGH aaO; OLG Frankfurt als Vorinstanz zu BGH NJW 1988, 486 [487 unter Hinweis auf RGZ 142, 394].

[561] So namentlich *Hanau,* DNotZ 1982, 500ff.; *Borgmann/Haug,* S. 170f.; *Borgmann* in EWiR § 675 BGB 6/88, 573 [574]; im Erg. auch BGH NJW 1988, 486 [487]: „Der ... behauptete Schaden *beruht nicht* (!) auf dem dem Bekl. [Rechtsanwalt] ... unterlaufenen Fehlern".

[562] Dieser Gesichtspunkt wird von beiden Meinungen für sich beansprucht; vgl. z.B. BGH NJW 1988, 3013 [3016] einerseits, *Borgmann,* EWiR § 675 BGB 6/88, 573 [574] andererseits.

Kernproblemen des Anwaltshaftungsrechts zählt, soll die Entwicklung der eigenen Stellungnahme näher ausgeführt werden. Die im Schrifttum der Rechtsprechung vorgeworfene Überspannung der Anwaltshaftung i. S. einer Erfolgs- oder Garantiehaftung beruht mit auf der Vorstellung, daß dem Anwalt (zu Unrecht) das Risiko für den Prozeßerfolg überbürdet wird („Prozeßrisikohaftung"[563]). In den folgenden Ausführungen wird daher eine ins Detail gehende Rechtsprechungsanalyse nicht zu umgehen sein.

Vorweg abzulehnen ist die Argumentation mit einer „Unterbrechung des Kausalzusammenhangs". Die Lehre von der Unterbrechung des Kausalzusammenhangs beruht auf einem überholten Verständnis des Kausalitätsbegriffs; diese Lehre ist im allgemeinen Schuldrecht längst aufgegeben[564] und kann im Bereich der Anwaltshaftung ebensowenig wie bei der Notarhaftung[565] herangezogen werden. Maßgebend kann allein sein, ob die „Adäquanz" zwischen Anwaltsfehler und gerichtlicher Fehlentscheidung zu bejahen ist. Nach den allgemeinen Grundsätzen zum grob sachwidrigen Eingreifen eines Dritten mag die Adäquanz u. U. zu verneinen sein;[566] diese Feststellung ist jedoch, was die Vertreter dieses Lösungswegs nicht beachten, für die Problemlösung ungeeignet, da einmal – wie allgemein anerkannt ist –, „ausnahmsweise" gerade auch für „inadäquaten" Schaden gehaftet wird,[567] zum anderen die Adäquanz-Lösung bei der Anwaltshaftung zu geradezu wertungswidrigen Ergebnissen führen müßte: je schwerer, ja krasser der gerichtliche Fehler, desto seltener die Haftung; gerade bei gröbstem Versagen des Gerichts müßte auch eine Anwaltshaftung ausscheiden! So könnte im Fall des unklaren Beweisbeschlusses im Hinblick auf die Vielzahl der groben Verstöße des Gerichts gegen seine Aufklärungs- und Hinweispflichten (§§ 139, 278 Abs. 3 ZPO) und seine Pflicht zu korrekter Rechtsanwendung (Art. 20 Abs. 3 GG; § 1 GVG) durchaus Adäquanz i. S. von objektiver Vorhersehbarkeit zu verneinen sein. Gerade dieses Beispiel zeigt, daß eine Lösung mittels der Adäquanztheorie unzulänglich ist. Die Meinung von der „fehlenden Adäquanz" der gerichtlichen Fehlentscheidung ist daher abzulehnen. Richtiger Ausgangspunkt ist die *Schutzzwecklehre*. Sie lenkt den Blick auf die Risikobetrachtung und rechnet Schäden, bei denen sich die durch den Anwaltsfehler begründete Gefahr einer Fehlentscheidung realisiert hat, dem Anwalt zu, verhindert aber eine pauschale Verlagerung des Prozeßrisikos von der Partei auf den Anwalt. Hat der Anwalt durch seinen Fehler eine schwierige Lage (unklarer, auslegungsbedürftiger Vertrag; Nichteinhaltung einer Ausschlußfrist) herbeigeführt, so liegt der Urteilsschaden (die Entscheidung beruht auf

---

[563] Vgl. die Nachw. oben § 2 I a. E.
[564] Vgl. *Deutsch*, Haftungsrecht I, S. 158 f.; *Larenz*, Schuldrecht I, § 27 III 4 (S. 450), ferner oben 2 b, d.
[565] Vgl. dazu BGH NJW 1982, 572 = DNotZ 1982, 498 mit krit. Anm. *Hanau*.
[566] So *Hanau*, DNotZ 1982, 500 [502 f.].
[567] Vgl. oben 2 b m. w. N. in Fußn. 450.

dem Auslegungsfehler, auf der Verkennung der – in der Geltendmachung des Fristablaufs liegenden – „unzulässigen Rechtsausübung" usw.) im Schutzbereich der verletzten Vertragspflicht; anders ist zu entscheiden, wenn der Fehler im (vor dem) Prozeß behoben wurde und das Gericht gleichwohl (noch) falsch entscheidet; in diesen Fällen, in denen das Gericht die ihm ohne weiteres mögliche „richtige" Entscheidung verfehlt, realisiert sich das Prozeßrisiko, das als allgemeines Lebensrisiko die Partei ohne Regreßmöglichkeit und nicht ihr Anwalt trägt.[568]

386   Besondere Betrachtung bedarf die Gruppe von Fällen, in denen der Kausalbeitrag des Anwalts in der „Nichtverhinderung" der unrichtigen Entscheidung bestand (Verstoß gegen die Fehlerverhütungspflicht). Im Hinblick auf den zweifelhaften Umfang dieser Pflicht (vgl. oben § 2 V 2) bedarf hier bereits die Annahme einer Pflichtverletzung besonders sorgfältiger Feststellung. Keinesfalls geht es an, aus der Überlegung heraus, daß ein richtiger und rechtzeitiger Hinweis des Anwalts vor der Entscheidung auf die einschlägige Norm oder die maßgebliche höchstrichterliche Rechtsprechung den Fehler verhindert hätte, gleichsam von der „Kausalität" auf eine Pflichtwidrigkeit des Anwalts geschlossen werden! *Vor* der Kausalitätsprüfung muß die Pflichtwidrigkeit des Anwalts feststehen (vgl. oben 1). Da es eine allgemeine „vorbeugende" Fehlerverhütungspflicht nicht gibt, der Anwalt vielmehr von korrektem Vorgehen des Gerichts und dem Vorhandensein der erforderlichen Rechtskenntnisse ausgehen darf, ist der Auslösungstatbestand für die Verhütungspflicht – „wirklich zweifelhafte Rechtslage", drohende Fehlentscheidung – besonders sorgfältig zu prüfen. So hat im Fall des Eintritts der Verfolgungsverjährung (BGH NJW 1964, 2402; dazu oben § 2 V 2) der Rechtsanwalt noch rechtzeitig – im Revisionsrechtszug – auf das Verfahrenshindernis hingewiesen und damit die Rechtskraft des verurteilenden Erkenntnisses verhindert. Daß er den Hinweis nicht schon einen Monat früher[569] gebracht hat, ist für Urteilsverhinderung bedeutungslos. Ob auch die Verhinderung von vorläufigen Maßnahmen während des Verfahrens (Führerscheinentzug) in den Schutzbereich dieser Pflicht fallen, ist keineswegs selbstverständlich, wurde vom BGH jedenfalls nicht näher begründet. Keineswegs selbstverständlich ist auch die Annahme eines Anwaltsverschuldens, wenn dieses Verfahrenshindernis (erst) mit der Revisionsbegründung geltend gemacht wird.[570]

387   Die „Irrtumsverhinderungspflicht" ist erfüllt, wenn der Anwalt das Gericht auf seinen fehlerhaften Rechtsstandpunkt mit Nachdruck hinweist. Gerade das hat der Anwalt im „Zurückbehaltungsrecht"-Fall (BGH NJW 1974, 1865; dazu oben § 2 V 2) getan; indem er auf seinem Rechtsstandpunkt insi-

---

[568] Vgl. oben 2 b.

[569] Zeitpunkt der erstmaligen Geltendmachung: 6. 10. 1959 (Revisionsbegründungsschrift); Schadenseintritt: 9. 9.–6. 11. 59 (Aufwendungen für Kraftfahrer).

[570] *Guardiera Windheim*, S. 162 f., verneint sowohl eine anwaltliche Pflicht, „richterlichen Fehlern vorzubeugen", als auch eine „Sorgfaltspflichtverletzung" des Anwalts.

stierte und es ausdrücklich ablehnte, außer der Einrede des Zurückbehaltungsrechts noch hilfsweise die Aufrechnung mit Gegenansprüchen zu erklären, hat er das Gericht auf die Unrichtigkeit seiner Rechtsauffassung hingewiesen und eine gerichtliche Rechtsprüfungspflicht ausgelöst. Sicher ist der Anwalt zur Rechtsprüfung verpflichtet, aber diese Pflicht besteht nur dem Mandanten gegenüber und bezweckt allein das richtige Vorgehen des Anwalts im Prozeß (Antragstellung; Sachvortrag); keineswegs dient die anwaltliche Rechtsprüfungsaufgabe der Entlastung des Gerichts. Nach der Aufgabenteilung zwischen Gericht und Anwalt im Zivilprozeß ist der deutsche[571] Rechtsanwalt i.d.R. nicht verpflichtet, dem Gericht etwa einschlägige Entscheidungen – möglicherweise in Kopie – nachzuweisen.[572] Das ist auch bei einem „rechtlichen Hinweis" des Gerichts (§ 139 ZPO) i.d.R. nicht der Fall. Hat aber nach dem Gesagten der Rechtsanwalt die der Rechtslage entsprechende Prozeßerklärung (Einrede des Zurückbehaltungsrechts) abgegeben und das Gericht zutreffend auf die fehlende Notwendigkeit einer hilfsweisen Aufrechnung hingewiesen, so hat er nicht pflichtwidrig gehandelt. Die Argumentation: Bei einer entsprechenden Hilfsaufrechnung hätte das Gericht den Beklagten nicht verurteilt, verkennt die rechtlich gebotene Prüfungsreihenfolge und verwendet das Kausalitätserfordernis – fehlerhaft – haftungserweiternd![573] Auch im Fall RGZ 142, 395, in dem das RG eine Unterbrechung des Kausalzusammenhangs angenommen hat, dürfte zutreffend bereits ein Anwaltsfehler zu verneinen gewesen sein. Der Revisionsanwalt handelte nicht pflichtwidrig, als er den vom Mandanten verlangten Tatsachenvortrag zum Gesichtspunkt der „Verwirkung" ablehnte (§§ 549, 561 ZPO); damit, daß das RG – anscheinend ohne Hinweis in der mündlichen Verhandlung – seine Entscheidung im Gegensatz zur Vorinstanz auf den Eintritt des Verwirkungstatbestands stützte, brauchte der Anwalt nicht zu rechnen.

Es verbleiben die Fälle, in denen der Anwalt zwar pflichtwidrig gehandelt 388 hat, das Gericht aber bei richtigem Vorgehen gleichwohl richtig hätte entscheiden müssen. Hier wird man unterscheiden müssen. Entscheidet das Gericht falsch, obwohl es den Prozeß, „so wie er ihm vorliegt", richtig entscheiden konnte und mußte, so verwirklicht sich in der Entscheidung das allgemeine Prozeßrisiko, das nicht über die Konstruktion der „Nichtverhinderung der Fehlentscheidung" auf den Anwalt überwälzt werden darf; in diesen

---

[571] Anders im *englischen* Zivilprozeß; dort wird „auch die Ermittlung und Präsentation der für die Fallentscheidung maßgeblichen *Rechtsregeln* in erster Linie als eine Verpflichtung der Anwälte angesehen"; anders als im deutschen Zivilprozeß „... perhaps the most spectacular feature of English procedure is that the rule *curia novit legem* has never been and is no part of English law", vgl. *Kötz*, Festschrift für Imre Zajtay, 1982, 277, 283ff., 286. Die Pflicht zum Rechtsvortrag umfaßt auch die Bezeichnung der einschlägigen Vorentscheidungen; vgl. näher *Cohn*, S. 24; *Schellenberger*, S. 31.

[572] Diese Aufgabenverteilung verkennt *Kornblum* in seiner zust. Anm. (AnwBl 1975, 92, 93f.) zu BGH NJW 1974, 1865 [1867]; ferner *Müller*, MDR 1969, 896ff.; zutr. *Guardiera Windheim*, S. 168; *Häsemeyer*, Schadenshaftung, S. 161.

[573] Im Erg. ebenso *Guardiera Windheim*, S. 167f.

Fällen „verantwortet der Anwalt den aus dem Fehlurteil folgenden Schaden nicht".[574] Anders ist dagegen zu entscheiden, wenn es deshalb zu einer Fehlentscheidung kommt, weil das Gericht wesentliche Verfahrensgarantien nicht einhält und der Anwalt es – auch – versäumt, für die Einhaltung eines rechtsstaatlichen Verfahrens zu sorgen. Im Fall des „unklaren Beweisbeschlusses" (BGH NJW 1988, 3013) haben sich die Fehler des Gerichts so gehäuft (mißverständliche Vorschußanordnung, keine amtswegige Klarstellung nach Fristablauf, keine Erörterung der prozessualen Lage, insbesondere der Beweislast, im Termin, Verstoß gegen die Aufklärungspflicht, Erlaß einer Überraschungsentscheidung ohne Tatbestand und Gründe), daß die Partei hier keinen fairen Prozeß mehr gehabt hat.[575] Aufgabe des Anwalts ist es aber, kraft seiner Schutzpflicht dafür zu sorgen, daß das Verfahren ordnungsgemäß abläuft (Verfahrenskontrolle[576]); das hat er versäumt. Dabei geht es weniger um die unterlassene Herbeiführung einer Klarstellung des Beweisbeschlusses (worauf allein der BGH abstellt), sondern um die Sicherung eines geordneten Verfahrens. Der Entscheidung des BGH ist daher im Ergebnis zuzustimmen. Der zum Schadensersatz verurteilte Anwalt[577] haftet hier auch nicht für die Fehlentscheidung *des Gerichts,* sondern ausschließlich dafür, daß er in seinem Aufgaben- und Verantwortungsbereich – hier: der Verfahrenskontrolle – versagt hat. Der eingetretene Schaden liegt auch im Schutzbereich dieser Schutz- und Sicherungspflicht des Anwalts; darauf, daß der Schaden, wegen der ungewöhnlichen Häufung der Fehler des Gerichts „inadäquat" verursacht sein mag, kommt es (im Gegensatz zu der bereits abgelehnten Meinung) nicht an.

389   *Zusammenfassend* bleibt festzuhalten: Gerichtliche Fehlentscheidungen, in denen sich (nur) das allgemeine Prozeßrisiko verwirklicht, sind dem Anwalt haftungsrechtlich nicht „zuzurechnen", mag ihnen auch ein Anwaltsfehler vorausgegangen sein. Der wegen eines „Urteilsschadens" in Anspruch genommene Anwalt kann sich jedoch dann nicht auf die Verwirklichung des allgemeinen Prozeßrisikos berufen, wenn er durch ein Versagen in seinem

---

[574] Zutr. BGH NJW 1988, 486; ebenso bereits RGZ 142, 394 [396]: Bei mangelhaftem Rechtsvortrag des Anwalts „trägt die Verantwortung für eine zutreffende Beurteilung allein das Revisionsgericht". Auch das OLG München (AnwBl 1977, 249) geht davon aus, daß es dem Anwalt „nicht angelastet" werden könne, wenn das Gericht den Lebenssachverhalt falsch entscheidet; *Staehly* weist in seiner zust. Anm. zutr. darauf hin, daß „das Risiko für den Ausgang eines gerichtlichen Verfahrens bei der Partei liegt" und „Fehler des Gerichts nicht im Wege der Anwaltshaftung auf diese (die Anwälte) abgewälzt werden können" (S. 250).

[575] Zutr. weist *Borgmann* in ihrem Kurzkommentar darauf hin, daß das Urteil vom BVerfG wegen Verstoßes gegen das Willkürverbot hätte aufgehoben werden müssen (EWiR § 675 BGB 6/88, 573, 574). – Vgl. etwa den vergleichbaren Fall BVerfG 58, 163 = NJW 1982, 983: Behandlung des Klägers als beweisfällig wegen Nichtzahlung des Auslagenvorschusses, der aber dem Beklagten auferlegt war.

[576] Vgl. dazu oben III 3 b.

[577] Im Fall des BGH der Korrespondenzanwalt, jedoch stellt der BGH entsprechende Pflichtverletzungen der prozeßbevollmächtigten Anwälte fest, vgl. aaO, S. 3016.

Verantwortungsbereich die fehlerhafte gerichtliche Entscheidung gerade heraufbeschworen hat.

VI. Schaden

Bei der Erörterung der Kausalitätsfrage war davon auszugehen, daß dem 390 Geschädigten (Mandanten) überhaupt ein Schaden entstanden ist, dessen zurechenbare Verursachung festzustellen war. Für die Prüfung, ob dem Mandanten ein Schadensersatzanspruch auch in dem geltend gemachten Umfang zusteht, bedarf es jedoch für den jeweiligen Einzelfall der *Schadensermittlung*. Diese hängt im Ausgangspunkt wiederum davon ab, was überhaupt unter *(ersatzfähigem) Schaden* im Rechtssinne zu verstehen ist.

1. Allgemeines

a) Differenzhypothese

Die für Art und Umfang des Schadensersatzes maßgeblichen Vorschriften 391 der §§ 249 ff. BGB beziehen sich lediglich auf die *Rechtsfolgen* eines Schadensersatzanspruchs und enthalten selbst keine Definition des rechtlich relevanten, mithin des ersatzfähigen Schadens. Er ist in ihnen vielmehr durchwegs vorausgesetzt. Eine Begriffsbestimmung blieb deshalb Lehre und Rechtsprechung vorbehalten. Ausgangspunkt einer Bestimmung des Schadensbegriffs mußte dabei der unserem Schadenersatzrecht eigene Grundsatz der *Naturalrestitution* sein, wie er in § 249 S. 1 BGB zum Ausdruck gelangt: Die Beseitigung des Schadens hat durch Wiederherstellung des Zustandes zu erfolgen, der bestünde, wenn der zum Ersatz verpflichtende Umstand nicht eingetreten wäre. Die gesetzliche Regelung macht dabei deutlich, daß ihr ein *Vergleich* zwischen dem realen Zustand und dem – durch Hinwegdenken des haftungsrelevanten Sachverhalts – *hypothetisch* ermittelten Zustand zugrundeliegt. Nur wenn dieser für den Anspruchssteller nachteilig ist, ist Raum für eine Naturalrestitution. Nach der heute noch herrschenden *Differenzhypothese*[578] ist der ersatzfähige Schaden daher auch die – als nachteilig zu bewertende – Differenz zwischen der realen und der hypothetischen Vermögens- und Güterlage[579] des Geschädigten.[580] Wird ein Rechtsanwalt in Regreß ge-

---

[578] Vgl. z.B. BGHZ 27, 181 [183 f.]; 40, 345 [347]; 75, 366 [371]; 86, 128 [130]; *Soergel/Mertens*, Vor § 249 Rdnr. 41 ff.; *Staudinger/Medicus*, § 249 Rdnr. 4 ff.; *Palandt/Heinrichs*, Vor § 249 Anm. 2 b; *Larenz*, Schuldrecht I, § 29 I a; *Lange*, Schadensersatz, § 1 IV 4; ablehnend aber Münch. Komm./*Grunsky*, Vor § 249 Rdnr. 7; teilweise kritisch *Esser/Schmidt*, Schuldrecht I, § 31 II 1 b.

[579] Wie diese im jeweiligen Einzelfall zu ermitteln ist, vgl. dazu noch unten 2.

[580] Diese auf der Differenzhypothese beruhende Theorie vom rein subjektiven Scha-

nommen, hat er somit den aus diesem Vergleich resultierenden Schaden zu ersetzen, anders formuliert: Er hat den Mandanten so zu stellen, wie er bei pflichtgemäßem Verhalten des Anwalts stünde. Daß die Ermittlung des hypothetischen, also des schadenslosen Zustandes nicht immer ganz leicht ist, wird sich noch unten (2) zeigen.

392   Freilich ist mit der allgemeinen Methode der Ermittlung des ersatzfähigen Schadens noch nichts gesagt über die Faktoren, die in die Differenzrechnung einbezogen werden. Der Vergleich zwischen realem und hypothetischem Zustand kann sich sowohl auf das Gesamtvermögen des Geschädigten als auch auf die konkreten, unmittelbar von der schädigenden Handlung betroffenen Einzelposten beziehen. Diese Frage wird auch unter den Vertretern der Differenzhypothese nicht einheitlich und nicht immer konsequent[581] entschieden.[582] Auch die Rechtsprechung, die im Ausgangspunkt das Gesamtvermögen zugrundelegt,[583] pflegt im Einzelfall auch auf die jeweils betroffenen Vermögensgüter abzustellen.[584] Mit *Larenz*[585] ist aber festzuhalten, daß die unterschiedlichen Auffassungen wohl zu keinen unterschiedlichen Ergebnissen führen, weil jeder Gesamtvermögensvergleich sich zuerst daran zu orientieren hat, daß immer nur die Verletzung eines bestimmten Vermögensgutes eintreten kann.

b) Zeitpunkt der Differenzrechnung

393   Nicht minder wichtig als die Vergleichsfaktoren ist für die Differenzhypothese auch der Zeitpunkt, auf den sich der Vermögensvergleich beziehen soll. Daß es hierbei nicht auf den Zeitpunkt des unmittelbar durch das *schädigende Ereignis* realisierten Schadens ankommen kann, ergibt sich bereits aus der auf (vollen) *Ausgleich* gerichteten Funktion unseres Schadensersatzrechts. Denn Schadensfolgen, die aus der Sicht des Schädigungszeitpunktes noch gar nicht erkennbar waren, weil sie sich erst zu einem späteren Zeitpunkt realisiert haben, würden bei einer Berechnung am Zeitmaßstab des schädigenden Ereignisses keine Berücksichtigung finden, obgleich doch tatsächlich eine Wertminderung des Vermögens des Geschädigten eingetreten ist. Richtigerweise ist daher für den Zeithorizont der Schadensberechnung auf den Zeitpunkt der

---

densbegriff ist nur eine von vielen. Zu den vielfältigen abweichenden Begriffsbestimmungen vgl. *Lange*, Schadensersatz, § 1 II.

[581] Vgl. dazu *Staudinger/Medicus*, § 249 Rdnr. 5.

[582] Gegen einen Gesamtvermögensvergleich aus guten Gründen z.B. *Soergel/Mertens*, Vor § 249 Rdnr. 43; *Staudinger/Medicus*, § 249 Rdnr. 6; *Esser/Schmidt*, Schuldrecht I, § 31 II 1 a; *Larenz*, Schuldrecht I, § 29 I a; differenzierend wohl *Lange*, Schadensersatz, § 1 IV 4.

[583] Vgl. die Nachweise in Fußn. 578.

[584] Man denke z.B. an die zu Sachschäden an Kraftfahrzeugen ergangene Rechtsprechung zum sog. merkantilen Minderwert, vgl. dazu *Lange*, Schadensersatz, § 6 I (S. 164).

[585] *Larenz*, Schuldrecht I, § 29 I a m.N. in Fußn. 3.

Erfüllung des Ersatzanspruchs, d. h. der Schadensbehebung abzustellen.[586] Ist die Schadensersatzklage rechtshängig, ist der Zeitpunkt der *Entscheidung* über den Schadensersatzanspruch maßgebend. Für den mit der Sache befaßten Richter bedeutet dies, daß er grundsätzlich alle bis zum *Zeitpunkt der letzten mündlichen Verhandlung* adäquat entstandenen Schadensfolgen in die Errechnung des ersatzfähigen Schadens einzubeziehen hat,[587] aber auch diejenigen erkennbaren künftigen Umstände, die den Schaden noch bis zur voraussichtlichen Erfüllung beeinflussen können.[588]

Durch diesen Berechnungszeitpunkt ist dem Geschädigten aber grundsätz- 394 lich nicht die Geltendmachung weiterer, erst später realisierter Schadensposten abgeschnitten,[589] sofern nicht ein wirksamer Verzicht hierauf vorliegt oder aber die – grundsätzlich mit dem Schädigungszeitpunkt beginnende – Verjährung des Ersatzanspruchs eingetreten und geltend gemacht ist. Dies ist nicht nur eine notwendige Folge der Ausgleichsfunktion unseres Schadensersatzrechts, sondern auch desjenigen Umstandes, daß dem für die Schadenserrechnung maßgeblichen Zeitpunkt der letzten mündlichen Verhandlung keine materielle, sondern nur eine prozessuale Bedeutung zukommt.[590]

c) Vorteilsausgleichung

Schadensmindernd oder -ausschließend kann eine Vorteilsausgleichung 395 dann in Frage kommen, wenn der Geschädigte durch das schädigende Ereignis nicht nur einen Schaden erleidet, sondern zugleich einen (unmittelbaren) *Vermögensvorteil* erlangt. Unter Vermögensvorteil ist dabei sowohl die *Ersparnis von Aufwendungen* als auch die *positive Mehrung des Vermögens* des Verletzten zu verstehen. Das Reichgericht stellte für die Anrechnung ur-

---

[586] So z.B. BGHZ 79, 249 [258]; 99, 81 [86]; *Soergel/Mertens*, Vor § 249 Rdnr. 50 (mit Einschränkungen in Rdnr. 52); *Staudinger/Medicus*, § 249 Rdnr. 240; Münch. Komm./*Grunsky*, Vor § 249 Rdnr. 126 (indes unter Ablehnung der Differenzhypothese in Rdnr. 7); *Palandt/Heinrichs*, Vor § 249 Anm. 9; *Jauernig/Teichmann*, Vor § 249 Anm. VII 2; *Lange*, Schadensersatz, § 1 IV 4.

Weil der Erfüllungszeitpunkt maßgeblich ist, schließt eine freiwillige Erfüllung durch den Schädiger die Zurechnung späterer Schadensfolgen aus (BGH NJW 1980, 1742 [1743].

[587] BGHZ 55, 329 [331]; 99, 81 [86]; BGH NJW 1980, 1742 [1743]; *Soergel/Mertens, Palandt/Heinrichs, Jauernig/Teichmann, Lange* (mit Einschränkungen), jeweils aaO (Fußn. 586); Münch. Komm./*Grunsky*, Vor § 249 Rdnr. 128; *Staudinger/Medicus*, § 249 Rdnr. 238, mit Einschränkung in Rdnr. 240.

[588] BGHZ 27, 181 [188]; *Palandt/Heinrichs*, Vor § 249 Anm. 9; *Jauernig/Teichmann*, Vor § 249 Anm. VII 2; *Borgmann/Haug*, S. 178.

[589] Münch. Komm./*Grunsky*, Vor § 249 Rdnr. 127; *Palandt/Heinrichs*, Vor § 249 Anm. 9; *Jauernig/Teichmann*, Vor § 249 Anm. VII 2; mit Einschränkungen *Staudinger/Medicus*, § 249 Rdnr. 240; *Lange*, Schadensersatz, § 1 IV 4; *Borgmann/Haug*, S. 178.

[590] BGHZ 99, 81 [86]; Münch. Komm./*Grunsky*, Vor § 249 Rdnr. 129; *Staudinger/Medicus*, § 249 Rdnr. 238, 240 (mit Einschränkungen).

sprünglich darauf ab, ob Vermögenseinbußen und -gewinne „derselben Wurzel entsprängen",[591] verlangte aber später einen adäquaten Zusammenhang beider.[592] Im Schrifttum wird demgegenüber das Kriterium der Adäquanz als sachfremd und völlig ungeeignet zur Lösung der Vorteilsausgleichungsproblematik angesehen.[593] Ungeachtet dieser Kritik verlangt der Bundesgerichtshof in der Regel[594] auch weiterhin einen adäquaten Zusammenhang zwischen eingetretenem Schaden und anzurechnendem Vorteil,[595] differenziert aber – im Unterschied zum Reichsgericht – nach „Maßgabe rechtlicher Wertungen."[596] Wesentliches Kriterium für die Anrechnung ist daher, ob diese dem Sinn und Zweck der Schadensersatzpflicht entspricht.[597] Dabei ist in Hinblick auf die *Ausgleichs*funktion von Schadensersatznormen vornehmlich darauf abzustellen, ob eine Berücksichtigung des Vermögensvorteils den Geschädigten nicht unzumutbar belastet oder den Schädiger unbillig begünstigt.[598] Zu den nach diesen Grundsätzen anrechenbaren Größen gehören insbesondere ersparte eigene Aufwendungen des Geschädigten,[599] grundsätzlich die aus dem schädigenden Ereignis erlangten Steuer-,[600] Nutzungs-[601] und Zinsvorteile,[602] Wertsteigerungen an betroffenen Vermögensgütern des Geschädigten,[603] wie überhaupt erlangte Gewinne, die er dem Schadensereignis zu verdanken hat;[604] Voraussetzung ist aber jeweils, daß der Vermögensvorteil endgültig erlangt ist.[605] Unberücksichtigt bleiben dagegen freiwillige ausgleichen-

---

[591] Vgl. dazu RGZ 146, 275 [278].

[592] RGZ 80, 155 [160]; 84, 386 [388]; 146, 275 [278 ff.].

[593] Grundlegend *Cantzler*, AcP 156, 29 [48 ff.]; dem folgend z. B. Münch.Komm./ *Grunsky*, Vor § 249 Rdnr. 95; *Larenz*, Schuldrecht I, § 30 II a; *Lange*, Schadensersatz, § 9 III 2; *Thiele*, AcP 167, 193 [196].

[594] Einschränkend BGH NJW 1979, 760, wo der BGH die Bedenken des Schrifttums anerkennt, ohne aber die Frage abschließend zu entscheiden; vgl. auch BGHZ 77, 151 [153].

[595] Dafür spricht z. B. auch ein *zeitlicher Zusammenhang* beider Vermögensänderungen, vgl. BGHZ 77, 151 [156].

[596] So z. B. ausdrücklich BGHZ 77, 151 [153].

[597] BGHZ 8, 325 [329]; 10, 107 [108]; 30, 29 [32 f.]; 77, 151 [153] sowie BGH NJW 1984, 2457 [2458] m. w. N.

[598] BGHZ 10, 107 [108]; 49, 56 [61 f.]; 74, 104 [113 f.]: 91, 206 [209 f. m. w. N.].

[599] Vgl. dazu die umfangreichen Nachweise bei *Soergel/Mertens*, Vor § 249 Rdnr. 230 f., sowie Münch.Komm./*Grunsky*, Vor § 249 Rdnr. 97 f.

[600] BGH NJW 1979, 1449; NJW 1980, 1788; NJW 1983, 2137; NJW 1984, 2524; NJW 1986, 245, jeweils m. w. N. Dies gilt allerdings wiederum nur, soweit der Verwendungszweck der Steuervergünstigung einer solchen Entlastung nicht entgegensteht.

[601] BGH NJW 1984, 229; NJW 1982, 1279.

[602] BGH NJW 1983, 2137 f. m. w. N.

[603] BGHZ 77, 151 [153 ff.]; BGH NJW 1980, 2187 [2188].

[604] *Soergel/Mertens*, Vor § 249 Rdnr. 221. Hierzu gehört auch die Frage der Anrechenbarkeit von Erbschaften und ihrer Erträge auf den vom Schädiger in Form von Schadensersatz geschuldeten „Unterhalt" in den Fällen der Tötung des Unterhaltspflichtigen bei gleichzeitiger Beerbung durch den Unterhaltsberechtigten (vgl. dazu BGHZ 62, 126; Münch.Komm./*Grunsky*, Vor § 249 Rdnr. 109).

[605] *Thiele*, AcP 167, 193 [200] („fest zugeordneter Vorteil"); *Borgmann/Haug*,

de Leistungen Dritter[606] sowie in der Regel Versicherungsleistungen aufgrund vom Geschädigten abgeschlossener Versicherungsverträge.[607]

2. Schadensermittlung und „normativer" Schadensbegriff bei der Anwaltshaftung

a) Hypothetischer Inzidentprozeß bei fehlerhafter Prozeßführung

Macht der Mandant einen Schaden wegen Verlustes eines Rechtsstreits 396 geltend, den sein Rechtsanwalt aufgrund schuldhafter Pflichtverletzung zu vertreten habe, so kommt es nach der Differenzhypothese für die Beurteilung des Vermögensvergleichs (vgl. oben 1a) darauf an, wie der Rechtsstreit bei pflichtgemäßem Verhalten des Anwalts mutmaßlich ausgegangen wäre. Voraussetzung für die Anwaltshaftung wegen prozessualen Verschuldens ist damit, daß im Vorprozeß tatsächlich eine dem Mandanten *ungünstige* Entscheidung (Klageabweisung bei Kläger als Mandant, Verurteilung bei Beklagtem als Mandant) ergangen ist, der ohne den Anwaltsfehler gedachte „hypothetische" Prozeß dagegen zu einer dem Mandanten *günstigen* Entscheidung (Klagestattgabe bei Kläger als Mandant, Klageabweisung bei Beklagtem als Mandant) geführt hätte. Der im Regreßprozeß geltend gemachte „Urteilsschaden" umfaßt die durch die ungünstige Entscheidung im Vorprozeß bewirkten Vermögensnachteile; er setzt sich zusammen aus dem Verlust der materiellen Rechtsposition – Aberkennung des materiellrechtlich bestehenden Anspruchs, Verurteilung zu einer materiellrechtlich nicht geschuldeten Leistung (Urteilsschaden i. e. S.[608]) – und dem aus der Belastung mit den Kosten des Rechtsstreits (§ 91 ZPO) folgenden Kostenschaden. Ergibt sich der Urteilsschaden aus dem Vergleich zwischen den Ergebnissen des Vorprozesses und des „hypothetischen Inzidentprozesses", so wird sich der Anwalt im Regreßprozeß damit verteidigen, daß der Mandant im Vorprozeß auch bei sachgerechter Vertretung unterlegen wäre: Wäre das Rechtsmittel nicht wegen der Fristversäumung des Anwalts verworfen worden, so hätte es doch nach sachlicher Prüfung als unbegründet zurückgewiesen werden müssen;[609] wäre die Klage nicht wegen des (vom Anwalt zu vertretenden) Eintritts der Verjährung abgewiesen worden, so hätte sie doch deshalb abgewiesen werden müs-

---

S. 183; dies ist aber in Hinblick auf den *Ausgleichs*zweck des Schadensersatzes wohl selbstverständlich.

[606] BGHZ 91, 357 [364]; *Soergel/Mertens,* Vor § 249 Rdnr. 237 m. w. N.

[607] BGHZ 73, 109 [111 ff.]; *Soergel/Mertens,* Vor § 249 Rdnr. 243 m. w. N.; vgl. hierzu näher unten 3 d.

[608] Für den Urteilsschaden ist gleichgültig, welcher Rechtskrafttheorie (vgl. dazu *Zöller-Vollkommer,* ZPO, Rdnr. 14 ff. vor § 322) man folgt; auch bei Zugrundelegung der prozessualen Rechtskrafttheorie kann das aberkannte Recht usw. nicht mehr mit Erfolg geltend gemacht werden.

[609] Vgl. BGH NJW 1987, 3255; s. auch RGZ 142, 65 und dazu unten 3b.

sen, weil der Anspruch dem Mandanten nicht zustand oder doch im Vorprozeß nicht beweisbar war.[610] Zweifelhaft ist, nach welchen Kriterien der „Urteilsschaden" im einzelnen zu bestimmen ist; hierfür kommen im wesentlichen[611] zwei unterschiedliche Ausgangspunkte in Frage, die im folgenden als „natürliche" und „wertende" Betrachtungsweise bezeichnet werden sollen; je nach dem zugrundegelegten Standpunkt kann im Einzelfall ein zu ersetzender „Urteilsschaden" zu bejahen oder zu verneinen sein.

397   (1) Nach der „natürlichen" Betrachtungsweise kommt es allein darauf an, wie das *Gericht des Vorprozesses tatsächlich* entschieden hätte; ob diese hypothetische Entscheidung des Vorprozeß-Gerichts „richtig" oder „unrichtig" ist, ist ohne Bedeutung; unerheblich ist damit vor allem, wie das *Regreßgericht* den hypothetischen Inzidentprozeß entschieden hätte; das gilt auch dann, wenn das Vorprozeß-Gericht der Entscheidung aus der Sicht des Regreß-Gerichts eine irrige Rechtsauffassung zugrundegelegt hätte oder wenn das Regreßgericht über bessere tatsächliche Entscheidungsgrundlagen verfügt. Nach der „natürlichen" Betrachtungsweise genügt damit zur Bejahung eines Urteilsschadens bereits der Entgang einer *günstigen Position* – hypothetischer Prozeßgewinn –, unerheblich ist, ob der Regreßkläger auch eine materiellrechtliche Rechtsposition eingebüßt hat.

398   (2) Die „wertende" Betrachtungsweise stellt dagegen auf die Beeinträchtigung der streitbefangenen materiellen Rechtsposition ab. Ihr zufolge ist danach zu fragen, ob dem Regreßkläger im Vergleich zur materiellen Rechtslage dadurch ein Schaden entstanden ist, daß er (als Kläger des Vorprozesses) mit der Klage zu Unrecht abgewiesen oder (als Beklagter des Vorprozesses) zu Unrecht verurteilt worden ist; darauf, ob das den Vorprozeß entscheidende Gericht nach seinen rechtlichen und tatsächlichen Möglichkeiten so entschieden hätte oder auch nur so hätte entscheiden können, kommt es nicht an. Nach der „wertenden" Auffassung ist der für die Schadensfeststellung notwendige Vergleich damit nicht nach dem hypothetischen Vorprozeßurteil zu bestimmen, sondern es kommt auf eine eigenständige Schadensprüfung *durch das Regreßgericht* an; maßgebend ist die Beurteilung des Verlaufs des Vorprozesses ohne den Anwaltsfehler durch das *Regreßgericht,* auch wenn im Einzelfall feststeht, wie das Vorprozeß-Gericht *tatsächlich* entschieden hätte.

399   Die unterschiedlichen Standpunkte wirken sich dann nicht weiter aus, wenn die hypothetische Entscheidung des Vorprozeß-Gerichts nicht feststellbar ist oder – soweit dies der Fall ist – mit der Entscheidung des Regreßgerichts übereinstimmt; sie gewinnt Bedeutung, wenn im Einzelfall die hypothetische Vorprozeß-Entscheidung feststeht und nach der Auffassung des Regreßgerichts unrichtig ist. Die Rechtsauffassung des Vorprozeßgerichts in der Sache kann sich etwa ergeben aus der Entscheidung über eine Teilklage

---

[610] Vgl. BGH VersR 1985, 146.
[611] Vgl. *Braun,* ZZP 96, 89 [92 f.], der allerdings drei verschiedene Möglichkeiten unterscheiden will.

bei Abweisung des Forderungsrests aus Gründen der Verjährung,[612] aus der Entscheidung in einer Parallelsache,[613] einem vorangegangenen summarischen Verfahren (Verfügungsverfahren, Bewilligung von Prozeßkostenhilfe[614]), aus der bisherigen Zugrundelegung einer – später für verfassungswidrig erklärten – höchstrichterlichen Rechtsprechung[615] oder u.U. aus einem in den Akten aufgefundenen Urteilsentwurf.[616]

Die Auswirkungen der unterschiedlichen Standpunkte sollen am Teilklage- **400** beispiel[617] veranschaulicht werden. Im Vorprozeß ist zunächst nur ein Teilbetrag einer zweifelhaften Forderung eingeklagt worden; die Klageerweiterung auf die Restforderung erfolgte erst zu einem Zeitpunkt als – infolge Anwaltsverschuldens – insoweit die Verjährung bereits eingetreten war. Das Vorprozeß-Gericht hat der Teilklage stattgegeben, die erweiterte Klage aber wegen Verjährung abgewiesen. Fest steht, daß das Vorprozeßgericht bei rechtzeitiger Verjährungsunterbrechung der Klage in vollem Umfang stattgegeben hätte. Nach der „natürlichen" Betrachtungsweise genügt dies, um einen Urteilsschaden des Mandanten zu bejahen. Dagegen kommt es nach der „wertenden" Betrachtungsweise darauf an, ob die stattgebende Entscheidung im Vorprozeß „richtig" war; hätte „richtigerweise" bereits auch die ursprüngliche Teilklage abgewiesen werden müssen, weil der eingeklagte Anspruch nicht bestand, scheidet ein Urteilsschaden aus.

Das Schrifttum hat sich mit der Schadenshaftung des Anwalts im Regreß- **401** prozeß bisher nur vereinzelt befaßt;[618] soweit näher Stellung genommen wird, geschieht dies im Sinne der hier sog. „natürlichen" Betrachtungsweise.[619] Gegen die hier sog. „wertende" Betrachtungsweise wird eingewandt, sie stehe im Widerspruch zum allgemeinen Schadensrecht und führe zu einer Ungleichbehandlung der Parteien des Regreßprozesses. Habe der Regreßkläger den Vorprozeß wegen eines Anwaltsfehlers verloren, den er bei richtigem anwaltlichem Vorgehen nachweislich gewonnen hätte, so stelle der Prozeßverlust einen „Schaden" i.S. der schadensrechtlichen Differenzhypothese dar. Stelle man demgegenüber entscheidend auf die „richtige" Entscheidung des hypothetischen Vorprozesses ab, komme man zu einer Schadenshaftung

---

[612] Vgl. das Beispiel von *Braun,* ZZP 96, 89 in Anlehnung an RG Recht 1933 Nr. 728.

[613] Vgl. BGH NJW 1985, 2482; Vorprozeß war die Klage eines „Arbeitskollegen des Klägers, bei dem dieselben tatsächlichen Gegebenheiten wie beim Kläger vorlagen."

[614] Vgl. die Fallgestaltung in BGH NJW 1987, 3255: Versäumung der Berufungseinlegung nach Bewilligung der Prozeßkostenhilfe durch das Berufungsgericht.

[615] BGH NJW 1985, 2482.

[616] Vgl. die Fallgestaltung in OLG Saarbrücken VersR 1973, 929 mit zust. Anm. *Späth.*

[617] Vgl. oben Fußn. 612.

[618] Vgl. *Baur,* Hypothetische Inzidentprozesse, FS Larenz 1973, S. 1063 ff. und namentlich *Braun,* Zur schadensersatzrechtlichen Problematik des hypothetischen Inzidentprozesses bei Regreßklagen gegen den Anwalt, ZZP 96, 89 ff. m.w.N.

[619] *Baur,* FS Larenz, S. 1068 f.; insbes. *Braun,* ZZP 96, 93, 107 ff., 112.

ohne Schaden: Habe sich nämlich der Anwaltsfehler deshalb im Vorprozeß gar nicht ausgewirkt, weil das Vorprozeßgericht die Klage auch bei sachgerechtem Anwaltsverhalten (zu Unrecht) abgewiesen hätte, so müsse konsequent der Anwalt zum Schadensersatz verurteilt werden, wenn das Regreßgericht der Klage – richtiges Anwaltsverhalten vorausgesetzt – stattgegeben hätte. Der Mandant erhalte dann etwas, was er auch bei sorgfältiger Prozeßführung im Vorprozeß nicht hätte erhalten können. Wollte man diese Ergebnis mit der Begründung „korrigieren", der Regreßanspruch entfalle mangels Schadens,[620] so liefe dies auf eine unvertretbare Ungleichbehandlung der Parteien hinaus:[621] Der Regreßkläger würde in einem derart gelagerten Fall nur dann Erfolg haben, wenn er weder das Vorprozeß- noch das Regreßgericht gegen sich habe.

402 Demgegenüber entspricht es der bereits auf das Reichsgericht[622] zurückgehenden „gefestigten" Rechtsprechung des Bundesgerichtshofs,[623] daß der Richter bei der Prüfung der Frage, ob dem Regreßkläger ein Schaden entstanden ist, nicht darauf abzustellen hat, wie das Gericht des Vorprozesses tatsächlich und möglicherweise unrichtig entschieden hätte; maßgebend ist vielmehr, wie nach *seiner* Auffassung das Gericht des Vorprozesses *richtigerweise* hätte entscheiden müssen.[624] Dies gilt selbst dann, wenn Rechtsvorschriften außerhalb des eigentlichen Zuständigkeitsbereichs des die anwaltliche Haftpflicht beurteilenden Zivilgerichts zur Anwendung kommen, also insbesondere bei Verwaltungsvorschriften.[625] Eine Ausnahme besteht nur dann, wenn ein Ermessensspielraum für die Verwaltungsbehörde besteht; in diesem Fall ist die mutmaßliche Entscheidung der Behörde festzustellen.[626] Damit scheidet bei einer unterschiedlichen Beurteilung des „hypothetischen Inzidentprozesses" durch das Gericht des Vorprozesses und das über den Schadensersatzanspruch gegen den Anwalt befindende Gericht eine hypothetisch

---

[620] So *Rötelmann*, NJW 1958, 1591; zust. *Baur*, FS Larenz, S. 1069.

[621] So *Jessen*, NJW 1959, 372.

[622] RGZ 91, 164; 117, 287 [293]; 142, 331 [333]; 169, 353 [358f.]; RG JW 1936, 1433; RG Recht 1933 Nr. 728; weitere Nachw. nennt *Braun*, ZZP 96, 92.

[623] BGHZ 36, 144 [154f.]; 72, 328 [330 und 332]; 79, 223 [225f.]; BGH NJW 1956, 140; 1964, 405; 1974, 1865 [1866]; 1985, 2482 [2483]; 1987, 3255; 1988, 3013 [3015]; VersR 1974, 488; 1983, 586 [587]; 1985, 83 [85]; 1985, 146 [147]; OLG Saarbrücken VersR 1973, 929.

[624] Der BGH-Rechtsprechung stimmt die Kommentar- und Handbuchliteratur im wesentlichen zu; vgl. *Staudinger/Medicus*, § 249 Rdnr. 90; *Münch.Komm./Grunsky*, Vor § 249 Rdnr. 6 m.N. in Fußn. 11; *Palandt/Heinrichs*, Vor § 249 Anm. 5 B k; *Lange*, Schadensersatz, § 3 XI 6; *Borgmann/Haug*, S. 178f.; *Rinsche*, Rdnr. I 110 und I 222.

[625] BGH NJW 1959, 1125 [1126]; VersR 1983, 586 [587]; vgl. dazu auch *Borgmann/Haug*, S. 179.

[626] BGHZ 79, 223 [226 m.w.N.]; bei einem Ermessensspielraum muß das Gericht des Schadensersatzprozesses darauf abstellen, „wie die Verwaltungsbehörde nach ihrer allgemeinen und besonderen Übung den Rahmen ihres Ermessens in gleichen oder ähnlichen Fällen auszufüllen pflegte" (BGH NJW 1959, 1125 [1126]).

günstige, nach Auffassung des Regreßgerichts aber „unrichtige" Entscheidung durch das Vorprozeß-Gericht zur Begründung eines Schadens aus; dem Regreßkläger nützt es also m. a. W. nichts, wenn das Gericht des Vorprozesses – nach Ansicht des Regreßgerichts: fälschlicherweise – zu Gunsten des Regreßklägers entschieden hätte. Im Teilklagebeispiel (Rdnr. 400) hat daher das Regreßgericht zu prüfen, ob dem Kläger im Vorprozeß schon der Teilbetrag zu (Un-)recht zugesprochen worden ist.[627] Führt ein Anwaltsfehler zur Versäumung der Geltendmachung eines Anspruchs, der nach höchstrichterlicher Rechtsprechung jedenfalls hätte Erfolg haben müssen, so bleibt die Regreßklage gleichwohl erfolglos, wenn in der Zwischenzeit diese höchstrichterliche Rechtsprechung für verfassungswidrig erklärt wurde und das Regreßgericht deshalb gegenteilig entscheiden müßte.[628]

Zur Begründung dieser Rechtsprechung wird einmal angeführt, daß im Normalfall davon auszugehen sei, daß sich der Vorprozeß in den Bahnen des Rechts abgespielt hätte, also richtig entschieden worden wäre und daß bei dem unberechenbaren Einfluß der verschiedenartigen Erwägungsgründe niemals mit Sicherheit vorausgesehen werden könne, wie ein Gericht entschieden hätte, weshalb dieser Gesichtspunkt völlig außer Betracht zu bleiben habe.[629] Die Unmaßgeblichkeit einer im Einzelfall feststehenden „tatsächlichen", aber „unrichtigen" hypothetischen Vorprozeß-Entscheidung wird außerdem mit Hilfe einer wertenden Betrachtungsweise begründet. Wörtlich führt der BGH[630] in seinem Urteil vom 2. 7. 1987 aus: „Bei wertender Betrachtung kann der Verlust eines Rechtsstreits nicht als Schaden im Rechtssinne angesehen werden, wenn sich im Anwaltshaftungsprozeß herausstellt, daß die unterlegene Partei den Vorprozeß materiellrechtlich zu Recht verloren hat, dieser also nach Auffassung des mit dem Anwaltshaftungsprozeß befaßten Gerichts im Ergebnis richtig entschieden worden ist. Der Umstand, daß die Partei bei sachgerechter Vertretung durch den Anwalt den Vorprozeß aus prozeßrechtlichen Gründen gewonnen hätte, etwa weil der Gegner einen ihm obliegenden Beweis mit den im Vorprozeß zulässigen Beweismitteln nicht hätte führen können. rechtfertigt es nicht, der Partei im Regreßprozeß gegen ihren Prozeßbevollmächtigten einen Vermögensvorteil zu verschaffen, auf den sie nach materiellem Recht keinen Anspruch hatte. Auf diesen Fall trifft die Regel nicht zu, daß ein Schaden bereits dann bejaht werden kann, wenn die Partei einen Prozeß verloren hat, den sie bei sachgemäßer Vertretung gewonnen hätte."[631]

[627] RG Recht 1933 Nr. 728.

[628] BGH NJW 1985, 2482.

[629] Vgl. etwa BGHZ 79, 223 [226]; BGH NJW 1959, 1125 [1126]; 1964, 405.

[630] BGH NJW 1987, 3255.

[631] BGH, aaO, S. 3256. Im gleichen Sinne auch BGH NJW 1985, 2482 [2483 m. w. N.]: „Da dem Kläger im Wege des Schadensersatzes nicht mehr zugesprochen werden darf als das, worauf er *rechtmäßig* Anspruch hat, hilft ihm der Nachweis, daß

403

404   *Zustimmung* verdient die „wertende" Betrachtungsweise der Rechtsprechung. Zuzugeben ist freilich der Gegenansicht, daß die prozeßpraktischen
und -ökonomischen Erwägungen den wertenden Standpunkt nicht zu rechtfertigen vermögen; denn damit kann nicht erklärt werden, weshalb die Auffassung des Gerichts des Vorprozesses auch *dann* unberücksichtigt zu bleiben hat, wenn sie zweifelsfrei feststeht;[632] auch trifft es zu, daß die „natürliche" Betrachtungsweise an sich der Differenzhypothese entspricht.[633] Indessen ist allgemein anerkannt, daß die Differenzhypothese nur den Ausgangspunkt bei der Schadensermittlung bildet und vielfach einer Korrektur mit
Hilfe von normativen Erwägungen bedarf.[634] Um einen weiteren Fall eines
normativ korrigierten Differenzschadens geht es auch bei der Anwaltshaftung. *Die „wertende" Betrachtungsweise führt zu einer Einschränkung des
Differenzschadensbegriffs unter dem Gesichtspunkt der (fehlenden) Schutz-
würdigkeit des „Geschädigten".*

405   Nach der wertenden Betrachtungsweise stellt die entgangene „günstige"
Urteils-Position keinen Schaden im Rechtssinn dar, wenn ihr nicht der Verlust einer entsprechenden materiellrechtlichen Vermögensposition entspricht,
anders ausgedrückt: Der in einem entgangenen *Fehl*urteil bestehende Vermögensnachteil stellt keinen Vermögensschaden im Rechtssinn dar.[635] Die
Rechtfertigung dieses Satzes ergibt sich aus dem Grundgedanken der Anwaltshaftung. „Der Rechtsanwalt muß seinen Mandanten vor Rechtsverlusten schützen".[636] „Pflicht des Anwalts ist, die Interessen seines Auftraggebers wahrzunehmen und dem Recht zum Siege zu verhelfen."[637] Verletzt er
diese Pflicht mit der Folge, daß die Partei einen materiellen Rechtsverlust
erleidet, haftet er auf Schadensersatz. In den Schutzbereich des Anwaltsvertrags fallen also nur solche Schäden des Mandanten, die seine materiellrechtliche Position betreffen, nicht aber entgangene Chancen (günstiges Fehlurteil
zu Lasten des Gegners), auf die er keinen Anspruch hatte. Der im entgange-

---

er den Vorprozeß gewonnen haben würde, allein nicht, falls er in jenem Prozeß nur
unter Verletzung des Rechts hätte obsiegen können."

[632] Insoweit zutr. *Braun,* ZZP 96, 98.

[633] Zutr. *Lange,* Schadensersatz, § 3 XI 6: Rechtsprechung ist „an sich mit § 249
nicht zu vereinbaren."

[634] Vgl. nur *Palandt/Heinrichs,* Vor § 249 Anm. 2 d; *Staudinger/Medicus,* Vor § 249
Rdnr. 40; *Lange,* Schadensersatz, § 1 IV 1; *Borgmann/Haug,* S. 176 f.

[635] BGHZ 79, 223 [229 m. w. N.]: „Ein Schaden (kann) regelmäßig nicht ersetzt
verlangt werden, der im Entgang eines durch eine unrichtige Gerichtsentscheidung
erlangten Vorteils besteht." Ferner BGHZ 72, 328 [332]: Hätte „der Kläger den Vorprozeß nur unter Verletzung des Rechts gewinnen können, dann kann es nicht rechtens
sein ..., ihm dies „Verlorene" nun mittels eines Ersatzanspruchs gegen den Rechtsanwalt zuzusprechen. Denn dem Kläger darf im Wege des Schadensersatzes nicht mehr
zugestanden werden, als das, worauf er rechtmäßig Anspruch hat." Ebenso BGH NJW
1985, 2482 [2483].

[636] Vgl. oben § 2 I m. N. in Fußn. 8.

[637] BGH VersR 1961, 467 [470].

nen unrichtigen Urteil bestehende Nachteil liegt damit außerhalb des Schutzbereichs des Anwaltsvertrags. Der Regreßprozeß gegen den Anwalt dient dazu, echte Rechtsverluste des Mandanten auszugleichen, nicht aber, ihm nicht verwirklichte günstige Chancen zu sichern, auf die er nach dem materiellen Recht keinen Anspruch hatte. Der „normative" Schadensbegriff bei der Anwaltshaftung findet damit seine Rechtfertigung im begrenzten Schutzbereich des Anwaltsvertrags.

Die von der Gegenansicht befürchteten Inkonsequenzen und Ungleichbehandlungen der Parteien bei wertender Betrachtungsweise bestehen in Wahrheit nicht. Die von der Gegenansicht unterstellte, angeblich folgerichtige „normative" Erweiterung des Differenzschadens liefe auf eine Verlagerung des Prozeßrisikos von der Partei auf den Anwalt hinaus und ist daher abzulehnen. Die Problematik soll am Teilklagebeispiel (vgl. oben Rdnr. 400) verdeutlicht werden. **406**

Läßt der Anwalt bei erfolgreicher Teilklage die Restforderung mit der Folge des Prozeßverlustes verjähren, so kann im Regreßprozeß ein Schaden mit der Begründung verneint werden, nach „richtiger" Auffassung hätte bereits dem rechtzeitig eingeklagten Teilanspruch nicht stattgegeben werden dürfen („einschränkender" normativer Schadensbegriff). Wurde dagegen die rechtzeitig erhobene Teilklage aus sachlichen Gründen zu Unrecht abgewiesen, der Restanspruch aber bereits im Hinblick auf die – vom Anwalt verschuldete – Verjährung, so müßte der Mandant – so die Gegenansicht – im Regreßprozeß obsiegen, da ja die Restforderung materiellrechtlich bestand und infolge des Anwaltsfehlers nicht durchgesetzt werden konnte, obwohl er im Vorprozeß (auch) bei richtigem Vorgehen des Anwalts voll unterlegen wäre („normative" Erweiterung des Differenzschadensbegriffs).

Diese Einwände können nicht überzeugen. Richtig ist vielmehr, daß Regreßvoraussetzung stets die entgangene „günstige Entscheidung" des hypothetischen Vorprozesses ist (vgl. oben Rdnr. 396). Der normative Schadensbegriff baut bei der Anwaltshaftung auf dem „natürlichen" Schadensbegriff i. S. der Differenzhypothese auf und schränkt ihn wertend ein; dagegen dient die wertende Betrachtung bei der Anwaltshaftung nicht dazu, einen nach „natürlicher" Betrachtung gar nicht entstandenen Schaden erst „normativ" zu schaffen. Die Ablehnung einer „spiegelbildlichen" normativen Erweiterung des Differenzschadensbegriffs steht keineswegs im Widerspruch zur wertenden Betrachtungsweise; sie ist vielmehr gerade die Folge einer weiteren „normativen" Erwägung. Eine Erweiterung des Differenzschadensbegriffs in den genannten Fällen liefe nämlich auf eine Verlagerung des Prozeßrisikos von der Partei auf den Anwalt hinaus und stünde damit im Widerspruch zur Risikoverteilung beim Anwaltsvertrag (vgl. dazu Rdnr. 343, 389). Dies ist näher auszuführen. **407**

Wäre im Teilklagebeispiel die Partei bei *rechtzeitiger* Verjährungsunterbrechung hinsichtlich des Restanspruchs materiellrechtlich zu Unrecht *voll* mit der Klage unterlegen, so hätte sich, da ein mitwirkendes Anwaltsverschulden **408** ausscheidet, das Prozeßrisiko zu Lasten der Partei verwirklicht. Das Prozeßrisiko trifft aber die rechtsschutzsuchende Partei als allgemeines Lebensrisiko, der Anwaltsvertrag und die Anwaltshaftung dienen nicht dazu, der Partei das Prozeßrisiko abzunehmen (vgl. oben V 2 b). Würde man nun der im Vorprozeß *hypothetisch* (trotz eines Anwaltsfehlers) *unterlegenen* Partei im Regreßprozeß die Berufung auf die Fehlentscheidung gestatten, so diente der Regreßprozeß im Ergebnis einer Abwälzung des Prozeßrisikos von der Partei auf den Anwalt. Ein – für die Entscheidung gar nicht ursächlicher – Anwaltsfehler könnte zum Vorwand für eine materiellrechtliche Überprüfung der Richtigkeit des (hypothetischen) Urteils im Vorprozeß genommen werden. Dafür ist die Anwaltshaftung nicht geschaffen. Auch im hypothetischen Inzidentprozeß trifft die Partei das *Prozeßrisiko*, das sie nach allgemeinen Grundsätzen nicht auf den Anwalt abwälzen kann. Ist damit aber die hypothetisch *günstige* Entscheidung im Vorprozeß notwendig Regreßvoraussetzung, so kann von einer Ungleichbehandlung der Parteien im Regreßprozeß keine Rede sein: Hat der Mandant schon das Gericht im hypothetischen Vorprozeß „gegen sich“, so kommt es gar nicht zum Regreß. Die Argumentation der Gegenansicht (Rdnr. 401) geht also auch insoweit fehl.

409   Ergibt die Beurteilung des hypothetischen Prozeßverlaufs, daß durch die ungünstige Entscheidung im Vorprozeß materiellrechtliche Positionen des Mandanten nicht beeinträchtigt wurden, so kann eine Haftung des Anwalts lediglich auf den *Kostenschaden* (vgl. oben Rdnr. 396) in Frage kommen, wenn der Mandant dem Anwalt als Pflichtwidrigkeit nicht nur Fehler bei der Prozeßführung vorwirft, sondern, daß er den im Ergebnis erfolglosen Rechtsstreit überhaupt geführt hat.[638] Hier hat das Gericht unter Zugrundelegung der gesamten Tatsachen- und Beweislage nach freier Überzeugung festzustellen, ob der Prozeß von Anfang an aussichtslos erschien mit der Folge, daß der Rechtsanwalt ohne eine entsprechende Weisung des gehörig aufgeklärten Mandanten von der Prozeßführung hätte Abstand nehmen müssen (vgl. oben § 2 IV 3 a und VI 2 a).

b) Hypothetischer Inzidentprozeß bei Fehlern im außerprozessualen Bereich

410   Die gleichen Grundsätze gelten im wesentlichen dann, wenn der Mandant dem Anwalt als Pflichtwidrigkeit einen Fehler im außerprozessualen Bereich vorwirft, der zu einem Vermögensschaden geführt hat. Es geht um die Fälle, in denen es infolge des Anwaltsfehlers – etwa der Unterlassung der Verjährungsunterbrechung – erst gar nicht zu einem wirklich geführten Vorprozeß kommt. Im Rahmen der Beurteilung des hypothetischen Kausalverlaufs bei pflichtgemäßem Verhalten des Anwalts hat hier das über Schadensersatzklage entscheidende Gericht ggf. *vor* der Entscheidung eines hypothetischen Vorprozesses auch zu ermitteln, wie sich der Mandant bei richtiger Beratung

---

[638] Beispiel: OLG Hamm VersR 1981, 936; VersR 1984, 589 (LS).

durch den Rechtsanwalt verhalten, insbesondere welche Weisungen er erteilt, welche Konsequenzen er gezogen hätte (vgl. dazu oben V 2 c, d).

3. Einzelfragen zum ersatzfähigen Schaden bei der Anwaltshaftung

Hier gelten grundsätzlich keine Besonderheiten gegenüber den vorange- 411
gangenen Ausführungen zur Ersatzfähigkeit des Schadens im allgemeinen. Der pflichtwidrig handelnde Anwalt haftet daher nach der Differenzhypo-these für die Differenz zwischen dem (hypothetisch zu ermittelnden) Vermö-gen des Mandanten bei pflichtgemäßer Mandatsbetreuung und dem realen, durch die Pflichtwidrigkeit geminderten Vermögen (vgl. oben 1a). Auf einige typische Fälle ersatzfähigen Schadens ist im folgenden einzugehen.

a) Aufwendungen

Zu den wichtigsten in die Differenzrechnung einzubeziehenden Schadens- 412
posten gehören – wie auch sonst – die *Aufwendungen*, die der Mandant *vergeblich* verausgabt hat. Dabei muß die Vergeblichkeit gerade auf der an-waltlichen Pflichtverletzung *beruhen*. Nicht ersatzfähig sind daher solche Kosten, die dem Mandanten bereits vor dem anwaltlichen Fehlverhalten ent-standen sind.[639] Umgekehrt sind all diejenigen Aufwendungen vom Rechts-anwalt zu ersetzen, die der Mandant bei richtiger Betreuung erst gar nicht hätte aufwenden müssen. Eine bedeutende Rolle nehmen in diesem Zusam-menhang die *Prozeßkosten* ein, die der Mandant für einen verlorenen Prozeß verausgabt hat. Vergebliche Aufwendungen – im dargelegten Sinne – sind sie nur, wenn der Rechtsstreit ohne die anwaltliche Pflichtverletzung gewonnen worden[640] oder aber bei richtiger Beratung und Betreuung gar nicht geführt worden wäre bzw. hätte geführt werden dürfen.[641]

b) Verlust von Zeitaufschub und Abschlußchancen

Schwierigkeiten bereiten allerdings die Fälle, in denen eine unmittelbare 413
vermögensmäßige Bezifferung des möglichen Schadens nicht oder nur schwer möglich ist, z.B. weil der Mandant unmittelbar „nur" Zeit i.S. von Aufschub zur Leistung verloren hat. Ein durch die Pflichtwidrigkeit des Anwalts be-wirkter Zeitverlust ist für den Mandanten aber nur dann als Schaden anzuse-hen, wenn der beabsichtigte Zeitgewinn von ihm zu Recht in Anspruch hätte genommen werden können. Versäumt der Rechtsanwalt die (ordnungsgemä-ße) Einlegung eines Rechtsmittels, so ist der damit verbundene Verlust eines zeitlichen Aufschubes nur dann ein Nachteil im Rechtssinne, wenn das

---

[639] *Borgmann/Haug*, S. 174.
[640] Z.B. BGH VersR 1985, 146 [147].
[641] Z.B. BGH VersR 1960, 273 [274, 275]; OLG Hamm VersR 1981, 936; VersR 1984, 589 [LS].

Rechtsmittel begründet gewesen wäre. Anderenfalls hat der Mandant kein Recht darauf, die Erfüllung seiner (erstinstanzlich festgestellten) Schuld für die Dauer des Rechtsmittelverfahrens hinauszuschieben.[642] Auf die Richtigkeit des erstinstanzlichen Urteils und damit auf die Erfolglosigkeit des Rechtsmittels ist ebenso abzustellen, wenn der Mandant den Verlust einer Vergleichsmöglichkeit in zweiter Instanz als Schaden behauptet.[643] In diesen Fällen bewährt sich der – einschränkende – normative Schadensbegriff (vgl. oben 2 a).

c) Vermögenslosigkeit des Mandanten

414   Keine abweichende Behandlung verdienen im Bereich der Anwaltshaftung die Fälle, in denen der Rechtsanwalt einen vermögenslosen oder überschuldeten Mandanten vertritt. Handelt er bei der Mandatserledigung schuldhaft pflichtwidrig, so entsteht dem zu Unrecht verurteilten Mandanten – obgleich sein Vermögen von Anfang an mit einem negativen Vorzeichen behaftet war – gleichwohl ein vom Anwalt zu ersetzender Schaden, denn die Summe der Passiva wird erhöht und führt zu einer (negativen) Differenz zwischen den Vermögenslagen ohne oder mit dieser Belastung.[644]

d) Vorteilsausgleichung

415   Auch für die Vorteilsausgleichung gelten grundsätzlich keine Besonderheiten. Hat der Rechtsanwalt einen nahezu aussichtslosen Rechtsstreit geführt und zudem den Mandanten nicht auf die damit verbundenen Risiken hingewiesen, macht er sich zwar schadensersatzpflichtig, der Mandant muß sich aber auf seinen Schadensersatzanspruch in Höhe der (vergeblich verausgabten) Prozeßkosten die Vermögensvorteile aus einem gleichwohl erlangten *Prozeßvergleich* anrechnen lassen.[645] Leistungen der *Rechtsschutzversicherung* fallen hingegen aus der Vorteilsausgleichung heraus, denn ihr Ziel ist nicht die Entlastung des Schädigers (Rechtsanwalts), sondern Risikoübernahme zugunsten des Versicherungsnehmers (Mandanten).[646] Ein für das Anwaltshaftungsrecht spezifisches Problem der Vorteilsausgleichung stellt sich dann, wenn dem Mandanten zwar ein Schadensersatzanspruch gegen den Anwalt (Notar) wegen Ausfalls eines Grundpfandrechts bei der Zwangsver-

---

[642] RGZ 162, 65 [68]; *Borgmann/Haug*, S. 177; ähnlich OLG Nürnberg OLGZ 1973, 45.

[643] *Borgmann/Haug*, aaO, unter Berufung auf ein nicht veröffentlichtes Urteil des Kammergerichts.

[644] BGH NJW 1986, 581 [582 f.]; einschränkend *Borgmann*, AnwBl 1986, 100 und wohl BGH VersR 1960, 273; außerhalb der Anwaltshaftung: BGHZ 59, 148 ff.; 66, 1 ff.; anders aber das Reichsgericht, vgl. RGZ 146, 360 ff.; 147, 248 ff.

[645] *Borgmann/Haug*, S. 182, unter Berufung auf ein nicht veröffentlichtes Urteil des OLG Koblenz.

[646] OLG München VersR 1959, 957; LG Koblenz MDR 1961, 598; LG Saarbrücken VersR 1976, 83.

steigerung des belasteten Grundstücks – infolge dessen vom Anwalt verschuldeten Nachrangs – zusteht, der Mandant aber gleichzeitig einen Vermögensvorteil erlangt hat, weil er das Grundstück unter Wert ersteigerte. Während das Reichsgericht[647] hier einen nach seiner Auffassung für die Vorteilsausgleichung erforderlichen adäquaten Zusammenhang zwischen der Pflichtverletzung des Rechtsanwalts und dem Vermögensvorteil annahm, sieht der Bundesgerichtshof[648] in diesem Fall den Erwerb eines Grundstücks unter dem Schätzwert nur dann als eine anrechenbare Größe an, wenn eine Gewinnerzielung durch Nutzung oder Weiterveräußerung gesichert erscheint.[649]

4. Schadensberechnung bei Mitverschulden des Mandanten

Beruht der Schaden nicht allein auf der Pflichtwidrigkeit des Rechtsan- 416
walts, sondern hat auch der Auftraggeber diesen mitverursacht, kann der Anwalt dem Mandanten den Einwand des Mitverschuldens entgegensetzen. Gem. § 254 Abs. 1 BGB bestimmt sich dann die Ersatzpflicht nach dem Verhältnis der Verantwortlichkeit beider Parteien.

Gerade diese Gewichtung der beiderseitigen Tatbeiträge, wodurch sich im Ergebnis der Umfang des vom Anwalt zu ersetzenden Schadens bestimmt, ist die eigentliche Schwierigkeit in Haftpflichtprozessen, in denen die Mitverursachung des Mandanten eine Rolle spielt. Denn für die Schadensquotierung gibt es kein allgemeingültiges Rezept, sie hängt vielmehr immer vom jeweiligen Einzelfall ab, obgleich sie sich in erster Linie daran zu orientieren hat, in wessen Verantwortungsbereich *vorwiegend* – im Sinne einer höheren Wahrscheinlichkeit – die Schadensursache fällt.[650]

Ein Mitverschulden des Mandanten kommt insbesondere dann in Betracht, 417
wenn er seiner Informationspflicht[651] unzureichend nachkommt und der Rechtsanwalt pflichtwidrig den Mangel der tatsächlichen Angaben nicht durch Befragen beseitigt.[652] Im rein rechtlichen Bereich des Mandates ist hingegen der Anwalt allein verantwortlich, eine Mitverursachung des Mandanten scheidet daher von vornherein aus.[653]

Ein gem. § 254 Abs. 1 BGB beachtenswertes Mitverschulden liegt auch 418
dann vor, wenn sich der Auftraggeber bei der Erfüllung seiner Pflichten

---

[647] RGZ 84, 386 [389] (Rechtsanwalt).

[648] BGH VersR 1961, 368 [369] (Notar).

[649] Vgl. dazu auch *Borgmann/Haug*, S. 184 f.

[650] So allgemein BGH NJW 1963, 1447 [1449] und speziell zur Anwaltshaftung *Rinsche*, Rdnr. I 118, sowie *Borgmann/Haug*, S. 185.

[651] Vgl. oben § 2 II 1.

[652] Beispiel: BGH VersR 1983, 34: Nichtvorlage von Ausschreibungsunterlagen durch Bauunternehmer als Mandant; vgl. auch *Rinsche*, Rdnr. I 115.

[653] *Rinsche*, aaO; dies gilt auch für die Einhaltung prozessualer Fristen; so grundsätzlich auch OLG Düsseldorf VersR 1980, 483, indes unter Abwägung eines Ausnahmefalles.

(insbesondere wiederum der Informationspflicht) eines Dritten bedient. Denn dessen schuldhafte Pflichtverletzungen muß sich der Mandant gem. § 278 BGB als eigene anrechnen lassen (vgl. § 254 Abs. 2 S. 2 BGB). Als Erfüllungsgehilfen kommen insbesondere Angestellte des Mandanten und Angehörige in Betracht, dagegen nicht ohne weiteres – wie bereits oben ausgeführt wurde[654] – ein zusätzlich beauftragter Rechtsanwalt, etwa ein Rechtsmittel- oder Verkehrsanwalt.[655]

419 Der Mandant muß sich nicht nur seinen eigenen Verursachungsbeitrag bei der Schadens*entstehung* anrechnen lassen, sondern ein Mitverschulden ist auch dann beachtlich, wenn er seiner Schadensminderungspflicht nicht genügt hat (§ 254 Abs. 2 BGB). Ein Verstoß gegen die Schadensminderungspflicht wird dem Mandanten in der Praxis häufig von dem in Haftung genommenen Anwalt mit der Begründung vorgeworfen, er habe die Führung eines Prozesses gegen einen Dritten zum (teilweisen) Ausgleich des erlittenen Schadens versäumt. Diesem Einwand wird von der Rechtsprechung allerdings nur dann stattgegeben, wenn die Einlegung eines solchen Rechtsbehelfs für den Mandanten auch zumutbar war. An der Zumutbarkeit fehlt es insbesondere dann, wenn die Erfolgsaussichten des zu führenden Rechtsstreits höchst zweifelhaft sind.[656]

420 Auf die Erfolgsaussichten des Rechtsbehelfs ist auch für den umgekehrten Fall abzustellen. Erhebt der Mandant Klage gegen einen Dritten oder legt er ein Rechtsmittel gegen das zu seinem Nachteil ergangene Urteil ein, um den Schaden zu mindern oder gar um überhaupt seinen drohenden Eintritt zu verhindern, so sind die dabei anfallenden Prozeßkosten bei Erfolglosigkeit grundsätzlich dem ersatzfähigen Schaden zuzurechnen.[657] Ein die Ersatzpflicht insoweit minderndes Mitverschulden des Mandanten ist vielmehr nur dann anzunehmen, wenn für den Mandanten die Aussichtslosigkeit, zumindest aber die starke Zweifelhaftigkeit der Erfolgsaussichten eines einzulegenden Rechtsbehelfs erkennbar war.

Rinsche[658] ist allerdings darin Recht zu geben, daß in solchen Fällen eine Absprache mit dem Rechtsanwalt sinnvoll ist, damit Anwalt und Mandant durch gemeinschaftliches und übereinstimmendes Handeln den Schaden möglichst gering halten können.

---

[654] S. oben IV 3 d und V 3 b.
[655] Z. T. abw. *Rinsche*, Rdnr. I 116 und I 88.
[656] BGH VersR 1966, 340; VersR 1985, 358 [359]; *Borgmann/Haug*, S. 189; *Rinsche*, Rdnr. I 117.
[657] *Borgmann/Haug*, *Rinsche*, jeweils aaO; zur Kausalität vgl. oben V 3 a.
[658] *Rinsche*, aaO.

§ 4 Haftungsschranken

I. Allgemeines

Ist durch die Verletzung von Anwaltspflichten ein ersatzfähiger Schaden 421
entstanden, so kann die Verpflichtung des Anwalts zum Schadensersatz
gleichwohl ausgeschlossen oder nicht durchsetzbar sein, wenn die Haftung
durch Rechtsgeschäft ausgeschlossen oder beschränkt worden ist[1] oder wenn
der Anspruch zum Zeitpunkt der Geltendmachung bereits verjährt ist.[2] Im
einen Fall liegen vertragliche, im anderen Fall gesetzliche Schranken der Anwaltshaftung vor. Während der Ausschluß und die Beschränkung der Haftung durch Rechtsgeschäft nur geringe praktische Bedeutung hat,[3] ist die
Frage der Verjährung des entstandenen Anspruchs oft von streitentscheiden-
der Bedeutung und spielt auch in der Haftpflichtrechtsprechung eine große
Rolle.

1. Motive und Tendenzen der Haftungsbeschränkung

Das Streben der Anwälte nach Haftungsschranken ist zweifellos eine Fol- 422
ge der außerordentlich hohen Anforderungen, die die Rechtsprechung im
Bereich der Anwaltspflichten stellt. Es handelt sich dabei nicht um eine Er-
scheinung der neueren Zeit. Bereits die Rechtsprechung des RG wurde von
der Anwaltschaft als so streng empfunden, daß es schon in den zwanziger
Jahren in Anwaltskreisen zu einer Diskussion kam, ob die Vereinbarung
von Haftungsauschlüssen und -beschränkungen zu begrüßen oder zu mißbilligen sei.[4] Dabei wurde von Anfang an auf zwei verschiedenen Ebenen
argumentiert: Zum einen wurde gefragt, ob solche Haftungsschranken zivilrechtlich wirksam vereinbart werden könnten, zum anderen, ob das Standesrecht sie zulasse und die Standespolitik sie wünschenswert erscheinen ließen.[5]

---

[1] S. dazu unten II.

[2] S. dazu unten III.

[3] Zwar werden Allgemeine Mandatsbedingungen von den Anwälten zumindest in
bestimmtem Umfang verwendet (*Hartstang*, AnwBl 1982, 509, meint, ihre Verwendung sei „häufig"; hingegen werden sie nach der Beobachtung von *Borgmann/Haug*,
S. 234, „offensichtlich sehr selten" einem Mandat zugrundegelegt). Fest steht dagegen,
daß Allgemeine Mandatsbedingungen in der Haftpflichtrechtsprechung trotz einer
Zahl von etwa 800 Haftpflichtprozessen pro Jahr praktisch keine Rolle spielen.

[4] Zur Diskussion vor dem 2. Weltkrieg vgl. die umfassenden Nachweise bei *Borg-
mann/Haug*, S. 228f.

[5] So deutlich *Noack*, S. 122, der (1937) die Meinung vertrat, Haftungsbeschränkungen seien standesrechtlich zu mißbilligen, aber zivilrechtlich gültig.

Die Diskussion über diese Frage setzte sich bis in die Kriegszeit hinein fort.[6]

423   In der Nachkriegszeit hat sich das Haftungsrisiko der Anwälte durch die ständig steigenden Anforderungen der Rechtsprechung, die Kompliziertheit des Rechts und den – menschlich verständlichen – Wunsch der Mandanten, einen eingetretenen Schaden nicht selbst zu tragen, sondern auf den Anwalt abzuwälzen, weil dieser ihn wegen der von ihm genommenen Versicherung mühelos oder doch wenigstens leichter tragen könne, weiter erhöht. Das Streben nach Haftungsausschluß oder wenigstens einer Haftungsbeschränkung ist die Reaktion auf diese Entwicklung;[7] wohingegen es nicht recht einzuleuchten vermag, inwiefern es sich dabei um eine Reaktion auf „steigende Objektwerte"[8] handeln soll: Steigende Objektwerte führen schließlich auch zu steigenden Gebühren und zwangsläufig zu dem Erfordernis höherer Versicherungssummen. Die Diskussion über die Möglichkeiten und standespolitische Beurteilung von Haftungsschranken ist in den sechziger Jahren erneut aufgeflammt und hat sich bis in die neueste Zeit fortgesetzt.[9] Es verwundert nicht, daß die Frage auch in vielen anderen europäischen Ländern diskutiert wird,[10] während etwa in der Schweiz jede Art der Haftungsbeschränkung des Anwalts schon zivilrechtlich für unzulässig gehalten wird.[11] Auch im deutschen Recht kommen Haftungsbeschränkungen bei bestimmten Arten anwaltlicher Tätigkeit nicht in Betracht, nämlich immer dann nicht, wenn sich der Anwalt dem Zustandekommen eines Mandatsverhältnisses mit dem gesetzlichen Inhalt nicht entziehen kann, so insbesondere bei der Beiordnung des Anwalts im Wege der Prozeßkostenhilfe nach § 121 ZPO.[12]

424   Das gleiche dürfte anzunehmen sein, wenn für ein bestimmtes Verfahren Anwaltszwang besteht, dem Mandanten es aber nicht möglich wäre, einen Anwalt zu finden, der ohne Haftungsbegrenzung tätig werden will. Hier dürfte die Monopolstellung der zur Verfügung stehenden Anwälte eine Haftungsbeschränkung unwirksam machen.

---

[6] S. zuletzt die Kontroverse zwischen *Megow*, DR 1944, 103 (es sei mit dem Wesen eines freien Berufs unvereinbar, einen Haftungsausschluß zu vereinbaren) und *v. d. Trenck*, DR 1944, 649 (für den Fall leichter Fahrlässigkeit sei der Haftungsausschluß wegen der hohen Anforderungen der Rechtsprechung zu billigen).

[7] *Roesen*, AnwBl 1962, 25; *Hartstang*, AnwBl 1982, 509 [510]; *Schroeder*, AnwBl 1984, 522 [524]; zuletzt *Hübner*, NJW 1989, 5, der zutr. von „sekundären Strategien zur Eingrenzung der Schadensersatzpflicht" spricht.

[8] So *Hartstang*, aaO.

[9] Vgl. auch insoweit die Literaturnachweise bei *Borgmann/Haug*, S. 228 f.

[10] Einen Überblick gibt *Schroeder*, AnwBl 1984, 522.

[11] Dort wird die Anwaltstätigkeit den unter Art. 100 Abs. 2 2. Alt. OR genannten Tätigkeiten zugeordnet („obrigkeitlich konzessioniertes Gewerbe"), bei denen Haftungseinschränkungen nicht wirksam vereinbart werden können; vgl. hierzu näher *Levis*, Zivilrechtliche Anwaltshaftpflicht im schweizerischen und US-amerikanischen Recht, Zürich 1981, S. 41 f.

[12] S. oben § 1 III 2 c und 3 a; auch die weiteren dort genannten Fälle gehören hierher.

Außerhalb dieses Bereichs ist bei der Frage nach der zivilrechtlichen Wirksamkeit von Haftungsbeschränkungen danach zu unterscheiden, ob sie durch Individualvereinbarung[13] oder in vorformulierten Mandatsbedingungen[14] erfolgt.

2. Standesrechtliche Beurteilung

Auch die Diskussion, wie die Errichtung von Haftungsschranken – ihre   425
zivilrechtliche Wirksamkeit unterstellt – standesrechtlich anzusehen ist, geht bis in die zwanziger Jahre zurück.[15] Während ursprünglich jede Haftungseinschränkung als standeswidrig angesehen wurde, läßt § 49 RichtlRA[16] heute einen Haftungsausschluß oder eine Haftungsbeschränkung nur dann nicht zu, wenn das Risiko durch eine Berufshaftpflichtversicherung mit der Mindestsumme des § 48 RichtlRA (derzeit 100 000 DM) gedeckt werden kann. Eine Haftungsbeschränkung auf diesen Betrag und ein Haftungsausschluß bei nicht versicherbaren Risiken[17] ist hingegen, soweit sie nach allgemeinem Zivilrecht wirksam ist, auch standesrechtlich nicht zu beanstanden. Die Vereinbarung soll allerdings schriftlich getroffen werden und darf nicht in die Vollmachtsurkunde aufgenommen werden (§ 49 Abs. 3 RichtlRA). Die standesrechtlichen Grenzen einer Haftungsbegrenzung gehen also heute über die allgemeinen Schranken, wie sie vom AGB-Gesetz und die durch die Rechtsprechung konkretisierten allgemeinen zivilrechtlichen Bestimmungen gezogen werden, nicht mehr hinaus. Die – sicher zutreffende – Feststellung, daß die Standeswidrigkeit einer haftungsbeschränkenden Regelung ein Indiz dafür ist, daß sie im Sinne des § 9 Abs. 1 AGB-Gesetz den Vertragspartner des Verwenders unangemessen benachteiligt,[18] ist daher heute im Bereich Anwaltshaftung ohne praktische Bedeutung.

II. Haftungsausschluß und Haftungsbeschränkung durch Rechtsgeschäft

Da gesetzliche Bestimmungen, die die Haftung des Rechtsanwalts aus-   426
schließen oder beschränken, fehlen,[19] können solche Haftungsschranken nur

---

[13] S. dazu unten II 1.
[14] S. dazu unten II 2.
[15] Zur historischen Entwicklung vgl. *Borgmann/Haug*, S. 229 f.
[16] Zur Frage der – eingeschränkten – Weitergeltung der RichtlRA s. oben § 2 VII 1.
[17] Dazu gehört etwa die Beratung über oder nach ausländischem Recht bestimmter Ostblockstaaten (Albanien, Bulgarien, Jugoslawien, Polen, Rumänien, Sowjetunion, Tschechoslowakei, Ungarn), vgl. *Lingenberg/Hummel/Zuck/Eich*, § 49 Rdnr. 4.
[18] So *Wolf/Horn/Lindacher*, § 9 AGBG Rdnr. R 1; *Ulmer/Brandner/Hensen*, Anh. §§ 9 – 11 AGBG Rdnr. 560.
[19] Sie werden allerdings von der Anwaltschaft immer wieder gefordert, vgl. etwa

rechtsgeschäftlich vereinbart werden. Dies kann entweder durch eine Individualvereinbarung oder in vorformulierten Mandatsbedingungen erfolgen. Ob dann, wenn derartige Vereinbarungen gewünscht werden, einer Individualvereinbarung oder Allgemeinen Mandatsbedingungen der Vorzug zu geben ist, darüber gehen die Meinungen auseinander. Teilweise werden nachteilige Folgen für das Berufsansehen gerade in der schematischen Verwendung Allgemeiner Mandatsbedingungen, die an die Grenze des Zulässigen gehen, gesehen,[20] teils umgekehrt diesen vor einer Individualvereinbarung der Vorzug gegeben.[21] So weisen die Befürworter Allgemeiner Mandatsbedingungen darauf hin, daß es keinen besonders guten Eindruck mache und die Qualifikation des Anwalts in kein besonders gutes Licht rücke, wenn er zu Beginn des Mandatsverhältnisses als erstes eine Individualvereinbarung über Haftungsbeschränkungen trifft.[22] Sicher ist, daß die beiden genannten Möglichkeiten, Haftungsschranken in den Vertrag einzubeziehen, unterschiedlich beurteilt werden müssen. Während bei Haftungsbeschränkungen durch Individualvereinbarung die allgemeinen Grundsätze herangezogen werden müssen, trifft für vorformulierte Mandatsbedingungen das AGB-Gesetz eine detaillierte Regelung.

1. Individualvereinbarung

a) Grobe Fahrlässigkeit

427 Individualvereinbarungen finden ihre Grenze zunächst an § 276 Abs. 2 BGB. Nach dieser Vorschrift kann sich der Schuldner von der Haftung für Vorsatz nicht im voraus freizeichnen. Für vorsätzliches Fehlverhalten haftet der Anwalt daher in jedem Fall. Schon die Frage nach der Möglichkeit des Ausschlusses für grobe Fahrlässigkeit wird jedoch unterschiedlich beurteilt. Teilweise wird der Ausschluß der Haftung für diese Schuldform zumindest für besondere Fälle oder aus besonderen Gründen (etwa Anwendung ausländischen Rechts oder Unentgeltlichkeit des Auftrags) für zulässig und wirksam erachtet,[23] teilweise mit der Erwägung abgelehnt, ein Haftungsausschluß

Geigel, AnwBl 1971, 29 [33]; aus rechtsvergleichender Sicht vgl. *Schellenberger*, S. 174 ff.; ablehnend *Scheffler*, KF 1959, 46.

[20] *Borgmann/Haug*, S. 239; *Lingenberg/Hummel/Zuck/Eich*, § 49 Rdnr. 8; *Geigel*, AnwBl 1971, 29 [33]; *Schmidt*, VersR 1960, 682.

[21] *Bunte*, Handbuch, S. 310 und NJW 1981, 2657 [2662]; wohl auch *Deutsch*, VersR 1974, 301 [306] und *Prinz*, VersR 1986, 317 [320].

[22] *Schroeder*, AnwBl 1984, 522 [524]; *Mittelstein*, MDR 1958, 743 [744].

[23] *Lingenberg/Hummel/Zuck/Eich*, § 49 Rdnr. 9; für ausländisches Recht auch *Borgmann/Haug*, S. 240; noch großzügiger *Boergen*, Vertragliche Haftung, S. 92, der Haftungsausschlüsse für grobe Fahrlässigkeit ohne Einschränkung zuläßt, „weil der Mandant kündigen kann und der Anwalt immer damit rechnen muß, den Mandanten zu verlieren".

verstoße hier gegen Treu und Glauben.[24] Man wird in der Tat fragen müssen, ob ein Anwalt ein Mandat annehmen sollte, wenn er sich seiner Kenntnisse und Leistungen so wenig sicher ist, daß er befürchten muß, sein Verhalten könne später als grob fahrlässig beurteilt werden. Die Übernahme des Mandats begründet einen Vertrauenstatbestand und läßt in dem Mandanten eine korrespondierende Haftungserwartung entstehen.[25] Es dürfte daher mit Treu und Glauben (§ 242 BGB)[26] nicht vereinbar sein, wenn sich der Anwalt gleichzeitig versprechen läßt, selbst für schwere und offensichtliche Fehler nicht haften zu müssen. Eine derartige Vereinbarung würde so sehr von dem durch gewissenhafte Pflichterfüllung geprägten Leitbild des Anwaltsvertrags abweichen, daß sie wirksam nicht getroffen werden kann.

b) Einfache Fahrlässigkeit

Anders sind Individualvereinbarungen zu beurteilen, die die Haftung für 428 grobe Fahrlässigkeit bestehen lassen, sie aber für einfache Fahrlässigkeit ausschließen. Solche Vereinbarungen sind jedenfalls dann wirksam, wenn sich im Einzelfall anerkennenswerte Gründe dafür finden lassen. Ein *allgemeiner* Ausschluß der Haftung dürfte auch hier als unzulässig anzusehen sein.[27] Auch ein pauschaler Ausschluß für die Fälle, in denen der Anwalt im Rahmen der Prozeßkosten- oder Beratungshilfe für gemindertes Entgelt tätig wird, kann wohl im Hinblick auf §§ 48, 49, 49a BRAO und §§ 57–64 RichtlRA keinen Bestand haben.[28] Dagegen dürften keine Bedenken bestehen, wenn die Haftung für einfache Fahrlässigkeit bei der Nichtbeachtung oder Verletzung ausländischen Rechts ausgeschlossen wird,[29] wenn bei einer Teilklage ein außergewöhnliches Mißverhältnis zwischen dem Honorar und den Haftungsrisiken besteht,[30] wenn die Rechtslage durch die Judikatur noch nicht geklärt ist[31] oder ein Mandat zur Unzeit erteilt wird, der Rechtsanwalt also

---

[24] *Schroeder*, AnwBl 1984, 522 [523]; zweifelnd auch *Rinsche*, Rdnr. I 157; *Bunte*, NJW 1981, 2657 [2662].

[25] *Deutsch*, VersR 1974, 301 [306 f.]; *Odersky*, NJW 1989, 1 [5].

[26] *Borgmann/Haug*, S. 240, *Bunte*, NJW 1981, 2657 [2662] und *Hübner*, NJW 1989, 5 [10] nennen in diesem Zusammenhang auch § 138 BGB. In diesem Sinne auch für das Schweizer Recht *Levis*, aaO (Fußn. 11), S. 42: „Die Natur des Anwaltsvertrages und die Stellung des Rechtsanwaltes schließen eine solche Wegbedingung als „gegen die guten Sitten" (i. S. von Art. 20 OR) verstoßend aus."

[27] *Lingenberg/Hummel/Zuck/Eich*, § 49 Rdnr. 9; zweifelnd *Schroeder*, AnwBl 1984, 522 [523].

[28] *Borgmann/Haug*, S. 240. Nicht hierher gehören „Gefälligkeitsmandate", bei denen der Anwalt für seine Leistung – entgegen dem Gebot des § 51 RichtlRA – keine oder geringere als die gesetzlichen Gebühren vereinbart. Hier kann der Charakter des Mandats durchaus Grund für einen Haftungsausschluß (nach *Deutsch*, VersR 1974, 301 [306 f.] bis an die Grenze des Vorsatzes) sein.

[29] *Lingenberg/Hummel/Zuck/Eich*, § 49 Rdnr. 9.

[30] *Taeger*, AnwBl 1962, 133 [134]; s. unten Fußn. 35.

[31] *Lingenberg/Hummel/Zuck/Eich*, § 49 Rdnr. 10.

erst sehr spät beauftragt wird oder Sofortmaßnahmen zu ergreifen sind, die eine sorgfältige vorherige Rechtsprüfung nicht zulassen.[32]

429 Haftungsausschlüsse können nicht nur für bestimmte einzelne Fälle insgesamt vereinbart werden, sie empfehlen sich mitunter auch für einzelne mögliche Schadensfolgen. Vor allem im wirtschaftsrechtlichen Bereich können die rechtlich unangreifbare und die wirtschaftlich sinnvolle Bearbeitung einer Sache mitunter auseinanderklaffen.[33] Insbesondere im Bereich des Wettbewerbs- und des Kartellrechts wird der Anwalt deshalb gut daran tun, seine Haftung für den wirtschaftlichen Erfolg und wirtschaftliche Risiken der von ihm rechtlich für sinnvoll erachteten Schritte auszuschließen.[34] Entsprechendes gilt für den Bereich des Versorgungsausgleichs, wo Fehleinschätzungen in sozialversicherungsrechtlichen Fragen zu außerordentlich haftungsträchtigen Situationen führen können.

430 Soweit nach dem Vorstehenden ein Haftungsausschluß für einfache Fahrlässigkeit zulässig ist, kann auch einer Haftungsbeschränkung auf einen bestimmten Höchstbetrag die Wirksamkeit nicht versagt werden.[35]

In der Haftpflichtrechtsprechung haben Individualvereinbarungen über Haftungsschranken bisher keine Rolle gespielt. Offenbar werden sie nur sehr selten vereinbart oder doch von den in Anspruch genommenen Anwälten nicht zum Gegenstand der gerichtlichen Prüfung gemacht.

c) Qualifikation als Individualvereinbarung

431 Die vorstehend genannten Grundsätze gelten freilich nur, wenn es sich bei den in den Mandatsvertrag einbezogenen Vereinbarungen tatsächlich um Individualvereinbarungen handelt. Angesichts der hohen Anforderungen, die die Rechtsprechung heute an den Tatbestand des „Aushandelns" von Vertragsbedingungen i.S. von § 1 Abs. 2 AGB-Gesetz stellt,[36] ist darauf zu achten, daß der Individualcharakter der Abrede deutlich zum Ausdruck kommt. Es wird sich empfehlen, auch auf die Motive der Vereinbarung im einzelnen Fall einzugehen, um sicher zu sein, daß sie von der Rechtsprechung nicht doch als Allgemeine Mandatsbedingungen angesehen werden oder die gewählte Konstruktion als Umgehung des AGB-Gesetzes angesehen wird (§ 7

---

[32] *Lingenberg/Hummel/Zuck/Eich,* § 49 Rdnr. 11; s. auch *Borgmann/Haug,* S. 241.

[33] S. oben § 2 IV 2a.

[34] Die sich aus der unbeschränkten Haftung in diesem Bereich ergebenden Gefahren zeigt deutlich BGH NJW 1984, 791. *Hübner* empfiehlt daher, „bei beträchtlichem Haftungspotential individualvertragliche Haftungsbeschränkungen zu vereinbaren" (NJW 1989, 5 [10]).

[35] Dies kommt besonders bei Teilklagen in Betracht, bei denen sich das Haftungsrisiko nicht auf den eingeklagten Teil beschränkt, sondern vielmehr zusätzliche Haftungsrisiken (insbesondere: Verjährenlassen des nicht eingeklagten Teils) bestehen; vgl. *Holste,* AnwBl 1961, 54 [55].

[36] Vgl. etwa BGH NJW-RR 1986, 54; 1987, 144 [145]; die frühere BGH-Rechtsprechung (z.B. BGH, NJW 1977, 624) dürfte überholt sein.

AGB-Gesetz). In keinem Fall ist es ausreichend, daß der Mandant bestätigt, eine vorformulierte Klausel sei individuell ausgehandelt worden.[37]

2. Vorformulierte Mandatsbedingungen

Die Qualifikation als Individualvereinbarung hat deshalb besonderes Ge- 432 wicht, weil die Anforderungen an die Wirksamkeit einer Klausel wesentlich höher sind, wenn sie am Maßstab des AGB-Gesetzes gemessen werden müssen.

a) Wirksame Einbeziehung

Die Geltung einer verwendeten Klausel kann hier schon daran scheitern, 433 daß sie mangels wirksamer Einbeziehung nicht Vertragsbestandteil geworden ist. Im nichtkaufmännischen Verkehr stellt § 2 AGB-Gesetz die Einbeziehung in den Anwaltsvertrag als ausdrückliches Erfordernis auf. Ihm ist genügt, wenn die AGB dem Mandanten vor Vertragsschluß ausgehändigt wurden. Dagegen wird die Erfüllung dieses Erfordernisses oft zweifelhaft sein, wenn das Vertragsangebot vom Mandanten ausgeht und der Vertragsschluß, wie üblich, mündlich erfolgt.[38] In der Vollmachtsurkunde darf eine Haftungsbeschränkung aus Gründen des Standesrechts (§ 49 Abs. 3 RichtlRA) nicht enthalten sein. Abgesehen davon müßte man Haftungsschranken dort auch als eine überraschende Klausel ansehen, die nach § 3 AGB-Gesetz nicht Vertragsinhalt wird.[39]

b) Haftungsausschluß für grobe Fahrlässigkeit

Ein Ausschluß der Haftung für grobe Fahrlässigkeit fällt im nichtkaufmän- 434 nischen Verkehr unter das Klauselverbot des § 11 Nr. 7 AGB-Gesetz. Damit ist heute gesetzlich festgeschrieben, was jedenfalls für Allgemeine Mandatsbedingungen der Rechtsüberzeugung vor dem AGB-Gesetz entsprach.[40] Insbesondere ist ein Ausschluß der Haftung für diese Schuldform auch dann unzulässig, wenn die Berufstätigkeit unentgeltlich oder zu eingeschränktem Entgelt erfolgt,[41] und auch nicht nur für den Anwalt selbst, sondern ebenso für seine Vertreter und Erfüllungsgehilfen und das Büropersonal.[42]

Im kaufmännischen Verkehr ist § 11 Nr. 7 AGB-Gesetz nicht anwendbar 435 (§ 24 Nr. 1 AGB-Gesetz). Trotzdem ergibt sich hier nichts anderes: Was nach § 11 Nr. 7 AGB-Gesetz im nichtkaufmännischen Verkehr verboten ist,

---

[37] *Bunte,* NJW 1981, 2657 [2662].
[38] Zu Einzelheiten vgl. oben § 1 III 1 b.
[39] *Schroeder,* AnwBl 1984, 522 [524].
[40] Vgl. *Boergen,* Vertragliche Haftung, S. 95.
[41] *Lingenberg/Hummel/Zuck/Eich,* § 49 Rdnr. 2.
[42] *Borgmann/Haug,* S. 231.

muß im kaufmännischen als unangemessene Benachteiligung des Auftraggebers (§ 9 I AGB-Gesetz) angesehen werden, mit der Folge, daß eine derartige Klausel auch hier keine Gültigkeit hat.[43]

c) Haftungsausschluß für einfache Fahrlässigkeit

436 Wesentlich schwieriger sind die Grenzen des zulässigen Haftungsausschlusses für einfache Fahrlässigkeit zu bestimmen. Einigkeit besteht auch hier darin, daß die Haftung für einfache Fahrlässigkeit durch AGB nicht völlig ausgeschlossen werden kann.[44] Die dafür gegebene Begründung ist unterschiedlich. Zum einen wird darauf abgestellt, ein Ausschluß, der sich auch auf die Kardinalpflichten aus dem abgeschlossenen Vertrag erstrecke, sei nicht anzuerkennen,[45] zum anderen wird darauf abgestellt, daß ein völliger Ausschluß deswegen nach der Generalklausel des § 9 AGBG unwirksam sei, weil er den Vertragszweck in Frage stelle.[46] Ferner wird auf den besonderen Vertrauenstatbestand abgestellt, der sich aus dem Anwaltsvertrag ergebe und einem völligen Ausschluß der Haftung entgegenstehe.[47]

437 Eine Beschränkung der Haftung in einzelnen Beziehungen wird dagegen grundsätzlich als zulässig angesehen.[48] Ein Musterbeispiel ist hier der Ausschluß der Haftung für telefonisch gegebene Auskünfte. Hier sprechen die allgemeine Verkehrsanschauung und der für den Mandanten erkennbar geringere Vertrauensschutz für die Zulässigkeit eines solchen Ausschlusses.[49] Allerdings dürfte auch dies nicht unbegrenzt gelten. Seiner Haftung für einen falschen Rat oder eine unrichtige Empfehlung in einem Punkt, der zum

---

[43] *Brandner,* ZIP 1984, 1186 [1191]; *Hartstang,* AnwBl 1982, 509 [511]; *Borgmann/Haug,* S. 231; *Bunte,* NJW 1981, 2657 [2658].

[44] *Bunte,* Handbuch, S. 309 und NJW 1981, 2657 [2659]; *Palandt/Heinrichs,* § 9 AGBG Anm. 7r; *Münch.Komm./Kötz,* § 9 AGBG Rdnr. 38; *Lingenberg/Hummel/Zuck/Eich,* § 49 Rdnr. 2; *Schroeder,* AnwBl 1984, 522 [523]; *Hartstang,* AnwBl 1982, 509 [512]; wohl auch *Hübner,* NJW 1989, 5 [10]; a.A. (aber vor 1977) nur *Boergen,* Vertragliche Haftung, S. 97.

[45] *Palandt/Heinrichs,* § 9 AGBG Anm. 6c aa; *Schlosser/Coester-Waltjen/Graba,* § 11 Nr. 7 AGBG Rdnr. 64; OLG Frankfurt ZIP 1984, 976 [977; für den Haftungsausschluß einer Wirtschaftsauskunftei und zwar auch im kaufmännischen Verkehr]; *Koch/Stübing,* § 11 Nr. 7 Rdnr. 17; *Hartstang,* AnwBl 1982, 509 [511]; ablehnend zur Lehre von den „Kardinalpflichten" *Wolf/Horn/Lindacher,* § 11 Nr. 7 Rdnr. 28.

[46] OLG Frankfurt, ZIP 1984, 976 [977]; Münch. Komm./Kötz, § 9 AGBG Rdnr. 38; *Lingenberg/Hummel/Zuck/Eich,* § 49 Rdnr. 2; *Wolf/Horn/Lindacher,* § 9 AGBG Rdnr. R 6; *Schroeder,* AnwBl 1984, 522 [523]; *Hartstang,* AnwBl 1982, 509 [512]; *Ulmer/Brandner/Hensen,* Anh. §§ 9–11 Rdnr. 563.

[47] *Wendt,* S. 103f.; *v. Westphalen,* AGB für Rechtsanwälte, Steuerberater und Wirtschaftsprüfer, RWS-Skript 147 (Köln 1984), S. 57f., 61; für AGB von Steuerbevollmächtigten auch OLG Hamburg NJW 1968, 302 [303].

[48] *Bunte,* Handbuch, S. 309; *Schroeder,* AnwBl 1984, 522 [524]; *Boergen,* Vertragliche Haftung, S. 100; *Ulmer/Brandner/Hensen,* §§ 9–11 Rdnr. 563.

[49] *Bunte,* Handbuch, S. 310 und NJW 1981, 2557 [2660]; *Lingenberg/Hummel/Zuck/Eich,* § 49 Rdnr. 3; a.A. *v. Westphalen,* aaO S. 50.

„Kernbereich" des Mandatsvertrags gehört, kann der Anwalt nicht dadurch entgehen, daß er statt einer schriftlichen Mitteilung das Telefon benutzt. Rät der Anwalt also telefonisch von der Einlegung eines Rechtsmittels ab, obwohl dies geboten wäre, wird er sich auf den Haftungsausschluß nicht berufen können.[50]

Ebenso ist ein Ausschluß für bestimmte Beratungsgegenstände zulässig, etwa für Rechtsgebiete, die von dem Mandat berührt, aber vom Rechtsanwalt nicht so gepflegt werden, daß er den hohen Anforderungen der Rechtsprechung insoweit nicht genügen zu können glaubt, insbesondere aber für ausländisches Recht, sei es allgemein, sei es für die Beratung über oder nach dem Recht derjenigen Länder, für die die Berufshaftpflichtversicherung keinen Versicherungsschutz gewährt.[51] Teilweise wird auch die Vereinbarung subsidiärer Haftung entsprechend der Amtshaftungsvorschrift des § 839 Abs. 1 S. 2 empfohlen. Die Angemessenheit dieser Klausel sub specie § 9 AGB-Gesetz erscheint aber nicht unzweifelhaft; der Gedanke von der Gleichbehandlung der rechtsanwendenden Berufe dürfte gegenüber der Besonderheit des Vertrauensverhältnisses zwischen Anwalt und Mandant nicht tragfähig sein.[52]

438

Auch ein Ausschluß der Haftung für einfache Fahrlässigkeit in einzelnen Beziehungen kommt nur in Betracht, wenn es sich um ein nicht versicherbares Risiko handelt. Soweit der Schaden, der dem Mandanten entstehen kann, tatsächlich durch eine Berufshaftpflichtversicherung abgedeckt ist,[53] oder durch einen zu zumutbaren Bedingungen zu erlangenden Versicherungsschutz abgedeckt werden könnte,[54] ist ein berechtigtes Interesse an der Freizeichnung nicht anzuerkennen und diese daher unwirksam. Für die Frage, was ein zumutbarer Versicherungsschutz ist, kann wieder das Standesrecht herangezogen werden: Da nach § 48 RichtlRA eine Haftpflichtversicherung mit einer Versicherungssumme von mindestens 100 000 DM Standespflicht

439

---

[50] Ebenso *Borgmann/Haug*, S. 238, allerdings mit der Begründung, ein solches Vorgehen müsse als grob fahrlässig angesehen werden. Das erscheint zweifelhaft. Richtigerweise wird man davon auszugehen haben, daß bei zweckentsprechender Auslegung diese Klausel solche Erklärungen nicht umfaßt, weil für eine solche Beratung die Verwendung des Telefons nicht angemessen ist. Im Erg. übereinstimmend, aber mit anderer Begründung *v. Westphalen*, aaO S. 50: „Gerade bei laufenden Beratungen innerhalb eines bestehenden Mandatsverhältnisses haben häufig telefonische Auskünfte den gleichen Stellenwert wie eine schriftlich abgefaßte Empfehlung. Deshalb ist das Vertrauen des Mandanten – gerade dann, wenn ein Mandatsverhältnis bereits besteht – in gleicher Weise schutzwürdig und schutzbedürftig wie bei einer schriftlichen Auskunft."
[51] S. oben Fußn. 17. Grundsätzlich aA *Wendt*, S. 105; vgl. auch S. 164.
[52] Da die Klausel – soweit ersichtlich – nirgends verwendet wird, dürfte sie auch als überraschende Klausel im Sinne des § 3 AGB-Gesetz anzusehen und deshalb unwirksam sein.
[53] *Lingenberg/Hummel/Zuck/Eich*, § 49 Rdnr. 3.
[54] *Ulmer/Brandner/Hensen*, § 9 Rdnr. 111; *Hartstang*, AnwBl 1982, 509 [510f.]; *Palandt/Heinrichs*, § 9 AGBG Anm. 6c ee; einschränkend *Schlosser/Coester-Waltjen/Graba*, § 11 Nr. 7 Rdnr. 65.

ist, kommt ein gänzlicher Haftungsausschluß für die versicherbaren Risiken in keinem Fall in Betracht. Hier kann nur eine Haftungsbegrenzung erfolgen.

d) Betragsmäßige Haftungsbeschränkung

440   Soweit ein Haftungsausschluß wirksam wäre, ist es stets auch eine betragsmäßige Haftungsbeschränkung. Umgekehrt kann dort, wo ein vollständiger Haftungsausschluß nicht möglich ist, auch keine Haftungsbegrenzung mit einem beliebigen Höchstbetrag vereinbart werden.[55] Für den Architektenvertrag hat der BGH die Anerkennung einer Haftungsbegrenzungsvereinbarung bereits davon abhängig gemacht, daß der Betrag den voraussichtlichen Schaden abdecken könne.[56] Für den Anwaltsvertrag wird teilweise die Mindestversicherungssumme von 100 000 DM generell für eine zulässige Haftungsbegrenzung gehalten,[57] teils wird die Einschränkung gemacht, dies gelte nur, wenn der Betrag im Einzelfall angemessen sei.[58] Auch 500 000 DM werden als zulässige Grenze genannt.[59] Da nur noch ein Versicherer eine Versicherungssumme von weniger als 500 000 DM anbietet,[60] hat die Frage eines generellen Höchstbetrags keine besondere praktische Bedeutung. Eine Beschränkung der Haftung auf unter 100 000 DM ist sicherlich unzulässig.[61]

441   Nachdem der BGH für den Architektenvertrag aber darauf abgestellt hat, daß der Haftungshöchstbetrag den voraussichtlichen Schaden abdecken müsse, läßt sich die Frage nach der Zulässigkeit einer Haftungsbeschränkung aber wohl nicht generell, sondern nur für jeden Einzelfall gesondert beurteilen.

Die Höhe des möglichen Schadens darf bei einer Haftungsbeschränkung nicht unberücksichtigt bleiben.[62] Verwendet der Anwalt also Allgemeine Mandatsbedingungen mit einer generellen betragsmäßigen Haftungsbeschränkung, dann muß er bei Mandaten mit einem wesentlich höherem Schadensrisiko dem Mandanten die Möglichkeit geben, dieses Risiko durch Zahlung der Zusatzprämie für eine Einzelversicherung auszuschließen oder bewußt die beschränkte Haftung hinzunehmen.[63] Wie dem Mandanten diese

---

[55] So aber *Boergen*, Vertragliche Haftung, S. 100.

[56] BGH WM 1985, 1535 [1536].

[57] *Schroeder*, AnwBl 1984, 522 [523]; *Roesen*, AnwBl 1962, 25; *Palandt/Heinrichs*, § 9 AGBG Anm. 7 r; *Wolf/Horn/Lindacher*, § 9 Rdnr. R 7; *Rinsche*, Rdnr. I 157.

[58] *Lingenberg/Hummel/Zuck/Eich*, § 49 Rdnr. 6.

[59] *Prinz*, VersR 1986, 317 [320]; *Borgmann/Haug*, S. 236. Für 500 000 bis 1 000 000 DM – je nach Mandatsumfang – *Hübner*, NJW 1989, 5 [10].

[60] *Schroeder*, AnwBl 1984, 522.

[61] S. oben c; einschränkend („nur in extremen Einzelfällen") *Lingenberg/Hummel/Zuck/Eich*, § 49 Rdnr. 7.

[62] Das verkennt *Taeger*, AnwBl 1962, 133 [134], wenn er eine Haftungsbegrenzung nach dem Gegenstandswert empfiehlt: Schadensrisiko und Gegenstandswert können durchaus außer Verhältnis zueinander stehen (vgl. für Teilklagen oben Fußn. 35).

[63] So allgemein – ohne Erörterung der im folgenden behandelten Streitfrage –: *Lingenberg/Hummel/Zuck/Eich*, § 49 Rdnr. 6; *Hartstang*, AnwBl 1982, 509 [512]; *Palandt/Heinrichs*, § 9 AGBG Anm. 7 r.

Möglichkeit zu eröffnen ist, wird unterschiedlich beurteilt. So wird teilweise ein ausdrücklicher Hinweis des Anwalts gefordert,[64] teilweise es für ausreichend gehalten, daß die Mandatsbedingungen selbst einen entsprechenden Hinweis enthalten.[65]

Rechtsprechung zu dieser Frage fehlt. Für den Fall der Haftungsbegren-   442
zung der chemischen Reinigungen hat der BGH die verwenderfreundlichere Auffassung vertreten: Es reiche, wenn in den AGB auf die Möglichkeit höherer Versicherung hingewiesen sei und dieses auch sogleich abgeschlossen werden könne.[66] Angesichts der Unterschiede zwischen dem Anwaltsvertrag und dem Werkvertrag über die Reinigung eines Kleidungsstücks ist aber durchaus ungewiß, wie der BGH die Frage für Allgemeine Mandatsbedingungen beurteilen würde. Es empfiehlt sich daher bei Mandaten mit schwer abschätzbarem Schadensrisiko, den Mandanten ausdrücklich zu belehren.[67]

e) Verbot der geltungserhaltenden Reduktion

Angesichts der bestehenden Unklarheiten über die Wirksamkeit der Haf-   443
tungsschranken im einzelnen und dem Fehlen von Rechtsprechung in diesem Bereich liegt der Gedanke nahe, die verwenderfreundlichste Ansicht zugrundezulegen und dementsprechend die Allgemeinen Mandatsbedingungen zu formulieren, um deren Vorteile für den Fall auszunutzen, daß die Rechtsprechung im Streitfall die getroffenen Bestimmungen für wirksam erachtet.

Davor muß allerdings dringend gewarnt werden. Nach ständiger Recht-   444
sprechung des BGH darf eine in AGB enthaltene Klausel, die teilweise unwirksam ist, nicht in dem Umfang aufrechterhalten werden, in dem sie zulässigerweise hätte vereinbart werden dürfen; sie ist vielmehr insgesamt unwirksam (sog. „Verbot der geltungserhaltenden Reduktion").[68] Will man also vermeiden, daß eine Klausel dem Verdikt der Unwirksamkeit unterworfen wird, muß sie so formuliert werden, daß sie auch nach der strengsten Auffassung Bestand haben kann. Da man aber häufig nicht sicher sein kann, was als zulässig angesehen werden wird, ist der Verwender gezwungen, jedes Haftungsunterthema sprachlich zu erfassen und gesondert zu regeln, was wieder zur Unübersichtlichkeit der Allgemeinen Mandatsbedingungen führt und zudem ihrer Verständlichkeit nicht zuträglich ist.[69]

Das Verbot der geltungserhaltenden Reduktion führt dazu, daß etwa die   445
oft verwendete Klausel *„Fernmündliche Auskünfte und Erklärungen des Rechtsanwalts sind nur bei schriftlicher Bestätigung verbindlich"* schon des-

---

[64] *Schroeder*, AnwBl 1984, 522 [523]; *Wendt*, S. 108; *Ulmer/Brandner/Hensen*, Anh. §§ 9–11 Rdnr. 563; wohl auch *Wolf/Horn/Lindacher*, § 9 Rdnr. R 7.

[65] *Dreyer*, AnwBl 1985, 78; *Prinz*, VersR 1986, 317 [320]; *Bunte*, Handbuch, S. 309.

[66] BGHZ 77, 126 [133].

[67] Ebenso *Borgmann/Haug*, S. 235.

[68] BGHZ 92, 312 [315]; 98, 18 [25]; ebenso OLG Stuttgart VersR 1984, 450.

[69] *Brandner*, ZIP 1984, 1186 [1189].

halb insgesamt unwirksam ist, weil sie ihrem Wortlaut nach auch vorsätzlich oder grob fahrlässig falsche Auskünfte mitumfaßt und in diesem Umfang gegen § 11 Nr. 7 AGBG verstößt.[70] Diese Unwirksamkeit tritt also ein, obwohl die Haftung für einfache Fahrlässigkeit bei telefonischen Auskünften wirksam ausgeschlossen werden könnte.[71] Das gleiche gilt, wenn eine Haftung für die Beratung über oder nach ausländischem Recht generell (also ohne Beschränkung auf einfache Fahrlässigkeit) ausgeschlossen wird oder eine betragsmäßige Haftungsbeschränkung ohne Angabe der Schuldform erfolgt.[72]

446   Ebenso sind *uneingeschränkt* formulierte formularmäßige *Aufrechnungsverbote* zum Nachteil des Mandanten schon deshalb unwirksam, weil gem. § 11 Nr. 3 AGB-Gesetz die Aufrechnung des Vertragspartners des Verwenders mit einer unbestrittenen oder rechtskräftig festgestellten Forderung nicht wirksam ausgeschlossen werden kann. Unwirksam ist daher folgende Klausel in Mandatsbedingungen: „*Die Aufrechnung gegen Honorarforderungen einschließlich Auslagen und Mehrwertsteuer ist ausgeschlossen*" (BGH NJW-RR 1986, 1281 [1283] = WM 1986, 199 [203]).

f) Bedeutung in der Rechtspraxis

447   Wenn auch die Meinungen über den Umfang, in dem allgemeine Mandatsbedingungen verwendet werden, auseinandergehen,[73] steht jedenfalls fest, daß sie in der Haftpflichtrechtsprechung ebenso wenig eine Rolle spielen wie Individualvereinbarungen. Da infolgedessen die Grenzen ihrer Zulässigkeit in der Rechtsprechung nicht geklärt sind, wird jeder Mandant versuchen, sich auf die Unwirksamkeit der jeweils einschlägigen Klausel zu berufen, vor allem aber, das schadensverursachende Verhalten des Rechtsanwalts als grob fahrlässig zu qualifizieren, um ihrer Anwendung zu entgehen. Umgekehrt könnte die Rechtsprechung geneigt sein, in den Fällen, in denen sie eine Haftung des Anwalts trotz Vereinbarung eines Haftungsausschlusses für gerechtfertigt ansieht, ohne weiteres grobe Fahrlässigkeit anzunehmen. Auch Vertreter der Anwaltschaft sind daher geneigt, von der Verwendung Allgemeiner Mandatsbedingungen abzuraten.[74]

---

[70] *Ulmer/Brandner/Hensen*, Anh. §§ 9–11 Rdnr. 563; *Wolf/Horn/Lindacher*, § 9 Rdnr. R 10; *Hartstang*, AnwBl 1982, 509 [511]; *Palandt/Heinrichs*, § 9 AGBG Anm. 7 r; *Brandner*, ZIP 1984, 1186 [1191]; *Schlechtriem*, BB 1984, 1177 [1186]; *v. Westphalen*, aaO (Fußn. 47), S. 48.
[71] S. oben bei Fußn. 49.
[72] OLG Stuttgart VersR 1984, 450.
[73] S. oben Fußn. 3.
[74] Vgl. *Borgmann/Haug*, S. 239 mit Nachw. in Fußn. 72–76.

III. Verjährung von Ersatzansprüchen

1. Rechtsgrundlagen

a) Verjährung nach § 51 BRAO

Für die Verjährung von Schadensersatzansprüchen gegenüber dem Rechts- **448**
anwalt aus dem Anwaltsvertrag bestimmt § 51 BRAO eine Verjährungsfrist
von drei Jahren.

aa) Zweck der Regelung

Diese Regelung stellt eine Privilegierung des Rechtsanwalts gegenüber der **449**
ansonsten anwendbaren 30jährigen Regelverjährung (§ 195 BGB) dar. Sie
rechtfertigt sich – ähnlich wie die entsprechenden Regelungen für Steuerberater in § 68 StBerG und für Wirtschaftsprüfer in § 51 a WPO – aus dem mit der
Anwaltstätigkeit verbundenen ungewöhnlich hohen Risiko eines Haftungsfalls, sie soll, wie es der BGH formuliert, „die Anwälte davor bewahren,
durch die Folgen berufstypischer Risiken in nicht überschaubarer Weise auf
unangemessen lange Zeit wirtschaftlich bedroht zu werden".[75] Sie trägt ferner
der Natur der anwaltlichen Tätigkeit Rechnung, die sich regelmäßig nicht in
einem gegenständlichen Arbeitsergebnis verkörpert und daher durch den
Zeitablauf besonderen Beweisschwierigkeiten ausgesetzt ist. Allerdings hat
die Rechtsprechung nach Wegen gesucht, Konsequenzen aus der Kürze der
Verjährungsfrist, die sie als für den Vertragspartner untragbar empfindet, zu
„korrigieren".[76]

bb) Anwendungsbereich der Regelung

§ 51 BRAO gilt nur für Schadensersatzansprüche, die sich aus der anwaltli- **450**
chen Berufsausübung ergeben, also aus Rechtsberatung und Prozeßvertretung, auch in den Fällen der Beiordnung im Scheidungs-, Prozeßkostenhilfe-
und Entmündigungsverfahren,[77] in der Regel auch bei der Tätigkeit als Makler,[78] nicht jedoch in den Fällen der Beiordnung als Pflichtverteidiger.[79] Die
Vorschrift ist nicht anwendbar auf die Tätigkeit als Buchprüfer,[80] Vormund,[81]
Testamentsvollstrecker,[82] Nachlaßverwalter,[83] Kreditvermittler und Treu-

---

[75] BGHZ 94, 380 [387] = NJW 1985, 2250 [2252].
[76] S. unten 3; zur Entstehungsgeschichte des § 51 BRAO vgl. *Eckert*, NJW 1989,
2081 [2082 f.].
[77] S. oben § 1 III 3 a bis c.
[78] S. oben § 1 II 1.
[79] S. oben § 1 III 3 d: Hier haftet der Anwalt analog § 1833 BGB.
[80] BGH VersR 1972, 1052; *Jessnitzer*, § 51 Rdnr. 1.
[81] Haftung aus § 1833 Abs. 1 S. 1.
[82] Haftung aus § 2219 BGB.
[83] Haftung aus §§ 1915, 1833 bzw. 1985 Abs. 2 BGB.

händer,[84] als Konkursverwalter,[85] Vergleichsverwalter,[86] Zwangsverwalter und dergleichen. Ebenso wenig ist § 51 BRAO anwendbar auf die Haftung des Anwalts gegenüber Nichtmandanten aus Garantievertrag.[87]

451 Ist ein Anwalt mit Steuerberatern oder Wirtschaftsprüfern eine Sozietät eingegangen, so verjähren Schadensersatzansprüche gegen einen jeden nach der Vorschrift, die für seinen Beruf maßgeblich ist; ist ein Anwalt zugleich Wirtschaftsprüfer oder Steuerberater („Mehrfachberufler"), dann nach der Berufsordnung, die die Parteien für die Tätigkeit des Beraters ersichtlich zugrunde legen wollten; wenn eine solche nicht feststellbar ist, nach (dem Schwerpunkt) der jeweils ausgeübten Tätigkeit.[88]

452 § 51 BRAO gilt auch für alle Ansprüche aus positiver Vertragsverletzung;[89] für Ansprüche aus culpa in contrahendo, besonders aus § 44 BRAO, legt der Zweck der Vorschrift eine entsprechende Anwendung nahe:[90] Die aus der Verletzung von Pflichten bei der Vertragsanbahnung sich ergebenden Ansprüche können keine weitere Ausdehnung haben als die Ansprüche aus dem Anwaltsvertrag selbst. Zudem kann der verhinderte Auftraggeber regelmäßig seine Ansprüche sogleich erkennen, bedarf also keines – über den der übrigen Klienten hinausgehenden – besonderen Schutzes.[91]

b) Verjährung nach § 638 BGB?

453 Ist der Anwaltsvertrag ausnahmsweise als Werkvertrag zu beurteilen,[92] richtet sich die Verjährung an sich nach § 638 BGB (sechs Monate ab der Abnahme). Allerdings gilt § 638 BGB nur für Ansprüche, die der Besteller wegen der Mangelhaftigkeit des Werks hat. In der Regel wird er seine Ansprüche gegen den Anwalt aber aus positiver Vertragsverletzung des Werkvertrags herleiten, also etwa aus fehlerhafter Belehrung, oder Schäden geltend machen, die aus der Verwendung des mangelhaften Werks entstanden sind. Derartige Ansprüche aus positiver Vertragsverletzung (sog. Mangelfolgeschäden) fallen aber nicht unter § 638 BGB. Hierfür gilt vielmehr § 51 BRAO.[93] In einer neueren Entscheidung hat der BGH – allerdings für den Fall der Verjährung der Steuerberaterhaftung nach § 68 StBerG – die Vor-

---

[84] Vgl. *Borgmann/Haug*, S. 260.

[85] Haftung nach § 82 KO; vgl. BGHZ 93, 278 = NJW 1985, 1161.

[86] Haftung nach § 42 VerglO.

[87] *Schlee*, AnwBl 1986, 451.

[88] BGH NJW 1981, 401 [402] und VersR 1987, 718.

[89] BGH VersR 1977, 617 [618]; *Jessnitzer*, § 51 Rdnr. 1; *Feuerich*, § 51 Rdnr. 2. Vgl. dazu auch oben § 3 I 1.

[90] Die Rechtsprechung hat diese Frage, soweit ersichtlich, bisher noch nicht entschieden. Aus der Literatur wie hier *Jessnitzer*, § 51 Rdnr. 10; *Feuerich*, § 44 Rdnr. 2; a. A. *Isele*, § 51 Anm. II B 1 und § 44 Anm. B 4. Für den Steuerberater gilt in jedem Fall § 68 StBerG; vgl. BGH NJW 1984, 2524.

[91] So treffend *Borgmann/Haug*, S. 262.

[92] S. oben § 1 I 1.

[93] BGH NJW 1965, 106 [107]; vgl. auch oben § 1 I 1 a. E.

schrift des Berufshaftungsrechts sogar ohne Rücksicht darauf angewendet, ob es sich um einen Dienst- oder Werkvertrag handle, da diese Vorschrift vorgehe.[94] § 638 BGB dürfte also im Bereich des Anwaltsvertrags kein Anwendungsfeld haben.

c) Verjährung nach § 852 BGB?

Erfüllt die Pflichtverletzung des Anwalts gleichzeitig den Tatbestand einer unerlaubten Handlung, so würde sich die Verjährung, allgemeinen Regeln folgend, nach § 852 BGB richten. Zwar beträgt auch diese Frist drei Jahre. Sie verlangt aber Kenntnis von dem Schaden und der Person des Schädigers, beginnt also regelmäßig später zu laufen als die Frist nach § 51 BRAO. Grundsätzlich ist die Anwendung des § 852 BGB neben einer Verjährungsvorschrift, die vertragliche Ansprüche regelt, nicht ausgeschlossen;[95] die Rechtsprechung hat aber Ausnahmen aus dem Sinn und Zweck kurzer Verjährungsfristen anerkannt,[96] wenn sie eine einheitliche Verjährung aller Ansprüche aus einem Rechtsverhältnis als erwünscht angesehen hat. Auch beim Anwaltsvertrag ist aus diesem Grund die Forderung, § 852 BGB auch hier durch die spezielle Regelung des § 51 BRAO in jedem Fall als ausgeschlossen anzusehen,[97] nicht ohne Gewicht. Die Rechtsprechung hat diese Frage bisher nicht zu entscheiden gehabt; durch die Auslegung des § 51 BRAO bei Verletzung der Hinweispflicht[98] ist ihre praktische Bedeutung nur gering.[99]

Soweit eine Haftung des Anwalts gegenüber Dritten[100] aus unerlaubter Handlung besteht, ist § 51 BRAO nicht anwendbar; es gilt § 852 BGB.

2. Verjährung des („primären") Ersatzanspruchs

Die Verjährung des (primären) Ersatzanspruchs beginnt grundsätzlich mit der Anspruchsentstehung (§ 51, 1. Alt. BRAO), jedenfalls aber mit Mandatsende (§ 51, 2. Alt. BRAO), wenn sie anderenfalls später beginnen würde.

---

[94] BGH NJW 1982, 2256.

[95] BGHZ 66, 315; vgl. auch BGH NJW 1977, 1819 und 1978, 2241 (für Kauf- und Werkvertrag).

[96] BGH NJW 1985, 798 (Ausschluß des § 852 BGB im Mietrecht); BGH NJW 1976, 1594 und 1979, 2473 (Ausschluß des § 852 BGB bei einer der CMR unterliegenden Beförderung).

[97] *Borgmann/Haug*, S. 264; *Jessnitzer*, § 51 Rdnr. 12; ablehnend *Feuerich*, § 51 Rdnrn. 3 und 32, der Ansprüche aus unerlaubter Handlung ausdrücklich § 852 BGB unterwirft.

[98] S. unten 3.

[99] Für mehr als drei Jahre nach Mandatsende begangene unerlaubte Handlungen (z. B. Verletzung der Schweigepflicht, Wahrnehmung widerstreitender Interessen) kommt jedoch nur die Anwendung von § 852 BGB in Frage, vgl. *Feuerich*, § 51 Rdnr. 3.

[100] Vgl. oben § 1 V 4, § 3 I 2 und 4.

a) Verjährungsbeginn bei Anspruchsentstehung

457 Eine entscheidende Privilegierung erfährt der Anwalt durch die Bestimmung des § 51 BRAO insbesondere deshalb, weil es auf die Kenntnis des Geschädigten vom Eintritt des Schadens und der Person des Verpflichteten nach einhelliger Ansicht nicht ankommt;[101] schon mit der Entstehung des Anspruchs beginnt die Verjährung zu laufen. Die Entscheidung, wann der Anspruch entstanden ist, erfordert eine wirtschaftliche Beurteilung der Veränderung der Vermögenslage des Mandanten durch das schädigende Ereignis. Bezifferbarkeit des Schadens ist nicht erforderlich; es genügt, wenn der Geschädigte Feststellungklage erheben könnte.[102] Das hat insbesondere dann Bedeutung, wenn aufgrund der Vertragsverletzung nach und nach Schäden entstehen.[103]

458 Der Zeitpunkt des Verjährungsbeginns ist in vielen Fällen unproblematisch zu bestimmen. Versäumt der Anwalt eine Frist, so beginnt die Verjährung mit dem Zeitpunkt des Fristablaufs,[104] schließt er einen fehlerhaften Widerrufsvergleich, mit Ablauf der Widerrufsfrist. Wird infolge fehlerhafter Beratung eine Kündigung unterlassen, so beginnt die Verjährung mit dem Tag, an dem gekündigt werden hätte müssen, wird umgekehrt voreilig gekündigt, mit der Kündigung.[105] Wenn eine Mahnung unterlassen wird und deshalb Verzugszinsen nicht zu laufen beginnen,[106] entsteht der Schaden zu dem Zeitpunkt, zu dem gemahnt werden hätte müssen; wenn ein Vertrag endgültig nicht zustandekommt, mit dem Scheitern.[107]

459 In anderen Fällen kann diese Entscheidung durchaus zweifelhaft sein. So geht die Rechtsprechung in dem nicht seltenen Haftungsfall, daß der Anwalt die Forderung seines Mandanten hat verjähren lassen, davon aus, daß der Schaden mit Verjährungseintritt, nicht erst mit der Erhebung der Verjährungseinrede oder gar der Klageabweisung wegen Verjährung entstanden sei.[108] Ebenso ist der Schaden aus der Verursachung sinnloser Kosten (z.B. für das Einklagen eines verjährten Anspruchs[109] oder für eine unnötige Beurkundung[110]) in dem Zeitpunkt entstanden, in dem die Kosten spätestens noch

---

[101] Ständige Rechtsprechung, vgl. etwa BGHZ 94, 380 [385, 387] = NJW 1985, 2250 und BGH NJW 1986, 581 [583]; aus der Literatur: *Borgmann/Haug*, S. 264; *Rinsche*, Rdnr. I 123; *Jessnitzer*, § 51 Rdnr. 2: *Feuerich*, § 51 Rdnr. 4; *Bülow*, § 51 Anm. 2.

[102] OLG Düsseldorf NJW-RR 1989, 927 [929 m.w.N.]; *Eckert*, NJW 1989, 2081 [2082].

[103] BGH NJW 1968, 1324 und 1979, 264.

[104] BGH NJW 1975, 1655.

[105] BGH NJW 1985, 1151.

[106] Fall von BGH VersR 1977, 617.

[107] BGH NJW 1979, 264.

[108] BGH NJW 1975, 1655; OLG Hamm NJW-RR 1988, 541; OLG Düsseldorf NJW-RR 1989, 929.

[109] OLG Hamm NJW-RR 1988, 541 [542].

[110] BGH NJW 1985, 2941.

vermeidbar gewesen wären,[111] nicht erst mit der Fälligkeit dieser Kosten oder ihrer Geltendmachung gegenüber dem Mandanten.

Während hier ein früher Zeitpunkt der Schadensentstehung angenommen wird, geht die Rechtsprechung in anderen Fällen von einem späten Zeitpunkt der Schadensentstehung aus. So soll der Schadensersatzanspruch einer GmbH gegen den Anwalt wegen fehlerhafter Beratung ihrer Gründer[112] erst mit der Eintragung der Gesellschaft in das Handelsregister entstehen, da die GmbH vorher nicht existent ist.[113] Von besonderer Bedeutung ist die Rechtsprechung des BGH, daß bei Ansprüchen gegen Steuerberater der Schaden erst mit der Schlußbesprechung nach einer steuerlichen Außenprüfung entstehe.[114] Diese Rechtsprechung wird damit begründet, daß erst durch den Akt des Finanzamts der Fehler des Steuerberaters relevant werde; erst wenn die Steuerbehörde den Vorgang aufgreife, bestehe Anlaß, gegen den Steuerberater vorzugehen. Die Abweichung zu den Grundsätzen über den Verjährungsbeginn in anderen Fällen ist nicht zu übersehen; sie erklärt sich offenbar aus dem Bestreben, Fehler bei der Steuerberatung nicht deshalb sanktionslos zu lassen, weil sie angesichts der Dauer der Bearbeitung durch das Finanzamt und der lange zurückliegenden Zeiträume, auf die Betriebsprüfungen erstreckt werden können, regelmäßig erst nach Ablauf der Verjährungsfrist entdeckt werden können, und in diesen Fällen auch die Rechtsprechung zur Hinweispflicht[115] nicht weiterhilft, da auch der Steuerberater selbst seinen Fehler nicht früher erkennen kann. In der Literatur wird diese Rechtsprechung mit guten Gründen als unvereinbar mit dem Wortlaut des Gesetzes und der Konzeption des Schadensersatzrechts angesehen;[116] da der BGH seine Grundsätze aber in ausdrücklicher Auseinandersetzung mit früheren abweichenden Entscheidungen entwickelt hat, muß wohl damit gerechnet werden, daß diese Rechtsprechung Bestand haben wird.

Bei Sozietäten beginnt die Verjährung gegen die anderen Rechtsanwälte, die für die Vertragsverletzung ihres Sozius gesamtschuldnerisch haften,[117] auch dann, wenn sie von der Sorgfaltspflichtverletzung keine Kenntnis hatten.[118]

---

[111] Im Zivilprozeß ist die allgemeine Verfahrensgebühr bis zum Tag der mündlichen Verhandlung bzw. bis zu vorbereitenden Maßnahmen nach § 273 ZPO oder Erlaß eines Beweisbeschlusses vermeidbar, vgl. GKG KV Nr. 1010, 1012.

[112] Im entschiedenen Fall: Mangelnder Hinweis auf die Gefahr einer Haftung für frühere Verbindlichkeiten nach § 25 HGB und die Möglichkeit ihres Ausschlusses (§ 25 Abs. 2 HGB).

[113] BGH NJW 1986, 581.

[114] BGH NJW 1979, 1550 und 2211; BGH, NJW 1986, 1162. Die frühere Entscheidung BGH VersR 1982, 1053 hat der BGH ausdrücklich aufgegeben.

[115] S. unten 3.

[116] *Borgmann/Haug*, S. 266; Münch.Komm./*v. Feldmann*, § 198 Rdnr. 9; *Palandt/ Heinrichs*, § 198 Anm. 2 b bb; im Sinne der späteren Rechtsprechung aber bereits *Prütting*, WM 1978, 130 [131 f.]: Die Verjährung beginne erst mit der Fälligkeit des Steueranspruchs.

[117] S. oben § 1 IV 4 a.

[118] *Feuerich*, § 51 Rdnr. 6; BGH NJW 1985, 1152 [1154].

b) Verjährungsbeginn mit Mandatsende

462   Eine weitere Privilegierung erfährt der Rechtsanwalt durch die Regelung, daß die Verjährung des Schadensersatzanspruchs gegen ihn in jedem Fall mit Mandatsende beginnt, also ohne Rücksicht darauf, ob der Schaden zu diesem Zeitpunkt bereits entstanden ist. Die Bestimmung erleichtert es in den Fällen, in denen der Zeitpunkt der Schadensentstehung rechtlich zweifelhaft oder tatsächlich umstritten ist, auf einen festen Zeitpunkt abzustellen, mit dem die Verjährung auf jeden Fall zu laufen begonnen hat. Wegen der Bestimmung dieses Zeitpunkts kann auf die obigen Ausführungen Bezug genommen werden;[119] Sozien, die aus einer Sozietät ausscheiden, tun gut daran, dem Mandanten diese Tatsache anzuzeigen, damit sie nicht Gefahr laufen, wegen eines – z. B. durch die Weiterbenutzung von Briefbogen – gesetzten Rechtsscheins auch noch für nach diesem Zeitpunkt entstandene Schäden in Anspruch genommen zu werden.[120]

463   Die 2. Alternative des § 51 BRAO führt stets zu einer Begünstigung des Rechtsanwalts; tritt die Verjährung nach § 51 1. Alt. früher ein, so ist nur dieser Lauf der Verjährung maßgeblich.[121]

3. Hinweispflicht und Voraussetzungen des sekundären Ersatzanspruchs

a) Inhalt und Umfang der Hinweispflicht

464   Schon die Rechtsprechung des RG[122] hat den Anwalt im Rahmen seiner Belehrungs- und Beratungspflicht[123] für verpflichtet gehalten, den Mandanten darauf hinzuweisen, daß er eine Pflichtverletzung begangen habe und deshalb möglicherweise Schadensersatzansprüche gegen ihn bestehen könnten. Verletzt der Anwalt diese Hinweispflicht, und verjähren deswegen die (Primär-)Ansprüche des Mandanten, so besteht nach dieser Rechtsprechung ein (sekundärer) Schadensersatzanspruch des Inhalts, daß der Anwalt sich auf die Verjährung des (Primär-)Anspruchs nicht berufen darf und den Mandanten so stellen muß, als ob sie nicht eingetreten wäre. Der BGH ist dieser Rechtsprechung des RG gefolgt[124] und hat an ihr trotz heftiger Kritik in der Literatur[125] stets festgehalten.[126] Diese Hinweispflicht versteht sich ausdrück-

---

[119] S. oben § 1 VI.

[120] Vgl. BGH NJW 1982, 1866 und dazu näher oben § 3 IV 3 a.

[121] BGHZ 94, 380 [390] = NJW 1985, 2250 [2253] und BGH NJW 1988, 265 [266]. Das hat insbesondere für die Verjährung des Schadensersatzanspruchs wegen Verletzung der Hinweispflicht Bedeutung, vgl. unten 4.

[122] RGZ 158, 130.

[123] S. oben § 2 IV 3 f.

[124] BGH VersR 1967, 979.

[125] Vgl. etwa *Zimmermann*, NJW 1985, 720: Die Sekundärverjährung sei eine blutleere Fiktion zum Zwecke der Gesetzesumgehung; ähnlich *Eckert*, NJW 1989, 2081 [2086]; ferner *Hübner*, NJW 1989, 10 f.: Unzumutbare Selbstbezichtigung.

[126] BGHZ 94, 380 = NJW 1985, 2250; BGH NJW 1975, 1655; 1979, 264; 1984, 2204;

lich als Ausgleich für die Kürze der Verjährungsfrist.[127] Unter gewissen Voraussetzungen (fortbestehendes Mandat während des Laufs der Primärverjährung) – aber keineswegs immer[128] – führt diese Rechtsprechung zu einer Verlängerung der Verjährungsfrist auf (höchstens) sechs Jahre.

Diese Hinweispflicht ist eine Schutzpflicht, also eine Nebenpflicht des **465** Anwalts aus dem Mandatsverhältnis, die nicht selbständig einklagbar ist, aber bei ihrer Verletzung zu einem Schadensersatzanspruch führt.[129] Sie geht so weit, wie es erforderlich ist, um dem Mandanten zur Wahrnehmung seiner Rechte zu verhelfen. Dem Mandanten müssen also die Informationen gegeben werden, die nötig sind, damit er – gegebenenfalls unter Inanspruchnahme eines neuen Anwalts – seine Interessen wahrnehmen kann. Es genügt deshalb nicht, wenn der Anwalt, der seinen Fehler erkannt hat, das Mandat kommentarlos niederlegt.[130] Der Anwalt muß vielmehr auch über die Tatsache des sich aus dem Fehler ergebenden Schadensersatzanspruchs und auf die Verjährung dieses Anspruchs hinweisen. Der BGH[131] verlangt sogar, daß der Mandant auf die Besonderheiten dieser Verjährung – also insbesondere auf den Verjährungsbeginn mit Schadensentstehung unabhängig von der Kenntnis des Mandanten – hingewiesen wird.[132] Andere Gerichte haben verlangt, der Anwalt müsse um die Sicherstellung des Anspruchs besorgt sein[133] und darum, daß der Anspruch nicht verjähre.[134]

b) Schuldhafte Verletzung der Hinweispflicht

Ein Schadensersatzanspruch des Mandanten setzt voraus, daß die Hinweis- **466** pflicht schuldhaft verletzt worden ist. Der Anwalt muß also erkennen oder zumindest erkennen können, daß er einen Fehler gemacht hat, aus dem sich ein Anspruch des Mandanten ableiten kann, er muß „begründeten Anlaß"[135]

1985, 1151, 2941; 1986, 581; 1987, 326; 1988, 265 und 706; BGH VersR 1968, 1042; 1970, 815 [818]; 1977, 617 und 622 [624]; 1984, 162; 1988, 192; BGH WM 1986, 199; 1988, 342.
[127] BGHZ 94, 380 [385] = NJW 1985, 2250 [2252]; OLG Celle VersR 1981, 236 [237]; *Feuerich*, § 51 Rdnr. 8.
[128] S. näher unten 4 a.
[129] So jetzt auch *Borgmann/Haug*, S. 269 (a. A. in der 1. Aufl., in der noch von einer – einklagbaren – Rechtspflicht ausgegangen wurde, vgl. dort S. 197).
[130] So noch RGZ 158, 130 [134].
[131] BGH NJW 1984, 2204 und 1987, 326.
[132] A. A. OLG Hamm VersR 1981, 440: Der Anwalt müsse nur dann auf die Verjährung hinweisen, wenn damit zu rechnen sei, daß der Mandant den Anspruch nicht rechtzeitig geltend machen werde.
[133] OLG Celle VersR 1978, 1119 [1120].
[134] OLG Hamm VersR 1981, 440 [441]; OLG Celle VersR 1981, 236 [237]. Das kann insbesondere das Ergreifen von Sicherungsmaßnahmen für den Mandanten, etwa die Streitverkündung an sich selbst (OLG Braunschweig MDR 1972, 324) oder – zur Vermeidung einer solchen – den Hinweis auf die Möglichkeit eines Stillhalteabkommens oder eine Verjährungsverzichtserklärung (s. unten 5) beinhalten.
[135] BGH NJW 1987, 326 [327] und 3136 [3138]; OLG Düsseldorf NJW-RR 1989, 927 [929]; OLG Hamm MDR 1989, 814 [815].

zu einer solchen Prüfung haben. Wann der Anwalt diese Erkenntnis gewinnen kann, ist je nach der Art des Fehlers ganz unterschiedlich. Wird beispielsweise eine Frist versäumt, so läßt sich dies in der Regel sofort feststellen. Bei anderen Fehlern gibt die Entwicklung möglicherweise erst nach langer Zeit Anlaß, eine durch Pflichtwidrigkeit verursachte Schädigung des Mandanten in Betracht zu ziehen. Ohne eine solche (neue) Pflichtverletzung, die nicht schon in dem (ersten) Fehler liegt, der den (Primär-)Anspruch ausgelöst hat,[136] gibt es keinen Sekundäranspruch. Als Anlaß zur Prüfung, ob eine Pflichtverletzung begangen wurde, hat die Rechtsprechung beispielsweise angesehen: Die Notwendigkeit, die ursprünglich gestellten Anträge fallen zu lassen,[137] die Begründung eines Urteils[138] oder die Erhebung der Verjährungseinrede durch den Gegner.[139]

467   Immer kommt es darauf an, wie sich die Sachlage für einen sorgfältig arbeitenden Anwalt darstellt: Solange er keine Veranlassung hat, an eine eigene Pflichtverletzung zu denken, kann man auch keinen Hinweis an den Mandanten verlangen. Nicht entscheidend ist dagegen, ob der Anwalt die Pflichtverletzung selbst erkannt und ob er das Geschehen richtig als Pflichtverletzung qualifiziert hat. Wollte man auf die tatsächliche Erkenntnis des Anwalts im konkreten Fall abstellen, so wären gerade die Anwälte entlastet, die am unsorgfältigsten arbeiten und deren Blick am wenigsten von Rechtskenntnis getrübt ist: Da ein solcher Anwalt seinen Fehler kaum je erkennt, kann er auch nicht darauf hinweisen. Dieser Konsequenz entgeht die Rechtsprechung, indem sie nicht auf das (subjektive) Erkennen des Fehlers, sondern auf den (objektiven) Anlaß zur Prüfung abstellt, ob ein solcher vorliegt.[140]

468   Nicht geklärt ist in der Rechtsprechung, ob eine schuldhafte Verletzung der Hinweispflicht auch dann anzunehmen ist, wenn der Anwalt aufgrund überlegener Kenntnisse oder optimaler Beurteilung der Sachlage einen Fehler erkannt hat, ohne daß für einen sorgfältig arbeitenden durchschnittlichen Kollegen Anlaß dazu bestanden hätte.[141]

469   Das OLG Düsseldorf hat in einer Entscheidung die Ansicht zur Diskussion gestellt, die Verletzung der Hinweispflicht erfordere grobe Fahrlässigkeit des Anwalts, einfache Fahrlässigkeit vermöge einen sekundären Ersatzanspruch nicht auszulösen.[142] Der BGH hat diese Auffassung beiläufig als

---

[136] So ausdrücklich BGHZ 94, 380 [387] = NJW 1985, 2250 [2252].

[137] BGH NJW 1985, 2941.

[138] BGH NJW 1986, 581 [583]; WM 1986, 199.

[139] BGH VersR 1968, 1042 [1043].

[140] BGH NJW 1985, 1151 [1152].

[141] Allgemein wird vom Schuldner, der aufgrund individueller Fähigkeiten zu größerer Sorgfalt in der Lage ist, verlangt, daß er seine Spezialkenntnisse auch einsetzt (vgl. BGH NJW 1987, 1479; *Soergel/Wolf*, § 276 Rdnr. 77 mN); dies führt zu einer gesteigerten Sorgfalt des Experten; vgl. zum Anwalt oben § 3 III 3 a.

[142] OLG Düsseldorf VersR 1985, 92 [93].

bedenklich bezeichnet;[143] sie verdient keine Billigung, da es für diese Abweichung vom regelmäßigen Verschuldensmaßstab keine andere Begründung gibt als das gewünschte Ergebnis.

c) Kausalität zwischen Verletzung der Hinweispflicht und Eintritt der Primärverjährung als Schaden

Wie bei jedem Schadensersatzanspruch muß auch bei der sekundären Er- **470** satzpflicht die Verletzung kausal für den entstandenen Schaden sein. Es muß also festgestellt werden, daß im Fall eines rechtzeitigen Hinweises der Mandant den Anspruch geltend gemacht und die Frist gewahrt hätte.[144] An diesen Nachweis brauchen aber keine hohen Anforderungen gestellt zu werden,[145] es sei denn, daß besondere Anhaltspunkte dafür vorliegen, daß der Mandant bewußt von der Geltendmachung eines Anspruchs absieht.[146] Diese Kausalität ist zu verneinen, wenn der Mandant von anderer Seite über seinen Anspruch informiert wird und damit bereits über die Kenntnis verfügt, die ihm der Hinweis verschaffen soll.[147] Das ist in der Rechtsprechung etwa angenommen worden, wenn der Mandant aus einem Urteil von dem Fehler seines Anwalts erfährt,[148] wenn sich der Mandant an seine Rechtsschutzversicherung mit der Bitte um Rechtsschutz gegen seinen Anwalt wendet[149] oder wenn der Mandant selbst bereits Ansprüche gegen den Anwalt erhebt. Bestellt der Mandant einen neuen Anwalt zu einem Zeitpunkt, in dem er den (Primär-)Anspruch noch geltend machen kann, so beruht der Schaden des Mandanten nicht auf dem Unterlassen des Hinweises, wenn der zweite Anwalt die Regreßansprüche gegen den ersten Anwalt verfolgen sollte.[150] Zweifeln kann man allerdings dann, wenn der zweite Anwalt (nur) zur Weiterverfolgung der ursprünglichen Interessen des Mandanten bestellt war.[151] Hier darf jedenfalls nicht ohne weiteres angenommen werden, daß der Mandant die notwendige Kenntnis erlangt hat; es kann eine Hinweispflicht bestehen bleiben.[152] Wenn der Anwalt nicht sicher weiß, ob der Mandant (auch) über die drohende Verjährung richtig belehrt ist, bleibt die Hinweispflicht in jedem Fall bestehen.[153] Kennt der Mandant den Regreßanspruch, aber nicht die

---

[143] BGH NJW 1985, 1151 [1152].

[144] *Feuerich*, § 51 Rdnr. 14.

[145] BGH NJW 1985, 2941; 1986, 581 [583]; 1987, 326 [327]; 1988, 200 [203].

[146] BGH NJW 1984, 2204.

[147] BGH NJW 1987, 326; *Jessnitzer*, § 51 Rdnr. 3.

[148] OLG Celle VersR 1981, 236 [237]; AG Neuss NJW-RR 1986, 1038; *Feuerich*, § 51 Rdnr. 21.

[149] OLG Celle VersR 1978, 1119.

[150] BGH NJW 1988, 265 [266]; OLG Karlsruhe NJW 1987, 331 [332].

[151] *Borgmann/Haug*, S. 274f., nehmen auch für diesen Fall ein Entfallen der Hinweispflicht an. Dies läuft auf die bereits oben (§ 3 IV 3 d) abgelehnte Zurechnung des Verschuldens des „zweiten" Anwalts im Verhältnis zum „ersten" hinaus.

[152] Vgl. BGH NJW 1979, 264; OLG Düsseldorf NJW-RR 1989, 927 [930].

[153] BGH NJW 1987, 326; *Feuerich*, § 51 Rdnr. 20.

Frist, dann ist Kausalität jedoch zu verneinen, wenn er trotz Kenntnis vom bestehenden Anspruch längere Zeit nichts unternimmt.[154]

471   Der Schaden des Mandanten liegt im Ablauf der Verjährung des (Primär-) Anspruchs nach § 51 BRAO. Daraus ergibt sich, daß die Verletzung der Hinweispflicht auch nur bis zum Eintritt dieser Verjährung kausal für den Schaden sein kann. Besteht erst nach Ablauf der für die Verletzung der ursprünglichen Verpflichtung geltenden Verjährung ein Anlaß, den Fehler zu erkennen, dann ist dem Mandanten auch mit einem solchen Hinweis nicht mehr geholfen, da seinem Regreß schon zu diesem Zeitpunkt die Einrede der Verjährung entgegenstünde.

4. Verjährung des sekundären Ersatzanspruchs

472   Als Anspruch aus positiver Verletzung des Anwaltsvertrags (vgl. oben 1 a bb zu Fußn. 89) unterliegt auch der sekundäre Ersatzanspruch der kurzen Verjährung gem. § 51 BRAO in beiden Alternativen. Die Verjährung bei Entstehung des Sekundäranspruchs (§ 51, 1. Alt. BRAO) beginnt mit dem Eintritt der Primärverjährung (unten a). Ist das Mandat bereits vor Eintritt der Primärverjährung beendet, beginnt die Verjährung des Sekundäranspruchs mit Mandatsende (§ 51, 2. Alt. BRAO; unten b).

a) Verjährungsbeginn mit Eintritt der Primärverjährung

473   Die oben dargestellten Grundsätze zur zeitlichen Begrenzung einer (kausalen) Hinweispflichtverletzung entsprechen der Systematik der beiden Alternativen von § 51 BRAO und dem Verhältnis von Primär- und Sekundärhaftung; sie bilden seit dem Jahre 1985 die Grundlage der Rechtsprechung des für die Anwaltshaftung zuständigen IX. Zivilsenats des BGH.[155] Demgegenüber hatte der früher für Anwaltssachen zuständige (VI.) Senat in ständiger Rechtsprechung angenommen, die Hinweispflicht bestehe bis zum Mandatsende fort,[156] werde also gewissermaßen immer wieder neu verletzt. Mit der Aufgabe dieser Konstruktion steht zugleich fest, daß es keine Verpflichtung gibt, auf den Sekundäranspruch und seine Verjährung hinzuweisen;[157] den Befürchtungen, mit der Begründung des Sekundäranspruchs ließen sich auch ein tertiärer, quartärer und quintärer Anspruch und damit eine Verlängerung der Verjährung ad infinitum begründen,[158] ist hierdurch der Boden entzogen. Der Sekundäranspruch verjährt also nicht *frühestens* drei Jahre nach Man-

---

[154] OLG Hamm VersR 1981, 440 [442].

[155] BGHZ 94, 380 [387 f., 389 ff.] = NJW 1985, 2250 [2252]; zustimmend *Jessnitzer,* § 51 Rdnr. 7 und *Feuerich,* § 51 Rdnr. 16; auch *Borgmann/Haug,* S. 272.

[156] BGH VersR 1968, 1042 und 1977, 617; NJW 1975, 1655; 1984, 2204 und 1985, 1151.

[157] So ausdrücklich BGHZ 94, 380 [391] = NJW 1985, 2250.

[158] *Zimmermann,* NJW 1985, 720; *Eckert,* NJW 1989, 2081 [2087] meint, die neue Rspr. zwinge auch zur Aufgabe des Sekundäranspruchs.

datsende, sondern *spätestens* drei Jahre nach diesem Zeitpunkt, jedoch drei Jahre nach der Verjährung des Primäranspruchs, wenn dieser Zeitpunkt der frühere ist.

b) Verjährungsbeginn mit Mandatsende

Problematisch ist die Verjährung des Sekundäranspruchs, wenn das Man- **474** datsverhältnis vor Eintritt der Verjährung des Primäranspruchs endet: Mit dem Mandatsende endet zwar auch die Hinweispflicht, gleichwohl kann bis zu diesem Zeitpunkt ein Verletzungtatbestand (oben 3b) verwirklicht sein; der Schaden aus dieser Verletzung tritt allerdings erst mit der Verjährung des Primäranspruchs ein; daß zu diesem Zeitpunkt keine Hinweispflicht mehr besteht, ist unerheblich. Es handelt sich bei der Entstehung des sekundären Ersatzanspruchs um einen „gestreckten" Tatbestand, bei dem das letzte Tatbestandsmerkmal – Schadenseintritt – (u.U.) erst nach Mandatsende entsteht.[159] Trotz der erst späteren (vollen) Anspruchsentstehung ist gem. § 51, 2. Alt. BRAO eine Vorverlegung des Beginns der Verjährung des Sekundäranspruchs auf das Mandatsende anzunehmen; der Sekundäranspruch verjährt in diesen Fällen also drei Jahre nach dem Mandatsende; es besteht nicht etwa eine nachvertragliche Hinweispflicht.[160] Erhält der Anwalt nach Beendigung des ersten Mandats ein neues Mandat, so ergibt sich daraus erneut eine Hinweispflicht auf den Schadensersatzanspruch aus dem alten Mandat, freilich nur dann, wenn bei Übernahme des neuen Mandats die Verjährung des Primäranspruchs noch läuft.[161]

5. Anwendung der allgemeinen Vorschriften

Im übrigen folgt die Verjährung sowohl des Primär- wie die des Sekundär- **475** anspruchs den allgemeinen Vorschriften. Sie kann durch Anerkenntnis oder Klageerhebung unterbrochen (§§ 208, 209 BGB) oder durch Stundung gehemmt sein (§ 202 BGB). Besondere Bedeutung hat der Verzicht des Anwalts auf die Verjährungseinrede, den dieser als Mittel benutzen kann, den (Primär-) Anspruch seines Mandanten zu sichern.[162] § 225 S. 1 BGB verbietet zwar Vereinbarungen über den Ausschluß oder die Erschwerung der Verjährung auch in der Zeit zwischen Anspruchsentstehung und Verjährungseintritt,[163] dennoch kann der Berufung auf die Unwirksamkeit die Einrede der Arglist entgegenstehen, solange der Anwalt nicht zum Ausdruck bringt, daß er sich

---

[159] Die konstruktiven Bedenken überbetonen *Borgmann/Haug,* S. 273.
[160] BGHZ 94, 380 [390] = NJW 1985, 2250 [2253]; BGH WM 1988, 629 [631]; BGH NJW 1977, 617 [618]; 1988, 265 [266]; OLG Hamm NJW 1981, 2130 und VersR 1981, 440 [442]; *Jessnitzer,* § 51 Rdnr. 3.
[161] BGH NJW 1986, 581; WM 1988, 629 [631]; *Jessnitzer,* § 51 Rdnr. 3.
[162] S. oben Fußn. 134.
[163] Für alle *Palandt/Heinrichs,* § 225 Anm. 1b.

an seine Verzichtserklärung nicht mehr gebunden fühle.[164] Ebenso kann die Verjährungseinrede rechtsmißbräuchlich sein, wenn der Anwalt bis zur Vollendung der Verjährung mit dem Mandanten verhandelt oder ihn bewogen hatte, zunächst den Ausgang anderer Verfahren abzuwarten. Hier kann der Mandant darauf vertrauen, daß seine Ansprüche nur mit sachlichen Einwendungen bekämpft werden; die Verjährungseinrede steht einer Klage nicht entgegen, wenn er seine Ansprüche sodann alsbald geltend macht.[165] Es gelten aber strenge Maßstäbe, bloßes Ausweichen, Ablenken oder Schweigen macht die spätere Verjährungseinrede nicht unzulässig, nach der Rechtsprechung selbst dann nicht, wenn der Anwalt auf die rechtzeitige Ankündigung von Regreßansprüchen schweigt, nachdem er vorher den Mandanten durch vorsätzliche Täuschung von der Erhebung solcher Ansprüche abzuhalten versucht hat.[166] Eine generelle Hemmung der Verjährung (entsprechend § 852 Abs. 2 BGB) ist in § 51 BRAO nicht angeordnet.[167]

6. Verkürzung der Verjährungsfristen

476   Ein Interesse des Rechtsanwalts an einer Regelung der Verjährung abweichend von den gesetzlichen Vorschriften kann insbesondere im Hinblick auf den nicht immer zweifelsfreien Beginn der Verjährung und auf das Bestehen des Sekundäranspruchs bestehen. Vereinbarungen über die Verkürzung der Verjährung sind im Grundsatz zulässig (§ 225 S. 2 BGB); sie können den Fristbeginn vertraglich festsetzen oder die Verjährungsfrist für den Primäranspruch gegenüber der Frist von drei Jahren verkürzen.

a) Verkürzung durch Individualvereinbarung

477   Eine beliebige Modifikation der gesetzlichen Verjährungsfristen ist aber nicht möglich, auch nicht durch Individualvereinbarung. Der gesetzlichen Verjährungsfrist kommt eine Leitbildfunktion zu,[168] die einer wesentlichen Verkürzung entgegensteht; sie wäre mit Treu und Glauben (§ 242 BGB) nicht vereinbar. Wegen der einschneidenden Wirkung ist auch eine für den Mandanten unübersehbare Einbeziehung in den Vertrag unabdingbar.[169] Eine Verkürzung der Verjährungsfrist für den Sekundäranspruch dürfte in jedem Fall unzulässig sein.

---

[164] BGH VersR 1960, 515 [518]; 1972, 394 [396]; 1984, 689; *Feuerich*, § 51 Rdnr. 20.
[165] BGH VersR 1977, 617 [619]; BGH NJW 1985, 1151 und 2941; 1988, 265 [266]; OLG Düsseldorf VersR 1985, 291.
[166] BGH NJW 1988, 265 und WM 1988, 629 [632].
[167] Die Rspr. des BGH lehnt mit Recht auch eine analoge Anwendung dieser Vorschrift ab, weil es um eine rein vertragliche Haftung gehe (BGH MDR 1989, 445).
[168] BGH NJW 1986, 1171 zum Treuhandvertrag.
[169] *Borgmann/Haug*, S. 237, verlangen mindestens einen ausdrücklichen Hinweis auf die Verkürzung der Verjährungsfrist bei Mandatsende.

b) Verkürzung in Allgemeinen Mandatsbedingungen

Wesentlich problematischer noch ist die Verkürzung der Verjährungsfrist 478
in Allgemeinen Mandatsbedingungen. Dabei ist zu berücksichtigen, daß bereits die Frist des § 51 BRAO eine sehr weitgehende Privilegierung des Rechtsanwalts darstellt, die die Rechtsprechung ohnehin schon als ungewöhnlich streng einstuft und der sie kritisch gegenübersteht.[170] Es ist daher davon auszugehen, daß bei einer weiteren Verkürzung dieser Frist ein Verstoß gegen § 9 Abs. 2 Nr. 1 AGB-Gesetz angenommen wird, wie ihn die Literatur bereits vertritt.[171] Für den Steuerberater hat der BGH bereits entsprechend entschieden.[172] Die einzige bekanntgewordene Entscheidung, die eine Verkürzung von Verjährungsfristen gebilligt hat,[173] liegt lange Zeit vor dem AGB-Gesetz und betrifft eine besondere Fallgestaltung. Entsprechendes gilt für Fallgestaltungen, die den Verjährungsbeginn zugunsten des Anwalts vorverlegen wollen.

---

[170] Vgl. BGHZ 78, 335 [346]: „... dann wäre eher an eine Angleichung der häufig sehr knappen Drei-Jahres-Frist der §§ 51 BRAO, 68 StBerG auf 5 Jahre zu denken ...“
[171] *Feuerich*, § 51 Rdnr. 35; *Bunte*, NJW 1981, 2557 [2660], und Handbuch, S. 310; *Wendt*, S. 110 f.; *Ulmer/Brandner/Hensen*, Anh. §§ 9–11 AGBG Rdnr. 563; *Wolf/Horn/Lindacher*, § 9 Rdnr. R 14; *Palandt/Heinrichs*, § 9 AGBG Rdnr. 7 r; wohl auch *Hübner*, NJW 1989, 10 zu Fußn. 71; a. A. (zum früheren Rechtszustand) nur *Boergen*, Vertragliche Haftung, S. 101 f.
[172] BGH NJW 1979, 1550.
[173] OLG Königsberg JW 1930, 2997.

§ 5 Beweis und Beweislast

479 Wie bei jedem zivilrechtlichen Anspruch geht es auch bei einem gegen den Rechtsanwalt geltendgemachten Haftungsanspruch nicht nur um seine rechtliche Ausgestaltung, sondern auch um die Feststellung des Sachverhalts und die Folgen, die sich aus seiner Unaufklärbarkeit ergeben, also um Beweisfragen. Die Beweislast hat bei der Geltendmachung von Ansprüchen gegen einen Anwalt sogar oft besondere Bedeutung, weil für die von den Vertragsteilen behaupteten entscheidungserheblichen Tatsachen oft keine Beweismittel zur Verfügung stehen. Welche Rechtsgeschäfte oder Prozeßhandlungen ein Anwalt tatsächlich vorgenommen hat, wird sich zwar regelmäßig aus den Gerichtsakten oder sonst im Wege des Urkundenbeweises ermitteln lassen; welche Vereinbarungen zwischen Mandant und Anwalt aber der Vornahme oder Unterlassung einer solchen Rechtshandlung zugrundelagen, welchen Rat der Anwalt der Partei gegeben oder zu geben unterlassen hat, ist dagegen regelmäßig nicht beweisbar, da über das Beratungsgespräch weder schriftliche Unterlagen vorliegen noch Zeugen vorhanden sind. Die Frage der Beweislast ist deshalb, wie im Arzthaftungsprozeß, nicht selten entscheidend für den Ausgang des mit dem Anwalt geführten Rechtsstreits.

I. Allgemeiner Maßstab für die Beweislast

480 Die Grundsätze der Beweislast gelten sowohl für Pflichtverletzungen des Anwalts im außerprozessualen Bereich als auch in den Fällen, in denen der Mandant behauptet, der Anwalt habe ihm durch sein Verhalten im Prozeß Schaden zugefügt, indem er diesen Prozeß unnötigerweise verloren habe, weil er Fristen versäumte, Beweismittel nicht benannte, unrichtige Anträge stellte usw. Bei Fehlern in der Prozeßführung stellen sich jedoch zusätzliche Fragen, auf die gesondert einzugehen ist.

1. Fehler im außerprozessualen Bereich

481 Für Fehler des Anwalts im außerprozessualen Bereich gelten die allgemeinen Beweislastgrundsätze. Die Verteilung der Beweislast beruht entweder auf ausdrücklicher gesetzlicher Regelung,[1] oder, wo eine solche fehlt, auf der

---

[1] Z.B. § 282 BGB; zu der umstr. Frage, ob diese Beweislastregel auch auf pVV entspr. anwendbar ist, vgl. näher *Heinemann*, Die Beweislastverteilung bei positiven Forderungsverletzungen, 1988; vgl. dazu auch unten Rdnr. 507 m.w.N.

Grundregel, daß jede Partei die Beweislast für das Vorhandensein aller positiven wie negativen Voraussetzungen derjenigen Normen trägt, ohne deren Anwendung ihr Prozeßbegehren keinen Erfolg haben kann.[2] Wer einen Anspruch geltend macht, muß also die rechtsbegründenden, sein Gegner die rechtsvernichtenden oder rechtshemmenden Normen beweisen.[3] Behauptet also der auf Schadensersatz in Anspruch genommene Anwalt, er habe nur einen Beratungsauftrag übernommen, so muß der Mandant, der Auftragserteilung zur Klage behauptet, dies beweisen.[4] Umgekehrt muß der Rechtsanwalt, wenn er gegen den Mandanten seine Gebühren einklagt, das Vorliegen eines unbedingten Auftrags beweisen, wenn der Mandant geltend macht, er habe den Auftrag nur unter der Bedingung der Deckungszusage einer Rechtsschutzversicherung erteilt.[5] Im Grundsatz ist all dies unproblematisch und auch unbestritten. Im Einzelfall kann es jedoch durchaus zweifelhaft sein, ob ein Umstand zu den rechtsbegründenden Normen gehört und damit vom Kläger zu beweisen ist oder ob es sich um eine rechtsvernichtende Norm handelt, die der Beklagte beweisen muß. So kann man bereits zweifeln, ob der zuletzt genannte Fall ebenso zu beurteilen ist, wenn nicht Anwaltsgebühren eingeklagt werden, sondern umgekehrt der Mandant einen Schaden aus der Prozeßführung geltend macht, zu der, wie er behauptet, der Auftrag gefehlt habe.[6]

Die beweisbelastete Partei hat den Beweis grundsätzlich zur Überzeugung **482** des Gerichts zu führen (§ 286 ZPO). Der Gegner braucht also nur die Überzeugung des Gerichts von der Richtigkeit der zu beweisenden Behauptung zu erschüttern; er muß nicht etwa ihre Unrichtigkeit beweisen, und es muß sich nicht eine zwingende Schlußfolgerung gegen sie ergeben.[7]

Allerdings können dem Beweisführer im Rahmen der Beweiswürdigung Erleichterungen zugute kommen;[8] daneben sind Fälle echter Beweislastumkehr denkbar.[9]

2. Fehler in der Prozeßführung („hypothetischer Inzidentprozeß")

Die Grundregel der Beweislastverteilung gilt auch dann, wenn fehlerhaftes **483** Verhalten des Rechtsanwalts im Vorprozeß behauptet und unter Beweis gestellt

---

[2] Sog. „Normentheorie"; vgl. statt vieler *Rosenberg/Schwab,* § 118 II 2; *Prütting,* S. 112ff.; RG, HRR 1933, 1746 (zum Anwaltsvertrag); LG Aachen MDR 1988, 53 (zum Steuerberatervertrag); ständige Rechtsprechung.

[3] Vgl. näher *Rosenberg/Schwab,* § 118 II 2.

[4] OLG München VersR 1971, 525; *Borgmann/Haug,* S. 242f.

[5] Der Mandant behauptet hier Auftragserteilung unter einer aufschiebenden Bedingung; vgl. LG Hanau, AnwBl 1978, 231. Bei einer auflösenden Bedingung wäre der Fall anders zu beurteilen, vgl. BGH NJW 1985, 497.

[6] S. unten II 1 und *Borgmann/Haug,* S. 243.

[7] BGH NJW 1983, 1740 und *Rosenberg/Schwab,* § 113 III 3.

[8] Vgl. unten II 6 zum Anscheinsbeweis.

[9] Vgl. unten II 7 zur Beweislastumkehr.

wird. Hier beschränkt sich die Aufgabe des Beweisführers jedoch nicht darauf, das fehlerhafte Verhalten des Rechtsanwalts zu beweisen. Dies wird vielfach bereits aktenkundig sein oder sich aus rechtlichen Erwägungen, die außerhalb der Beweislastfrage stehen, ergeben. Der Kläger muß hier ferner beweisen, daß der Fehler des Anwalts auch zu einem Schaden bei ihm geführt hat.

a) Ausgangspunkt der Schadensermittlung

484   Da der Erfolg der Regreßklage also davon abhängt, ob dem Kläger durch den Anwaltsfehler ein Schaden entstanden ist, muß das Gericht den mutmaßlichen Verlauf und Ausgang des Vorprozesses unter der Voraussetzung ermitteln, daß der Anwalt sich richtig verhalten hätte. Was die Technik dieser Ermittlung betrifft, so ist bereits oben im Zusammenhang mit dem im Anwaltshaftungsrecht geltenden „normativen" Schadensbegriff näher dargelegt worden, daß mit der in der Rechtsprechung ganz herrschenden Meinung davon auszugehen ist, wie das Gericht im Vorprozeß *richtigerweise* hätte entscheiden *müssen* (vgl. oben § 3 VI 2 a). Aus diesem Ausgangspunkt ergeben sich wichtige Konsequenzen für den Prozeßstoff des Regreßprozesses (vgl. insbes. unten c).

b) Beweisregeln des Regreßprozesses

485   Um den Kläger im Regreßprozeß ebenso zu stellen wie im Vorprozeß, gelten auch dieselben Beweisregeln: Der Mandant muß den Sachverhalt beweisen, den er dem Gericht des Vorprozesses unterbreitet hätte, der Anwalt hat die Beweise zu führen, die von der Gegenpartei des Vorprozesses hätten geführt werden müssen.[10]

486   Dem Regreßkläger kommen auch Beweisregeln und Beweiserleichterungen des Vorprozesses zugute. Hätte für den Nachweis des Erbrechts im (nicht geführten) Vorprozeß etwa § 181 BEG gegolten, so genügt das dort vorgesehene Beweismaß auch für den Nachweis im Regreßprozeß.[11] Auch im übrigen sind die Verfahrensvorschriften des Vorprozesses im Regreßprozeß zu beachten. Galt im Vorprozeß die Untersuchungsmaxime, so muß sie auch im Inzidentprozeß gelten,[12] waren die Beteiligten im Vorprozeß zur Duldung der Abstammungsuntersuchung nach § 372 a ZPO verpflichtet, so sind sie es auch im Regreßverfahren.[13]

487   Die Maßgeblichkeit der Prozeßsituation des Vorprozesses für den Regreßprozeß gilt auch im Haftpflichtprozeß gegen den Anwalt, der vom Ehemann

---

[10] BGHZ 30, 226 [231 f.]; NJW 1986, 1047; 1987, 3255; 1988, 3013 [3015]; *Baur*, Festschrift für Larenz, S. 1063 [1075]; *Baumgärtel/Laumen*, § 675 Rdnr. 6; *Rinsche*, Rdnr. I 151.

[11] BGH VersR 1976, 468.

[12] *Baur*, Festschrift für Larenz, S. 1063 [1078]; BGH NJW-RR 1987, 898 [899].

[13] *Baur*, aaO, S. 1077; *Borgmann/Haug*, S. 257; a. A. wohl *Wieczorek*, § 372 a Anm. B II.

der Mutter mit der Erhebung der Ehelichkeitsanfechtungsklage beauftragt war und die Anfechtungsfrist des § 1594 BGB schuldhaft versäumt hat: Der Regreßkläger hat die gleichen Beweismöglichkeiten, die er im Vorprozeß gehabt hätte; die Behauptung der Nichtehelichkeit des Kindes ist ihm nicht durch § 1593 BGB abgeschnitten.[14]

c) Beweismittel des Regreßprozesses

Während die bisher erörterten Entscheidungen sich noch ohne weiteres in die Vorstellung einfügen, das Regreßgericht müsse den Vorprozeß zwar mit seinen Augen, aber gewissermaßen aus der Perspektive des Vorgerichts sehen, trifft diese Sicht für die Frage der im Regreßprozeß zulässigen Beweismittel nicht mehr zu. Eine Beschränkung des Regreßgerichts auf die im hypothetischen Vorprozeß zulässigen und zur Verfügung stehenden Beweismittel stünde im Widerspruch zu der „wertenden" Betrachtungsweise, derzufolge der Anwaltsregreß eine Einbuße in der materiellrechtlichen Position voraussetzt (vgl. oben § 3 VI 2 a). Es geht im Regreßprozeß nicht so sehr um eine möglichst getreue Rekonstruktion des hypothetischen Verfahrensverlaufs in beweismäßiger Hinsicht, sondern um eine echte Schadensfeststellung. Dem „normativen" Schadensbegriff der Anwaltshaftung entspricht hinsichtlich des Prozeßstoffs des Regreßprozesses der Grundsatz, daß *sämtliche* zur Verfügung stehende, *jetzt* zulässige Beweismittel verwertet werden können, gleichgültig ob sie bereits im Vorprozeß zur Verfügung standen und bereits damals berücksichtigt werden konnten.[15]

Hat daher der Anwalt des Arbeitnehmers im Arbeitsgerichtsprozeß gegen den Arbeitgeber übersehen, daß der Kläger unter das Kündigungsschutzgesetz fiel und ihn dadurch nach dessen Ansicht um einen nach diesem Gesetz bestehenden Abfindungsanspruch gebracht, so kann der Arbeitgeber im Regreßprozeß als Zeuge über die Sozialwidrigkeit der Kündigung gehört werden, obwohl er im Vorprozeß nicht hätte Zeuge sein können. Die Rechtsprechung geht aus den genannten Gründen davon aus, daß die Frage, wer Zeuge sein könne, eine rein formelle sei und das Regreßgericht sich sämtlicher bei ihm zulässiger Beweismittel bedienen dürfe.[16]

Im Schrifttum ist zutreffend darauf hingewiesen worden, daß dadurch der Mandant letztlich schlechter gestellt wird, als er im Vorprozeß gestanden hätte;[17] indessen rechtfertigt sich diese Schlechterstellung aus dem Gesichts-

488

489

490

---

[14] BGHZ 72, 299 = FamRZ 1979, 112; *Palandt/Diederichsen*, § 1593 Anm. 1 b; a. A. noch OLG Köln NJW 1967, 1090 mit abl. Anm. von *Dunz*.

[15] Grundlegend: BGHZ 72, 328.

[16] BGHZ 72, 328; ebenso BGH NJW 1984, 1240; NJW 1987, 3255 [3256]; BGH VersR 1984, 160; 1988, 35; *Thomas/Putzo*, 15. Aufl., vor § 373 Anm. 3 c; allgemein auch *Wieczorek*, 2. Aufl., § 373 Anm. B II b 2; *Zöller/Stephan*, 15. Aufl., § 373 Rdnr. 5; *Rosenberg/Schwab*, 14. Aufl., § 123 II 1; a. A. anscheinend BGH LM § 287 ZPO Nr. 31.

[17] *Rinsche*, Rdnr. I 150. – Das Beispiel zeigt, daß der pauschale Vorwurf der „An-

punkt, daß es nicht Aufgabe des Regreßprozesses ist, dem Mandanten günstige hypothetische Fehlurteile zu Lasten des Prozeßgegners haftungsrechtlich abzusichern (vgl. oben § 3 VI 2 a).

II. Einzelne Beweisfragen

1. Inhalt und Umfang des Anwaltvertrags

491   Die Pflichten des Rechtsanwalts richten sich nach dem vom Auftraggeber im Einzelfall festgelegten konkreten Auftragsgegenstand und Auftragsumfang.[18] Zwar ist vom Rechtsanwalt grundsätzlich eine umfassende und möglichst erschöpfende Beratung zu fordern.[19] Indessen ändert dies nichts daran, daß die Erteilung eines solchen umfassenden Mandats vom Mandanten zu beweisen ist, wenn der Rechtsanwalt die Erteilung eines begrenzten Mandats behauptet, etwa die Ausklammerung der steuerlichen Beratung oder der Zwangsvollstreckung[20] oder die Erteilung des Mandats nur zur Durchführung eines Berufungsverfahrens.[21] Ebenso trifft die Beweislast den Mandanten, wenn er Auftrag zur Klageerhebung behauptet, der Anwalt aber meint, er sei nur zu außergerichtlichen Verhandlungen beauftragt worden.

492   Zweifelhaft ist die Beweislastfrage, wenn der Mandant behauptet, den Klageauftrag unter einer aufschiebenden Bedingung, insbesondere derjenigen der Deckungszusage seines Rechtsschutzversicherers erteilt zu haben. Nach allgemeinen Grundsätzen hat derjenige, der aus einem Rechtsgeschäft Rechte herleitet, die Beweislast dafür, daß es ohne eine aufschiebende Bedingung vorgenommen worden ist.[22] Dem entspricht es, daß sowohl bei der Gebührenklage[23] als auch im Haftpflichtprozeß[24] der Rechtsanwalt im Bestreitensfalle beweisen muß, daß er einen unbedingten Klageauftrag erhalten hat; die gegen diese Rechtsprechung vorgebrachten Bedenken[25] sind nicht begründet.

493   Die gleichen Grundsätze gelten in dem Fall, daß zwischen den Parteien Streit darüber besteht, welchen Tatbestand der Mandant seinem Anwalt un-

---

waltsfeindlichkeit" der Rechtsprechung (vgl. dazu oben § 2 I a. E.) in dieser Allgemeinheit keineswegs gerechtfertigt ist.

[18] *Baumgärtel/Laumen*, § 675 Rdnr. 2; s. auch oben § 1 I 2.

[19] Ständige Rechtsprechung seit RG JW 1932, 2854; zuletzt BGH NJW 1988, 2113; s. oben § 2 I und IV.

[20] OLG München VersR 1971, 525; *Baumgärtel/Laumen*, § 675 Rdnr. 2.

[21] OLG München NJW 1986, 726.

[22] RGZ 107, 405 [406]; BGH NJW 1985, 497; *Palandt/Heinrichs*, § 158 Anm. 7; *Baumgärtel/Laumen*, § 158 Rdnr. 7, sog. „Leugnungstheorie"; a.A. die Vertreter der sog. „Einwendungstheorie", z.B. *Rosenberg*, Beweislast, § 22, 1 a.

[23] LG Hanau AnwBl 1978, 231.

[24] OLG Düsseldorf VersR 1976, 892, freilich mit anderer, wenig überzeugender Begründung.

[25] *Borgmann/Haug*, S. 243.

terbreitet hat,[26] insbesondere, wenn der Mandant behauptet, der Anwalt habe in der Klage wesentlich anders vorgetragen, als er ihn instruiert habe,[27] oder wenn er behauptet, er habe den Anwalt nicht beauftragt, eine gegen ihn gerichtete Forderung stunden zu lassen, sondern sie vielmehr zu bestreiten. Zweifel am Auftragsinhalt gehen also auch hier zu Lasten des Anspruchstellers.

Hier ist allerdings je nach der Lage des einzelnen Falls ein Anscheinsbeweis 494 denkbar.[28] Befaßt sich der Rechtsanwalt etwa in der mit dem Mandanten geführten Korrespondenz mit der steuerlichen Seite des Falls, so spricht der Beweis des ersten Anscheins dafür, daß er ein umfassendes Mandat übernommen hatte; behauptet er später gleichwohl, er habe keinen Beratungsauftrag über Steuerfragen gehabt, so muß er diesen Anscheinsbeweis erschüttern.

2. Pflichtverletzung

a) Grundsatz

Einem Gläubiger, der einen Anspruch aus positiver Vertragsverletzung 495 geltend macht, kommt bezüglich des Verschuldens die Beweislastregel des § 282 BGB zugute; sie ändert jedoch nichts daran, daß er den objektiven Tatbestand der Verletzungshandlung zu beweisen hat.[29] Hiervon besteht auch bei der Anwaltshaftung keine Ausnahme; daß der Anwalt also seine Pflichten aus dem Anwaltsvertrag verletzt hat, muß der Mandant beweisen.[30]

Zu beachten ist dabei, daß „Pflichtverletzung" dabei auf den Erfolg der 496 anwaltlichen Tätigkeit bezogen ist. Wird ein Rechtsmittel als unzulässig verworfen, weil die Rechtsmittelfrist versäumt wurde, so trifft den Anwalt, der das Schriftstück eingereicht hat, die Beweislast für fristgerechte Einreichung,[31] wenn er geltend macht, er habe das Schriftstück in Wahrheit noch vor Mitternacht am letzten Tag der Frist in den Gerichtsbriefkasten geworfen.

Deshalb ist die Frage anwaltlicher Pflichtverletzung nicht oft Gegenstand 497 einer Beweislastentscheidung, weil sie meist durch liquide Beweismittel ohne weiteres belegt werden kann: Ein Rechtsanwalt, der eine Klage beim unzuständigen Gericht oder nach Ablauf einer Klagefrist einreicht, einen Vergleich nach Verstreichen der Widerrufsfrist widerruft, sittenwidrige Verträge entwirft oder eine falsche Auskunft über die Erbquoten beim Eintritt der

---

[26] RG HRR 1933, 1746.
[27] *Rosenberg*, Beweislast, § 12 I.
[28] S. unten 6; gänzlich ablehnend jedoch *Borgmann/Haug*, S. 243 f.
[29] Für alle *Palandt/Heinrichs*, § 282 Anm. 2 a; RGRK-*Alff*, § 276 Rdnr. 144; *Rosenberg*, Beweislast, § 27 II.
[30] *Baumgärtel/Laumen*, § 675 Rdnr. 3; *Borgmann/Haug*, S. 244; BGH NJW 1985, 264 [265] und VersR 1987, 905; *Prinz*, VersR 1986, 317 [319]; *Jessnitzer*, § 51 Rdnr. 8.
[31] BGH VersR 1982, 268; *Borgmann/Haug*, S. 325.

gesetzlichen Erbfolge gibt, begeht eine Pflichtverletzung, bei der schwerlich ein Beweislastproblem entstehen kann.

498 Anders ist es bei solchen Handlungen des Rechtsanwalts, die als solche nicht ohne weiteres „richtig" oder „falsch" zu nennen sind, sondern bei denen es auf die objektive Ausgangslage, aber auch auf die subjektiven Ansichten des Mandanten von ihrer Zweckmäßigkeit ankommt, etwa die Einlegung eines Rechtsmittels, die Durchführung einer bestimmten Zwangsvollstreckungsmaßnahme, der Rat, eine gemischte Schenkung anzunehmen oder abzulehnen. Hier muß die Partei im Streitfall beweisen, daß sich der Anwalt über ihre Weisung hinweggesetzt hat, oder, mangels einer solchen, sein Verhalten unter Berücksichtigung seines Informationsstands und des Interesses der Partei objektiv falsch war.

b) Beweis negativer Tatsachen

499 Während sich die Beweisführung des Mandanten in den Fällen, in denen der Rechtsanwalt etwas – nach Ansicht des Mandanten: pflichtwidrig – unterlassen hat, darauf beschränken kann, die nichtbefolgte Weisung oder die anderen Tatsachen, aus denen sich eine Handlungspflicht des Anwalts ergeben haben soll, nachzuweisen, ist es in der Mehrzahl der Fälle so, daß der Anwalt in einer bestimmten Art und Weise gehandelt hat, der Mandant diese jedoch als unrichtig ansieht, weil er abweichende Weisungen erteilt habe oder dem Anwalt Informationen gegeben habe, die die Handlung als falsch erscheinen lassen, und entsprechend ist es, wenn der Anwalt behauptet, die pflichtgemäß geschuldete Handlung vorgenommen zu haben, der Mandant hingegen die Vornahme bestreitet.

500 Der Mandant muß hier eine negative Tatsache beweisen, nämlich daß er die vom Anwalt behauptete Weisung nicht erteilt, die behaupteten Informationen nicht gegeben, der Anwalt die behauptete Handlung nicht vorgenommen habe. Trotz der tatsächlichen Schwierigkeiten, die mit dem Beweis negativer Tatsachen zwangsläufig verbunden sind, entspricht es der allgemeinen Ansicht in der Literatur[32] und einer verbreiteten Rechtsprechung,[33] es hier dennoch bei der allgemeinen Beweislastregel bewenden zu lassen. Auch der Charakter der Rechtsbeziehungen zwischen dem Mandanten und dem Anwalt als Vertrauensverhältnis verlange keine allgemeine Umkehr der Beweislast.[34]

501 Der Auftraggeber trägt also die Beweislast dafür, daß ein von seinem Auftrag nicht gedeckter Vergleich abgeschlossen worden ist,[35] daß sich der Anwalt pflichtwidrig nicht um die für einen sachgemäßen Vortrag erforderlichen

---

[32] *Baumgärtel/Laumen*, § 675 Rdnr. 3; *Borgmann/Haug*, S. 246; *Rinsche*, Rdnr. I 140; *Prinz*, VersR 1986, 317 [319].
[33] S. die in den Fußn. 34 bis 42 genannten Entscheidungen.
[34] BGH NJW 1987, 1322 [1323] und 1985, 264 [265].
[35] KG MDR 1973, 233.

Informationen bemüht habe,[36] daß schriftliche Ausführungen des Anwalts nicht später mündlich ergänzt worden seien,[37] daß der Anwalt ihn nicht über gegebenen Risiken des Vergleichs belehrt habe,[38] daß der Anwalt bei der naheliegenden Gefahr des Eintritts von Folgeschäden nicht den Rat gegeben habe, noch innerhalb der Verjährungsfrist Feststellungsklage zu erheben,[39] daß der Anwalt das ungünstige Urteil des Vorprozesses nicht zugesandt und ihn nicht darüber belehrt habe, was er dagegen unternehmen könne.[40] Beruft sich der Mandant auf einen sekundären Ersatzanspruch, weil der Anwalt ihn nicht auf die Verjährung des gegen ihn bestehenden Schadensersatzanspruchs hingewiesen habe,[41] so hat er diese Unterlassung des Anwalts zu beweisen.[42]

Die Rechtsprechung ist allerdings nicht ganz einheitlich. So hat der BGH 502 in einer Entscheidung, die allerdings die Haftung eines Steuerberaters betrifft, ausgesprochen, daß dann, wenn dieser seinem Mandanten zu einem bestimmten Hinweis oder zu einer bestimmten Empfehlung verpflichtet sei, er auch dafür beweispflichtig sei, daß er diese Pflicht erfüllt habe.[43]

In der Tat divergieren hier die Beweislastregeln, die sich aus der Anwen- 503 dung der Regeln über die positive Vertragsverletzung und aus § 362 BGB gewinnen lassen. Ist die Unterlassung eines geschuldeten Rats Schlechterfül- lung des – umfassenden – Anwaltsvertrags, so ist sie als Pflichtwidrigkeit in Form einer Neben-(Schutz-)pflichtverletzung vom Mandanten zu beweisen; sieht man den Rat hingegen unmittelbar als Erfüllung einer bestimmten ver- traglich geschuldeten Hauptleistungspflicht des Anwalts, so ist die Erteilung des Rats als Erfüllungseinwand vom Anwalt zu beweisen.[44] Die Beweislast- verteilung orientiert sich damit an der – im Rahmen des Anwaltsvertrags problematischen – Unterscheidung zwischen Haupt-(leistungs-)- und Ne- ben-(Schutz-)pflichten (vgl. dazu oben § 3 I 1). Nach natürlicher Betrach- tungsweise wird in der Regel beim Anwalt die Qualifikation als Pflichtverlet- zung i. S. einer positiven Vertragsverletzung näher liegen, während beim Steuerberater durchaus auch die Nichterfüllung einer (genau bestimmten, erfolgsbezogenen) Hauptleistungspflicht in Frage kommen kann. Immerhin zeigt die bestehende Unsicherheit, daß der Rechtsanwalt gut daran tut, Rat- schläge und Empfehlungen von entscheidender Bedeutung zu Beweiszwe- ken zu dokumentieren, insbesondere durch ein entsprechendes Schreiben an

---

[36] BGH NJW 1982, 437 [438].

[37] *Prinz*, VersR 1986, 317 [319]. Vgl. aber die unten 6 genannte Entscheidung BGH NJW 1985, 264 [265], wonach der BGH in einem solchen Fall einen Anscheinsbeweis nicht für ausgeschlossen hält.

[38] OLG Koblenz VersR 1983, 450 mit Anm. von *Baumgärtel; Rinsche*, Rdnr. I 270.

[39] BGH NJW 1987, 1322 [1323].

[40] OLG Karlsruhe AnwBl 1979, 64.

[41] S. oben § 4 III 3.

[42] BGH NJW 1985, 264 [265]; *Feuerich*, § 51 Rdnr. 31.

[43] BGH NJW 1982, 1516.

[44] Dabei ist zu beachten, daß dem Anwalt bei dieser Qualifikation wiederum die Beweislastumkehr des § 363 BGB zugute kommt, vgl. BGH NJW 1986, 2570.

den Mandanten, zumal der Umfang der Dokumentationspflichten des Anwalts nur wenig geklärt ist.[45] Das Argument der Rechtsprechung, daß die Vertrauensbeziehungen im Mandatsverhältnis belastet würden, wenn der Anwalt im Hinblick auf mögliche Regreßprozesse immer bestrebt sein müßte, sich für erteilte Informationen eine Beweisunterlage zu verschaffen, ist ohnehin wenig tragfähig, da vom Arzt beim Nachweis der Erfüllung der ärztlichen Aufklärungspflicht insoweit nicht wenig verlangt wird, obwohl hier ebenso eine Belastung des Vertrauensverhältnisses entstehen kann.

504   Zu beachten ist, daß eine Beweislastentscheidung nur zu treffen ist, wenn der Beklagte die Erfüllung seiner Pflichten in dem Umfang der von der Rechtsprechung gestellten Anforderungen tatsächlich behauptet. Bei einem Prozeß mit sehr schlechten Erfolgsaussichten muß der Anwalt auf das ungewöhnlich hohe Risiko eines Prozeßverlusts besonders hinweisen.[46] Hat er dem Mandanten nur erklärt, daß jeder Prozeß ein Risiko darstelle, so braucht der Mandant auch den mangelhaften Hinweis nicht zu beweisen, weil der Anwalt gar nicht behauptet, ordnungsgemäß gehandelt zu haben.[47]

505   Eine solche gesteigerte Hinweispflicht ist allerdings die Ausnahme. Grundsätzlich ist eine besondere Nachdrücklichkeit oder Eindringlichkeit der gebotenen Beratung nicht erforderlich,[48] zumal eine solche Ausdehnung der Anforderungen an die Belehrungspflicht zugleich die geschilderte Beweislastverteilung unterlaufen würde.[49]

506   Angesichts der Schwierigkeiten beim Nachweis negativer Tatsachen erkennt auch die Rechtsprechung an, daß die Anforderungen an die beweisbelastete Partei nicht überspannt werden dürfen: Es obliegt dem Anwalt, eine entsprechende Behauptung substantiiert zu bestreiten,[50] der Partei, dieses Bestreiten zu widerlegen. Ob ihr dies zur Überzeugung des Gerichts gelungen ist, wird sich oft kontrovers beurteilen lassen – selbst für die Revisionsinstanz gegenüber den Feststellungen der Tatsacheninstanzen.[51] Die Anforderungen an die Substantiierungspflicht richten sich nach den Umständen des Einzelfalls, sie sind aber allgemein hoch:

> „Keinesfalls kann sich der Anwalt damit begnügen, eine Pflichtverletzung zu bestreiten oder ganz allgemein zu behaupten, er habe den Mandanten ausreichend unterrichtet. Vielmehr muß er den Gang der Besprechung im einzelnen schildern, insbesondere konkrete Angaben darüber machen, welche Belehrungen und Ratschläge er erteilt und wie der Mandant darauf reagiert hat."[52]

---

[45] Vgl. unten 7. Zur Pflicht des Anwalts zur Führung von Handakten vgl. oben § 2 VII 2.

[46] S. oben § 2 IV 3 a.

[47] *Rinsche*, Rdnr. I 141; BGH VersR 1984, 283 [285].

[48] S. oben § 2 IV 3 c.

[49] So ausdrücklich BGH NJW 1987, 1322 [1323].

[50] BGH, aaO (Fußn. 49).

[51] Vgl. BGH DNotZ 1985, 234. Das Revisionsgericht nimmt in dieser Entscheidung abweichend von den Tatsacheninstanzen an, der Beklagte habe gegen eine bestehende Weisung seines Auftraggebers gehandelt.

[52] BGH NJW 1987, 1322 [1323]; s. auch bereits BGH NJW 1986, 2570.

Nach dieser Rechtsprechung dürfte der Anwalt nicht mit Erfolg vortragen können, er könne sich – vor allem deshalb, weil der Haftungsfall erst nach Jahren aufgetreten sei – nicht mehr erinnern, welchen Rat oder welche Empfehlung er dem Mandanten in einer konkreten Situation gegeben habe, er habe in derartigen Situationen aber immer einen bestimmten Rat erteilt.[53]

3. Rechtswidrigkeit und Verschulden

Wenn dem Mandanten der Nachweis einer anwaltlichen Pflichtverletzung 507 gelingt, so sind die Rechtswidrigkeit dieses Verhaltens und das Verschulden des Anwalts in der Regel indiziert; ein Beweislastproblem stellt sich nicht.[54] Für den Fall, daß doch eine Beweislastentscheidung getroffen werden muß, geht die für das allgemeine Vertragsrecht überwiegend vertretene Meinung dahin, daß die §§ 282, 285 BGB auf Ansprüche aus positiver Vertragsverletzung entsprechend anwendbar sind.[55] Nach dieser Auffassung träfe den Anwalt die Darlegungs- und Beweislast dafür, daß ihn an der objektiven Verletzung seiner vertraglichen Pflichten kein Verschulden trifft. Zu dem gleichen Ergebnis kommt die Lehre von der Verteilung der Beweislast nach Gefahrenbereichen, da es im Aufgaben- und Gefahrenbereich des Anwalts liegt, die Interessen des Mandanten bestmöglich wahrzunehmen.[56] Die Rechtsprechung hat sich speziell für den Anwaltsvertrag diesen Rechtsmeinungen bisher nicht angeschlossen[57] und geht einstweilen – noch – davon aus, daß der Mandant die Beweislast für das schuldhafte Verhalten des Anwalts trägt.[58]

---

[53] Dagegen nimmt *Rinsche*, Rdnr. I 142, an, daß auch bei diesem Vortrag des Anwalts der Mandant die Beweislast für einen nicht erteilten Rat habe.

[54] Damit kann aber nicht von vornherein prima facie jede fehlerhafte Handlung oder rechtliche Fehlbeurteilung als fahrlässig bezeichnet werden; zutr. *Scheffler*, KF 1959, 51 ff.; *Borgmann/Haug*, S. 250 und i. e. oben § 3 II 1 m. w. N.

[55] *Rosenberg*, Beweislast, § 28 II 2; RGRK-*Alff*, § 276 Rdnr. 144; *Palandt/Heinrichs*, § 282 Anm. 2 b; *Rinsche*, Rdnr. I 144; *Borgmann/Haug*, S. 144; *Wahrendorf*, S. 99; ausführlich *Baumgärtel*, Anh. § 282 Rdnr. 60 ff.; einschränkend *Stoll*, Festschrift für v. Hippel, S. 517; *Heinemann*, S. 175 ff.; a. A. *Scheffler*, KF 1959, 47.

[56] So *Rinsche*, Rdnr. I 144.

[57] So ausdrücklich *Baumgärtel/Laumen*, § 675 Rdnr. 4; auch *Borgmann/Haug*, S. 250 („anders lautende Rechtsprechung").

[58] BGHZ 30, 226 [231 f.]; BGH DRiZ 1964, 53 = VersR 1964, 161; auch BGH VersR 1975, 540 [541]: „Es kann einem Anwalt auch nur das als Verschulden zur Last gelegt werden, was damals für ihn erkennbar war ... Die Klägerin (Mandantin) hätte deshalb zumindest dartun (!) müssen, daß das Vorgehen des Beklagten (Rechtsanwalt) taktisch falsch war. Das hat sie jedoch nicht getan, sondern lediglich behauptet (!) ..." *Anders* aber wohl BGH NJW 1982, 437 [438]: „Der Rechtsgedanke der §§ 282, 285 BGB, wonach der Schuldner ... sich hinsichtlich des Verschuldens entlasten muß, kann zwar auch auf dem Gebiet des Dienstvertrages angewendet werden ... Der Dienstberechtigte, hier der ... Mandant, muß dann aber ausschließen, daß die Schadensursache in seinem Bereich liegt. Erst dann kann er von dem Dienstverpflichteten den *Nachweis der Schuldlosigkeit* fordern ..."

Angesichts der hohen Anforderungen, die die Rechtsprechung an die beruflichen Kenntnisse und Fähigkeiten eines „ordentlichen" Rechtsanwalts im rechtlichen Bereich stellt,[59] wird häufig eine objektiv fehlerhafte, u. U. auch nur eine objektiv unzweckmäßige Handlung als Außerachtlassung der berufsüblichen Sorgfalt eines gewissenhaften und erfahrenen Durchschnittsanwalts[60] und damit als fahrlässig gewertet werden. Damit verbleiben für die Beweislastfragen nur die Fälle, in denen zweifelhaft ist, ob das, was der Anwalt getan oder seinem Mandanten geraten hat, überhaupt falsch (und damit pflichtwidrig) war. Hier wird sich der Anwalt im Hinblick darauf, daß schon die Pflichtwidrigkeit zweifelhaft ist, auch bei entsprechender Anwendung der §§ 282, 285 BGB nicht selten exkulpieren können.

4. Kausalität

508   Während über die Beweislastfragen im Zusammenhang mit dem Umfang des Anwaltsvertrags, der Pflichtwidrigkeit und dem Verschulden zumindest im Ansatz weitgehende Übereinstimmung besteht, gehen bei der Frage der Kausalität die Ansichten in der Literatur weit auseinander; auch die Rechtsprechung ist schwankend und argumentiert oft in einer vornehmlich an der Einzelfallgerechtigkeit orientierten Weise.

509   Allerdings geht die ganz überwiegende Meinung von dem Grundsatz aus, auch der Ursachenzusammenhang zwischen Pflichtverletzung und Schaden unterliege der Beweislast des Anspruchstellers. Wenn sich im Prozeß hierüber keine Klarheit gewinnen lasse, sei die Klage abzuweisen.[61] Demgegenüber bejaht *Stoll*[62] hier eine Umkehr der Beweislast: Wenn der Rechtsanwalt etwa pflichtwidrig eine Rechtsmittelfrist verstreichen lasse und im Regreßprozeß geltend mache, daß die höhere Instanz das Urteil bestätigt hätte, so müsse er diese Behauptung beweisen. Hätte er das Rechtsmittel eingelegt, so wäre dies die „Probe aufs Exempel" gewesen. Durch die Verletzung seiner Vertragspflichten habe er den Mandanten in Beweisnot gebracht; dies dürfe ihm nicht zugutekommen. Diese Argumentation überzeugt nicht, da ja der Mandant das Bestehen seiner Forderung auch im Rechtsmittelzug hätte beweisen müssen. Eine allgemeine Beweislastumkehr stellt daher eine zu schematische Lösung dar. Regelmäßig wird hier durch Berücksichtigung des anwaltlichen Verhaltens bei der Beweiswürdigung eine interessengerechte Lösung gefunden werden können.

510   Überwiegend umgekehrt wird die Beweislastfrage jedoch beurteilt, wenn feststeht, daß der Anwalt Beratungs- und Aufklärungspflichten nicht erfüllt

---

[59] Vgl. oben § 2 III, V; § 3 III 2b, 3.
[60] Vgl. oben § 3 III 2b und d.
[61] *Baumgärtel/Laumen*, § 675 Rdnr. 5; *Borgmann/Haug*, S. 251; OLG Karlsruhe VersR 1978, 852; OLG Bremen DStR 1977, 386.
[62] *Stoll*, Festschrift v. Hippel, S. 517 [552].

hat und anzunehmen ist, daß der Rat oder die Warnung von einem einsichtigen Menschen beherzigt worden wäre. Hier kommt dem Mandanten die tatsächliche Vermutung zugute, daß er den Ratschlag befolgt hätte; der Anwalt muß beweisen, daß sich der Geschädigte über jeden Rat und Hinweis hinweggesetzt hätte und der Schaden deshalb auch bei richtigem Verhalten eingetreten wäre.[63]

Teilweise wird behauptet, daß hier ein Fall der Beweislastumkehr vorliege, teilweise angenommen, es liege keine Umkehr, sondern die normale Verteilung der Beweislast vor, weil fehlende Kausalität in diesen Fällen die Ausnahme und daher vom Schädiger zu beweisen sei.[64] Richtig dürfte es sein, die Lösung dieser Fälle in einer angemessenen Beweiswürdigung zu sehen.[65] Läge nämlich eine echte Beweislastumkehr vor, dann müßte der Anwalt den vollen Beweis des Gegenteils führen, wenn er geltend machen will, daß der Fehler nicht kausal gewesen sei. Es muß aber genügen, wenn der Anwalt die Vermutung, die dem Mandanten zugute kommt, durch Tatsachen erschüttern kann. Wenn der Anwalt etwa darlegen und beweisen kann, daß der Mandant auch in anderen Fällen sinnvolle Ratschläge nicht befolgt hat, etwa weil er allgemein zu ängstlich oder querulatorisch ist, dann muß diese Vermutung als widerlegt gelten und Beweislast beim Mandanten verbleiben.[66]

Es handelt sich jedoch auch nicht um einen Anscheinsbeweis, da es regelmäßig darum geht, wie sich der Mandant verhalten hätte, wenn er richtig aufgeklärt oder beraten worden wäre; ein solcher individueller Entschluß ist aber dem Anscheinsbeweis entzogen.[67] Da ein Beteiligter regelmäßig behaupten wird, im Falle richtiger Warnung hätte er von dem Geschäft, das ihm Schaden eingetragen hat, Abstand genommen, im Fall richtiger Beratung hätte er die Handlung, deren Unterlassung zu einem Schaden geführt hat, vorgenommen, ist die Entscheidung, ob dem Mandanten die Vermutung zugute kommen soll, nicht leicht zu treffen. **511**

Die Rechtsprechung ist von einer Beweislast des Beraters ausgegangen, der die Aufklärung über die Höhe von Provisionen auf Optionsprämien unterlassen hatte, weil die geringe Wahrscheinlichkeit eines Gewinns einen verständi- **512**

---

[63] *Baumgärtel/Laumen*, § 675 Rdnr. 5; BGH NJW 1981, 2741 und 1983, 1665 [1666]; ZIP 1981, 1213 [1215]; VersR 1985, 83 [85]; OLG Koblenz VersR 1983, 450 mit Anm. von *Baumgärtel;* OLG Stuttgart VersR 1978, 652 [653]; ebenso für den Notar: BGH WM 1984, 961 [962]; für den Steuerberater: BGH VersR 1985, 265 [266]; zuletzt – allg. – BGH MDR 1988, 933; kritisch *Borgmann/Haug*, S. 255: Die Beweislastumkehr stelle „keineswegs generell eine überzeugende Lösung" dar; s. auch o. § 4 III bei Fußn. 145 zur Hinweispflicht auf die Verjährung des Schadensersatzanspruchs gegen den Anwalt.

[64] So *J. Schmidt*, JuS 1975, 430.

[65] *Musielak*, S. 180; *Rosenberg/Schwab*, § 118 II 4 d.

[66] Ebenso *Rinsche*, Rdnr. I 147, freilich aus dem Gesichtspunkt der Erschütterung des Anscheinsbeweises, der hier allerdings nicht in Frage kommt, siehe dazu sogleich im Text.

[67] S. unten 6 bei Fußn. 82.

gen Menschen von dem Geschäft abgehalten hätte,[68] ebenso von der Beweislast eines Steuerberaters, der es unterlassen hatte, auf die Möglichkeit der steuerfreien Umwandlung einer Gesellschaft hinzuweisen,[69] ebenso bei unrichtiger Information des Käufers über Umsatz und Ertrag des zu übernehmenden Unternehmens.[70]

513 Dagegen hat die Rechtsprechung die Beweislast beim Mandanten verbleiben lassen, der behauptet hat, eine Abfindungserklärung würde er nicht unterschrieben haben, wenn er zutreffend auf die Möglichkeit von Zukunftsschäden hingewiesen worden wäre,[71] ebenso bei der Grundstückseigentümerin, die geltend gemacht hatte, sie hätte ihr Grundstück nicht zur Belastung mit einer Grundschuld für ihren Sohn zur Verfügung gestellt, wenn sie über das wirtschaftliche Risiko aufgeklärt worden wäre,[72] und ebenso bei dem Darlehensgeber, der behauptet hatte, er hätte das Darlehen nicht gewährt, wenn er über die Risiken und mangelnden Sicherheiten aufgeklärt worden wäre.[73] Welcher der beiden Fallgruppen ein Sachverhalt zuzuordnen ist, wird oft kontrovers beurteilt werden können.[74]

5. Schadensschätzung nach § 287 ZPO

514 Zu beachten ist, daß sich die Beweislastfrage erst stellt, wenn sich das Gericht nicht schon nach § 287 ZPO eine Überzeugung bilden kann. Nach dieser Vorschrift entscheidet das Gericht über die Frage, ob ein Schaden entstanden ist und wie hoch sich dieser Schaden beläuft, nach freier Überzeugung. Das Gericht muß also nur die Pflichtverletzung feststellen; dieser „konkrete Haftungsgrund" ist zu beweisen. Dagegen können die Fragen der „haftungsausfüllenden Kausalität", also des Ursachenzusammenhangs zwischen Pflichtverletzung und Haftungsgrund und die Schadenshöhe dem § 287 Abs. 1 S. 1 ZPO unterworfen werden.[75]

515 Deshalb stellt sich auch bei Zweifeln über die Höhe des dem Geschädigten entstandenen Schadens nur selten die Frage der Beweislast, weil dem Geschädigten auch insoweit § 287 ZPO zugute kommt und das Gericht über die Schadenshöhe nach seiner freien Überzeugung entscheidet. Es ergeben sich hier bei der Anwaltshaftung keine Unterschiede zum allgemeinen Schadens-

---

[68] BGH WM 1984, 961 [962].

[69] BGH VersR 1985, 265 [266].

[70] BGH ZIP 1981, 1213 [1215].

[71] BGH VersR 1983, 86.

[72] OLG Celle, Urt. v. 21. 11. 1969 – 13 U 56/69, mitgeteilt von *Borgmann/Haug*, S. 252.

[73] BGH VersR 1974, 782 (Notarhaftung).

[74] Das OLG Düsseldorf als Berufungsinstanz hatte in dem letztgenannten Fall die Beweislast mit beachtlicher Begründung noch dem Schädiger auferlegt.

[75] BGH VersR 1975, 540; *Gottwald*, Schadensermittlung und Schadensschätzung, S. 243; z.T. abweichend *Rosenberg/Schwab*, § 115 II 3.

recht: Der Geschädigte kann, wenn ihm, wie regelmäßig, die Nutzung eines Kapitalbetrags entgangen ist, seinen Schaden entweder abstrakt berechnen (§ 252 BGB) oder durch Nachweis, wie er im konkreten Fall das Kapital ertragreicher als gewöhnlich angelegt hätte. Im Fall der konkreten Schadensberechnung hat er zu beweisen, daß er tatsächlich in dieser Weise vorgegangen wäre und das Kapital so angelegt hätte; eine risikolose Spekulation zu Lasten des Schuldners ist dem Gläubiger nicht erlaubt.[76]

6. Anscheins- (prima-facie-)Beweis

Da auch im Rahmen der Anwaltshaftung der Grundsatz der freien Beweiswürdigung (§ 286 ZPO) gilt, spielt hier der prima-facie-Beweis eine wichtige Rolle. Er ermöglicht es, aus der Beachtung typischer Geschehensabläufe oder der allgemeinen Lebenserfahrung Erfahrungssätze[77] zu gewinnen, die dem Richter die volle Überzeugung von der Richtigkeit einer Tatsachenbehauptung vermitteln.[78] Der prima-facie-Beweis hat also nichts mit der Beweislast zu tun; er hat keine Umkehrung der Beweislast zur Folge, sondern läßt die Situation der Beweislosigkeit erst gar nicht entstehen. 516

Der Anscheinsbeweis kann dem Anspruchsteller in allen Beweisfragen des Anwaltshaftungsrechts zugutekommen. So spricht der Beweis des ersten Anscheins etwa für den vom Mandanten behaupteten Abschluß eines umfassenden Anwaltsvertrags, wenn der Anwalt die später von ihm als nicht vereinbart behauptete Tätigkeit entfaltet hat, denn es entspricht der Lebenserfahrung, daß Anwälte nicht tätig zu werden pflegen, wenn sie dazu nicht beauftragt sind. Auch im Rahmen der Pflichtwidrigkeitsprüfung ist ein Anscheinsbeweis denkbar: Hat der Anwalt den Mandanten schriftlich falsch informiert, behauptet er jedoch, zu einem späteren Zeitpunkt – aber noch rechtzeitig – die falsche Information richtiggestellt zu haben, dann spricht die Lebenserfahrung dafür, daß es bei der falschen Beratung geblieben ist.[79] Auch bei der Kausalität kann der Anscheinsbeweis Bedeutung haben: Unterläßt ein Rechtsanwalt den Hinweis auf die naheliegende Gefahr eines Rechtsverlusts durch Verstreichenlassen einer Frist, so spricht die Lebenserfahrung dafür, daß sich der Mandant einem Rat, Klage zu erheben, nicht verschlossen hätte,[80] und ebenso muß der Anwalt, der weisungswidrig die Zwangsvollstreckung aus einem vorläufig vollstreckbaren Urteil nicht betreibt, fehlende Kau- 517

---

[76] BGH NJW 1983, 758.

[77] Zu den Merkmalen der Erfahrungssätze allgemein vgl. *Musielak*, S. 92 ff.

[78] *Rosenberg/Schwab*, § 114 II 1.

[79] BGH NJW 1985, 264 [265] läßt die Frage dahinstehen. Kein Anscheinsbeweis kommt nach dieser Entscheidung aber dann in Frage, wenn gleichzeitige zusätzliche Informationen zu einer unvollständigen schriftlichen Information behauptet worden sind, s. oben 2b bei Fußn. 37.

[80] BGH NJW 1983, 1665 [1666].

salität für einen Schaden beweisen, wenn Anhaltspunkte dafür bestehen, daß bei weisungsgerechtem Vorgehen die alsbaldige Vollstreckung erfolgreich verlaufen wäre.[81]

518 Stets ist aber zu fragen, ob es den Erfahrungssatz, der Grundlage des prima-facie-Beweises sein soll, tatsächlich gibt. Insbesondere sind individuelle Willensmomente regelmäßig einer Würdigung mit Hilfe von Erfahrungssätzen entzogen.[82] Nimmt z.B. der Anwalt die eingelegte Berufung zurück und behauptet der Mandant, entgegenstehende Weisung erteilt zu haben, was der Anwalt bestreitet, dann kann sich der Mandant nicht auf einen Anscheinsbeweis berufen, sondern hat die Auftragswidrigkeit zu beweisen; es gibt nämlich keinen Erfahrungssatz, der Prozeßauftrag des Anwalts gehe im Zweifel auf das Ergreifen der letzten Erfolgschance, also auf Durchführung des Rechtsstreits bis zur letzten Instanz.[83]

519 Aus diesem Grund scheitert ein Anscheinsbeweis in den meisten Fällen ungeklärten Kausalverlaufs. Bei einem wegen Nichteinhaltung der Form des § 518 BGB unwirksamen Schenkungsversprechens kommt dem Mandanten nicht der Beweis des ersten Anscheins dafür zugute, daß der Schenker die notarielle Beurkundung hätte durchführen lassen, wenn der Anwalt hierauf bestanden hätte,[84] ebensowenig dafür, daß die Mandantin nicht mehr geheiratet hätte, wenn sie über die versorgungsrechtlichen Folgen ordnungsgemäß aufgeklärt worden wäre.[85] In diesen und ähnlichen Fällen, in denen die weitere Entwicklung vom Entschluß einer Person abhängig ist, gibt es keinen Erfahrungssatz über deren hypothetisches Verhalten. Allerdings „hilft" die Rechtsprechung in nur wenig anders liegenden Fällen mit der Annahme einer Umkehr der Beweislast.[86]

520 Der Anscheinsbeweis erleichtert dem Mandanten die Beweisführung, führt aber nicht zu einer Umkehr der Beweislast.[87] Der Anwalt kann – ohne einen Gegenteilsbeweis führen zu müssen – den Anscheinsbeweis dadurch erschüttern, daß ein Sachverhalt dargetan wird, der die ernsthafte Möglichkeit eines anderen als des den Erfahrungssätzen entsprechenden Geschehensablaufs ergibt.

---

[81] OLG Köln VersR 1986, 300.
[82] *Rosenberg/Schwab*, § 114 II 2; ständige Rechtsprechung, zuletzt BGHZ 104, 256 = NJW 1988, 2040.
[83] *Borgmann/Haug*, S. 247; *Mühsam-Werther*, JW 1925, 1362; *Rosenberg*, Beweislast, § 12 I; s. auch OLG Karlsruhe AnwBl 1979, 64.
[84] BGH VersR 1975, 540.
[85] Bedenklich daher BGH VersR 1971, 641.
[86] S. oben 5.
[87] *Rosenberg/Schwab*, § 114 II 4.

7. Beweislastumkehr

Von dem Grundsatz, daß jede Partei die Beweislast für die ihr günstigen 521
Normen trägt, bestehen Ausnahmen, in denen sich die Beweislast umkehrt.
So stellt die Vorschrift des § 282 BGB, die auch die positive Vertragsverletzung entsprechend anzuwenden ist,[88] einen gesetzlichen Fall der Beweislastumkehr dar. Die allgemeine Beweislastregel führt aber auch in den Fällen zu
ungerechten Ergebnissen, in denen gerade das Verhalten des Schädigers den
Geschädigten in Beweisnot gebracht hat. Hier gehen Literatur und Rechtsprechung ebenfalls von einer Umkehr der Beweislast aus.[89]

a) Fälle der Beweisvereitelung

Wird die Beweisführung der beweisbelasteten Partei von ihrem Gegner 522
durch eine pflichtwidrige Handlung vereitelt, so können die Behauptungen
des Beweisführers der Entscheidung zugrundegelegt werden. Im Bereich der
Anwaltshaftung kommen hier insbesondere die Fälle unrichtiger oder unzulänglicher Dokumentation der Anwaltstätigkeit in Betracht, die dem Mandanten bei Eintritt des Haftungsfalls den Nachweis der Pflichtwidrigkeit
unmöglich macht, aber auch andere Anwaltsfehler, die den Mandanten erst in
Beweisschwierigkeiten bringen, während bei richtigem Anwaltsverhalten die
Sachlage eindeutig wäre. Solche Anwaltsfehler sind etwa unklare Vertragsfor-
mulierungen.

Für die Rechtsprechung ist diese Erwägung in Anwaltshaftpflichtsachen, 523
soweit ersichtlich, bisher noch nicht entscheidungserheblich gewesen. Für die
Arzthaftung ist dagegen bereits seit längerer Zeit anerkannt, daß bei Verletzung von Dokumentationspflichten dem Patienten Beweiserleichterungen bis
hin zur Beweislastumkehr zugutekommen können, wenn dem Patienten wegen der im Verantwortungsbereich des Arztes liegenden Aufklärungshinder-
nisse der volle Beweis der Pflichtwidrigkeit nicht mehr zugemutet werden
kann.[90]

Indessen ist diese Rechtsfigur nicht auf die Arzthaftung beschränkt. So hat 524
der BGH mit Recht bei Ansprüchen gegen einen Zwangsverwalter Beweiserleichterungen für den Kläger bei einer Verletzung der sich aus seiner Tätigkeit
ergebenden Dokumentationspflichten im Grundsatz bejaht[91] und sie auch für
die Anwaltshaftung bereits erwogen.[92] Allerdings treffen den Rechtsanwalt
keine selbständigen Dokumentationspflichten. Auch § 50 BRAO regelt lediglich die Aufbewahrung und Rückgabe der Handakten, nicht aber, in wel-

---

[88] Str., vgl. oben 3.
[89] Vgl. dazu allgemein *Rosenberg/Schwab*, § 118 II 2 a.
[90] Vgl. etwa BGHZ 72, 138 und 85, 212.
[91] BGH NJW 1986, 59 [60].
[92] BGH NJW 1988, 200 [203] = JZ 1988, 656 mit Anm. von *Giesen*.

cher Weise sie zu führen sind.[93] Dennoch erscheint es nicht ausgeschlossen, daß – insbesondere in Fällen, in denen der Mandant zum Nachweis der Pflichtwidrigkeit eine negative Tatsache zu beweisen hat[94] – Beweiserleichterungen bis hin zur Beweislastumkehr in Betracht kommen, wenn dem Mandanten durch die Unvollständigkeit oder mangelnde Aufbewahrung der Handakten des Anwalts oder sonst mangelhafte Dokumentation Beweismöglichkeiten abgeschnitten werden. Es empfiehlt sich deshalb für den Anwalt insbesondere dann, wenn der Mandant sich über seinen Rat hinwegsetzt, die nicht befolgten Ratschläge und Empfehlungen in einem Aktenvermerk oder in einem Schreiben an den Mandanten oder den Verkehrsanwalt festzuhalten.[95]

b) Grobe Verletzung von Berufspflichten

525	Eine Beweislastumkehr kommt insbesondere bei einer groben Verletzung von Berufspflichten in Betracht: Wenn durch schwere Verletzung einer vertraglichen Aufklärungs- oder Beratungspflicht ein Schaden entstanden ist, dann kann dem Verletzer die Beweislast dafür aufgebürdet werden, wie der andere Teil gehandelt hätte, wenn er pflichtgemäß ins Bild gesetzt worden wäre. Diese Rechtsprechung ist im Arzthaftungsrecht für solche Pflichten entwickelt worden, die auf die Bewahrung anderer vor Gefahren für Körper und Gesundheit gerichtet sind,[96] vom BGH aber auch auf andere grobe Verletzungen von Berufspflichten ausgedehnt worden.[97] Sie kommt auch im Anwaltshaftpflichtrecht grundsätzlich in Betracht. Allerdings genügt die grobe Verletzung einer Anwaltspflicht nicht allein. Hinzukommen muß, daß die eingetretene Schadensfolge einem typischen Geschehensablauf entspricht, daß also eine Schädigung eingetreten ist, die zu den typischen Folgen einer solchen Pflichtverletzung gehört.[98] Der BGH nimmt an, eine Beweislastumkehr komme hiernach nicht in Betracht, wenn ein Rechtsanwalt eine vertragliche Vereinbarung mißverständlich entwirft und dadurch seine Berufspflicht verletzt, wenn aber unklar bleibt, ob sich die Gegenseite auf den Vertrag eingelassen hätte, wenn er in Sinne des Mandanten formuliert worden wäre.[99] Ob dem zu folgen ist, erscheint zweifelhaft: Immerhin hat ja der Rechtsanwalt durch sein pflichtwidriges Verhalten das Risiko des nicht mehr aufklärbaren Sachverhalts erst geschaffen.[100]

---

[93] Vgl. hierzu näher oben § 2 VII 2.

[94] S. oben 2b.

[95] Diese Empfehlung geben für den Fall des gegen den Rat des Anwalts geschlossenen oder abgelehnten Vergleichs auch *Rinsche*, Rdnr. I 270, und *Borgmann/Haug*, S. 113.

[96] Vgl. etwa BGH NJW 1978, 1683 [1684].

[97] BGH NJW 1971, 241 [243].

[98] BGH NJW 1981, 2513.

[99] BGH NJW 1988, 200 [203] = JZ 1988, 656.

[100] Mit dieser Begründung nehmen OLG Köln als Vorinstanz zu BGH NJW 1988, 200 und *Giesen*, JZ 1988, 660 in einer Anmerkung zu diesem Urteil an, daß hier eine Beweislastumkehr gerechtfertigt sei.

c) Verletzung von Aufklärungs- und Beratungspflichten

Über den Bereich der groben Berufspflichtverletzung hinaus ist eine Be-   526
weislastumkehr bei anderen Aufklärungs- und Beratungspflichtverletzungen
nicht gerechtfertigt.

Eine Beweislastumkehr kommt nicht allein deshalb in Frage, weil der Mandant behauptet, der Rechtsanwalt habe ihn nicht ausreichend (etwa über die
schlechten Prozeßaussichten) aufgeklärt.[101] Auf den ersten Blick liegt die
Parallele zur Arzthaftung nahe, bei der nach heute kaum noch bestrittener
Meinung[102] den Arzt die Beweislast für eine hinreichende Aufklärung über
die mit dem Eingriff verbundenen Risiken trifft; indessen können beide Fälle
nicht als vergleichbar angesehen werden: Während der ärztliche Eingriff erst
durch die Einwilligung des Patienten vom Verdikt der Rechtswidrigkeit befreit wird und diese wiederum eine ausreichende Aufklärung über die Risiken
voraussetzt, ist für das Vorgehen des Rechtsanwalts der mit seinem Auftraggeber geschlossene Vertrag maßgeblich; sein Handeln bedarf keiner besonderen Rechtfertigung.

Die oben behandelten Fälle zweifelhaften Kausalverlaufs nach einer (nicht   527
groben) Verletzung der Aufklärungs- und Beratungspflicht sind richtigerweise nicht als echte Beweislastumkehr zu qualifizieren; vielmehr kommen dem
Mandanten hier Beweiserleichterungen zugute.[103]

8. Mitverschulden, Aufrechnung, Verjährung

Für die Berücksichtigung des Mitverschuldens des Mandanten an der Ent-   528
stehung des Schadens, die Aufrechnung mit Gegenforderungen des Anwalts
(insbesondere wegen Gebührenansprüchen) und bezüglich der Verjährungs-
fragen gelten die allgemeinen Beweisregeln. Für die Tatsachen, aus denen sich
ein Mitverschulden des Mandanten ergeben soll, trägt also der Anwalt die
Beweislast,[104] ebenso für die Voraussetzungen der Aufrechnung.[105] Umgekehrt trifft den Mandanten die Beweislast, wenn er behauptet, die Gebühren
bereits bezahlt zu haben.[106] Wird Verjährung eingewandt, so muß der Anwalt
Beginn und Ablauf der Verjährungsfrist beweisen,[107] der Mandant die Tatsachen, aus denen sich eine Hemmung oder Unterbrechung der Verjährung
ergeben soll.[108]

---

[101] Ebenso *Borgmann/Haug*, S. 248.
[102] Vgl. nur BGH NJW 1984, 1807 [1808]; a.A. z.B. *Heinemann*, S. 169, Fußn. 30
m.w.N.
[103] S. oben 4 bei Fußn. 63.
[104] *Baumgärtel/Strieder*, § 254 Rdnr. 1.
[105] *Baumgärtel/Strieder*, § 387 Rdnr. 1.
[106] *Baumgärtel/Strieder*, § 362 Rdnr. 1.
[107] BGH WM 1980, 532 [534].
[108] *Baumgärtel/Laumen*, § 202 Rdnr. 1.

§ 6 ABC typischer Haftpflichtfälle

Vorbemerkung

529 Haftpflichtfälle können in allen Rechtsgebieten, in denen der Anwalt beratend und vertretend tätig wird, auftreten. Bei der Vielseitigkeit anwaltlichen Wirkens muß daher jede Auswahl „typischer Haftpflichtfälle" notwendig unvollständig und zu einem gewissen Grad sogar willkürlich sein. Eine Richtlinie für die Auswahl kann die statistische Häufigkeit von Anwaltshaftpflichtfällen geben. Nach einer von der Allianz-Versicherung durchgeführten Untersuchung aus dem Jahr 1971 hat die Haftpflicht von Anwälten folgende *Ursachen* (vgl. Münch.Komm./*Hanau*, § 276 Rdnr. 148): 30% versäumte Prozeßfristen, ca. 19% versäumte Verjährungsfristen, 50% Verstöße anderer Art, insbesondere falsche Rechtsberatung. Neuere Quellen geben den Anteil der Fristversäumnisse insgesamt mit 45% an (vgl. *Prinz* VersR 1986, 318). Trotz der großen Bedeutung der Prozeßfristen als Haftpflichtquelle erscheint es für den Zweck der vorliegenden Schrift nicht angezeigt, eine detaillierte Darstellung des prozessualen Fristenwesens, insbesondere des Rechts der Wiedereinsetzung in den vorigen Stand zu geben. Das in seiner Bedeutung keineswegs verkannte Wiedereinsetzungsrecht kann unschwer in den gängigen Kommentaren zur Zivilprozeßordnung (§ 85 Abs. 2, §§ 233 ff. ZPO) erschlossen werden, so daß hier eine Beschränkung auf haftpflichtrechtliche Detailfragen vertretbar erscheint. Die nachfolgende Auswahl von regreßträchtigen Situationen will in erster Linie auf die vielfältigen Haftpflichtgefahren aufmerksam machen und dient der Ergänzung der systematischen Darstellung des Anwaltshaftungsrechts; eine vertiefte Auseinandersetzung mit der jeweils angesprochenen Problematik ist nicht möglich; insoweit muß auf das nach Möglichkeit angeführte Spezialschrifttum und die angegebene weiterführende Rechtsprechung verwiesen werden. Freilich verstehen sich die nachfolgenden Ausführungen auch nicht als eine bloße unkritische Dokumentation der herrschenden Haftpflichtrechtsprechung; entsprechend dem Zweck dieser Schrift ist aber jede Abweichung von ihr deutlich kenntlich gemacht.

Übersicht

Abfindung, Abfindungsantrag gem. §§ 9, 10 KSchG s. Kündigungsschutzklage, Vergleich

Abmahnung s. Wettbewerbsprozeß

Aktivlegitimation s. Sachlegitimation

Anfechtungsklage gem. §§ 1594 ff. BGB

530   Erfolgt die Mandatserteilung im Zusammenhang mit einem *Ehelichkeitsanfechtungsverfahren*, bestehen für den beauftragten Anwalt Haftpflichtgefahren nicht nur gegenüber dem auftragserteilenden Mandanten selbst, sondern u. U. auch gegenüber einem vom Schutzzweck des Anwaltsvertrages erfaßten Dritten. Wird die Ehelichkeitsanfechtungsklage wegen (vom Anwalt verschuldeter) Nichteinhaltung der Anfechtungsfrist gem. § 1594 Abs. 1 BGB abgewiesen, so haftet der Rechtsanwalt nicht nur seinem Mandanten, sondern auch dessen leiblichen Kindern, wenn die Auftragserteilung nicht allein zu dem Zweck erfolgt ist, den Auftraggeber vor weiteren Unterhaltsverpflichtungen zu bewahren, sondern zumindest auch eine erbrechtliche Begünstigung der leiblichen Kinder beabsichtigt hat (OLG Hamm MDR 1986, 1026; vgl. zum ganzen ausführlich oben § 1 V 3). Im Haftpflichtprozeß ist dabei eine Berufung des Anwalts auf die Schranke des § 1593 BGB ausgeschlossen (BGHZ 72, 299; vgl. auch oben § 5 I 2 b).

531   Ist der Mandant nicht selbst Partei sondern – als angeblicher Erzeuger – geladener Zeuge des gegen das Kind geführten Anfechtungsprozesses, kann eine haftungsrechtlich relevante Pflichtwidrigkeit des Rechtsanwalts darin liegen, daß er dem Auftraggeber nicht geraten hat, dem verklagten Kind als *Streithelfer* beizutreten. Denn der als außereheliche Erzeuger in Betracht kommende Mandant kann u. U. von den Parteien nicht bekannten, aber entscheidungserheblichen Tatsachen wissen. Der nach Maßgabe der Vorschriften über die Nebenintervention (§§ 66 ff. ZPO) mögliche Beitritt zur Unterstützung des beklagten Kindes läßt den Mandanten nicht nur direkt Einfluß auf das Urteil nehmen, sondern berechtigt ihn – sofern das Kind nicht widerspricht – gem. § 67 ZPO Rechtsmittel gegen eine der Anfechtungsklage stattgebende Entscheidung einzulegen (BGH NJW-RR 1987, 898 m. w. N.).

Ausschlußfristen

Die sog. Ausschlußfristen, die häufig als Klagefristen (s. dort) ausgestaltet 532
sind, unterscheiden sich von den Verjährungsfristen (s. dort) in zweierlei
Hinsicht: zum einen sind sie nicht nur auf Einrede, sondern von Amts wegen
zu berücksichtigen, unterliegen also nicht der Verfügungsmacht der Parteien;
zum anderen ist bei Fristablauf nicht nur die Durchsetzbarkeit des Anspruchs
gehindert, sondern der Anspruch ist mit Fristablauf grundsätzlich erloschen.
Ausschlußfristen kommen in allen Rechtsgebieten vor. Zu den wichtigsten
Klage- (s. dort) und sonstigen Ausschlußfristen gehören:

§ 4 KSchG (3-Wochenfrist für die Erhebung der Kündigungsschutzklage, 533
s. dort), *§ 12 Abs. 3 VVG* (6-Monatsfrist zur Erhebung der Leistungsklage
gegenüber dem den geltend gemachten Anspruch zurückweisenden Versicherer), *§ 41 Abs. 1 KO* (Anfechtung von Rechtshandlungen des Gemeinschuld-
ners), *§ 1594 Abs. 1 BGB* (2-Jahresfrist für die Anfechtungsklage des Man-
nes), *Art. 6 NTS-AG* (3-Monatsfrist für die Geltendmachung von Ansprüchen gem. Art. VIII Abs. 5 NTS) und *Art. 12 Abs. 3 NTS-AG* (2-Monatsfrist
für die Erhebung der Klage gegen den den geltend gemachten Anspruch nicht
oder nur teilweise anerkennenden behördlichen Entschädigungsbescheid),
§ 15 StVG (2-Monatsfrist für die Anzeige des Ersatzberechtigten gegenüber
dem Ersatzpflichtigen), *§ 651g BGB* (Monatsfrist zur Geltendmachung von
Gewährleistungsansprüchen des Reisenden), *§ 89b Abs. 4 S. 2 HGB* (3-Mo-
natsfrist zur Geltendmachung des Ausgleichsanspruchs des Handelsvertreters), *§ 141e Abs. 1 S. 2 AFG* (2-Monatsfrist für die Geltendmachung von
Konkursausfallgeld).

Nicht unmittelbar gesetzlich geregelt, aber gleichwohl von großer prakti- 534
scher Bedeutung sind darüber hinaus *tarifliche Ausschlußfristen*, die in einer
Vielzahl von Tarifverträgen vorkommen. Sie zwingen den tarifgebundenen
Arbeitnehmer regelmäßig dazu, seine Zahlungsansprüche gegenüber dem Arbeitgeber geltend zu machen, bevor überhaupt endgültig oder zumindest
erstinstanzlich über die von ihm erhobene Kündigungsschutzklage entschieden ist. Insoweit sind allerdings zwei Arten tariflicher Ausschlußfristen zu
unterscheiden: die *einstufigen*, die eine mündliche oder schriftliche Geltendmachung der Zahlungsansprüche durch den Arbeitnehmer innerhalb festge-
legter Frist erfordern und die *zweistufigen* (zum Begriff s. z.B. BAG BB
1984, 784), die nach erfolgloser schriftlicher Geltendmachung innerhalb einer
weiteren Frist die Klageerhebung gebieten (vgl. dazu insgesamt *Schaub*, Arbeitsrechts-Handbuch, § 205). Einigkeit besteht insoweit zwischen den Sena-
ten des BAG, daß bei zweistufigen Ausschlußfristen die Erhebung lediglich
der Kündigungsschutzklage nicht ausreicht, vielmehr daneben eine fristgemäße Zahlungsklage erforderlich ist (vgl. zuletzt BAG BB 1988, 1465). Der
Rechtsanwalt, der den Arbeitnehmer im Kündigungsrechtsstreit vertritt, muß
diese besondere Bedeutung tariflicher Ausschlußfristen kennen und seinen
Mandanten zur fristgemäßen schriftlichen oder gerichtlichen Geltendma-

chung seiner Ansprüche raten. Er muß aber auch aufgrund der Informationen seines Mandanten die Geltung von Ausschlußfristen trotz dessen fehlender Tarifgebundenheit überprüfen und zu diesem Zweck notfalls die Auskünfte Dritter einholen (vgl. dazu ausführlich oben § 2 II 4 und III 5). Fällt nach einem Kündigungsschutzprozeß der Arbeitgeber in Konkurs, muß der mit der Kündigungsschutzklage beauftragte Anwalt seinen Mandanten auch über die *Befristung* von Konkursausfallgeld (§ 141e Abs. 1 S. 2 AFG) aufklären (vgl. AG Siegburg NJW-RR 1989, 155 und allg. oben § 2 IV 3d.).

535 So unterschiedlich die den Ausschlußfristen zugrundeliegenden Regelungen selbst sind, so uneinheitlich sind bei *(un)verschuldeter* Nichtwahrung auch die *Rechtsfolgen.* Zum Teil bestehen ausdrückliche Sonderregelungen (z.B. § 5 KSchG, Zulassung verspäteter Kündigungsschutzklagen) bzw. sind die zivilprozessualen Vorschriften über die Wiedereinsetzung entsprechend anwendbar (Art. 6 Abs. 3 und Art. 12 Abs. 3 S. 2 NTS-AG, Behandlung als Notfristen i.S. der ZPO). Für die Anfechtungsfrist nach der KO gelten die materiell-rechtlichen Verjährungsvorschriften des § 203 Abs. 2 und des § 207 BGB entsprechend (§ 41 Abs. 1 KO), so daß bei „höherer Gewalt" eine Ablaufhemmung in Betracht kommen kann. Dem gegenüber ist § 12 Abs. 3 VVG an sich abschließend ohne die Möglichkeit einer Entschuldigung geregelt. Gleichwohl kann sich der Versicherer nicht auf die Versäumung der Klagefrist berufen, wenn dem Versicherten kein Verschulden zur Last liegt (BGHZ 43, 235). Auch tarifliche Ausschlußfristen führen – soweit der Tarifvertrag nicht ausnahmsweise Rechtsfolgen bei unverschuldeter Versäumung enthält – an sich generell zum endgültigen Rechtsverlust. Gleichwohl soll der Anspruch dann nicht verfallen, wenn der Arbeitnehmer ohne jedes Verschulden nicht in der Lage war, die Frist einzuhalten und unverzüglich nach Beseitigung des Hindernisses seine Rechte geltend macht (*Hueck/Nipperdey,* Lehrbuch des Arbeitsrechts, 7. Aufl. 1966, Bd. II, § 32 III 5d [S. 637], str.). Da es mithin wesentlich auf das Verschulden des Rechtsinhabers ankommt ist bedeutsam, ob und inwieweit dieser sich des Verschulden seines Anwalts zurechnen lassen muß, eine Frage die zugleich haftungsrechtliche Konsequenzen hat. Dafür bedürfte es jedoch einer Zurechnungsnorm, vergleichbar mit der zivilprozessualen Regelung des § 85 Abs. 2 ZPO, die aber auf die vorwiegend materiell-rechtlichen Ausschlußfristen – insbesondere die Klagefristen – grundsätzlich nicht entsprechend anwendbar ist (vgl. *Zöller/Vollkommer,* § 85 Rdnr. 11 und speziell zu § 4 KSchG: LAG Hamm NJW 1981, 1230 [1231]; 1983, 1631; BB 1988, 140, stRspr., sehr str.; aA z.B. LAG Mainz NJW 1982, 2461).

Schrifttum: *Kosnopfel,* Bedeutung tariflicher Ausschlußfristen im Kündigungsrechtsstreit, BB 1988, 1818; *Lang,* Haftpflichtfragen – Die Bedeutung tarifvertraglicher Ausschlußfristen im Kündigungsrechtsstreit und bei der Geltendmachung von Zahlungsansprüchen, AnwBl 1983, 554 und 1984, 45.

Baulandsachen

Der Rechtsanwalt, der damit beauftragt wird, einen Verwaltungsakt nach 536
dem 4. und 5. Abschnitt des 1. Kapitels des BauGB (insbesondere Enteignungsbescheide) anzufechten, hat zu beachten, daß das Verfahren in Baulandsachen durch die §§ 217 ff. BauGB eine besondere Regelung erfahren hat.
Der Antrag auf gerichtliche Entscheidung ist bei der Stelle einzureichen, die
den Verwaltungsakt erlassen hat (§ 217 Abs. 2 S. 1 BauGB); diese hat ihn an
das zuständige LG zu übersenden. Dort entscheidet die Kammer für Baulandsachen (§ 220 BauGB). Die Einreichung unmittelbar beim LG ist nicht fristwahrend (BGHZ 41, 249). Der BGH hat seine Entscheidung damit begründet,
daß es keinen allgemeinen Grundsatz des Inhalts gebe, ein Rechtsbehelf könne
stets bei dem Gericht eingelegt werden, das über ihn zu entscheiden habe (s.
auch „Finanzgerichtsverfahren", „Revisionseinlegung"). Da die anzufechtenden Verwaltungsakte regelmäßig mit Rechtsbehelfsbelehrungen versehen sind,
kann der Anwalt, der hier einen Fehler macht, auch nicht damit rechnen, daß
ihm Wiedereinsetzung nach § 218 BauGB gewährt werden wird.

Verfahren in Baulandsachen sind Feriensachen (§ 221 Abs. 1 S. 2 BauGB; s.
auch „Gerichtsferien").

Bauprozeß

Haftungsrisiken im Bauprozeß drohen insbesondere dann, wenn der An- 537
walt den Auftraggeber vertritt. Oft ist nicht klar, wer für einen Mangel
verantwortlich ist, der eine oder der andere der ausführenden Unternehmer
oder der Architekt. Hier muß der Anwalt seinem Mandanten regelmäßig zur
Einleitung eines Beweissicherungsverfahrens raten (§§ 485 ff. ZPO). Wird
gegen einen Beteiligten Klage erhoben, so empfiehlt sich die Streitverkündung an den anderen. Wegen der Kostenfolgen bei der Abweisung der Klage
gegen einen der Streitgenossen empfiehlt es sich dagegen für den Anwalt nur
ausnahmsweise, die möglichen Verantwortlichen als Gesamtschuldner zu
verklagen (Beispiel: BGHZ 43, 227 – u. U. gesamtschuldnerische Haftung
von Architekt und Bauunternehmer). Ein solches Vorgehen ist regelmäßig
nur dann fehlerfrei, wenn vorher durch Einholung eines Sachverständigengutachtens belegt ist, daß alle Streitgenossen ursächlich an der Entstehung des
Baumangels mitgewirkt haben.

In Bauprozessen werden oft fehlerhafte und unklare Anträge gestellt. Sie 538
beruhen meist auf einer Verkennung des Systems des Werkvertrags und seiner Gewährleistung. Der Auftraggeber, der den Werklohn bereits bezahlt hat
und nun Mängel geltendmacht, kann – jeweils unter verschiedenen Voraussetzungen und mit unterschiedlichen Rechtsfolgen – Mängelbeseitigung
(bzw. einen Vorschuß auf die hierfür zu erwartenden Kosten), Schadensersatz oder Minderung des Werklohns verlangen. Ist die Höhe des für die
Mängelbeseitigung erforderlichen Betrags noch unbekannt, so stellt es einen
Anwaltsfehler dar, einen bestimmten Geldbetrag als Schadensersatz zu ver-

langen: Stellen sich später weitere Schadenspositionen heraus, kann der Anspruch verjährt sein, während die Klage auf einen Vorschuß auf die Mängelbeseitigungskosten die Verjährung auch hinsichtlich etwaiger höherer Kosten unterbricht (BGHZ 66, 138). Umgekehrt ist es fehlerhaft, einen Vorschuß einzuklagen, wenn der Auftraggeber die Mängel nicht oder nur teilweise beseitigen will. Hier müßte er nach Abschluß der Arbeiten die nicht verbrauchten Beträge zurückerstatten, auch wenn er sie als Schadensersatz zu fordern hätte. Muß sich der Auftraggeber im Bauprozeß gegen die Werklohnforderung des Auftragnehmers verteidigen, so hat der Anwalt zu prüfen, ob bereits eine Abnahme erfolgt ist. Ist dies nicht der Fall, so wird er mangelnde Fälligkeit der Werklohnforderung einwenden; ist das Bauwerk dagegen bereits abgenommen, bleibt nur die Aufrechnung mit Gegenansprüchen, die in verschiedenen Fallgestaltungen wieder unterschiedlich günstig für den Mandanten sind (Schadensersatz, Vorschuß auf die Mängelbeseitigungskosten), der Einwand der Minderung oder die Geltendmachung eines Zurückbehaltungsrechts. Es ist dabei auch jeweils zu berücksichtigen, ob das geltendgemachte Gegenrecht die Abweisung der Klage oder nur die Zug-um-Zug-Verurteilung rechtfertigt (vgl. §§ 322, 274 BGB).

539   Besonders sorgfältige Prüfung ist erforderlich, wenn ein Bauvertrag gekündigt werden soll (s. „Kündigungserklärungen"). Ist für den Bauvertrag die Geltung der VOB vereinbart, so sind deren besondere Fristvorschriften für die Geltendmachung und Wahrung von Rechten zu beachten (s. „VOB").

Schrifttum: *Werner/Pastor*, Der Bauprozeß, 5. Aufl. 1986; s. auch „VOB-Vertrag".

Büroorganisation

540   Eine zweckmäßige Organisation des Kanzleiablaufs ist keine selbständige Pflicht des Anwalts, aus der sich Haftungsansprüche ergeben könnten. Aus Organisationsmängeln können sich jedoch mittelbar Ansprüche des Mandanten ergeben, insbesondere wenn deswegen Fristen versäumt werden. Anders als bei Fehlern der Bediensteten des Anwalts kommt bei Organisationsmängeln Wiedereinsetzung nicht in Betracht, da der Anwalt eine *eigene* Pflicht verletzt, wenn es infolge mangelhafter Organisation zu Fristversäumnissen kommt (§ 85 Abs. 2 ZPO).

Zur Abgrenzung der dem Anwalt persönlich obliegenden Organisationspflichten von den Verrichtungen, die er dem Kanzleipersonal überlassen darf, gibt es eine nahezu unübersehbare Kasuistik, regelmäßig nicht in Haftpflichtsachen, sondern in Entscheidungen, die Wiedereinsetzung gewähren oder versagen. In der Rechtsprechung haben sich dabei folgende Grundsätze herausgebildet:

a) Kontrolle von Schriftsätzen

541   Der Anwalt muß sein Büro so organisieren, daß nicht nur die rechtzeitige Anfertigung von Schriftsätzen sichergestellt ist, mit denen Fristen gewahrt

werden sollen, sondern auch deren rechtzeitige Absendung und Kontrolle daraufhin, ob sie richtig unterschrieben sind (vgl. hierzu näher „Fristenwahrung“, „Fristenkalender“, „Unterschrift des Rechtsanwalts“). In einer Kanzlei, in der die Rechtsanwälte z.T. (nur) beim LG, z.T. (auch) beim OLG zugelassen sind, muß kontrolliert werden, daß Schriftsätze an das OLG nicht von einem dort nicht zugelassenen Anwalt unterzeichnet sind (BGH VersR 1986, 1211). Werden Schriftsätze durch Boten übermittelt, die sich über die Einreichung Quittungen erteilen lassen, so genügt es, wenn diese mit Parteibezeichnungen versehen werden. Die Angabe des Aktenzeichens (zur besseren Unterscheidung) verlangt die Rechtsprechung nicht (BGH VersR 1988, 156). Nicht dem Kanzleipersonal überlassen darf der Anwalt die Überprüfung, bei welchem Gericht eine Berufungsschrift einzureichen ist; hier muß er selbst tätig werden (BGH VersR 1986, 1209).

b) Belehrung und Überwachung des Personals

Die Berechnung einfacher Fristen in alltäglichen Rechtssachen darf der Anwalt geschultem Personal überlassen (vgl. im einzelnen zum Stichwort „Fristenberechnung“). Dagegen gehört es zur Organisationspflicht des Anwalts, daß die damit beauftragten Personen über die Bedeutung der Fristen und ihren Beginn und ihre Dauer belehrt sind. Daran fehlt es, wenn die Angestellte bei der Zustellung gegen Empfangsbekenntnis (§ 212a ZPO) den Zeitpunkt des Eingangs in der Kanzlei (und nicht den Tag der Unterzeichnung des Empfangsbekenntnisses) durch den Anwalt notiert (OLG Düsseldorf MDR 1988, 325 [326]). 542

Zur Erkennung der Fälle, in denen der Anwalt die Fristen selbst berechnen muß (insbesondere der Feriensachen), müssen die erforderlichen organisatorischen Vorkehrungen getroffen sein. Fehlt es hieran, dann wird eine Fristversäumung ebenso wenig entschuldigt, wie wenn der Anwalt selbst den Fristablauf fehlerhaft beurteilt hätte. Auch Personal, das sich als zuverlässig erwiesen hat, ist sorgfältig zu überwachen (vgl. im einzelnen zum Stichwort „Überwachungspflicht“).

Ob eine Person über die erforderliche Zuverlässigkeit verfügt, kann nicht abstrakt beurteilt werden. Der BGH unterscheidet drei Qualifikationen von Mitarbeitern (vgl. BGH NJW 1988, 2045). Auch Auszubildende sind nicht von vornherein ungeeignet, wenn sie sich bei entsprechenden Kontrollen als zuverlässig erwiesen haben (BGH VersR 1987, 769). Jedoch trifft den Anwalt eine gesteigerte Sorgfalts- und Überwachungspflicht, wenn er einer Angestellten, die gerade erst ihre Ausbildung beendet hat, erstmals die eigenverantwortliche Berechnung und Notierung von Fristen überträgt (BGH VersR 1988, 157).

c) Weisungen des Anwalts

Der Anwalt darf grundsätzlich darauf vertrauen, daß zuverlässige Büroangestellte die ihnen erteilten Weisungen auch befolgen (BGH VersR 1986, 543

764), insbesondere, daß ihm Akten an dem Tag, den er verfügt hat, auch vorgelegt werden (BGH VersR 1986, 345). Stellt sich bei der Überwachung jedoch heraus, daß Weisungen nicht eingehalten wurden oder Fehler unterlaufen sind, so müssen entsprechende Vorkehrungen getroffen werden (BGH VersR 1972, 557). Sind in einem Anwaltsbüro mehrere Angestellte beschäftigt, so darf der Anwalt nicht darauf vertrauen, daß diese untereinander ihre Vertretung im Urlaubs- oder sonstigem Verhinderungsfall selbst regeln werden, sondern hat selbst für eine geeignete Vertretung zu sorgen und entsprechende Weisungen zu erteilen (BGH VersR 1987, 617; MDR 1989, 245).

d) Krankheit und Urlaub des Anwalts

544 Wird infolge plötzlicher Erkrankung des Anwalts eine Frist versäumt, so muß dies nicht zwangsläufig zu einer Haftung des Anwalts führen (s. oben § 3 III 3 c). Er haftet aber wegen Organisationsverschuldens, wenn er für den Fall einer plötzlichen Erkrankung nicht sichergestellt hat, daß ein Vertreter vorhanden ist oder daß dieser zum Zweck der Erledigung von Fristsachen vom Büropersonal erreicht werden kann (BGH VersR 1982, 802). Entdeckt der Anwalt bei seiner Rückkehr aus dem Urlaub auf einem zugestellten Urteil einen handschriftlich abgeänderten Eingangsstempel, so darf er diese Unstimmigkeit nicht auf sich beruhen lassen, sondern muß – notfalls durch Nachfrage bei Gericht – sicherstellen, daß der (geänderte) Eingangsstempel und das Datum des von seinem Vertreter unterzeichneten Empfangsbekenntnisses übereinstimmen (BGH NJW 1985, 1710).

S. auch „Überwachungspflicht", „Fristenkalender".

Schrifttum: *Borgmann,* Beck'sches Rechtsanwalts-Handbuch, 1989, K II, S. 1036 ff.; *dies.,* Büroorganisation und Berufshaftpflicht, AnwBl 1986, 123.

Einstweilige Verfügung (s. auch Zustellung)

545 Das Verfahren zum Erlaß einer einstweiligen Verfügung (e. V.), für das gem. § 936 ZPO grundsätzlich die Arrestvorschriften (§§ 916 ff. ZPO) entsprechend anwendbar sind, weist gegenüber dem normalen Erkenntnisverfahren einige Besonderheiten auf und birgt damit zugleich für den (unerfahrenen) Anwalt eine Reihe von Haftpflichtgefahren.

So hat der Verfügungskläger gem. §§ 936, 920 ZPO in seinem Antrag *Verfügungsanspruch* und *Verfügungsgrund* nicht nur darzulegen, sondern zugleich *glaubhaft* zu machen, wofür sich die Praxis regelmäßig der *eidesstattlichen Versicherung* des Antragstellers bedient. Der beauftragte Rechtsanwalt muß dabei allerdings beachten, daß zwar gelegentlich eine Glaubhaftmachung des Verfügungsgrundes entbehrlich ist (so gem. §§ 885 Abs. 1 S. 2, 899 Abs. 2 S. 2, 1615 o Abs. 3 BGB, § 25 UWG), hierdurch aber die Glaubhaftmachung des Verfügungsanspruchs nicht enfällt. Vertritt der Anwalt den Verfügungsbeklagten, muß er gleichermaßen beachten, daß die Widerlegung von Verfügungsanspruch und Verfügungsgrund – regelmäßig durch eidesstattliche Versicherung – glaubhaft zu machen ist.

Eine e. V. ist, weil sie in einem lediglich summarischen Verfahren ergeht, **546**
grundsätzlich nur zur *Sicherung* eines gefährdeten Anspruchs (§ 935 ZPO)
oder des Rechtsfriedens (§ 940 ZPO) statthaft. Der Rechtsanwalt darf nur
ganz ausnahmsweise den Antrag auf Erlaß einer auf *Befriedigung* gerichteten
und damit die Hauptsache vorwegnehmenden e. V. stellen, wenn sein Mandant auf die sofortige Erfüllung seines Anspruchs dringend angewiesen ist
oder aber die geschuldete Handlung so kurzfristig erbracht werden muß, daß
die Erwirkung eines Titels im ordentlichen Verfahren nicht möglich ist. Dies
ist insbesondere anerkannt für Unterhaltsansprüche (s. dort) und wettbe-
werbsrechtliche Unterlassungsansprüche (weitere Beispiele in *Zöller/Voll-
kommer*, § 940 Rdnr. 6 und 8).

Weitere vom beauftragten Rechtsanwalt zu beachtenden Besonderheiten
ergeben sich aus den *Zuständigkeitsregelungen* der §§ 942, 943 in Verb. mit
§ 802 ZPO, den für *Ehesachen* geltenden vorrangigen Sondervorschriften
gem. §§ 620 ff. ZPO, sowie den in Verfügungssachen maßgeblichen besonderen Rechtsbehelfs- und Rechtsmittelverfahren. So ist gegen die im Beschluß-
verfahren erlassene e. V. der *Widerspruch* statthaft (§§ 936, 924 ZPO), gegen
den den Antrag abweisenden Beschluß die *Beschwerde* (§ 567 ZPO), während bei durch Urteil ergangenen Entscheidungen über den Verfügungsantrag die *Berufung* das richtige Rechtsmittel ist (§ 511 ZPO; vgl. auch § 545
Abs. 2 ZPO). Darüber hinaus ist auf Antrag eine e. V. wegen veränderter
Umstände (§ 927 ZPO) ebenso wieder aufzuheben wie bei Nichteinhaltung
der Frist zur Erhebung der Hauptsacheklage (§ 926 Abs. 2 ZPO). Gerade der
letztere Rechtsbehelf gebietet dem Anwalt, vorab die Erfolgsaussichten einer
nach Fristsetzung gem. § 926 Abs. 1 ZPO zu erhebenden Hauptsacheklage –
insbesondere auch aufgrund der Beweislage – sorgfältig zu überprüfen, da
eine nachträgliche Aufhebung der e. V. gem. § 926 Abs. 2 ZPO die Haftung
des Mandanten gem. § 945 ZPO nach sich ziehen kann.

Die hauptsächlichste Haftpflichtgefahr für den Anwalt besteht indes in **547**
Hinblick auf das *Vollziehungserfordernis* des § 929 Abs. 2 ZPO, zumal über
die Einzelheiten der Vollziehung einer e. V. innerhalb der verschiedenen
Oberlandesgerichte durchaus Uneinigkeit herrscht. Der Hauptstreitpunkt
betrifft dabei die Frage, ob bei der durch Urteil erlassenen e. V. die gem.
§§ 317, 270 ZPO erforderliche *Amtszustellung* zur Wahrung der Vollziehungsfrist ausreicht (so z. B. OLG Hamburg WRP 1980, 341; LAG Hamm
MDR 1987, 1052 für Verbots-/Unterlassungsverfügung) oder ob in Hinblick
auf den Zweck des § 929 Abs. 2 daneben noch die Parteizustellung erforderlich ist (inzwischen wohl hM, vgl. z. B. OLG Hamburg FamRZ 1988, 522
m. w. N., auch zur Gegenansicht). Der Rechtsanwalt sollte daher im Rahmen
seiner Rechtsprüfungspflicht den Standpunkt des jeweils zuständigen OLG
überprüfen (vgl. oben § 2 III 3b) bzw. nach dem Grundsatz des sichersten
Weges (vgl. oben § 2 V 1) in jedem Fall die Parteizustellung durchführen. Zu
beachten hat er aber, daß die Parteizustellung nur bei Gebots- und Verbots-
verfügungen eine ausreichende „Vollziehung" darstellt; bei auf Zahlung oder

Herausgabe einer Sache lautender e.V. erfolgt die Vollziehung durch Pfändung. – Wird die Frist des § 929 Abs. 2 ZPO nicht gewahrt, ist die e.V. auf Antrag des Schuldners gem. § 926 Abs. 2 ZPO aufzuheben, wiederum verbunden mit der Gefahr einer Haftung des Mandanten gem. § 945 ZPO.

Schrifttum: *Baur*, Studien zum einstweiligen Rechtsschutz, 1967; *E. Schneider*, Die Wahrung der Arrestvollziehungsfrist, MDR 1985, 112; *Teplitzky*, Streitfragen beim Arrest und bei der einstweiligen Verfügung, DRiZ 1982, 41; *Wedemeyer*, Vermeidbare Klippen des Wettbewerbsrechts, NJW 1979, 293.

Erbenhaftung

548   Wird ein Erbe wegen einer Nachlaßverbindlichkeit in Anspruch genommen, so gehört es in jedem Fall zu den Pflichten des Anwalts, den Vorbehalt der beschränkten Erbenhaftung in das Urteil aufnehmen zu lassen; anders kann die Beschränkung der Erbenhaftung in der Zwangsvollstreckung nicht geltend gemacht werden (§ 780 Abs. 1 ZPO); allerdings kann die Aufnahme des Vorbehalts in das Urteil auch noch in der Revisionsinstanz erfolgen (BGH NJW 1983, 2378 [2379]). Dies empfiehlt sich auch dann, wenn die Nachlaßaktiva die Nachlaßverbindlichkeiten zu übersteigen scheinen, denn bis zum Zeitpunkt der Vollstreckung aus dem Urteil könnten sich die Wertverhältnisse (z.B. infolge Kursverlusten von Wertpapieren) geändert haben.

Zu den Anwaltspflichten bei möglicherweise überschuldetem Nachlaß gehört auch die Beratung über die Möglichkeiten der Haftungsbeschränkung durch Einleitung des Nachlaßkonkursverfahrens oder den Antrag auf Nachlaßverwaltung, um dem Erben die Möglichkeiten der Aufhebung von Vollstreckungsmaßnahmen nach § 784 ZPO zu sichern.

Für die Nachlaßverbindlichkeiten haftet nicht nur der Erbe, sondern auch der Erwerber eines Nachlasses oder eines Erbanteils (§ 2382 Abs. 1 BGB), und zwar ohne die Möglichkeit abweichender Vereinbarung (§ 2382 Abs. 2 BGB). Der Veräußerer eines Nachlasses oder eines Erbanteils haftet ferner den Nachlaßgläubigern, wenn er die Veräußerung dem Nachlaßgericht nicht anzeigt, für daraus entstehenden Schaden (§ 2384 BGB). Zwar hat insbesondere der beurkundende Notar (vgl. § 2371 BGB) die Pflicht, die Beteiligten auf diese gesetzlichen Regelungen hinzuweisen; daneben ist aber eine Haftung des hinzugezogenen Anwalts nicht ausgeschlossen.

Schrifttum: *Lang*, Anwaltliche Beratungsfehler auf dem Gebiet des Erbrechts, AnwBl 1983, 166.

Feriensache s. Gerichtsferien

Finanzgerichtsverfahren

549   Wird der Rechtsanwalt beauftragt, gegen ein Urteil des Finanzgerichts Revision einzulegen, so hat er besonders zu beachten, daß – anders als im

allgemeinen Verwaltungsprozeßrecht – das Rechtsmittel nicht beim BFH, sondern beim FG einzureichen ist (§ 120 Abs. 1 FGO). Die Einreichung beim BFH wahrt nicht die Revisionsfrist. Für die Beschwerde gegen die Nichtzulassung der Revision gilt das gleiche (§ 115 Abs. 3 S. 2 FGO). Eine sehr hohe Zahl von Rechtsbehelfen zum BFH – auch solche, die von Rechtsanwälten eingelegt wurden –, wird alljährlich wegen Verletzung dieses ungewöhnlichen Formerfordernisses verworfen.

Flucht in die Säumnis s. Versäumnisurteil, Verspätung

Formfehler des Gerichts

Formfehler des Gerichts sind häufig geeignet, den pflichtwidrig handeln- 550 den Rechtsanwalt vor einer Haftung gegenüber dem Mandanten zu bewahren. Dies gilt insbesondere für formell mangelhafte Urteilszustellungen, aber auch für formell fehlerhafte richterliche Einzelverfügungen.

Hat der Rechtsanwalt (rechnerisch) eine Rechtsmittelfrist versäumt, so ist dies unschädlich, wenn keine wirksame Zustellung des Urteils erfolgt ist. Denn der Beginn einer Rechtsmittelfrist knüpft gewöhnlich (Ausnahme: z. B. §§ 516 Halbs. 2 a. E., 552 Halbs. 2 a. E., 577 Abs. 2 ZPO in Verb. mit § 336 und § 952 Abs. 4 ZPO – Verkündung der Entscheidung) an die *wirksame Zustellung* einer rechtsmittelfähigen Entscheidung an. Zur Unwirksamkeit führende Mängel der Zustellung liegen insbesondere vor bei: Zustellung eines nicht (ordnungsgemäß) verkündeten Urteils (BGH VersR 1984, 1192); Zustellung einer in wesentlichen Teilen unleserlichen Urteilsausfertigung (BayObLG MDR 1982, 501); Auseinanderfallen von beglaubigter Abschrift und Ausfertigung in wesentlichen Teilen (insbesondere Urteilssumme, Richterunterschriften, Ausfertigungsvermerk und Vollstreckungsklausel, vgl. BGH VersR 1967, 754; VersR 1970, 623); fehlende Unterschrift eines (mit)entscheidenden Richters ohne Angabe eines Verhinderungsgrundes (BGH NJW 1980, 1849; VersR 1984, 586) und erst recht bei Erteilung der Ausfertigung eines Urteils, das noch keine Unterschrift der Richter aufweist (OLG Hamm WRP 1984, 335). Ebenso unentbehrlich für die wirksame Zustellung einer Entscheidungsausfertigung sind der Ausfertigungsvermerk (RGZ 159, 25 [27]; BGH VersR 1962, 218; im Erg. einschr. OLG Hamm OLGZ 1988, 467) und die gem. § 317 Abs. 3 ZPO erforderliche Unterschrift des ausfertigenden Beamten (BGH VersR 1974, 1129). Dagegen hindert die Ersetzung des Gerichtssiegels (vgl. § 317 Abs. 3 ZPO) durch den Gerichtsstempel nicht die Wirksamkeit der Urteilszustellung (BGH VersR 1985, 551).

In all den Fällen unwirksamer Zustellung beginnt trotz Zugangs der Entscheidung keine Rechtsmittelfrist zu laufen, der Anwalt kann sie daher gar nicht schuldhaft versäumen.

Ebenso ist für den Rechtsanwalt die Nichteinhaltung einer richterlichen 551 Frist ohne haftungsrechtliche Konsequenzen, wenn die ihr zugrundeliegende gerichtliche Verfügung formell mangelhaft ist, weil z. B. die Unterschrift des

Richters oder des Urkundsbeamten der Geschäftsstelle fehlt (OLG Köln OLGZ 1988, 459 [460 f.]). So kann wegen des Verstoßes gegen die Vorschriften der §§ 329 Abs. 1 S. 2, 317 Abs. 2 und 3, 170 Abs. 1 ZPO insbesondere bei einer formell fehlerhaften richterlichen Fristenverfügung ein Vorbringen des Prozeßvertreters der Partei nicht gem. § 296 ZPO als verspätet zurückgewiesen werden (BGHZ 76, 236; NJW 1980, 1960), auch wenn dies tatsächlich erst nach Fristablauf eingegangen ist.

Fristen, materiell-rechtliche

552   Im Rahmen seiner Aufklärungspflicht (vgl. oben § 2 II 2) muß der Rechtsanwalt den Mandanten genau dahin befragen, ob der Sachverhalt die Beachtung einer materiell-rechtlichen Frist gebietet, deren Nichteinhaltung für den Mandanten zu einem endgültigen Rechtsverlust oder zur Undurchsetzbarkeit seines Anspruchs führen würde. Die Sorgfalt ist dabei um so größer, je kürzer eine in Betracht kommende Frist ist.

Es gibt *Fristen, die ein unverzügliches Handeln* gebieten (z.B. Anfechtungsfrist, § 121 BGB; Rügefrist, § 377 HGB) und solche, die sich nur auf Tage (Frist für Vorbehalt gegenüber Schlußzahlung, § 16 Nr. 3 Abs. 2 VOB/ B), einen Monat (Frist zur Geltendmachung von Gewährleistungsansprüchen des Reisenden gegenüber dem Reiseveranstalter, § 651 g Abs. 1 BGB) oder drei Monate (Frist zur Geltendmachung von Ausgleichsansprüchen des Handelsvertreters, § 89 b Abs. 4 HGB) erstrecken.

Eine Zusammenstellung der wichtigsten *Verjährungsfristen* erfolgt unter dem gleichnamigen Stichwort. S. auch „Ausschlußfristen", „Klagefristen".

Fristen, prozessuale

553   Eine Vielzahl von Haftungsfällen basiert auf der Nichteinhaltung prozessualer Fristen. Hierher gehören die gesetzlichen Rechtsbehelfsfristen, ferner die zum Zweck der Verfahrensbeschleunigung gesetzten richterlichen Fristen sowie bestimmte unmittelbar aus dem Gesetz folgende Handlungsfristen.

Die praktisch bedeutsamsten prozessualen Fristen sind die Rechtsmittel- und Rechtsmittelbegründungsfristen und die Einspruchsfrist (§§ 339, 516, 519 Abs. 2, 552, 554 Abs. 2, 577 Abs. 2 ZPO). Anwaltliche Fehler kommen hier im Zusammenhang mit der Notierung der jeweiligen Fristen (s. „Fristenkalender"), der Fristenberechnung (s. dort) und den Maßnahmen zur Fristenwahrung (s. ebenfalls dort), auch bei Rechtsmittelaufträgen an den beim Rechtsmittelgericht zugelassenen Anwalt vor (vgl. BGHZ 105, 116 = NJW 1988, 3020; FamRZ 1988, 941). Ausgangspunkt einer korrekten Fristenberechnung ist der Fristbeginn. Die (einmonatige) Rechtsmittelfrist, die als *Notfrist* (§§ 516, 552, 577 Abs. 2 ZPO) durch die Gerichtsferien nicht beeinflußt wird (§ 223 Abs. 2 ZPO), kann grundsätzlich nur durch eine Zustellung des Urteils von Amts wegen (§§ 317, 270 Abs. 1 ZPO) in Lauf gesetzt werden; unterbleibt diese, so beginnt sie jedoch mit Ablauf von 5 Monaten nach

Verkündung des Urteils zu laufen (§§ 516 HS 2; 552 HS 2 ZPO). Jedoch setzt nur eine wirksame Zustellung die Rechtsmittelfrist in Lauf (s. „Formfehler des Gerichts" und „Zustellung").

Mit der Einlegung des Rechtsmittels beginnt der Lauf der *Rechtsmittelbe-* 554 *gründungsfrist* (§§ 519 Abs. 2, 554 Abs. 2 ZPO). Hat der Rechtsanwalt wegen verspäteter Einlegung Wiedereinsetzung beantragt, so beginnt die Begründungsfrist davon unabhängig mit Eingang der Rechtsmittelschrift bei Gericht (dieses Datum muß der Anwalt zur korrekten Berechnung genau ermitteln) zu laufen (BGH VersR 1981, 1032). Wichtig ist in diesem Zusammenhang auch die Beachtung der *Gerichtsferien.* Zwar ist die Rechtsmittelbegründungsfrist *keine Notfrist,* ihr Lauf ist also durch die Gerichtsferien gehemmt. Dies gilt jedoch dann nicht, wenn der Rechtsstreit eine Feriensache (§ 200 GVG) betrifft. Hat der Anwalt insoweit Zweifel, muß er die Sache nach dem Grundsatz des sichersten Weges vorsorglich als Feriensache (s. auch dort) behandeln.

Die fristwahrende Einlegung und Begründung eines Rechtsmittels erfordert nicht nur Rechtzeitigkeit (s. „Fristwahrung"), sondern setzt auch die richtige Adressierung des Schriftsatzes an das *zuständige Gericht* (s. dort) und die handschriftliche *Unterschrift des Rechtsanwalt* (s. dort) voraus. Zu beachten ist ferner, daß die Rechtsmittel-(begründungs-)frist durch einen Prozeßkostenhilfeantrag nicht berührt wird und das Rechtsmittel auch bei einer solchen Antragstellung *unbedingt* erhoben werden muß (s. „Prozeßkostenhilfe").

Der Lauf *gerichtlich gesetzter Fristen* (insbesondere § 273 Abs. 2, 275 555 Abs. 1, 3 und 4, 276 Abs. 1 und 3 ZPO) beginnt mit der (wirksamen) Zustellung der richterlichen Verfügung (s. „Formfehler des Gerichts"). Wird das schriftsätzliche Vorbringen durch den Anwalt erst nach Fristablauf eingereicht, muß es nicht selten gem. § 296 Abs. 1 ZPO als verspätet zurückgewiesen werden. Der Mandant verliert den Rechtsstreit dann unabhängig von seiner Rechtsposition und u.U. gar endgültig, weil er – sofern das Urteil überhaupt rechtsmittelfähig ist – häufig mit dem verspäteten Vorbringen auch nicht in der Berufungsinstanz durchdringt (§ 528 Abs. 1 und 3 ZPO).

Die Nichtbeachtung der *gesetzlichen Schriftsatzfristen* des § 132 ZPO genügt als solche nicht für eine Zurückweisung des verspäteten Vorbringens gem. § 296 Abs. 2 ZPO (BGH NJW 1989, 716 [717]); auch ein Fall von §§ 282 Abs. 2, 296 Abs. 2 ZPO scheidet aus, wenn eine Abhilfe gem. § 283 ZPO möglich ist.

Fristenberechnung

Die Berechnung *einfacher* Fristen, die in der anwaltlichen Praxis häufig 556 vorkommen, kann der Rechtsanwalt seinem gut ausgebildeten, sorgfältig belehrten (zum Umfang der Belehrungen vgl. OLG Düsseldorf MDR 1988, 325) und überwachten Büropersonal übertragen (BGHZ 43, 148 – seither stRspr., z.B. BGH VersR 1987, 485 [486]; BGH NJW 1988, 2045; anders aber in Arbeitsgerichtssachen, vgl. BAG NJW 1975, 232). Er muß aber dafür sorgen, daß er die Fristberechnung in ungewöhnlichen und zweifelhaften Fällen selbst kontrollieren kann (BGH VersR 1985, 168); zur Vermeidung von Berechnungsfehlern ist dies insbesondere für Fristen anzunehmen, deren Lauf ganz oder teilweise in die *Gerichtsferien* fällt und die damit zusammenhängende Frage, ob der betroffene Rechtsstreit eine Feriensache ist (BGH VersR 1985, 889; VersR 1987, 760). Das gleiche gilt, wenn es um die Vorbereitung einer *fristgebundenen Prozeßhandlung* (insbesondere Einlegung und Begründung von Rechtsmitteln) geht; die Nachprüfung und Berechnung solcher Fristen ist in diesem Fall keine routinemäßige Büroarbeit mehr, sondern Prüfung einer Zulässigkeitsvoraussetzung der beabsichtigten Prozeßhandlung (BGH VersR 1987, 463 und 485 [486], je m. w. N.). Wird für die zweite Instanz ein anderer Prozeßbevollmächtigter beauftragt, trifft den erstinstanzlichen Prozeßbevollmächtigten – als Grundlage einer korrekten Fristenberechnung – die Pflicht zur eigenverantwortlichen Feststellung des für den Lauf der Rechtsmittelfrist maßgeblichen Zustellungsdatums und zur zweifelsfreien Übermittlung dieses Datums an den Prozeßbevollmächtigten zweiter Instanz (BGH VersR 1987, 587). Läßt der erstinstanzliche als Korrespondenzanwalt tätige Anwalt den Auftrag zur Rechtsmitteleinlegung telefonisch durch eine Angestellte erteilen, muß er sich wegen der Gefahr von Übermittlungsfehlern alsbald die Durchschrift der Rechtsmittelschrift vorlegen lassen und sie darauf überprüfen, ob der zweitinstanzliche Anwalt von den richtigen Daten ausgegangen ist (BGH VersR 1987, 560).

Schrifttum: wie „Fristenkalender".

Fristenkalender

557 Die Führung des Fristenkalenders kann der Rechtsanwalt einer als zuverlässig erprobten und sorgfältig überwachten Angestellten (nicht aber Auszubildenden, BGH VersR 1980, 142) überlassen (BGH VersR 1987, 53; NJW 1988, 2045, stRspr.), wobei er indes eine gesteigerte Überwachungspflicht hat, wenn er diese Aufgabe einer Bürokraft überträgt, die erst kürzlich die Ausbildung beendet hat (BGH VersR 1988, 157). Ansonsten kann er im Interesse der Konzentration auf seine wesentlichen Aufgaben darauf vertrauen, daß die maßgeblichen Fristen notiert und ihm die Akten rechtzeitig zur Fristwahrung vorgelegt werden (BGH VersR 1986, 166 [167]). Der Anwalt kann sich durch eine solche Delegation aber nur insoweit entlasten, als er durch allgemeine Anweisungen den Büroablauf so organisiert, daß die Fristwahrung hinreichend gesichert ist (BGH VersR 1987, 53; VersR 1988, 1164 m. w. N.). Er muß insbesondere anordnen, daß im Kalender der *Fristablauf,* nicht (nur) ein früheres Datum (zu sog. Vorfristen sogleich unten) *notiert* wird (BGH VersR 1975, 1005), daß *Rechtsmittelbegründungsfristen* alsbald bei oder nach der Absendung der Rechtsmittelschrift einzutragen sind (BGH NJW 1988, 568 m. w. N.) und daß die Notierung wichtiger Fristen im Terminkalender durch einen – für den Anwalt überprüfbaren – *Erledigungsver-*

merk in den Handakten gekennzeichnet wird (LG Berlin MDR 1987, 591 m. w. N.). Der Anwalt muß sein Personal darüber hinaus anweisen, daß *Rechtsmittel-(begründungs-)fristen* so notiert werden, daß sie sich von gewöhnlichen Wiedervorlagefristen deutlich abheben (BGH VersR 1986, 469). Die Notierung und Überwachung der bei fehlender Zustellung 5 Monate nach Verkündung (§ 310 ZPO) beginnenden Rechtsmittelfrist (§§ 516, 552 ZPO) hat der Rechtsanwalt selbst „sicherzustellen", wenn sich die Urteilszustellung ungewöhnlich verzögert und mit Ablauf der *5-Monats-Frist* zu rechnen ist (BGH NJW 1989, 1156 [1157]). Die Notierung von dem eigentlichen Fristablauf vorgelagerten Fristen (insbesondere Wiedervorlagefristen), ist hingegen nicht in jedem Fall anzuordnen (BGH VersR 1973, 840; VersR 1985, 396), wohl aber bei Rechtsmittelbegründungsfristen (BGH VersR 1988, 941 m. w. N.). Umgekehrt darf der Anwalt das Personal nicht anweisen, nur Vorfristen, nicht aber den Ablauf einer (Begründungs-)Frist zu notieren (BGH NJW 1988, 568). Die gleiche Sorgfalt ist auch bei der *Streichung* von Fristen geboten. Der Anwalt muß sein Personal anweisen, daß Fristen im Kalender nicht schon bei Anfertigung der Schriftsätze, sondern erst nach deren Bereitstellung für die Mitnahme zur Post zu löschen sind (BGH VersR 1987, 769 [770] und 888; VersR 1986, 1205). Geht es um die *Streichung und Neueintragung* einer (verlängerten) Frist, ist die allgemeine Anordnung notwendig (aber auch ausreichend), daß erst die neue Frist einzutragen ist, *bevor* die ursprüngliche gestrichen wird (BGH MDR 1988, 219 = VersR 1988, 185).

Schrifttum: *Borgmann,* Haftpflichtfragen – Aufgabenverteilung in der Anwaltskanzlei an Büropersonal, AnwBl 1989, 95; *Ostler,* Fristenkontrolle in der Anwaltskanzlei und die Rechtsprechung des Bundesgerichtshofes, NJW 1958, 405; *Sziegoleit,* Aufgabenteilung zwischen Anwalt und Kanzlei im Recht der Wiedereinsetzung, Diss. Erlangen 1985.

Fristenwahrung

Für die Wahrung von Fristen ist ein sorgfältig geführter Fristenkalender (s. dort) ebenso unabdingbar, wie eine funktionierende *Ausgangskontrolle* (BGH VersR 1986, 1205; 1988, 1161; NJW 1989, 1157). Diese muß sich insbesondere auf die *Unterschriftsleistung* beziehen (BGH VersR 1987, 383; vgl. dazu oben § 3 V 3 c), auf die Rechtzeitigkeit des *Postausgangs* (BGH NJW-RR 1987, 900; vgl. auch BGH VersR 1987, 49), auf *die richtige* Bezeichnung (Aktenzeichen etc.) des in einer Rechtsmittelschrift benannten *Urteils* (OLG Köln MDR 1988, 239); die Sorgfaltspflicht erhöht sich bei Einsatz von Auszubildenden (LG Kiel VersR 1988, 754), bei Ausnutzung einer Frist bis zum letzten Tag usw. Neben dem Ausgang fristwahrender Schriftstücke ist nicht minder wichtig der *Eingang bei Gericht.* Hierfür genügt seit der Entscheidung des Bundesverfassungsgerichts vom 3. 10. 1979 (BVerfGE 52, 203) der Zugang des Schriftstücks in der Postverteilungsstelle des Gerichts (BVerfG NJW 1981, 1951) oder der Einwurf in ein gewöhnliches, im Gericht befindliches Brieffach (BGH NJW 1984, 1237), während

558

eine Empfangnahme durch den zuständigen Urkundsbeamten nicht mehr erforderlich ist. Existiert für mehrere Gerichte eine *gemeinsame Einlaufstelle*, so ist der Schriftsatz nur bei dem Gericht eingegangen, an das er gerichtet ist, denn die Einlieferung bei einer für mehrere Gerichte eingerichteten Einlaufstelle begründet nicht die Verfügungsgewalt aller angeschlossenen Gerichte (BGH NJW 1983, 123). Ist der Schriftsatz daher an ein unzuständiges Gericht adressiert, so liegt mit dem Eingang bei der gemeinsamen Einlaufstelle i. d. R. nicht zugleich ein (fristwahrender) Eingang bei dem tatsächlich zuständigen (angeschlossenen) Gericht vor; mit Recht macht jedoch die neueste Rspr. bei offenkundiger Fehladressierung eine Ausnahme (BGH NJW 1989, 590: an LG adressierte Berufungsbegründungsschrift mit OLG-Aktenzeichen). Zur Problematik verzögerter Weiterleitung vgl. oben § 3 V 3 d. Wird das Schriftstück in den *Nachtbriefkasten* vor 24.00 Uhr des letzten Tages der Frist eingeworfen und auch mit dem entsprechenden Eingangsstempel versehen, dann ist die Frist gewahrt, weil es seit BVerfGE 52, 203 nicht mehr zusätzlich der Fiktion des gerichtlichen Eingangswillens bedarf. Es kommt mithin nur noch auf den Zeitpunkt des Einwurfs an, für den der Nachtbriefkasten Beweisfunktion hat (vgl. dazu BVerwG NJW 1974, 73). Voraussetzung ist aber, daß die Uhr richtig arbeitet, was gelegentlich nicht der Fall ist. Bei Zeitknappheit ist die Mitnahme eines Zeugen zum Nachtbriefkasten daher ebenso empfehlenswert wie die Beauftragung einer zuverlässigen Bürokraft mit dem Schriftsatzeinwurf, da dann im Falle eines verspäteten Eingangsstempels mit einer Wiedereinsetzung zu rechnen ist.

Fristverlängerung

559   Kann der Anwalt eine verlängerbare prozessuale Frist nicht einhalten, muß er spätestens bis zum *Ablauf des letzten Fristtages* einen schriftlichen *Fristverlängerungsantrag* bei Gericht stellen. Die (Rechtsmittelbegründungs-) Frist kann dann auch noch nach Fristablauf verlängert werden (BGH –GSZ– BGHZ 83, 217). Um eine Überprüfung des grundsätzlich maßgeblichen Einganges des Verlängerungsantrages bei Gericht braucht sich der Rechtsanwalt nicht zu bemühen (BGH VersR 1983, 487). Ausnahmsweise reicht im Ergebnis gar die rechtzeitige Versendung des Antrages, wenn dieser wegen Verzögerungen des Postlaufs erst nach Fristablauf eingeht (BGH NJW 1983, 1741 – Wiedereinsetzung ist möglich). In diesem Fall läuft allerdings die Wiedereinsetzungsfrist bereits mit dem Antrag auf Fristverlängerung (BGH VersR 1987, 764).

Die Entscheidung über die Gewährung einer Fristverlängerung steht im Ermessen des Vorsitzenden. Dieser darf allerdings im Einzelfall nicht von einer bekannten Gerichtspraxis zum Nachteil des Antragstellers abweichen; bei erstmaligem entsprechend der obergerichtlichen Rspr. begründetem Verlängerungsantrag genießt der Prozeßbevollmächtigte daher Vertrauensschutz (BVerfG NJW 1989, 1147). War dagegen mit der Verlängerung nicht zu rechnen und wird der Antrag nach Fristablauf mangels ausreichender Gründe abgelehnt, so ist mit einer Wiedereinsetzung regelmäßig nicht zu rechnen (BGH VersR 1984, 894). Trotz der Erleichterungen des BVerfG (aaO) sollte daher ein Verlängerungsantrag so frühzeitig gestellt werden, daß die Prozeßhandlung notfalls doch noch rechtzeitig – z.b. unter Hinzuziehung eines weniger belasteten Kollegen – vorgenommen werden kann.

Auf einen nur *telefonisch stattgegebenen Fristverlängerungsantrag* ohne schriftliche Antragstellung darf sich ein Rechtsanwalt nicht verlassen (BGHZ 93, 300 [306]). Im übrigen kann er zwar die Überprüfung der Bewilligung einer beantragten Fristverlängerung wiederum durch geeignete Anweisungen (z.b. sofortige Mitteilungspflicht) an eine sorgfältig ausgesuchte und überwachte Bürokraft delegieren (BGH VersR 1986, 366), er muß aber dafür Sorge tragen, daß eine beantragte Verlängerung erst dann in den Fristenkalender eingetragen wird, wenn sie tatsächlich bewilligt worden ist (BGH VersR 1984, 336). Eigenständig überprüfen muß der Anwalt jedoch, ob und inwieweit die verlängerte Frist durch den Zeitablauf der Gerichtsferien gehemmt wird (vgl. BGH NJW 1973, 2110 und BGH VersR 1982, 546; VersR 1983, 757).

Gemeinschaftliches Testament

Die Erteilung von Rechtsauskünften zu gemeinschaftlichen Testamenten **560** ist eine häufige Quelle anwaltlicher Haftung. Im Gegensatz zu einem Erbvertrag sind die Bestimmungen in einem gemeinschaftlichen Testament nicht in jedem Fall bindend und unwiderruflich. Zunächst besteht eine Bindung nur für solche Bestimmungen, die im Sinne des § 2270 BGB wechselbezüglich sind; andere Verfügungen können jederzeit frei widerrufen werden. Aber auch von wechselbezüglichen Verfügungen kann sich der Erblasser zu Lebzeiten des Ehegatten dadurch lösen, daß er seine Verfügung in notarieller Form widerruft und dem anderen Ehegatten den Widerruf in Urschrift oder Ausfertigung (nicht in beglaubigter Abschrift, BGHZ 64, 5!) zustellen läßt (§ 2271 Abs. 1 BGB). Auch nach dem Tod eines Ehegatten kann der Erblasser seine Verfügungen ändern, wenn er das ihm Zugewendete ausschlägt (§ 2271 Abs. 2 BGB), und selbst nach dem Verstreichenlassen der Ausschlagungsfrist ist eine Anfechtung entsprechend §§ 2078, 2079 BGB möglich. Der Anwalt, der hier eine falsche Rechtsauskunft gibt und den Erblasser dadurch von den ihn noch möglichen Schritten abhält, haftet u.U. demjenigen, den der Erblasser als Erben bestimmt hätte, wenn er sich seiner Änderungsmöglichkeiten bewußt gewesen wäre (vgl. oben § 1 V 3).

Gerichtsferien

Regreßansprüche wegen Fristversäumung beruhen nicht selten darauf, daß **561** der Anwalt nicht erkennt oder nicht berücksichtigt, daß es sich bei dem Rechtsstreit um eine Feriensache handelt und deshalb insbesondere die Berufungsbegründungsfrist nicht gehemmt ist. Die Gefahren bestehen dabei weniger bei den in den Katalog des § 200 GVG aufgenommenen Feriensachen, da der Anwalt sich über sie (einschließlich der von der Rechtsprechung entschiedenen Grenzfälle, vgl. etwa BGH WM 1977, 769 zu § 200 Abs. 2 Nr. 8 GVG) leicht unterrichten kann und unterrichten wird; weitaus gefährlicher sind die spezialgesetzlichen Regelungen, wonach Arbeitssachen (§ 9 Abs. 1 S. 2 ArbGG), Patentsachen (§ 99 Abs. 4 PatG) und Baulandsachen (§ 221 Abs. 1 S. 2 BauGB; vgl. dazu LAG München NJW-RR 1988, 542) Feriensachen sind. Auch im Verfahren vor den Verwaltungsgerichten, Finanzgerichten und Sozialgerichten gibt es keine Gerichtsferien. Umstr. ist, ob die Teilungsversteigerung (§§ 180 ff. ZVG) zu den (ferienlosen) „Zwangsvollstreckungsverfahren" i. S. von § 202 GVG gehört (so überzeugend *Stöber* MDR 1989, 12 ff. gegen hM, vgl. *Drischler*, Rpfleger 1989, 85 ff.).

562   Bei den allgemeinen Zivilprozeßsachen können sich Haftungsgefahren bei der Nichtbeachtung der folgenden von der Rechtsprechung entwickelten Grundsätze ergeben: Wird ein prozessualer Anspruch auf mehrere materiellrechtliche Klagegründe gestützt, dann liegt eine Feriensache schon dann nicht vor, wenn auch nur einer der mehreren Gründe nicht dem Kreis der Feriensachen angehört (BGH ZZP 75, 458 mit Anm. von *Schwab;* BGH NJW 1985, 141). Die Widerklage teilt das Schicksal der Klage, d. h. sie wird mit der Klage zur Feriensache, ist aber nicht Feriensache, wenn es nicht auch die Klage ist (BGH VersR 1978, 666). Wechselsachen sind es nicht nur im Wechselprozeß, sondern auch im Nachverfahren (BGH WM 1979, 273 und NJW 1988, 3266 [3267]). Seit dem UÄndG sind auch alle Unterhaltssachen aufgrund gesetzlicher Unterhaltsverpflichtung, soweit sie nicht Scheidungsfolgesachen sind, Feriensachen (§ 200 Abs. 2 Nr. 5a GVG; zur Abgrenzung vgl. BGH NJW 1981, 1564; FamRZ 1984, 679).

563   Ob eine Feriensache vorliegt, muß der Anwalt selbst prüfen. Er darf diese Prüfung nicht seinem Büropersonal überlassen (BGH VersR 1986, 574; st. Rspr.; krit. z. B. *Ostler,* NJW 1958, 405 [409]). Der Anwalt muß daher die geeigneten organisatorischen Vorkehrungen treffen, damit er seiner Prüfungsaufgabe genügen kann und Feriensachen als solche erkannt werden, etwa sich in Fristsachen mit (rechnerischem) Anfangszeitpunkt im Zeitraum zwischen dem 15. 6. und 15. 9. jeden Jahres die Akten vorlegen lassen. Unterläßt er dies und verwirklicht sich die Gefahr der Nichterkennung, dann wird ihm dies wegen mangelhafter Büroorganisation als eigenes Verschulden zugerechnet. Fristen, die erst ab 16. 9. laufen, darf der Anwalt von seinem Personal berechnen lassen; Fristen, die zu einem Teil vor den Ferien zu laufen begonnen haben, darf das Personal jedoch nicht selbst berechnen, sondern nur der Anwalt (BGH VersR 1975, 663).

Gerichtskostenvorschuß

564   Solange mit einer zu erhebenden Klage keine Fristen einzuhalten sind, haben Versäumnisse des Anwalts im Zusammenhang mit der Einzahlung des Gerichtskostenvorschusses unmittelbar keine nachteiligen Konsequenzen für den Mandanten und sind daher auch haftungsrechtlich nicht relevant. Es

verzögert sich hierdurch nur die Durchführung des Verfahrens, denn gem. § 65 Abs. 1 GKG *soll* das Gericht – nach pflichtgemäßem Ermessen – die Klage erst nach Zahlung des Gerichtskostenvorschusses zustellen. Ist von diesem Grundsatz abweichend, gleichgültig auf wessen Antrag, die Klage zugestellt und Termin bestimmt worden, dann kann das Gericht später aus der fehlenden Vorauszahlung keine nachteiligen Folgen für den Kläger ableiten. Insbesondere kann es im Termin gegen den verhandlungsbereiten Kläger auf Antrag des Beklagten kein Versäumnisurteil erlassen (BGHZ 62, 174 [178]).

Versäumnisse des Rechtsanwalts im Zusammenhang mit der Zahlung des 565 Gerichtskostenvorschusses haben jedoch dann ihre haftungsrechtliche Relevanz, wenn mit der Klageerhebung eine Frist gewahrt oder die Verjährung unterbrochen werden soll. Denn hier gewinnt die Zahlung des Kostenvorschusses im Zusammenhang mit der an die bloße *Einreichung* des Antrags anknüpfenden *Vorwirkung* des § 270 Abs. 3 ZPO (im Mahnverfahren § 693 Abs. 2 ZPO) eine wichtige Bedeutung. Nach dem Zweck dieser Regelung, dem Kläger die Verantwortung für einen solchen Zustellungsaufschub abzunehmen, der allein im *Amtsbetrieb* des zustellenden Gerichts begründet ist, gilt eine Klage im Sinne dieser Vorschrift nicht mehr als „demnächst" zugestellt, wenn der Kläger oder sein Prozeßbevollmächtigter – für dessen Verschulden die Partei insoweit uneingeschränkt einzustehen hat (BGHZ 31, 342 [347]) – durch nachlässiges Verhalten zu einer nicht nur ganz geringfügigen Verzögerung der Zustellung der Klage beigetragen hat (vgl. dazu auch BGHZ 103, 20 [28ff.]). Zu solchen Verzögerungen kann es aber gerade in Hinblick auf § 65 Abs. 1 GKG durch unterbliebene oder verspätete Vorschußzahlung kommen. Allerdings ist es grundsätzlich weder dem Kläger, noch seinem Anwalt vorwerfbar, wenn erst eine gerichtliche *Zahlungsaufforderung* abgewartet wird (BGHZ 69, 361 [364] m.w.N.; OLG Hamburg MDR 1976, 320). Verzögert sich diese aber weit über den Fristablauf hinaus, muß der Rechtsanwalt die Aufforderung des Vorschusses bei Gericht in Erinnerung bringen oder diesen von sich aus berechnen und selbst oder durch die Partei einzahlen (BGHZ 69, 361 [365]; nach OLG Düsseldorf, MDR 1984, 854 muß dagegen die selbständige Vorauszahlung bei beziffertem Klageantrag und damit leicht errechenbarem Vorschuß gar mit der Klageeinreichung geschehen).– Da eine gerichtliche Kostennachricht ohne gesonderten Antrag nicht notwendig an den Rechtsanwalt selbst ergeht, muß dieser regelmäßig deren Zugang beim Mandanten überprüfen (BGH VersR 1968, 81). Ist die gerichtliche Aufforderung zur Vorschußzahlung – in der Regel unter Fristsetzung – erfolgt, muß der Rechtsanwalt seinen Mandanten ausführlich und verständlich über die Folgen einer verspäteten Zahlung belehren (ein lediglich pauschaler Hinweis auf Nachteile ist unzureichend, vgl. BGH NJW 1974, 2318 [2319]) und auf die rechtzeitige, d.h. unverzügliche Einzahlung hinwirken. Von der Rechtsprechung wurden dabei Zahlungseingänge bis zwei Wochen nach Zugang der Aufforderung (BGH NJW 1977, 1686 [1687]; WM 1985, 36

[37] m. w. N.) bzw. geringfügig darüber (BGH NJW 1986, 1347) noch als unverzüglich erachtet, während demgegenüber bereits bei Verzögerungen um 18 bzw. 19 Tage die Vorwirkung des § 270 Abs. 3 ZPO versagt worden ist (BGH NJW 1961, 1627; NJW 1967, 779; NJW 1966, 2211 [2212]). Es empfiehlt sich für den Anwalt – schon wegen des Gebotes des „sichersten Weges" – in Fällen des drohenden Fristablaufs das Gericht bereits mit Einreichung der Klage auf die Eilbedürftigkeit der Zustellung hinzuweisen und zu beantragen, die Klage unter vorläufiger Bewilligung der Kostenfreiheit an den Gegner zuzustellen (§ 65 Abs. 7 Nrn. 3 und 4 GKG). Denn will das Gericht von der Zustellung zunächst absehen, kann der Anwalt – ohne daß ihm das vorwerfbar wäre – einen entsprechenden gerichtlichen Hinweis abwarten (BGHZ 31, 342 [348]). Bei Vertretung einer nicht bemittelten Partei hat der Rechtsanwalt darüber hinaus durch den Antrag auf Befreiung von der Vorschußleistung (§ 65 Abs. 7 GKG) für eine unverzügliche Zustellung Sorge zu tragen (vgl. BGH NJW 1974, 57).

Schrifttum: *Kronenbitter,* Vom Sinn und Un-Sinn der Vorauszahlungspflicht eines Klägers an Gerichtsgebühren, AnwBl 1974, 229; *Redeker,* Anm. zum BGH-Urteil vom 30. 6. 1966, NJW 1966, 2211.

Gesetzes(un)kenntnis

566   Kenntnis und Verständnis des Gesetzes ist das primäre und unerläßliche Handwerkszeug des Rechtsanwalts. Gleichwohl kann in unserer Zeit der Gesetzesinflation insoweit keine umfassende, unbegrenzte Wissensspeicherung des Anwalts verlangt werden. Auch die Rechtsprechung beschränkt die dem Anwalt abverlangte Gesetzeskenntnis auf die *Hauptgebiete des Rechts,* sowie diejenigen Gebiete, mit denen er *gewöhnlich in seiner Kanzlei befaßt* ist. Dabei gilt diese Einschränkung nicht nur für die seit längerem gefestigt bestehenden Rechtssätze, sondern auch für die vom Anwalt zu beachtende *Gesetzesentwicklung.* Für die Kenntnis von Gesetzesänderungen macht die Rechtsprechung begrenzt auf einen im Einzelfall jeweils unterschiedlichen Folgezeitraum noch weitere Zugeständnisse: Der die neue Rechtslage verkennende Anwalt wurde bislang entschuldigt, wenn die Neuregelung erst kurzfristig in Kraft getreten war, in ihrer Auslegung Unklarheiten bestanden oder aber eine klare Übergangsregelung fehlte. Das Verständnis für den Anwalt hat allerdings dann seine Grenze, sobald in der strittigen Frage eine abschließende Entscheidung des Bundesgerichtshofs ergangen und in den allgemeinen juristischen Fachzeitschriften veröffentlicht ist, deren Kenntnisnahme dem Anwalt in zeitlicher Hinsicht auch zugemutet werden kann (BGH VersR 1979, 159 und 232; FamRZ 1972, 90; NJW 1958, 825; vgl. dazu insges. oben § 2 III 2 und 6 a, b).

Höchstrichterliche Rechtsprechung, Kenntnis der

567   Die Pflicht des Rechtsanwalts, die für das Mandat jeweils maßgebliche höchstrichterliche Rechtsprechung zu beachten, ergibt sich allgemein aus der

faktischen Bindungswirkung von Präjudizien (ausführlich dazu oben § 2 III 6 b). Zu diesem Zweck muß der Anwalt über Kenntnisse der in den *amtlichen Entscheidungssammlungen*, sowie in den *allgemeinen juristischen Fachzeitschriften* veröffentlichten höchstrichterlichen Rechtsprechung verfügen. Dabei erfordert diese anwaltliche „Kenntnis" keineswegs eine computermäßige Abspeicherung der wesentlichen Entscheidungsgründe im Gedächtnis. Verlangt wird vielmehr, daß er sich – regelmäßig über das unerläßliche Hilfsmittel der Kommentarliteratur – in die von der höchstrichterlichen Rechtsprechung entschiedene jeweilige Problematik einarbeitet und diese in die Mandatserledigung einbezieht. Nur bei der neuesten, in der Kommentarliteratur noch unberücksichtigten Rechtsprechung wird man wohl vom Anwalt ein, auf die Kenntnis der Leitsätze beschränktes, präsentes Wissen insoweit verlangen müssen, als hierdurch eine das spätere Nachlesen erleichternde Erinnerung an eine maßgebliche Entscheidung ermöglicht wird. Zu den Einzelheiten s. oben § 2 III 3 a und 6. Beispiel: s. „Sittenwidriger Ratenkredit".

Irrtum, gerichtlich veranlaßter

Ausgehend von dem Grundsatz, daß der Rechtsanwalt den vom Richter 568 vertretenen Auffassungen, Vorschlägen und Anordnungen nicht blindlings Folge leisten darf, sondern diese auf ihre Tauglichkeit und rechtliche Haltbarkeit überprüfen und notfalls Fehlern des Gerichts entgegenwirken muß (s. oben § 2 V 2; § 3 III 4 b m. N.), ist für die haftungsrechtliche Relevanz eines gerichtlich veranlaßten Irrtums zu differenzieren. Wird durch das irrtümliche Vorgehen des Gerichts eine schwierige prozessuale Lage geschaffen, die vom Anwalt rechtlich verkannt wird, so kann hierdurch ein Vertrauenstatbestand geschaffen worden sein, der nach dem Grundsatz des *venire contra factum proprium* die Unbeachtlichkeit des anwaltlichen Fehlers gebietet. Dies kann beispielsweise gelten, wenn das Gericht in Verkennung der Wirksamkeit einer ersten Zustellung eine zweite veranlaßt. Der Prozeßbevollmächtigte des Zustellungsempfängers handelt dann nicht schuldhaft, wenn er nunmehr darauf vertraut, daß erst die zweite Zustellung die Berufungsfrist in Lauf setzt (BGH VersR 1987, 258). Gleiches muß gelten, wenn eine Korrektur des richterlichen Irrtums für den Anwalt unzumutbar ist, weil das Gericht in „exceptioneller Weise den von ihm vorgeschlagenen Weg als völlig sicher und einwandfrei bezeichnet und bei Nichtbefolgung seiner Vorschläge" Nachteile für die Partei androht (BGH VersR 1959, 638 [642]; vgl. dazu insgesamt oben § 3 III 4 b mit weiteren Einzelheiten).

In allen anderen, nicht den Sondertatbestand des gerichtlich geschaffenen Vertrauens betreffenden, Fällen muß der Rechtsanwalt grundsätzlich mit einer Haftung für nicht verhinderte Fehler des Gerichts rechnen. Dies gilt insbesondere dann, wenn er den richterlichen Irrtum durch einen eigenen Fehler erst veranlaßt hat, aber ebenso, wenn Unklarheiten bei der richterlichen Sachbehandlung durch einfache Nachfrage klargestellt oder als Irrtum aufgeklärt und damit verhindert werden können (BGH NJW 1988, 3013 [3016] – unklarer Beweisbeschluß; eingehend zum ganzen oben § 3 V 3 e).

Klagefristen

569 Klagefristen sind besonders ausgestaltete Ausschlußfristen (s. dort), bei denen die Wahrung eines Anspruchs oder Rechts nur durch *Klageerhebung* innerhalb der maßgeblichen Frist möglich ist. Eine Versäumung führt – im Unterschied zur Verjährungsfrist – nicht nur zur Undurchsetzbarkeit des Anspruchs, sondern zum endgültigen Rechtsverlust des Anspruchsinhabers. Neben den bereits im Stichwort „Ausschlußfrist" angeführten Beispielen (§ 1594 Abs. 1 BGB; § 4 KSchG; § 12 Abs. 3 VVG; Art. 12 Abs. 3 NTS-AG; zweistufige Ausschlußfristen in Tarifverträgen), bei denen es sich um rein materiell-rechtliche Fristen handelt, ist wegen ihrer praktischen Bedeutung ergänzend eine Klagefrist zu nennen, die *prozessualer* Natur ist: die im *Arrest- oder Verfügungsverfahren* aufgrund gerichtlicher Anordnung gesetzte Frist zur Erhebung der Hauptsacheklage *(§§ 926 Abs. 1, 936 ZPO; § 20 Nr. 14 RPflG)*, bei der – im Unterschied zu den materiell-rechtlichen Fristen (s. Ausschlußfristen) – wegen ihrer Rechtsnatur eine Zurechnung von Anwaltsverschulden gem. § 85 Abs. 2 ZPO unproblematisch zu bejahen ist.

570 Die Haftpflichtgefahr für den Rechtsanwalt liegt nicht nur in der Verkennung oder Mißachtung solcher Fristen (zu den Rechtsfolgen bei ihrer Nichteinhaltung vgl. wiederum „Ausschlußfristen"; ferner „Unzuständiges Gericht"), sondern auch in der Wahl der richtigen *Klageart*. Denn nicht jede Klage ist geeignet, den Anspruch des Mandanten zu wahren, die falsche Wahl führt daher notwendig zu dem mit der Nichteinhaltung einer Klagefrist verbundenen Rechtsverlust des Mandanten. Von der jeweiligen Klagefrist hängt ab, welche Klageart zur Fristwahrung geboten ist. So ist zwar nach dem Gesetzeswortlaut des § 12 Abs. 3 VVG grundsätzlich die Erhebung einer *Leistungsklage* erforderlich, aus Gründen des Schutzes und der Gleichbehandlung nicht bemittelter Parteien genügt zur Fristwahrung aber auch ein *Antrag auf Prozeßkostenhilfe* (OLG Hamm VersR 1975, 919). Auch zur Einhaltung der Klagefrist gem. Art. 12 NTS-AG ist an sich die Erhebung einer Leistungsklage geboten. Indes genügt eine *Feststellungsklage* dann, wenn durch sie die Ausschlußwirkung für die mit dem Schadensereignis zusammenhängenden, aber im einzelnen noch nicht bekannten Ansprüche verhindert werden soll (OLG Karlsruhe VersR 1971, 970). Welche Klage im Falle des § 926 ZPO zu erheben ist, ist abhängig vom geltendgemachten Arrest- bzw. Verfügungsanspruch. Grundsätzlich geboten ist eine *Leistungs- oder Feststellungsklage (Zöller/Vollkommer,* § 926 Rdnr. 29, 31). Bei vielen Klagefristen ist aber ausschließlich eine Leistungsklage erforderlich. Insbesondere für die Einhaltung einer zweistufigen tariflichen Ausschlußfrist bedarf es grundsätzlich einer Zahlungsklage, die Kündigungsschutzklage genügt hierfür nicht (s. Ausschlußfristen), wohl aber eine *Stufenklage* (BAG BB 1977, 899). Im Bereich erforderlicher Leistungsklagen stellt sich zudem die

besondere Frage, ob und inwieweit auch *Teilklagen* zur Fristwahrung geeignet sind. In der Rechtsprechung ist dies für die Frist des § 12 Abs. 3 VVG insbesondere dann anerkannt, wenn die Klage ausdrücklich als Teilklage bezeichnet ist, mithin hierdurch das Beharren des Klägers auf dem Gesamtanspruch zum Ausdruck gelangt und der Versicherer sich dadurch auf eine Regreßpflicht bezüglich des Gesamtschadens einstellen kann (BGH VersR 1969, 171 [172 m. w. N.]; im Ergebnis ebenso, aber mit anderer Begründung RGZ 152, 330 [337 ff.]). Ist aber mit einer zulässig erhobenen Teilklage erst einmal die jeweilige Klagefrist gewahrt, ist der Kläger nicht gehindert, im Laufe des Rechtsstreits seine Anträge zu ändern oder zu erweitern (BGH VersR 1973, 53 [54 m. w. N.]).

Durch Klageerhebung beim *unzuständigen Gericht* (s. dort) wird die Klagefrist gewahrt, wenn es zur Verweisung (§ 281 ZPO) an das zuständige Gericht kommt (arg. z. B. § 17 Abs. 3 S. 4 GVG; § 48 a Abs. 3 S. 4 ArbGG).

Durch ein rechtzeitiges PKH-Gesuch wird u. U. die Klagefrist gewahrt, wenn es „demnächst" i. S. von § 270 Abs. 3 ZPO) zur Zustellung der Klage kommt (BGHZ 98, 295 für § 12 Abs. 3 VVG).

Kostenrisiko

Bereits oben (§ 2 IV 3 b) wurde ausführlich dargelegt, daß den Anwalt ohne 571 ausdrückliche Nachfrage des Mandanten grundsätzlich *keine Belehrungspflicht* über die entstehenden Anwaltsgebühren und etwaigen Gerichtskosten trifft. Auf Befragen des Mandanten muß er diesem aber die bei der Ausführung des Auftrags voraussichtlich entstehenden Kosten zumindest in etwa mitteilen (*Gerold/Schmidt/Madert*, BRAGO, 10. Aufl., § 1 Rdnr. 9 m. w. N.) und er muß dem ausnahmsweise gar ungefragt nachkommen, wenn sich der Mandant *offensichtlich* über die Kostenfrage nicht im Klaren ist oder unrichtige Vorstellungen hierüber hat. Eine generelle Belehrungspflicht besteht darüber hinaus auch noch in zwei Sonderfällen. Vertritt der Anwalt eine „minderbemittelte Partei" und verfügt er über genügend Anhaltspunkte, die eine antragsgemäße Gewährung von *Beratungs- oder Prozeßkostenhilfe* (s. auch dort) für denkbar erscheinen lassen, dann muß der Rechtsanwalt seinen Auftraggeber ungefragt über diese das Kostenrisiko mindernden Möglichkeiten belehren (s. wiederum oben § 2 IV 3 b). Eine solche Belehrungspflicht besteht darüber hinaus auch im Arbeitsgerichtsprozeß, da hier gem. § 12a Abs. 1 ArbGG in erster Instanz jede Partei unabhängig vom Ausgang des Rechtsstreits ihre eigenen Anwaltskosten selbst trägt. Versäumt der Rechtsanwalt eine solche Information, so haftet er dem Mandanten auch bei erfolgreichem Arbeitsgerichtsprozeß in Höhe der entstandenen Anwaltsgebühren, sofern der Auftraggeber bei Kenntnis dieses unvermeidlichen Kostenrisikos von der Durchführung des Verfahrens oder jedenfalls von der anwaltlichen Vertretung abgesehen hätte (vgl. LG München I AnwBl 1981, 68).

Kündigungserklärungen

572   Wer ein Dauerschuldverhältnis beenden will, aber nicht selbst kündigt, sondern mit der Kündigung einen Anwalt beauftragt, erwartet mit Recht, daß die vom Anwalt ausgesprochene Kündigung fehlerfrei ist und das erwünschte rechtliche Ergebnis auch zu erreichen vermag. Mangelhafte Kündigungen können daher eine Quelle von Haftpflichtansprüchen sein.

a) Miet- und Pachtvertrag

573   Bei der Kündigung eines Mietvertrags muß der Anwalt prüfen, wer Vermieter und Mieter ist. Haben mehrere Personen den Mietvertrag als Vermieter oder als Mieter abgeschlossen, so muß er für alle Vermieter und gegenüber allen Vermietern kündigen, wenn die Kündigung wirksam sein soll (vgl. *Palandt/Putzo*, § 564 Anm. 3 f).

Sehr sorgfältig muß der Anwalt prüfen, ob es sich um einen Mietvertrag über Wohnraum handelt. In diesem Fall – und nur dann – muß er die strengen Vorschriften der §§ 564a, 564b BGB beachten, ein berechtigtes Interesse an der Beendigung des Mietverhältnisses darlegen und ggf. beweisen (§ 564b BGB), mit einem Widerspruch des Mieters (§ 556a BGB) und der Gewährung einer Räumungsfrist (§ 721 ZPO) rechnen. Kein Mietverhältnis über Wohnraum liegt vor, wenn ein gewerbliches Unternehmen Wohnraum zu dem Zweck mietet, ihn an einen seiner Angestellten unterzuvermieten (BGH NJW 1988, 486 [487]).

Vertritt der Anwalt den Mieter und muß dieser – bei Meinungsverschiedenheiten über die Höhe des zu zahlenden Mietzinses (z.B. wegen der Auslegung einer Wertsicherungsklausel oder wegen einer Gebrauchsbeeinträchtigung durch Dritte, z.B. beeinträchtigende Bauarbeiten) – eine fristlose Kündigung nach § 554 BGB befürchten, so muß der Anwalt dem Mieter raten, den gesamten vom Vermieter geltend gemachten Zahlungsrückstand – ggf. unter Vorbehalt – zu bezahlen, damit der Vermieter sein Kündigungsrecht gem. § 554 Abs. 1 S. 2 BGB verliert (vgl. BGH WM 1970, 1141). Rät der Anwalt von der Zahlung ab oder rät er nur zu einer a-conto-Zahlung (so im Fall BGH VersR 1984, 663 [664]), so macht er sich schadensersatzpflichtig, weil nur die Befriedigung des Vermieters wegen des gesamten Rückstands, nicht eine Teilleistung, die Kündigung ausschließt.

Wer in einer Zwangsversteigerung ein vermietetes oder verpachtetes Grundstück ersteht, hat ein besonderes Kündigungsrecht unter Einhaltung der gesetzlichen Frist, auch wenn der Miet- oder Pachtvertrag auf bestimmte Zeit oder mit einer längeren Kündigungsfrist abgeschlossen ist (§ 57a ZVG). Der Rechtsanwalt des Erstehers muß hier sorgfältig beachten, daß die Kündigung nur für den ersten Termin erfolgen darf, für den sie zulässig ist (§ 57a S. 2 ZVG), daß für die Berechnung des „ersten Termins" der Zuschlag, nicht die Rechtskraft des Zuschlagsbeschlusses maßgeblich ist und daß die Rechtzeitigkeit der Kündigung wegen der unterschiedlichen Fristen davon abhängen kann, ob ein Miet- oder ein Pachtvertrag geschlossen wurde; diese Frage muß der Anwalt deshalb genau prüfen oder vorsorglich so rechtzeitig kündigen, daß beide Fristen eingehalten sind (vgl. RGZ 151, 259 und dazu oben § 2 V 2).

b) VOB-Bauvertrag

Der Anwalt, der für den Auftraggeber einen Bauvertrag kündigen soll, 574 muß prüfen, ob für den Vertrag die Geltung der VOB vereinbart worden ist. Ist dies der Fall, so kann der Auftraggeber wegen Mängel des Werks nur kündigen, wenn dem Auftragnehmer zuvor eine angemessene Frist zur Beseitigung der Mängel gesetzt worden ist (§§ 4 Nr. 7, 8 Nr. 3 VOB/B). Wird dies versäumt, ist die Kündigung unwirksam; die Vergütungspflicht des Auftraggebers bleibt unverändert bestehen (BGH NJW 1985, 1151).

c) Arbeitsvertrag

Bei der Kündigung eines Arbeitsvertrags für den Arbeitgeber muß der 575 Anwalt die besonderen arbeitsrechtlichen Vorschriften über die Beteiligung des Betriebsrats (§§ 102, 103 BetrVG, § 15 KSchG) beachten. Wenn Zweifel an der Wirksamkeit einer Kündigung bestehen können, muß der Anwalt des Arbeitgebers vorsorglich ein weiteres Mal kündigen. Da für eine außerordentliche und für eine ordentliche Kündigung verschiedene Voraussetzungen bestehen, kann eine Umdeutung einer außerordentlichen in eine ordentliche Kündigung u. U. scheitern (vgl. *Stahlhacke,* Kündigung und Kündigungsschutz im Arbeitsverhältnis, 4. Aufl., Rdnr. 260; *Hager,* BB 1989, 693 [695 f.]). Bestehen also Zweifel an der Wirksamkeit einer außerordentlichen Kündigung, so muß der Anwalt hilfsweise zusätzlich ordentlich kündigen und die für eine ordentliche Kündigung bestehenden Erfordernisse (insbesondere in den Fällen des § 1 KSchG die Angabe, ob eine personen-, verhaltens- oder betriebsbedingte Kündigung vorliegt) einhalten. Ist zweifelhaft, ob überhaupt wirksam gekündigt werden kann, muß der Anwalt dem Arbeitgeber raten, den Arbeitnehmer unter Vorbehalt weiterzubeschäftigen oder ihn anzuweisen, seinen Urlaub zu nehmen, um nicht den geschuldeten Lohn ohne Gegenleistung zahlen zu müssen. Umgekehrt muß der Anwalt des Arbeitnehmers auch Folge- und Wiederholungskündigungen rechtzeitig mit einer selbständigen Kündigungsschutzklage, im Wege der Klageerweiterung oder der allgemeinen Feststellungsklage gem. § 256 ZPO angreifen (vgl. OLG Stuttgart BB 1982, 864 [865]; s. auch „Kündigungsschutzklage").

Kündigungsschutzklage

Wird der Rechtsanwalt mit einer Kündigungsschutzklage beauftragt, be- 576 schränkt sich seine Beratungspflicht grundsätzlich nicht nur auf die beabsichtigte Klage gegen die dem Mandanten ausgesprochene Kündigung. Vielmehr besteht die Nebenpflicht, diesen auch in – mit der Sachlage zusammenhängenden – finanziellen Fragen (z.B. Ausgleich des entstandenen oder künftig entstehenden Lohnausfalls) zu beraten (BGH NJW 1983, 1665). Ist die Fortsetzung des Arbeitsverhältnisses für den Kündigungsschutz-Kläger unzumutbar, muß ihn der Anwalt auf die Möglichkeit, einen Auflösungs- und Abfindungsantrag gem. §§ 9, 10 KSchG zu stellen, hinweisen (OLG Bamberg NJW-RR 1989, 223 [224 f.]; notfalls ist allein wegen der Abfindung Kündigungsschutzklage zu erheben (BGHZ 72, 328 [329 f.]). Kommen bei Konkurs des Arbeitgebers Lohnersatzansprüche gegen Dritte in Frage (Konkursausfallgeld), ist auch über diese aufzuklären (AG Siegburg NJW-RR 1989, 155). Eine solche umfassende Beratung ist jedoch dann nicht geschuldet, wenn der Mandant entweder ausdrücklich eine Beschränkung des Auftrages auf die bloße Übernahme des Kündigungsschutzprozesses ausspricht oder sich eine solche Einschränkung aus den Gesamtumständen ergibt (so OLG München VersR 1986, 172; vgl. zum ganzen oben § 2 II 4, III 5, IV 3 d).

577   Aber auch im Zusammenhang mit der Erhebung der Kündigungsschutzklage lauern mancherlei Haftpflichtgefahren auf den Anwalt. So hat er für die Einhaltung der 3-wöchigen Klagefrist des § 4 KSchG (s. auch *Ausschlußfristen*) durch Befragen des Mandanten den genauen Zugangszeitpunkt der Kündigung zu ermitteln. Die Rechtsprechung stellt insoweit auf zumutbare Sorgfalt ab, die allerdings nicht so weit gefaßt wird, daß dem Anwalt selbständige Recherchen aufgrund des Datums des Kündigungsschreibens (z. B. durch Überprüfung der Umstände der Postzustellung) auferlegt würden (LAG Köln NJW 1988, 1870).

578   Besondere Schwierigkeiten ergaben sich bisher für den Anwalt dann, wenn seinem Mandanten mehrere mündliche oder schriftliche Kündigungen ausgesprochen wurden. Wegen des vom BAG vertretenen *punktuellen Streitgegenstandsbegriffs* (BAG NZA 1987, 273 m. w. N., stRspr; zuletzt BAG NJW 1988, 2691 [2692]) mußte er im konkreten Klageantrag sämtliche Kündigungen im einzelnen anführen bzw. jede einzelne Kündigung mit einer gesonderten Kündigungsschutzklage angreifen. Wurde nur eine übersehen und nicht (gesondert) angegriffen, so mußte das Arbeitsgericht auch bei Unwirksamkeit der im Klageantrag bezeichneten Kündigungen grundsätzlich das Arbeitsverhältnis als wirksam beendet erklären, weil für die übersehene (nicht angegriffene) Kündigung die Wirksamkeitsfiktion des § 7 KSchG infolge Nichteinhaltung der Klagefrist des § 4 KSchG eingetreten war. Der Prozeß war vergeblich und der Rechtsanwalt dem Mandanten in der Regel haftbar (vgl. dazu OLG Stuttgart BB 1982, 864 [865]). Diese für den Anwalt bestehende Haftpflichtgefahr hat das BAG in einer neueren Entscheidung (NJW 1988, 2691) deutlich abgemildert. Danach kann der Rechtsanwalt mit dem konkreten Antrag gem. § 4 KSchG eine auf Feststellung des Fortbestandes des Arbeitsverhältnisses gerichtete Feststellungsklage (§ 256 ZPO) verbinden, die ihrerseits geeignet ist, die Heilung der Sozialwidrigkeit einer – übersehenen – Kündigung nach § 7 KSchG zu verhindern. Man wird wohl nunmehr von einem haftungsrelevanten Pflichtenverstoß des Rechtsanwalts dann auszugehen haben, wenn dieser – z. B. infolge Unkenntnis – von der durch das BAG eröffneten Erleichterung der Antragstellung im Kündigungsrechtsstreit keinen Gebrauch macht (so *Weidemann*, NZA 1989, 246 [249]). Da Streitgegen-

stand der erweiterten Feststellungsklage der Bestand des Arbeitsverhältnisses bis zu dem im Klageantrag genannten Zeitpunkt ist (vgl. *Vollkommer/Weinland,* Anm. zu BAG EzA § 4 KSchG n. F., Nr. 33), scheiden bei späteren in den Rahmen des Streitgegenstandes fallenden Kündigungen Doppelprozesse aus (§ 264 Abs. 3 Nr. 1 ZPO; noch verkannt in BAG NZA 1987, 273 [274], wo nur Aussetzung gem. § 148 ZPO erwogen wird).

Schrifttum: *Schlee,* Haftpflichtfragen – Anwaltliche Sorgfaltspflichten im Arbeitsgerichtsprozeß, AnwBl 1988, 582; *Schwerdtner,* Die Präklusionswirkung von Urteilen im Kündigungsschutzprozeß – Eine Regreßfalle für Anwälte, NZA 1987, 263; *Tschöpe,* Nicht rechtzeitige Erhebung der Kündigungsschutzklage: Die Fiktionswirkung des § 7 KSchG, DB 1984, 1522; *Weidemann,* Die „Schriftsatzkündigung" während des Kündigungsschutzprozesses, NZA 1989, 246; *Weisemann,* Sorgfaltspflichten des Rechtsanwalts bei Kündigungsschutz und Lohnsicherung der Arbeitnehmer, AnwBl 1984, 174; *Zirnbauer,* Anwaltliche Kunstfehler im Arbeitsrecht, NZA Beil. 3/1989, 34.

Materiellrechtliche Erklärungen s. Kündigungserklärungen

Mehrere Anwälte

Die Haftung bei Beteilung mehrerer Anwälte an der Mandatserledigung 579 gestaltet sich unterschiedlich, je nachdem, ob sie miteinander, nebeneinander oder nacheinander tätig sind.

Eine typische Form *miteinander* tätiger Anwälte liegt bei der Arbeitsteilung innerhalb der *Sozietät* vor, und die Sozien haften auch gleichermaßen miteinander als Gesamtschuldner (zu den Einzelheiten der Haftung s. *Sozietät,* sowie oben § 1 IV 3, 4 und § 3 IV 3 a).

Eine Mandatserledigung *nebeneinander* liegt im Verhältnis *Haupt/Unterbevollmächtigter,* sowie im Verhältnis *Prozeßanwalt/Verkehrsanwalt* vor. In beiden Fällen stehen sämtliche beteiligten Anwälte in *eigenen vertraglichen Beziehungen* zum Mandanten und haften diesem grundsätzlich selbständig wegen der Verletzung von Pflichten innerhalb *ihres* Aufgabenbereichs. Der Hauptbevollmächtigte kann bei *unberechtigter Substitution* darüber hinaus für die Pflichtverletzung des (Schein)Unterbevollmächtigten aus dem Gesichtspunkt der Haftung ohne bzw. wegen Mißbrauchs der Vertretungsmacht einstehen müssen. Trotz der streng voneinander getrennten Pflichten- und Aufgabenkreise von Verkehrsanwalt und Prozeßanwalt kommt ausnahmsweise eine *gesamtschuldnerische* Haftung beider dann in Betracht, wenn jeder der Anwälte in seinem Verantwortungsbereich pflichtwidrig und schuldhaft eine Ursache für *denselben* Schaden gesetzt hat (vgl. dazu insgesamt oben § 3 IV 3 b, c m. N.).

Ein *Nacheinander* der Tätigkeit verschiedener Anwälte kommt insbeson- 580 dere vor, wenn ein Wechsel des Prozeßbevollmächtigten im Instanzenzug nötig wird, weil dieser nicht über die Zulassung beim Rechtsmittelgericht verfügt. Aber auch innerhalb derselben Instanz ist ein solcher Anwaltswechsel infolge von Mandatsniederlegung oder -kündigung keine Seltenheit. Hier haften die nacheinander tätigen Anwälte im Ausgangspunkt zwar grundsätzlich allein für Pflichtverletzungen, die sie im Rahmen der Erledigung ihres Mandates begehen. Allerdings kann eine schuldhafte Pflichtwidrigkeit des zweitbeauftragten Anwalts darin bestehen, daß er einen im Ergebnis zu einer Schädigung des Mandanten führenden *Fehler des Erstanwaltes* übersehen oder nicht behoben hat. Strittig ist insoweit, ob der vom Mandanten in Anspruch genommene *Erst*anwalt in vollem Umfang für den Schaden seines Auftraggebers einzustehen hat, oder ob dieser sich das Verschulden des *Zweit*anwaltes unter dem Gesichtspunkt der Schadensminderungspflicht haftungsmindernd oder gem. § 278 in Verb. mit 254 Abs. 2 BGB gar haftungsausschließend anrechnen lassen muß (dazu, insbes. zu den Bedenken gegen diese Auffassung, vgl. oben § 3 IV 3 d m. N. und V 3 b m. N.).

Nachfrist, Verlängerung der

581 Ist der Anwalt mit der Wahrnehmung der Interessen des Verkäufers bei der Abwicklung eines Kaufvertrags betraut, nachdem der Käufer mit der Kaufpreiszahlung in Verzug geraten ist, so wird er für die Kaufpreiszahlung regelmäßig eine Nachfrist setzen mit der Erklärung, nach Ablauf der Frist werde die Annahme der Leistung abgelehnt (§ 326 Abs. 1 S. 1 BGB). Eine angemessene Nachfrist darf der Anwalt regelmäßig nicht ohne Rücksprache mit seinem Auftraggeber verlängern, wenn für ihn erkennbar ist, daß er damit seinen Auftraggeber daran hindern kann, sich zu seinem Vorteil – etwa wegen erheblichen Preisanstiegs der verkauften Sache seit Vertragsschluß – vom Kaufvertrag zu lösen (BGH VersR 1980, 925; vgl. dazu auch oben § 3 V 2 c, insbes. Fußn. 470).

Nicht unzweifelhaft ist allerdings, ob aus dieser Pflichtverletzung dem Auftraggeber ein Schaden im Rechtssinne entstehen kann. Während der BGH hiervon ohne weiteres ausgeht, nimmt das OLG Düsseldorf (DNotZ 1988, 393) in einem ähnlich liegenden Fall (Vereitelung eines Rücktrittsrechts des Käufers, an welchem dieser wegen erheblichen Preisrückgangs der verkauften Sache seit Vertragsschluß Interesse hatte, durch einen Notar) an, der Verlust dieser Chance liege nicht im Schutzbereich der Anwalts- bzw. Notarhaftung (vgl. hierzu allgemein oben § 3 V 2 b).

Passivlegitimation s. Sachlegitimation

Pflichtteilsrecht

582 Haftungsträchtige Beratungsfehler kommen bei der Beratung Pflichtteilsberechtigter vor, die durch Verfügung von Todes wegen von der Erbfolge ausgeschlossen sind oder deren testamentarischer Erbteil mit Beschwerungen oder Beschränkungen belastet ist. Der Grund liegt regelmäßig in der Unkenntnis der nicht einfachen und auch nicht ganz konsequenten gesetzlichen Regelung.

Ist ein Pflichtteilsberechtigter mit einem Erbteil, der kleiner oder gleich dem Pflichtteil ist, bedacht, so darf er diesen Erbteil keinesfalls ausschlagen; er würde dadurch nicht den Pflichtteil erwerben, sondern nur den Differenzbetrag zwischen dem zugewendeten Erbteil und dem Pflichtteil (§ 2305 BGB). Dasselbe gilt, wenn ein derartiger Erbteil mit Beschränkungen und Beschwerungen belastet ist. Diese entfallen kraft Gesetzes (§ 2306 Abs. 1 S. 1 BGB); dagegen ginge bei einer Ausschlagung der Pflichtteil verloren (OLG Hamm NJW 1981, 2585). Anders ist es dagegen, wenn ein Erbteil hinterlassen ist, der größer als der Pflichtteil, aber mit Beschränkungen oder Beschwerungen belastet ist; hier hat der Pflichtteilsberechtigte ein Wahlrecht (§ 2306 Abs. 1 S. 2 BGB). Auch ein über den Pflichtteil hinausgehendes Vermächtnis kann der Pflichtteilsberechtigte ausschlagen, um einen befreiten Erbteil zu erhalten (BGH NJW 1981, 1837).

Ist dem Pflichtteilsberechtigten (nur) ein Vermächtnis hinterlassen, so muß er dieses ausschlagen, wenn er den Pflichtteil erhalten will (§ 2307 BGB). Vor der Ausschlagung ist aber sorgfältig zu prüfen, ob der Pflichtteilsanspruch noch durchsetzbar ist. Während die Ansprüche aus einem Vermächtnis der regelmäßigen dreißigjährigen Verjährung (§ 195 BGB) unterliegen, verjährt der Pflichtteilsanspruch bereits in drei Jahren ab Kenntnis des Berechtigten vom Erbfall und der ihn beeinträchtigenden Verfügung (§ 2332 Abs. 1 BGB).

Fehler werden nicht selten auch bei der Geltendmachung der Ansprüche von Ehegatten gemacht, die durch letztwillige Verfügung zurückgesetzt worden sind (vgl. § 2303 Abs. 2 in Verb. mit § 1371 BGB). Nach der Rechtsprechung des BGH (BGHZ 42, 182) hat der Ehegatte, der weder Erbe noch Vermächtnisnehmer geworden ist, im gesetzlichen Güterstand nur einen Pflichtteil von ⅛ zu beanspruchen (sog. „kleiner Pflichtteil"); daneben kann er Ausgleich des Zugewinns verlangen. Dagegen steht ihm ein Pflichtteil von ¼ (sog. „großer Pflichtteil") zu, wenn er ein – wenn auch wertmäßig unbedeutendes – Vermächtnis zugewendet erhalten hat. In einem solchen Fall darf also das Vermächtnis nicht vor genauer Prüfung der Wertverhältnisse ausgeschlagen werden. Entschließt sich der Ehegatte zutreffend beraten zur Ausschlagung des Vermächtnisses, so muß der geltend gemachte Anspruch auf das Pflichtteilsrecht *und* den Anspruch auf Zugewinnausgleich gestützt werden. Die Geltendmachung des Pflichtteils unterbricht nach der Rechtsprechung des BGH nicht die Verjährung für den Anspruch auf Zugewinnausgleich (BGH NJW 1983, 388).

Prozeßbürgschaft

Der Anwalt, der von mehreren verurteilten Beklagten beauftragt wird, die 583 Zwangsvollstreckung aus einem vorläufig vollstreckbaren Urteil durch Bankbürgschaft abzuwenden, muß in Rechnung stellen, daß in höherer Instanz die Entscheidung gegen die mehreren Streitgenossen unterschiedlich ausfallen kann. Beschafft er bei der Bank des Streitgenossen A eine Prozeßbürgschaft für alle Beklagten (A und B), so entsteht – wenn die Klage gegen A später abgewiesen, die Verurteilung des B aber aufrechterhalten wird – dem A ein Schaden dadurch, daß er von der Bank in Regreß genommen wird und die ihm belastete Summe von B nicht erlangen kann. Diese Gefahr besteht insbesondere dann, wenn der Streitgenosse B eine vermögenslose GmbH ist. In einem solchen Fall darf der Anwalt für den zahlungsfähigen Streitgenossen nur eine Prozeßbürgschaft beschaffen, die die Vollstreckung gegen diesen – nicht gegen die übrigen Streitgenossen – abwendet. Gerade bei wirtschaftlicher Verflechtung der Streitgenossen wird die aus einer zu weit gefaßten Prozeßbürgschaft resultierende Gefahr unnötiger Inanspruchnahme leicht übersehen (vgl. den Fall BGH NJW 1988, 2245).

Klagt ein Prozeßstandschafter eine fremde Forderung ein, sollte sein Anwalt darauf achten, daß die vom Beklagten zu stellende Prozeßbürgschaft hinsichtlich der Hauptforderung zugunsten des Inhabers der Forderung übernommen wird (§ 328 BGB; vgl. BGH NJW-RR 1989, 315, der mit Auslegung hilft).

S. auch „Sicherheitsleistung".

Prozeßkostenhilfe (Beratungshilfe)

584 Verfügt der Rechtsanwalt über genügend Anhaltpunkte, die es für möglich erscheinen lassen, daß dem Mandanten auf Antrag Beratungs- oder Prozeßkostenhilfe (PKH) gewährt werden könnte, muß er ungefragt auf diese Möglichkeiten hinweisen (vgl. dazu eingehend oben § 2 IV 3 b m. N.). Umstritten sind jedoch die Rechtsfolgen einer Nichtbeachtung dieser Beratungspflicht und zwar nicht im (rechnerischen) Ergebnis, sondern in der sachlichen Begründung. Während dem Anwalt nach der einen Meinung von vorneherein nur ein, gemessen an einer fiktiven Gewährung von Beratungs-/Prozeßkostenhilfe gekürzter Gebührenanspruch zusteht (so zuletzt AG Castrop-Rauxel MDR 1988, 319), hat der Mandant nach – zutreffender – aA einen, gegen den (vollen) Gebührenanspruch des Rechtsanwalts aufrechenbaren Schadensersatzanspruch (eingehend E. Schneider, MDR 1988, 282; s. dazu auch oben aaO).

585 Über die bloße Beratungspflicht hinaus bringt die Vertretung einer „minderbemittelten Partei" noch mancherlei Haftpflichtgefahren für den Anwalt mit sich. Für die erste Instanz ist zu beachten, daß ein Gesuch um Prozeßkostenhilfe hinsichtlich der Verjährungsunterbrechung zwar nicht der Klageerhebung gleichsteht. Ist das Gesuch aber am letzten Tag der Verjährungsfrist eingereicht, stellt es – aus Gründen der Gleichbehandlung von mittellosen und bemittelten Parteien – einen Hemmungsgrund gem. § 203 Abs. 2 BGB dar (BGH NJW 1981, 1550 m.w.N.). Reicht der Rechtsanwalt zusammen mit dem PKH-Gesuch einen als Klage bezeichneten unterzeichneten Schriftsatz ein, so muß er eindeutig klarstellen, daß die Klage unabhängig von der Bewilligung von Prozeßkostenhilfe als erhoben gelten soll (dies ist wichtig, wenn eine Klagefrist einzuhalten ist) oder überhaupt (noch) nicht als eingereicht gilt; fehlt eine entsprechende Klarstellung, wird sofortige Klageeinrei-

chung angenommen (OLG München Rpfleger 1989, 70 m.w.N.). Eine von der Gewährung der PKH abhängig gemachte, also bedingt erhobene Klage, ist (als Prozeßhandlung) unzulässig (BGH NJW 1972, 1373; BVerwG NJW 1981, 698, str.; aA OLG München Rpfleger 1989, 70).

Im *Rechtsmittelverfahren* muß der Rechtsanwalt beachten, daß Prozeßko- 586 stenhilfe für jeden Rechtszug gesondert zu gewähren und zu beantragen ist (§ 119 ZPO). Auch ein Rechtsmittel darf nicht etwa in Abhängigkeit von der Bewilligung der PKH, also bedingt eingelegt werden (BVerwG NJW 1981, 698 m.w.N.). Wird ein als Berufung unterzeichneter Schriftsatz – ohne daß dieser ausdrücklich als Entwurf bezeichnet ist – mit der Bitte eingereicht, „den Schriftsatz über die Berufung zunächst zu den Akten zu nehmen" und zuerst über einen gleichzeitig gestellten PKH-Antrag zu entscheiden, so ist dennoch mit Eingang dieses Schriftsatzes die Berufung eingelegt (BGH MDR 1988, 394). Mit der Einlegung des Rechtsmittels, und darüber muß der Anwalt die Partei belehren, beginnt die Rechtsmittelbegründungsfrist uneingeschränkt zu laufen, ohne daß diese durch ein noch nicht verbeschiedenes PKH-Gesuch gehemmt würde (BGHZ 7, 280). Der Anwalt muß daher, will er die Entscheidung über den PKH-Antrag abwarten, rechtzeitig eine Fristverlängerung beantragen. Wird hingegen das PKH-Gesuch selbständig eingereicht, so ist nach Bewilligung von PKH die Rechtsmitteleinlegung i.d.R. in Verbindung mit einem Wiedereinsetzungsantrag nachzuholen; ein Antrag auf Terminsbestimmung genügt nicht (vgl. die Fallgestaltung in BGH NJW 1987, 3255).

Schrifttum: *Derleder,* Rechtsformen anwaltlicher Beratungshilfe, MDR 1981, 448; *Greißinger,* Beratungshilfe, Prozeßkostenhilfe und anwaltliche Aufklärungspflicht, AnwBl 1982, 288; *Grunsky,* Die neuen Gesetze über Prozeßkosten- und die Beratungshilfe, NJW 1980, 2041; *Herget,* Beratungshilfe in der gerichtlichen Praxis, MDR 1984, 529; *E. Schneider,* Problemfälle aus der Prozeßpraxis – Anwaltliche Belehrung Hilfsbedürftiger, MDR 1988, 282.

Revisionseinlegung und -rücknahme

Soweit sich die Zulässigkeit einer Revision nicht aus § 546 Abs. 1 ZPO 587 ergibt, also in den Fällen der Annahmerevision (§ 554b ZPO), der Sprungrevision (§ 566a ZPO) und der Revision wegen Unzulässigkeit der Berufung (§ 547 ZPO), ist die Revision gegen das Urteil eines bayerischen OLG nicht beim BGH, sondern beim BayObLG einzulegen (§ 7 Abs. 2 EGZPO; Art. 11 BayAGGVG). Zur Revisionseinlegung beim BayObLG ist jeder bei einem (nicht nur bayerischen) LG oder OLG und auch der beim BGH zugelassene Rechtsanwalt vertretungsberechtigt (§ 8 Abs. 1 EGZPO). Die Einlegung beim BGH wahrt die Revisionsfrist nicht. Eine Ausnahme gilt nach Ansicht des BGH in Baulandsachen (BGHZ 46, 190) und in streitigen Landwirtschaftssachen (BGH NJW 1989, 1221): Hier ist die Revision auch in bayerischen Sachen direkt beim BGH einzulegen.

Die Revisionsrücknahme kann von dem die Revision einlegenden (bayerischen) Anwalt auch dann noch erklärt werden, wenn sich das BayObLG gem. § 7 Abs. 2 EGZPO für unzuständig erklärt und die Sache an den BGH abgegeben hat; in diesem Fall kann der zweitinstanzliche Prozeßbevollmächtigte des Revisionsbeklagten beim BGH den *Verlustantrag* gem. §§ 566, 515 Abs. 3 S. 2 ZPO stellen (BGH – GSZ – BGHZ 93, 12).

Schrifttum: *Keidel,* Die Revision in Zivilsachen gegen Urteile bayerischer Oberlandesgerichte (Landgerichte), NJW 1961, 2333; vgl. auch die Kommentierungen zum BayAGGVG bei *Ostler,* Bayerische Justizgesetze, 3. Aufl. 1977; *Sprau,* Justizgesetze in Bayern, 1988.

Rügepflicht beim Handelskauf

588   Bei einem beiderseitigen Handelsgeschäft hat der Käufer die ihm gelieferte Ware unverzüglich zu untersuchen und, wenn er einen Mangel entdeckt, diesen unverzüglich zu rügen (§ 377 Abs. 1 HGB). Der vom Käufer herangezogene Anwalt hat diesen auf die sehr strengen Voraussetzungen hinzuweisen, die die Rechtsprechung aufstellt, wenn „Unverzüglichkeit" der Untersuchung und Rüge angenommen werden soll. Vor allem aber hat er dem Käufer dringend zu raten, den Zugang der von ihm abgesandten Anzeige beim Verkäufer, etwa durch Einschreiben mit Rückschein, sicherzustellen. Abweichend von der bisher h. M. hat der BGH nämlich nunmehr zu § 377 Abs. 4 HGB entschieden, daß die Mängelanzeige empfangsbedürftig ist und dem Käufer lediglich das Verzögerungsrisiko, nicht aber die Beweislast für den Zugang der Mängelanzeige abgenommen sei (BGHZ 101, 49). Auch in kaufmännischen Kreisen ist dieses Erfordernis noch weithin unbekannt.

Sachlegitimation

589   Der Frage der Sachlegitimation muß namentlich der Anwalt seine Aufmerksamkeit zuwenden, der die klägerische Partei vertritt. Er hat zunächst zu prüfen, ob die von ihm vertretene Partei (allein) aktivlegitimiert ist, also Inhaber des geltend gemachten Anspruchs ist. Gerade bei mündlich abgeschlossenen oder unklar formulierten Verträgen ist dies nicht selten zweifelhaft. Wenn – was in solchen Fällen die Regel ist – die in Frage kommenden Anspruchsinhaber persönlich oder wirtschaftlich eng verbunden sind (z. B. Ehegatten oder eine Personengesellschaft und einer ihrer Gesellschafter) ist es zweckmäßig, sich die Ansprüche der übrigen möglicherweise Aktivlegitimierten abtreten zu lassen und die Klage sowohl auf das eigene als auch hilfsweise auf das abgetretene Recht zu stützen. Das gebietet die Pflicht, den sichersten Weg zu gehen (s. oben § 2 V 1). Auf diese Weise kann bei kurzen Verjährungsfristen auch eine Verjährung vermieden werden, wenn das Gericht im Prozeß die Aktivlegitimation eines anderen Prätendenten bejahen sollte.

590   Von noch größerer Bedeutung ist die Prüfung, wer richtiger Beklagter ist. Soweit der Schuldner des geltend gemachten Anspruchs aus rechtlichen oder tatsächlichen Gründen vor dem Prozeß nicht mit letzter Sicherheit ermittelt

werden kann, empfiehlt es sich, den wahrscheinlichen Anspruchsgegner zu verklagen und den weiteren in Frage kommenden Dritten den Streit zu verkünden, um die Interventionswirkung eintreten zu lassen und die Verjährung zu unterbrechen (§§ 74, 68 ZPO; § 209 Abs. 2 Nr. 4 BGB). Die Klage gegen mehrere Beklagte zu richten, ist dagegen regelmäßig nur dann zu empfehlen, wenn davon auszugehen ist, daß diese als Gesamtschuldner haften, etwa nach Verkehrsunfällen den Halter, den Fahrer und die Haftpflichtversicherung (vgl. § 840 BGB, § 3 Nr. 2 PflVersG).

Dagegen besteht bei Baumängeln regelmäßig nur eine alternative Haftung; ein Verklagen mehrerer am Bau Beteiligter als Gesamtschuldner ist meist ein Anwaltsfehler (s. auch unter „Bauprozeß").

Bei der Prüfung der Frage, ob mehrere Beklagte als Streitgenossen verklagt werden sollen, ist auch die Erfolgsaussicht der Klage insgesamt und gegenüber dem in Anspruch Genommenen zu berücksichtigen. Ist der Erfolg gegen einen Beklagten wahrscheinlich, gegen den anderen hingegen ungewiß, darf der Anwalt nicht zu einer Klage gegen beide raten. Wird nämlich die Klage auch nur gegen einen der Beklagten abgewiesen, so muß dessen Kosten auch dann der Kläger tragen, wenn er gegenüber den übrigen Beklagten obsiegt hat. Bei insgesamt ungünstigen Prozeßaussichten ist es zweckmäßig, zunächst nur einen Gesamtschuldner zu verklagen, um nicht bei Prozeßverlust mit den Kosten mehrerer Anwälte belastet zu sein.

Zur Prüfung der Sachlegitimation gehört auch, daß sich der Anwalt bei **591** juristischen Personen von deren Existenz überzeugt. Soll eine GmbH verklagt werden, so muß der Anwalt prüfen, ob sie überhaupt in das Handelsregister eingetragen und damit existent geworden ist, dies namentlich dann, wenn auf ihren Geschäftsbriefen die von § 35 a GmbHG geforderten Angaben fehlen.

Im Zusammenhang mit der Prüfung der Sachlegitimation stellen sich auch prozeßtaktische Fragen, etwa, ob es zweckmäßig ist, einen Beteiligten mitzuverklagen, um seine Zeugenstellung auszuschalten, auch wenn die Klage oder doch die Vollstreckung gegen ihn keine Aussicht auf Erfolg verspricht. Hierbei handelt es sich aber nicht um Haftungsfragen.

Schmerzensgeld

Die materiellrechtliche Regelung in § 847 BGB („billige Entschädigung in **592** Geld"; Vererblichkeit u. a. nur bei „Rechtshängigkeit") wirft bei der prozessualen Geltendmachung des höchstpersönlichen Anspruchs zahlreiche Probleme auf, die ihrerseits mit Haftungsrisiken für den mit der Durchsetzung von Schmerzensgeld beauftragten Rechtsanwalt verbunden sind (Beispiel: OLG Schleswig NJW 1988, 569).

Eine betragsmäßige Bezifferung der Schmerzensgeldklage wird für die „Bestimmtheit" i. S. von § 253 Abs. 2 Nr. 2 ZPO nicht verlangt; erforderlich ist jedoch, daß der Kläger die tatsächlichen Grundlagen für die Bezifferung vorträgt und die Größenordnung des geltend gemachten Anspruchs angibt

(BGHZ 45, 91; BGH NJW 1984, 1807 [1809]); andernfalls kann bei Klagestattgabe in (zu) geringer Höhe die erforderliche Rechtsmittelbeschwer fehlen (BGHZ 45, 91; BGH NJW 1970, 198; JR 1984, 501). Die zulässigerweise unbeziffert erhobene Klage unterbricht die Verjährung hinsichtlich des gesamten Anspruchs (BGH NJW 1974, 1551) und führt zur Verurteilung zu Prozeßzinsen in Höhe des (gesamten) zugesprochenen Betrages (BGH NJW 1965, 1374 [1376]; KG NJW 1966, 259). Ist bei Schwerstverletzten mit dem Tod zu rechnen, muß der Anwalt alles tun, um die Vererblichkeit des Anspruchs (vgl. § 847 Abs. 1 S. 2 BGB in Verb. mit §§ 253 Abs. 1, 261, 696 Abs. 3, 700 Abs. 2; vgl. auch § 262 ZPO) herbeizuführen (so OLG Schleswig NJW 1988, 569; einschr. *Borgmann/Haug*, S. 289f.). „Rechtshängigkeit" ist streng i.S. der ZPO zu verstehen (BGH NJW 1984, 1040; krit. zur Rspr. *Rosenberg/Schwab*, § 101 IV 1c), Anhängigkeit genügt nicht (a.A. *Jauernig*, NJW 1986, 34: Einreichung genügt). Die Rückwirkungsvorschriften der §§ 207, 270 Abs. 3, 693 Abs. 3 ZPO finden keine Anwendung (strenge Konsequenzen für den Anwalt zieht daraus OLG Schleswig, aaO). Ist die Klage für einen bewußtlosen Verletzten ohne Vertretungsvollmacht erhoben, genügt die nachträgliche Genehmigung der Prozeßführung durch die Erben nicht (BGHZ 69, 323), wohl aber die eines noch zu Lebzeiten des Verletzten bestellten Gebrechlichkeitspflegers (BGH NJW 1986, 1039). Der Anwalt wird auf diese Rechtslage hinweisen müssen, jedoch geht eine Anwaltspflicht gegenüber den Erben zur sofortigen Bestellung eines Gebrechlichkeitspflegers wohl zu weit (so auch *Borgmann/Haug*, S. 289); Grund: Höchstpersönlichkeit des Schmerzensgeldanspruchs.

Schrifttum: *Jauernig*, Schmerzensgeldklage und Rechtshängigkeit, NJW 1986, 34; *Henrichs*, Führt die beim Verwaltungsgericht usw. eingereichte Schmerzensgeldklage zur Rechtshängigkeit? MDR 1989, 701.

Sicherheitsleistung

593 Der Anwalt, dessen Mandanten nachgelassen ist, die Vollstreckung aus einem vorläufig vollstreckbaren Urteil durch Bankbürgschaft abzuwenden, muß das Original der Bankbürgschaft der Gegenseite zustellen lassen (§ 132 Abs. 1 BGB). Solange dies nicht der Fall ist, kann der Gegner vollstrecken, und der Anwalt haftet für einen aus einer derartigen Vollstreckung entstehenden Schaden. Die Zustellung einer beglaubigten Abschrift ist nicht ausreichend, wenn – wie es die Regel ist – die Bürgschaft durch Rückgabe des Originals an die Bank erlischt (*Zöller/Schneider*, § 108 Rdnr. 11 m.w.N.). S. auch „Prozeßbürgschaft".

Sittenwidriger Ratenkredit

594 Für den vereinbarten Zins bestehen keine gesetzlichen Zinsobergrenzen (mehr); die Zinshöhe unterliegt der freien Vereinbarung im Rahmen der allgemeinen Vorschriften über wucherische, wucherähnliche und sittenwidrige Rechtsgeschäfte (vgl. § 138 Abs. 1 und 2 BGB; § 302a Abs. 1 Nr. 2 StGB;

§ 4 WiStG). Die höchstrichterliche Rechtsprechung hat es – entgegen dem OLG Stuttgart (NJW 1979, 2409) – abgelehnt, beim *Ratenkredit* im Wege des Richterrechts eine pauschale Zinsobergrenze (sog. 100%-Grenze) einzuführen und besteht vielmehr auf einer Gesamtwürdigung der persönlichen Umstände des Kreditnehmers (BGHZ 80, 153 [161]; 99, 333 [335]; 101, 380 [390f.]; 104, 102 [107ff.], st. Rspr.) und damit auf einer Einzelprüfung. Gleichwohl hat der BGH in gefestigter Rspr. einen praktikablen Kontrollmaßstab entwickelt, der eine noch hinreichend sichere Beurteilung der (noch) zulässigen Zinshöhe ermöglicht. Auszugehen ist danach von einer relativen Zinsdifferenz, die zwischen 90% und 100% des Marktzinses liegt; bei einer relativen Zinsdifferenz unter 90% kann bereits eine absolute Zinsdifferenz von ca. 12% zur Bejahung eines auffälligen Leistungsmißverhältnisses führen (BGHZ 104, 102 [106 m.N.]; im Einzelfall 13,58% bei nachteiliger Umschuldung); erforderlich ist weiter, daß der Kreditnehmer durch AGB und/oder sonstige Umstände unbillig belastet wird (BGHZ 98, 174 [178]; 104, 102 [107]. Sind Forderungen aus sittenwidrigen Ratenkrediten in einem rechtskräftigen Vollstreckungsbescheid tituliert, läßt die Rspr. unter erleichterten Voraussetzungen eine Rechtskraftdurchbrechung mit Hilfe von § 826 BGB zu (BGHZ 101, 380; 103, 44).

In Ratenkredit-Mandaten ist vom Rechtsanwalt die Kenntnis der höchst- **595** richterlichen Rechtsprechung (s. dort) gefordert; er hat insbes. die in der Amtlichen Sammlung veröffentlichten (s. allgemein oben § 2 III 3a) Grundsatzentscheidungen des BGH zur Zinshöhe beim Ratenkredit zu beachten (BGHZ 80, 153; 98, 174; 99, 333; 101, 380). Haftpflichtgefahren kommen für den Anwalt in Ratenkreditsachen in Frage, gleich ob er den Kreditnehmer (Verbraucher) oder den Kreditgeber (Bank) vertritt. Werden Ansprüche aus einem Ratenkredit im Mahnverfahren geltend gemacht, die möglicherweise sittenwidrig sind, muß der Rechtsanwalt dem Schuldner unbedingt zur Einlegung der Rechtsbehelfe des Mahnverfahrens (Widerspruch gegen Mahnbescheid, Einspruch gegen Vollstreckungsbescheid) raten (so auch *Prütting/ Weth*, Rdnr. 303). Wird ein Titel wegen Unterlassung der Rechtsbehelfe im Mahnverfahren rechtskräftig, steht dem anwaltlich (schlecht) beratenen Schuldner nach der Rspr. des BGH später die Klage aus § 826 BGB nicht mehr zur Verfügung (BGH NJW 1987, 3259). „An die Stelle der Rechtskraftdurchbrechung tritt hier mithin der Regreß gegen den falsch beratenden Rechtsanwalt" (*Emmerich*, JuS 1988, 229).

Eine Rechtskraftdurchbrechung gem. § 826 BGB scheidet auch bei Sitten- **596** widrigkeit des Ratenkredits dann aus, wenn die kreditgebende Bank zur Zeit des Mahnverfahrens nach dem Stand der höchstrichterlichen Rechtsprechung mit der Möglichkeit rechnen konnte, bei einem Vorgehen im Klagewege ein Versäumnisurteil zu erwirken (vgl. BGHZ 101, 380 [391]; WM 1989, 169). Der Anwalt des Gläubigers muß daher den Stand der (seit 1977/78 zunehmend verschärften) Rechtsprechung zur Zeit des Mahnverfahrens daraufhin analysieren, ob zum maßgeblichen Zeitpunkt ein Versäumnisurteil ergangen wäre; ist dies der Fall, hat der Titel Bestand, auch wenn bei Zugrundelegung der Maßstäbe der heutigen Rspr. der Kredit als sittenwidrig zu beurteilen ist (BGH NJW-RR 1989, 304 = WM 1989, 169). Trotz der praktizierten erleichterten Rechtskraftdurchbrechung bei Vollstreckungsbescheiden empfiehlt sich für Kreditgeber keine Abstandnahme vom Mahnverfahren (ebenso *Prütting/Weth*, Rdnr. 289). Im Klageverfahren ist für den Gläubigeranwalt wichtig, daß zur Schlüssigkeit der Klage aus einem gekündigten Ratenkredit *alle* Tatsachen vorzutragen sind, die notwendig sind, um zu prüfen, ob der Ratenkredit sittenwidrig ist oder nicht. „Ein Gläubiger, der seiner Darlegungslast für die Fälligkeit des Kreditrests, die Höhe des eingeklagten Betrags und der verlangten Zinsen genügen will, muß in der Regel den vollständigen Inhalt des Vertrags einschließlich der Formularbedingungen vortragen und über die bisherige Vertragsabwicklung im einzelnen abrechnen" (BGHZ 101, 380 [388]; *Prütting/Weth*, Rdnr. 307).

Schrifttum: *Braun*, Rechtskraft und Rechtskraftdurchbrechung von Titeln über sittenwidrige Ratenkreditverträge, 1986; *Halstenberg*, Die neuere Rspr. des BGH zum Darlehensrecht, WM Sonderbeilage Nr. 4/1988; *Prütting/Weth*, Rechtskraftdurchbrechung bei unrichtigen Titeln, 1988; *Steinmetz*, Sittenwidrige Ratenkreditverträge in der Rechtspraxis, 1985.

Sozietät

597 Wendet der Mandant sich mit der Auftragserteilung an eine Sozietät, so kommt der Anwaltsvertrag nach st. Rspr. grundsätzlich mit allen an der Sozietät beteiligten Rechtsanwälten zustande, während ausnahmsweise von einem Einzelmandat mit dem unmittelbar beauftragten Rechtsanwalt nur bei Vorliegen besonderer Umstände ausgegangen werden kann. Ebenso allgemein anerkannt ist, daß bei einem solchen *Gesamtmandat* sämtliche Mitglieder der Sozietät als *Gesamtschuldner* auf Schadensersatz haften, wenn der unmittelbar tätige Sozietätsanwalt eine schuldhafte Pflichtverletzung gegenüber dem Mandanten begeht (zu den Einzelheiten s. oben § 1 IV 3, 4 mit umfangreichen Nachweisen, insbes. in Fußn. 176 und 191). Von der gesamtschuldnerischen Regreßpflicht der Sozien ist allerdings die deliktische Haftung ausgenommen (s. oben § 3 I 3e). Besonderheiten gelten in haftungsrechtlicher Hinsicht bei personellen Veränderungen innerhalb der Sozietät. Eine (gesamtschuldnerische) Haftung des *ausgeschiedenen* oder *neu eingetretenen Sozius* ist nur dann anzunehmen, wenn im Zeitpunkt der *Pflichtverletzung* (der Abschluß des Anwaltsvertrages ist unmaßgeblich) des mit dem Mandat betrauten Anwalts ein Sozietätsverhältnis *noch* oder *bereits* bestand (vgl. dazu oben § 1 IV 4b und § 3 IV 3a). Ganz andere Grundsätze gelten bei der *Neugründung* einer Sozietät. Ist der Anwaltsvertrag mit einem Einzelanwalt geschlossen (Einzelmandat), so erstreckt sich dieser bei einer späteren Sozietätsgründung nur bei ausdrücklicher oder zumindest stillschweigender Einbeziehung auch auf den hinzugetretenen Sozius (BGH NJW 1988, 1973; OLG Bamberg NJW-RR 1989, 223; vgl. auch oben § 3 IV 3a). Durch den

Tod eines Sozietätsanwalts wird das Mandat nicht beendet (vgl. i. e. oben § 1 VI 2 d).

Schrifttum: *Kornblum,* Die Haftung assoziierter Rechtsanwälte, BB 1973, 218; *ders.,* Probleme der Haftung assoziierter Anwälte, AnwBl 1973, 153; *Seltmann,* Die Beteiligung mehrerer Anwälte an einem Haftpflichtfall, VersR 1974, 97.

Speditionsvertrag

Der Anwalt, der die Ansprüche seines Mandanten gegen einen Spediteur 598 aus dem Speditionsvertrag geltend macht, hat die dort geltenden ungewöhnlichen Verjährungsfristen zu beachten: Die Verjährungsfrist beträgt acht Monate, wenn dem Vertrag die Allgemeinen deutschen Speditionsbedingungen zugrundeliegen (§ 64 ADSp), dagegen ein Jahr, wenn die Bestimmungen des HGB gelten (§ 414 HGB). Zu beachten ist dabei, daß § 64 ADSp für *alle* Ansprüche aus dem Speditionsvertrag, also z. B auch solche aus unerlaubter Handlung gilt (ausgenommen, was allerdings bestritten ist, entsprechend § 51 Buchst. b S. 2 ADSp, bei Vorsatz oder grober Fahrlässigkeit des Spediteurs oder seiner leitenden Angestellten), § 414 HGB dagegen nur für die vertraglichen Ansprüche, so daß für Ansprüche aus unerlaubter Handlung bei einem dem HGB unterliegenden Speditionsvertrag § 852 BGB gilt. Der Anwalt muß wegen dieser erheblichen Unterschiede in der verjährungsrechtlichen Ausgestaltung des Speditionsvertrags genau prüfen, ob für den Vertrag seines Mandanten die Geltung der ADSp vereinbart worden ist.

Steuerberatung

Auch ein Rechtsanwalt, der nicht Fachanwalt für Steuerrecht ist, kann die 599 steuerrechtliche Beratung des Mandanten übernehmen. Dies ergibt sich aus § 3 Abs. 1 BRAO, wonach der Rechtsanwalt der berufene unabhängige Berater und Vertreter in *allen* Rechtsangelegenheiten ist (BGH NJW 1982, 1866) und § 3 Nr. 2 StBerG, wonach Rechtsanwälte zur geschäftsmäßigen Hilfeleistung in Steuersachen befugt sind. Haftungsrechtlich ist dabei von Bedeutung, daß auch der Anwalt der die Fachanwaltsbezeichnung für Steuerrecht führt, im Zweifel einen *Anwaltsvertrag* und keinen Steuerberatervertrag mit dem Mandanten abschließt. Seine Pflichten beurteilen sich daher nach den selben Grundsätzen wie bei der Beratung in anderen Rechtsangelegenheiten (BGH NJW 1988, 563). Er muß deshalb auf die mit einer steuerlich vorteilhaften Vermögensdisposition verbundenen möglichen Risiken ebenso hinweisen, wie er eine in der Steuersache speziell notwendige zivilrechtliche Beratung durchführen muß (BGH aaO, S. 566).

Eine größere praktische Bedeutung nimmt allerdings die umgekehrte Frage 600 ein, ob ein mit einem allgemeinen Mandat betrauter Anwalt zugleich die steuerrechtlichen Auswirkungen vorgeschlagener Maßnahmen bedenken und mit dem Mandanten erörtern muß. Hier wird man wohl nach der praktischen Bedeutung und dem „Bekanntheitsgrad" der jeweils maßgeblichen steuerrechtlichen Regelungen differenzieren müssen. „Spezialkenntnisse" auf dem Gebiet des Steuerrechts werden vom Allgemeinanwalt nicht verlangt, jedoch muß er „steuerrechtlich relevante Fragen erkennen" können (so *Hübner*, NJW 1989, 5 [7]). Daher wird man vom Anwalt in einer Erbschaftsangelegenheit die Empfehlung der Erbschaftsausschlagung zum Zwecke der Ersparnis einer zweimaligen Erbschaftssteuer (LG Köln NJW 1981, 351; aA *Rinsche*, Rdnr. I 251) ebenso verlangen müssen (vgl. oben § 2 III 2, Fußn. 81), wie eine Beratung, die auf die Einsparung von Grunderwerbs- oder Schenkungssteuer abzielt. Bei anderen, insbesondere schwierigen steuerrechtlichen Angelegenheiten wird man hingegen eine ausdrückliche auch auf eine solche Beratung abzielende Beauftragung durch den Mandanten verlangen müssen. Denn dann hat der Rechtsanwalt die Möglichkeit abzuwägen, ob er über die erforderlichen Kenntnisse verfügt und die Beratung auch insoweit übernimmt oder aber den Mandanten an einen Steuerberater oder einen spezialisierten Kollegen verweist (insoweit übereinstimmend auch *Rinsche* Rdnr. I 251).

Strafrechtliche Mandate

601   Im Normalfall bergen strafrechtliche Mandate kein besonderes Haftungsrisiko, da dem Angeklagten das Anwaltsverschulden bei der Versäumung von Fristen oder Unterlassung anderer gebotener Prozeßhandlungen nicht zugerechnet werden darf (BGHSt 25, 89 [92]; *Kleinknecht/Meyer*, StPO, § 44 Rdnr. 15; st. Rspr. und allg. M. in der Literatur); dies ist die Folge der Stellung des Verteidigers als eines Beistands (§ 137 StPO) im Gegensatz zu einem Prozeßbevollmächtigten (vgl. § 85 Abs. 2 ZPO). Haftungsgefahren bergen aber besondere Fallgestaltungen: So gilt das Verbot der Zurechnung von Anwaltsverschulden nicht bei der Geltendmachung von Ansprüchen nach dem StrEG, als Vertreter des Privat- oder Nebenklägers und im Klageerzwingungsverfahren. Zu einem Haftpflichtfall führen kann auch fehlerhafte anwaltliche Beratung, wenn eine Einstellung des Verfahrens nach Erfüllung von Auflagen (§ 153a StPO) in Betracht kommt, u. U. ferner auch die Unterlassung der Rüge eines bestehenden – auch von Amts wegen zu berücksichtigenden – Verfolgungshindernisses (z.B. bei Eintritt der Verfolgungsverjährung; vgl. zur Problematik oben § 3 V 3 e).

Schrifttum: *Roxin*, Strafrechtliche Risiken des Anwaltsberufs, in: Beck'sches Rechtsanwalts-Handbuch, 1989, E III.

Teilungsversteigerung, s. Gerichtsferien; Versteigerung von Grundstücken

Treuhandtätigkeit

602   Für die Haftung des Rechtsanwalts wegen einer Treuepflichtverletzung ist primär entscheidend, wer Beteiligter am Treuhandverhältnis ist.

Ebenso wie der Anwaltsvertrag selbst ist der mit einem einer Sozietät angehörenden Rechtsanwalt geschlossene *Treuhandvertrag* im Zweifel mit allen Sozietätsanwälten geschlossen. Etwas anderes gilt nur dann, wenn der Anwalt mit einer treuhänderischen Tätigkeit betraut wird, die außerhalb der eigentlichen Aufgaben eines Anwalts liegt (BGH WM 1988, 986). Grundsätzlich haften daher alle Sozien für Pflichtverletzungen des treuhänderisch tätigen Anwalts als Gesamtschuldner (s. *Sozietät* und oben § 1 IV 2c, 3, 4 sowie § 3 IV 3a).

Allerdings kommen Treuhandverhältnisse nicht nur zwischen dem Anwalt 603 und dem eigenen Mandanten in Betracht, sondern sind auch im Verhältnis zu Dritten, insbesondere dem Gegner des Auftraggebers denkbar. Letzteres ist insbesondere dann anzunehmen, wenn der Prozeßgegner eine erforderliche *Sicherheitsleistung* – statt bei der amtlichen Hinterlegungsstelle – auf ein Anderkonto des gegnerischen Rechtsanwalts einzahlt (s. dazu oben § 3 I 3). Abgrenzungsschwierigkeiten hinsichtlich der am Treuhandverhältnis beteiligten Vertragsparteien bestehen insbesondere dann, wenn von dritter Seite Zahlungen zugunsten des Mandanten auf ein Treuhandkonto des Anwalts erfolgen, verbunden mit der Abrede, daß eine Auszahlung an den Klienten nur bei Erfüllung einer Auflage oder des Eintritts einer Bedingung erfolgen soll. Hier kann der Mandant, aber auch der Dritte Partei eines Treuhandvertrages sein. Der BGH (WM 1988, 986) hat insoweit bei treuhänderischer Einschaltung eines Anwaltsbüros in die Auszahlung eines Darlehens, die erst nach Absicherung durch eine erstrangige Grundschuld erfolgen sollte, ausschließlich einen Treuhandvertrag mit der Darlehensgeberin als eigentlicher Treugeberin angenommen, während der Mandant der beauftragten Anwälte, der vor der dinglichen Absicherung über die Darlehensvaluta nicht verfügen konnte, lediglich als Begünstigter angesehen wurde. Zu den weiteren Einzelheiten der Haftung des Anwalts aus einem Treuhandverhältnis s. oben § 3 I 3.

Schrifttum: *Krauel,* Die Sicherheitsleistung auf dem Konto des Anwalts zugunsten der Gegenpartei, MDR 1986, 994.

Überwachungspflicht

Soweit der Rechtsanwalt im Bürobetrieb anfallende Aufgaben an seine 604 Mitarbeiter übertragen darf (vgl. im einzelnen zu den Stichwörtern „Büroorganisation" und „Fristenberechnung"), handelt er gleichwohl nicht ohne Verschulden, wenn er es unterläßt, sein Personal regelmäßig und sorgfältig zu überwachen. Zu den hierbei gestellten Anforderungen hat die Rechtsprechung eine umfangreiche Kasuistik entwickelt, die der Rechtsanwalt kennen muß, wenn er bei einer Fristversäumung durch sein Büropersonal Wiedereinsetzung beantragen will. Zur Darlegung des mangelnden Verschuldens gehört nämlich der Vortrag ausreichender Überwachung; generelle Ausführungen genügen nicht.

Bei besonders erprobten, langjährig fehlerfrei arbeitenden Kräften genügen 605 Kontrollen im Abstand von zwei bis drei Monaten (BGH VersR 1967, 1204). Bei kurzfristig beschäftigtem oder jüngerem Personal werden höhere Anforderungen gestellt (vgl. BGH VersR 1974, 909; 1976, 494 und 1978, 139). Zur Überwachungspflicht gehört, daß der Anwalt es beanstandet, wenn er einen Fehler bemerkt und Vorkehrungen trifft, damit er sich nicht wiederholen kann. Die Überwachung erfolgt bei eingearbeitetem Personal durch Stichproben (BGH VersR 1981, 857). Bei neu eingestellten Kräften genügen Stichproben jedoch nicht; diese muß der Anwalt ständig überwachen (BGH VersR 1981, 853). Unterläuft einer erprobten Kraft einmal ein Fehler, dann ist dies allerdings kein Grund, nunmehr öfter oder intensiver zu überwachen. Anders ist es, wenn sich Fehler häufen. Sie lassen nur den Schluß zu, das Personal sei entweder nicht gut genug ausgebildet, nicht ausreichend überwacht oder die Büroorganisation sei mangelhaft (BGH VersR 1985, 270). Welche Ursache letztendlich ausschlaggebend ist, braucht das Gericht dabei nicht zu untersuchen, denn jeder dieser Mängel begründet ein eigenes Verschulden des Anwalts. Besonders hoch sind die Anforderungen beim Einsatz von Vertretungen, die solange sorgfältig überwacht werden müssen, bis sie die ihnen übertragenen Aufgaben voll beherrschen (BGH VersR 1985, 148). Besondere Anforderungen bestehen ferner bei einer Auszubildenden, deren Zuverlässigkeit besonders belegt werden muß, da sie noch nicht über die Erfahrung und Routine älterer Kräfte verfügen kann (BGH VersR 1984, 240).

Unterhaltsansprüche

606 Bei Mandaten, die die Durchsetzung oder Abwehr von Unterhaltsansprüchen zum Gegenstand haben (z. B. gem. §§ 1601 ff., 1569 ff., 1615 a ff. BGB), ist die *Aufklärungspflicht* des Anwalts (s. oben § 2 II) besonders gefordert, weil die (Familien-) Gerichte großen Wert auf die substantiierte Darlegung und den Nachweis der Anspruchsvoraussetzungen bzw. der Leistungshindernisse legen. So muß der Rechtsanwalt den von ihm vertretenen Unterhaltsschuldner für die Behauptung einer etwaigen Leistungsunfähigkeit veranlassen, seine Einkommensverhältnisse in allen Einzelheiten (Aktiva und Passiva) darzulegen. Zu beachten ist dabei, daß das unterhaltsrechtlich relevante Einkommen („bereinigtes Nettoeinkommen") nicht notwendig mit dem steuerrechtlich relevanten Einkommen übereinstimmt (BGH FamRZ 1980, 770; OLG Koblenz FamRZ 1984, 1225). Daher ist die bloße Vorlage einer Einkommensteuerveranlagung ebenso wenig ausreichend wie die einer negativen Unternehmensbilanz (*Rinsche*, Rdnr. I 203).

607 Vertritt der Rechtsanwalt den zugleich auf nachehelichen Unterhalt klagenden Ehegatten im Scheidungsverfahren, muß – trotz der derzeitigen Arbeitsmarktlage – regelmäßig mit dem Einwand der Gegenseite gerechnet werden, der Anspruchssteller könne eine angemessene Erwerbstätigkeit finden (§ 1573 BGB). Zur Widerlegung dieser gegnerischen Behauptung bedarf es des konkreten Nachweises vergeblicher Bemühungen um einen Arbeitsplatz (BGH NJW 1986, 3080). Der Rechtsanwalt muß deshalb dem Mandanten raten, Unterlagen (z. B. Bewerbungsunterlagen, erfolglose Vermittlungen des Arbeitsamtes, schriftliche Absagen u. ä.) zu beschaffen, die geeignet sind, diesen Nachweis zu führen (*Rinsche*, Rdnr. I 204). – Viele Unterhaltsprozesse werden vergleichsweise erledigt. Vor Abschluß eines *Unterhaltsvergleichs*

muß der Rechtsanwalt unter Abwägung der Vor- und Nachteile überprüfen, ob der Vergleich den wohlverstandenen Interessen seines Mandanten entspricht (vgl. dazu allgemein oben § 2 IV 3e). Er muß dabei insbesondere bedenken, daß dem Unterhaltsverpflichteten nach einer Scheidung der Steuervorteil der Klasse III nicht mehr zugutekommt, sein Nettoeinkommen sich also merklich schmälert, während der im Unterhaltsvergleich dem unterhaltsberechtigten früheren Ehegatten zugesprochene Betrag davon unberührt bleibt. Bei Nichtbeachtung dieses Umstandes läßt sich eine Haftung des Anwalts nicht vermeiden, zumal eine nachträgliche Abänderung des Unterhaltsvergleichs (§ 323 Abs. 1, 4 in Verb. mit § 794 Abs. 1 Nr. 1 ZPO) deshalb nicht in Betracht kommt, weil der zum Zeitpunkt des Vergleichsschlusses bereits bekannte Eintritt des Wechsels der Steuerklasse keine *nachträgliche* wesentliche Veränderung ist.

Außerhalb des Scheidungsverfahrens, ab dessen Anhängigkeit eine vorläufige Unterhaltsregelung nur durch *einstweilige Anordnung* gem. § 620ff. **608** ZPO erfolgen kann, muß der Rechtsanwalt die Möglichkeit einer *einstweiligen Verfügung auf Unterhaltszahlung* dann in Erwägung ziehen, wenn der Mandant sich in großen finanziellen Schwierigkeiten befindet. Zu bedenken ist aber, daß die Voraussetzungen für eine solche Leistungsverfügung sehr streng beurteilt werden. Insbesondere für den Verfügungsgrund ist erforderlich, daß der Anspruchsteller sich in einer *anderweitig* nicht zu beseitigenden *Notlage* befindet (OLG Köln FamRZ 1983, 410 mit umfangreichen Nachweisen). Gerade in neuerer Zeit wird eine solche Notlage von der Rechtsprechung verneint, wenn der Anspruchsteller *Sozialhilfe* bezieht (str.; zuletzt OLG Koblenz FamRZ 1988, 1181 m.w.N.; aA OLG Frankfurt FamRZ 1987, 1164; beachte aber §§ 2 Abs. 1, 4 Abs. 1 BSHG; zu Recht daher differenzierend OLG Hamburg FamRZ 1988, 1181; OLG Oldenburg NJW-RR 1987, 1480). – Ist der Antrag erstinstanzlich abgewiesen worden, so kann nach Auffassung einiger Oberlandesgerichte nicht mehr Unterhalt für die Zeit zwischen erstinstanzlichem Antrag und zweitinstanzlichem Erlaß der einstweiligen Verfügung verlangt werden (zuletzt OLG Hamm FamRZ 1988, 527 m.w.N., auch zur Gegenansicht). – Einigkeit besteht indes darin, daß eine Unterhaltsverfügung nur für einen begrenzten Zeitraum von *6 Monaten* ergehen und nur in Höhe des *Notunterhalts* tituliert werden kann (z.B. OLG Hamm FamRZ 1987, 1188). Dies muß der Anwalt zur Vermeidung einer kostenfälligen Teilzurückweisung des Antrages bei der Antragstellung berücksichtigen. Dem Rechtsanwalt ist angesichts der vielfältigen Uneinigkeit der verschiedenen Gerichte überhaupt anzuraten, den jeweiligen Standpunkt des zuständigen Oberlandesgerichts vorab sorgfältig zu überprüfen, um sich bereits bei der Antragstellung daran zu orientieren (vgl. allgemein oben § 2 III 3b). Dies gilt insbesondere auch für die wiederum unterschiedlich beurteilten Anforderungen an die *Vollziehung* der einstweiligen Verfügung gem. §§ 936, 929 Abs. 2 ZPO, sowie den umstrittenen Rechtsfolgen bei Nichteinhaltung der Vollziehungsfrist (zu den unterschiedlichen Standpunkten vgl. *Zöller/Vollkommer*, § 929 Rdnr. 19; ferner oben „Einstweilige Verfügung").

Schrifttum: *Heiß*, Unterhaltsrecht – Ein Handbuch für die Praxis –, 1985.

Unterschrift des Rechtsanwalts

609   Viele Schriftstücke, insbesondere Schriftsätze bedürfen – um Rechtswirkungen zu entfalten – regelmäßig der eigenhändigen Unterschrift des Anwaltes. Um den Mandanten nicht in die Gefahr eines Rechtsverlustes (z. B. Versäumung einer Klage- oder prozessualen, insbesondere einer Rechtsmittelfrist; Nichteintritt der Verjährungsunterbrechung) zu bringen und damit sich selbst der Haftung auszusetzen, muß der Rechtsanwalt die Unterschriftsleistung – insbesondere in der Unterschriftsmappe – sorgfältig kontrollieren, wozu in der Sozietät die Überprüfung gehört, daß die Unterschrift von einem beim Adressatgericht zugelassenen Sozius stammt (BGH VersR 1986, 1211). Diese Kontrolle kann allerdings durch allgemeine Anweisung an zuverlässige Kanzleiangestellte delegiert werden (BGH NJW 1985, 1226 m. w. N.). – Soweit ein Schriftstück der eigenhändigen Unterschrift des Rechtsanwalts bedarf, genügt hierfür weder die Unterzeichnung mit einem Handzeichen oder einer Paraphe (BGH NJW 1987, 957; NJW 1982, 1467), noch mit einem Faksimile-Stempel (BGH NJW 1989, 838). Erforderlich ist zwar nicht, daß die Unterschrift lesbar ist, es muß sich aber um einen individuellen Schriftzug handeln, der mindestens mehrere einzelne Buchstaben zu erkennen gibt (BFH NJW 1987, 343; großzügiger BGH NJW 1987, 1333: „Andeutungen von Buchstaben" reichen aus; vgl. hierzu zuletzt BGH NJW 1989, 588). Hat das Gericht eine Unterschrift längere Zeit unbeanstandet hingenommen, muß es den Anwalt vorwarnen, wenn es sie künftig nicht mehr als ordnungsgemäß anerkennen will (BVerfG NJW 1988, 2787). Eine Blankounterschrift genügt, obgleich sie regelmäßig standeswidrig ist und zudem die Gefahr von (für den Anwalt nicht entschuldbaren) Fehlern seines Personals birgt (vgl. BAG NJW 1983, 1447; OLG München NJW 1989, 1166).

610   Das Unterschriftserfordernis besteht als Soll-Erfordernis für alle („vorbereitenden") Schriftsätze (vgl. § 130 Nr. 6 ZPO), nach st. Rspr. und hM (aber str.!) als „Muß"-Erfordernis für alle sog. „bestimmenden Schriftsätze", also insbesondere für die *Klageschrift* (§ 253 Abs. 4 iVm § 130 Nr. 6 ZPO; vgl. BGHZ 102, 332 [334f.]) und für alle *Rechtsmittel- und Rechtsmittelbegründungsschriften* (vgl. z.B. RG GZS RGZ 151, 83; BGHZ 90, 249 [252f.]; 92, 76 [77f.] und 251 [253f.]; 97, 251 [253]; 101, 134 [137]). Der Mangel einer nicht unterschriebenen Klage, die grundsätzlich nicht als erhoben gilt, ist jedoch gem. § 295 ZPO durch Rügeverzicht heilbar (BGHZ 65, 46). Da eine solche Heilung nur mit *ex nunc*-Wirkung eintritt, kommt diese Erleichterung dem pflichtwidrig handelnden Anwalt im Ergebnis nur dann zugute, wenn mit der Klage nicht (kurzfristig) eine Klagefrist einzuhalten oder die Verjährung zu unterbrechen war. Demgegenüber ist nach Auffassung des BGH (aaO) die Unterschrift bei einer Rechtsmittel-(begründungs-)schrift als be-

stimmender, die Wirksamkeit der Prozeßhandlung unmittelbar mit Einreichung auslösender Schriftsatz unverzichtbar (anders teilweise die Oberlandes- und Landgerichte, z. B. OLG Saarbrücken NJW 1970, 434 mit zust. Anm. *Vollkommer,* NJW 1970, 1051; OLG Frankfurt NJW 1977, 1246; LG Karlsruhe VersR 1973, 852; LG Heidelberg NJW-RR 1987, 1213). Im verwaltungsgerichtlichen und im sozialgerichtlichen Verfahren wird demgegenüber die eigenhändige Unterschrift nicht für zwingend notwendig erachtet (BVerwG NJW 1971, 1054; LSG Celle NJW 1971, 774). Im Anwaltsprozeß wird auch eine *Bezugnahme* auf nicht gehörig unterzeichnete Schriftstücke i. d. R. nicht zugelassen (BGHZ 22, 254; 84, 136). Vom Unterschriftszwang sind allerdings eine Reihe von *Ausnahmen* anerkannt; so wird insbesondere die Einlegung und Begründung eines Rechtsmittels durch Telegramm, Fernschreiben oder Telekopie für zulässig erachtet (BVerfG 74, 228 [235 f.]; BGHZ 79, 314 [316]; 93, 171 [174]; 97, 283 [284]; BGHSt 31, 7; BGH NJW 1986, 1759 m. w. N.; 1989, 589 m. w. N.; ebenso BAG NJW 1987, 341; 1989, 1822 m. w. N.), obwohl eine eigenhändige Unterschriftsleistung auf solchen „Schriftsätzen" nicht möglich ist; die fehlende Unterschrift wird ferner dadurch ersetzt, daß gleichzeitig mit dem nicht unterschriebenen Schriftsatz vom postulationsfähigen Anwalt beglaubigte Abschriften miteingereicht werden (BGHZ 92, 251 [255]; BAG NJW 1973, 1343; 1979, 183) oder daß der nicht unterschriebene Schriftsatz mit einem eigenhändig unterschriebenen An- oder Begleitschreiben verbunden war (BGHZ 97, 251 [254]; 101, 134 [138]).

Umstritten ist nach wie vor, ob die Formwirksamkeit des *Einspruchs* gegen einen *Vollstreckungsbescheid* einer eigenhändigen Unterschrift des Einspruchsführers oder seines Anwalts bedarf. Die Auffassung des BGH, der auch hier – gleichermaßen formstreng – die eigenhändige Unterzeichnung bei schriftlicher Einlegung des Einspruchs für unerläßlich hält (BGHZ 101, 139; ebenso LG Hamburg NJW 1986, 1997, jeweils m. w. N.; aA LG Karlsruhe VersR 1973, 852 sowie LG Heidelberg NJW-RR 1987, 1213 allgemein für den Einspruch gegen ein Versäumnisurteil) ist indes abzulehnen. Da der Widerspruch gegen einen Mahnbescheid keine Unterschrift erfordert (OLG Oldenburg MDR 1979, 588; aber gleichermaßen str.) kann der Einspruch gegen einen Vollstreckungsbescheid keinen strengeren Formanforderungen unterliegen, denn ein verspäteter Widerspruch ist gem. § 694 Abs. 2 S. 1 ZPO als Einspruch zu behandeln; hinzu kommt, daß das Unterschriftserfordernis für bestimmte Schriftsätze aus dem – im Mahnverfahren nicht bestehenden – Anwaltszwang hergeleitet wird und daher auf prozessuale Erklärungen in diesem Verfahren nicht übertragen werden kann (*Teske,* JR 1988, 421 [424]). Gleichwohl ist dem Anwalt in Hinblick auf die präjudizielle Rechtsprechung des BGH dennoch zu raten, für eine handschriftliche Unterzeichnung der Einspruchsschrift Sorge zu tragen.

Schrifttum: *Buckenberger,* Die Einlegung von Rechtsmitteln mit Hilfe moderner Kommunikationswege, NJW 1983, 1475; *Kunz-Schmidt,* Das Unter-

611

schriftserfordernis für bestimmende Schriftsätze im Zivilprozeß, NJW 1987, 1296; *Lange*, Bezugnahme im Schriftsatz, NJW 1989, 438; *Schlee*, Haftpflichtfragen – Unterschriftsmängel und Fristablauf, AnwBl 1989, 43; *E. Schneider*, Problemfälle aus der Prozeßpraxis – Unterschriftsmängel und Wiedereinsetzung, MDR 1988, 747; *Vollkommer*, Formenstrenge und prozessuale Billigkeit, 1973.

Unzuständiges Gericht

612 Reicht der Rechtsanwalt die Klage beim sachlich oder örtlich unzuständigen Gericht ein oder adressiert er den Antrag auf Erlaß eines Mahnbescheids an ein unzuständiges Gericht, so hat dies unmittelbar keine haftungsrechtlichen Auswirkungen, sofern gem. § 281 Abs. 1 ZPO Verweisungsantrag gestellt und die Sache daraufhin an das zuständige Gericht verwiesen wird (BGHZ 35, 374; BGH NJW 1962, 2154). Da nach der gerichtlichen Praxis die Klage regelmäßig auch vom unzuständigen Gericht zugestellt wird (häufig verbunden mit der Anregung, Verweisungsantrag zu stellen), treten die Wirkungen der Rechtshängigkeit mit diesem Zeitpunkt ein, der auch im Falle der Verweisung oder gar Weiterverweisung maßgeblich ist (BGHZ 35, 374; BGH NJW 1962, 2154). Ohne Konsequenzen bleibt die Anrufung eines unzuständigen Gerichts sogar dann, wenn der Mandant mit der Klage (dem Mahnbescheid) zur Fristwahrung bzw. Verjährungsunterbrechung die Vorwirkung des § 270 Abs. 3 (§ 696 Abs. 3) ZPO in Anspruch nehmen will. Voraussetzung ist hier jedoch, daß tatsächlich eine Verweisung an das zuständige Gericht erfolgt (BGHZ 35, 374 [377 f.]; 86, 314 [322]) und nicht etwa eine bloße Abgabe (BGHZ 90, 249); im letzteren Fall drohen Regreßgefahren, da die Abgabe zu einer – zur Fristwahrung ungeeigneten – nicht ordnungsgemäßen Klageerhebung führt (BGHZ 90, 249 [253]).

613 *Rechtsmittelfristen* sind hingegen nur dann gewahrt, wenn die Rechtsmittel-(begründungs-)schrift fristgemäß beim zuständigen Gericht eingeht (BGH VersR 1988, 251; NJW 1983, 123; BayObLG NJW 1984, 1050 [LS]; inzidenter BVerfG NJW 1982, 1804); die Zuständigkeit des angerufenen Gerichts bedarf daher einer äußerst sorgfältigen Kontrolle durch den Rechtsanwalt. Besondere Probleme ergaben sich dabei mit Inkrafttreten des 1. EheRG (1. 7. 1977) aufgrund des von der übrigen Zivilgerichtsbarkeit abweichenden Instanzenzuges in *Familiensachen* (AG als Familiengericht – OLG). Diese Schwierigkeiten sind jedoch durch das UÄndG vom 20. 2. 1986 dadurch beseitigt worden, daß nunmehr – statt der vom BGH für die Beurteilung der „Familiensache" angewandten materiell-rechtlichen Anknüpfung – gesetzlich eine formelle Anknüpfung maßgeblich ist: das Oberlandesgericht ist in der Berufungsinstanz allein dann zuständig, wenn in der Vorinstanz das Familiengericht entschieden hat (§ 119 Abs. 1 Nr. 1 GVG). Aber auch nach dieser Vereinfachung (eingehend: *Jauernig* FamRZ 1989, 1) darf der Anwalt keinesfalls seinem Büropersonal die eigenverantwortliche Entscheidung überlassen, welches Gericht zuständig ist (BGH VersR 1985, 285 [286]).

Urteilsberichtigung

Schreibfehler, Rechenfehler und ähnliche offenbare Unrichtigkeiten (z.B. **614** unrichtige Parteibezeichnung, Auseinanderfallen von Tenor und Entscheidungsgründen, Fehler in der Kostenquotierung etc., vgl. die Beispiele in *Zöller/Vollkommer*, § 319 Rdnr. 8ff.), die im Urteil vorkommen, sind gem. § 319 Abs. 1 von Amts wegen, aber auch auf Parteiantrag zu berichtigen. Hat der Rechtsanwalt in Vertretung des Mandanten einen solchen Antrag gestellt, muß er beachten, daß durch die Zustellung des Berichtigungsbeschlusses grundsätzlich keine neue *Rechtsmittelfrist* in Lauf gesetzt wird; diese knüpft vielmehr an die Zustellung der *unberichtigten* Urteilsfassung an (BGHZ 89, 184 [186] m.w.N.). Wartet er fehlerhaft die Entscheidung über den Berichtigungsantrag ab, wird in der Regel die Rechtsmittelfrist bereits abgelaufen und das Urteil rechtskräftig geworden sein.

Von der Rechtsprechung sind allerdings dann Ausnahmen gemacht worden, wenn das unberichtigte Urteil nicht rechtsmittelfähig war. So, wenn sich die Beschwer erst aus der berichtigten Urteilsfassung ergibt (BGHZ 89, 184 [187]; BGH VersR 1980, 744 je m.w.N.), oder wenn bei einem nur bei Zulassung anfechtbaren Urteil bei der Entscheidung über die Rechtsmittelzulassung eine Parteiverwechslung erfolgt ist (BGHZ 89, 184 [187f.]; BGH VersR 1981, 548). Diesen ist der weitere Ausnahmefall gleichgestellt, daß gleichzeitig mit dem Urteil ein (später wieder aufgehobener) Berichtigungsbeschluß zugestellt wird, durch den der Klageabweisungsbetrag ermäßigt wird (BGH NJW 1986, 935). In all diesen Sonderfällen, beginnt ausnahmsweise die (neue) Rechtsmittelfrist mit der Zustellung des Berichtigungsbeschlusses (im dritten Fall des Aufhebungsbeschlusses) zu laufen.

Beachten muß der Anwalt allerdings, daß die Rechtsprechung keine Ausnahme für den Fall gewährt, daß in dem unberichtigten Urteil die Klage zu einem geringeren Teil abgewiesen wurde, als sie nach dem Willen des Gerichts abgewiesen werden sollte. Hier beginnt die Rechtsmittelfrist daher wie gewöhnlich mit der Zustellung des unberichtigten Urteils zu laufen. Diese Auffassung bedarf allerdings einer Einschränkung. Wird der Partei bei einem bereits vorher anfechtbaren Urteil das volle Ausmaß des Unterliegens erst durch den Berichtigungsbeschluß klar, so kann dies für den Rechtsmittelentschluß sehr bestimmend sein. War ihr bis dahin die Unrichtigkeit des Urteils nicht offenkundig, so ist für den Lauf der Rechtsmittelfrist auf die Zustellung des Berichtigungsbeschlusses abzustellen, weil andernfalls der Fehler des Gerichts zu Lasten der Partei ginge (*Zöller/Vollkommer*, § 319 Rdnr. 25). Zumindest wird in solchen Fällen für die „Berichtigungsbeschwer" eine neue Frist in Gang gesetzt (*Zöller/Vollkommer*, aaO; ebenso *E. Schneider*, MDR 1986, 377 [378f.]).

Schrifttum: *E. Schneider*, Problemfälle aus der Prozeßpraxis – Der Beginn der Rechtsmittelfrist bei Urteilsberichtigung, MDR 1986, 377.

Vergleich

615 Vor Abschluß eines Vergleiches muß der Rechtsanwalt sorgfältig die Vor- und Nachteile unter Berücksichtigung der besonderen Interessen des Auftraggebers sowie etwaige Risiken abwägen und den Mandanten insoweit umfassend beraten. Auch hier gilt der Grundsatz des sichersten Weges. Den Anwalt trifft daher, auch wenn der – wohlbelehrte – Mandant letztendlich die Entscheidung über den Vergleichsabschluß selbst zu fällen hat und insoweit auch weisungsbefugt ist, eine besondere Verantwortung, weil er die Entschließung des Mandanten unmittelbar beeinflußt. Zur Hinweispflicht des Anwalts gehört neben den allgemeinen Belehrungen (vgl. dazu insges. bereits oben § 2 IV 3 e) auch die Erörterung wirtschaftlicher und steuerrechtlicher Belange. Denn der Mandant berücksichtigt möglicherweise von sich aus nicht, daß auf die Vergleichssumme u. U. Lohnsteuer, Mehrwertsteuer oder Einkommensteuer anfällt (vgl. auch BGH VersR 1968, 969 betr. Lastenausgleichsabgabe). Dann besteht die Gefahr, daß der Nettobetrag von ihm im Nachhinein nicht akzeptiert wird. Bei einem *außergerichtlichen Vergleich* muß der Anwalt den Mandanten dahin informieren, daß ein solcher keinen Vollstreckungstitel darstellt, dieser also – im Unterschied zum Prozeßvergleich (§ 794 Abs. 1 Nr. 1 ZPO) – das Risiko der Undurchsetzbarkeit mit sich bringt.

Bei den Vergleichsverhandlungen muß der Rechtsanwalt engagiert für die Interessen seines Mandanten eintreten. Eine kritiklose Hinnahme des gegnerischen Vorschlages ist daher ebenso pflichtwidrig, wie die unbe- und undurchdachte Annahme eines gerichtlichen Vergleichsvorschlages, der im übrigen den Anwalt nicht von seinen Belehrungspflichten gegenüber dem Mandanten entbinden kann (OLG Frankfurt NJW 1988, 3269 [3270]). Bei den Vergleichsverhandlungen muß der Anwalt insbesondere auf hinreichende Sicherheiten für seinen Auftraggeber dann achten, wenn die Gegenseite als zahlungsschwach bekannt ist. Wird ein Ratenzahlungsvergleich geschlossen, ist die zusätzliche Vereinbarung einer Verfallklausel bei Verzug empfehlenswert.

616 Neben diesen allgemeinen Grundsätzen gelten Besonderheiten für den Widerrufsvergleich und den Abfindungsvergleich. Ein *Widerrufsvergleich* sollte immer dann geschlossen werden, wenn eine vorherige ausreichende Abklärung mit dem Mandanten nicht möglich war. Insoweit muß der Anwalt auf die Vereinbarung einer angemessenen Frist, innerhalb der eine Absprache mit seinem Auftraggeber möglich ist, ebenso achten, wie auf die Protokollierung des Widerrufsvorbehaltes. Sinnvoll ist es zur Vermeidung späterer Unklarheiten auch den Adressaten des Widerrufs in den Vergleichstext aufzunehmen. – Ist der Mandant mit dem Vergleich nicht einverstanden, muß der Rechtsanwalt genau auf die Einhaltung der Widerrufsfrist achten, denn gegen ihre Versäumung gibt es – als lediglich vertraglich vereinbarte Frist – keine Wiedereinsetzung (BGHZ 61, 394; BAG 29, 358 = NJW 1978, 1876, h.

Rspr.; krit. *Vollkommer*, Anm. AP Nr. 24 zu § 794 ZPO). Der Mandant kann in Anwaltsprozessen den Vergleich nicht selbst widerrufen, denn der Widerruf ist Prozeßhandlung und unterliegt daher dem Anwaltszwang. Ist bezüglich des Widerrufsadressaten nichts vereinbart, so ist dies grundsätzlich der Gegner (§ 130 BGB; vgl. BGH LM Nr. 2 zu § 130 BGB). Ist das Gericht als Adressat bestimmt, kann dennoch der fristgemäße Eingang der Widerrufserklärung beim Gegner wirksam sein, wenn dies nicht ausdrücklich im Vergleich ausgeschlossen wurde (BGH LM Nr. 2 zu § 130 BGB).

Abfindungsvergleiche kommen insbesondere im Arbeitsgerichtsverfahren 617 und in Schadensersatzprozessen vor. Wegen der in solchen Vergleichen enthaltenen *Erledigungsklauseln* ist für den Anwalt besondere Vorsicht geboten. Insbesondere in Unfallsachen sind die Haftpflichtversicherer bestrebt, eine Erledigungserklärung für *alle* gegenseitigen Forderungen in den Vergleichstext aufzunehmen. Hier muß der Anwalt dem Mandanten in aller Deutlichkeit erklären, daß durch einen solchen Vergleich auch Ansprüche wegen jetzt noch nicht übersehbarer Spätfolgen mit abgegolten sind und diesem im Zweifelsfall vom Vergleichsabschluß abraten. Die besondere Beratungspflicht beim Abfindungsvergleich besteht aber auch bezüglich weniger umfassender Klauseln. Der Rechtsanwalt muß deshalb sorgfältig überlegen, welche Ansprüche jeweils noch von der Erledigungsklausel erfaßt sein könnten, denn nur dann kann er die erforderliche Nutzen/Schaden-Abwägung treffen, auf die der Mandant ein Recht hat (vgl. hierzu näher *Schlee*, AnwBl 1989, 223 f.).

Verjährungsfristen

Die Prüfung der Frage, ob der Geltendmachung eines Anspruchs des Man- 618 danten *Verjährung* drohen kann, gehört zu den wichtigsten Pflichten des Rechtsanwalts. Dieser Satz findet sich bereits in der Rechtsprechung des Reichsgerichts (RGZ 115, 185 [187]) und kehrt in den Entscheidungen des BGH und anderer Gerichte wieder (BGH VersR 1967, 704; MDR 1971, 917; OLG Stuttgart VersR 1978, 652 [653]; OLG Düsseldorf NJW-RR 1989, 927; s. auch BGH NJW 1988, 1079 [1081]). Die Verletzung dieser Pflicht kann sogar strafrechtliche Relevanz haben (vgl. BGH NJW 1983, 461). Vom Anwalt wird dabei nicht nur die Kenntnis der üblichen Verjährungsbestimmungen verlangt; auch landesrechtliche Bestimmungen über die Verjährung von Entschädigungsansprüchen, die durch rechtswidrige Maßnahmen von Ordnungsbehörden entstehen (z.B. §§ 39, 40 OrdnungsbehördenG NRW) muß er kennen (BGH NJW 1986, 182). Dabei kommen nicht nur echte Verjährungsbestimmungen, sondern auch andere Fristen in Betracht, die der Anwalt bei der Geltendmachung von Ansprüchen beachten muß (s. „Ausschlußfristen", „Fristen, materiellrechtliche"). Die wichtigsten *Verjährungsfristen* sind im folgenden – ohne Anspruch auf Vollständigkeit – zusammengestellt (vgl. zusätzlich zu den Stichworten „Speditionsvertrag", „VOB-Vertrag").

619 *6 Wochen*

Verjährung der Gewährleistungsansprüche beim Viehkauf (§ 490 BGB)

3 Monate

Verjährung von Ansprüchen gegen Gesellschafter einer OHG (§§ 112, 113 Abs. 3 HGB), Vorstandsmitglieder einer AG (§ 88 Abs. 3 AktG) und persönlich haftende Gesellschafter einer KGaA (§ 284 Abs. 3 AktG) aus der Verletzung von Wettbewerbsverboten

6 Monate

Verjährung der Gewährleistungsansprüche des Käufers beim Kauf beweglicher Sachen (§ 477 Abs. 1 BGB)

Verjährung der Gewährleistungsansprüche aus einem Werkvertrag (§ 638 BGB)

Verjährung der Gewährleistungsansprüche des Reisenden aus dem Reisevertrag (§ 651 g Abs. 2 BGB)

Verjährung von Ansprüchen des Vermieters, Verpächters, Verleihers, Nießbrauchbestellers und Verpfänders wegen Veränderung oder Verschlechterung des Vertragsgegenstandes (§§ 558, 581 Abs. 2, 606, 1057, 1226 BGB)

Verjährung von Ansprüchen des Mieters, Pächters, Entleihers, Nießbrauchers und Pfandgläubigers auf Verwendungsersatz oder Wegnahme einer Einrichtung (§§ 558, 581 Abs. 2, 606, 1057, 1226 BGB)

Verjährung von Schadensersatz- und Unterlassungsansprüchen wegen unlauteren Wettbewerbs (§ 21 UWG)

Verjährung von Regreßansprüchen nach den meisten wechsel- und scheckrechtlichen Anspruchsgrundlagen (§§ 70 Abs. 3 WG, 52 ScheckG)

Verjährung für Haftung aus unrichtigen (börsenrechtlichen) Prospektangaben (§ 20 Abs. 5 KAGG; § 12 Abs. 5 AuslInvestmG)

1 Jahr

Verjährung der Gewährleistungsansprüche des Käufers beim Kaufvertrag über Grundstücke (§ 477 BGB)

Verjährung der Gewährleistungsansprüche beim Werkvertrag über Arbeiten an einem Grundstück (§ 638 BGB)

Verjährung der Ansprüche des Wechselinhabers gegen Indossanten und gegen den Aussteller (§ 70 Abs. 2 WG)

Verjährung der Ansprüche gegen den Frachtführer und den Lagerhalter sowie dem den CMR unterliegenden Vertrag (§§ 414, 423, 439 HGB; Art. 32 CMR)

Verjährung von Rückgriffsansprüchen nach §§ 640, 642 RVO

2 Jahre

Verjährung der Ansprüche aus Geschäften des täglichen Lebens (§ 196 Abs. 1 Nr. 1–17 BGB)

Verjährung der Ansprüche aus dem Versicherungsvertrag (§ 12 Abs. 1 VVG, Ausnahme: Lebensversicherungsvertrag)

Verjährung der Ansprüche des Bestellers aus dem VOB-Werkvertrag bei Arbeiten an Bauwerken (§ 13 Nr. 4 VOB/B)

3 Jahre

Verjährung der Ansprüche aus unerlaubter Handlung (§ 852 BGB) und auf Zugewinnausgleich (§ 1378 BGB)

Verjährung der Pflichtteils- und Pflichtteilsergänzungsansprüche (§ 2332 BGB)

Verjährung der Ansprüche gegen Notare (§ 19 BNotO), Rechtsanwälte (§ 51 BRAO) und Steuerberater (§ 68 StBerG).

4 Jahre

Verjährung der Ansprüche für Lieferungen für den Gewerbebetrieb (§ 196 Abs. 2 BGB) und auf wiederkehrende Leistungen (§ 197 BGB)

5 Jahre

Verjährung der Ansprüche des Werkbestellers bei Arbeiten an Bauwerken (§ 638 BGB)

Verjährung der Ansprüche gegen Wirtschaftsprüfer (§ 51 WPO) Vorstände (§ 93 Abs. 6 AktG) und Geschäftsführer (§ 43 Abs. 4 GmbHG)

Verjährung der Ansprüche aus einem Lebensversicherungsvertrag (§ 12 Abs. 1 VVG).

Neben der Berücksichtigung der gesetzlich angeordneten Verjährungsfristen, muß der Rechtsanwalt darüber hinaus die Ausnahmefälle beachten, in denen die Rechtsprechung gelegentlich *kurze* oder *kürzere Verjährungsfristen* auch auf andere Ansprüche, die an sich einer längeren Verjährungsfrist oder gar der Regelverjährung von 30 Jahren (§ 195 BGB) unterliegen, *entsprechend* anwendet. Dies kommt insbesondere in Fällen der *Anspruchskonkurrenz* vor (z.B. BGHZ 93, 64 [67 m.w.N.] = NJW 1985, 799: Konkurrenz von § 558/§ 852 BGB; BAG NJW 1964, 2178 und NJW 1966, 268: Konkurrenz von § 196 Abs. 1 Nr. 8/§§ 195, 677 ff., 812 ff. BGB; aber keine einheitliche (kurze) Verjährung bei Konkurrenz von § 21 UWG/§ 852 BGB, vgl. BGH NJW 1985, 1023). Ähnliche Besonderheiten gelten für die Rechtsinstitute der culpa in contrahendo und der positiven Vertragsverletzung. Zwar verjähren Ansprüche aus *c.i.c.* und *pVV* grundsätzlich nach 30 Jahren (§ 195 BGB); sie unterliegen aber z.B. dann der kurzen für Gewährleistungsansprüche bestehenden Verjährung, wenn die Pflichtverletzung gerade den Gewährleistungstatbestand (z.B. Sachmangel) ausgelöst hat (BGHZ 87, 88 [93f. m.w.N.] = NJW 1983, 1497 zu § 477 BGB). Die kurze Prospekthaftungsverjährung gem. §§ 20 Abs. 5 KAGG, 12 Abs. 5 AuslInvestmG wendet die Rspr. entsprechend auf die cic-Prospekthaftung an, soweit echtes Verhandlungsverschulden fehlt (BGHZ 83, 222; NJW 1985, 380 [381]).

Droht die Verjährung eines Anspruchs des Mandanten, muß der Rechtsanwalt rechtzeitig Maßnahmen zur Hemmung oder Unterbrechung der Frist veranlassen (s. insgesamt „Verjährungshemmung und -unterbrechung"). Bei

620

Inanspruchnahme des Mandanten kann – umgehende – Geltendmachung der *Einrede der Verjährung* geboten sein (vgl. OLG Düsseldorf NJW-RR 1989, 927).

Schrifttum: *Rinsche,* Anwaltliche Haftung wegen Versäumung materiell-rechtlicher Fristen, AnwBl 1985, 618.

Verjährungshemmung und -unterbrechung

621 Haftungsgefahren ergeben sich nicht nur aus dem Verjährenlassen einer Forderung, sondern auch aus der fehlerhaften Beurteilung der Frage, ob die Verjährung gehemmt oder unterbrochen ist und wann eine Hemmung geendet hat. Die gesetzliche Regelung ist kompliziert; sie wird durch eine reichhaltige Rechtsprechungskasuistik ergänzt. Wie leicht hier Fehler zu machen sind, wird durch eine verfassungsgerichtliche Entscheidung deutlich, die das Berufungsurteil eines Zivilgerichts in diesem Bereich wegen offensichtlich fehlerhafter und daher objektiv willkürlicher Gesetzesanwendung (Fehlanwendung von § 213 S. 2 BGB) aufgehoben hat (BayVerfGHE 40, 78 = NJW 1988, 1372). Im folgenden kann nur auf einige besonders wichtige Punkte eingegangen werden.

622 Während eine Leistungsklage oder eine positive Feststellungsklage die Verjährung unterbricht (§ 209 BGB), ist das bei der negativen Feststellungsklage des Gegners nicht der Fall. Das ist zwar umstritten (a.A. *Baltzer,* Die negative Feststellungsklage aus § 256 I ZPO, 1980, S. 162), aber gefestigte Rechtsprechung (zuletzt BGHZ 72, 23 [28]; ebenso *Bischof* Rpfleger 1988, 210). Ebensowenig unterbricht die Geltendmachung eines Anspruchs im Wege einstweiliger Verfügung (OLG Hamm MDR 1977, 491) oder ein Antrag auf Prozeßkostenhilfe die Verjährung (vgl. aber auch Rdnr. 623). Erhoben ist die Klage erst mit Zustellung der Klageschrift (§§ 253 Abs. 1, 261 Abs. 1 ZPO); ihr gleichgestellt ist die Zustellung des Mahnbescheids (§ 209 Abs. 2 Nr. 1 BGB; § 696 Abs. 3 ZPO). Die Vorbeziehung dieses Zeitpunkts auf den der Einreichung (§§ 270 Abs. 3, 693 Abs. 2 ZPO) setzt voraus, daß die Zustellung „demnächst" erfolgt, was durch eine Verzögerung ausgeschlossen wird, die auf einem in der Sphäre des Klägers liegenden Umstand beruht (z.B. Nichtzahlung des angeforderten Kostenvorschusses, unzureichende Bezeichnung der Wohnung des Beklagten). Auch die Auskunftsklage unterbricht die Verjährung für den Leistungsanspruch nicht; wenn dessen Verjährung während des Auskunftsverfahrens zu befürchten ist, muß der Anwalt deshalb Stufenklage (§ 254 ZPO) erheben, durch die die Verjährung auch für das Leistungsbegehren unterbrochen wird (BGH NJW 1975, 1409). Eine Teilklage unterbricht die Verjährung nur in Höhe des eingeklagten Teils (BGH NJW 1984, 2346 [2348]; NJW 1988, 965 [966]).

623 Außer durch Klageerhebung kann die Verjährung auch durch eigene und nach § 72 ZPO zulässige Streitverkündung (nicht dagegen durch eine Streitverkündung durch die Gegenseite!) und durch ein Beweissicherungsverfahren (vgl. hierzu BGH BB 1988, 2415) unterbrochen werden (§§ 209 Abs. 2

Nr. 4, 477, 639 BGB). Dabei ist jedoch zu beachten, daß sechs Monate nach Verfahrensende ohne Entscheidung in der Sache selbst auch die Wirkung der Verjährungsunterbrechung wegfällt (§§ 212, 215 BGB).

Eine Hemmung der Verjährung tritt – abgesehen von den in §§ 203 ff. BGB ausdrücklich genannten Fällen – ein, wenn die wirtschaftlich schwache Partei rechtzeitig, also spätestens am letzten Tag der Verjährungsfrist (BGHZ 70, 235) Prozeßkostenhilfe beantragt (BGH NJW 1989, 1148 [1149]; MDR 1989, 720). Mit der gerichtlichen Entscheidung endet jedoch diese Verjährungshemmung, gleichgültig, ob die Prozeßkostenhilfe bewilligt oder versagt worden ist, wenn sich nur der Anspruchsinhaber subjektiv für bedürftig halten durfte. Er muß dann – entsprechend § 234 Abs. 1 ZPO – binnen zwei Wochen die Klage erheben, wenn seinem Begehren nicht die Einrede der Verjährung entgegenstehen soll.

Ähnlich wie die analoge Anwendung von Bestimmungen über die kurze 624 Verjährung hat die Rechtsprechung auch gesetzliche Bestimmungen über die Verjährungshemmung (§§ 639 Abs. 2, 852 Abs. 2 BGB) auf vergleichbare Tatbestände (Ansprüche aus § 558 BGB, § 82 KO und kaufrechtliche Gewährleistungsansprüche) entsprechend angewendet (BGHZ 93, 64 und 278). An diese Rechtsprechung muß der Anwalt ggf. denken, wenn gegenüber dem Anspruch seines Mandanten Verjährung eingewendet wird.

Schrifttum: *Borgmann/Haug*, S. 300–309; vgl. auch „Verjährungsfristen".

Versäumnisurteil

Es versteht sich von selbst, daß der Rechtsanwalt nicht durch fahrlässige 625 Versäumung von Verhandlungsterminen die Voraussetzungen für den Erlaß eines von der Gegenseite beantragten Versäumnisurteils zum Nachteil des Mandanten (§§ 330, 331 ZPO) schaffen darf. Zwar erleidet der Mandant hierdurch in der Hauptsache keinen Nachteil, weil der Rechtsstreit durch fristgerechten Einspruch (§§ 338, 339 ZPO) gegen das Versäumnisurteil wieder in die Lage vor Säumnis zurückversetzt wird (§ 342 ZPO). Der Mandant trägt aber in jeden Fall den Nachteil der vorläufigen Vollstreckbarkeit des Versäumnisurteils (§ 708 Nr. 2 ZPO) und der durch die Säumnis entstandenen Kosten (§ 344 ZPO).

Es gibt indes in der Praxis Situationen, in denen der Rechtsanwalt aus 626 *prozeßtaktischen* Gründen die Möglichkeit zum Erlaß eines Versäumnisurteils nützen, also die *Flucht in die Säumnis* antreten sollte. Dazu kann gehören:

– Der *Sachvortrag* der eigenen Partei ist nicht genügend substantiiert oder ein erforderlicher *Beweisantrag* ist unterblieben und eine Nachholung im Verhandlungstermin würde nach Sachlage die Gefahr der Zurückweisung als verspätet (§ 296 ZPO) mit sich bringen. Der Erlaß eines Versäumnisurteils schafft hier die Möglichkeit einer Nachholung verspäteter Angriffs- und Verteidigungsmittel. Werden diese in der Einspruchsschrift angeführt (vgl. § 340

Abs. 3 ZPO), sind sie vom Gericht dann zu berücksichtigen, wenn sie in dem gem. § 341a ZPO zwingend anzuberaumenden *Einspruchstermin* – gegebenenfalls unter Zuhilfenahme vorbereitender Maßnahmen des Gerichts – erledigt werden können, also eine Verzögerung des Rechtsstreits nicht in Betracht kommt (BGHZ 76, 173 [177f.]; BGH NJW 1981, 286).

– Gleiches gilt, wenn die Einzahlung eines *Auslagenvorschusses* für einen Zeugen unterblieben ist, von dessen Aussage der Ausgang des Rechtsstreites wesentlich abhängt. Ist aus diesem Grunde die Ladung des Zeugen unterblieben, so ist damit zu rechnen, daß das Gericht aufgrund der gegebenen Beweislage eine für den Mandanten nachteilige Entscheidung trifft. Das Verhandeln im Termin würde diesem daher nur schaden. Bis zum Einspruchstermin kann hingegen die Vorschußzahlung und damit die Ladung des Zeugen nachgeholt werden.

Zwar trägt der Mandant in diesen Fällen wiederum die durch die Säumnis veranlaßten Kosten. Da diese aber relativ geringfügig sind, wiegt eine solche Beeinträchtigung ungleich geringer als ein für den Mandanten nachteiliges Endurteil, insbesondere dann, wenn dieses nicht rechtsmittelfähig wäre. Der Möglichkeit einer Vollstreckung der Gegenseite aus dem Versäumnisurteil kann durch den – mit dem Einspruch zu verbindenden – Vollstreckungsschutzantrag gem. § 719 Abs. 1 ZPO begegnet werden. Nicht zuletzt hat die Flucht in die Säumnis, sofern sie als beabsichtigte Möglichkeit ausdrücklich im Verhandlungstermin angesprochen wird, den zusätzlichen Vorteil, daß hierdurch u. U. die Bereitschaft der Gegenseite zu Vergleichsverhandlungen steigt.

627 Festzuhalten ist allerdings, daß die taktische Flucht in die Säumnis tatsächlich einer Reihe von Einschränkungen unterliegt: Bei unsubstantiierten Parteivortrag und Schlüssigkeit bzw. Erheblichkeit des Vortrages der Gegenseite kann in einem späteren Termin auch ein (End-)Urteil nach Aktenlage gem. § 331a ZPO ergehen. Ist die Gegenseite anwaltlich vertreten, wird u. U. der für den Erlaß eines Versäumnisurteils erforderliche Antrag aus standesrechtlichen Gründen (§ 23 RichtlRA) ausbleiben. Und nicht zuletzt sind solche in der Einspruchsschrift benannten Angriffs- und Verteidigungsmittel gleichwohl gem. § 296 ZPO als verspätet zurückzuweisen, wenn sie über den Einspruchstermin hinaus eine weitere Verhandlung erfordern. So kann insbesondere ein verspäteter Beweisantrag auf Einholung eines Sachverständigengutachtens nicht durch die Flucht in die Säumnis nachträglich wirksam in den Rechtsstreit einbezogen werden. Das Gericht ist nicht verpflichtet, den Einspruchstermin so weit hinauszuschieben, bis das beantragte Gutachten eingeholt werden kann, weil andernfalls die Präklusionsvorschriften durch das Säumnisverfahren unterlaufen würden (BGH NJW 1981, 286).

Fallstricke formaler Art können sich für den Anwalt der säumigen Partei ergeben, wenn die Einspruchsschrift zusammen mit der Ankündigung „taktischer" Säumnis bereits vor Erlaß des Versäumnisurteils eingereicht worden ist; die Einspruchseinlegung ist unter diesen Umständen jedenfalls dann wirksam, wenn der Prozeßbevollmächtigte im Termin zur mündlichen Verhandlung auf den eingereichten Einspruch Bezug nimmt (BGH NJW 1989, 530).

Verspätung

Die durch die Vereinfachungsnovelle wesentlich erweiterten Möglichkei- 628
ten, verspätetes Vorbringen zurückzuweisen und dadurch von der Berücksichtigung bei der Urteilsfindung auszuschließen (vgl. §§ 296, 528 ZPO), können zu einer Haftung des Anwalts führen, wenn er die Verspätung des Vorbringens zu vertreten hat, sei es, daß er die ihm von seinem Mandanten zur Verfügung gestellten Informationen nicht rechtzeitig in den Prozeß einführt, sei es, daß er sich nicht ausreichend um Informationen für einen sachgemäßen Vortrag bemüht und der Partei die Gefahr eines Prozeßverlusts durch Präklusion von Vorbringen nicht eindringlich genug vor Augen führt. Besondere Gefahren gehen dabei von dem in der Rechtsprechung herrschenden absoluten Verzögerungsbegriff (Restdauerbetrachtung, vgl. BGHZ 86, 31 [34]) und der Regelung des § 528 Abs. 3 ZPO aus. Ist es zu verspätetem Vorbringen bereits gekommen, so muß der Rechtsanwalt zur Abwendung sich daraus ergebenden Nachteile die prozessualen Möglichkeiten nutzen, insbesondere die der „Flucht in die Säumnis" (vgl. dazu im einzelnen „Versäumnisurteil"), aber auch, wenn es prozessual möglich ist, eine Widerklage erheben oder die Klage erweitern (zur „Flucht in die Widerklage" vgl. insbesondere *Prütting/Weth*, ZZP 98, 131), um von dem Grundsatz zu profitieren, daß eine Zurückweisung nur erfolgen darf, wenn der Prozeß „im ganzen" entscheidungsreif ist, daß ein Teilurteil dagegen nicht in Betracht kommt (BGHZ 77, 306 und NJW 1981, 1217). Wenn Vorbringen in 1. Instanz mit hoher Wahrscheinlichkeit zurückgewiesen würde, kann es zweckmäßig sein, es für die Berufungsinstanz zurückzuhalten, wo es nur unter den Voraussetzungen der §§ 528 Abs. 1, 2 ZPO zurückgewiesen werden kann, während es ausgeschlossen bliebe, wenn es in 1. Instanz noch gebracht und dort zurückgewiesen würde (§ 528 Abs. 3 ZPO; sog. „Flucht in die Berufung").

Umgekehrt gehört es zu den Pflichten des Anwalts, die sich aus der Zu- 629
rückweisung gegnerischen Vorbringens als verspätet ergebenden Chancen zu nutzen. Führt der Gegner verspätet neues Vorbringen in den Prozeß ein oder bietet er neue Zeugen an, so muß der Anwalt dieses Vorbringen als verspätet rügen und – da nur streitiges Vorbringen verzögernd wirkt – nach Sachlage auch bestreiten sowie nach Möglichkeit Gegenzeugen benennen, um zu erreichen, daß das gegnerische Vorbringen die Erledigung des Prozesses verzögern würde. Hat der Gegner erstmals in der mündlichen Verhandlung die Einrede der Verjährung erhoben, so muß der Anwalt, um die Berücksichtigung der – i.d.R. an sich nicht verzögernden – Einrede zu verhindern, prüfen, ob Hemmung oder Unterbrechung der Verjährung behauptet und ggf. bewiesen werden kann.

Versteigerung von Grundstücken

630   Vertritt der Anwalt einen Mandanten im Zusammenhang mit der Versteigerung eines Grundstücks im Wege der Zwangsvollstreckung oder zum Zweck der Aufhebung der Gemeinschaft, so können sich Gefahren namentlich aus der Unkenntnis des einschlägigen Verfahrensrechts ergeben. Vertritt der Anwalt den Antragsteller, so hat er die erforderlichen Schritte zu ergreifen, um einen möglichst großen Bieterkreis und einen möglichst hohen Erlös für seinen Mandanten zu erreichen (OLG Hamm, Urt. v. 9. 5. 1985 – 28 U 212/84 –, mitgeteilt bei Rinsche, Rdnr. I 297). Notfalls muß er, wenn andernfalls ein unzureichender Erlös erzielt würde, von den gesetzlichen Möglichkeiten einer einstweiligen Einstellung des Verfahrens Gebrauch machen (§ 30 b ZVG; vgl. dazu BGH NJW 1981, 2065). Bei einer Teilungsversteigerung muß er seine Auftraggeber über die Möglichkeiten des Mitbietens im Versteigerungstermin (BGH NJW 1985, 1897), ggf. auch über die Möglichkeit der Antragsrücknahme belehren (vgl. auch BVerfG 42, 64 [74 ff.] – Zuschlag I). Vertritt der Anwalt den Vollstreckungsschuldner, so muß er die Möglichkeiten der Verfahrenseinstellung des § 30 a ZVG nutzen, wenn Aussichten auf Aufhebung des Versteigerungsverfahrens bestehen und überhaupt alles tun, um eine Verschleuderung des Grundstücks zu verhindern; gegen einen „grundrechtswidrigen" Zuschlag hat er ggf. Verfassungsbeschwerde einzulegen (vgl. BVerfG 46, 325; 49, 220; 51, 150 – Zuschlag II–IV). Der hohe Abstraktionsgrad der Bestimmungen des ZVG und die typischerweise beträchtlichen Beträge machen die Betreuung von Beteiligten im Versteigerungsverfahren zu einer außerordentlich haftungsträchtigen Materie.

VOB-Vertrag

631   Ist für einen Bauvertrag die Geltung der VOB/B vereinbart, muß der Anwalt beachten, daß gegenüber dem Werkvertragsrecht des BGB eine Reihe von Sonderregeln gelten, von denen die wichtigsten folgende sind:
(1) Hat der Auftraggeber eine Schlußzahlung geleistet und weitere Zahlungen abgelehnt, dann ist der Vorbehalt weiterer Forderungen binnen einer Frist von 12 Werktagen anzumelden (§ 16 Nr. 3 Abs. 2 VOB/B). Der Vorbehalt muß dem Gegner innerhalb der Frist zugehen.
(2) Nach derselben Bestimmung muß der Vorbehalt binnen 24 Werktagen begründet bzw. eine prüfbare Rechnung übersandt werden.
(3) Nach § 13 Nr. 4 VOB/B beträgt die Verjährungsfrist für Bauwerke und Holzerkrankungen zwei Jahre, beginnend mit der Abnahme. Die Frist kann allerdings auch durch außergerichtliche Geltendmachung des Mangels unterbrochen werden.
Der Anwalt muß aber genau prüfen, ob die VOB/B wirklich Vertragsinhalt geworden sind. Die Gewährleistungsregelung des § 13 VOB/B kann nämlich nach der neueren Rechtsprechung des BGH in einem Bau- oder Bauträgervertrag nicht formularmäßig „isoliert" vereinbart werden (BGHZ 96, 129). Viele –

auch notariell beurkundete – Bauträgerverträge sind insoweit unwirksam; es gilt die gewöhnliche werkvertragliche Gewährleistungsfrist von fünf Jahren. **Schrifttum:** *Kaiser,* Das Mängelhaftungsrecht der VOB Teil B, 5. Aufl. 1986; vgl. auch „Bauprozeß".

Wettbewerbsprozeß

Macht der Anwalt gegen Mitbewerber seines Mandanten Ansprüche wegen unlauteren Wettbewerbs, insbesondere auf Unterlassung einer bestimmten Werbung geltend, so geschieht dies regelmäßig durch den Antrag auf Erlaß einer einstweiligen Verfügung. Haftungsgefahren bestehen hierbei sowohl durch die Nichtbeachtung der allgemeinen Bestimmungen der ZPO als auch der Sonderregeln des UWG. **632**

Hat der Anwalt gegen den Wettbewerber eine einstweilige Verfügung erwirkt, so muß diese durch Zustellung im Parteibetrieb binnen eines Monats vollzogen werden (§§ 936, 929 Abs. 2 ZPO). Durch die Zustellung des Urteils von Amts wegen tritt keine Vollziehung ein. Legt der Verfügungsbeklagte nach Ablauf der Vollziehungsfrist, aber vor Ablauf der Berufungsfrist Berufung ein, so muß die einstweilige Verfügung auf sein Rechtsmittel ohne sachliche Prüfung aufgehoben werden (s. hierzu näher „Einstweilige Verfügung").

Auch nach Vollziehung der einstweiligen Verfügung besteht allerdings die Gefahr der Aufhebung in der Berufungsinstanz, wenn nämlich übersehen wird, rechtzeitig die Hauptsacheklage zu erheben. Ansprüche nach dem UWG unterliegen der kurzen Verjährung von sechs Monaten (§ 21 UWG), die durch den Erlaß einer einstweiligen Verfügung nicht unterbrochen wird. Zur Verjährungsunterbrechung ist die Erhebung der Hauptsacheklage erforderlich. Die Nichtbeachtung dieser Verjährungsbestimmung ist – wie auch sonst – ein zum Schadensersatz verpflichtender Anwaltsfehler (BGH VersR 1985, 146). **633**

Nicht durch eine Bestimmung des UWG normiert, aber gleichwohl gefestigte Rechtsprechung und Praxis ist der Grundsatz, daß der Inanspruchnahme eines Wettbewerbers auf Unterlassung durch Klageerhebung oder Antrag auf einstweilige Verfügung regelmäßig eine Abmahnung mit dem Verlangen der Abgabe einer strafbewehrten Unterwerfungserklärung vorausgehen muß. **634**

Unterläßt der Anwalt diesen Schritt oder kann er den Zugang der Abmahnung beim Prozeßgegner nicht beweisen, so sind dem Kläger (Antragsteller) in Anwendung des § 93 ZPO die Verfahrenskosten aufzuerlegen, wenn der Gegner den Unterlassungsanspruch sofort anerkennt.

Wiedereinsetzung

Der besondere Rechtsbehelf der Wiedereinsetzung in den vorigen Stand (§§ 233–238 ZPO; entspr. Vorschriften enthalten die meisten übrigen Verfahrensordnungen, z. B. § 60 VwGO) ermöglicht die Rückgängigmachung **635** der Folgen einer eingetretenen Fristversäumung im Einzelfall. Voraussetzung für die Erteilung der Wiedereinsetzung ist, daß die Partei „ohne Verschulden" an der Fristeinhaltung verhindert war. Dabei steht das Verschulden ihres Prozeßbevollmächtigten (Anwalts; vgl. dazu oben § 3 III) dem eigenen Verschulden der Partei gleich (§ 85 Abs. 2 ZPO). Als Wiedereinsetzungsgründe kommen daher zunächst objektive Hindernisse in Frage, wie etwa (noch) fehlende Bewilligung von PKH, obwohl die Partei die Voraussetzungen hierfür erfüllt oder doch davon ausgehen darf (BGH FamRZ 1987, 925 Nr. 426; s. „Prozeßkostenhilfe"), die Verzögerung von Postlaufzeiten (s. „Zugang von Schriftstücken") oder sonstige Poststörungen (Verlust von Sendungen; vgl. z.B. BGH NJW-RR 1988, 508), ferner – für die Anwaltspraxis besonders wichtig – reine Büroversehen, also Fehler des gehörig angeleiteten und überwachten zuverlässigen Personals im Rahmen der zugelassenen Fristenberechnung (s. dort), der Führung des Fristenkalenders (s. dort) und sonst bei der Fristenwahrung (s. dort) und -kontrolle (s. auch „Unterschrift des Rechtsanwalts"). Büroversehen scheiden allerdings dann als Wiedereinsetzungsgrund aus, wenn die Fristversäumung – auch – auf einem Anwaltsverschulden bei der Büroorganisation (s. dort) und Überwachung (s. dort) des Personals beruht (zum Zusammentreffen von Anwalts- und Büroverschulden vgl. oben § 3 V 3c). Ein subjektiver Hinderungsgrund ist der unverschuldete Irrtum des Anwalts über die Nichtwahrung der Frist.

Besondere Haftpflichtgefahren können sich für den Anwalt dadurch ergeben, daß es – bei Vorliegen der Wiedereinsetzungsvoraussetzungen – wegen Fehlern im Wiedereinsetzungsverfahren (Versäumung der Wiedereinsetzungsfrist; ungenügende Darlegung des Wiedereinsetzungsgrundes) nicht zur Wiedereinsetzung kommt. Der Anwalt muß daher die formellen Anforderungen für ein Wiedereinsetzungsgesuch (§§ 234, 236 ZPO) genau beachten (Rdnr. 636–638). Ferner kann es sogar bei erteilter Wiedereinsetzung deshalb zu Rechtsverlusten und damit zu Haftpflichtgefahren kommen, weil die (fehlende) Auswirkung des Wiedereinsetzungs- und anschließenden Rechtsbehelfsverfahrens (vgl. §§ 519b, 567 Abs. 3 S. 2 ZPO) auf den Ablauf einer in Gang gesetzten Berufungsbegründungsfrist (§ 519 Abs. 2 S. 2 HS 2 ZPO) verkannt wird (vgl. dazu BGH NJW 1989, 1155 mit Anm. *Wagner*, je m.w.N.).

a) Wiedereinsetzungsfrist

636 Die Wiedereinsetzung muß innerhalb einer zweiwöchigen Frist beantragt (§ 234 Abs. 1 ZPO) und begründet werden (§ 236 Abs. 2 S. 1 ZPO); innerhalb der Wiedereinsetzungs-(antrags-)frist ist auch die versäumte Prozeßhandlung nachzuholen (§ 236 Abs. 2 S. 2 ZPO). Nach Ablauf eines Jahres seit dem Ende der versäumten Frist ist die Wiedereinsetzung ausgeschlossen (§ 234 Abs. 3 ZPO). Die Wiedereinsetzungsfrist beginnt mit dem Wegfall des der Fristwahrung entgegenstehenden Hindernisses (§ 234 Abs. 2 ZPO); gleichgestellt ist der Fall, daß das Weiterbestehen des Hindernisses nicht

mehr als unverschuldet angesehen werden kann (BGH NJW 1980, 1846 [1848]; VersR 1987, 764 [765], st. Rspr. und allg. M.). Der Zeitpunkt des Fristbeginns ist dann zweifelsfrei feststellbar, wenn er an den Eintritt bestimmter objektiver Ereignisse anknüpft, etwa an die (formlose) Mitteilung der Bewilligung von PKH oder (bei – noch – unverschuldeter Unkenntnis von der Fristversäumung) an einen entsprechenden Hinweis des Gerichts. Auch ohne einen solchen Hinweis beginnt die Wiedereinsetzungsfrist spätestens mit dem Zeitpunkt, in dem der verantwortliche Rechtsanwalt bei Anwendung der unter den gegebenen Umständen von ihm zu erwartenden Sorgfalt die eingetretene Säumnis hätte erkennen können (BGH VersR 1987, 764 [765]). Im Fall der Versäumung einer Rechtsmittelfrist infolge (unverschuldeten) Irrtums über den Fristablauf beginnt daher die Wiedereinsetzungsfrist in dem Zeitpunkt, in dem der Anwalt bei Anwendung der gebotenen Sorgfalt hätte erkennen können, daß die Frist versäumt war (BGH NJW 1989, 1432 [1433]). Schwierigkeiten bereitet die Ermittlung dieses „beweglichen" Zeitpunkts des Fristbeginns. Die Rspr. stellt darauf ab, ob der Anwalt aus Anlaß einer anwaltlichen Bearbeitung der Sache im Rahmen der ihm obliegenden Pflicht zur „beiläufigen Fristprüfung" die Fristversäumung erkennen mußte; Beispiele bieten die Vorlage der Akten zur Fertigung der Rechtsmittelbegründung (BGH VersR 1987, 485) oder zur Stellung eines Fristverlängerungsantrags (BGH VersR 1987, 764); eine allgemeine Pflicht zur Nachprüfung „bei jeder sich bietenden Gelegenheit", „ob die Frist nicht doch versäumt ist", besteht nicht (BGH NJW 1980, 1846 [1848]).

b) Wiedereinsetzungsantrag

Der zu begründende Wiedereinsetzungsantrag muß innerhalb der Wieder-   637
einsetzungsfrist (oben a) in Anwaltsprozessen (§ 78 ZPO) durch den Anwalt und schriftlich gestellt werden (§ 236 Abs. 1 ZPO). Die Begründung muß die Angabe der die Wiedereinsetzung begründenden Tatsachen enthalten (§ 236 Abs. 2 S. 1 ZPO). Erforderlich ist eine lückenlose Schilderung der gesamten tatsächlichen Umstände, die zu der unverschuldeten Fristversäumung geführt haben unter Einschluß der Tatsachen zur Rechtzeitigkeit des Antrags (oben a). Bei Büroversehen als Wiedereinsetzungsgrund gehören dazu insbesondere auch die vom Anwalt zur Fristwahrung getroffenen organisatorischen Vorkehrungen (s. „Büroorganisation", „Überwachungspflicht"). Jede Ungenauigkeit in der Schilderung läßt wiedereinsetzungshindernde Rückschlüsse auf anwaltliches Fehlverhalten zu. Hilfreich ist die Check-Liste zum notwendigen Inhalt eines Wiedereinsetzungsgesuchs bei *Borgmann/Haug*, S. 357 f. Nach Ablauf der Antragsfrist ist ein *Nachschieben* von (weiteren) Wiedereinsetzungsgründen nicht möglich; die Rspr. läßt lediglich eine spätere Vervollständigung und Ergänzung des Vorbringens zu, die im Rahmen von § 139 ZPO zulässig wäre (BGHZ 2, 342; BAG NJW 1973, 1767; BAG BB 1974, 421, st. Rspr.). Gleichfalls innerhalb der Wiedereinsetzungsfrist (oben a), zweckmäßigerweise verbunden mit dem Wiedereinsetzungsantrag ist die *ver-*

säumte Prozeßhandlung nachzuholen (§ 236 Abs. 2 S. 2 ZPO). Bei beantragter Wiedereinsetzung in eine Rechtsmittelbegründungsfrist ersetzt ein Antrag auf Fristverlängerung die Rechtsmittelbegründung nicht (BGH VersR 1986, 166 m. N., st. Rspr; aA *Stein-Jonas/Schumann*, § 236 Rdnr. 9; AK-ZPO/ *Ankermann*, § 236 Rdnr. 6). Ist (ausnahmsweise) der Wiedereinsetzungsgrund aktenkundig oder gerichtsbekannt (PKH-Bewilligung; aus Poststempel ersichtliche Verzögerung des Postlaufs) und die versäumte Prozeßhandlung innerhalb der Wiedereinsetzungsfrist nachgeholt (vorgenommen), ist Wiedereinsetzung von Amts wegen zu erteilen (§ 236 Abs. 2 S. 2 ZPO; vgl. BGHZ 63, 389 mit Anm. *Vollkommer* ZZP 89, 206).

c) Glaubhaftmachung

638 Die wiedereinsetzungsbegründenden Tatsachen sind glaubhaft zu machen (§ 236 Abs. 2 S. 1 ZPO). In der Praxis erfolgt die Glaubhaftmachung i. d. R. durch anwaltliche Versicherung und eidesstattliche Versicherung (vgl. § 294 ZPO). Eine Bezugnahme in der eidesstattlichen Versicherung auf das Wiedereinsetzungsgesuch genügt – entgegen einer „weit verbreiteten Unsitte" – nicht (so BGH NJW 1988, 2045); der Grund hierfür liegt darin, daß im Wiedereinsetzungsantrag Tatsachenvortrag, Schlußfolgerungen und Rechtsausführungen meist untrennbar ineinander übergehen. Im Gegensatz zur Anspruchsbegründung ist die Glaubhaftmachung gem. § 236 Abs. 2 S. 1 HS 2 ZPO bis zum Zeitpunkt der Entscheidung über den Wiedereinsetzungsantrag möglich (BGH FamRZ 1987, 925 Nr. 426).

Zinsanspruch

639 Bei der Geltendmachung von Ansprüchen wird mitunter übersehen, daß 639 auf jede Geldforderung (also z. B. auch den Schmerzensgeldanspruch des § 847 BGB) ab Rechtshängigkeit Zinsen zu entrichten sind (§ 291 BGB). Ohne Geltendmachung eines höheren Verzugsschadens beträgt der Zinssatz allerdings nur 4% (§§ 246, 288 BGB).

Soweit der Mandant mit Bankkredit arbeitet, wird nahezu immer ein höherer Zinssatz – nämlich der vom Mandanten an seine Bank zu zahlende – verlangt werden können. Zur ordnungsgemäßen Geltendmachung gehört es hier, für die Höhe der gezahlten Zinsen Beweis, insbesondere durch eine Bankbescheinigung, anzubieten.

Wenn der Mandant keinen Bankkredit in Anspruch nimmt, kann – namentlich bei größeren Beträgen – eine über 4% liegende Zinsforderung gleichwohl als entgangener Gewinn gerechtfertigt sein; für eine derartige Anlage spricht sogar eine tatsächliche Vermutung (vgl. BGH NJW 1981, 1732). Kann der Gläubiger nachweisen, daß er im konkreten Fall das Kapital ertragreicher als gewöhnlich angelegt hätte (vgl. oben § 5 II 5), so muß auch dieser Sachverhalt bei der Geltendmachung der Zinsforderung berücksichtigt werden. Eine Bank kann ihren Verzugs-(zins-)schaden abstrakt nach der

Höhe des Durchschnittszinssatzes ihres gesamten Aktivgeschäfts berechnen (BGHZ 104, 337 = NJW 1988, 1967).

Ist nach einer rechtskräftigen Verurteilung zu Verzugszinsen in einer   640
Hochzinsphase das allgemeine Zinsniveau gesunken, ist dies vom Urteils-schuldner im Klagewege besonders geltend zu machen. Der Anwalt muß hier den richtigen Rechtsbehelf beachten; es ist dies die Abänderungsklage gem. § 323 ZPO (*Münzberg* JuS 1988, 345; *Stein-Jonas/Leipold,* § 323 Rdnr. 7; offengeblieben in BGHZ 100, 211), nicht die Vollstreckungsgegenklage gem. § 767 ZPO (so BGHZ 100, 211 [213]), i.d.R. auch nicht die Klage aus § 826 BGB (*Brehm,* ZZP 101, 457). Zusammen mit der Abänderungsklage kann Antrag auf einstweilige Einstellung der Zwangsvollstreckung entspr. § 769 ZPO gestellt werden (hM, vgl. *Münzberg* JuS 1988, 348; *Zöller/Vollkommer,* § 323 Rdnr. 39 m.w.N.).

Zugang von Schriftstücken

Der Anwalt kann zwar auf eine zuverlässige Arbeit der Post vertrauen.   641
Einem Wiedereinsetzungsantrag ist deshalb grundsätzlich auch stattzugeben, wenn die Nichteinhaltung einer prozessualen Frist auf einem Beförderungs-mangel der Post beruht. Dieser anwaltsfreundliche Standpunkt der Recht-sprechung (BVerfG 50, 1; 53, 29; BGHZ 105, 116 [118f.], st. Rspr.) nützt ihm jedoch wenig, wenn es um die Wirksamkeit einer empfangsbedürftigen (schriftlichen) Willenserklärung (z.B. Kündigung, Rücktritt, Aufrechnung; gleichgestellt ist die Mahnung) geht, die gem. § 130 Abs. 1 BGB vom Zugang des sie verkörpernden Schriftstückes beim Adressaten abhängt. Auch soweit es – ausnahmsweise – für die Frage der Rechtzeitigkeit der Erklärung auf den Zeitpunkt der Absendung ankommt (vgl. §§ 121 Abs. 1 S. 2, 478 Abs. 1 S. 1, 639 BGB; § 377 Abs. 4 HGB) und damit dem Erklärenden das Verzöge-rungsrisiko abgenommen ist (wie bei der Anfechtung von Verträgen und Mängelrügen), ändert sich doch nicht daran, daß der Erklärende den Zugang der Erklärung darlegen und beweisen muß (BGHZ 101, 49). Der vom Man-danten mit der Abgabe einer solchen Erklärung beauftragte Anwalt muß daher durch die Auswahl der Versendungsart Sorge für den Nachweis des Zugangs beim Empfänger tragen. Bestreitet letzterer den Zugang eines einfa-chen Briefes, so genügt hierfür nicht der Nachweis einer ordnungsgemäßen Aufgabe des Briefes zur Post, da insoweit – trotz der geringen Verlustquote der Post (vgl. dazu *E. Schneider,* MDR 1984, 281) – keine Vermutung des Zugangs besteht (BGHZ 101, 49 [54f.]; BGH NJW 1964, 1176; einschr. OLG Köln WRP 1984, 40 [41]; OLG Stuttgart WRP 1983, 644; allgem. krit. *E. Schneider,* aaO). Der Anwalt der als Versendungsart die einfache Briefauf-gabe wählt, verstößt so gegen den – ohnehin generell zu beachtenden – Grundsatz des „sichersten Weges" (s. oben § 2 V 1) und ist dem Mandanten bei Nichterweislichkeit des Zugangs der Willenserklärung zum Schadener-satz verpflichtet. Der „sicherste Weg" für den Rechtsanwalt ist die *förmliche Zustellung* (durch Beauftragung eines Gerichtsvollziehers gem. § 132 Abs. 1

BGB) oder die (kostengünstigere) Versendung eines *Einschreibens mit Rückschein* (BGHZ 24, 308 [313]; 101, 49 [55]). Der *einfache Einschreibebrief* ist hingegen mit der Unsicherheit verbunden, daß der Zugang eines – im Falle der Abwesenheit des Empfängers erforderlichen – Benachrichtigungszettels über die Niederlegung des Briefes bei der Postanstalt dem Zugang des Schriftstückes nicht gleichgestellt ist (BAG NJW 1986, 1373 [1374] m.w.N.). Im Falle der Nichtabholung des Schriftstückes durch den Empfänger, könnte der Nachweis des Zugangs der Willenserklärung so nur durch den ergänzenden, aber schwierigen Beweis einer Zugangsvereitelung erbracht werden. Wird die Willenserklärung hingegen durch einen Boten überbracht, so kann gleichermaßen sicher der Nachweis des Zugangs dadurch geführt werden, daß der Empfänger zur Ausstellung einer Empfangsquittung veranlaßt wird (vgl. *Rinsche*, Rdnr. I 293).

Schrifttum: *E. Schneider*, Problemfälle aus der Prozeßpraxis – „Der Zugang wird bestritten", MDR 1984, 281.

Zustellung

a) Amts- und Parteizustellung; Heilung von Zustellungsmängeln

642   Nach der grundsätzlichen Einführung der *Zustellung im Amtsbetrieb* seit dem 1. 7. 1977 (vgl. § 270 Abs. 1 ZPO) ist die Beachtung der Voraussetzungen einer wirksamen Zustellung und der Folgen von Zustellungsmängeln im Zivilprozeß für den Anwalt insbesondere dort relevant, wo noch ausnahmsweise eine *Parteizustellung* notwendig oder möglich ist (so vor allem in den Fällen der §§ 699 Abs. 4 S. 2; 750 Abs. 1 S. 2, Abs. 2; 829 Abs. 2, 835 Abs. 3, 843, 845, 922 Abs. 2, 929 Abs. 3, 936, 1039, 1044a ZPO). Der Rechtsanwalt muß also zum einen die Ausnahmefälle einer erforderlichen Parteizustellung kennen und beachten. Er muß zum anderen aber auch die jeweiligen *Voraussetzungen* für eine wirksame *Amtszustellung* schaffen. So muß – sofern nicht ausnahmsweise eine öffentliche Zustellung gem. § 203 ZPO beantragt werden kann – in der *Klageschrift* die ladungsfähige Anschrift des Beklagten benannt werden (BGHZ 102, 332 [335]) und soweit die Vorwirkung des § 270 Abs. 3 (§ 693 Abs. 2) ZPO in Anspruch genommen werden soll, muß jede Verzögerung der Zustellung vermieden werden (s. dazu „Gerichtskostenvorschuß" und „Klagefristen"). Dem Anwalt nützen darüberhinaus Kenntnisse der Voraussetzungen einer wirksamen *Amts*zustellung insbesondere auch dann, wenn er eigene Fehler (z.B. Nichteinhaltung prozessualer Fristen) durch festgestellte und dargelegte Zustellungsmängel kompensieren kann und muß (s. dazu „Formfehler des Gerichts"). Auch ist sein Vertrauen in den gerichtlichen Zustellungsbetrieb geschützt, wenn er den Lauf einer Rechtsmittelfrist nach der rechtsirrtümlichen Zweitzustellung des Gerichts berechnet (BGH VersR 1987, 258; vgl. dazu näher oben § 3 III 4b).

Insgesamt darf sich der Anwalt aber auf die Unwirksamkeit einer Zustellung dann nicht verlassen, wenn eine *Heilung von Zustellungsmängeln* gem.

§ 187 S. 1 ZPO durch den *tatsächlichen Zugang* möglich ist (vgl. dazu *Zöller/Stephan*, § 187 Rdnr. 1 ff.); dies gilt jedoch nicht bei in Lauf zu setzenden *Notfristen* (vgl. § 187 S. 2 ZPO).

b) Zustellungsformen

Der Anwalt muß im übrigen auch die Besonderheiten der einzelnen Zustel- **643** lungsformen beachten. Bei *Zustellungen von Anwalt zu Anwalt* (§§ 198, 212a ZPO) ist die Zustellung (nachweislich) erst dadurch bewirkt, daß das Empfangsbekenntnis eigenhändig unterschrieben *und* datiert wird (BGH NJW 1989, 838; OLG Düsseldorf MDR 1988, 325). Für die Erfordernisse an die Unterschrift des Rechtsanwalts auf dem Empfangsbekenntnis gelten die allgemeinen Grundsätze (s. „Unterschrift des Rechtsanwalts"). Im Interesse der zuverlässigen Fixierung des Zustellungsdatums (keine Zustellungsurkunde!) darf der Rechtsanwalt das Empfangsbekenntnis jedoch – gleichgültig ob Partei- oder Amtszustellung – erst unterschreiben und zurückgeben, wenn in der maßgeblichen Handakte der Ablauf der durch die Zustellung in Lauf gesetzten Frist notiert ist (BGH VersR 1985, 147).

Bei *Postzustellung mit Zustellungsurkunde* muß die Geschäftsnummer be- **644** nannt und der Inhalt Sendung genau bezeichnet sein. Eine fehlende oder unklare Datumsangabe macht die Zustellung zwar nicht unwirksam, setzt aber die Frist des § 9 Abs. 2 VwZVG nicht in Lauf (VGH Kassel NJW 1984, 445; BVerwG NJW 1980, 1482). Unerläßliche Wirksamkeitsvoraussetzung ist hingegen auch hier die *Unterschrift* des Postbeamten (BGH VersR 1981, 255).

Wesentliches Wirksamkeitserfordernis einer *Postzustellung mittels eingeschriebenen Briefes* nach § 4 VwZVG ist der Aktenvermerk über den Tag der Briefaufgabe zur Post (BayObLG NJW 1967, 2064; MDR 1968, 850), der auch die genaue Bezeichnung des zuzustellenden Schriftstückes enthalten muß (BayObLG VersR 1975, 1150).

Strenge Anforderungen werden an die Formerfordernisse einer *Ersatzzustellung* (§§ 181–186 ZPO) gestellt. Eine Ersatzzustellung durch Niederlegung bei der Postanstalt (§ 182 ZPO) ist nur nach einem vergeblichen Zustellungsversuch gem. § 181 ZPO zulässig (BGH NJW 1976, 149). Die Zustellung an einen Gewerbetreibenden kann an einen im Geschäftlokal anwesenden Angestellten bewirkt werden, wenn der Geschäftsinhaber nicht angetroffen wird (§ 183 Abs. 1 ZPO); dies gilt gem. § 183 Abs. 2 ZPO auch für Zustellungen an den Anwalt. Bei Zustellungen von Anwalt zu Anwalt scheidet allerdings wegen des Erfordernisses einer eigenhändigen Unterschrift des Anwalts auf dem Empfangsbekenntnis eine Ersatzzustellung aus.

Von der allgemein zulässigen Zustellung *durch* die Post (vgl. § 193 ZPO) **645** scharf zu unterscheiden ist die hauptsächlich gegenüber einem nicht vertretenen, im Ausland wohnenden Beklagten mögliche *Zustellung durch Aufgabe zur Post* (§§ 174 Abs. 2, 175, 213 ZPO). Wird die Zustellung eines Urteils an eine nicht im Inland wohnende Partei „durch Aufgabe zur Post" im Weg des

Einschreibens mit Rückschein durchgeführt, so ist gleichwohl der für den Beginn der Rechtsmittelfrist allein maßgebliche Zustellungszeitpunkt der (gem. § 213 ZPO dokumentierte) Zeitpunkt der „Aufgabe zur Post" (§ 175 Abs. 1 S. 3 ZPO; vgl. BGHZ 98, 263 [266]), nicht aber der des (im Rückschein festgehaltenen) tatsächlichen Zugangs. Allerdings wird durch die gewählte Übermittlungsform der (falsche) Eindruck erweckt, als komme es doch auf den (rechtlich unerheblichen) *tatsächlichen Zugangszeitpunkt* an. Mit der Verwerfung eines unter Zugrundelegung des tatsächlichen Zugangszeitpunkts rechtzeitig eingelegten Rechtsmittels als verspätet (so BGH NJW 1987, 1707) setzt sich das Gericht in Widerspruch mit dem von ihm selbstgeschaffenen irreführenden Vertrauenstatbestand (so zutr. *E. Schneider* in seiner abl. Anm. EzFamR ZPO § 175 Nr. 1); auf ein (vom BGH bejahtes) Verschulden des Prozeßbevollmächtigten kommt es daher nicht mehr an (vgl. § 3 III 4b). Jedenfalls müßte der ausländischen Partei, der der „fiktive" Zustellungszeitpunkt notwendig unbekannt ist und der eine Rückfrage kaum zugemutet werden kann, i.d.R. Wiedereinsetzung gewährt werden (so im Einzelfall nunmehr BGH NJW 1989, 1432 [1433]; zum gemilderten Sorgfaltsmaßstab bei ausländischen Rechtsanwälten vgl. oben Rdnr. 289). Allgemein verfassungsrechtliche Bedenken gegen die „fiktive Inlandszustellung" von Urteilen an Parteien mit Wohnsitz im Ausland gem. §§ 174 Abs. 2, 175 ZPO erhebt *Hausmann*, aaO S. 143.

Schrifttum: *Hausmann*, Zustellung durch Aufgabe zur Post an Parteien mit Wohnsitz im Ausland, IPRax 1988, 140.

Zwangsversteigerung s. Versteigerung von Grundstücken

Zwangsvollstreckung

646   Der Anwalt, der den *Schuldner* vertritt, muß die gesetzlichen Vollstreckungsschutzmöglichkeiten ausschöpfen (vgl. oben „Versteigerung von Grundstücken"). Insbesondere muß er prüfen, ob nicht die Einstellung der Zwangsvollstreckung nach § 707 oder § 710 ZPO erreicht werden oder die Pfändungsschutzbestimmungen der §§ 850ff. ZPO geltend gemacht werden können.

Bei der Vertretung des *Gläubigers* muß der Anwalt besonders darauf achten, daß die Zwangsvollstreckung zügig betrieben wird. Unterläßt er dies weisungswidrig, so muß er – wenn spätere Vollstreckungsversuche erfolglos sind – beweisen, daß bei rechtzeitigem Vorgehen auch kein besserer Erfolg zu erzielen gewesen wäre (s. oben § 5 II 6 bei Fußn. 81). Hat der Vollstreckungsschuldner die Vollstreckung aus einem erstinstanzlichem Urteil durch Stellung einer Bankbürgschaft abgewendet, dann gehört es zu den Sorgfaltspflichten des Anwalts bei Abschluß eines Vergleichs in zweiter Instanz, darauf hinzuwirken, daß die Bankbürgschaft auch die Vergleichsforderung sichert, wenn die Vollstreckungsmöglichkeiten gegen den Schuldner selbst zweifelhaft sind.

Ist die Vollstreckung in das bewegliche Schuldnervermögen erfolglos geblieben, gehört zum pflichtgemäßen Anwaltsvorgehen der Antrag auf Abgabe der eidesstattlichen Versicherung (§§ 807, 899 ff. ZPO). Das OLG Hamm (Urt. v. 17. 3. 1988, 28 U 203/86 – mitgeteilt von *Rinsche,* Rdnr. I 295) hat vom Anwalt sogar verlangt, daß er beim Grundbuchamt nachforsche, ob der Schuldner über Grundbesitz verfügt, in den erfolgversprechende Vollstreckungsmaßnahmen erfolgen könnten (vgl. auch allgemein zur Frage einer Nachforschungspflicht des Anwalts oben § 2 II 3 c).

Stichwortverzeichnis

Das Stichwortverzeichnis ist im Zusammenhang mit der Inhaltsübersicht zu lesen. Die Zahlen verweisen auf die Randnummern, Hauptfundstellen sind *Kursiv*.

Übersicht aller lieferbaren Bände der NJW-Schriftenreihe

Heft 1

Göppinger · Vereinbarungen anläßlich der Ehescheidung
6. Auflage. 1988. XXX, 501 Seiten 8°. Kartoniert DM 68.–

Heft 2

Gelzer/Busse · Der Umfang des Entschädigungsanspruchs
aus Enteignung und enteignungsgleichem Eingriff
2. Auflage. 1980. XIII, 222 Seiten 8°. Kartoniert DM 29.50

Heft 4

Schmalzl · Die Haftung des Architekten und des Bauunternehmers
4. Auflage. 1980. XXIII, 302 Seiten 8°. Kartoniert DM 39.50

Heft 5

Wussow/Küppersbusch · Ersatzansprüche bei Personenschaden
4. Auflage. 1986. XXIII, 258 Seiten 8°. Kartoniert DM 38.–

Heft 6

Stahlhacke · Kündigung und Kündigungsschutz im Arbeitsverhältnis
4. Auflage. 1982. XXIII, 315 Seiten 8°. Kartoniert DM 39.50

Heft 7

Sanden/Völtz · Sachschadenrecht des Kraftverkehrs
5. Auflage. 1986. XV, 148 Seiten 8°. Kartoniert DM 24.–

Heft 8

Hoppe/Schlarmann · Rechtsschutz bei der Planung von Straßen
und anderen Verkehrsanlagen
2. Auflage. 1981. XXVI, 169 Seiten 8°. Kartoniert DM 32.–

Heft 12

Finkelnburg/Jank · Vorläufiger Rechtsschutz im Verwaltungs-
streitverfahren
3. Auflage. 1986. LI, 454 Seiten 8°. Kartoniert DM 68.–

Heft 15

Zuck · Das Recht der Verfassungsbeschwerde
2. Auflage. 1988. XXXI, 523 Seiten 8°. Kartoniert DM 68.–

Heft 16

Dahs/Dahs · Die Revision im Strafprozeß
4. Auflage. 1987. XIII, 241 Seiten 8°. Kartoniert DM 34.–